Z 14131

Paris
1857

Leibniz, Gottfried Wilhelm

Nouvelles lettres et opuscules inédits de Leibniz, précédés d'une introduction par A. Foucher de Careil. Lettres sur

janvier

131

NOUVELLES LETTRES ET OPUSCULES

INÉDITS

DE LEIBNIZ.

TYPOGRAPHIE HENNUYER, RUE DU BOULEVARD, 7, BATIGNOLLES.
(Boulevard extérieur de Paris.)

NOUVELLES LETTRES

ET

OPUSCULES

INÉDITS

DE LEIBNIZ

PRÉCÉDÉS D'UNE INTRODUCTION

PAR

A. FOUCHER DE CAREIL.

LETTRES SUR DESCARTES ET LE CARTÉSIANISME.
LEIBNIZ PLATONISANT, OU LE PHÉDON ET LE THÉÉTÈTE TRADUITS.
MÉLANGES.
REMARQUES SUR WEIGEL. — FRAGMENT SUR LA LIBERTÉ. — LETTRES A BOSSUET
APPENDICE CONTENANT LES LETTRES A ARNAULD ET A FABRICIUS.
SA VIE ET SON PORTRAIT PAR LUI-MÊME.

PARIS
AUGUSTE DURAND, LIBRAIRE, RUE DES GRÈS, 7.

1857

PRÉFACE.

Leibniz, déjà vieux, écrivait à l'un de ses correspondants : *Qui me non nisi editis novit, non novit.* « Celui qui ne me connaît que par ce qu'on a publié de moi ne me connaît pas. » Ces paroles font réfléchir. Leibniz disant : « Ce que j'ai donné au public n'est rien auprès de ce qui reste, » semblait montrer du doigt la bibliothèque de Hannover, à laquelle il a légué cette partie de son œuvre, comme le lieu d'où sortirait la lumière sur ses écrits.

On pourrait voir dans ces paroles un sens caché, et l'Allemagne nous réservait cette nouvelle surprise : M. Kuno Fisher, auteur d'une publication récente et très-étendue sur Leibniz, croit avoir retrouvé sa *doctrine secrète.* Leibniz aurait eu, d'après lui, une philosophie plus intime, plus profonde, plus ésotérique enfin, à laquelle il fait parfois allusion dans ses lettres, que Wolf, expositeur par trop populaire du système, n'a point connue, et dont M. Fisher ressaisit la trace dans les *Nouveaux Essais sur l'entendement,* cet ouvrage qui ne vit le jour que soixante ans après la mort de son auteur.

J'ai été à Hannover et je ne puis croire à cette

philosophie d'initiés. J'ai vu s'évanouir cette ombre imaginaire et tomber jusqu'aux derniers voiles de la doctrine. A mesure que je pénétrais plus avant, je voyais reparaître l'ordre et la proportion, la beauté et l'eurhythmie des formes grecques, et cette grande et saine philosophie qui ne craint pas la lumière.

Non, Leibniz n'a point eu de doctrine secrète; s'il a refusé de donner à l'impression ses *Nouveaux Essais*, c'est par un motif qui l'honore. Locke n'existait plus à l'époque où cet ouvrage, commencé de son vivant, fut prêt à voir le jour. La même raison sans doute l'empêcha de publier la *Réfutation* de Spinoza, qui était aussi renfermée dans les archives de Hannover, d'où nous l'avons tirée; la *Correspondance* avec Arnauld, qui pourrait à bon droit passer pour le plus ésotérique de ses écrits, était promise aux libraires d'Amsterdam. Mais Leibniz, pressé de produire, ne pouvait s'astreindre au rôle d'éditeur. Il aurait cru perdues pour la philosophie les heures qu'il eût données à sa gloire d'écrivain.

Il est très-vrai cependant que la publication des *Nouveaux Essais* marque une ère nouvelle pour son système : c'est l'époque où Lessing, Herder, Jacobi, et Goethe lui-même, l'ont étudié pour le comparer avec celui de Spinoza. La publicité donnée par Raspe à ce document a donc servi à faire connaître et à répandre le véritable esprit de Leibniz.

Après de tels noms, il serait téméraire de prétendre tourner un nouveau feuillet dans cette philosophie. Mais les *Nouveaux Essais* ne sont pas le seul ouvrage qu'il ait négligé de donner, et le mot de Leibniz est encore vrai : *Qui me non nisi editis novit, non novit.* Je n'en donnerai qu'une preuve qui a trait à sa méthode : deux des manuscrits que nous publions prouvent que Leibniz a connu la méthode dialectique, qu'il l'a même employée. On n'a pas cependant jusqu'ici traité de la dialectique leibnizienne, ni indiqué ses rapports et ses différences avec celle de Platon. Nous l'avons essayé.

La *loi de continuité* n'a pas non plus été considérée jusqu'ici à un point de vue philosophique. Cette loi dont Leibniz a dit : « C'est toute ma méthode en physique et en mathématique, » qui, introduite par lui dans les sciences, a gardé le nom qu'il lui a donné, et témoigne de son génie par les résultats qu'elle ne cesse de produire, a été éliminée de sa philosophie et négligée dans ses plus importantes applications. Chose singulière ! cette loi mise en circulation par Leibniz, défendue par Bonnet, et récemment appuyée par les recherches de Blainville, a son histoire dans les sciences naturelles. Mais on paraît ignorer qu'elle a de plus influé sur les sciences philosophiques, et que l'auteur de la *Critique de la raison pure*, Kant, qui n'en a pas assez considéré la force, puisqu'il la met seulement au nombre des principes régulateurs de l'entendement, on a cependant admiré la beauté et reconnu l'universalité.

On ne trouvera dans l'*Introduction* que peu de mots sur cette loi célèbre, dont nous ne pouvions parler qu'incidemment et par rapport au système de l'harmonie universelle. Une note à la fin du volume est destinée à combler cette lacune.

Saint Pierre du Perray, 1er décembre 1856.

INTRODUCTION.

La découverte de nouveaux manuscrits inédits de Leibniz nous impose une tâche que nous essaierons de remplir. Les archives de Hannover, où nous avons puisé, renferment un grand nombre d'écrits que Leibniz a légués à la bibliothèque où il vécut. Il y a là toute une partie de lui-même ensevelie dans le silence et dans l'oubli. Comment l'en faire sortir?

Les manuscrits inédits d'un grand philosophe sont les ossements fossiles de sa philosophie. Longtemps enfouis dans la poussière, ils paraissent tout à coup : la curiosité les recherche, l'érudition s'en empare, mais la science philosophique peut seule leur assigner leur véritable place et les faire servir en les classant à la connaissance du système dont ils font partie. Il ne suffit pas, en effet, de livrer à l'impression ces lambeaux de philosophie échappés à l'analyse de nos devanciers, il faut en étudier les rapports, leur assigner un but, une fonction dans l'ensemble, et tirer les enseignements qu'ils nous donnent. Il faut surtout, quand ils viennent s'ajouter à d'autres écrits déjà connus du même philosophe, s'élever, par la comparaison des documents nouveaux avec les documents anciens, à des résultats plus féconds pour la critique et pour l'histoire.

C'est ce que nous avons essayé de faire pour les manuscrits inédits que nous publions. Écrits par leur auteur dans deux langues presque universelles, le français et le latin, et n'appartenant pas à une antiquité reculée, bien qu'on remonte avec eux, plusieurs siècles en arrière, jusqu'aux sources où il a puisé, ces documents ne nous offraient pas les difficultés d'interprétation qui résultent de l'étude d'un texte étranger, et si nous pouvions nous flatter d'avoir surmonté celles qui naissent de la profondeur et de la subtilité des pensées, nous aurions certainement réussi à présenter un Leibniz plus complet.

Mais sa philosophie, bien que constituée sur un type uniforme et destinée à faire un tout vivant, est si riche et si variée d'aspects qu'on n'aperçoit pas d'abord l'unité profonde qui s'y cache, et qu'on l'envisage trop souvent comme un composé de pièces de rapport ou d'épisodes détachés. L'idée d'appliquer à Leibniz sa propre méthode et de ramener la diversité de ses écrits à un seul principe nous est venue de la considération de son système, où tout se tient, bien qu'il y ait une prodigieuse variété : elle nous permet de ressaisir un ordre, une continuité dans une œuvre composée de fragments divers [1].

---

[1] L'éditeur des nouvelles lettres et nouveaux opuscules de Leibniz a déjà publié un premier volume d'inédits; le second, qui paraît aujourd'hui, sera bientôt suivi d'une troisième et dernière partie. Le tout doit former un ensemble assez considérable.

Le dix-septième siècle nous offre en effet dans Leibniz un bel exemple de cette force harmonieuse et progressive qui développe peu à peu nos idées, et tend à y mettre une unité de plus en plus grande. Je le vois au sein d'une majestueuse et paisible lumière faire converger vers un centre unique tout ce qu'il y a de science et de philosophie dans les âges antérieurs, reliant par d'imperceptibles traits de lumière Aristote à Platon, tous deux à la scolastique, et la scolastique à lui-même. Il médite à quinze ans, dans ses promenades solitaires, sur la nécessité de réhabiliter la scolastique. A trente ans, il traduit les dialogues de Platon pour se préparer à la réforme de la philosophie de Descartes. Vingt ans plus tard il est devenu, par la force de la dialectique platonicienne et de la scolastique restaurées, le premier philosophe de son temps. Son esprit avide d'unité, effaçant de plus en plus les limites et surmontant les obstacles, s'élève à l'harmonie de l'ensemble, et l'étend à tout, au monde, à nous-mêmes, et surtout à Dieu qui la produit; dans son système où il a recueilli tous ces germes, la nature, l'homme et Dieu se répondent.

En évoquant successivement dans cette étude, de la poussière où ils dormaient dans la bibliothèque de Hannover, le fataliste unitaire, le platonicien de génie, puis le philosophe de l'Infini et le réparateur glorieux des systèmes d'harmonie, nous ressaisirons la trace d'un progrès constant dans ses doctrines. Mais loin de moi la pensée de dissimuler ses erreurs ! Un moment séduit par l'apparente rigueur d'un système fataliste moderne qui n'est pas celui de Spinosa, il chercha l'unité dans l'absolu géométrique et fatal, sorte de Dieu inexorable et sourd qui n'était ni le Dieu de Platon ni celui des chrétiens. Nous le verrons côtoyer cet abîme, mais nous le verrons aussi sortir de cette crise intellectuelle plus grand et plus fort, surmonter les obstacles et s'élever enfin au Dieu de la Théodicée.

Cet ordre s'applique à ses différents écrits. On peut les ranger dans une des trois catégories qui répondent aux phases de sa pensée.

La première partie de cette introduction est tout entière consacrée aux sources de sa philosophie et aux manuscrits qui nous les font connaître. Ce sont les germes qui ne se développeront que plus tard.

La seconde comprendra les pièces relatives au développement de son système. Une correspondance précieuse, longtemps cherchée, dont une notice spéciale fera connaître les phases diverses, nous servira à reconstituer cette période. C'est là cette philosophie adulte et déjà grandissante qui croissait en face du Cartésianisme.

L'attaque au Cartésianisme forme la troisième partie, celle où Leibniz cherche à étendre son influence au dehors, non pas comme on l'a dit, sur les ruines de la réputation de Descartes, mais par une réforme savante de sa philosophie. Nous verrons là en quelques pages comme un abrégé de ses conquêtes futures.

Le temps paraît mal choisi pour appeler l'attention sur ce grand débat philosophique qui clôt le dix-septième siècle. Le nôtre est pour longtemps dégoûté de *philosophie*. Ce que la sévère raison de nos pères n'eût jamais tenté d'accomplir, la pusillanimité paresseuse et les frayeurs calculées, l'essayent impunément sous nos yeux. On confond dans un même anathème la bonne et la mauvaise philosophie : Platon et Epicure, Leibniz et Spinosa, Condillac et Royer-Collard. Tout devient une arme contre la première dans les mains qui s'occupent à la détruire. Qui sait si la lutte de Leibniz et de Descartes ne sera pas la matière d'un nouvel argument et d'un éclatant triomphe pour ces contempteurs de la raison? Mais qu'importe? les sophismes de la peur ne sauraient longtemps prévaloir dans l'opinion des hommes justes et modérés contre cette philosophie essentielle aux hommes et chère aux chrétiens, « que Platon appelait la raison du juste et du saint, » « qui, suivant Bacon, ramène à Dieu par ses profondeurs, et n'a d'ennemis que le scepticisme frivole et l'incrédulité superficielle, » dont les conciles provoquaient l'élan et encourageaient la lutte contre les matérialistes et les athées ; que Leibniz, frappé de sa constance et de sa perennité, déclarait le patrimoine inaliénable de la raison de tous, et qui, dégagé de toute question d'école, s'appelle le spiritualisme chrétien. C'est là cette philosophie totale et qui ne meurt pas, qui ne peut être l'œuvre que de milliers de bras et de cœurs dévoués à sa cause ; il appartient à tout ouvrier de la pensée d'y apporter sa pierre.

PREMIÈRE PARTIE.

SOURCES DE LA PHILOSOPHIE DE LEIBNIZ [1].

Cette première classe de manuscrits que nous appelons les sources de la philosophie de Leibniz ne contient pas toutes celles de son système, mais elle se compose d'écrits qui nous font pénétrer dans l'histoire de sa pensée. Ces documents sont rares et l'on en chercherait vainement la trace dans l'énorme recueil de Dutens. Ceux que nous produisons sont inédits. La plupart se rapportent à sa jeunesse, quelques-uns cependant datent de son âge mûr, mais témoignent des crises antérieures qu'il a subies. On pourrait les diviser en sources philosophiques et psychologiques: car les unes se rapportent au système et les autres à l'âme de ce philosophe.

En voyant la rareté des premières, on croirait que les idées de Leibniz n'ont point d'histoire ni de généalogie, et que sa pensée n'a point eu de jeunesse avant d'atteindre sa maturité. Leibniz se trouvait ainsi déclassé

[1] PIÈCES INÉDITES A CONSULTER. — Platonis Phædo, salvis sententiis a Leibnizio contractus. Page 44. — Platonis Theætetus ab eodem. Ibid., p. 98-146. — Vita Leibnizii a se ipso breviter delineata. App., p. 379. — Fragment de biographie. Ibid., p. 386. — Portrait de Leibniz tracé par lui-même. Ibid., p. 388. — Ad Hobbesium Epistolæ duæ. Ibid., p. 186. — De Libertate fragmentum. Ibid., p. 178.

dans le dix-septième siècle, ses thèses passaient aux yeux des historiens pour une série de paradoxes hardis, sans précédents dans l'histoire de la philosophie. D'autres, ne voyant d'influence que la plus prochaine, en faisaient un disciple de Descartes, malgré l'impossibilité bien évidente de ranger la *Monadologie* parmi les produits de l'école cartésienne. Dans les deux cas, son système restait inexpliqué, parce qu'on n'avait pas considéré ses écrits dans leurs sources, et qu'on n'avait pas vérifié leur véritable origine.

Cette méthode, que nous tâcherons d'observer parce que nous la croyons utile pour éclairer l'esprit, n'a pas encore été sérieusement appliquée à la philosophie de Leibniz, et ne pouvait l'être tant qu'on n'aurait pas les premiers commencements de preuves, je veux dire des pièces authentiques sur lesquelles on pût s'appuyer. C'est ainsi que M. Ritter, en Allemagne, voyant bien qu'on ne pouvait classer Leibniz par le procédé vulgaire, s'est lancé dans une théorie arbitraire, et a cru trouver la source du leibnizianisme dans une doctrine occulte, la *Théosophie*. Mais le mysticisme et la Théosophie de Leibniz n'étaient qu'une hypothèse dénuée de preuves et qui n'avait pour elle que des rapports éloignés et souvent trompeurs. Elle ne reposait sur aucune donnée certaine, elle n'apportait aucune pièce à l'appui d'une assertion hasardée, et devait être rejetée d'après les règles de la plus simple critique[1].

---

[1] Voir Ritter, **Geschichte der neuern philosophie funfter theil.** Toute une partie de ce volume est consacrée à l'exposition de la philosophie de Leibniz.

Si jamais on a pu voir les inconvénients qui résultent de la rareté des documents écrits et de la difficulté de remonter aux origines en l'absence de ces documents, cette tentative infructueuse de l'un des principaux historiens de la philosophie en est une preuve convaincante. Désespérant de pouvoir atteindre les véritables sources, on s'est jeté dans le mystère, dans l'inconnu; on a eu recours aux affiliations, aux initiations; que sais-je? aux *rose-croix*, aux sociétés de voyants, de chercheurs, et l'on négligeait les causes réelles, ces traces d'une action plus directe et plus saisissable de la philosophie grecque et de la philosophie scolastique que conservait la bibliothèque de Hannover, et qui vont nous servir à éclaircir ce mystère, à substituer à l'influence problématique de Nicolaus Cusanus, du jeune Van Helmont et du baron Knorr de Rosenroth, celle tout autrement décisive de Platon, d'Aristote et de saint Thomas, c'est-à-dire à l'action sourde de doctrines occultes et mal définies, les traces d'une grande philosophie populaire et classique dont Leibniz se trouve être le naturel héritier. Grâce aux manuscrits nouveaux que nous produisons dans ce recueil, nous espérons établir cette filiation par des preuves directes et précises, sans nous perdre comme Ritter dans les obscurités et les nuages d'une Théosophie qui n'explique rien.

Mais il est d'autres sources plus humbles, mais non moins vives où nous n'avons pas négligé de puiser, ce sont celles qui nous font connaître l'âme et la personne de Leibniz. Il est digne de remarque, en effet, que les œuvres les plus célèbres des philosophes, celles qui ont le plus agi sur leur temps et le plus étendu leur influence ne sont pas toujours celles que la froide logique peut fort bien accomplir toute seule, mais ces narrations vives et animées où l'auteur s'est mis lui-même avec ses principes, où il s'est peint en quelques traits nets et fermes. Quelques pages du discours de la *Méthode* nous font connaître Descartes tout entier. Les *Confessions* de saint Augustin, dans un autre ordre, nous montrent une âme jusqu'alors captive, brisant ses liens et remontant à la lumière. C'est ce double intérêt qui manquait jusqu'ici à la philosophie de Leibniz. On n'avait ni des *Confessions* où il ait raconté sa vie, ni un *Discours de la Méthode* où il ait indiqué la voie qu'il a suivie pour atteindre le vrai. Ce nouveau volume d'inédits a pour but de combler cette lacune. C'est un commencement de retour à ces sources si utiles et malheureusement si peu connues. La rareté ajoutera sans doute quelque prix aux moindres écrits de la jeunesse de Leibniz.

I.

De tous les manuscrits que nous publions, les deux plus considérables se rapportent à une période qui était jusqu'ici la plus pauvre et la moins connue. Ils jettent, en effet, un jour inattendu sur une difficile question de l'histoire de la philosophie, et servent à prouver que Leibniz s'est inspiré de Platon, et qu'il y a des rapports entre leurs systèmes. Trouvés à Hanovre parmi ses autographes, et tout entiers écrits de sa main, ils sont d'une authenticité incontestable. Ce sont deux dialogues de Platon, traduits, abrégés et annotés par lui.

On savait bien qu'il avait dû lire les écrits de ce philosophe. Celui qui écrivait à Montmort : « Je trouve « naturel, Monsieur, que vous ayez goûté quelque chose « de mes pensées, après avoir pénétré dans celles de « Platon, auteur qui me revient beaucoup et qui mérite- « rait d'être mis en système, » celui qui encourageait l'abbé Foucher à le traduire ne pouvait être étranger à cette philosophie; mais on ignorait qu'il eût mis la main à cette renaissance du Platonisme, qu'il se fût imbu de la philosophie grecque avant de chercher à renverser celle de Descartes.

Le Théétète et *le Phédon,* qu'il a traduits, ne laissent plus de doute sur ses intentions; le choix même de ces deux dialogues était significatif. Leibniz n'admettait pas que Descartes eût donné la véritable démonstration de l'immortalité de l'âme, il allait même jusqu'à dire que celle qu'il avait laissée n'était qu'un leurre pour les simples, et il interprétait *le Phédon,* c'est-à-dire le Dialogue sur l'immortalité de l'âme, et le plaidoyer le plus énergique qui se soit jamais élevé en sa faveur. Leibniz voyait sortir de la philosophie cartésienne, à mon avis mal comprise, une sophistique et un sensualisme nouveaux qui menaçaient la cause de la bonne et saine philosophie, et il traduisait *le Théétète,* c'est-à-dire l'un des dialogues où Socrate a lutté avec le plus de vigueur contre les sophistes aux mains desquels il veut arracher la jeunesse, et celui même où il agite la question de savoir si la science n'est que la sensation, comme l'entendait Locke, ce successeur de Protagoras.

En voyant Leibniz traduire ces dialogues avec amour et avec un soin de la forme qui ne lui était pas ordinaire dans un siècle où la philosophie grecque était méprisée, et où Malebranche s'étonnait qu'on parlât du divin Platon, il fallait qu'il eût quelque puissant motif de s'appliquer à cet auteur, et l'on sent qu'il jugeait nécessaire de répandre la connaissance de ses écrits pour ébranler l'autorité de Descartes qui devenait tous les jours plus impérieuse. Voilà pourquoi ni le nombre et l'ampleur de Platon, ni le tour si rapide de sa phrase, ni les vives clartés et les lumières de son discours qui effrayaient Cicéron, ne le détournèrent point de sa difficile entreprise. Cicéron, plus rhéteur que philosophe, craignait d'être vaincu en abondance et en ressources de bien dire. Leibniz, plus philosophe que rhéteur, le traduit, l'abrége même; il sait qu'il peut resserrer l'abondance de Platon sans danger, et qu'on verra mieux ainsi les précisions ou les inexactitudes de ses preuves dégagées de la pompe du style et réduites à leur expression rigoureuse.

Pour faire revivre Platon, il fallait non-seulement s'inspirer de ses écrits, mais pour ainsi dire se transformer en lui. Il est très-probable que ces deux dialogues devaient, dans la pensée du traducteur, servir à l'éducation de quelque jeune prince (¹). Il y a même un passage du *Théétète* qui semble une allusion pleine de finesse à ce disciple, dont il était fier. Platon vou-

---

(¹) Il y avait alors dans les cours d'Allemagne et surtout dans celle de Brunswick, à laquelle appartenait Leibniz par sa nouvelle charge, un goût des lettres et de la philosophie qu'il contribua même à répandre en y formant des élèves.

lant rendre tout ce qu'il y a de douceur et de grâce encore flexible dans l'âme d'un enfant docile et soumis à ses maîtres, recourt à une image qui rappelle l'Attique et ses bois d'oliviers. « Ce jeune homme, dit-il, en montrant Théétète qui revient de la palestre, marche à la science avec tant de douceur et d'une allure si dégagée, qu'on dirait les flots tranquilles et doux d'une huile qui se répand avec abondance et facilité. » Leibniz a traduit heureusement : *Hic vero ita suaviter et expedite ad disciplinas graditur, ut ne clubricus quietusque olei fluctus mollior videatur* ([1]). Mais si ce passage fait penser à son jeune disciple, n'est-ce pas surtout parce que Leibniz s'est mis lui-même à la place de Socrate ? Evidemment ce n'est plus ici Leibniz dissertant avec des savants dans un idiome barbare et scolastique, c'est Socrate lui-même aimant les enfants, et exerçant, comme il le dit quelques lignes plus bas, l'art d'accoucher leurs jeunes âmes.

Vous connaissez cette belle page du même dialogue où Socrate compare les politiques et les philosophes, et où il montre les premiers si ardents au forum, si habiles à manier les affaires publiques, faibles et déconcertés, inquiets comme des enfants, et forcés de payer rançon aux seconds, dès qu'il s'agit de la conduite de la vie, du bonheur ou de la mort. Cette page est si belle que Leibniz ne peut résister, nous dit-il ([2]), au plaisir de la donner en entier, même dans un abrégé. Mais ne voyez-vous pas encore ici reparaître sous les traits de Socrate le philosophe moderne, montrant à son élève la

[1] Voir p. 99.
[2] Voir p. 119.

supériorité de la philosophie sur la politique, et le besoin pour les princes de s'inspirer de ses leçons? Représentez-vous Bossuet écrivant pour l'enseignement du dauphin, Fénelon soumettant au duc de Beauvilliers un projet de dialogue pour le jeune duc de Bourgogne; je doute qu'ils eussent trouvé un enseignement plus socratique, et déguisé d'une façon plus aimable les sévères leçons de la philosophie.

Ceux qui nient l'influence directe et décisive qu'exerça Platon sur Leibniz ne pourront lire l'abrégé du *Phédon* sans être frappés de ces rapports qu'ils avaient méconnus. Qu'ils se représentent seulement la situation d'esprit de ce philosophe vers l'époque où il traduisit ce dialogue (1). C'était peu de temps après son retour de France, où il avait pu voir quels progrès faisait la philosophie de Descartes, et vers l'époque où vient se placer l'aveu qu'il fait à Montmort : « Enfin le mécanisme, c'est-à-dire la physique cartésienne prévalut. » Jeté par la lecture de ses livres dans de sérieuses perplexités, et déjà même ne pouvant plus se soustraire à cette autorité si impérieuse, il va peut-être, infidèle à sa vocation philosophique, suivre un maître que ses instincts repoussent. Mais les dialogues de Platon qu'il avait lus plus jeune lui reviennent en mémoire, et il en choisit deux pour les traduire.

---

(1) Ce fut en 1676, au mois de mars. Cette date est indiquée par Leibniz en tête du *Phédon*. Elle prouve que ses études platoniciennes furent antérieures au développement de son système, et qu'elles font partie des *sources* de sa philosophie. En effet, en 1676, Leibniz atteignait sa trentième année : c'est donc bien une étude préparatoire et non pas un fruit de son âge mûr, ou un travail postérieur à ses réformes.

Ce fut comme un trait de lumière qui le décida. Alors, c'est lui-même qui le dit, il vit ce qui manquait à Descartes, et il jugea que ce ne serait pas trop de consacrer une grande partie de sa carrière philosophique à réhabiliter ce qu'il avait dédaigné, à restituer ce qu'il avait banni, je veux parler de ces formes, de ces lois, de ces causes finales impitoyablement exclues par Descartes, et retrouvées dans Platon par Leibniz. Il y a dans le *Phédon* un passage que, dans la disposition d'esprit où il se trouvait alors, il ne pouvait pas lire, qu'il n'a pas traduit, j'en ai la preuve, sans en être frappé. C'est Socrate qui parle : « Comme je repassais souvent ces choses en moi-même, il arriva par hasard que j'entendis parler des livres d'Anaxagore, qui enseignait que l'esprit donne à toutes choses l'ornement et en est la cause..... Mais lorsque j'eus trouvé les livres d'Anaxagore, je fus bien déçu de mes espérances, car il ne se servait pas de l'esprit et de l'ornement des choses pour en expliquer le progrès; mais il recourait à un mélange d'éther, d'eau et d'air : comme si quelqu'un venait dire que je fais tout avec intelligence et que pour en donner la raison il dit que je suis assis ici pour reposer mes os et mes nerfs, qu'il vînt à décrire ma manière d'être assis ou que pour expliquer la cause de notre entretien, il en oubliât les vraies et les cherchât dans l'air ou dans la voix; ou bien que les Athéniens ont jugé qu'il était mieux de me condamner et que moi j'ai trouvé qu'il était mieux d'être assis sur ce lit. Déjà certes ces nerfs et ces os se trouveraient à Mégare ou en Béotie, d'autant, ce qui est tout à fait pour le mieux, que le choix m'en avait été laissé, si je n'avais pensé qu'il était plus juste et plus honnête de supporter les peines, quelles qu'elles soient, que la patrie exige de moi, que de m'enfuir et de vivre dans l'exil..... Voyant donc que je ne pouvais me satisfaire par moi-même..... j'entrepris une autre traversée ([1]). »

N'est-ce pas sa propre histoire que Leibniz retrouvait dans le *Phédon*? Lui aussi, il avait, au sortir des écoles, rencontré un maître, admiré et suivi de tous, dont il avait feuilleté les livres, et il se voyait maintenant comme Socrate, après les avoir lus, forcé d'entreprendre une seconde traversée. Dans la situation d'esprit où se trouvait Leibniz par rapport à Descartes, ces rapprochements qui paraissent fortuits au vulgaire, mais qui ne le sont jamais pour le vrai philosophe, devaient singulièrement l'affermir et l'éclairer dans son entreprise.

Ce n'est pas d'ailleurs une conjecture gratuite, c'est le témoignage même de Leibniz dont nous nous servons. Comment douter que l'étude approfondie de ce dialogue n'ait été l'événement qui le ramena du mécanisme d'un nouvel Anaxagore, quand lui-même nous indique la voie qu'il a suivie, quand nous voyons pour ainsi dire travailler sa pensée sur ce passage du *Phédon* et son ardeur s'allumer à celle de Socrate. Il nous dit que c'est la lecture de ce morceau qui l'a retiré « du nombre de ces philosophes trop matériels, desquels il n'exceptait point Descartes » ; que c'est Platon qui lui a enseigné « à faire couler les ruisseaux de la philosophie de la fontaine des attributs de Dieu ([2]). » Et comme s'il eût craint de ne pas assez reconnaître ce qu'il lui devait, il saisit toutes les

---

([1]) Voir page 78 et suivantes le texte latin de Leibniz et la suite de ce morceau.

([2]) *Leibnizii Opera*. Erdmann, p. 106.

occasions de citer ce merveilleux passage et de l'expliquer. J'ai relevé jusqu'à cinq endroits de ses écrits où il l'a reproduit. C'est d'abord dans une lettre à Foucher qui lui répond : « Vous avez fort bien rapporté un trait de Platon et à mon gré vous l'avez fort bien tourné : *An potest aliquid exire à fonte Platonico quod non sit divinum* ([1]) ? » C'est ensuite dans une de ses lettres à Bayle, qui roule sur l'explication des lois de la nature et où, non content de citer Platon, il en tire les inductions les plus fortes contre la philosophie de Descartes et en faveur des causes finales qu'il avait bannies ([2]). Mais qu'avons-nous besoin d'autres preuves que celles tirées des pièces mêmes que nous produisons? Vous trouverez, dans une lettre qui fait partie de ce recueil ([3]), ces paroles significatives : « Descartes retranche de la philosophie la recherche des causes finales, au lieu que Platon a si bien fait voir que si Dieu est l'auteur des choses et que si Dieu agit suivant la sagesse, la véritable physique est de savoir les fins et l'usage des choses. » Le sommaire de la correspondance avec Arnauld n'est pas moins explicite. Il contient deux articles relatifs à la renaissance de la philosophie de Platon ([4]). Et enfin le discours de Métaphysique qui présageait toutes ses réformes s'appuie pour opérer celle-ci sur ce même passage tant cité ([5]).

Ainsi Leibniz voulait relever la philosophie de Platon

([1]) Lettres et opusc. inédits, p. 105.

([2]) Erdmann, p. 100.

([3]) Page 5.

([4]) Page 208, n° 20, passage mémorable de Socrate dans le *Phédon* de Platon contre les philosophes trop matériels.

([5]) Page 355. Cela me fait souvenir d'un beau passage de Socrate

et l'opposer à celle de Descartes. Nous suivons dans ses écrits la trace de ses études platoniciennes : non-seulement il s'entourait de ses écrits, mais il avait voulu connaître les travaux de ses devanciers. Il avait consulté, c'est lui-même qui nous l'apprend par une note [1], la version tant vantée de Marsile Ficin ; il y avait joint la paraphrase insignifiante de Théophile, qu'il avait trouvée bien indigne de la célébrité qu'elle avait eue autrefois en France [2]. Mais la version de Ficin ne lui avait pas paru un guide bien sûr. Il n'avait pas tardé à s'apercevoir de la faiblesse de cette première renaissance ; il la juge, dans une de ses lettres à Foucher, avec une sévérité et une exactitude critique qu'on n'a point surpassées :

« Ficinus et Patritius, dit-il, ont suivi Platon, mais mal, à mon avis, parce qu'ils se sont jetés sur les pensées hyperboliques et ont abandonné ce qui était plus simple et en même temps plus solide. Ficinus ne parle partout que d'idées, d'âme du monde, de nombres mystiques et choses semblables, au lieu de poursuivre les exactes définitions que Platon tâche de donner des notions [3]. »

C'est qu'il y a deux renaissances du platonisme : l'une toute d'ostentation qui ne consiste que dans la pompe des mots ; l'autre, plus sobre, plus socratique,

dans le *Phédon* de Platon, qui est merveilleusement conforme à mes sentiments sur ce point... Aussi ce rapport m'a donné envie de le traduire, quoiqu'il soit un peu long. Peut-être que cet échantillon pourra donner occasion à quelqu'un de nous faire part de quantité d'autres pensées belles et solides qui se trouvent dans les écrits de ce fameux auteur.

[1] Page 126.
[2] Page 45.
[3] Lettres et Opuscules inédits, 1re partie, 1854, p. 47.

mais aussi plus réelle, qui cherche dans Platon une philosophie exacte et solide, des commencements de définitions, des propositions non moins assurées que celles d'Euclide et d'assez beaux échantillons qu'il a donnés de la force de l'analyse des anciens. C'est cette étude plus sévère qu'il reproche à Ficin et à l'école de Careggi d'avoir abandonnée pour les pensées hyperboliques, et qu'il essaya de substituer aux trompeuses amorces de la première.

Mais ce jugement qu'il portait sur une renaissance du platonisme qui n'avait pas été sans éclat, il l'eût porté sans doute sur cette renaissance plus moderne dont nous fûmes témoins. Qu'avons-nous vu en effet? Nous avons vu des critiques qui se croyaient pénétrants louer sans réserve dans les néoplatoniciens d'Alexandrie ce que Leibniz condamnait dans Patritius et dans Ficin. On a essayé de remettre en honneur ces *idées*, ces *âmes du monde*, et ces *nombres mystiques* dont il avait fait justice. On a cherché des rapports subtils, mais faux, entre la triade des Alexandrins et la Trinité des chrétiens. On s'est perdu dans de fausses apparences; on s'est plongé dans les obscurités de la Gnose et de la Cabale; et, pendant qu'on essayait ainsi de ranimer je ne sais quel fantôme d'un Platonisme menteur, on a négligé ce travail plus réel et plus sérieux qu'indiquait Leibniz, et qui eût été de reprendre avec lui l'analyse des notions, commencée par Platon, mais abandonnée par ses disciples. En vérité, Leibniz, qui s'est montré sévère aux néoplatoniciens de la renaissance, n'eût pas épargné nos modernes Alexandrins. Ces mêmes principes d'exacte critique qui lui ont fait condamner les premiers se retournent contre les seconds. Ils le guideront dans sa réforme du Platonisme.

Pour lui, Platon est un génie merveilleux qui, sans avoir toute la méthode, en a eu des pressentiments et comme une intuition. Il a retrouvé, comme il le dit, certains dogmes cachés dans les replis de la conscience humaine, plus encore par la chaleur de son esprit et les élans de son âme que par une lumière constante et réfléchie : *ex calore magis et impetu quàm ex luce nata* (¹). Ces étonnantes anticipations de l'esprit grec n'avaient pas échappé à Leibniz. Platon a vu, nous dit-il, que la matière ou l'étendue seule ne suffit pas pour former une substance (²). Il a de plus, s'élevant au-dessus d'une sophistique vaine et contentieuse, retrouvé une marche naturelle pour arriver aux formes et aux idées : et, voyant sous le nom de réminiscence une vérité fondamentale de la philosophie, il a soutenu que les premières notions étaient innées.

On m'objecte qu'une différence réelle sépare les *types* de Platon et les *formes* de Leibniz, et j'ai moi-même énoncé cette différence, bien loin de la nier (³) : non, les formes éternelles de Platon ne sont pas les monades substantifiées de Leibniz ; les types et archetypes des

---

(¹) Lettre à Fardella, App., p. 560.

(²) Appendice, p. 256.

(³) Voyez l'introduction des lettres et opuscules inédits, p. xciv. L'auteur n'ayant pas encore à cette époque publié le résultat de ses recherches à Hannover sur les études platoniciennes de Leibniz, il n'est pas étonnant que M. Caro, dans la *Revue contemporaine*, et M. Erdmann dans celle de Halle, lui aient adressé quelques objections pleines de bienveillance sur ce Platonisme de Leibniz qu'ils ne pouvaient point connaître.

choses ne sont pas leur nature vivante. Les modèles sur lesquels elles sont formées diffèrent de ces sources d'action que Leibniz a appelées des entéléchies. Je sais même que, si l'on veut retrouver les idées de Platon dans la philosophie du temps, c'est Malebranche qui les rendrait telles qu'il les a reçues des mains d'Augustin, l'Oratoire est le sanctuaire qui en a gardé le plus fidèlement le dépôt. Et cependant Leibniz me paraît plus profondément initié à ce génie de la Grèce, que la renaissance avait fait reparaître dans la science et dans les lettres. C'est lui qui a le mieux deviné cette philosophie grecque qu'on ne savait point alors, et quand même il aurait voulu corriger Platon par Aristote et les scolastiques (¹), ce qu'il a observé n'en est pas moins vrai, que les principaux dogmes de sa philosophie s'y trouvent au moins dans leur germe. Cette grande pensée de Leibniz, qu'il y a de l'harmonie partout, remplissait Socrate d'un saint enthousiasme, dans le *Phèdre* et *le Banquet*. C'est les yeux fixés sur le type immuable de l'ordre que Platon dictait *la République* et *les Lois*. La recherche des causes finales, bannie des écoles d'Élée et d'Ionie, mais recommandée par Socrate, était rétablie par lui contre les philosophes trop matériels. Enfin, la région des possibles et le monde des idées se ressemblent. Le *Démiurge* reparaît agrandi dans cette raison architectonique des choses qu'inaugurait Leibniz (*intelligentia supra-mundana*). Et l'on ne saurait nier que tous deux par la fermeté de leurs principes ne se donnent la main à travers les siècles et ne soient unis contre les sophistes

---

(¹) Lettre de Leibniz, 25 juillet 1707, à Hanschius.

de tous les temps. Ainsi Leibniz, en cela bien différent de Descartes, qui méprisait les anciens, continuait Platon; mais, agrandi par les découvertes de l'esprit moderne, fortifié par une méthode plus sûre, il donnait, sous forme précise et claire, l'application de l'antique procédé qu'avait suivi son illustre devancier, bien plus par élan et par mouvement instinctif que par une marche raisonnée et une lumière réfléchie. Il trouvait l'instrument qu'avait manié Platon sans le connaître. Il donnait l'algorithme du merveilleux calcul dont il s'était servi par instinct.

Mais Leibniz est un esprit critique en même temps qu'un grand philosophe. Les courtes remarques qu'il a faites sur le *Phédon* et sur le *Théétète* le prouvent (1). J'en veux extraire une du *Phédon*, qui contient en quelques lignes une réfutation sommaire de la doctrine de la réminiscence, ce dogme si cher aux pythagoriciens qui l'alliaient à la métempsycose, et qui était passé de Pythagore à Platon. Il n'est pas sans intérêt de voir ce qu'en pensait Leibniz en présence de la prétention d'une secte moderne qui cherche à relever cette doctrine en s'appuyant sur lui. M. Jean Reynaud paraît croire que Leibniz était favorable à la métempsycose, et

---

(1) Ces notes sont de trois sortes : les unes ont pour objet d'indiquer les sources où il a puisé, ou de donner des indications biographiques sur les personnages des dialogues; d'autres indiquent les endroits où il est embarrassé, ceux qu'il ne comprend pas; car Leibniz ne croyait pas tout comprendre dans Platon, et il le trouvait difficile. Une troisième catégorie renferme ces remarques plus purement philosophiques dont nous voulons donner un échantillon.

par conséquent aussi à la réminiscence (¹). Il est bien évident, en effet, que pour se ressouvenir d'une vie antérieure il faut l'avoir vécue dans un corps, dans un temps et sous une forme différente de celle que nous avons depuis revêtue. La réminiscence suppose donc toujours la préexistence de l'être dans le passé et sa métempsycose. Si telle est l'opinion de Leibniz, il faut avouer que jamais plus belle occasion ne s'est rencontrée de l'exprimer. Socrate, dans une partie du dialogue, expose ce dogme et reçoit les éloges de Simmias, qui le félicite de s'en être tiré à merveille. Le résumé de sa discussion se trouve dans ces trois mots, courts et énergiques, qui expriment bien la rapidité même de l'opération de l'esprit qu'il suppose : *On a vu, on oublie et on se ressouvient*. Ainsi il est évident que nous avons la science infuse avant de naître. Sans doute, si Platon entendait par là que nous apportons en naissant certains germes de science qui se développent comme le feu caché dans le caillou, Leibniz se trouverait d'accord avec lui. Aussi la note qu'il consacre à la critique de la réminiscence platonicienne commence par reconnaître ce qu'il y a d'exact dans Platon. « Il y a de solides vérités dans ce qui précède, dit-il ; il est évident qu'il y a en nous certaines perceptions du même, de l'égalité, etc., qui ne viennent pas des sens (²). » Voilà la part de vérité que renferment le Platonisme et la théorie des idées ; voilà aussi dans Leibniz, dès 1676, c'est-à-dire vingt-huit ans avant ses nouveaux *Essais sur*

(¹) L'auteur de *Ciel et Terre*, passim.
(²) Pars hactenus dictorum solida est : ejusdem, æqualis, etc., esse quasdam in nobis perceptiones a sensibus non acceptas certum est. Page 60.

Locke, les principaux traits de sa doctrine des idées innées. Mais écoutez la suite : « Quant aux propositions que nous formons de ces notions ou de ces idées et que nous apprenons de nous-mêmes, il n'est pas nécessaire que nous les ayons sues autrefois, car il s'ensuivrait que la découverte de nouveaux théorèmes nous serait impossible si nous ne les avions sus antérieurement, tandis que l'usage de nouveaux caractères est une marque de la nouveauté des théorèmes ([1]). »

Cette seconde partie de la note nous paraît renfermer une critique tout à la fois très-juste et très-neuve du dogme de la réminiscence.

D'abord distinguer entre les notions ou idées qui sont les fondements des jugements que nous portons et les propositions ou notions secondaires qui sont formées de ces idées, c'est la seule manière de faire cesser la querelle entre les partisans et les adversaires des idées innées. Ce qui est inné, en effet, ce n'est pas la science, ce n'est pas telle ou telle proposition d'Euclide, c'est le germe de cette science, ce sont les fondements de cette proposition. Voilà ce que nous avons reçu, voilà ce que nous n'avons pas inventé. Mais s'ensuit-il qu'il faille par un système de réminiscence qui assimile la science au souvenir et qui fait de la raison, véritable principe de ces acquisitions successives de l'esprit, une sorte de

---

([1]) Sed propositiones quas ex his notitiis sive ideis ducimus discimusque à nobis ipsis, eas necesse non est nos olim jam scivisse, sequeretur enim ne nova quidem theoremata à nobis inveniri posse, quæ non jam anteà sciverimus, cùm tamen novorum characterum usus nova exhibeat theoremata. (*Nota Leibnizii manu exarata*, p. 60.)

mémoire qui n'est que le dépôt des données et le magasin de nos trésors, qu'il faille, dis-je, étouffer l'originalité de l'esprit, et dire qu'il est incapable d'inventer, de trouver par lui-même. Leibniz ne le croit pas. L'usage de nouveaux caractères est pour lui la preuve que nous sommes inventeurs. Ce sont, en effet, les signes de nos idées; en se combinant, ils donnent naissance à diverses propositions qui s'y trouvent comme enveloppées [1]. L'invention des caractères est donc bien la marque de la nouveauté des théorèmes : allusion évidente au calcul que Leibniz avait découvert, et à son algorithme dont il se servait pour réfuter la réminiscence de Platon. La découverte du calcul infinitésimal, qui analysait les mouvements et les formes et transformait la géométrie, celle de l'algèbre, qui exprime par de nouveaux caractères des rapports de grandeur, et enfin cette caractéristique ou langue générale qu'il méditait alors, dont le principe était que tout repose sur les idées, prouvaient bien que l'esprit de l'homme est inventeur. Les acquisitions de mots nouveaux dont les langues s'enrichissent sont une preuve de plus à opposer tout à la fois aux partisans du dogme de la réminiscence et à ses adversaires déclarés, les *traditionnalistes* [2].

---

[1] On peut consulter avec fruit sur ce sujet une dissertation de Leibniz qu'on trouvera dans Erdmann, n° vii. *De Connexione inter res et verba*.

[2] Les traditionnalistes sont, comme on sait, pour la table rase d'Aristote. Il eût été plus conséquent peut-être, pour ces partisans d'une tradition de laquelle nous avons tout reçu, d'admettre le dogme de la réminiscence. La mémoire devrait jouer un grand

Cette note indique la juste mesure dans laquelle on peut dire que Leibniz est platonicien, et qu'il travaille à la renaissance de l'hellénisme. Elle prouve, en second lieu, que si Leibniz était nominaliste, il avait cessé de l'être près de trente ans avant ses *Nouveaux Essais sur l'entendement*. Elle prouve enfin, contre M. Reynaud, que Leibniz n'admet pas la métempsycose, puisqu'il combat la réminiscence.

Je pourrais multiplier ces citations de notes inédites tirées des deux dialogues qu'il a traduits; elles prouveraient toute la justesse de son esprit et la finesse de ses observations critiques. C'est ainsi qu'il remarque, au sujet d'un passage du *Théétète*, l'espèce d'affinité qui existait entre Parménide et Platon. La critique a depuis pleinement confirmé la conjecture de Leibniz, en montrant que Platon, ordinairement si tranchant avec les philosophes antérieurs, était, au contraire, très-réservé et plein d'égards quand il s'agissait d'Élée et de son fondateur, qu'il va même jusqu'au respect et à l'admiration, qu'il l'appelle enfin *le grand Parménide*, ὁ μέγας Παρμενίδης ([1]). Rien ne lui échappe des intentions de son auteur, il remarque que Platon, voulant faire croire à l'esprit prophétique de son maître, lui fait prédire la mort d'Evenus qui n'arriva qu'après la sienne ([2]).

Le Théétète, ce dialogue spécial et d'un genre plus sé-

rôle dans un système qui nous fait remonter si haut; mais il eût fallu, avec la réminiscence, admettre la métempsycose, qui en est le corollaire indispensable. C'est l'unique secret de la préférence qu'ils accordent à Aristote.

([1]) Page 124, en note.
([2]) Page 46 en note.

vère que le *Phédon*, puisqu'il roule tout entier sur le but et l'objet de la science, ne paraît pas avoir entièrement satisfait Leibniz. Déjà il avait noté certains passages dont il ne voyait pas suffisamment la liaison, certaines difficultés dont Platon, à son avis, se tire assez mal. Mais nulle part la profondeur et la subtilité de son esprit n'éclatent davantage qu'au sujet d'un des passages les plus difficiles et les plus embrouillés de ce dialogue. Il s'agit d'une thèse que Socrate propose insidieusement comme sienne, et qu'il entreprend de réfuter aussitôt que son interlocuteur a donné dans le piége. Cette thèse est celle des *éléments*. Socrate a prouvé contre Protagoras que la science n'est pas la sensation, contre Théétète qu'elle n'est pas une opinion vraie. Reste une troisième hypothèse. La science n'est-elle pas une opinion vraie, fondée en raison? μετὰ λόγου ἀληθὴς δόξα. C'est au début de cette troisième et importante partie du dialogue qu'apparaît pour être réfutée une doctrine assurément fort ancienne, puisque Leibniz nous apprend dans une note qu'on l'attribuait à Prodicus de Théos. La thèse des éléments consiste à dire que les premiers éléments dont les choses sont formées n'admettent pas la raison, que chacun d'eux pris séparément ne peut pas se nommer, qu'il est impossible d'en rien dire, pas même qu'il est. Ces éléments dont les syllabes, les mots et les phrases, les parties du corps humain et l'être lui-même, toutes choses enfin sont formées, éléments dont les sens nous attesteraient la présence, mais que la raison serait incapable d'atteindre, sont relégués par Socrate parmi les chimères. « Si l'on ne connaît pas le simple, dit-il, comment connaîtrait-on le composé, et si l'on connaît le composé, on doit pouvoir connaître ses éléments. » Mais Leibniz ne partage pas le mépris de Socrate, et déclare même que cette thèse est considérable si on la prend bien, *si recte explicetur* (¹). Il trouve que Platon ne la réfute pas assez à fond; il le blâme presque de n'en pas saisir toute la portée et il indique en deux mots la réponse qu'on peut faire à sa critique. Vous n'admettez pas dans les choses de derniers ou plutôt de premiers éléments qu'on ne peut énoncer ni définir, c'est-à-dire qui échappent à l'analyse par leur simplicité même. Vous croyez que ces choses seront inconnues si on ne peut les définir et en donner le rapport, et vous ajoutez qu'il est absurde de dire que l'on connaît la première syllabe du nom de *Socrate*, et qu'on n'en connaît pas les deux éléments S et O. Mais votre erreur est de croire que ces éléments ne seront point connus, parce qu'on ne saurait les définir et qu'on n'en peut fixer le rapport. Les axiomes ne souffrent point de définition et les irrationnels dans les nombres n'ont point de rapports; mais les axiomes et les incomparables ne sont pas exclusivement du domaine de la géométrie. Vous poursuivez et vous dites : Celui qui ignorerait les parties, comment connaîtrait-il le tout? Mais les simples, bien qu'ils entrent dans les composés, ne sont point les parties de ces touts; ils en sont les éléments, ce qui est bien différent; et vous-même reconnaissez quelques lignes plus loin que les éléments sont quelque chose de simple et d'indivisible : ce ne sont donc point des parties. Il ne faut donc pas se presser de rejeter les éléments de la science à cause de leur simplicité même par laquelle ils

---

(¹) Voir page 138, en note.

échappent à la science. Vous dites, en second lieu, qu'il ne suffirait pas de les connaître, qu'il faut encore en connaître la situation. Qu'est-ce donc s'il y a une analyse plus parfaite que l'algèbre qui exprime directement la situation, comme l'algèbre exprime la grandeur, de telle sorte que vous connaissiez tout à la fois et les éléments et leur ordre. Or, dans le calcul symbolique, quand on connaît tous les éléments, peu importe l'ordre dans lequel ils sont connus, ainsi les rectangles AB et BA sont pareils, et par conséquent l'objection de Socrate ne paraît pas décisive (¹). Leibniz, en faisant intervenir ici ses recherches sur *la caractéristique des situations* (²), cherche à transfigurer la thèse sophistique de Prodicus de Théos. Qu'avait-il vu dans cette thèse ? Sans doute un premier crayon de son système futur : ces petits éléments, qu'à cause de leur simplicité on ne peut pas connaître, qui sont indivisibles, mais qui entrent dans tous les composés, lui paraissaient moins éloignés de ses monades qu'on n'eût pu le croire ; il s'intéresse à ce premier essai d'analyse, si imparfait et si attaquable qu'il soit. C'était sa méthode. Il n'y a pas de croyance négligée chez les anciens philosophes, point de si in-

---

(¹) Voici cette note de Leibniz qu'on trouvera à la page 142 :
« Opinionem de elementis non satis refellit. Nam et situs est inter cogitandi elementa. Omnibus autem elementis cognitis nihil referet quo ipsa situ noscantur, et rectangulum AB et BA in calculo symbolico idem est. »

(²) Voir pour cette caractéristique des situations sa correspondance avec Hugens, publiée par Gehardt, p. 50. En rapprochant les dates, on voit que cet essai de caractéristique remonte à l'époque où il étudiait Platon. Il serait curieux qu'une objection de Socrate dans le *Théétète* eût influé sur les recherches mathématiques.

formes essais dans le passé qui ne lui attestent l'effort de l'esprit. Il trouvait ce mouvement jusque chez les Arabes, en Orient; il le pressentait chez les Chinois eux-mêmes, et il le devinait dans les pays les moins connus des voyageurs. Une simple note ajoutée par lui au dialogue du *Théétète* vient de nous prouver qu'il l'avait retrouvé dans Platon, qu'il le pressentait dans cette philosophie antérieure ou contemporaine dont les germes se trouvent enveloppés dans les immortels dialogues.

Leibniz n'est pas un éclectique qui effleure les différents systèmes et emprunte à chacun quelques idées neuves ; c'est un vigoureux esprit qui pénètre et devine pour ainsi dire les philosophies. Il a observé le mouvement général de l'esprit humain, et il s'est aperçu qu'il peut être ramené sous l'infinie variété de ses formes à quelques principes communs. Les philosophies sont nées du besoin de réduire les choses aux premiers éléments. L'*Atome* de Démocrite, le *Un* de Parménide, l'*Entéléchie* d'Aristote, l'*Idée* de Platon, expriment la même tendance. Nombres, idées, atomes, infiniment petits sont les degrés plus ou moins savants, plus ou moins élevés par lesquels l'esprit humain monte à la connaissance de l'invisible. Il appartenait au génie si riche et si varié de la Grèce de le poursuivre sous toutes ses formes et de montrer toutes les faces de ce problème. Parménide, Démocrite, Héraclite, Aristote et Platon sont les types divers de l'esprit à la recherche de sa méthode. Mais Platon est le plus grand. D'abord, il résume à lui seul les philosophes antérieurs, il montre leurs différentes tendances; ce que nous savons d'eux est tiré de ses écrits. Mais Platon lui-même a en quelque sorte vécu dans un monde antérieur à la vérité, et par un mirage trompeur il croit qu'il suffit de se souvenir pour parvenir à l'acquisition de la science. De là ce retour vers un passé ténébreux dont l'homme n'a point de conscience. De là cette fable de je ne sais quel continent perdu, d'une Atlantide imaginaire pour laquelle il écrit *la République* et *les Lois*. De là aussi ces migrations des âmes, ces métempsycoses qui nous font passer d'un corps dans un autre, et ces bizarres formules du *Timée* pour composer les êtres. Leibniz a dissipé les ombres qui lui sont restées de la caverne; il a tiré de ces fables et de ces erreurs la part de vérité qu'elles contiennent, et en a rejeté tout le reste. Sous le voile de la réminiscence, il a retrouvé l'innéité, c'est-à-dire la force spontanée de l'esprit. Sous la grossière enveloppe de la métempsycose, il a su lire la loi du changement des êtres et calculer la vie. Platon n'a pas une géométrie entière. On y trouve des commencements, on y chercherait en vain des précisions sur les sciences depuis l'optique et l'acoustique, et d'imparfaites notions d'astronomie jusqu'à la physiologie et à la pathologie qu'il a le premier appliquées à la philosophie (¹). Leibniz, plus exact, est entré comme lui dans la voie des sciences comparées, mais c'était pour arriver à la source des inventions utiles, et à cette science cachée qu'Aristote, déjà plus sévère que son maître, appelait τὴν ζητουμένην, *celle que l'on désire*. C'est cette dialectique plus parfaite, et cette analyse plus achevée dont nous étudierons les progrès dans Leibniz, qui continuera Platon, mais en le transformant.

(¹) Dans le *Timée*.

II.

La vie de Leibniz a justement préoccupé les historiens de la philosophie, et pouvait être une source d'informations utiles à la connaissance de son système; mais cette vie est surtout l'histoire de sa pensée, et cette histoire ne pouvait être écrite que par lui-même. On trouvera dans ce recueil trois nouvelles pièces émanées de lui qui contiennent sur sa personne et sur sa jeunesse des détails caractéristiques. Le premier de ces écrits, intitulé *Vita Leibnizii, à se ipso breviter delineata*, est un fragment d'autobiographie retrouvé dans la bibliothèque de Hannover, et très-propre à nous faire démêler, dans Leibniz encore jeune, les principaux traits de l'homme et du philosophe (1).

Pour ainsi dire oublié dans la bibliothèque de son père, il y était tombé sur Tite-Live, et par un de ces prodiges qui rappellent Pascal, il était parvenu à le comprendre dans le texte latin sans en savoir la langue. Là-dessus, grande fureur du pédant qui veillait sur lui, et qui, mesurant tous les esprits à une même aune, ne pouvait pas admettre qu'un enfant lût Tite-Live. Il vint trouver les parents, s'écria que c'était un brouillon, que Tite-Live était fait pour lui comme un cothurne pour un pygmée; qu'il fallait le remettre aux éléments et au petit catéchisme. « Par bonheur, dit Leibniz, un de nos voi-

---

(1) Il faut y joindre cet étonnant portrait qu'il a tracé de lui-même avec une précision et une sincérité toutes philosophiques. Il semble vouloir épargner au peintre et à l'historien le soin de rechercher les traits de sa figure ou ceux de son esprit. App., p. 388.

sins, noble et instruit, étoit présent à cette scène, et prit ma défense. Il se récria contre le zèle du pédant, et m'ouvrit même sa bibliothèque. Mon cœur, à cette nouvelle, battit comme si j'avois trouvé un trésor. J'allois donc voir ces grands hommes de l'antiquité, que je ne connaissois que de nom, et que j'avois tant désiré de voir : Cicéron, Quintilien, Sénèque, Pline, Hérodote, Xénophon, Platon et les Pères de l'Eglise grecque et latine ! Avec quel amour je les ouvrois au hasard ! Comme je prenois goût à cette admirable variété des choses (1) ! »

En entendant Leibniz reconnaître que cette première vue de l'antiquité profane et sacrée fut pour lui comme une révélation, on sera moins disposé peut-être à retrancher des études cette famille de grands esprits qui furent les objets de la vénération et de l'amour de tous les grands hommes. Je sais qu'il ne manque pas de gens qui nous envient ces trésors, qui voudraient condamner au feu tous ces livres, et nous ramener à la sainte barbarie d'une pieuse ignorance. Ils oublient que, pour devenir un *ancien*, il faut avoir un don qu'on ne saurait perdre, celui de l'immortalité. Je sais encore que l'on maudit les beaux génies de la renaissance qui ont transfiguré l'antiquité à nos yeux ; qu'on les appelle des corrupteurs de la jeunesse, des païens, et qu'on prétend s'en passer. Ceux qui parlent ainsi ont raison, s'ils veulent énerver l'esprit humain en le privant d'une partie de ses forces. Mais leur prétention n'est pas nouvelle. Déjà, du temps de Leibniz, il était de mode de rejeter les anciens. Ces hommes, presque divins, qui mènent le chœur des

---

(1) P. 380.

poëtes, des philosophes et des historiens de tous les temps et de tous les pays, éconduits par Descartes, avaient perdu leur autorité si puissante sur les esprits. Que nos rigides censeurs de l'antiquité entrent donc dans cette bibliothèque de Leipzig, où il semble que la voix qu'entendit Augustin : *Tolle, lege*, poussait Leibniz devant les rayons chargés de livres. Qu'ils assistent à ses premières conversations avec les plus beaux génies de la Grèce et de Rome ; qu'ils l'entendent s'écrier : « Avec quel amour je les ouvrais au hasard ! Comme je me délectais de leur admirable variété ! » Et qu'ils disent, après cela, que l'amour des lettres grecques et latines n'est pas le foyer des grandes pensées, et un des ressorts de l'esprit.

Mais lorsque ces premiers mouvements furent calmés, ce penchant si vif devint un amour raisonné. Ce n'était pas ce que Malebranche appelle le faux et lâche respect que les hommes portent aux anciens, ni cette lecture indiscrète des auteurs qui préoccupe l'esprit sans nous instruire. Il aimait surtout dans les anciens ce qui les rend supérieurs aux modernes, *la clarté dans l'expression et l'utilité dans les choses*. C'est ainsi que se forma chez lui le jugement, qui n'est qu'une perception claire, et la faculté d'invention, cette industrie merveilleuse de l'esprit dont le désir de se rendre utile est le principe et qui est la mère de tous les arts.

Quand il sortit, à quinze ans, de la bibliothèque de son père pour aller aux Universités, il étonna ses maîtres par la variété de ses connaissances. Ses amis craignirent d'abord qu'il n'abandonnât l'étude pour les Muses. Mais il se remit au travail, et ce fut sur la logique

et la scolastique qu'il porta cette ardeur nouvelle. « Ceux qui prenoient soin de mon éducation, dit-
« il (et que de remerciements je leur dois de s'en être
« mêlés le moins possible !), après avoir craint que je n'a-
« bandonnasse tout pour les Muses, me voyoient mainte-
« nant avec frayeur m'enfoncer dans les subtilités de la
« scolastique. Ils ne savoient pas que l'âme ne sauroit se
« contenter d'un seul objet (¹) ! »

Déjà notre jeune philosophe se voyait jeté, par ses études, dans de sérieuses perplexités. On montre encore, près de Leipzig, le bois du Rosenthal, où il se promenait seul à l'âge de quinze ans, pour délibérer s'il garderait les formes substantielles. Ses doutes, ses hésitations de jeune homme, ses promenades solitaires, où il agitait tout seul la question des formes substantielles, l'abandon momentané qu'il en fait pour y revenir plus tard, prouvent qu'il sut méditer de bonne heure et présageaient ses réformes.

« J'atteignis ainsi ma dix-septième année, heureux de
« cette liberté qu'on m'avoit laissée pour mes études et
« qui m'avoit conquis partout la première place dans les
« écoles, l'estime de mes maîtres et l'amitié de mes ca-
« marades. Le moment étoit venu de se consulter sur le
« genre de vie qu'il étoit mieux de suivre. L'époque de
« la *promotion* approchoit. Je voyois, si j'obtenois le di-
« plôme de docteur, dans un âge aussi tendre, que ma
« fortune étoit assurée ; mais une cabale contre les jeu-
« nes docteurs fit retarder la promotion. Et me voyant
« frustré de mes légitimes espérances, je tournai mon

(¹) P. 581.

« esprit ailleurs et me mis à voyager. Je ne pouvois
« souffrir cette maxime bourgeoise qui nous cloue, pour
« ainsi dire, au lieu de la naissance. Mon âme ardente
« ne respiroit que pour la gloire des lettres, la connois-
« sance des pays étrangers et celle des sciences. C'est
« vers cette époque que parut ma dissertation de l'art
« combinatoire, que Kircher et Bayle approuvèrent.
« L'année suivante, je pris le grade de docteur à Nurem-
« berg, avec l'applaudissement général. On me fit rougir
« par les éloges qu'on me décerna dans cette circon-
« stance. Dilher, métropolitain de cette ville, vint m'of-
« frir, au nom du Conseil, une place de professeur.
« J'avois bien d'autres desseins en tête[1]! »

Ces projets, qu'il commence à expliquer à la page suivante, ne nous sont pas tous connus ; le manuscrit s'arrête tout à coup, et nous sommes réduits aux conjectures sur l'époque qui suivit sa vingtième année. Toutefois, si l'on réunit les principaux traits de la jeunesse de Leibniz, racontée par lui, la vivacité et l'étendue de l'imagination qui lui faisaient changer si souvent les objets de ses études, cette âme ardente qui ne respirait que pour la gloire des lettres et des sciences, cet esprit pénétrant et inventif, cette sagacité profonde qui dénotait en lui le philosophe, enfin ce monde en raccourci dans une seule âme, on est ébloui de ces lueurs si vives concentrées dans ce miroir exact et vivant de l'univers : et l'on croit voir scintiller dans l'espace ce signe du *Microcosme*, ou du Monde en petit, symbole transparent des monades, qui luisait aux yeux étonnés

[1] P. 384, sq.

de Gœthe dans la nuit profonde et provoquait le *Faust* (¹). Mais on voit aussi le principal défaut de ce génie impatient de la règle et qui ne saura point se contenir; il y avait quelque chose d'excessif et de gigantesque dans son esprit. Comme ces conquérants, pressés d'étendre leur empire et de gagner de nouvelles provinces, Leibniz aspirait déjà à reculer les frontières de toutes les sciences, et se montrait impatient de celles que Descartes avait tracées.

III.

J'aperçois la trace d'une hardiesse et d'une indépendance de pensée peu commune dans l'un des documents que nous publions. Pour que Leibniz à vingt-quatre ans ait médité le projet dont il entretient l'un de ses correspondants, de réformer la politique, la morale et la jurisprudence, il fallait en effet une confiance absolue dans les forces de la raison. Il était beau sans doute pour un philosophe d'entreprendre de soumettre les sciences sociales et politiques à la philosophie, de chercher à étendre de plus en plus le gouvernement de la raison parmi les hommes, et à extirper de son pays les restes d'une barbarie qui s'était continuée dans les lois, dans les coutumes et jusque dans l'enseignement. Mais comment aussi ne pas être frappé de ce je ne sais quoi de

---

(¹) Voir ce magnifique préambule du premier *Faust*, où il évoque tour à tour le signe de Microcosme, et celui de l'Esprit de la terre, symboles transparents des deux philosophies qui ont le plus agi sur les destinées de l'Allemagne : l'une, celle de Leibniz, pour provoquer, l'autre, celle de Spinosa, pour arrêter son action.

gigantesque, qui lui faisait à vingt-quatre ans, avant même qu'il eût pu prétendre à la gloire plus solide des découvertes, agiter la réforme de son pays, réforme immense, si l'on considère la variété des objets qu'elle embrassait et le nombre des obstacles qu'il fallait surmonter pour l'accomplir?

La réforme du droit fut la première qu'il tenta. Leibniz, bien que très-jeune, s'y était préparé par de fortes études : l'autobiographie nous le montre fréquentant le palais, et compulsant les dossiers de la procédure allemande.

« J'avois, nous dit-il, un ami, provincial de Leipzig, et
« conseiller assesseur. Il me menoit avec lui à la cour et me
« donnoit ses actes à lire. Je pénétrois déjà dans les profon-
« deurs du droit. J'aimois le métier de juge, et n'avois
« que du mépris pour les arguties des avocats [1]. » Il devint en peu de temps un jurisconsulte éminent, et dont les lumières étaient si grandes que la cour de Brunswick voulut se l'attacher par la charge de conseiller aulique, et que plus tard l'édit flatteur qui l'instituoit président à vie de la Société des sciences de Berlin insistoit surtout sur les services éminents du jurisconsulte [2] : exemple assurément fort rare d'un réformateur versé dans la science du droit, et honoré par le choix de deux souverains!

---

[1] Il vouloit réduire ces argumentations vaines et contentieuses à un simple calcul des raisons : de sorte qu'on pourrait dire à son adversaire : « Mets toi là et comptons. »

[2] « Etant instruit du mérite et des éminentes qualités du conseiller privé de la cour électorale de Brunswick, Godefroy, Guillaume de Leibniz, tant par ses ouvrages que par le rapport qu'on nous a

Mais cette partie pratique de sa réforme dépendait elle-même de principes philosophiques plus élevés. Ceux de Leibniz, encore jeune, n'étaient pas suffisamment arrêtés pour lui permettre de s'engager sans danger dans ces voies périlleuses (¹). La première alliance qu'il contracta fut une faute, et l'histoire de ses réformes devient aussi celle de ses erreurs. Sur ce terrain, Leibniz rencontra deux hommes qui s'occupaient tous deux de droit naturel : Hobbes et Puffendorf. Par une fatale erreur, le premier, que Descartes avait méprisé, ne lui parut pas indigne de lui. Nous publions deux lettres qu'il lui écrivit, et l'on s'étonnera sans doute de trouver en tête de la première cet éloge excessif : *Hobbesio philosopho in paucis magno* (²). Cet étonnement redoublera quand, à la page suivante, on le verra le comparer à Descartes, et ne le trouver inférieur ni en clarté ni en exactitude (³). Ce qu'il dit de son livre *De Cive* n'est pas moins hyperbolique : « Il y a longtemps, lui

fait *de son savoir dans la jurisprudence, particulièrement en droit public et en droit des gens, etc.* »

(¹) C'était en 1670, à vingt-quatre ans, et six ans avant qu'il eût traduit Platon. Cette date est importante pour l'histoire de sa pensée.

(²) P. 191. C. f. Leibniz. *De Arte combinatoriâ.* Ed. Erdmann, p. 23. « Profundissimus principiorum in omnibus rebus scrutator Th. Hobbes. »

(³) Cf. à ce sujet, à la page 38, un texte très curieux de ses remarques à la Vie de Descartes que nous publions : « M. Descartes
« avoit quelque jalousie de la réputation de M. Hobbes, qu'il consi-
« déroit comme un concourant (concurrent) dans la fondation
« d'une nouvelle philosophie, etc. »

« écrit-il, que j'ai feuilleté vos écrits, dignes de ce
« siècle, dignes de vous, qui le premier avez éclairé les
« sciences politiques par cette exacte méthode dont les
« anciens paraissent avoir eu l'intuition. Mais dans vo-
« tre livre *De Cive*, vous vous êtes surpassé vous-même
« par la force des raisons et par le poids des preuves
« que vous apportez... Pour moi, qui ne m'effraye point
« des paradoxes, et qui ne me laisse pas séduire par le
« charme de la nouveauté, je veux creuser jusqu'aux
« racines votre doctrine la plus profonde, et commen-
« cer avec vous par la contemplation de la nature hu-
« maine (1). »

En lisant ces lettres remplies des témoignages d'une estime qui va jusqu'à l'admiration, on se demande si c'est bien Leibniz qui les a écrites. Entre ces deux philosophes, en effet, tout diffère. Hobbes cherche l'absolu dans les institutions humaines, il fait des sociétés une invention des hommes et recourt à la force et au despotisme pour y maintenir la paix et la sécurité. Leibniz proteste contre cet absolutisme des gouvernements humains, et s'élève à l'idée d'un droit naturel qui nous régit non-seulement comme membres d'un Etat ou même de la société humaine, mais aussi comme citoyens de l'univers. Hobbes ne reconnaît que le droit strict né du besoin de conservation ; Leibniz en fait la condition négative de la paix et du bonheur. La violence, l'état de guerre et la haine paraissent être la condition des hommes suivant le philosophe anglais ; l'état de paix et de bienveillance universelles, la philanthropie, sont l'idéal ou

(1) Page 192.

le rêve de son contradicteur. Au-dessus de ce droit strict, dont Hobbes se montre jaloux d'étendre les prescriptions sévères, il met l'équité, qu'il dérive de l'amour, toujours ingénieux à créer et à faire naître de nouveaux progrès de la félicité. Hobbes, enfin, par un présomptueux oubli de la Providence, prétend se passer des dogmes les plus simples de la théologie naturelle, de ceux de l'existence de Dieu et de la croyance à la vie future. Dieu est la source, au contraire, d'où Leibniz fait découler la science du droit en ses trois parties : la jurisprudence, la politique et la morale. Cette idée fait le centre de sa philosophie ; il la développe déjà à vingt ans dans son art combinatoire, puis dans sa nouvelle méthode d'enseigner la jurisprudence. Il la reprendra plus tard dans son ouvrage anonyme, *De Jure suprematus*, et surtout dans la préface de son *Codex diplomaticus*. Elle reparaît enfin partout dans sa *Monadologie*, dans sa *Théodicée*.

Mais alors comment expliquer ces éloges excessifs prodigués au philosophe anglais? Le voici : ces éloges n'étaient que partiels et s'appliquaient surtout à la méthode qu'il avait suivie. Hobbes avait entrepris de soumettre la jurisprudence à la raison, et Leibniz le louait d'avoir essayé ce que lui-même méditait alors. « Pour moi, lui écrit-il, qui crois comprendre à fond « vos doctrines, j'en ai tiré de grandes lumières pour « poursuivre l'œuvre que j'entreprends avec un ami : à « savoir, celle d'une jurisprudence fondée sur la raison, « *jurisprudentiæ rationalis* [1]. » Il admirait surtout cette

___
[1] P. 187.

méthode géométrique que Hobbes employait et qu'il retrouvait chez les anciens jurisconsultes romains, méthode qui lui paraissait presque démonstrative, et qu'il le louait d'appliquer aux questions de droit et de philosophie. Leibniz, encore jeune et plein d'audace, saluait dans le philosophe anglais le continuateur des Pandectes, le premier auteur d'une philosophie du droit. Voilà ce dont il le louait dans ses lettres.

Mais il est un autre motif qui le rapprochait encore de ce philosophe, et dont nous sommes loin de nous dissimuler la gravité. Leibniz énonce dans une de ses lettres à Hobbes une étrange hypothèse. Il soupçonne, et il le lui dit, qu'il a voulu élever sur ces principes du droit naturel une cité idéale, et bâtir une sorte de république à la Platon, bien que sur un autre modèle. « Si quelqu'un vouloit, lui écrit-il, appliquer vos dé-
« monstrations sur la cité ou sur la république à toutes
« les sociétés qu'on appelle de ce nom, transporter les
« attributs de la souveraine puissance reconnus par vous
« à tous ceux qui s'arrogent le titre de roi, de prince,
« de monarque ou de majesté, étendre enfin vos remar-
« ques sur la licence absolue de l'état de nature à tous
« les citoyens des divers États, celui-là, si mes prévisions
« ne me trompent pas, recevroit de vous un solennel dé-
« menti(¹). » Et en effet, quelques lignes plus bas, il ajoute : « Quel malheur de penser que le genre humain
« va perdre peut-être tout ce qu'il eût pu en retirer d'utile
« et de profitable à son bonheur, si vous refusez de l'af-

(¹) P. 186.

« fermir, par vos travaux, dans l'espérance de l'immor-
« talité : *in firmandâ immortalitatis spe* ([1]). »

Je ne veux ni pallier ni justifier cette erreur de Leibniz, qui lui faisait prendre Hobbes pour un grand philosophe; lui-même, désabusé ou mieux informé, est revenu sur ces éloges excessifs, et après s'être inscrit en faux contre la conscience du genre humain, qui avait prononcé sur le matérialisme de Hobbes, il a souscrit à cet arrêt, quand il en a reconnu la justice, avec une candeur et une netteté vraiment admirables ([2]).

C'est ainsi qu'il a su rendre ses erreurs même profitables, et que la lecture de ses lettres me paraît devoir inspirer deux réflexions, l'une qui touche à la nature de ses travaux et de ses réformes, l'autre qui se rapporte plus particulièrement à la situation de son esprit, pendant cette période de sa jeunesse.

[1] P. 191. Cf. p. 187. Ac proindè non rectè nonnullos hypothesibus tuis licentiam impietatemque impingere.

[2] Conférez sur ce point ses réflexions sur le livre de Hobbes, publiées par Erdmann, p. 639. Ce morceau peut passer pour une noble rétractation de Leibniz désabusé. J'en veux citer deux passages, pour prévenir le lecteur contre tout malentendu : « Il faut « avouer qu'il y a quelque chose d'étrange et d'insoutenable dans les « sentiments de M. Hobbes. » Et vers la fin : « Si M. Hobbes était en « vie, je n'aurois garde de lui attribuer des sentiments qui pour- « roient lui nuire, mais *il est difficile de l'en exempter*. Il peut s'être « ravisé dans la suite; car il est parvenu à un grand âge. Ainsi j'es- « père que ses erreurs n'auront point été pernicieuses pour lui; « mais comme elles le pourroient être à d'autres, il est utile de donner « des avertissemens à ceux qui liront cet auteur. » On sent sous cette forme bienveillante une allusion à ses souvenirs personnels, et à l'égarement momentané que cette lecture avait produit, et dont ses deux lettres sont la preuve.

Leibniz, comme Platon, comme Thomas Morus, comme Campanella, comme Hobbes même, s'il faut l'en croire, avait dès lors formé dans son esprit le plan d'une cité idéale, qui ne pouvait être pleinement réalisée dans les limites de l'espace et du temps; c'était cette merveilleuse cité des esprits dont Dieu est le monarque et le père, et dont le nom revient sans cesse dans ses écrits, véritable cité de Dieu, en effet, dont celle de saint Augustin est l'image et la république de Platon la figure. Cette cité, recueillie dans le sein de l'éternel et de l'infini, est le type que consulte le philosophe et le politique, et dont les cités de la terre ne sont toutes que d'imparfaits développements. Jésus-Christ est venu l'apporter aux hommes, et leur enseigner ainsi les lois admirables du royaume des cieux et la grandeur de la suprême félicité que Dieu prépare à ceux qui l'aiment. Mais comme il est toujours vrai de dire que les hommes ne l'ont point compris, cette cité se développe à côté de celle qu'ont bâtie l'égoïsme et les mauvaises passions sans être reconnue que du petit nombre des élus. C'est elle qu'entrevit le moyen âge dans ses rêves de concorde et ses projets de paix universelle. Et maintenant Leibniz, reprenant ces idées, que l'on croyait pour jamais évanouies, élevait, sur des bases théologiques et morales, un système et comme un État général des peuples chrétiens, avec un sénat ou conseil supérieur à sa tête, en possession du droit des gens pour fonder la paix éternelle. Entrevoyait-il, aux lueurs de sa raison, la possibilité d'une Église universelle, invisible, dont le catholicisme éternel opérerait la réunion des Églises et rétablirait la paix des esprits? On l'a dit, et rien ne contredit dans sa conduite ces vues d'universalité. Une pensée d'harmonie universelle l'inspirait alors comme elle l'inspira trente ans plus tard quand il dégagea de ces premières idées, encore confuses, son système d'harmonie préétablie. Mais ce que nous révèle sa correspondance avec Hobbes, c'est que Leibniz cherchait partout les fondements scientifiques de sa grande entreprise; un moment il crut les avoir trouvés dans les démonstrations exactes et rigoureuses du philosophe anglais, il crut qu'il suffirait, pour ainsi dire, de changer la clef de son système, et qu'en mettant partout Dieu à la place de l'homme, il verrait reparaître l'ordre et la justice pour toujours exilés de la cité du second. Leibniz se trompait. Cette cité idéale du philosophe anglais, qu'il voulut transformer, n'était que la cité du mal, de la misère et de la haine. Et comme la base était ruineuse, lui-même, à force de génie, n'arrivait ainsi qu'à substituer à l'autocratie despotique du premier un mélange de république et de théocratie qui n'était pas la véritable cité de Dieu.

Mais pour s'expliquer l'insuccès de cette grande réforme, dans de telles conditions de génie et avec une telle audace de pensée, pour mieux se rendre compte de cette méprise qui le portait à s'adresser à Hobbes pour fonder la paix et le bonheur des hommes, il faut pénétrer plus avant dans son âme, et découvrir, dans ses plus intimes pensées, le germe de mort et la tentation qui s'y cachaient alors. Un nouveau manuscrit va nous servir à éclaircir ce mystère et à caractériser ce mal dont ses lettres à Hobbes, en 1670, nous paraissent être le symptôme.

IV.

Un tel développement ne se fait pas sans quelque crise décisive et dernière ; heureux, quand il peut, comme Leibniz, et aussi comme Descartes, en sortir par une victoire ! Celui qui veut des réformes dans l'ordre de la pensée est soumis à des luttes et à des défaillances ; et quelles que soient cette égalité parfaite et cette tranquille assurance dans l'optimisme où s'est reposé Leibniz, déjà parvenu, si l'on pouvait lire dans son âme, on y trouverait la trace des combats et des travaux qu'il a subis. Je parle des doutes dont la vérité philosophique est l'objet.

S'il trouvait dans Platon des germes d'unité qu'il cultiva plus tard, la liberté restait tout entière à expliquer dans l'un et l'autre système. Plus d'une fois même on lui fera le reproche de fatalisme, et ses lettres à Hobbes justifient ceux qui l'accusent. L'accord de la liberté avec la Providence pouvait être pour lui, comme pour tant d'autres, un écueil. Leibniz s'est-il élevé du fatalisme à la liberté, et si d'abord il avait été retenu dans les liens de la nécessité, comment les a-t-il brisés ?

Un morceau où il ferait l'aveu de ses doutes philosophiques serait une page curieuse de ce nouveau *Discours de la Méthode* que nous cherchons dans les écrits inconnus de Leibniz, pour raconter avec lui-même l'histoire de sa pensée ; mais si ce morceau donnait quelque lumière sur la voie qu'il a suivie pour sortir du fatalisme et s'élever à la liberté, cette coïncidence serait d'un grand prix pour l'histoire de son système.

La bibliothèque de Hannover tenait en réserve ce témoignage précis, irrécusable que nous cherchions. Mais, avant tout commentaire, je veux le traduire ici, du moins en partie, pour en bien faire apprécier le sens et le caractère.

« C'est un doute aussi ancien que le genre humain, dit Leibniz, de savoir comment la liberté et la contingence peuvent subsister avec l'enchaînement des causes et la Providence; et la difficulté n'a fait que s'accroître par les recherches des chrétiens sur les voies que suit la justice de Dieu pour procurer le salut du monde.

« Or, quand je vins à remarquer que rien ne se fait par hasard ou par accident, et sans égard à certaines substances particulières, que la fortune séparée du destin n'est qu'un vain nom, et que rien n'existe sans principes, et que l'existence des êtres n'est qu'une suite de tout ce qui précède, je n'étais pas éloigné de l'opinion de ceux qui croient que tout est nécessaire, d'une nécessité absolue, et pensent qu'il suffit, pour la liberté, d'être à l'abri de la *contrainte*, fût-elle d'ailleurs soumise à *la nécessité*, qui enfin ne distinguent pas l'infaillibilité, ou la certitude du vrai, de ce qui est nécessaire.

« Mais ce qui me retira de ce précipice fut la considération de ces possibles qui ne sont pas, qui n'ont pas été et qui ne seront jamais. En effet, si certains possibles ne viennent jamais à l'existence, il suit que les existants ne sont pas toujours nécessaires, autrement il serait impossible que d'autres fussent venus à leur place, et par conséquent tout ce qui n'existe pas serait impossible. Mais on ne peut nier que bien des fables, du genre de celles qu'on appelle romanesques, sont possibles, bien qu'elles ne trouvent point place dans cette suite de l'univers que Dieu a choisie, à moins de s'imaginer que dans cette vaste étendue de l'espace et du temps il y a certaines contrées habitées par les poëtes, où l'on pourrait voir errer par le monde Artus de la Grande-Bretagne, Amadis de Gaule et Théodoric de Vérone, rendus fameux par les fictions des Allemands. Et c'est une opinion dont ne paraît pas éloigné un philosophe fameux de notre temps, qui dit expressément, quelque part, que la matière revêt successivement toutes les formes dont elle est capable. (Descartes *Principes de philos.*, p. III, art. 47), opinion qui ne saurait se défendre, car elle enlèverait toute la beauté du monde et toute idée de choix dans les choses, pour taire d'autres motifs qu'il y a d'affirmer le contraire.

« Ayant donc reconnu la contingence des choses, je cherchais à me faire une notion claire de la vérité, j'en espérais, non sans quelque raison, un peu de lumière pour arriver à discerner les vérités nécessaires des contingentes. Je voyais que c'était la marque commune à toute proposition vraie, affirmative, universelle et singulière, nécessaire ou contingente, que le prédicat soit dans le sujet ou que la notion du prédicat soit enveloppée de quelque façon dans celle du sujet : que c'est là le principe de la certitude dans tous les genres de vérités, dans celui qui connaît toutes choses *a priori*. Mais cela ne faisait, à première vue, qu'augmenter la difficulté, car si la notion du prédicat, dans un temps donné, est renfermée dans la notion du sujet, comment, sans contradiction ou impossibilité, le prédicat peut-il être séparé du sujet sans en compromettre la notion ?

« Enfin, une lumière nouvelle et inattendue est venue du point d'où je l'espérais le moins, à savoir de considérations mathématiques sur la nature de l'infini (¹). »

Nous nous arrêtons ici. En effet, ce morceau renferme trois ordres d'idées très-distinctes. Il contient une attaque directe au cartésianisme que nous jugerons bientôt. Il donne une indication de sa méthode comparée avec la voie des mathématiques, et nous y reviendrons quand nous exposerons son système de l'harmonie préétablie. Enfin, il nous livre une confession philosophique très-curieuse, et c'est là surtout ce que nous devons envisager en ce moment. On y apprend en effet qu'avant d'avoir un système qui lui fût propre, Leibniz, trop élevé pour admettre que tout se fait au hasard, n'était pas éloigné de l'opinion de ceux qui pensent que tout est nécessaire, que ne pouvant croire au hasard, il croyait au destin, qu'il était fataliste, enfin.

De quel fatalisme veut-il parler ? Une phrase paraîtrait insinuer que c'était celui de Jansénius et de Baïus. En effet, il le caractérise par une opinion condamnée dans ces deux hommes, quand il dit que la liberté lui paraissait sauve si elle était à l'abri de la *contrainte*, fût-elle d'ailleurs soumise à la *nécessité*. Son éducation protestante pouvait contribuer à le jeter dans cette philosophie commode, qui explique tout par la nécessité. Le

---

(¹) *De Libertate Fragmentum*, p. 178 et sq.

fatalisme de Baïus et de Jansénius n'avait-il pas été celui de Luther (¹)?

D'autres y verront le spinozisme; je ne reviendrai pas sur ce que j'ai dit pour réfuter le spinozisme de Leibniz; il est évident, d'après la teneur de ce morceau, que ce n'est pas Spinoza, mais Descartes qu'il avait en vue. En effet, c'est Descartes et non Spinoza qui est cité pour avoir à répondre d'une phrase fataliste de ses principes. C'est Descartes encore et non Spinoza qui l'est de nouveau à la page suivante, pour n'avoir pu concilier le libre arbitre avec la providence de Dieu, et avoir violemment tranché le nœud gordien de la philosophie.

Quoi qu'il en soit, le danger fut réel. Il y a un mot dans le texte qui dit beaucoup: *ab hoc præcipitio me retraxit*, « ce qui me retira de cet *abîme!* » Ne voyez-vous pas dans ces mots la pensée du naufrage et le souvenir du danger qu'il a couru? En effet, si Leibniz se fût arrêté dans le fatalisme, qu'eussions-nous vu que nous ne sachions par des exemples récents? C'était une intelligence perdue, forcée de se renier elle-même et de se reposer dans une complète indifférence, aussi éloignée de la véritable philosophie que du véritable christianisme. Et Leibniz qui a vu le danger, Leibniz qui sait que c'est le gouffre béant où ont été s'engloutir tant de philosophes, dans le passé, s'écrie: « Enfin, je sortis de l'abîme! » Plus loin, il se compare à un voyageur égaré dans ce labyrinthe obscur

---

(¹) Leibniz fait lui-même allusion dans son autobiographie à ces germes de protestantisme qu'il avait cultivés depuis, et qui devaient le conduire au fatalisme: « Mirificè mihi placuerat liber Lutheri *De servo arbitrio.* »

et sinueux de la prescience et de la liberté. « Tout à coup, s'écrie-t-il, une lumière inattendue vint du côté où je l'espérais le moins. » Je ne puis lire ces paroles si fortes et si précises sans m'étonner de la facilité qu'on a dans les expositions de son système à lui imputer le fatalisme. En vérité, s'il retourne à son ancienne erreur, après une dénégation si formelle, il faut supposer ou bien que Leibniz redeviendra fataliste sans le savoir, ce qui équivaut à un non-sens, quand il s'agit d'un tel homme, ou bien, qu'après avoir échappé à cette première crise, qui fut si terrible, il ira de nouveau se jeter dans ces abîmes dont il est heureusement sorti. Mais à quelle époque de sa carrière philosophique placer une telle chute? Est-ce quand, accusé de fatalisme par Arnauld, il se défendait avec une telle énergie que ce dernier était obligé de retirer son attaque, ou bien quand, écrivant la *Théodicée*, il faisait lui-même l'énumération des différentes sortes de destin, depuis le destin à la turque jusqu'à la nécessité spinoziste, bien décidé, sans doute, à ne pas y tomber de nouveau! Est-il naturel que, sauvé une première fois et désormais convaincu de l'activité libre des créatures, il aille de gaieté de cœur sacrifier les principes les plus certains, ceux qu'il tenait surtout à faire triompher? Est-il croyable qu'il n'ait pas vu les dangers qu'il a su éviter une première fois?

Le fatalisme, il l'avait connu à vingt-quatre ans; il avait failli même en être la victime, et ses lettres à Hobbes, qu'il désavoua plus tard, nous ont montré la grandeur du péril qu'il avait couru, et donné le spectacle d'une haute raison qui s'abaisse. Leibniz fataliste y méconnaît doublement la portée de son esprit : il la méconnaît par excès d'humilité, en rendant hommage à l'esprit de mensonge et de vertige venu d'Angleterre ; il la méconnaît aussi par orgueil, en embrassant dans sa réforme les plus vastes objets : orgueil et insuffisance sont les deux mots qui peignent le mieux cet état de son esprit ; un orgueil juvénile et qui s'ignore lui-même : « Moi qui ne m'effraye pas des paradoxes, et qui ne me laisse pas séduire aux charmes de la nouveauté, » écrit-il à Hobbes ; et en même temps une obséquiosité voisine de la flatterie : « J'avoue qu'il n'y a pas d'écrivain philosophe plus exact, plus clair et plus élégant que vous, sans en excepter même Descartes, cet homme d'un génie presque divin. » Par une singulière illusion, il allait jusqu'à saluer dans Hobbes un rénovateur égal à Descartes ; tant le fatalisme où il était plongé obscurcissait la sagacité naturelle de son esprit.

En face d'une erreur aussi grave et que Leibniz lui-même a reconnue plus tard, il semble que la première question à se poser est celle-ci : Qui l'en a retiré ? Est-ce Descartes ? Leibniz connaissait sa philosophie, il le cite dans ses lettres à Hobbes et dans le *De Libertate* ; mais il est bien évident par son propre témoignage tiré de ce morceau que Descartes n'avait pu redresser ses erreurs ; Leibniz le regardait comme insuffisant pour les problèmes philosophiques purs. Il ne pouvait y trouver une réponse aux questions sociales et religieuses qu'il n'avait point traitées.

Est-ce le protestantisme ? Mais nous l'avons vu, son éducation luthérienne ne pouvait, au contraire, que le plonger de plus en plus dans l'insensibilité et l'aveuglement fatalistes, et rendre plus difficile son retour à la saine philosophie. Celui qui lisait avec plaisir le *De servo arbitrio* de Luther souscrivait par avance le Code même du fatalisme, et le remède ne pouvait naître d'un livre qui avait fait le mal.

Qui donc enfin l'a retiré de l'abîme? *ab hoc præcipitio me retraxit?* c'est Platon d'abord, c'est aussi tout un ordre de considérations mathématiques sur la nature de l'infini, qui prendront place dans la seconde partie. Mais, éclairé par le résultat de mes recherches à Hanovre, par l'étude de ces dialogues qu'il a traduits et annotés, par son propre témoignage répété jusqu'à cinq fois dans ses différents écrits, je puis dire que cette victoire décisive a été obtenue et remportée par Platon, ou du moins avec son énergique concours. C'est lui, dans le *Phédon*, qui lui a le premier fait voir des marques de sagesse et de bonté, là où ses yeux obscurcis par l'erreur n'apercevaient que des traces d'une nécessité aveugle et sourde. C'est lui qui l'a relevé et fortifié jusqu'au mépris de ces systèmes matérialistes qui l'avaient d'abord séduit par une rigueur apparente. Ainsi il fut donné deux fois à la philosophie de Platon de rendre à la sagesse des esprits dignes d'elle. Sa première victoire fut saint Augustin; la seconde, moins connue, et bien digne de l'être, fut Leibniz. Platon ne les a convertis ni l'un ni l'autre, mais il les a relevés et tournés tous les deux à la raison et les a préparés ainsi à une lumière plus vive. Il a dans les deux cas brisé la ceinture de ténèbres que l'erreur et le mensonge avaient faite autour d'eux.

Ainsi Leibniz, entouré d'obstacles, les a tous surmontés. Un moment prêt à succomber à la tentation du fatalisme, il s'est retrouvé et a méprisé ces systèmes faciles. Il a dépassé le principe du protestantisme. Il ne se laissera point déconcerter ni abattre par les difficultés qu'offrait sa principale entreprise. L'étude des sources nous a fait connaître ses premières pensées; ce n'étaient que des germes, ils vont éclore et former un arbre au tronc robuste dont les rameaux feront circuler la séve jusqu'aux feuilles. Nous verrons dans la seconde partie l'interprète de Platon devenir le restaurateur de la philosophie grecque, sa victoire sur le fatalisme l'éloigner pour toujours de Spinoza, et sa première réforme s'appliquer au Cartésianisme.

DEUXIÈME PARTIE.

ORIGINES DE LA MONADOLOGIE ET DE L'HARMONIE PRÉÉTABLIE [1].

Je suppose que Leibniz fût venu dire à Descartes, dans sa solitude de Hollande :

« Vous faites la substance passive, et selon moi la
« marque et le caractère même de la substance c'est l'ac-
« tivité. Vous paraissez incliner vers l'unité d'être, et
« moi j'admets l'absolue pluralité des substances indi-
« viduelles. Vous établissez une matière homogène et
« une, et, selon moi, il n'y a pas dans la nature deux
« feuilles d'un arbre, deux gouttes d'eau qui se ressem-
« blent.

« Vous mettez l'essence des corps dans l'étendue, et
« je prouve que c'est la force. Vos lois du mouvement
« que vous avez données en partant de ces principes
« sont presque toutes démontrées fausses.

« Vous retranchez de la physique la considération
« des causes finales, et je prouve qu'elles sont d'un
« grand usage, même en physique, pour nous sauver
« du matérialisme où vous tendez sans le savoir.

[1] PIÈCES A CONSULTER. — Discours de métaphysique. App., p. 330. — Lettres à Arnauld et réponses. *Ibid.*, p. 211. — Lettres à Fardella. *Ibid.*, p. 317. — De Libertate fragmentum. Page 178. — Miscellanea metaphysica. Page 171.

« Vous niez les âmes des bêtes et vous supprimez
« les formes des scolastiques : mais les scolastiques
« ont eu raison contre vous d'admettre des formes sub-
« stantielles. D'ailleurs les animaux ont des âmes et
« peut-être même les plantes.

« La nature n'est pas une machine dépourvue de vie,
« c'est un organisme vivant, animé.

« L'homme ne naît pas et il ne meurt pas; il se dé-
« veloppe; la mort, comme la génération, n'est qu'ap-
« parente.

« C'est une erreur de croire, comme vous le faites, que
« l'être se compose d'une succession de moments qui
« sont indépendants les uns des autres : il enferme une
« fois pour toutes en lui-même le principe de la conti-
« nuité de ses opérations. Le présent est gros de l'ave-
« nir et tout s'enchaîne ici-bas. Chaque être se trouve
« ainsi former à lui seul un petit monde et devient un
« miroir de l'univers. Les individus ne sont pas une
« certaine union des parties, ce sont des êtres qui valent
« des espèces et en portent les lois. Nous sommes tous
« en Adam. »

Assurément Descartes, à l'audition de pareilles thèses, se fût récrié au paradoxe, et je ne m'étonne pas que le premier cartésien dont Leibniz ait fait choix pour tenter cette épreuve lui ait adressé de sérieuses objections. La scolastique entière paraissait revivre dans ces thèses, et la réhabilitation des formes substantielles qu'il proposait hardiment eût suffi pour soulever toute l'école. Arnauld, le premier consulté, s'étonna d'une telle entreprise, et il chercha à l'arrêter dès le début par un argument tout personnel. « On dira qu'il n'est pas digne d'un philosophe d'admettre des entités dont on n'a aucune idée claire et distincte et qu'on n'en a point de ces formes substantielles. » Leibniz tint ferme et il lui opposa le dernier concile de Latran, qui déclare « que l'âme est véritablement la forme substantielle de notre corps. »

Le choix qu'il avait fait d'Arnauld pour obtenir de lui l'approbation ou la réfutation de ses doctrines n'a rien qui doive nous surprendre. Leibniz, qui le connaissait depuis longtemps et qui l'avait même vu pendant son séjour à Paris, ne cachait pas l'estime qu'il faisait de ce grand homme, et ce portrait qu'il a tracé de lui est le plus beau qu'on connaisse : « Le méditatif
« M. Arnauld est un homme dont les pensées ont toute
« la profondeur et la sublimité du vrai philosophe. Son
« but n'est pas seulement de répandre la religion dans
« les âmes, mais aussi d'y ressusciter les flammes de la
« raison obscurcie par les passions humaines. Il ne lui
« suffit pas de ramener les hérétiques, mais il veut sur-
« tout combattre la pire des hérésies, l'impiété et l'a-
« théisme ; il est moins désireux de vaincre ses contradic-
« teurs que de corriger ses propres pensées. Elles ten-
« dent à la réforme des abus qui empêchent le retour
« des dissidents. »

Non-seulement Leibniz le louait ainsi publiquement dans ses lettres au landgrave, mais il lui a adressé quelques-unes de ses plus belles pages, de ses pensées les plus profondes, et l'animait à la plus noble entreprise. Il lui écrivait : « Un siècle philosophique va naî-
« tre, où le souci de la vérité gagnant au dehors des
« écoles se répandra même parmi les politiques. La plus

« grande partie des conversions sera palliée. Rien n'est
« plus propre en effet à affermir l'athéisme et à renver-
« ser de ses fondements la foi à la religion chrétienne,
« déjà si ébranlée par tant de grands, mais de méchants
« hommes, que de voir d'une part les mystères de la foi
« prônés comme objets de la croyance de tous, et d'autre
« part devenus l'objet du rire de tous, convaincus d'ab-
« surdité par les règles les plus certaines de la raison
« commune. Les pires ennemis de l'Eglise sont dans
« l'Eglise, et ceux-là sont plus à craindre que les héré-
« tiques. Il faut prendre garde que la dernière des héré-
« sies soit, je ne dis pas l'athéisme, mais le naturalisme
« publiquement professé et la secte monothéiste (ou des
« mahométans) qui, ne faisant qu'ajouter très-peu de
« dogmes et quelques rites, s'est emparée de tout
« l'Orient.

Cette voix de Leibniz qui tonnait dans Mayence, voix prophétique qui annonçait aux théologiens de France la grande hérésie des temps modernes et les animait au combat, indiquait Arnauld comme le naturel confident de son entreprise. Et je ne m'étonne plus quand dix ans plus tard il se sentit prêt pour le rôle qu'il allait jouer, que ce soit à lui qu'il s'adresse. Il n'y avait pas jusqu'à son titre de cartésien qui ne fût en sa faveur dans la pensée de Leibniz. On ne saurait mieux mesurer le degré d'estime qu'on doit faire d'un travail philosophique que par l'état que son auteur sait faire de l'opinion des hommes compétents. Voyez Descartes, Leibniz et Spinoza. Spinoza affecte le plus profond mépris pour l'opinion d'autrui et ne se soumet à aucun juge. Descartes provoque les critiques et fait éprouver sa philosophie comme l'or dans un creuset. Leibniz fait subir à ses thèses l'épreuve des contradictions. Il se fait attaquer afin de pouvoir se défendre et d'essayer sa véritable force, bien persuadé que tout ce qu'il pourrait obtenir d'un esprit si cartésien et si théologien serait, sans contestation, acquis à la vérité.

Une correspondance longtemps cherchée et dont nous avons raconté les singulières vicissitudes dans une notice spéciale ([1]) va nous servir à reconstituer cette période comme nous avons fait pour la première. Elle avait été précédée d'un discours de métaphysique que Leibniz avait envoyé à Arnauld par l'intermédiaire du landgrave de Hesse et qui, par l'ampleur et la nouveauté des questions, ne le cède ni à la monadologie ni à l'harmonie préétablie, qu'il précède et qu'il explique ([2]). C'est ce discours dont il avait extrait trente-sept propositions que nous avons résumées en commençant, et qui serviront de sommaire à toute cette correspondance ([3]).

Mais par une coïncidence étrange et qui faillit rompre ces relations dès le début, Arnauld se trouvait alors engagé avec Malebranche dans une querelle que les thèses de Leibniz semblaient trancher en faveur de son rival. Comme il était d'humeur chagrine, il prit à peine le temps de lire et répondit au landgrave sans déguiser son mécontentement. Leibniz se plaignit de sa colère et de ses formes acerbes. Il rit beaucoup de ses exclamations tragiques, en appela d'ailleurs à d'anciennes relations et

---

([1]) V. Appendice, p. 195.
([2]) V. Appendice, p. 330.
([3]) V. Appendice, p. 207.

à un retour d'équité qui dissiperaient les fantômes d'une prévention mal fondée.

Averti par cette démarche, enfin guéri de son humeur, Arnauld se retrouve dans la réponse qu'il adresse cette fois directement à Leibniz : « N'attribuez, lui dit-« il en finissant avec saint Augustin, n'attribuez qu'à la « sollicitude de mon avertissement l'excès et l'imprudence de la correction. Ce n'est point pour m'en défendre, mais je le blâme. Ce n'est point que je m'en « excuse, mais je m'en accuse. Je demande mon pardon, « et je me fonde sur l'ancienneté de notre amour pour « faire oublier la nouveauté de mon offense. Faites du « moins ce que vous me reprochez de n'avoir point fait : « montrez à me faire grâce cette douceur que je n'ai « point eue à vous écrire. »

Leibniz ne resta pas au-dessous dans sa réplique : « J'ai « toujours eu tant de vénération, lui dit-il, pour votre « mérite élevé, que lors même que je me croyais mal-« traité par votre censure, j'ai pris une ferme résolution « de ne rien dire qui ne témoignât une estime très-« grande et beaucoup de déférence à votre égard. Que « sera-ce donc maintenant que vous avez la générosité « de me faire une restitution avec usure ? »

Mais Arnauld ne pouvait, même en reconnaissant ses torts, accepter les doctrines du discours de métaphysique et souscrire à cette espèce de formulaire qu'on lui avait envoyé, sans cesser d'être cartésien. Il avait noté certaines propositions qui lui avaient paru suspectes; et même après avoir fait des excuses à Leibniz, il voulut être éclairci de ses doutes. Leibniz, mis en demeure de s'expliquer, le fit avec un zèle et une sincérité qui témoignent du desir qu'il éprouvait de ramener Arnauld. Et ce n'est pas un des moindres charmes de cette correspondance de voir Arnauld, sollicité par le landgrave, lui faire des ouvertures tendant à conversion, et Leibniz, de son côté, voyant dans son ardeur métaphysique un cartésien à convertir à sa philosophie, ne rien négliger de ce qui pouvait déterminer son adhésion et l'engager dans son système.

Mais si la mission qu'Arnauld avait acceptée était délicate, Leibniz ne se dissimulait pas les difficultés de la sienne. Il n'y allait pas du salut de son correspondant, sans doute, mais il y allait de la philosophie de Descartes; et Leibniz savait, par expérience, combien elle engage les esprits et à quel point pouvait aller la superstition de ses disciples; mais si quelque chose pouvait encore allumer leur zèle et les tourner contre lui, c'était d'entreprendre comme il le faisait de substituer à Descartes l'objet de ses mépris et celui d'une générale aversion dans son école. Réhabiliter la scolastique, quelle audace en effet et surtout quel aveuglement, dans un siècle qui paraissait l'avoir vaincue !

« Je sais, écrivait-il à Arnauld, que j'avance un grand
« paradoxe en prétendant de réhabiliter en quelque fa-
« çon la philosophie scolastique et de rappeler *postlimi-*
« *nio* les formes substantielles presque bannies, mais
« peut-être qu'on ne me condamnera pas légèrement
« quand on saura que j'ai assez médité sur la philoso-
« phie moderne. »

En voyant Leibniz proposer à Arnauld une discussion en règle sur les formes substantielles et faire l'éloge des scolastiques tant décriés, on se demandera s'il veut nous

ramener à cette philosophie sophistique et contentieuse dont les querelles des réalistes et des nominalistes avaient montré les excès. Mais telle n'était pas sa pensée. S'il s'inspirait de cette philosophie, c'était, comme il le dit, « après avoir fait lui-même des recher-
« ches qui lui avaient fait reconnaître que les modernes
« ne rendent pas assez de justice à saint Thomas et à
« d'autres grands hommes de ce temps-là, et qu'il y a
« dans les sentiments des philosophes et théologiens
« scolastiques bien plus de solidité qu'on ne s'ima-
« gine (¹). »

Ainsi Leibniz avait découvert dans cette philosophie méprisée des profondeurs et des précisions inconnues des modernes. Il devançait par son impartial jugement l'exactitude de la critique qui a réhabilité saint Thomas. Il retrouvait dans ce grand docteur cette perpétuelle philosophie qui se continuait à travers les âges et qui, dégagée de toute question d'école, s'appelle le spiritualisme chrétien (²).

L'origine de ses monades est tirée de ces formes sub-

(¹) « J'accorde que la forme substantielle du corps est indivisible, et il me semble que c'est aussi le sentiment de saint Thomas. »

(²) Cf. lettre à Montmort, Erdmann, 704. — « Ce serait, en effet, *perennis quædam philosophia*. On peut même dire qu'on y remarquerait quelque progrès dans les connaissances. Les Orientaux ont de belles et de grandes idées de la Divinité. Les Grecs y ont ajouté le raisonnement et une forme de science. Les Pères de l'Eglise ont rejeté ce qu'il y avait de mauvais dans la philosophie des Grecs ; mais les scolastiques ont tâché d'employer utilement pour le christianisme ce qu'il y avait de passable dans la philosophie des païens. J'ai dit souvent *aurum latere in stercore illo scolastico barbariei*. »

stantielles que Malebranche avait méprisées et qu'Arnauld ne pouvait admettre. Leibniz avait vu dans ces formes sainement comprises ce qu'il fallait y voir : un vigoureux effort pour s'élever à la description des objets intelligibles et divins qui avaient échappé à l'analyse des anciens, et les débris d'une langue philosophique à peu près perdue, qu'il faut apprendre et qui, par son énergique précision, atteint souvent avec bonheur à l'invisible même.

Ceux qui veulent tirer Leibniz tout entier de Descartes ne pourront jamais répondre à cette question : Comment s'est-il élevé du cartésianisme à la monadologie? Pourquoi, s'il est parti de Descartes, le voyons-nous recourir aux formes des scolastiques? Aussi cette question était restée sans réponse. On ne saisissait pas bien la marche qu'il avait suivie, et l'on renonçait à découvrir le mystérieux passage qui lui avait frayé la voie.

Rendons grâce à cette correspondance avec Arnauld, qui nous donne enfin quelques lumières, à ces lettres qui ont gardé du moins quelques traces de sa méthode et de ses études.

La méthode de Leibniz, cette idée d'un développement, d'un progrès continu, devait le faire passer par toute la série des principaux systèmes. Il avait traversé le cartésianisme; il s'était élevé jusqu'à Platon et à la philosophie grecque. Déjà même il avait remonté le cours de la scolastique. Il faut donc retourner avec lui jusqu'aux origines de la philosophie, de Descartes aux scolastiques, des scolastiques à Platon, puis il faut redescendre ce vaste fleuve et voir ses eaux se répandre d'une nappe égale et continue dans ce beau système qui en fut la suite. Il faut lire, sans se laisser rebuter par la difficulté du sujet, toute cette partie des lettres à Arnauld où se trouve agitée la question des formes. Il y a là un vigoureux essai de dialectique transcendentale sur l'*un* et sur l'*être* et un premier commencement d'une philosophie de la nature. C'est son Parménide et son Timée.

La méthode qu'il a suivie pour s'élever de la matière aux formes et retrouver les véritables substances spirituelles est la méthode dialectique élevée à un degré de précision supérieure. La justification du procédé qu'il emploie est dans cette phrase d'une de ses lettres à Arnauld : « Vous dites de ne pas voir ce qui me porte à ad- « mettre ces formes substantielles, ou plutôt ces sub- « stances corporelles douées d'une véritable unité, mais « c'est parce que je ne conçois aucune réalité sans une « véritable unité ([1]). » C'est le procédé de Platon.

Dans la nature, il y a des composés, des mélanges, des agrégations, les corps et la matière, dont l'essence paraît d'être plusieurs. C'est ce que Platon appelait le

---

([1]) « Ce sont là les seuls estres accomplis véritables comme les anciens avoient reconnus, et surtout Platon, qui a fort clairement montré que la seule matière ne suffit pas pour former une substance. » Lettre, p. 240. — « On peut donc dire de ces composés et des choses semblables ce que Démocrite en disait fort bien, savoir *esse opinione*, νόμῳ. Et Platon est dans le même sentiment à l'égard de tout ce qui est purement matériel. » Lettre, p. 230. — « Il n'y a que les substances indivisibles et leurs différents états qui soyent absolument réels. C'est ce que Parménide, Platon et d'autres anciens ont bien reconnu. » *Ibidem*.

multiple : τά πόλλα, par opposition à l'unité; et Descartes ne leur accorde pas plus de réalité. Sont-ce des êtres? je ne sais; peut-être ce ne sont que des phénomènes bien liés. Mais la réalité même que leur donne cette liaison de leurs phénomènes ne s'explique pas sans une véritable unité.

Je dis une *véritable unité*, parce qu'il en est une accidentelle, fortuite ou de raison qui n'a rien de réel : celle d'une armée, d'un troupeau, par exemple, et en général de tous les êtres par agrégation (¹). Celle que je cherche au contraire est substantielle. Il faut la distinguer de toute autre. Elle n'est pas accidentelle, elle ne se forme pas par agrégation; l'arrangement régulier ou irrégulier n'y fait rien. Ce n'est pas non plus une simple unité de raison ou de perception qui ne serait encore que phénoménale, c'est une unité de plan et de vie « qui demande un être accompli, indivisible et naturel- « lement indestructible (²). »

Or, je dis qu'il n'y a pas d'êtres réels, simples ou composés sans cette unité substantielle. Qu'il n'y ait pas d'êtres simples sans unité, c'est ce dont tout le monde

---

(¹) « On ne trouvera jamais rien de réglé pour faire une substance véritable de plusieurs êtres par aggrégation. » Et comme Arnauld lui-même avait objecté qu'il y a divers degrés d'unité, cette unité impropre qui convient au corps, qu'ainsi tous ces corps que nous appelons *un*, comme un morceau d'or, une étoile, une maison ou une montre, ont plus d'unité qu'un tas de pierres ou un sac de pistoles, Leibniz lui répond : « Je demeure d'accord qu'il y a des degrés d'unité accidentelle, mais cela ne suffit pas. »

(²) « L'unité substantielle demande un estre accompli indivisible et naturellement indestructible. » Lettre, p. 240.

est d'accord. Mais je le dis aussi des êtres composés. Et je m'appuie sur un principe certain pour le prouver, car c'est une proposition identique que je tiens pour un axiome, savoir : « Que ce qui n'est pas véritable« ment *un* estre n'est pas non plus véritablement un « *estre*. (Autrement dit, que ce qui n'est pas un n'est « pas) (¹). »

Regardez bien à certaines pages des lettres à Arnauld, vous verrez poindre cette évolution dialectique de l'idée : comment ce qui est *plusieurs*, un corps, une portion de matière, peut-il s'appeler un être? Vous verrez qu'il ne déduit pas l'unité de la pluralité, mais qu'il remonte de la seconde à la première et qu'il passe, comme il le dit, de la matière aux formes, ou des phénomènes aux lois, *instituta resolutio materiæ in formas* (²), sans se laisser captiver ou distraire par les degrés inférieurs, qui pourraient arrêter son élan.

Cette méthode, qui s'élève du plus bas degré de l'être à un degré supérieur, qui ne déduit pas le plus du moins, qui ne s'élance pas d'un bond d'un extrême à l'autre,

---

(¹) « Pour trancher court, je tiens pour un axiome cette proposition identique qui n'est diversifiée que par l'accent, savoir : que ce qui n'est pas véritablement *un* estre n'est pas non plus véritablement un *estre*. On a toujours cru que l'un et l'autre sont des choses réciproques. Autre chose est l'estre, autre chose est des estres ; mais le pluriel suppose le singulier, et là où il n'y a pas un estre, il y aura encore bien moins plusieurs estres. »

(²) Infinitæ autem sunt substantiæ simplices seu creaturæ in qualibet materiæ particulâ, et componitur ex illis materia non tanquam ex partibus, sed tanquam ex principiis constitutivis, seu requisitis immediatis prorsùs ut puncta continui essentium ingrediuntur non tamen ut partes. » *Lettre à Fardella*, p. 324.

mais qui remonte graduellement la chaîne des êtres, prend les composés les plus inférieurs, cherche ce qu'ils renferment d'être ou de réalité, retrouve l'unité sous la pluralité, la forme sous la matière, la loi sous le phénomène et arrive aux formes nécessaires à l'être : c'est la méthode dialectique, entrevue par Platon, retrouvée par les principaux scolastiques et élevée par Leibniz à sa plus haute puissance.

C'est ainsi que Leibniz a pu dire sous une forme ésotérique, pour indiquer le terme de son mouvement : « J'ai traversé la physique et je n'y ai trouvé que les apparences de l'indivisible ou de la véritable unité. Je me suis adressé aux mathématiques et je n'y ai point rencontré la réalité que je cherchais, mais seulement des modalités avec plus d'exactitude. Enfin la métaphysique seule m'a donné ce que la physique et les mathématiques ne donnent point, à savoir : l'exactitude jointe à la réalité. Les phénomènes de la nature me sont d'abord apparus, mais je n'ai vu là qu'une pure succession de phénomènes, un perpétuel écoulement, rien de fixe, rien de certain. J'ai demandé aux nombres un point de vue nouveau et plus scientifique. Mais là encore j'ai traversé bien des espaces imaginaires. Et enfin je ne me suis fixé que dans la métaphysique, qui est la véritable science de la vie ou du réel. » C'est ce que Leibniz exprime avec une finesse et une subtilité bien grandes par sa comparaison des trois points : les points physiques, qui ne sont indivisibles qu'en apparence (réfutation des atomistes) ; les points mathématiques, qui sont exacts, mais ne sont que des modalités (inconvénient des mathématiques pures) ; enfin les points métaphysiques ou de substances, les seuls qui soient exacts et réels (établissement de la métaphysique, système de la monadologie). Ils indiquent les trois sphères entrevues par Platon et où se déploie le mouvement de tout esprit philosophe (¹).

La correspondance avec Arnauld ne peut laisser aucun doute sur les deux premiers points que nous avons touchés. C'est la scolastique qui lui a fourni la première idée de ses formes et c'est la méthode dialectique élevée à un degré de précision supérieur qui a renouvelé et vivifié ces principes de métaphysique depuis longtemps stériles (²). La forme détermine la matière. Elle est un principe d'unité qui peut seul ramener quelque constance et quelque uniformité dans la nature, et servir à poser les premières lois d'un système général de tous les êtres. La nature ne les a pas, comme le voulait

---

(¹) Voici ce texte, qui ne fait point partie de sa correspondance avec Arnauld, mais qui en est le résumé précis (*Monad.*, II, i, p. 33) :
« On pourrait les appeler points métaphysiques ; ils ont quelque
« chose de vital et une espèce de perception, et les points mathé-
« matiques sont leur point de vue pour exprimer l'univers. Ainsi,
« *les points physiques* ne sont *indivisibles* qu'en apparence, *les
« points mathématiques* sont *exacts*, mais ne sont que des moda-
« lités ; il n'y a que *les points métaphysiques* ou *de substance...*
« *qui soient exacts et réels*. » (*Ibid.*, III, p. 500.)

Voir aussi la Thèse 21 de la correspondance avec Arnauld : « Si les règles de la mécanique dépendaient de la *seule géométrie sans la métaphysique*, les phénomènes seraient tout autres. »

(²) Ce mot de *formes* revenant sans cesse dans la suite de cette étude, nous devons prévenir que Leibniz l'emploie indistinctement avec le mot d'*âmes* ; qu'ainsi, partout où nous avons mis le premier, on peut lui substituer son équivalent métaphysique.

Descartes, réservées pour quelque espèce privilégiée, elle les a bien plutôt prodiguées sans mesure comme une mère féconde (¹). Sans doute, plus on s'élève sur l'échelle des êtres et plus les formes sont parfaites, mais s'ensuit-il de ce que l'homme y occupe le premier rang, qu'il participe seul à la vie et que les animaux doivent en être exclus ? Descartes l'a pensé et l'on sait quelle physique violente il avait inauguré sur ce principe. On ne voyait plus que des animaux sans vie, des plantes sans formes, des êtres sans unité de composition. Leibniz, frappé des inconvénients du mécanisme, et partisan du sens commun, restitue les âmes des bêtes. « Il vous sera difficile, écrit-il à Arnauld, d'arracher au genre humain cette opinion, reçue toujours et partout, et catholique s'il en fût jamais, que les bêtes ont du sentiment. » Avec les animaux, la vie reparaît sur le globe. Mais Leibniz étend déjà ses vues sur toute la nature. « Je n'ose pas assurer, écrit-il dans une première lettre, que les plantes n'ont point d'âme, ni vie, ni forme substantielle. » Plus tard, il sera plus explicite, et fondé sur la loi de l'analogie, il écrira : « M. Malpighi a beaucoup de penchant à croire que les plantes peuvent être comprises sous le même genre avec les animaux et sont des animaux imparfaits. »

Le microscope, cet instrument merveilleux que Descartes n'a pas connu, devient l'organe de sa philoso-

---

(¹) « Je croys aussi que de vouloir renfermer dans l'homme presque seul la véritable unité, ou substance, c'est estre aussi borné en métaphysique que l'estoient en physique ceux qui enfermoient le monde dans une boule. » Page 253.

phie, et lui permet de jeter un premier regard, confus mais profond, sur le monde des infiniment petits. « L'expérience, écrit-il à Arnaud, favorise cette multitude des choses animées. On en peut faire mourir des millions tout d'un coup, et tant les grenouilles des Égyptiens que les cailles des Israélites, dont vous parlez, monsieur, n'en approchent point » La vie est partout. Il voit, il suppose d'invisibles multitudes. « Ceux qui connaissent les expériences de Lœwenhœck concevront, dit-il à Arnauld, qu'il y a quasi une infinité d'animaux dans la moindre goutte d'eau. — Je croy, écrit-il encore, que tout est plein de corps animés, et chez moi, il y a sans comparaison plus d'âmes qu'il n'y a d'atomes chez M. Cordemoy, qui en fait le nombre fini, au lieu que je tiens que le nombre des formes, ou au moins des âmes, est tout à fait infini. » Ce terme d'infinité, dont il abuse, ne lui paraît pas trop fort pour marquer la pluralité des êtres que nous appelons un seul corps.

La vie se manifestant dans le monde sous des formes multiples et variées, et ne laissant rien d'inculte ni de désert dans son vaste domaine, le plus puissant effort de la méthode dialectique sera donc d'imiter la vie, de découvrir, en s'élevant au-dessus de la matière, le rapport des formes entre elles, de ne point laisser subsister de vide ou d'espace vague dans la métaphysique, *ne detur vacuum formarum*, et de monter par gradations insensibles avec la vie au degré de l'infini. Ce que Leibniz appellera plus tard une monadologie n'est que le dernier résultat de l'analyse des substances et la méthode du développement des formes. Mais ce développement est commencé dans la correspondance. L'étude des caractères qu'elles présentent remplit les deux tiers de ses lettres à Arnauld. Elle nous fait pressentir je ne sais quelle analyse supérieure et cachée, et nous mène insensiblement à l'unité tant cherchée par les sages, et que Leibniz, qui croit l'avoir trouvée, appellera du nom de monade. Si donc, par monadologie, il faut entendre une analyse qui calcule les forces, qui trouve les lois cachées sous les formes et cherche à se rendre compte de l'organisation des êtres, il y a toute une monadologie en germe dans la correspondance, et si le caractère de la transcendance est la marque de l'infini, il y a même un commencement d'analyse transcendante dans ses lettres. Comment, en effet, ne pas reconnaître sous ces formes multiples les monades en nombre infini? On suit, pour ainsi dire, la filière par laquelle elles ont passé pour arriver à leur état définitif. On les voit naître et se former. Il suffit, pour se convaincre de l'évidente analogie qu'elles présentent avec les formes, de comparer la monadologie et la correspondance.

Les caractères sont les mêmes. Les formes sont indivisibles et simples, et les monades le sont aussi. Ni les unes ni les autres ne composent la matière par agrégation de parties; elles la soutiennent et la préservent par une force spirituelle. Ce ne sont pas les phénomènes du mouvement ou de la durée plus que les monades ne sont des modifications de la matière, ce sont les forces qui produisent l'un et l'autre. Les formes *indivisibles* l'obligent à recourir à une analyse supérieure; les formes *ingénérables* le contraignent de chercher leur lot de génération en dehors de l'espace et du temps; les formes *indestructibles* le forcent à reconnaître que la mort n'est qu'apparente, qu'elle est le phénomène de transformation d'un même être qui subsiste toujours. Ces formes qui ne naissent ni ne meurent, et ne sont soumises ni à l'espace ni au temps, sont donc bien ces premiers principes de la composition des choses, ces derniers termes de l'analyse des substances qu'il appellera plus tard ses *monades*. L'analyse supérieure qui s'applique aux premières est bien celle qui le conduit aux secondes.

Mais alors, un des principaux reproches qu'on adresse à la monadologie tombe de lui-même. On trouve ces thèses bien étranges, les vérités qui s'y cachent pénibles à déchiffrer. On ne veut pas entendre parler d'analyse, de calcul infinitésimal en philosophie. A quoi bon tant de mathématiques ? Eh quoi ! les preuves de Dieu seraient basées sur un calcul ! on aurait attendu quatre mille ans les découvertes géométriques d'un Leibniz pour pouvoir parler de Dieu et de ses divins attributs ! Je ne répondrai qu'une chose : la monadologie, la méthode infinitésimale elle-même ne sont que des applications de l'analyse des formes. Cette analyse supérieure, qui double les forces de l'esprit, n'avait pas attendu Leibniz pour montrer, par d'assez beaux résultats, sa force et sa fécondité. Elle est commencée dans Platon (¹) ; elle ne fait que se continuer et se préciser dans Leibniz.

Platon, le premier dans l'antiquité, s'élevant au-dessus d'un grossier empirisme, avait dégagé de l'idée de *per-*

(¹) Dans ce dialogue même du *Phédon* que Leibniz a traduit. « Cœpi nimirùm (c'est Socrate qui parle) à rerum ipsarum contemplatione ad *formas* sive rationes per se consideratas revocare mentem : quæ his non consonant, audacter falsa esse dico ; quæ ex illis consequuntur vera, cætera tantisper in medium relinquo. » — Voir p. 82.

pétuel devenir, énoncé par Héraclite, une vérité sublime. Héraclite, en effet, ne voyait rien au delà d'un mutuel commerce de la vie et de la mort s'engendrant l'une l'autre. Platon, aussi grand géomètre que grand philosophe, en extrait dans le *Phédon* la loi du mouvement en cercle et d'une circulation générale des choses [1]. Il voit la naissance et la mort s'unir par leur sommet [2], et il dégage dans le même dialogue de ces deux formes du devenir, inséparables et continues, l'idée de la préexistence et par conséquent aussi celle d'une existence possible après la mort. Cette idée soutient sa première preuve de l'immortalité, qui supporte la troisième et dernière, fondée sur l'identité de l'âme avec la vie.

Leibniz continue Platon et le transforme à son tour comme Platon lui-même avait transformé Héraclite. De la loi du mouvement en cercle, entrevue par Platon, il dégage sa loi de continuité, qui lui fera faire toutes ses découvertes en mathématiques, en physique et même

---

[1] Et certè, nisi circulus in his esset, alterumque ex altero reproduceretur, directa tantùm progressio foret, omniaque ad idem devenirent. (*Phédon*, traduit par Leibniz, p. 57.)

[2] ὥσπερ ἐκ μιᾶς κορυφῆς συνημμένω δύ' ὄντε, dit Socrate en parlant du plaisir et de la douleur, que Dieu, ne pouvant unir autrement, a joint par leurs pointes et leurs extrémités, *apices conjungendo*, dit Leibniz, et non comme deux prisonniers attachés à une même chaîne, ainsi que traduit M. Cousin, infidèle cette fois à l'élégance du texte grec. On trouve dans les *Nouveaux Essais* une application ingénieuse et suivie de cette pensée aux modes du plaisir et de la douleur. Elle est destinée dans le *Phédon* à donner le ton à tout ce dialogue, qui traite du passage d'un état à un état contraire en apparence. C'est encore une de ces lumières qui avaient vivement frappé Leibniz traduisant ce dialogue. Sa correspondance avec Arnauld en a gardé des reflets.

en philosophie (¹). De l'idée de perpétuel devenir il ex-

(¹) Nous montrons ailleurs (Note sur la loi de continuité, à la fin du volume) comment les antécédents logiques de cette loi célèbre sont contenus dans la première preuve du *Phédon*, que Leibniz a traduit. Cette preuve a trois parties : la génération des contraires, qui suppose le passage continu de l'un à l'autre, la loi du mouvement en cercle (*circulus æterni motus*), qui en est dérivée par Platon, et enfin l'idée de la préexistence, qui appelle celle de la post-existence des âmes, et qui, d'après Platon, achève toute la preuve. Ce sont aussi les trois mouvements de la dialectique leibnizienne qui s'élève de l'idée de perpétuel devenir par une circulation harmonique jusqu'aux forces et aux lois qu'elle suppose. C'est là ce que Leibniz appelle sa loi de continuité. C'est toute sa méthode. En l'appliquant aux âmes on obtient une élaboration supérieure du dialogue de Platon. Comment se fait le transport des âmes? Est-ce un brusque passage du néant à l'être suivi d'un brusque retour de l'être au néant? N'y a-t-il pas là, au contraire, ce que Leibniz appelle quelque part *series transitus*, comme une série du transport des âmes ou de transitions douces d'un état à un autre? Telles sont les pensées que fait éclore la lecture du *Phédon*, quand on a dans ses mains le fil de la loi de continuité. Mais au lieu que Platon conserve des fables grossières et qu'on s'étonne de retrouver dans ce dialogue d'un transport des âmes presque matériel, Leibniz s'élève en vrai philosophe à l'idée d'un transport immatériel, qui s'accomplit suivant la loi de continuité par la série des transitions dont la naissance et la mort ne sont que les extrémités apparentes. Chez lui, la raison même postule l'existence en dehors de l'espace et du temps, et l'on peut dire que sa loi de continuité tout entière repose sur ce postulat de l'immortalité, car il s'exprime en ces termes : « Proposito transitu quocumque continuo, in aliquem terminum desinente, liceat terminum ultimum communi ratione comprehendere, » c'est-à-dire un transport continu vers un point nous force à supposer l'existence de ce point comme terme premier et dernier. C'est ainsi qu'il traduit les idées innées et la préexistence des platoniciens. On voit par cet aperçu quelle profondeur acquiert la doctrine du *Phédon*, renouvelée par Leibniz dans les lettres à Arnauld.

trait celle de la mort et de la génération comparées, qu'il applique au problème de l'immortalité. Enfin, il accepte, en les purgeant de toute métempsycose, le dogme de la préexistence et la loi des transformations qui en est la suite.

Supposez Kepler et Newton, l'un l'esprit encore embarrassé par les intelligences célestes, les rayonnements sympathiques et les nombres mystiques, découvrant la forme des orbites parcourues par les différentes planètes autour du soleil, l'autre élevé à la conscience nette de la méthode, extrayant des ellipses de Kepler, par le calcul, la loi de la gravitation universelle, tel je me représente Leibniz par rapport à Platon : Platon, l'esprit encore préoccupé de la métaphysique d'Élée et de la physique d'Ionie, et toujours engagé dans les âmes du monde et les nombres mystiques chers aux néoplatoniciens, mais cherchant déjà le mouvement régulier des oscillations de la vie dans le monde ; puis Leibniz, dégageant de la gangue impure encore attachée à la naissance des idées une idée générale et rationnelle, extrayant par le raisonnement et le calcul les lois de la vie du mouvement en cercle, qu'affectent, suivant Platon, ses diverses manifestations : Platon, cherchant déjà sous ses modes transitoires la forme de vie qui ne meurt pas : Leibniz, précisant davantage, et à cette forme de vie en général substituant les formes indivisibles, ingénérables et indestructibles de la correspondance avec Arnauld : l'un concluant aux idées et l'autre aux forces.

Cette correspondance nous livre ainsi les membres épars d'une sorte de dialogue platonicien dont Arnauld, seul interlocuteur avec Leibniz, a quelque rapport avec

Cébès, l'homme le plus difficile à convaincre qu'ait rencontré Socrate.

Arnauld en effet n'avait point épargné à Leibniz les deux grandes objections que tout philosophe empirique se croit en droit de lui adresser : contre les formes indivisibles, il attestait la divisibilité de la matière ; contre les formes ingénérables, la naissance ou la génération ; contre les formes indestructibles, la mort. Mais Leibniz, averti par de nombreuses analogies, et soutenu par sa méthode, ne pouvait sacrifier ainsi sa plus belle découverte. Les formes attaquées vont être mises en demeure de se défendre, elles vont montrer leur ingénérabilité sous la génération, leur indestructibilité sous la mort. Elles vont réagir avec une audace et une fécondité merveilleuses, et sortir de cette lutte agrandies et déjà préparées pour la monadologie. Si la nature paraît leur résister, elles soumettront la nature et montreront bien, par quelque secrète vertu, qu'elle ne peut leur être contraire, puisqu'elles forment son ordre et sa loi.

Et d'abord il est beau d'avoir à lutter sans cesse contre ces deux grands ennemis de toute chose parfaite, le devenir et la mort.

Le devenir est ce qui paraît : livré aux changements, il s'exprime dans la nature par les phénomènes de la génération qui nous emportent comme un fleuve rapide vers cette fin des choses que nous prenons pour leur véritable terme. C'est un poids qui déprime vers tout ce qui est bas le regard de l'esprit. Il faut le soulever pour que l'esprit se tourne de ce qui devient vers ce qui est. Si le devenir est un obstacle, si la génération est un poids, si le mot de Platon, qui a frappé Leibniz et qu'il cite comme quelque chose de capital, est vrai, « que le « sophiste va vers le paraître et que le philosophe va vers « l'être », il faut donc retirer son âme de ce qui passe et de ce qui coule, et la relever vers ce qui est ; et c'est accomplir le but de la vraie philosophie que de vaincre l'obstacle, que de soulever ce poids de chair et de sang, et de développer en nous-mêmes le sens de l'ingénérable et de l'immortel.

C'est ce que fait Leibniz par son analyse des formes, qui remonte aux causes du devenir et de la génération, sans se soucier des apparences matérielles et grossières que nous présente le spectacle des choses sensibles, si ce n'est comme de symboles et d'images, qu'il faut percer avec l'œil de l'esprit pour s'élever au-dessus. Leibniz a remarqué la transcendance de l'acte générateur. Il a saisi dans leur germe ces fulgurations incessantes et rapides, qui sont les premiers principes de la naissance. Il a analysé cette force produite par l'amour et traité par la transcendance ces humbles commencements de la vie [1].

---

[1] Leibniz appliquait encore ici, en les précisant, les idées de Platon. L'état de perpétuel devenir où sont tous les êtres est tel que s'il ne se faisait à chaque instant en eux une circulation insensible de mouvement et d'être, tout retournerait au néant. Cette circulation entrevue par Platon, et dont la physiologie démontre aujourd'hui le double et incessant mouvement produit par la force réparatrice tendant à équilibrer la force contraire, Leibniz la précise déjà par ses idées sur la génération des quantités. Il applique la loi de continuité d'après laquelle tout naît de petits commencements, et il extrait suivant cette loi, par l'analyse infinitésimale, de la circulation générale de la vie, les forces, les lueurs, les instincts qui la produisent à l'état latent, ce qu'il appelle les petites perceptions « dont l'efficace est plus grande qu'on ne pense. »

La genèse de l'amour l'a conduit aux formes ingénérables, qui n'ont point commencé dans le temps, et qui président à la naissance et à la vie. Il en a trouvé les premiers germes dans ces instincts, ces tendances et ces sentiments que la nature nous inspire, et qui sont les premiers mobiles. Il a entrevu cette mystérieuse puissance de l'amour et de ses lois qui transforment les êtres. Il a cherché de toutes ces choses des expressions mathématiques, et s'est élancé par l'analyse et la recherche des causes jusqu'aux lois admirables de sagesse et de prévoyance qui règlent les instincts.

Une vérité entrevue par les sages depuis la plus haute antiquité, mais qui, mal exprimée et mal comprise, avait été la source de bien des erreurs, vérité que lui attestait de plus en plus ce prodigieux rayonnement de la vie universelle et à laquelle les découvertes dues au microscope donnaient une force de plus en plus grande, lui sert à déchiffrer cette énigme de la nature qu'on appelle la génération. Parménide, Mélisse, Hippocrate, Aristote, parmi les anciens, Jean Bacon, saint Thomas, parmi les modernes, sont pour lui des témoins incomplets mais précieux de cette loi de la nature [1]. Ils ont tous vu, nous dit-il, une partie de la vérité, mais ils ne l'ont pas assez développée? Qu'est-ce donc qu'ils n'ont point vu

---

[1] « Je viens à l'article des formes ou âmes que je tiens indivisibles et indestructibles; je ne suis pas le premier de cette opinion. Parménide, dont Platon parle avec vénération, aussi bien que Mélisse, a soutenu qu'il n'y avait pas de génération ni corruption qu'en apparence. Aristote le témoigne, liv. *Du Ciel*, chap. II. Et l'auteur du liv. I*er* *De Diæta*, qu'on attribue à Hippocrate, dit expressément qu'un animal ne saurait être engendré tout de nouveau, ni détruit tout à fait. Albert le

ou qu'ils n'ont vu qu'en partie ces philosophes du passé, que Leibniz, plus exact et plus précis, a, pour ainsi dire, exprimé avec une rigueur mathématique? Le voici. Quand on étudie la nature, on est étonné, effrayé même de sa puissance de transformation. Cette continuelle recrue des molécules, ces embryons à peine formés qui se développent, ces germes partout enveloppés, ces mondes en mouvement dans une seule goutte d'eau, qu'est-ce tout cela, si ce n'est une image de cette faculté de transformation? La génération qui procède de l'amour viole-t-elle seule cette loi universelle et constante de la nature? Faut-il admettre que les êtres naissent spontanément par une brusque saillie, sans germe préformé, quand tout semble attester, au contraire, que rien ne naît que d'un germe qui se développe, quand la *Genèse* mentionne la fécondité des semences, quand la nature elle-même suit partout un ordre progressif et continu? Non, la génération ne viole ni la loi de transformation, ni celle de la continuité qui se retrouve sous la première. Elle en est, au contraire, un cas spécial. La génération n'est qu'une transformation, qu'un accroissement de formes (¹).

L'analyse de Leibniz lui faisait découvrir sous les

Grand et Jean Bacon semblent avoir cru que les formes substantielles étaient cachées dans la matière de tout temps. Fernel les fait descendre du ciel, pour ne rien dire de ceux qui les détachent de l'âme du monde. Ils ont tous vu une partie de la vérité, mais ils ne l'ont point développée. »

(¹) Leibniz n'énonce d'abord son opinion qu'avec scrupule : « J'ay beaucoup de penchant à croire, écrit-il, que toutes les générations des animaux dépourvus de raison, qui ne méritent pas une

phénomènes de transformation qui accompagnent la naissance des individus les germes d'où ils sont formés et la loi de leur développement. S'il y a transformation d'un animal, disait-il, il faut qu'il y ait préformation de cet animal. S'il y a préformation, il y a donc des formes préexistantes, des formes ingénérables, puisque ce n'est pas la génération qui les a produites. En effet, dire que les formes sont ingénérables, c'est dire qu'il y a une force génératrice constante de laquelle dépendent les phénomènes de la vie, et dont les différentes transformations de l'individu sont les effets. C'est suivre à travers tous ses changements un même être qui se développe, c'est imiter l'ordre de la nature bien loin de le violer. La nature elle-même efface à chaque pas les traces de la naissance et de la mort et se rajeunit perpétuellement elle-même, imitant son souverain auteur par l'art sublime des transformations.

nouvelle création, ne sont que des transformations d'un même animal déjà vivant, mais quelquefois imperceptibles, à l'exemple des changements qui arrivent à un ver à soie et autres semblables, la nature ayant accoutumé de découvrir ses secrets dans quelques exemples qu'elle cache en d'autres rencontres. » Dans une seconde lettre, c'est encore un *peut-être*. « Peut-être, écrit-il toujours à Arnauld, il y a déjà des animaux vivants, quoique très-petits, dans la semence des animaux qui pourront être transformés dans un animal semblable. » Enfin, dans une troisième lettre, Leibniz n'hésite plus; l'observation semble confirmer cette conjecture; il s'empresse de le faire savoir à Arnauld : « J'ay appris que M. Leuwenhœecke a des sentiments assez approchants des miens, en ce qu'il soutient que même les plus grands animaux naissent par une manière de transformation. Et M. Swammerdam, autre grand observateur et anatomiste, témoigne assez qu'il y avoit aussi du penchant. » *Lettre*, p. 275.

On comprendra mieux maintenant un point fort obscur de la *Monadologie*, et qui paraissait même inexplicable. Deux thèses empruntées à l'ancienne philosophie grecque y résument l'opinion de Leibniz sur la génération. C'est un mélange de l'opinion de Parménide avec celle d'Héraclite. Le premier disait que l'être seul est, que le devenir n'est rien, et tout plein de la pensée de l'Etre immuable et un, il ajoutait que la génération et la mort ne sont qu'apparentes. Leibniz traduisait sa pensée d'une manière expressive et fidèle dans cette thèse de sa *Monadologie* : « Il n'y a jamais ni génération entière, ni mort prise à la rigueur. » Héraclite, au contraire, affirmait que tout change, que tout coule, πάντα ῥεῖ, et il avait coutume d'exprimer cette excessive mobilité des choses par une image : « On ne se baigne pas, disait-il, deux fois dans le même fleuve. » Leibniz s'emparait aussi de cette pensée du philosophe grec et l'exprimait en ce termes : « Tous les corps sont dans un flux perpétuel, comme des rivières et des parties y entrent et en sortent continuellement. »

Comment ces opinions extrêmes, qui avaient été le mot d'ordre de deux grandes écoles en Grèce et qui avaient ému tout Elée et l'Ionie, se trouvaient-elles à quelques lignes l'une de l'autre, énoncées dans la *Monadologie*? Comment Leibniz espérait-il surtout concilier la seconde, celle d'une mobilité, d'un changement, d'une fluidité perpétuelle avec la première, celle de l'immobile unité, de l'Esprit éternel et un? Comment, enfin, supprimait-il le devenir et la génération, la mort et la corruption par la thèse 73, après avoir étendu l'une et l'autre à toute la nature par la thèse précédente? J'ai beau lire et relire la Monadologie, je vois là deux opinions contradictoires empruntées à deux écoles rivales, sans pouvoir en saisir l'accord et l'enchaînement.

Reportons-nous maintenant à la correspondance avec Arnauld, et voyons si nous n'y trouverons pas quelques lumières sur ce point obscur de la Monadologie. La méthode qui l'élevait aux formes le forçait de reconnaître l'infinie divisibilité de la matière et la perpétuelle mobilité des corps. En vain il aurait voulu s'arrêter dans cette division, qui vérifiait à chaque pas le mot d'Héraclite. Ni le mouvement, ni la figure, ni la grandeur, ni aucune des qualités sensibles de la matière ne peuvent soutenir la dernière analyse. Les corps ne peuvent subsister par eux-mêmes : rien ne saurait arrêter leur perpétuel écoulement : πάντα ῥεῖ. La correspondance avec Arnauld est, sur ce point, tellement explicite, que nous serons bientôt forcé de revenir sur cette analyse et de voir si elle ne pousse pas à l'extrême ce principe de divisibilité qu'elle emploie.

Mais une loi que n'a point connue Héraclite, un principe que Leibniz a le premier employé, la loi des transformations, le principe de la continuité l'élevait bientôt au-dessus de ce flux et de cette mobilité. Tout croît dans le corps de l'individu par un développement successif. Harvey définissait la nutrition une *génération continue*. Nous sommes engendrés à chaque instant de la durée par une foule de petits accroissements insensibles et lents, dont le total forme le corps humain. Cette tendance de l'organisme à se renouveler par un accroissement de substances, ce travail de la nature qui engendre le corps sans cesse et par de nouveaux progrès, tous ces phénomènes observés depuis par les physiologistes les plus distingués, lui attestaient la continuité de la force génératrice qui agit en nous-même avant de se projeter au dehors. Que lui importait alors que l'être prît et quittât sans cesse de nouvelles dépouilles? Que lui faisait cette perpétuelle recrue des molécules et ce continuel écoulement? Cette succession des phénomènes de la génération ne peut avoir pour point de départ qu'une force génératrice constante et qui soit elle-même ingénérable. La génération ou l'accroissement des êtres nous ramène nécessairement à des principes de ces accroissements plus petits que toute grandeur donnée et qu'il faut négliger comme d'infiniment petites différences de cette force pour la trouver. C'est ce que Leibniz exprime en disant que la génération n'est qu'apparente, c'est-à-dire qu'il y a une force génératrice continue sous le phénomène de la génération.

Ainsi cette même méthode qui divise la matière à l'infini lui faisait retrouver sous cette divisibilité quelque chose d'indivisible et d'un. Ce n'était pas sans doute l'immobile unité de Parménide, qui est un et tout, ἓν καὶ πᾶν; mais c'étaient ces formes indivisibles, ces premiers principes de la composition des choses, qui apparaissaient pour la première fois dans les lettres à Arnauld, à la suite d'un vigoureux essai de dialectique platonicienne. Or, et c'est là cette vérité profonde dont il avait cru entrevoir le premier germe dans Parménide et qu'il énonce dans la Monadologie, ce qui est véritablement un ne saurait naître ni mourir; ce qui est simple ne peut être soumis à la génération; ce qui est indivisible ne se corrompt pas. Donc si les formes sont indivisibles elles sont ingénérables et indestructibles; et nous voilà ramenés de la perpétuelle mobilité, de l'infinie divisibilité de la matière, aux formes qui échappent à la génération et à la mort; nous voilà revenus des paternités et des filiations de la terre à l'éternelle paternité dont nous sommes tous fils. Réfléchissez à cette loi de la génération par laquelle il est toujours vrai que le semblable engendre son semblable, et dites s'il n'y a pas dans cette constance et cette uniformité de la nature un principe supérieur au devenir et qui est l'être et la vie. Ainsi les formes mêmes sous lesquelles apparaît la vie dans le monde nous parlent de leur auteur, et sont un écoulement de sa puissance, une manifestation de sa réalité.

Renonçons donc à dire que le monde est éternel par la génération; n'allons pas à ces abîmes que les matérialistes ont ouverts, et où s'engloutissent les forces de l'animalité. Voulez-vous voir les véritables sources de la reproduction s'entr'ouvrir et en découler la prodigieuse et divine variété des choses, élevez-vous au-dessus de tout ce symbolisme générateur, à l'ingénérable, à l'indestructible. Le monde ne dure que par ce qu'il y a d'ingénérable et d'indestructible mêlé dans sa substance. Ce sont les formes invisibles, impalpables, retrouvées par Leibniz qui le soutiennent et le vivifient. Depuis les sourdes perceptions des plantes jusqu'aux vives clartés de l'esprit, depuis les simples instincts jusqu'aux plus nobles produits de l'art et de l'intelligence, tout croît et se développe, suivant ces lois. Elles font la vie, l'ordre et la beauté des choses; sans elles, le laboratoire de la nature serait vide.

Mais il y a dans les entrailles de la terre une force qui proteste contre la vie et dont les hommes, frappés de ses effets, ont fait le symbole de la destruction. C'est une puissance sourde, inexorable, qui semble travailler sous nos pas à ébranler le sol, comme une taupe vigilante. L'homme ne saurait la plier à ses calculs; car elle se rit de sa prudence. Invisible et non moins mystérieuse que la vie, elle atteint son but sans s'inquiéter du temps ni de l'espace. Elle agit d'une manière soudaine, irrésistible, et ses promptes démarches sont l'étonnement et la terreur des hommes. La naissance a ses lois, la Mort paraît en être exempte. Elle s'avance par bonds, elle se précipite par impétueuses saillies. L'homme a tout prévu, l'inconstance des saisons, le mouvement des vents, la rapidité même de la foudre. La Mort seule se rit de ses prévisions, et le frappe sans qu'il le sache.

J'avoue que jusqu'ici en lisant les thèses de la Monadologie, la Mort m'avait toujours paru la grande objection contre ce système fondé sur les lois de la nature, et que cette seule objection me faisait douter de tout le reste. N'est-il pas évident en effet, quand même la génération, au lieu d'être la création de formes nouvelles, serait une continuation de l'ordre établi, que la mort semble troubler cet ordre et être une exception formidable aux lois de la vie? Et de quel droit alors peut-on affirmer que les formes sont indestructibles, quand tous les jours des milliers d'animaux meurent sous nos yeux; qu'elles ne se corrompent point, quand les symptômes de corruption se voient des deux yeux et se touchent des deux mains? Mais si nous avons eu déjà plus d'une occasion d'admirer l'art et la science de Leibniz et les ressources infinies de son analyse, c'est surtout en cette rencontre où, pressé par Arnauld, il semble déjà que tout son système croule, tant il s'aperçoit avec perspicacité des côtés faibles de sa doctrine, tant il excelle à apporter à propos le remède, tant enfin ces pages, dont nous allons extraire quelques lignes, sont l'expression de la philosophie la plus haute ! Il explique pourquoi la mort paraît une exception aux lois de la nature et une violation de son principe, tandis que la génération peut être plus facilement ramenée à la loi de continuité. « C'est que la génération, dit-il, avance d'une manière naturelle et peu à peu, ce qui nous donne le loisir d'observer; mais la mort mène trop en arrière *per saltum* et retourne d'abord à des parties trop petites pour nous, parce que cela se fait ordinairement d'une manière trop violente, ce qui nous empêche de nous apercevoir du détail de cette rétrogradation. » Ainsi il y a dans la mort un changement soudain, Leibniz ne le nie pas; il y a un retour en arrière : il l'avoue; mais il y a un détail de cette rétrogradation, de ce changement comme dans la génération, et c'est là ce qu'il faut chercher. On saisit déjà dans ce texte la pensée féconde du système : c'est que la mort ne doit pas être séparée de la génération, qu'il y a là deux phénomènes corrélatifs et qui peuvent être expliqués l'un par l'autre. En effet, le problème de la mort n'est, pour ainsi dire, que l'inverse du problème de la génération. Et comme celui-ci si plus facile à observer, la méthode exige qu'on ait d'abord expliqué l'un avant d'aborder l'autre (1).

Entrons de plus en plus dans l'intimité de cette idée suivant laquelle la génération est un développement et la mort un enveloppement. Si la mort n'est que la série des décroissements (*decrementa*) correspondants à la série des accroissements à partir de la naissance; s'il y a un

---

(1) Cette vue revient souvent dans les lettres à Arnauld. Il lui écrit d'abord : « La génération n'étant apparemment qu'un changement consistant dans l'accroissement, la mort ne sera qu'un changement de diminution. » Cette induction est précisée dans une lettre plus importante encore. C'est après avoir cité l'opinion de Leuwenhoecke et de Swammerdam qui lui est favorable : « Il est vray, ajoute-t-il, que je ne remarque pas qu'ils ayent poussé leur opinion jusqu'à dire que la corruption et la mort elle-même est aussi une transformation à l'égard des vivants destitués d'âme raisonnable, comme je le tiens; mais je crois que s'ils s'étoient avisés de ce sentiment, ils ne l'auroient pas trouvé absurde, et il n'est rien de si naturel que de croire que ce qui ne commence point ne périt pas non plus. Et quand on reconnaît que toutes les générations * ne sont que des augmentations et développements d'un animal déjà formé, on se persuadera aisément que la corruption et la mort n'est autre chose que la diminution et enveloppement d'un animal qui ne laisse pas de subsister et de demeurer vivant et organisé. » C'est presque mot pour mot la thèse de la *Monadologie*. « J'ai donc jugé que si l'animal ne commence jamais naturellement, il ne finit pas naturellement non plus, et que non-seulement il n'y aura point de génération, mais encore point de destruction entière, ni mort prise à la rigueur. » — « Ainsi on peut dire que non-seulement l'âme est indestructible, mais encore l'animal même, quoique sa machine périsse souvent en partie et quitte ou prenne des dépouilles organiques. »

* La nutrition peut être comprise dans cette catégorie si large de toutes les générations.

lendemain pour la mort comme il y a une veille pour la naissance; si la mort, enfin, n'est pas plus l'extrémité de la vie que la génération n'en est le commencement absolu, les deux extrémités se trouvent en dehors de la naissance et de la mort, et sont les deux limites vers lesquelles elles tendent, sans les pouvoir jamais atteindre. C'est la région des formes ingénérables et indestructibles. Mais comme le jeu de la vie animale résulte, ainsi que nous l'avons vu, d'une somme de petites perceptions, la mort serait donc une diminution de ces petites perceptions, et, dans l'ordre physique, elle serait, suivant une idée chère à Leibniz, un enveloppement des formes dans la région des perceptions sourdes. C'est ce qu'exprime admirablement ce texte de la correspondance : « La mort ne sera qu'un changement de diminution qui fait rentrer cet animal dans l'enfoncement d'un monde de petites créatures où il y a des perceptions plus bornées, jusqu'à ce que l'ordre l'appelle peut-être à retourner sur le théâtre. »

Des analogies nombreuses sont invoquées par Leibniz pour appuyer ses vues sur la mort. « Le sommeil, écrit-il à Arnauld, qui est une image de la mort, les extases, l'ensevelissement d'un ver à soie dans sa coque, qui peut passer pour une mort, la ressuscitation des mouches noyées, celle des hirondelles qui prennent leurs quartiers d'hiver dans les roseaux et qu'on trouve sans apparence de vie, enfin, les expériences sur l'asphyxie, toutes ces choses peuvent confirmer mon sentiment que ces estats différents ne diffèrent que du plus ou du moins. » On ne pouvait choisir des analogies plus profondes. Par le sommeil, en effet, êtres raisonnables et libres, nous redevenons monades chaque nuit, nous rentrons pour ainsi dire dans ce monde de perceptions sourdes, d'où les êtres sont sortis un jour, où ils rentreront de nouveau. Les observations scientifiques ont prouvé que, dans l'extase, il y avait une cessation partielle de la vie organique, une suspension, une oblitération des fonctions les plus nécessaires. L'exemple du ver à soie est un des plus vulgaires, mais aussi des plus frappants de cette loi des métamorphoses qui s'étend à toute la nature; enfin, l'asphyxie n'est trop souvent qu'une mort apparente, comme la léthargie. Et, sans vouloir nier que, pour nos faibles yeux, un abîme sépare les états précédents de la mort même, il est certain qu'ils l'expliquent et la préparent, pour ainsi dire.

Mais si nous nous élevons de ces analogies tirées de la physique à un ordre de considérations plus hautes, nous dirons, en nous appuyant sur les formes indestructibles, que si la mort n'est pour les animaux et les plantes qu'un retour en arrière, qu'une rétrogradation, elle peut être pour l'homme un progrès. Qu'est-ce, en effet, que ces mille perceptions de la vie sourde d'où résulte la vie, qu'une infinité de petites différences qui s'effacent et diminuent à mesure qu'elles s'approchent du point fixe et permanent qui est leur vraie limite. La mort ne serait donc pour nous qu'une *imminutio differentiarum*, et elle ne serait ainsi, dans un sens sublime et vrai et tout métaphysique, qu'une partie de cette analyse des substances qui divise la matière, qui sacrifie le divisible et le terrestre, pour retrouver et dégager de plus en plus l'incorruptible et le divin, l'indivisible et l'immatériel.

Enfin une induction plus forte que ces analogies lui

permet de formuler la thèse de l'indestructibilité en ces termes : la mort n'est qu'apparente ; elle n'atteint pas les formes et n'est, au fond, qu'une véritable transformation · bien que la dissolution aille d'abord à des parties trop petites et dont on ne peut suivre le détail, l'analyse prouve que ces formes ne meurent point, puisqu'elles sont indivisibles.

J'avais dit en commençant que la correspondance avec Arnauld était son Parménide et son Timée, mais il fallait ajouter qu'elle était son Phédon. Il y a là les germes d'une théorie nouvelle de l'immortalité, où la nature elle-même, envisagée dans ses lois et d'après le principe de la continuité, ne s'oppose pas à ce que l'âme soit indestructible. Cette preuve ou ce commencement de preuve fondée sur l'indivisibilité des substances et la nécessité des transformations est ce que Leibniz appelait lui-même *immortalitas physicè demonstranda*, et ce dont il faisait le préambule d'une véritable science de l'immortalité. Elle repose sur l'analyse des formes qui, étant indivisibles, ne meurent pas. Elle s'appuie sur des analogies tirées du sommeil, de l'extase, de la mort apparente. Elle procède par une induction qui nous élève au-dessus de la matière et de la dissolution des parties jusqu'à l'indestructible et à l'ingénérable. Elle implique enfin la résurrection comme une nouvelle forme de la vie d'un même être transformé. Jamais, je crois, on n'a été plus près du dogme en s'enfonçant davantage dans les secrets de la nature.

Cette puissance de transformation qui est dans chaque être, et dont nous expérimentons tous les jours les effets, vient de ce que la nature est dans un continuel changement. La loi de ces changements est la continuité suivant laquelle il n'y a pas de brusque passage des formes ou âmes d'un corps dans un autre, mais une altération insensible des parties d'un même corps auquel l'âme est jointe. Nous sommes tous, comme disait Gœthe, ce noble interprète de Leibniz, des chrysalides en proie à un travail glorieux. Nous filons la coque où nous serons ensevelis, puis, nous dégageant par ce travail même, nous nous transformerons en êtres plus nobles et plus beaux, sans cesser de garder les traces de tous nos états, empreintes, pour ainsi dire, dans notre substance.

Il y a donc en tout homme un chant de la Mort et de la Génération comparées, et pour le vrai philosophe seulement, ce chant finit par un hymne à l'Immortalité. Comme un homme sur le rivage de la mer entend le murmure confus des flots et ne parvient pas à distinguer le bruit qui monte du bruit qui descend, ainsi l'homme sur les rivages de la vie entend à chaque flot de la vie qui monte sur le globe la réponse de la mort, et distingue faiblement leurs voix : tant la mort et la génération sont deux puissances étroitement unies et mêlées dans les choses d'ici-bas !

Mais alors, s'il est philosophe, il s'indigne, il se révolte contre le Devenir et la Mort, contre la nécessité de naître et de mourir sans cesse. Il veut voir au delà de ces fugitives apparences, et il arrive à cette conclusion, qui est la sagesse : le devenir nous trompe : c'est en vain que la nature joue l'éternité; elle n'en est que l'ombre et la figure. *Præterit figura hujus mundi.*

Mais il est une autre voix qui ne saurait mentir et qui

promet l'immortalité. « Ossements arides, levez-vous, dit le Seigneur. Entendez ma parole. En vous j'infuserai l'Esprit, et vous vivrez. Sur vous j'étendrai les nerfs, je ferai croître les chairs et je vous revêtirai de peau. Je soufflerai sur vous et vous vivrez, et vous saurez que je suis le Seigneur ! »

« Et voilà qu'un bruit et une grande commotion se firent : et les ossements se rapprochèrent chacun en sa place et sa jointure. Et je les vis; et voilà que les nerfs et les chairs montaient et que la peau s'étendit sur eux; mais ils n'avaient point le souffle. »

« Et Dieu dit : prophétise à l'Esprit en ces termes : Des quatre vents, viens, ô Esprit! souffle sur ces morts. Et je prophétisai comme il me l'avait ordonné. Et l'Esprit s'introduisit en eux, et ils vécurent, et toute une armée innombrable se leva sur ses pieds. »

Voilà le souffle de la résurrection, qui est la dernière réponse au chant de la Mort et de la Génération.

Puissent les hommes entrer de plus en plus dans cette voie essentiellement philosophique de l'étude de la mort et de la génération comparées au point de vue de l'immortalité !

Les principes métaphysiques d'une science de la nature sont la plus importante partie du programme que Leibniz avait envoyé à Arnauld, et que celui-ci n'avait pas d'abord compris. Quand on rapproche ces principes d'une philosophie de la nature des découvertes de la science, on est frappé de l'intuition de génie qui a fait découvrir à Leibniz ces grandes lois de la nature. La conservation des formes sous lesquelles la vie se manifeste est attestée par les progrès d'une science que Leibniz avait presque créée dans les montagnes du Hartz, la géologie. L'indestructibilité de ces mêmes formes a pour elle ce fait que les espèces abandonnées à elles-mêmes se perpétuent sans altérations notables. Enfin sa doctrine des transformations ou changements insensibles, paraît se confirmer aussi par les résultats de l'observation. Gœthe en Allemagne et Geoffroy St-Hilaire en France l'ont développée. Un des plus grands naturalistes anglais, O..en, se prononce de même pour les métamorphoses d'un même être. Il paraît bien que la matière organisée a été douée de propriétés telles qu'elle puisse se transformer et se plier aux nécessités changeantes de son milieu. Il faut admettre que les espèces invariables, aussi longtemps que rien ne varie autour d'elles, peuvent néanmoins subir certaines modifications sous l'empire d'influences nouvelles; qu'ainsi dans les plus grands soulèvements du globe des formes organiques échappent à la destruction, mais se modifient, leurs relations naturelles ayant changé. Et d'un autre côté la ligne de ces transformations est continue, celles qui atteignent les êtres engagés dans des voies divergentes ne peuvent s'opérer que dans une direction déjà donnée, et dès que leur essor est déterminé, aucune métamorphose ne peut les rejeter dans une voie différente. Et Leibniz a raison de dire : point de métempsycose, point d'éduction, point de traduction, point de génération équivoque, mais, au contraire, préformation, développement des germes et changement insensible des formes.

Mais je sais que de modernes interprètes en Allemagne ont vu dans son système des doctrines dangereuses, *l'Eternité des forces de la nature*, *le Panthéisme par méta-*

morphoses, *l'Infinité du monde*. Arnauld lui-même y avait vu d'abord un soupçon de fatalisme, et le *fatalisme* pour lui, c'est le *panthéisme* pour nous. Mais Arnauld, bientôt détrompé par les explications de Leibniz, reconnut ses préventions mal fondées. Les interprètes modernes sont plus explicites. La correspondance avec Arnauld nous permet déjà de contester la valeur de leurs prétendues découvertes. 1° Quant aux forces, en effet, Leibniz dit bien qu'elles sont indivisibles, ingénérables, indestructibles, mais il ne dit nulle part qu'elles soient éternelles. Il dit partout, au contraire, qu'elles n'ont pu commencer que par une création et qu'elles ne pourraient finir que par annihilation. Rien ne prouve donc qu'il refusât d'admettre la création, et qu'en en parlant il prétendît l'éluder au fond. 2° Quant aux métamorphoses qui établiraient en effet une sorte de panthéisme très-nouveau par la continuité des changements, par la perpétuelle transformation des choses, Leibniz déclare formellement que ces métamorphoses, qu'il substitue aux transmigrations des pythagoriciens, et dont la nature offre des exemples, n'atteignent pas les âmes des hommes. « Les anciens, écrit-il à Arnauld, se sont trompés d'introduire les transmigrations des âmes au lieu des transformations d'un même animal qui garde toujours la même âme. Ils ont mis *metempsychoses pro metaschematismis*. (¹) » Et comme s'il eût craint que ces transformations ne parussent suspectes, il ajoute : « Mais les esprits ne sont pas soumis à ces révolutions, ou bien il faut que ces révolutions des corps servent à

(¹) Voir Appendice, p. 255.

l'économie divine par rapport aux esprits. Dieu les crée quand il est temps et les dégage du corps, au moins du corps grossier par la mort, puisqu'ils doivent toujours garder leurs qualités morales et leur réminiscence, pour être citoyens perpétuels de cette république universelle toute parfaite dont Dieu est le monarque. » Ainsi les esprits sont exempts des révolutions de la nature par une exception glorieuse et une loi providentielle. Sur ce point encore, à moins de suspecter sa bonne foi, il est à l'abri de tout reproche. 3° Enfin cette *infinité du monde*, que Descartes avait déjà soutenue, mais que Leibniz n'admettait pas *à parte ante* et qui n'était pas chez lui réductible à la thèse de l'éternité de la matière, cette infinité, dis-je, n'est en ce qui concerne le monde qu'une imitation, qu'un reflet de l'infinité divine. C'est précisément cette continuité dans le changement, cette permanence du fluide, cette coïncidence des contraires dont il avait été frappé et d'où résulte le jeu de la nature. En admettant même avec lui que cette force soit constante, qu'elle ne varie point dans le monde, de là à dire qu'elle est Dieu, il y a un abîme.

Le reproche de panthéisme écarté, et il devait l'être, puisqu'Arnauld l'avait accusé de fatalisme, je pourrais me dispenser de combattre celui de matérialisme. Leibniz proposait à Arnauld, dès le début de cette correspondance, la réhabilitation des causes finales, dans le but de soustraire les sciences physiques aux tendances trop matérielles ou purement mécaniques, que favorisaient le nom et l'autorité de Descartes. « C'est trop donner à la nécessité de la matière, disait-il en commençant, que de se servir uniquement de ses propriétés pour expliquer les phénomènes. » Avec une finesse trop peu remarquée et par un habile emploi de ce dialogue de Platon qu'il avait traduit, il avait pris vis-à-vis de Descartes, expulsant de la physique les causes finales comme des vierges stériles, la position de Socrate vis-à-vis d'Anaxagore, ce grand philosophe du passé, qui prétendait tout expliquer par l'esprit et qui, en définitive, en revenait à un mélange de terre et d'eau.

Si les textes de la correspondance avec Arnauld ne suffisaient abondamment à mettre cette vérité hors de doute, je renverrais à deux autres morceaux que j'ai donnés dans ce même volume. L'un est cette démonstration contre les atomes que j'ai trouvée parmi ses écrits de métaphysique, et qui prouve combien il était éloigné de ces opinions des matérialistes qui expliquent tout par le mouvement de la matière. L'autre est une lettre à Fardella, qui contient un jugement énergique et court, qu'il a porté sur cette philosophie : « Ceux qui ont établi les atomes, dit-il, ont vu une partie de la vérité : ils ont reconnu qu'il fallait arriver à quelque chose qui soit indivisible et un, pour être la base de la multitude ; mais ils se sont trompés en cherchant *cette unité dans la matière* et en croyant que le corps pouvait être une substance une, indivisible ([1]). » L'erreur des philosophes matériels, avait-il dit, quelques lignes plus haut, est de recourir aux atomes comme aux derniers termes de l'analyse, *ad atomos confugere tanquam terminos analyseos*. En présence de ces textes, il est évident que l'accusation de naturalisme ou d'atomisme ne saurait l'atteindre.

([1]) Voir Appendice, p. 323. Unitatem in materiâ quæsivere.

Mais il est un autre danger auquel il paraît moins aisé de le soustraire, c'est celui de l'idéalisme (¹), et j'ai dit qu'on en saisissait des traces dans cette correspondance.

Descartes touchait à l'idéalisme, il avait même renouvelé contre la réalité des qualités sensibles de la matière les objections des sceptiques. Pour lui, le corps n'a pas d'être véritable, la pensée pure triomphe de toutes ces qualités sensibles exposées à la vue, et au toucher. Et cela est si vrai, qu'il recourt à la véracité divine, que Malebranche est forcé de mettre en Dieu le principe de la corporéité sous le nom de son étendue

---

(¹) Je devrais dire peut-être le danger du *nominalisme*, pour me conformer à la langue du temps où Leibniz écrivait, et à la position spéciale de son correspondant. On sait en effet qu'Arnauld, dans l'école cartésienne, inclinait vers un nominalisme mitigé. Et cela ne doit pas nous surprendre : Leibniz, dont nous aurons à apprécier la position vis-à-vis du réalisme, quand nous arriverons à Malebranche, ne faisait aucune difficulté d'accepter les thèses nominalistes de Descartes, ainsi que le prouve le passage suivant d'une de ses lettres à Arnauld : « Cela n'appartient, dit-il, qu'à ceux qui s'arrêtent aux apparences, ou bien à ceux qui font des réalités de toutes les abstractions de l'esprit et qui conçoivent le nombre, le temps, le lieu, le mouvement, la figure, les qualités sensibles comme autant d'êtres à part ; au lieu que je tiens qu'on ne sauroit mieux rétablir la philosophie et la réduire à quelque chose de précis que de reconnoître ces seules substances, ou êtres accomplis, doués d'une véritable unité avec leurs différents états qui s'entre-suivent, tout le reste n'étant que des phénomènes, des abstractions, des rapports. » (Appendice, p. 257.) Mais c'est précisément parce que ces idées dépassent de beaucoup l'horizon borné du nominalisme scolastique que le mot moderne d'*idéalisme* est celui qui convient pour caractériser de nouvelles tendances.

intelligible, et que Spinoza fait de l'étendue un attribut de Dieu.

Leibniz paraît d'abord incliner vers l'idéalisme de Descartes (¹). Il semble même aller encore plus loin. Il étend à toutes les qualités sensibles ce que celui-ci avait démontré seulement des couleurs; il applique au mouvement, à la figure et à l'étendue ce que Descartes avait dit du nombre et du lieu, il y comprend même le temps et l'espace. Il avoue enfin que la liaison des phénomènes lui paraît être la seule certitude qu'on ait du monde des corps. En présence de ces textes, Schelling et d'autres en Allemagne ont vu dans Leibniz le prédécesseur de Kant et de son scepticisme idéaliste.

Mais il serait curieux qu'on eût pris pour le dernier mot de Leibniz ce qui n'est chez lui qu'une critique indirecte du cartésianisme. Eh quoi! l'on n'a pas vu que c'est le corps séparé, la matière informe des cartésiens (ce qu'il appelle la masse), qu'il se fait un jeu de faire évanouir, que c'est le rôle de Descartes et de Malebranche qu'il se charge d'accomplir, et non le sien?

Quelle est en effet la position de Leibniz vis-à-vis du cartésianisme? A-t-il à se défendre de tout réduire dans

---

(¹) Voici quelques textes idéalistes : 1° Il faudrait être assuré que les corps sont des substances et non pas seulement des phénomènes véritables, comme l'arc-en-ciel (Appendice, p. 269). La matière prise pour la masse en elle-même n'est qu'un pur phénomène, ou apparence bien fondée, comme encore l'espace et le temps. Elle n'a pas même des qualités précises et arrêtées qui la puissent faire passer pour un être déterminé (*Ibid.*, p. 268). — Ce qu'on ne saurait trouver ni dans la figure ni dans le mouvement qui enveloppent même tous deux quelque chose d'imaginaire, comme je pourrais le démontrer. (*Ibid.*, p. 240.) Et il le démontre ailleurs.

les corps à l'étendue pure ? Il prouve au contraire que c'est l'erreur de Descartes d'avoir soutenu ce principe dont il a démontré la fausseté, et s'il fait égal à zéro le corps réduit à l'étendue pure, il l'oppose à Descartes comme une réfutation victorieuse.

Leibniz réfute indirectement le cartésianisme par l'excès de son principe, mais comme il lutte contre une école entêtée des explications mécaniques et qui affecte la rigueur de la méthode, il pousse encore plus loin que cette école les explications mécaniques, et l'on croit qu'il partage ses errements.

Ce que Leibniz faisait évanouir, c'était la chimère des cartésiens, et le fantôme de l'étendue pure, ce qu'il privait de toute réalité, c'était le corps séparé, et la matière dépourvue de forme des cartésiens, ce que lui-même enfin appelait le *cadaver* ([1]).

([1]) Les textes le prouvent et jettent sur tout ceci une lumière inattendue. — *Je ne sais pas si le corps, quand l'âme ou la forme substantielle est mise à part*, peut être appelée une substance. Ce pourra bien être une machine. Appendice, p. 285. — Vous objectez, monsieur, qu'il pourra être de l'essence du corps de n'avoir pas une vraie unité, mais il sera donc de l'essence du corps d'être un phénomène dépourvu de toute réalité, comme serait un songe réglé. *Ibid.*, p. 232. — *J'avoue que le corps à part sans l'âme n'a qu'une unité d'agrégation. Ibid.*, p. 255. — Je crois d'avoir fait voir que toute substance est indivisible, et que, par conséquent, *toute substance corporelle doit avoir une âme ou au moins une forme qui ait de l'analogie avec l'âme*, puisque autrement les corps ne seraient que des phénomènes. *Ibid.*, p. 241. — Arnauld lui avait objecté que notre âme et notre corps sont *deux substances distinctes*, objection cartésienne pure. Leibniz répond : « A mon avis, *notre corps en luy-même, l'âme mise à part* ou le *cadaver* ne peut être appelé une substance que par abus, comme une machine ou un tas de pierres. » *Ibid.*, p. 238.

Voilà le corps que Leibniz rejette dans le néant d'où cherchait à le tirer Descartes par la force de son génie.

Si Descartes avait eu l'idée de la nature, pleine de formes et de lois, il ne l'aurait point réduite à de l'étendue pure. Il aurait vu que si la matière première en puissance et complétement passive n'est rien, ou du moins n'est qu'un être vil, la matière seconde douée de résistance et déjà déterminée dans son être est quelque chose de réel et de vivant.

Leibniz, qui avait reconnu la fausseté de la physique cartésienne, ne cessait de pousser aux formes et aux entéléchies, et voulait instituer, comme il le dit, une analyse de la matière par les formes : *Instituta resolutio materiæ in formas.*

Voilà pourquoi, tout en acceptant l'idéalisme ou le nominalisme cartésien, en étendant même au mouvement, à la figure, à l'étendue, ce qu'il avait dit du nombre, du temps et du lieu, en appliquant à toutes les qualités sensibles ce qu'il démontrait seulement pour les couleurs, Leibniz échappe à l'idéalisme de Berkeley qui eût été celui de Malebranche, si Malebranche eût été conséquent. Voilà pourquoi, très-supérieur à Arnauld, il l'étonne et l'effraye par ces analyses d'un spiritualisme très-avancé, qui détruisent la physique cartésienne.

Mais on avouera qu'on ne saurait lui imputer les conséquences idéalistes d'une doctrine qu'il repousse, et prendre pour des thèses qui lui soient propres la réduction à l'absurde du système qu'il combat. Descartes, tout occupé de prouver la réalité de l'esprit, avait sacrifié celle du corps. La principale étude de Leibniz fut de la rétablir, et c'est un travail sur la nature de la substance corporelle, sur ce qu'il y a de réel dans le corps, qui est une des gloires de ce philosophe.

Nous avons suivi les formes depuis leurs plus humbles commencements jusque dans l'étude de leurs caractères les plus élevés. Nous avons trouvé leur berceau dans la scolastique et leur achèvement dans la Monadologie. Nous avons reconnu : 1° que ces formes indivisibles, ingénérables, indestructibles de la correspondance avec Arnauld, ces formes qui ne naissent ni ne meurent, qui ne sont soumises ni à l'espace ni au temps, mais sont les principes mêmes de la composition des choses et leur véritable unité, sont les monades, 2° qu'elles ont été obtenues par la méthode dialectique renouvelée par Leibniz et devenue l'analyse des formes, 3° que ce calcul des forces s'étend à la nature entière, qu'il découvre sous les phénomènes variables et multiples de la génération la force génératrice constante; qu'il s'applique à la mort et découvre sous la corruption et la dissolution des parties la loi de conservation des formes, ou le germe de leur indestructibilité. Nous les avons vues discutées par Arnauld, se défendre et témoigner de leur vitalité dans les polémiques plus récentes dont la Monadologie fut le sujet. Nous les retrouverons bientôt dans l'harmonie préétablie, et c'est là que nous admirerons surtout combien s'est accru et développé, en partant de ces petits commencements si faibles en apparence, le plus vaste système de métaphysique transcendante.

Le grand fait qui se détache pour nous de cette étude sur les origines de la monadologie, c'est que la participation de la nature aux formes et à la vie repose sur une loi qui n'est pas moins profondément écrite dans le cœur de l'homme que dans la marche de la nature entière vers sa fin. Cette loi, c'est que toutes les natures inférieures, incomplètes et bornées, doivent entrer en partage d'une nature supérieure qui leur donne leur forme, leur achèvement, qui soit enfin le principe de leurs transformations. Toute nature imparfaite crie pour qu'il lui soit donné plus de perfection qu'elle n'en a. Depuis l'humble plante jusqu'au cèdre, tout monte et semble vouloir atteindre quelque chose de supérieur et d'élevé. Depuis la plus humble des créatures jusqu'à l'homme, tout gémit, tout fait entendre une plainte. Et si Dieu n'eût pas fait descendre son Esprit sur la terre, il semble que le gémissement des créatures l'y eût attiré d'en haut. Le devenir et la mort même appellent la vie. Le corps ne peut vivre séparé de toute âme, de toute forme de vie. Il faut pour subsister que la pluralité, la mobilité, le changement, deviennent en quelque sorte participants de l'unité. Il faut que le corps matériel et divisible entre en communication avec la puissance, la connaissance et l'amour, qui doivent le simplifier et l'unir de plus en plus. Appelez cette limite dont tout s'approche sans l'atteindre jamais et qui est pourtant le principe de nos actes et de nos mouvements, cet objet plus grand que tout objet terrestre et seul capable de combler le grand vide de la création, appelez-le, avec saint Thomas, félicité suprême, appelez-le source de vie, cœur, amour, Dieu! il n'y a pas de nom pour cela dans la langue des philosophes, et Leibniz a bien été forcé d'en inventer un.

Oui, ces monades simples et pourtant changeantes, qui ne naissent ni ne meurent, bien qu'elles soient enveloppées dans la naissance et dans la mort, abîme de contradictions qui ne se terminent qu'à l'infini, ces monades qui s'élancent continuellement du trône de Dieu, et qui tombent en partage aux forts comme aux faibles, aux bons comme aux méchants, à la plante comme à l'homme, à toute la nature enfin, c'est le sentiment qui est lui-même un assemblage de contradictions infinies, puisqu'il exprime dans une indivisible unité tout ce qu'il y a de plus mobile et de plus divers : le sentiment, source de nos tendances, de nos perceptions et de nos désirs ; invisible médiateur du monde des corps avec celui des esprits. C'est lui qu'a cherché et qu'a retrouvé Leibniz dans ce dédale des pensées sourdes, des perceptions confuses, dont la force à ses yeux était telle qu'il en faisait le lien des substances et la base de son harmonie préétablie.

Il y fut conduit par le besoin de mettre en communication et en concours ces deux mondes que Descartes avait pour toujours séparés ; il lui sembla digne de la philosophie de relever ce que ce philosophe avait négligé, et d'édifier sur la base des petites perceptions un système qui embrassât la nature entière ; il y découvrit l'agent caché et le lien de toutes les natures inférieures avec les supérieures.

Ainsi cette participation de la nature aux idées, qui dans Platon restait idéale et abstraite, devient pour Leibniz une manifestation plus réelle de la Divinité dans le monde par ces traits vifs et perçants, par ces fulgurations rapides et incessantes qu'il appelle des Monades.

Il prend l'homme fait à l'image de Dieu, et le plus parfait ouvrage de ses mains, et il l'imprime sur la face de la création tout entière comme un sceau divin ; il fait les animaux, les plantes mêmes jusqu'à un certain degré, participants de notre humanité, et les éclaire de nos propres reflets en leur donnant de la perception et du sentiment. C'est ainsi qu'il appelle les natures inférieures au partage d'une nature supérieure, qu'il les élève, qu'il les transforme par l'amour et par la connaissance, et qu'il infuse une vie nouvelle dans le globe ainsi transfiguré. C'est en contemplant ce signe nouveau, qu'il a introduit dans la science, que Faust s'écrie :

« Comme tout se meut pour l'œuvre universelle !
« Comme toutes les activités travaillent et vivent l'une
« dans l'autre ! Comme les forces célestes montent et
« descendent et se passent de main en main les seaux
« d'or, et, incessamment portées du ciel à la terre sur
« leurs ailes d'où la bénédiction s'exhale, remplissent
« l'univers d'harmonie ! »

II.

S'il est vrai, comme le dit Pascal, que l'homme est plongé entre deux infinités, l'une de grandeur et l'autre de petitesse, qui l'environnent de toutes parts et qui le passent, sa Raison est elle-même plongée entre deux infinis et l'Irrationnel le déborde de tous côtés. La raison de l'homme est semblable alors à un voyageur parvenu à un certain degré d'élévation sur une haute montagne ; des nuages lui en dérobent le sommet et le pied, et la route paraît fermée en haut comme en bas. Le même soleil qui dissipe les vapeurs condensées au sommet, lui découvre dans l'air libre tout l'horizon d'en bas et lui montre en petit tout un monde inférieur étendu sous ses pieds, de même qu'il lui dévoile toute une sphère supérieure qui se déroule sur sa tête. C'est là ce que tout homme, par une sorte de conscience instinctive de cette analogie, appelle plonger dans l'Infini.

Si l'on observe ce qui se passe dans la sphère du sensible, où nous avons voulu nous placer, le voici : tous les objets sont rapetissés et n'arrivent à notre esprit que d'une manière confuse : nous ne pouvons dire d'aucun distinctement : Ceci est un arbre, un animal, un homme; mais cette diminution des objets nous permet de percevoir d'un coup tout un admirable ensemble, et la capacité de notre œil, qui se dilate pour le percevoir, en est augmentée. Notre âme se dilate à son tour et perd de plus en plus le sentiment de ses limites. Notre esprit lui-même est en travail. Il cherche à fixer dans sa mémoire une image de ce tableau qui en égale la grandeur, et il se transforme en quelque sorte lui-même sous l'excitation de la lumière. En perdant le sens du particulier, il acquiert celui de l'universel. Il a dans cette seule vue une certaine image de l'ensemble, il perçoit le sentiment de l'harmonie.

Cette vue mène à Dieu. Qui ne l'a éprouvé dans ces rapides instants passés sur les hauteurs, sans se rendre compte peut-être d'un élan qui semble aussi naturel que celui de la marche, et de la vie dans l'air pur? Qui ne l'a senti à cette légèreté du corps, à cette vitalité du cœur, à cette plénitude de la vie, qui résultent de l'effacement de nos limites? L'âme, en un moment, parcourt une série de sensations et de sentiments inconnus qui, du centre de la terre, s'élèvent jusqu'aux cieux. Elle touche en quelque sorte Dieu dans l'immensité.

Pour l'observateur, en effet, il y a quelque chose de plus admirable que l'étendue de ce spectacle, c'est cette faculté de l'œil de l'homme qui résume cet ensemble et absorbe tous ces rayons dans une seule lumière : c'est ce sens de l'universel qui nous permet de ramener à l'unité la variété des choses sensibles et nous fait découvrir le permanent sous le variable et Dieu sous le manteau de sa divinité. La perception du tout, le sentiment de l'harmonie, voilà le grand fait psychologique qui se détache pour nous de ce spectacle.

Analysez cette perception, décomposez ce sentiment. L'harmonie est produite par une infinité de petites différences de temps, de figure, de lieu, de forme et de mouvement, qui se fondent en un seul tableau comme les couleurs sous le pinceau d'un artiste, et par l'impression d'une lumière unique qui revêt les objets, en arrondit les contours et en efface les inégalités. Et de même la perception totale de cette harmonie dans notre âme résulte d'une foule de petites perceptions insensibles, qui forment en nous je ne sais quelle image de l'Infini. Vous voyez la richesse de ce fond d'harmonie qui réside dans l'âme humaine, et qu'éveille la vue de la nature.

Voilà quelque image de ce qui se passe dans les âmes. Il y a des esprits retenus à terre qui voient avec une grande netteté les premiers plans, mais ne soupçonnent rien au delà. D'autres, à la vue de ces limites, cherchent à s'élever sur une haute montagne, et parvenus à des degrés d'élévation fort divers, suivant leurs forces, aperçoivent quelque chose de l'ensemble et prennent en pitié ceux qui sont en bas, en voyant dans quelles limites ils se dilatent : *quantis dilatantur angustiis*. Mais, parmi ceux qui s'élèvent, deux tendances sont la source d'illusions et de vertiges : les uns, oubliant cette belle loi que l'homme ne s'élève que par degrés, montent d'un vol présomptueux à une hauteur trop grande où tout disparaît à leurs yeux dans une confusion, dans un tournoiement sans fin, comme celui d'un gouffre; les autres, surpris par la nuit ou les brouillards, voyant tous les objets blêmes, diminués et les formes s'effacer, s'effrayent des ténèbres et nient l'infini, dont ils ne sont séparés que par une trompeuse et passagère obscurité.

Je dis que pour comprendre l'harmonie universelle, il faut s'élever par degrés jusqu'à ce point où les deux infinités nous environnent, sans dépasser celui où le vertige commence, mais sans se laisser déconcerter par les ténèbres de la nuit que la lumière du matin dissipera bientôt. C'est ce que j'appelle avoir le sens de l'universel et de l'harmonie, qui est aussi celui de la nature et de l'art.

Leibniz avait au plus haut degré ce sens de l'universel. Non-seulement il percevait l'harmonie de l'ensemble et du tout, mais il découvrait des harmonies cachées sur lesquelles repose tout son système, qui en a gardé le nom. Il faut pour le comprendre être persuadé de cette pensée, avoir éprouvé quelque chose de ce sentiment que nous appelons avec lui celui de l'*harmonie universelle*.

Je dis harmonie universelle et non harmonie préétablie, parce que, en effet, c'est le sentiment et non pas le système que ce mot plus vaste exprime. Le système a presque toujours quelque chose d'étroit et d'exclusif, que n'a pas dans sa haute généralité la grande pensée mère dont il est issu. C'est aux sources de l'harmonie préétablie que nous voulons nous élever, et ces sources sont supérieures à la dérivation que Leibniz a tentée de ce vaste fleuve auquel Platon, saint Augustin, saint Thomas et les scolastiques ont puisé.

Ajoutez que, par un malentendu dont on a peine à se rendre compte, presque partout l'harmonie préétablie de Leibniz est donnée pour un démembrement de l'occasionalisme des cartésiens de France, bien que par sa grandeur et son étendue elle le surpasse infiniment, et s'étende à de tout autres problèmes ; que, par ses origines historiques, elle soit précisément un effort de Leibniz pour dépasser l'horizon des cartésiens de France, et que, philosophiquement enfin, la divergence soit plus grande encore. Mais rien n'a pu prévaloir contre un préjugé généralement répandu. On a voulu voir par le besoin de rattacher Leibniz à Descartes une suite de la théorie cartésienne de l'occasionalisme dans l'harmonie préétablie de Leibniz. Sa comparaison des deux horloges a suffi pour accréditer cette erreur, malgré cette déclaration formelle à Remond de Montmort que, dans les journaux de Paris et de Hollande, il s'accommode au style des cartésiens. Une critique subtile a été même jusqu'à profiter des moindres concessions qu'il leur faites, sans tenir compte de ses réserves et de sa sévérité à l'égard de ces explications commodes des cartésiens, de leur *deus ex machinâ* et de leurs miracles déraisonnables.

Laissons donc là ce mot discrédité d'harmonie préétablie, et remontons avec Leibniz aux véritables sources de l'harmonie universelle. Je dis qu'au-dessus du système il y a un sentiment sublime que tous les grands philosophes ont éprouvé, et sans lequel j'oserai dire qu'on n'est point philosophe.

Ce sentiment est celui de la vie universelle. Il y a des formes partout : la vie est partout ; elle est une, elle repose sur une harmonie ; l'accord des puissances de l'âme fait la vie de l'âme ; celui des puissances du corps fait la vie du corps ; l'harmonie du monde enfin fait la vie de l'univers. Cette vie résulte dans l'homme du jeu des passions, des sentiments et des idées, mais ne se nourrit que de ce qu'il y a de plus pur et de plus saint dans ces formes de l'être. Elle a son miroir dans l'homme, qui devient à son image un monde en petit, un *microcosme*. Elle consiste à sentir, à connaître et à aimer en dehors de soi, Dieu, le monde et l'humanité. Elle est en Dieu la plénitude de la sagesse et de l'amour ; elle est dans l'homme un certain écoulement de l'une et de l'autre. Elle est dans le monde la gravitation et l'attraction universelles. Dans l'homme, elle triomphe incessamment des discordes, des troubles qui éclatent entre l'âme et le corps ; elle les unit, elle les fond, pour ainsi dire, dans un même univers, et, nous dépouillant de plus en plus de ce qu'il y a de terrestre et d'humain dans le corps pour y substituer le céleste et le divin, elle arrive à réaliser la plus grande harmonie possible parmi les hommes. Voilà d'un mot le fond de l'*Optimisme*.

La vie universelle se manifeste aux hommes sous trois formes diverses : le Beau, le Bien et le Vrai. On peut varier et multiplier ces formes à l'infini, et dire que la vie universelle se manifeste aussi par la puissance, la liberté, le savoir et l'amour ; mais ces formes rentrent dans les premières ; c'est toujours la puissance, l'activité, ou l'amour du Beau, du Bien, du Vrai. Et j'affirme que les manifestations fondamentales de la vie universelle se bornent rigoureusement à trois, qui sont la Beauté, la Bonté et la Vérité, mais chacune se divise et se muliplie à l'infini. Il faut si peu de ces trois choses à l'homme pour occuper et absorber sa vie ! Que d'hommes passent leur vie entière sur l'atome de beauté ou de vérité, semblables à ces fourmis qui, en portant un grain de sable, portent tout un monde, relatif à leur sphère d'activité, de travail et de petitesse !

Ces formes de la vie universelle produisent l'harmonie dans le monde. Religion, beaux-arts, poésie, philosophie, morale, sont les sphères différentes où elles s'exercent, suivant les aptitudes et les forces de chacun. Elles sont toutes sœurs, et se pénètrent sans se confondre. L'homme, il est vrai, porte le sentiment de ses divisions et de ses limites jusque dans ces sphères harmonieuses. Il a inventé les schismes, les erreurs, les vices, les laideurs, tous les contrastes et toutes les dissonances. Mais il a beau faire, le sentiment de l'harmonie prévaut dans le monde; ses formes sont universelles; c'est une langue qui réunit tous les hommes et que tous comprennent. Phidias et Platon, les tragiques grecs, saint Augustin, Leibniz, Raphaël et Lamartine parlent cette langue du cœur de tous, et leurs œuvres s'appellent harmonies de la nature et de l'art, de la nature et de la grâce, du vrai et du bien, ou de la beauté et de la bonté, mais toujours harmonies.

En présence de ce spectacle et de cette lumière, l'homme cherche à attirer la vie universelle : quoi de plus juste et de plus naturel ! Mais il faut pour cela que, dépouillant sa vie propre, il vive de celle de tous. Le sentiment de l'harmonie est donc dans l'âme le pôle opposé à celui de l'égoïsme, ou plutôt c'est un double rhythme qui fait celui même de toute vie. Percevoir la vie universelle, puis la rendre sous la forme du bien, du beau et du vrai, il n'y a de vie que là; il n'y a d'activité que celle-là. Mais qu'arrive-t-il le plus souvent ? c'est que l'homme aveugle, au lieu de la répandre au dehors, cherche à thésauriser la vie : des penchants grossiers s'opposent à ce qu'elle soit harmonique, et les sentiments sublimes qui la donnent périssent étouffés dans les intérêts de la terre. Voilà l'histoire de la vie universelle et de l'harmonie parmi les hommes. Elle est incessamment troublée par les passions inférieures; et comme il n'y a que les passions supérieures, celles qui nous attirent en haut, là où est la racine de notre âme, qui produisent l'harmonie, l'homme livré aux plaisirs mondains qui la dépriment vers la terre ne fait point l'harmonie.

Tous les grands philosophes ont le sentiment de la vie universelle; Platon en est rempli. Leibniz, nous l'avons vu, reconnaissait de grandes harmonies dans Platon. En effet, elles y sont toutes, au moins dans leur germe : harmonie de Dieu et du monde qu'il a fait semblable à lui et qui s'efforce d'imiter ce divin modèle; harmonie des êtres au sein d'un même univers à qui il attribue la forme circulaire, parce que c'est la plus belle, qu'il va même, par une erreur que ne partage pas Leibniz, jusqu'à douer d'une seule âme dont il fait un vivant animé : ζωὸν τι; harmonie de l'âme en ses trois parties; union de l'âme divine avec l'âme humaine, du bon, du beau, du juste et du saint avec l'âme, travaillant (ce sont ses propres expressions) à corriger en elle « par la contemplation de l'harmonie et des mouvements du tout ses mouvements propres et déréglés. » Leibniz retrouvait dans cette philosophie qu'il opposait à Descartes les premiers germes d'harmonie et l'heureux effort de la science pour s'élever à cet ordre général dont les idées sont les types et les modèles, à ce soleil des intelligences qui donne la vie et la croissance dans le bien. Quand, après toutes les preuves que nous avons données, on entend Leibniz commencer le *Discours de métaphysique* presque dans les mêmes termes que le *Timée*, proclamer comme lui le principe de la bonté, de l'excellence de la nature et des opérations divines, et confirmer par son témoignage la théorie platonicienne de l'ὁμοίωσις τῷ Θεῷ, comment douter que ces paroles du *Timée* : « Il était bon et il a fait toutes choses semblables à lui, » ne soient la vraie devise de l'optimisme ?

Ce n'est donc point par la nouveauté du sentiment de l'harmonie, c'est bien plutôt par l'extension originale et inattendue qu'il lui donne que Leibniz a renouvelé la philosophie. Cette muse de la philosophie grecque avait en effet plutôt l'instinct que la science de l'harmonie. Un simple joueur de lyre s'essayant à faire résonner les cordes à l'unisson en remontant celle qui se relâche, et en descendant celle qui rend des sons trop hauts ; quelquefois aussi un poëte saisi du divin délire et exprimant la fureur de l'amour, μανία τις, par les pages brûlantes du *Phèdre* et du *Banquet*, voilà l'image de cette philosophie qui, par un art inimitable, sut tirer d'immortels accords de l'instrument qu'elle a manié. Régler l'enthousiasme platonicien, donner à ce sentiment confus de l'harmonie toute sa puissance, en lui faisant exprimer l'infini, se pénétrer du génie de la Grèce, qui est celui de la musique et des arts, pour l'unir au nôtre, qui est celui de la morale et des lois, et pressentir toute une science du beau dont le germe est dans Platon, mais dont la première ébauche est dans Leibniz, voilà ce qu'a fait Leibniz. Aussi, quand, pour la première fois, il veut exprimer l'idée de son harmonie préétablie, c'est par le mythe gracieux de plusieurs bandes de musiciens et de chœurs jouant séparément leurs parties, qui, sans se voir et s'entendre, s'accordent parfaitement en suivant

fait Leibniz. Aussi, quand, pour la première fois, il veut exprimer l'idée de son harmonie préétablie, c'est par le mythe gracieux de plusieurs bandes de musiciens et de chœurs jouant séparément leurs parties, qui, sans se voir et s'entendre, s'accordent parfaitement en suivant leurs notes, chacun les siennes, en sorte que celui qui les écoute tous, y trouve une harmonie merveilleuse [1]. On dirait qu'il a conçu le premier ces vastes ensembles portés par la loi du rhythme et de la mesure où diverses bandes de musiciens exécutent sur des instruments divers les plus difficiles symphonies. L'invisible chef d'orchestre, qui règle et tempère cette puissante harmonie a remplacé le joueur de lyre de Platon. Les cordes se montent au degré de l'infini; sous la loi de la Monade dominante, les monades créées développent les règles de symphonie cachées dans les âmes. Tout vibre, et l'écho soudain des mondes fait tressaillir. Pourquoi faut-il que ce ne soit encore qu'une image? La philosophie n'est-elle donc destinée qu'à transformer sans cesse les ombres et les fantômes divins, et à les préciser davantage, sans percer jamais le miroir et faire tomber les derniers voiles?

Quoi qu'il en soit, Leibniz a profondément exprimé la force de l'harmonie, il l'a traduite en philosophie, et il nous fait pressentir les lois d'une science du beau, encore confuse et latente, mais déjà susceptible d'applications fécondes à l'art, à la morale, et de rapports avec la science du vrai. Il distingue le sentiment confus et la vue claire de l'harmonie. Le sentiment confus de l'har-

[1] Voir ses lettres à Arnauld, p. 249.

monie, nous le portons tous en nous-même, et nous le ressentons avec plus ou moins de vivacité à la vue d'un beau tableau ou d'une belle statue, à l'audition d'une belle mélodie. On dirait que l'auteur des choses a pris cette voie de mettre en communication tous les hommes avec la beauté, et de multiplier ainsi leurs plaisirs. « La musique nous charme, dit excellemment Leibniz dans ses *Principes de la nature et de la grâce*, quoique sa beauté ne consiste que dans les convenances des nombres, et dans le compte dont nous ne nous apercevons pas, et que l'âme ne laisse pas de faire, des battements ou vibrations des corps sonnants qui se rencontrent par certains intervalles. Les plaisirs que la vue trouve dans les proportions sont de la même nature, et ceux que causent les autres sens reviendront à quelque chose de semblable, quoique nous ne puissions pas l'expliquer si distinctement. » Ce sentiment confus est la source cachée de tous nos plaisirs. Le plaisir, en effet, est toujours le sentiment de quelque harmonie; en sorte que notre bonheur ou nos souffrances résultent d'un repos ou d'un trouble dans l'accord du tout dont nous faisons partie : la félicité de l'homme en dépend; la vertu même s'y rapporte. Mais ces plaisirs lumineux et purs que Leibniz considérait comme les seuls dignes d'un sage tiennent encore quelque chose des sens; et les sens ne sont pas juges en dernier ressort de l'harmonie; ils nous en donnent l'image; ils n'en connaissent point la notion vraie. L'esprit seul, en remontant des effets aux causes, s'élève du sentiment confus à la vue claire de l'harmonie. Les sens perçoivent confusément, mais l'esprit, appuyé sur des principes de logique qui lui sont innés, comprend la liaison des choses et la transforme en une connaissance qui finit par illuminer la raison, quand elle est devenue de confuse et d'obscure, claire et distincte. La vérité est ainsi la vue même de l'harmonie.

Nous sentons ici l'effort psychologique pour faire du sentiment de l'harmonie la perception même du vrai. J'insiste sur ce point. En travaillant à développer ce sentiment dans les âmes, Leibniz croyait sérieusement travailler à faire la lumière dans les esprits. Avait-il tort, et ne faut-il pas croire avec lui que nous faisons la vérité, quand nous appliquons les forces de notre intelligence à découvrir des rapports cachés, et à les énoncer sous une forme claire et précise? Ces lueurs d'harmonie qui brillent dans le monde sont vraiment dignes du nom de vérités. Les inventions les plus sublimes ne sont pas autre chose. Un point obscur de l'intelligence humaine, couvé sous les ailes du désir, échauffé par la grâce visible de la Beauté, touché du rayon divin, va croître et se développer, remplissant l'esprit, le cœur, l'âme entière. Bientôt ce point luira pour le monde, brillant soleil des intelligences, et fera lui-même partie de l'éternel et de l'infini. L'inventeur ne fait que découvrir une harmonie cachée.

Ainsi nous avons dégagé l'essence de la vie universelle, cette essence qui est identique au beau, au vrai et au bien. Nous avons analysé ses manifestations dans le monde, et maintenant il nous resterait à parler des obstacles qui l'entravent. Il y a des obstacles à la vie universelle en effet, l'égoïsme en est un, et généralement tout ce qui nous éloigne de Dieu peut être considéré comme un empêchement qu'il faut lever. Mais il est un point sur lequel Leibniz, qui jusqu'ici s'est toujours trouvé d'accord avec Platon et les grands spiritualistes, fait une scission glorieuse. Le corps est-il un obstacle à la vie universelle, se sont-ils demandé? Et presque toujours ils ont répondu : Oui. Non, reprend Leibniz, le corps n'est pas un obstacle à la vie universelle, il en est plutôt le véhicule ; car il nous fait sympathiser avec l'univers, il nous empêche d'être les déserteurs de l'ordre établi. La matière est un lien sans doute, mais elle l'est dans un double sens : elle est le lien de notre captivité, suivant Platon, mais elle est aussi le lien de notre alliance, suivant Leibniz : elle nous rend frères, solidaires, copartageants d'une même humanité. L'idée même d'échange et de mutualité, d'un commerce et d'une alliance, est écrite dans les lois du corps humain. C'est par là qu'il reçoit la vie et qu'il la conserve, qu'il se renouvelle et se rajeunit, qu'il se perpétue enfin. La solidarité des parties de mon corps m'avertit de celle de l'univers. Quand une partie souffre, tout souffre ; si votre œil est mauvais, il infecte tout le corps, dit l'Évangile. Shakspeare savait cela quand il fait dire à Hamlet qu'il suffit d'une parcelle d'alliage pour vicier toute la substance noble. Je sens dans mon corps une loi de corruption, suivant l'apôtre, mais j'y reçois aussi le retentissement sensible des maux et des douleurs de mes frères, et je sens se former en moi ces entrailles de charité qui sont en tout homme qui s'élève à la vie de l'ensemble. Le cœur est en chaque homme une partie courageuse et fière, impérieuse, indomptable ; mais c'est aussi je ne sais quoi de doux et de compatissant qui s'émeut de pitié et qui ressent les affections les plus sociables et les plus douces.

Ah! sans doute, pour celui qui contemple les corps dans l'ordre pur des causes efficientes, il n'y voit rien de semblable, bien qu'il y voie déjà quelque chose d'admirable et d'ordonné. Mais enfin tout se réduit à un grossier équilibre du mouvement et du repos, du chaud et du froid, du sec et de l'humide. Nous sommes dans toute la bassesse de ces mélanges purement physiques, dans la succession indéfinie des actions et des réactions, dans le domaine de la chimie. On dirait qu'une nature brute travaille sourdement à réparer la vie.

Mais que l'on s'élève à l'ordre des causes finales, tout grandit : les actions et les réactions ont un sens. La vérité, la bonté et la beauté descendent aussitôt dans le monde des corps, et ces formes par où la vie se manifeste se revêtent du plus pur éclat : toute une première création matérielle et grossière est pour ainsi dire abolie et fait place à une création seconde et plus merveilleuse. L'œil de l'homme dissipe les ombres corporelles. Le corps nous apparaît tout à la fois aimable et redoutable, suivant sa double destination : instrument divin et vraiment ailé, doué d'un tact merveilleux dans un cas, et dans l'autre instrument de mort plus fatal mille fois que l'arme la plus dangereuse. Les corps sont les fils dont le tisserand, habile à en former le mélange suivant les règles de l'art, compose le vêtement de notre immortalité, ou bien, quand ils suivent les lois de la corruption, ce sont les câbles qui nous rivent au tombeau et nous rendent la proie des vers.

Et maintenant quel est le dernier mot de la vie universelle ? — Dieu en est le type. Supposez qu'elle puisse se représenter, ainsi que le voulait Carus, par les cercles que décrit une goutte d'eau tombant dans un bassin et qui se répand de proche en proche du centre à la périphérie, c'est en Dieu que sera la plénitude de l'océan dont les gouttes qui tombent font osciller et onduler la vie dans le monde. Supposez qu'elle soit une force volcanique qui produise incessamment de nouvelles matières enflammées, de nouveaux dégagements de gaz et les lance à toute portée; Dieu est le foyer central toujours subsistant, le feu toujours vivant auprès duquel cette force même n'est qu'une étincelle à peine visible. Dieu n'est pas seulement le type de la vie universelle par l'étendue et la puissance, il l'est aussi par l'ordre et l'harmonie. Il est la bonté, la beauté, la vérité souveraine; de sorte que la vie universelle, c'est en quelque façon, mais sous une image, Dieu descendu dans le monde et devenu visible. Oui, la beauté descend dans ce monde, et là elle nous parle sous le voile de la création qui est son premier et ineffable langage; langage plein de fraîcheur et de nouveauté, comme il convient à une divine enfance. Elle parlera plus tard celui de la jeunesse et de l'amour, de l'art, de la poésie et de la philosophie, et il se fera dans le monde une création nouvelle par les œuvres de l'esprit; langue charmante dont les beautés sont saisissables pour l'oreille même, sorte de musique qui élève l'esprit et le cœur, et devient l'accompagnement des études et du travail pour l'éducation des hommes. Enfin elle nous parlera le langage de l'homme fait, ou plutôt de Dieu même, parole plus simple, plus énergique et plus féconde qui est lancée sur le monde comme une poignée de germes pour y faire croître des moissons.

Dieu est le type de la vie universelle; la science tend

à le démontrer de plus en plus. Leibniz a dit de lui pour mieux marquer cela une grande parole qu'il faut comprendre ; il a dit : « Dieu, c'est l'harmonie universelle, » *Deus, seu harmonia universalis.* En vérité, l'homme se perd dans ses propres pensées quand il cherche à rendre sensible par un éther partout diffus l'éternelle présence de Dieu dans le moindre de ses ouvrages. Dieu est présent partout ; il soutient son œuvre ; il la crée continuellement de nouveau. C'est lui qui fait le lien des agents pondérables et impondérables dans le monde, en ce sens qu'il les détermine ; c'est lui qui égalise les différences de temps et de lieu, en ce sens que le fonds commun de tous les rapports de temps, d'espaces et de causes doit être cherché en lui. C'est lui qui est le lien des corps et des esprits, en ce sens que son infinité peut seule unir deux choses aussi dissemblables, et, sans les confondre, manifester par l'une ce qu'il a lui-même renfermé dans l'autre, et rendre l'âme visible aux yeux.

La simplicité féconde du Dieu créateur éclate dans la simplicité de ses lois. Il gouverne les sphères par le règne des nombres ; il gouverne les corps par l'attrait de la vie ; il gouverne la vie, l'âme, l'esprit, par sa parole qui est lui-même : ce sont les degrés de ses créations superposées les unes aux autres. La conservation du monde est le moindre ; elle suppose qu'il ne se trompe pas dans ses calculs. Si de grands géomètres ont créé, puis étendu cette science au delà des frontières du fini, que dire de l'éternel géomètre ? Les lois de la vie sont déjà d'un autre ordre ; et cependant quelques gouttes tombées de l'éternelle substance ont suffi pour remplir jusqu'au bord le vase où les êtres la puisent, pour alimenter les sources par lesquelles elle circule. Il gouverne enfin les âmes par l'attrait de l'amour et de la justice. Il les retient par la crainte; il les sollicite comme un père et il en forme la cité des esprits, dont il est le monarque. Quelle plus noble cité que celle qui est gouvernée par la parole de Dieu !

Dieu vivant, toi seul as pu donner la vie, la donner avec surabondance ! Que j'ai pitié de ceux qui croient que la conservation de la substance est le but unique, quand c'est le moindre ! Combien ils dégradent l'humanité tout entière ! En effet, si tel était le but unique, un pouvoir occulte et sans nom, vouloir instinctif de la nature, aurait suffi. Les êtres tendraient fatalement à l'accomplissement du but matériel et grossier; le droit et la justice seraient synonymes d'égoïsme et de tyrannie. La beauté, la bonté disparaîtraient de l'ouvrage de Dieu, pour faire place à l'instinct aveugle. Mais non, ce ne sont que des préparations qu'il fait dans l'abîme de ses conseils, ce n'est que le commencement de son œuvre, le germe de la vie éternelle.

Ah ! si nous comprenions que ce qui fait le fond de la vie intellectuelle du dix-septième siècle est la croyance à la présence de la divinité en chacun de nous, qu'il n'y a sur ce point aucune différence sensible entre Malebranche et Leibniz, qu'il est pour tous deux le lien des substances, le lien des esprits et l'objet immédiat externe de nos perceptions; que chaque créature est, suivant ce dernier, le résultat d'une certaine vue de Dieu sur le monde, alors nous comprendrions l'ampleur et la beauté des théories que ces grands hommes ont laissées. Jamais le dogme de l'omniprésence ne fut mis dans une plus belle lumière. « Si un vaisseau, dit Leibniz qui exagère à dessein, pousse l'eau en se mouvant et produit une grande quantité de cercles, on peut sans doute dans le détail recourir au vaisseau comme à la cause prochaine de mouvement ; mais dans la précision métaphysique et en dernière analyse ces mouvements viennent de ce que toutes les substances sont des productions d'une même cause; savoir, Dieu. » « Si l'âme sent de la douleur dans le bras, dit-il encore, et si certaines pensées dans mon âme répondent à certains mouvements dans mon corps, c'est parce que Dieu a établi une correspondance générale entre toutes les substances, et, sans admettre une opération particulière de Dieu qui l'avertisse de la douleur, il faut en admettre une générale qui a réglé la nature de l'âme, en sorte qu'elle exprime ce qui se passe dans le corps. » « Comme toutes ces substances créées, ajoutait-il, sont une production continue du même souverain être selon les mêmes desseins et expriment le même univers ou les mêmes phénomènes, elles s'entre-accordent exactement (49). » « La liaison des résolutions de Dieu fait la certitude des événements humains sans impliquer pour cela la nécessité (10). » L'intervention divine, voilà le dernier mot de l'harmonie préétablie ([1]) !

([1]) « Dieu produit diverses substances selon les différentes vues
« qu'il a de l'univers, et par l'intervention de Dieu la nature propre
« de chaque substance porte que ce qui arrive à l'une répond à ce
« qui arrive à toutes les autres, sans qu'elles agissent immédiate-
« ment l'une sur l'autre. » (15) « L'action d'une substance finie sur
« l'autre ne consiste que dans l'accroissement du degré de son ex-
« pression jointe à la diminution de celle de l'autre en tant que Dieu les
« a formées par avance, en sorte qu'elles s'accommodent ensemble. »

La substance de nos idées et le fond de la vie, c'est Dieu lui-même présent en chacun de nous. Il y a mis la puissance, il y a mis la connaissance et l'amour. Rien n'est plus sacré que la puissance, rien n'est plus divin. Elle est l'origine de tout; elle coule de la source divine. Elle est en chacun de nous source de perceptions sourdes, d'idées confuses, de lueurs et d'instincts d'où sortira toute lumière et toute chaleur. Nous sommes le trépied dont il est la flamme. L'air battu par les organes de la voix produit la parole, c'est un lien puissant qui unit tous les hommes depuis le commencement du monde et les aide à recevoir des vérités sublimes. Eh bien, de même il y a un air immatériel et divin, qui, incessamment battu par le Verbe, porte jusqu'à nous les inspirations et les conseils de la divine sagesse. Cet air, nous le respirons en naissant, nous y sommes plongés; il est tout à la fois la parole et le souffle qui nourrit les âmes et se communique à tous nos membres.

Oui, nos corps mêmes sont plongés dans l'infini de Dieu et sont soutenus par lui. Il y a dans le monde des corps

---

J'ai rapproché à dessein tous ces textes de la correspondance avec Arnauld qui semblaient ôter toute efficacité aux causes secondes, mais qui paraissaient innocents dans la langue philosophique du dix-septième siècle. Tant on y était habitué à cette intervention de Dieu dans la science! Qu'on n'oublie pas, d'ailleurs, l'énorme différence qui, sur tous ces points, sépare Leibniz de Spinoza. « Les hommes, dit Spinoza, considèrent l'homme dans la nature comme un empire dans un empire; c'est une erreur, il y est comme une partie dans un tout. » « A mon avis, répond Leibniz, chaque sub- « stance est un empire dans un empire, mais dans un juste concert « avec tout le reste. » Voir *Réfutation inédite de Spinoza, par Leibniz.* Lagrange, 1854.

des rejaillissements et des fulgurations, des lumières et des électricités qui ne s'expliquent pas sans lui. Il est en chaque organe ce point vivant qui attire à lui la force et la vie et qui les réfléchit. Il est dans chaque miroir actif et vivant la force de concentration qui réunit au foyer tous les rayons. Il est en chaque substance créée la substance simple originaire. Cessons de nous étonner que le dix-septième siècle soit un des grands siècles de l'esprit humain. Il est plein de la pensée de Dieu. Il le porte en lui-même, il lui demande la raison de tout. Ses erreurs mêmes ne sont que l'excès de son zèle à étendre sa puissance, à accroître son empire. C'est une réverbération dont il est ébloui.

A cette divine lumière, le sage de Hanovre prévoit cet état où toutes les différences de temps, de lieu, de mœurs, de religion, cesseront, où tous les esprits seront consommés dans l'unité. Il s'élève à l'éternel, à l'infini. Il ne voit plus dans les êtres que leur dignité incomparable, il ne sent plus dans le monde que la vie universelle grande et élevée, avec les objets intelligibles et divins pour principes de son mouvement. « Les corps, s'écrie-t-il, sont des machines admirables faites pour conserver la contemplation. » Et dans une autre lettre il développe cette idée en ces termes : « Je mets en fait que la pensée est la fonction principale et perpétuelle de nostre âme. Nous penserons toujours, mais nous ne vivrons pas toujours icy. C'est pourquoy ce qui nous rend plus capables de penser aux plus parfaits objets et d'une manière plus parfaite, c'est ce qui nous perfectionne naturellement. Cependant l'estat présent de nostre vie nous oblige à quantité de pensées confuses qui ne nous rendent pas plus parfaits. Telle est la connoissance des coustumes, des généalogies, des langues, et même toute connoissance historique des faits tant civils que naturels qui nous est utile pour éviter les dangers et pour manier les corps et les hommes qui nous environnent, mais qui n'éclaire pas l'esprit. La connoissance des routes est utile à un voyageur pendant qu'il voyage; mais ce qui a le plus de rapport aux fonctions où il sera destiné *in patriâ* luy est plus important. Or, nous sommes destinés à vivre un jour d'une vie spirituelle où les substances séparées de la matière nous occuperont bien plus que les corps... Cette connoissance seule est bonne par elle-même; tout le reste est mercenaire et ne doit estre appris que par nécessité, à cause des besoins de cette vie et pour estre d'autant mieux en estat de vaquer par après à la perfection de l'esprit, quand on a mis ordre à sa subsistance. Cependant le déréglement des hommes et ce qu'on appelle le soin *de pane lucrando* et souvent aussi la vanité fait qu'on oublie le Seigneur pour le valet et la fin pour les moyens. C'est justement selon le poëte : *propter vitam vivendi perdere causas*. A peu près comme un avare préfère l'or à sa santé, au lieu que l'or n'est que pour servir aux commodités de la vie. Or, puisque ce qui perfectionne nostre esprit (la lumière de la grâce mise à part) est la connoissance démonstrative des plus grandes vérités par leurs causes ou raisons, il faut avouer que la métaphysique ou la théologie naturelle qui traite des substances immatérielles, et particulièrement de Dieu et de l'âme, est la plus importante de toutes. »

A ces hauteurs où il plane, Leibniz aperçoit quelque chose de l'ordre universel; il conçoit que, dans cette œuvre immense, le temps et le lieu sont le terrain et la dépense, que la variété des formes répond à l'élégance et à la commodité, que le monde des possibles ou la région des idées est le répertoire des plans du souverain architecte. Il affirme que sa règle est de produire les plus grands effets avec la moindre dépense, de ne pas laisser d'espace vide, de répandre les formes partout. Mais s'il y a une métaphysique de la machine du monde, il y a aussi une perfection physique de la cité des esprits, une hiérarchie, des proportions exactes, une réelle harmonie, une loi même de la souffrance pour le bien des corps et des esprits. Il y a un nombre des justes, des déplacements de bonheur, de nouvelles combinaisons de la félicité : il y a des êtres destinés au bonheur qui tombent par leur faute dans des abîmes de maux, mais d'autres sont élevés à leur place, et ces grands vides qui s'opèrent dans l'empire de Dieu sont aussitôt comblés, les rangs de l'armée du Seigneur se recrutent de nouveau et tout marche en concert vers le but du Roi des cieux. Et qu'on n'objecte pas que le monde serait ainsi, suivant le rêve de l'optimisme, un paradis terrestre, où Leibniz fait couler prématurément des ruisseaux de lait et de miel. Sans doute, il y a déjà bien des substances parvenues à leur perfection, mais à cause de la divisibilité du continu à l'infini, que de points morts dans l'abîme des choses, que de parties engourdies qu'il faut exciter à produire[1]! La culture en est l'image; sans doute elle s'empare de plus en plus du globe

---

[1] Semper in abysso rerum superesse partes sopitas adhuc excitandas, et ad majus meliusque, et, ut verbo dicam, ad meliorem cultum provehendas.

et le couvre de moissons, et cependant que de parties encore incultes, que de ronces et d'épines, que de rochers nus et stériles!

On reproche au philosophe de manquer le but en s'élevant trop haut, mais craignons aussi de le rabaisser en le déprimant trop bas. Assez d'autres ne saisissent que les sons discordants et les notes fausses. Il faut que le regard du philosophe plane au-dessus des imperfections et des erreurs, qu'il cherche en tout l'ordre et la beauté; il faut que, sublime contemplateur de l'œuvre de Dieu, il en saisisse les proportions cachées et fasse part aux autres hommes de ces nouvelles découvertes qui nous font pénétrer de plus en plus dans les secrets divins.

Leibniz voulait faire de l'harmonie une science, c'est-à-dire de tout ce qu'il y a de plus vague, de plus illimité dans le cœur de l'homme, quelque chose de clair et de précis, capable de subjuguer son esprit et de s'imposer à sa raison. Mais une telle science ne pouvait se soutenir sans les mathématiques. C'est ainsi que l'ont compris Platon et saint Augustin. Leibniz a fait plus, il en a démontré le rapport. Il cherche à traduire en un langage précis cette vérité, qu'il y a de l'ordre et de la géométrie partout. Les formes et les lois pouvant être exprimées par les nombres, il étend à tout l'univers le règne des nombres entrevu par Platon et par saint Augustin. « Partout où il y a de l'harmonie, disait-il, il y a du nombre et de la proportion. La musique elle-même est une arithmétique de l'âme qui ne s'écoute pas compter. *Musica arithmetice animi numerare se nescientis.* En poésie, dans le genre qui paraît le plus affranchi des lois, dans l'ode, tout est réglé, toute syllabe est comptée. Le rhythme, cette modération générale d'une âme sujette à l'enthousiasme, la série des images, la place des mots produisent un ordre pour l'oreille et pour l'esprit. Ce qui fait la valeur, la lumière et la beauté d'un tableau, résulte de proportions et de lois qui régissent l'œuvre du peintre, comme elles s'imposent à la raison du géomètre. Mais alors, s'il y a de la géométrie partout, et si la science de l'harmonie dépend de la méthode des mathématiques, pourquoi Leibniz craindrait-il de traiter en géomètre de l'ordre et de la proportion du monde? Ce qui est vrai d'une courbe ne l'est-il pas de toutes les courbes? Et les vérités qu'il a découvertes ne sont-elles pas des vérités universelles?

Deux des manuscrits que nous publions, ses *Lettres à Fardella* et le fragment *De Libertate*, paraissent être favorables à la supposition que Leibniz a non-seulement développé le sentiment de l'harmonie en philosophie, mais qu'il a voulu en construire *à priori* la science mathématique, de sorte que l'harmonie préétablie serait en quelque façon la traduction en langue philosophique des vérités qu'il avait d'abord découvertes dans un autre ordre. On ne peut guère douter de sa tentative d'organiser géométriquement la science de l'harmonie, quand on le voit, dans ses *Lettres à Fardella*, employer les séries infinies en traitant de l'ordre de l'univers, et qu'on y retrouve ses opinions rédigées sous la forme de propositions mathématiques, avec les doutes du R. P. Fardella au-dessous et les scolies explicatives de Leibniz. Le fragment *De Libertate* confirme en partie le témoignage de ces lettres, et nous fait même, en un sens, pénétrer plus avant dans ces profondeurs où il lui fut donné d'entrevoir la possibilité d'une harmonie universelle. Il signale même le fait en ces termes : « Enfin, une lumière nouvelle et inattendue me vint du côté où je l'espérais le moins, à savoir des considérations mathématiques sur la nature de l'infini (1). » Ce morceau, qui contient toute une théorie de la connaissance du nécessaire et du contingent, ne permet pas de douter que Leibniz ait admis de nombreuses analogies entre les mathématiques transcendantes et la métaphysique : analogies dérivées d'une même source, l'infini. Il suffirait, pour le prouver, de cette idée très-ingénieuse et très-neuve d'y comparer les vérités contingentes qui, par leur nature, sont indémontrables et complétement en dehors de la déduction, avec les séries infinies ou indéfinies, ou des incommensurables géométriques, et d'en chercher la raison dernière en dehors de la série, c'est-à-dire en Dieu. Il y a là, avec beaucoup de finesse et de perspicacité, un recours constant aux analogies mathématiques, pour aider la raison à sortir, comme il le dit, de ce labyrinthe fameux où elle s'égare trop souvent, et qu'il appelle, dans sa Théodicée, la grande question du libre et du nécessaire. C'est donc déjà, et sur un point particulier, une tentative de conciliation des vérités qui paraissent inconciliables, en se servant de la considération de l'infini (2).

Mais quelque ingénieuses que soient ces analogies tirées des mathématiques et qu'il recommandait aussi à

---

(1) *De Libertate*, p. 180.
(2) Voir la note à la fin du volume sur les trois sens du mot *infini* dans la philosophie de Leibniz.

Weigel (¹), ce serait une erreur de ne voir dans le *De Libertate* qu'une application des mathématiques à la science de l'harmonie que méditait Leibniz, et il n'est jamais entré dans son esprit de résoudre, par les mathématiques seulement, la question du libre et du nécessaire, par cette raison bien simple qu'elles ne s'occupent que du nécessaire. Il suffit de lire les paroles expresses par lesquelles il ouvre ce morceau : « Il faut donc que vous sachiez que toutes les créatures portent la marque de l'infinité divine, et que c'est la source de beaucoup de merveilles qui jettent l'esprit dans un profond étonnement, » pour voir qu'il recourt à l'infini réel et vivant de la métaphysique, dont il retrouve partout la marque et le caractère dans l'âme et dans le corps, et qui seul peut être un véritable principe d'harmonie pour le philosophe.

Mais si les applications mathématiques, même les plus ingénieuses, sont insuffisantes pour résoudre la question du libre et du nécessaire à laquelle est consacrée la Théodicée tout entière, cette question n'était elle-même qu'une partie du problème infiniment plus vaste que s'était posé Leibniz, sous le nom d'harmonie universelle. Ce problème, en effet, comprend l'accord de l'âme et du corps dans un même individu, la communication des substances entre elles dans un même univers, et leur accord en Dieu, c'est-à-dire l'harmonie de toutes les vérités nécessaires ou contingentes, démontrables ou indémontrables, dont le *De Libertate* ne traite qu'un seul cas. Il suffit de l'énoncer pour voir que

---

(¹) *Animadversiones ad Weigelium*, p. 147.

Leibniz ne pouvait espérer en devenir maître par les mathématiques seulement ; que les mathématiques devaient l'y aider, sans doute, mais qu'il ne s'agissait plus là d'un de ces problèmes dont il envoyait la solution à Bernoulli ou même à Newton, courrier par courrier, et dont il disait que les questions les plus difficiles étaient devenues des jeux pour lui.

Après avoir quelque temps aspiré à la mathèse générale et être souvent revenu dans ses rêves de caractéristique universelle, à la chimère d'une encyclopédie par les mathématiques, Leibniz a reconnu que l'harmonie des sciences ne saurait dépendre des seules mathématiques[1], et que même le passage en physique demeure

[1] On suit avec intérêt, dans la correspondance avec Arnauld, la marche de ses idées sur ce sujet, et l'on mesure le chemin parcouru depuis ses rêves ambitieux de 1671 jusqu'à ses solides travaux de 1686, et à la réserve prudente, un peu académique de ses dernières années. En 1671 il a l'enthousiasme des mathématiques ; il espère arriver à tout par cette science. Il l'écrit à Arnauld : « Videbam geometriam seu philosophiam de loco gradum struere ad philosophiam de motu seu corpore, et philosophiam de motu ad scientiam de mente. » C'est qu'il est inventeur en géométrie : « In geometriâ demonstravi propositiones quasdam fundamentales quibus geometria indivisibilium, id est fons inventionum et demonstrationum, nititur. » Et il espère bien appliquer ces découvertes à la science générale de l'esprit humain, à la métaphysique : « Ex his porrò propositionibus cepi fructum ingentem, non tantùm in demonstrandis motûs legibus, sed et in doctrinâ de mente. » La physique, ou science de la nature, est reléguée sur le second plan. Il tient le même langage au duc Jean Frédéric, en lui envoyant l'inventaire de ses richesses acquises dans les différentes sciences ; inventaire effrayant par le nombre des articles et la prodigieuse variété des connaissances qu'il suppose. En 1686, époque de sa maturité, le ton change ; bien que son ardeur pour les sciences

formé à ceux qui n'emploient que les principes mathématiques; c'est du moins ce qu'il ne cesse de répéter à Clarke, qui voulait introduire les principes de Newton en philosophie. « Le grand fondement des mathématiques, lui dit-il, étant le principe de la contradiction ou de l'identité, qui régit tous les possibles, pour passer de la mathématique à la physique, il faut encore un autre principe (¹). » Et il cite Archimède, ce grand géo-

mathématiques n'ait point diminué, il n'a plus une foi aussi entière dans l'instrument qu'il manie si bien ; il ne croit plus que ce soit la clef de toutes les sciences, et il voit enfin le point délicat même au dix-septième siècle, qui est de concilier les sciences physiques avec la religion ; de purger, comme il l'écrit à Arnauld, les premières de la profanité qu'on leur impute, sans donner raison aux scrupules des timorés, « qui, déjà dans l'antiquité, prenaient les physiciens pour des impies, quand ils soutenaient que ce n'est pas Jupiter qui tonne, mais quelque matière qui se trouve dans les nues. » A cette époque, en effet, Leibniz a connu l'attrait et le danger de la science de la nature, et toutes ses lettres à Arnauld portent le témoignage de sa hardiesse spéculative et de la rectitude de ses intentions. C'est même un des principaux charmes de cette lecture de voir ce grand esprit partagé entre la crainte et l'attrait des sciences naturelles, et voulant toujours les soumettre à la religion, lors même qu'elles l'entraînent bien au delà du siècle. Enfin dans ses dernières années, en 1715, époque de sa polémique avec Clarke, c'est le métaphysicien qui a triomphé du philosophe naturaliste et du mathématicien, et qui proclame le grand principe de la raison suffisante par lequel il rattache les sciences à Dieu même ; mais, quelle que soit l'exactitude de ces derniers travaux, je préfère encore les lettres inédites à Arnauld, qui, par la hauteur des vues et la sincérité, sont l'expression la plus complète de sa philosophie, et nous livrent l'homme tout entier avec ses hardiesses et ses efforts pour tout concilier.

(¹) Lettre à Clarke, éd. Erd., p. 748.

mètre de l'antiquité, qui voulant passer de la mathématique à la physique, dans son livre de l'*Équilibre*, a été obligé d'employer un cas particulier du grand principe de la raison suffisante. Il eût pu citer son propre exemple, car on voit par son témoignage qu'il avait essayé toutes les voies mathématiques pour sortir du possible, sans pouvoir atteindre la science du réel, qu'il regardait alors la nature comme l'*horloge de Dieu*, mais que bientôt ce stérile et froid mécanisme ne pouvant lui suffire, il l'avait rejeté et s'était fait des principes nouveaux dont nous avons ressaisi la trace dans la correspondance avec Arnauld [1].

Ces lois, dont on a contesté la valeur, et qu'il érigeait en principes de l'ordre général, d'une application légitime à la nature, ont eu leur histoire, leurs combats, leur triomphe plus tard suivi d'une réaction violente, dont le philosophe de Kœnisberg fut le principal auteur. Je ne referai pas cette histoire, elle est partout. Pendant plus d'un siècle, en Allemagne, on a disserté sur le principe de la raison suffisante et le déterminisme qui en est la suite, sur le principe des indiscernables et la valeur illégitime que lui attribua Leibniz, en le faisant valoir comme principe de la nature, quand ce n'était qu'une loi de l'entendement. On a dit que c'étaient là des principes métaphysiques, sans valeur en dehors de l'esprit qui les conçoit, sans application à la science de la

---

[1] Il écrivait à Clarke, quatrième lettre : « Ces grands principes de la *raison pure* et de l'*identité des indiscernables* changent l'état de la métaphysique, qui devient réelle et démonstrative par leur moyen, au lieu qu'autrefois elle ne consistait presque qu'en termes vuides. » Page 756.

nature, et bons à l'époque où la métaphysique aspirait à être la reine des sciences.

Deux choses m'empêcheront toujours de souscrire à cet arrêt : c'est d'abord le sentiment de l'harmonie universelle, sans lequel on n'est point philosophe, et que nous avons découvert dans l'âme de Leibniz avant même d'y trouver la science des mathématiques qui le précise, ou celle de la métaphysique, qui donne des principes aux autres sciences. Ce sentiment inné, universel, que les mathématiques ne donnent pas et que la métaphysique suppose, Leibniz a essayé de le traduire en une philosophie de la nature; il est l'invisible support de son système d'harmonie qui, sans lui, s'écroule aussitôt sous les objections de Kant, mais qui, par la force de ce sentiment, résiste aux critiques dont le système est l'objet.

Le second point, c'est de savoir quelle est la méthode qui l'a conduit à ces lois de la nature, à ces principes d'harmonie universelle. Toute l'argumentation de Kant, en effet, dans sa *Critique de la raison pure*, repose sur cette seule idée que Leibniz, parce qu'il était un philosophe dogmatique, a dû suivre une méthode rationnelle déductive *à priori*, et se forger des principes qui ne sont pas fondés dans la nature des êtres. Mais s'il est démontré que Leibniz, à qui l'on reproche d'avoir forgé des règles arbitraires et de se perdre dans les nuages d'une métaphysique subtile, a suivi une certaine marche naturelle très-simple et que l'observation de la nature a pu seule lui révéler, en vérité l'on ne sait ce qui reste des critiques de Kant, que tant d'autres ont suivi.

Leibniz est parti du fait de la variété infinie que nous

offre la nature, cette mère féconde des différences, *æternarum varietatum parens natura*. Il en a fait même un principe de sa philosophie, le principe des indiscernables, qu'il exprimait ainsi : « Il n'y a pas dans toute la nature deux gouttes d'eau, il n'y a pas deux feuilles d'un arbre qui se ressemblent. » Puis, tournant le feuillet, il a lu, sur la seconde page du livre de la nature, une loi qui paraît renverser la première : *Omnia in naturâ analogica sunt*, la loi de l'analogie, qui permet à l'esprit de saisir les rapports cachés sous les différences et de trouver de secrètes conformités dans les choses, parce qu'elles sont les productions d'un même être suivant les mêmes desseins. L'ordre et la constance de la nature, qui ramène la variété et la mobilité même à la permanence et à l'uniformité, lui avaient alors enseigné la *loi de la continuité*.

Quelle est cette loi de laquelle on ne parle pas, bien que Leibniz y revienne souvent et avec insistance, qu'il en parle même avec un légitime orgueil, et qu'il ait soin de réclamer la priorité (¹) ?

Plusieurs auteurs ont remarqué que Leibniz avait eu, par cette loi, une très-grande et très-légitime influence sur le développement des sciences naturelles, et M. Flourens a été jusqu'à dire, en commentant le mot de Fontenelle (²), que sa philosophie n'a qu'un principe, celui de la continuité. Il semble que Leibniz n'y eût pas contredit, car il a plusieurs fois rattaché à cette loi ses

---

(¹) Voir à la fin du volume une note sur la *loi de continuité*.

(²) « Avec M. Leibniz, disait Fontenelle, on aurait vu le bout des choses ou qu'elles n'ont pas de bout. » *Éloge de Leibniz*.

principales découvertes en physique et en mathématiques. Il suffit de citer ce texte peu connu où, soit comme fondateur du calcul différentiel, soit comme auteur d'une philosophie de la nature, il embrasse le tout sous ce seul nom de la *Loi de continuité* : « Est autem mihi præter calculum mathematicum infinitesimalem usurpata etiam in physicis methodus, specimine olim illustrata in novellis reipublicæ literariæ; et *utrumque complector Lege continuitatis* ([1]). »

La loi de la continuité a, dans la philosophie de Leibniz, deux sens qui, au fond, se ramènent à un seul, mais qu'il faut cependant indiquer séparément : un sens physico-mathématique, qui intéresse surtout la marche et les progrès des sciences naturelles, et un sens plus spécialement philosophique, qui intéresse le développement même de l'esprit humain ; et si, dans la première acception, plus naïve, plus populaire, plus accessible à tous, mais déjà très-profonde, Leibniz l'exprime ainsi : *Natura non facit saltum*, c'est-à-dire, la nature va par degrés et ne fait point de sauts ; dans la seconde, il la formule ainsi : « Les règles du fini réussissent aussi

([1]) En effet, par son analyse infinitésimale ou son calcul différentiel, Leibniz aspirait à franchir le passage de mathématique en physique, à faire, comme il le dit sans cesse, une science physico-mathématique, c'est-à-dire à dépasser les limites de l'expérience en physique et à *réaliser* les mathématiques. Mais son calcul différentiel n'était lui-même que l'expression de la *loi de continuité* qui s'applique aux deux et en fait le lien. Le texte de Leibniz est surtout très-précieux pour montrer cet accord des deux sciences sous la loi de continuité. On voit pour ainsi dire à l'œil de l'esprit la mathématique se continuer dans le ciel physique, et diriger le mouvement des astres.

dans l'infini, et réciproquement... C'est que tout se gouverne par la Raison. »

Cette loi qui, dans sa généralité la plus haute, règle le passage d'un état à un autre, soit dans les sciences, soit dans la nature, et comprend tous les cas du passage du petit au grand, de l'inégalité à l'égalité, du mouvement au repos, de ce qui change à ce qui demeure, des effets aux causes, d'une perception à une autre, du contingent au nécessaire, de l'idéal au réel, du fini à l'infini, et *réciproquement;* cette loi qui, pour effectuer ce passage, part de la tendance à l'infini, et se fonde sur cette tendance naturelle pour soumettre ce dernier terme au calcul ou au raisonnement; cette méthode, justifiée par ses résultats, et qui s'appuie d'ailleurs sur un postulat de la raison; cette logique vivante, qui développe tout et qui est tout ensemble vie et lumière; « ce principe de l'ordre général d'un grand usage dans le raisonnement, absolu nécessaire en géométrie, et qui réussit encore dans la physique; » cette loi, qui est, en effet, l'expression du gouvernement de la raison dans la nature, et nous fait réellement passer de mathématique en physique, qui démontre sa rigueur en géométrie, qui s'applique en physique, qui a été appliquée depuis par de grands naturalistes dans les sciences naturelles, qui l'a été par Leibniz à la science de l'âme, et qui est le grand principe de la physiologie; cette loi, qui n'est ni le panthéisme, puisqu'elle soutient la continuité de loi et non d'être entre le fini et l'infini, ni l'idéalisme, puisqu'elle nous fait passer de l'idéal au réel avec exactitude, ni le mécanisme, puisqu'elle n'exclut pas les causes finales et qu'elle ne contredit pas le grand principe de la raison suffisante, mais qui est surtout harmonie, sagesse et raison ; cette loi, dis-je, est la découverte fondamentale de Leibniz, et je ne m'étonne pas qu'il en parle avec un certain orgueil, comme d'une loi qu'il a le premier mise en lumière, dont, avant lui, on n'avait pas assez considéré la force, qui fait le lien de l'idéal et du réel, et qui peut enfin devenir un principe d'harmonie entre les deux. Mais aussi je ne m'étonne plus que Kant, qui a creusé un abîme infranchissable entre ces deux mondes, et qui déniait absolument à la raison la faculté de passer de l'un à l'autre, n'ait traité qu'incidemment de la loi physico-mathématique découverte par Leibniz, suivant laquelle ce passage s'exerce avec régularité. La loi de continuité, avec ses applications, combat, en effet, la principale découverte de Kant, à savoir que l'esprit ne peut passer avec certitude d'une sphère dans l'autre sphère (1).

Mais aussi, on l'avouera, une méthode qui, depuis Leibniz, occupe une grande place dans l'histoire philo-

---

(1) Le procédé éminemment rationnel que Leibniz emploie, consistant à ramener autant que possible les choses à leurs éléments ou à les en dériver, à remonter en mathématiques (pour prendre un exemple où ce procédé a démontré sa rigueur), aux principes des grandeurs en supprimant l'espace et le temps, contredit la principale loi de Kant, d'après laquelle l'espace et le temps sont des conditions nécessaires de toute intuition sensible et des sources importantes de nos connaissances. Et pourtant Kant, qui a dénaturé la loi de la continuité en ne lui laissant qu'une valeur purement logique, l'admire et la cite comme le plus grand effort de la raison cherchant à systématiser les diverses branches de ses connaissances. (Voir la *Critique de la raison pure*, t. II, et la note à la fin de ce volume.)

sophique des sciences, méthode adoptée par les géomètres, qui profitent journellement des simplifications qui en résultent dans le calcul, appliquée par les physiciens à tous les problèmes physico-mathématiques, par les astronomes à la science du ciel, employée avec succès dans les sciences naturelles, méritait mieux peut-être que le silence des philosophes, puisque c'est un grand fait scientifique. Et quand on voit Leibniz rattacher de plus en plus toute sa philosophie à cette seule loi, et Kant lui-même en admirer la grandeur et l'universalité, je le demande, cette méthode, qui suit la nature, qui entre dans ses voies, qui lui dérobe ses secrets, qui démontre sa rigueur, non-seulement en géométrie, mais en physique, qui développe tout ce à quoi elle s'applique, même les sciences naturelles et la psychologie, a-t-elle rien de commun avec cette méthode subjective, purement rationnelle, et déductive *à priori* qui serait la méthode de Leibniz, suivant l'auteur de la *Critique de la raison pure*? Assurément, il est singulier de penser qu'un des hommes qui ont le plus profondément scruté la nature et donné aux sciences naturelles une méthode soit accusé de rationalisme; qu'un philosophe qui attachait un si grand prix à la loi de continuité soit dépouillé de sa principale découverte, que le premier auteur d'une physiologie de l'esprit humain soit confondu avec Wolf, fondateur d'une psychologie rationnelle, et qu'un perpétuel malentendu fasse confondre à Kant l'œuvre du génie avec le système opaque et scolastique de son successeur, qui avait pesé sur son propre esprit, mais qui était enfin le dogmatisme de Wolf bien plus que de Leibniz.

Pour nous, qui n'avions à nous occuper ici de cette loi que dans son rapport avec la science de l'harmonie, nous croyons avoir démontré quelle en est la base, et qu'une méthode dont le propre est de supprimer les différences, et de les éteindre graduellement, est un principe d'harmonie ; que la connaissance des lois de la nature à laquelle Leibniz a réduit le problème ne dépend pas uniquement des mathématiques, mais qu'elle suppose, avec la loi de continuité, le sentiment inné de l'harmonie universelle, c'est-à-dire un fait psychologique incontestable, et que sa méthode mathématique n'a fait que préciser et développer davantage ; que, fondé sur une méthode qui a eu ses applications dans les sciences naturelles, et sur un sentiment sans lequel on n'est pas un grand philosophe, son système d'harmonie, envisagé dans ses traits principaux et débarrassé du langage de convention auquel Leibniz avoue qu'il s'est conformé, a beaucoup de solidité et de profondeur. Et en effet, qu'est-ce donc que ce sentiment de l'harmonie, si ce n'est l'âme elle-même, et que cette loi de la continuité, sinon la raison, la raison, cette force qui domine la matière et la transforme en éléments de science par une méthode naturelle qui est la réduction de tout aux harmonies.

TROISIÈME PARTIE.

ATTAQUE AU CARTÉSIANISME.

Ce grand système d'harmonie universelle avec ses branches multiples, philosophie de la nature, de la religion, de l'histoire et du droit, cette foule de grandes pensées qui se pressent dans le cerveau d'un seul homme, ces immenses symphonies dont on n'a souvent que le prélude déjà immense, tout cela fécondé par les plus étonnantes études, par les plus énormes travaux, semé d'aperçus entièrement nouveaux, jeté sur le papier plutôt qu'écrit dans les intervalles des voyages, des affaires, des plaisirs même, constitue une philosophie tellement originale et nouvelle qu'il semble inutile de réfuter l'opinion de ceux qui veulent en faire un rameau vigoureux mais direct de la philosophie cartésienne.

Je sais bien qu'une démarche énergique et hardie de l'école française, accomplie par M. Cousin, a eu pour but de rattacher plus étroitement Leibniz à Descartes et de souder ensemble ces deux philosophies pour n'en faire qu'une, et je ne me dissimule pas ce qu'il y avait d'habile à relier ainsi comme en un seul faisceau les forces de deux grands systèmes.

Mais alors (et cette question restée sans réponse dans l'histoire de la philosophie méritait d'attirer l'attention) quel mystérieux passage a conduit Leibniz, en partant de Descartes, à un système contraire, la monadologie? Pourquoi, dans les principaux dogmes de sa philosophie, surprend-on la trace d'une réaction évidente contre le cartésianisme et la substitution d'un système entièrement nouveau à un système contraire? Comment avons-nous pu caractériser sa principale entreprise de métaphysique en disant que c'était un travail pour rétablir la réalité des corps que la physique cartésienne semblait détruire? Comment sa *pneumatique*, élevée sur le principe anticartésien des idées confuses ou des petites perceptions, a-t-elle pour but principal de rétablir ce que Descartes avait nié dans les âmes, et de tirer de la masse des idées confuses, répandues sur le globe et supprimées contre l'évidence par cette philosophie, un système d'harmonie universelle plus nouveau et plus vaste?

Sans doute il est un point où tous les grands esprits se rencontrent, et l'on ne peut qu'applaudir à cette tendance de l'éclectisme qui cherche à concilier les doctrines et à pacifier les esprits; mais il faut bien reconnaître que pour Descartes et pour Leibniz, si leur but est semblable, leurs voies sont diverses. Je n'en veux d'autre preuve que les manuscrits inédits que nous publions. Ils prouvent que Leibniz est l'homme du dix-septième siècle qui étudia le plus profondément la philosophie de Descartes, mais que ce fut pour la réfuter et la vaincre.

Ces manuscrits, en effet, appartiennent à une classe d'ouvrages plus spécialement critiques, tous dirigés contre elle et dont le plus important a été retrouvé par M. Gurhauer : je veux parler des *Animadversiones ad*

Cartesii Principia, ouvrage de sa maturité, non polémique, car il se compose de simples notes qui ne virent point le jour de son vivant, ouvrage dont M. Cousin paraît d'ailleurs avoir méconnu la portée, car c'est la plus substantielle critique de la philosophie de Descartes, prise dans l'enchaînement de ses principes, article par article, et cet écrit suffirait pour prouver qu'il était profondément versé dans cette philosophie. C'est dans la série de ces œuvres critiques et anticartésiennes que vient se ranger tout un ordre de documents nouveaux que nous publions et qui forment la principale partie de son attaque au cartésianisme. Ce sont d'abord trois lettres, dont l'une est un discours sur la démonstration de l'existence de Dieu par Descartes et porte ce titre parmi les autographes de Hanovre. Elles sont suivies de remarques que Baillet lui avait fait demander sur Descartes, dont il avait écrit la vie, et que nous y avons aussi retrouvées.

Nous dirons peu de chose des *Remarques sur l'ouvrage de Baillet*, car elles lui sont dictées par le même esprit qui a conduit sa plume dans les lettres si graves dont nous allons entretenir le lecteur, et elles s'appuient uniquement sur des faits ou des rectifications de faits que l'on doit discuter s'ils sont controuvés (¹). Hugens, dont personne n'a mis en doute la modération, en a écrit d'analogues, que M. Cousin lui-même a donnés dans ses fragments.

(¹) La date approximative de cet écrit nous est donnée dans ce passage d'une lettre de Foucher, qui est du 30 mars 1693. Foucher lui écrit à cette date : « Je n'ay point encore vu *la critique de la vie de Descartes écrite par Baillet.* » Mais il est évident, d'après ce

Les lettres sont une attaque directe non à la mémoire de l'homme, mais à sa philosophie. Elles sont donc une partie très-importante du programme que Leibniz s'était tracé comme réformateur de la nouvelle philosophie. En voyant la vigueur des coups qu'il a portés, nous avons dû songer aux droits de la défense. Descartes est un grand génie qui n'eût pas laissé cette attaque sans réponse. Le cartésianisme, même tel qu'il s'était constitué du temps de Leibniz, n'avait pas toujours gardé le cachet du maître, mais c'était encore une étonnante doctrine; et, bien que l'intérêt de la vérité seule et sans acception de personne soit au-dessus des querelles d'individus et des questions d'école, nous avons dû nous demander si Leibniz ne faisait pas dans ses lettres, adressées à des princes ou à des princesses et à des gens du monde, une exposition par trop exotérique de la doctrine de Descartes. Il faut distinguer entre sa critique et sa réforme, dont l'une est exposée dans ses lettres sur Descartes, et l'autre renfermée dans celles à Arnauld. Sa critique est souvent injuste, mais sa réforme est presque toujours victorieuse. Aussi nous adoptons l'une en partie et rejetons l'autre sur plus d'un point. Ce n'est pas que sa critique manquât de profondeur et ne dût arriver à décomposer la philosophie de Descartes. Sa méthode consistait à réduire le système de Descartes à ses éléments et à montrer qu'ils se retrouvaient tous dans les philosophies antérieures. On conçoit la profondeur et l'habileté d'une telle attaque s'adressant à un tel philosophe. Il avait la prétention de ne rien devoir à ses devanciers, et Leibniz

texte, que Leibniz l'avait envoyée en France, et que Foucher devait en recevoir communication.

montrait qu'il leur devait tout. Mais cette critique, qui eût été vraie de tout autre, était excessive par rapport à Descartes; et si elle s'applique au système auquel il a donné son nom, elle n'atteint pas cet immortel esprit qui lui a survécu. Oui, le système de Descartes est un composé qui tombe sous la critique de Leibniz, mais son esprit lui échappe et ne saurait être soumis à ses procédés d'analyse, si puissants qu'ils soient. Ne perdons pas de vue cette importante distinction entre le système périssable et l'esprit immortel du cartésianisme : nous n'admettons pas avec Leibniz que Descartes ait abusé de ce grand mot de l'existence de Dieu, et qu'il lui fasse suivre un ordre nécessaire et fatal, comme faisait Spinosa; mais nous croyons que son Dieu, plus scientifique que religieux, plus absolu que bon, plus occupé de faire que de savoir pourquoi, est bien un peu cette explication commode de la nature des choses que lui reprochaient Leibniz et Pascal. Nous ne croyons pas qu'il n'ait de l'immortalité de l'âme que les fausses apparences, et que ce qu'il en dit ne soit qu'un leurre pour les simples; mais nous sommes persuadé que la *pensée*, dans le système de Descartes, force infinie, universellement répandue dans la nature des êtres, peut conduire et conduit en effet à la suppression radicale de l'âme humaine, et réduit le grand problème de l'immortalité de l'âme à n'être qu'un cas particulier de l'éternité de l'Esprit, entrevue par Spinosa.

Nous n'accordons pas à Leibniz que la morale de Descartes soit un composé de celles des épicuriens et des stoïciens, mais il est vrai que les seuls échantillons qu'il en a donnés, et qui ne répondent certes pas à ce qu'il a aurait pu faire, sont un résumé de ce que Sénèque avait dit de mieux sur la vie heureuse.

Nous ne croyons pas qu'il doive les tourbillons à Leucippe, les explications mécaniques des choses à Démocrite, le plein et la division du continu à Aristote, la réduction des équations carrées aux cubiques à Ludovicus Ferrarius, son analyse à Viète, sa dioptrique à Képler et la règle des réfractions à Snellius, car il ne lui resterait rien en propre, et c'est vraiment trop peu pour un tel inventeur. Et d'ailleurs que resterait-il à Leibniz si on lui appliquait ce même procédé d'analyse et qu'on lui fît restituer comme autant de larcins, larcins de génie sans doute, les monades à Bruno, la théorie des germes et l'idée d'une philosophie de la nature à Paracelse et à Van-Helmont, sa métaphysique à Descartes, ses découvertes mathématiques à Newton et à Cavalieri, ses idées sur l'anatomie à Swammerdam et à Malpighi, ses applications microscopiques à Lœwenhœcke et à Hartsœcker, etc. Evidemment il n'y a pas de philosophie qui pût résister à un tel procédé de décomposition. Mais ce que je crois vrai pour Descartes, c'est qu'avec un art infini et une fois pour toutes il avait décrété qu'il ne devrait rien à personne, et qu'il poussait un peu loin cet oubli des autres. Ce que je crois, c'est que, sous le tour paradoxal qui lui est propre, Leibniz nous a donné de grandes ouvertures sur l'ensemble de cette philosophie et sur le travail de décomposition qui s'y fit du vivant même de son auteur, lorsqu'il y trouvait, à côté d'un spiritualisme outré et d'une foi souvent aveugle dans l'invisible, un mélange hétérogène de la philosophie corpusculaire et certaines vues d'Epicure, et lorsqu'il a pressenti le naturalisme jusque dans cet effort d'un spiritualisme exagéré dans son principe et plus d'une fois inconséquent dans sa marche.

Mais quelles que soient les défaillances, ou même les écarts de cette généreuse pensée, et quelque clairvoyance que Leibniz ait pu mettre à ressaisir les doctrines ésotériques de ce grand homme, n'oublions pas qu'il est le père de la philosophie moderne et de l'un des plus vastes élans de l'esprit humain.

Nous avons cru néanmoins devoir publier ces lettres de Leibniz, qu'on peut trouver offensantes à la mémoire de Descartes. Nous nous sommes rappelé que notre rôle était d'instruire un grand procès peu connu et d'en donner toutes les pièces. C'est aux lecteurs, qui seuls jugent en dernier ressort, de les lire avec soin et d'en tirer les conséquences. Qu'ils n'oublient pas seulement qu'après la critique de Leibniz, il faut se reporter à sa réforme qui l'explique et la justifie, et qu'ils doivent avoir la patience de suspendre leur jugement jusqu'à la fin. En effet, s'il leur est prouvé que Leibniz ne fait cette violente sortie que pour proposer des réformes salutaires et devenues indispensables, et substituer une philosophie nouvelle, utile aux hommes, à celle qui était alors dominante, les causes de l'attaque étant connues, ils modifieront sans doute leur jugement définitif.

Or, la réforme du cartésianisme était devenue nécessaire, et Leibniz l'entreprenait pour deux motifs : l'un très-noble et très-élevé, qui était le principal, car il le faisait parler au nom de l'avenir des sciences ; l'autre plus politique, plus personnel, qui était l'ambition permise de substituer une nouvelle philosophie à celle qui était alors dominante.

M. Cousin, dont cette polémique si vive que Leibniz entretenait d'Allemagne contre Descartes a éveillé la susceptibilité, a résumé avec sa pénétration habituelle les motifs secondaires qui le faisaient agir. « Il aimait passionnément la gloire, nous dit-il, et puis il voulait être bien avec les puissances, et toutes celles du jour, religieuses et politiques, étaient déclarées contre Descartes. Sans se mettre ouvertement dans le parti anticartésien, il n'était pas fâché de ses succès, il lui fournissait des armes, et au lieu de défendre contre d'obscurs détracteurs cet illustre libérateur de la raison humaine, il avait la faiblesse de se joindre à eux (¹). » Il ne manque à ce jugement pour être exact que d'être plus complet ; et l'on regrette de ne pas voir même indiqués les motifs plus élevés qu'il avait de ne pas se ranger du parti des cartésiens, motifs sur lesquels sa correspondance avec Arnauld ne permet plus de doute. M. Cousin ne remarque pas qu'on voulait bien un peu dans l'école asservir la raison au nom de son illustre libérateur, et qu'auteur d'une philosophie plus complète et plus vaste comme était la sienne, Leibniz ne pouvait se laisser assujettir dans la période même de son développement sans compromettre les intérêts de la philosophie.

Dans ses *Fragments de philosophie*, M. Cousin ajoute à sa discussion une partie pathétique : il nous représente « Leibniz tranquille et heureux à Hanovre, lorsque l'Oratoire était près de succomber sous les attaques violentes des Jésuites et sous la double accusation de cartésianisme et de jansénisme, ayant le courage d'adresser à

(¹) Lettres de Leibniz et de Malebranche.

Malebranche oratorien, janséniste et cartésien bien connu, des objections générales contre Descartes, qui n'épargnaient ni sa mécanique, ni sa physique, ni sa géométrie. »

En vérité l'on croirait que Leibniz frappait à coups redoublés sur un ennemi à terre, et que c'était par des coups publics, quoiqu'il se contentât de faire des remarques qu'il n'a pas même pris le soin de publier, ou d'écrire des lettres dont le but avoué et très-légitime était de retenir sur la pente des hommes qui allaient évidemment trop loin. Leibniz, en adressant à Malebranche des objections fondées contre Descartes; Leibniz, en n'épargnant ni sa mécanique, ni sa physique, ni sa géométrie et encore moins sa métaphysique, usait d'un droit que personne ne saurait lui contester. Une philosophie, fût-elle même autorisée d'un grand nom, n'est pas un pouvoir irresponsable, et la cause de la bonne et saine philosophie exigeait que celle de Descartes fût très-sérieusement discutée entre hommes capables de le faire. Malebranche et Leibniz étaient merveilleusement posés pour cela ; et je ne trouve celui-ci ni bien indiscret ni trop osé de l'avoir fait.

M. Cousin nous paraît, dans toute cette partie de ses fragments de philosophie cartésienne, avoir une déférence trop marquée pour Regis, l'un des principaux cartésiens, mais assurément aussi très-inférieur à son rival. Regis avait eu communication des lettres de Leibniz à Nicaise, et il avait répondu dans le *Journal des Savants*, 1697, en gardant l'anonyme : « Il y a longtemps que M. Leibniz veut établir sa réputation sur les ruines de celle de Descartes. Les fragments qu'il a mis de temps en temps dans le *Journal de France* en sont une grande preuve. » Puis, venant à ses attaques, « qui se réfutent d'elles-mêmes, » il trouve que c'est grand dommage qu'il ne se renferme pas dans les mathématiques, où il excelle, et se mêle de philosophie, où il n'a pas le même avantage.

Mais puisque M. Cousin renouvelait contre Leibniz les imputations que Regis avait déjà formées contre lui, il aurait dû citer la réponse que fit insérer Leibniz dans ce même journal, 9-26 août 1697 : « On m'accuse de vouloir établir ma réputation sur la ruine de celle de M. Descartes, s'écrie Leibniz, c'est de cela que j'ai droit de me plaindre. Bien loin de vouloir ruiner la réputation de ce grand homme, je trouve que son véritable mérite n'est pas assez connu... On s'attache aux endroits les plus faibles. C'est ce qui fait qu'à mon grand regret ses sectateurs n'ajoutent presque rien à ses découvertes, et c'est l'effet ordinaire de l'esprit de secte en philosophie... J'ai toujours déclaré que j'estime infiniment M. Descartes. Il y a peu de génies qui approchent du sien.... Si j'ai blessé ses disciples, c'est en voulant de temps en temps les réveiller. »

« On ajoute qu'il est surprenant que pas un cartésien « ne m'ait répondu. On en trouve cependant les réponses « dans les journaux de France et de Hollande et même « dans celui de Leipzig, aussi bien que mes répliques.— « J'en pourrais remplir un volume. »

Dans le vaste sein du cartésianisme, un œil éclairé comme celui de Leibniz pouvait déjà reconnaître des nuances imperceptibles, qui allaient bientôt s'accuser davantage, et des germes dont le développement fut pernicieux pour les doctrines du maître. L'unité, cette unité qui est le rêve de l'esprit philosophique et que Descartes avait entrepris de ramener dans les sciences, manqua bien vite à son école. Je me représenterais volontiers, je ne dis pas ses tendances, mais ses destinées par celles d'une secte moderne. On sait que l'hegélianisme vit se former après la mort de Hegel, trois groupes distincts et qu'il en sortit deux rameaux inégaux mais directs, que l'on appelle du nom de gauche et de droite hégélienne, pendant que les hegéliens de la stricte observance se rallièrent au centre. Le cartésianisme se fractionna de même en trois groupes distincts. Il y eut une gauche cartésienne, dont le siège était en Hollande, et qui fit le plus grand tort à la doctrine. Il y eut aussi des cartésiens de la stricte observance, qui ne faisaient guère que des résumés de la philosophie de leur maître. Il y eut enfin cette fraction supérieure et théologique que j'appellerais volontiers les cartésiens d'origine augustinienne : Malebranche, Fénelon, Arnauld, Bossuet, séparés sur des points de détail, mais dont la tendance générale est de subordonner Descartes à la théologie.

La division se mit bien vite au sein de cette école déjà fractionnée : le cartésianisme théologique lui-même fut très-divisé. Arnauld combattait Malebranche; Fénelon, qui le combattait aussi, ne voulait pas paraître s'entendre avec Arnauld. La lutte de Fénelon et de Bossuet n'était pas seulement une lutte d'influence, c'était surtout un combat d'idées. Si l'on retranche cette tête, qui n'est point de l'école mais au-dessus de l'école, restaient les cartésiens de la stricte observance, qui, tout éblouis de la gloire du maître, ne produisaient rien de grand, rien de nouveau, et la gauche cartésienne, qui remuait avec une audace étonnante les idées les plus dangereuses, déconsidérant le parti aux yeux de tous les hommes de sens et de tous les cœurs honnêtes, et éveillant même les susceptibilités d'un pouvoir ombrageux.

On aura beau grossir les forces du cartésianisme et chercher de nouveaux noms à lui donner, on sera réduit à convenir que Descartes fut bien fort, mais que son école proprement dite fut assez faible. Descartes n'avait point fait d'élèves. Il n'entrait pas dans ses vues d'avoir des disciples, et rien n'égale la dureté du noviciat qu'il leur faisait subir. Sa philosophie, qui n'avait rien d'engageant, plut à de mâles esprits par sa dureté même et son manque d'agrément. Sa morale était d'un stoïque, et il y eut des cœurs qui l'embrassèrent avec courage; mais ceux-là ne furent jamais ses disciples attitrés et reconnus. Plus vrais cartésiens que les cartésiens de la stricte observance, que les expositeurs de la doctrine et les compilateurs de ses œuvres, ils surent s'inspirer de son esprit.

Un souffle de liberté agitait la France sous le grand roi. Une des causes qui ramenèrent le plus d'âmes à Descartes fut la persécution. Poursuivie d'abord avec fureur, cette philosophie fut ensuite embrassée avec superstition. C'est la marche naturelle de ces entreprises violentes sur la pensée philosophique : la persécution vient hâter le triomphe de la doctrine que l'on combat. On vit se former rapidement au sein du cartésianisme un camp d'opposants philosophiques, recrutés dans la noblesse, la bourgeoisie et la robe. Retz après les malheurs de la Fronde, Condé lui-même en sa disgrâce, et plus tard l'intègre d'Aguesseau, vinrent se placer dans les rangs de cette opposition. (¹) Ce n'étaient pas des mécontents sans doute, mais c'étaient d'honnêtes gens qui n'étaient pas fâchés de penser librement. Bien éloignés des impatiences et des nouveautés hardies qui s'échappaient du refuge de Hollande et venaient éclater à deux pas de Versailles, ils s'inspiraient cependant d'idées nouvelles en politique et même en religion. Si tel était l'état des esprits dans les plus hautes sphères, je laisse à penser ce qu'il dut être dans le peuple et la bourgeoisie. Les soupirs de la France esclave, d'abord contenus, s'échapppaient par ces voix intérieures et sourdes, mais bientôt de plus en plus claires à mesure que s'élevait le niveau des esprits et que s'accroissait le fardeau de la misère commune.

Rendons cette justice aux principaux membres du clergé de France, qu'ils ne cherchèrent pas à lutter contre ce courant de liberté qui circulait avec l'esprit nouveau. Ils voulurent seulement le diriger et le conduire. Et cependant Bossuet, qui veillait sur les remparts, s'écriait avec douleur : « Je vois un grand combat se préparer contre l'Église, sous le nom de la philosophie cartésienne. Je vois naître de son sein et de ses principes, *à mon avis mal entendus*, plus d'une hérésie. »

La grandeur d'âme, la fierté du courage d'une part, le progrès de la liberté de penser et l'affaiblissement de la discipline de l'autre, contribuèrent à répandre le cartésianisme, si par là on entend un courant de liberté. Je ne rechercherai pas si Descartes n'était pas

---

(¹) Voir sur cette opposition sourde et continue M. Bouillier, t. I, et d'intéressantes leçons de M. A. Geffroy, *Revue des cours publics*, 19 août 1855.

avant tout un génie amoureux de la règle et qui se fût mal prêté à ces velléités d'indépendance. Je veux indiquer seulement une des sources de l'engouement qui se produisit alors.

Mais des causes non moins profondes vinrent hâter le déclin du cartésianisme, pris non plus comme une tendance vague, mais comme une école nettement définie.

Descartes est un conquérant dans l'ordre de la pensée, et l'on ne peut voir à l'œuvre ces lieutenants d'un autre Alexandre sans songer au maître de qui ils tenaient cet empire dans leurs débiles mains. Descartes n'avait-il rien laissé à faire, lui qui croyait que rien n'est fait, si la moindre chose manquait à l'accomplissement de ses projets, *si quid superesset agendum*. Il n'avait qu'ébauché la physique, et nul ne se présente que Rohault pour l'achever. Il avoue lui-même, à la fin de sa géométrie, qu'il a laissé quelque chose à faire aux neveux, et je ne vois que Roberval pour le continuer dans l'Université de Paris. Il avait promis une morale, et nul ne se trouve que Spinosa pour l'entreprendre. La faiblesse des cours de Regis est attestée par les monuments qu'il a laissés de ses froides expositions, et l'on a bien quelque raison de douter de la clairvoyance de Clersellier, l'ami et le premier éditeur de Descartes.

Leibniz a nettement indiqué les causes de cette infériorité des cartésiens. L'esprit de secte est la première et la plus funeste. C'est lui qui, suivant Leibniz, aveugle les cartésiens de la stricte observance, « qui les entretient dans la fausse créance, également flatteuse pour la vanité et la fainéantise de plusieurs, qu'après Descartes il n'y a rien à faire. » C'est lui « qui fait perdre au public les bienfaits de la liberté et de l'application, dont les prive ce fol entêtement. » On ne saurait nier que Leibniz a raison. Voyez les Rohaut, les Regis. Jaloux de la doctrine du maître, ils l'eussent volontiers entourée de ces procédés conservateurs dont les Juifs et les Arabes environnent leurs livres sacrés. La philosophie de Descartes devenait entre leurs mains le dogmatisme le plus serré. Singuliers disciples de celui qui était venu dire aux hommes : Plus de maître! ils semblaient prendre à tâche de prouver qu'on ne peut s'en passer. Rien n'égale la colère des cartésiens, dépossédés par Leibniz de quelques principes de la physique, et leur lenteur à admettre les rectifications les plus nécessaires. Leibniz est tout étonné de cet esprit fermé aux découvertes qui caractérise les cartésiens de la stricte observance, et il ne cesse de se plaindre dans ses écrits du peu d'ouverture que trouvent les découvertes en France. L'Hôpital, qui popularisa les infiniment petits, n'était pas cartésien. Un géomètre cartésien avait toutes les peines du monde à revenir: C'est en parlant de l'un d'eux que Leibniz a dit : « Il doit y avoir plus de joie dans notre ciel géométrique pour un de ces pécheurs convertis que pour dix justes qui persévèrent. »

Une autre cause d'affaiblissement qui n'avait point échappé à Leibniz, c'était de séparer totalement la raison de la foi, au lieu de chercher à expliquer leurs mutuels rapports. On s'efforçait de mettre à part ces deux ordres; on se cantonnait dans l'un ou l'autre de ces deux règnes, et le théologien et le philosophe se perdaient de vue, pour ainsi dire à l'entrée même de la carrière. Cette philosophie séparée qui prévalut dans le camp des cartésiens purs, et dont Regis est le type officiel en France et Locke en Angleterre (Descartes avait été moins explicite), eut de graves inconvénients : elle réduisait le théologien à n'avoir plus contre le libertinage que l'organe de la foi, et faisait prendre au philosophe une position nouvelle en face de la tradition et de l'autorité au nom de la seule raison. On vit alors ceux qui se piquaient de philosophie se faire une règle commode de ne rien croire que ce qui leur était attesté par leur raison et dont ils avaient des *idées claires*; sur ce seul fondement ils s'habituaient à approuver ou à rejeter tout ce qu'ils voulaient. Mais cette sorte de critérium, qui est légitime et vrai quand on l'applique bien, rendait la philosophie ou dangereuse ou trop facile, et l'exposait à manquer de preuves si on l'étendait à tout. C'était réduire l'esprit aux forces de la seule raison ; c'était méconnaître ce mystérieux organe du sentiment, qui rachète bien souvent par la richesse des résultats l'obscurité du point de départ, de même que la raison ne tire bien souvent de la clarté de ses principes qu'une lumière stérile ; c'était étendre à tout le droit de discussion, sans donner à l'analyse une règle sûre ; c'était enfin déchirer la charte philosophique du dix-septième siècle, formulée par Descartes lui-même dans son épître dédicatoire en tête de ses *Méditations*, et qui n'admet pas deux vérités. Tous les grands esprits reconnurent le danger de cette méthode soi-disant cartésienne, et protestèrent contre cette séparation absolue de la théologie et de la philosophie. Nous avons vu Bossuet prédire les maux et les désordres qui allaient naître de ce rationalisme précoce, mais il faudrait joindre à Bossuet Arnauld, Malebranche, Fénelon, pour la France, et cette lumière du clergé protestant, le savant prélat Stillingfleet, dont nous avons précédemment raconté la dispute avec Locke, pour l'Angleterre (¹). Mais nul ne se montra plus précis et plus ferme à maintenir l'accord de la philosophie et de la théologie, et les rapports de la raison et de la foi que Leibniz. Bien loin d'accepter en aveugle ce théorème rationaliste des idées claires, qui n'était qu'une sorte de protestantisme déguisé sous un autre nom, nous le verrons prendre en main et gagner la cause des idées confuses et générales, si témérairement exclues par les cartésiens.

Pour redonner à cette école une vie et une splendeur nouvelles, il eût fallu un homme dont le génie tempérant et vigoureux comme celui du maître arrêtât ce déclin et prévînt les symptômes d'affaiblissement; qui prît en main cette philosophie et la fécondât par de nouvelles découvertes; qui sût réagir enfin contre le fol entêtement de l'esprit de secte et contre les dangers non moins grands d'un sécularisme absolu. Mais ce n'étaient ni Rohault ni Regis qui pouvaient tenir cette place, et le déclin fut rapide dans les dernières années du dix-septième siècle. C'est l'âge caduc en philosophie comme en politique.

Or, à la même époque où les cartésiens de France, aveuglés par l'esprit de secte, compromis par leurs frères de Hollande, affaiblis par la guerre, qui causait la disette des savants, baissaient de plus en plus dans l'estime du monde, s'élevait sur les bords du Rhin la voix d'un philosophe qui dénonçait à Arnauld la pire des hé-

---

(¹) *Lettres et Opuscules inédits de Leibniz*, 1854.

résies, l'hérésie dernière, l'athéisme, et qui l'engageait à se liguer avec lui contre ces dangereux ennemis de l'Église qui sont dans l'Église même. Dans l'affaiblissement général, cet homme, agité de pressentiments sublimes pour l'avenir des sciences, le premier peut-être, s'étonne du peu qu'on a fait et de ce qui reste à faire. Héroïque au travail, il entreprend d'un bout de l'Europe à l'autre ces voyages, ces correspondances qui reliaient les provinces les plus éloignées de la république des savants et qui montraient partout un esprit actif et nouveau, résolu à réveiller le cartésianisme endormi ou à combattre une influence qui lui paraissait exclusive et bornée. Or, cet homme, ce n'est ni Rohault, ni Regis, ni Roberval, c'est Leibniz.

Un vaste champ s'offrit bientôt où l'on put apprécier tout ensemble et la faiblesse du cartésianisme proprement dit, et la supériorité de Leibniz dans la polémique et la philosophie sur les cartésiens de la gauche et du centre. Du fond de la Hollande, un cartésien terrible s'élève, qui, plus hardi que Geulincx, se charge de dire le secret de tout le monde et de mettre dans tout son jour les conséquences panthéistiques de la doctrine de Descartes, suivant moi mal comprise, mais enfin longuement et sérieusement méditée. Sa doctrine s'étendit bientôt jusqu'en France, et l'on cria de toutes parts au scandale. Spinosa, il faut le reconnaître, fut désavoué avec un ensemble rare par tous les cartésiens de France. Malebranche s'exprime sur son compte avec colère, presque avec dégoût. Le père Lami, que nous retrouverons dans des démêlés avec Leibniz, le réfute tout au long. On devait croire que le centre, ainsi ligué contre cette gauche cartésienne, serait le plus fort. Et toutefois c'est un fait reconnu par M. Bouillier lui-même que la faiblesse des réfutations cartésiennes de Spinosa (¹). Celle du P. Lami (²), tirée de son *Nouvel athéisme renversé*, est un exemple de ces réfutations banales du spinosisme, démontré faux et dangereux par voie de conséquences bien plus qu'il n'est rompu dans l'enchaînement même de ces principes. La correspondance de Malebranche avec Dortous de Mairan, qu'ont donnée MM. Cousin (³) et Feuillet de Conches (⁴), a montré, chose étonnante! un jeune homme frappé de la rigueur apparente des principes de Spinosa, mais retenu par l'excellente éducation philosophique qu'il avait reçue, s'adressant à Malebranche pour être délivré des doutes qui l'obsèdent par une résolution complète des objections qu'il lui envoie, et Malebranche déjà vieux, Malebranche touchant presqu'au terme de sa carrière philosophique, refusant d'entrer en lice avec un système dont on lui avait plus d'une fois reproché de partager la principale erreur ; répondant faiblement aux objections dont Mairan le presse, se justifiant mal des imputations de spinosisme qui lui sont adressées par lui, et finissant comme il a commencé par prouver à son correspondant qu'il n'a pas le vrai principe de critique pour réfuter Spinosa. Cette fois encore, c'est hors du camp

---

(¹) Boullier, *Philosophie cartésienne*, t. II.
(²) *Nouvel Athéisme renversé, ou Réfutation du système de Spinosa*, par dom François Lami, religieux bénédictin de la congrégation de Saint-Maur. Paris, 1696.
(³) *Correspondance de Malebranche et de Mairan*.
(⁴) Cousin, *Fragments de philosophie cartésienne*.

qu'il faut aller chercher le vainqueur. Leibniz seul eut la force d'opposer à Spinosa un système original, qui reste encore la meilleure et la seule réponse philosophique, et qu'il appuya d'une réfutation directe et décisive.

La réfutation inédite de Spinosa par Leibniz, en effet, n'a rencontré d'opposants ni en France ni en Allemagne. Elle paraît faire loi désormais, et ceux mêmes qui avaient cru voir le spinosisme dans Leibniz reconnaissent aujourd'hui, après un nouvel examen, que son système est au contraire une réaction contre celui de Spinosa. Cette réfutation est donc une preuve nouvelle et directe de la supériorité de Leibniz sur les cartésiens français, qui n'avaient pas trouvé dans leur camp de forces suffisantes à opposer aux cartésiens de Hollande, et il est piquant de penser que les néo-cartésiens eux-mêmes ont été forcés de se rendre à son argumentation posthume. C'est un succès auquel ne l'avaient pas habitué les cartésiens de son temps, toujours si prévenus contre lui [1].

Cette décadence ne pouvait échapper à Leibniz, dont l'œil scrutateur interrogeait la France. Il lui suffisait d'ailleurs de jeter un regard sur la carte des sciences pour voir qu'elles avaient marché depuis Descartes, en France, en Angleterre, en Allemagne et en Italie. Ce grand peuple de savants disséminés sur la face de l'Europe civilisée, et formant trois groupes principaux dans

---

[1] On peut à ce sujet consulter avec fruit un article de M. Erdmann dans la *Revue de Halle*, et un autre de M. Saisset dans la *Revue des Deux-Mondes* du 1er mars 1856.

les académies de Londres, de Paris et de Florence, n'obéissait pas comme un seul homme à Descartes. Beaucoup, qui avaient subi l'entraînante vigueur de son esprit, ne le reconnaissaient point pourtant comme chef intellectuel. Soit défection, soit confiance dans leur propre valeur, la plupart ne voulaient point de maître. A mesure que montait le niveau des connaissances scientifiques élevées et soutenues par Descartes, à mesure baissait l'estime qu'on avait faite de ce grand homme ; il n'eut bientôt plus de disciples que les prévenus et les faibles. Les Hugens, les Bernouilli, les Newton et surtout les Leibniz furent intraitables.

Les signes du temps semblaient appeler la réforme du cartésianisme. Ces voix, d'abord isolées, puis réunies dans des centres scientifiques, devaient encourager Leibniz à tenter l'entreprise. Mais quiconque a réfléchi sur ces sortes de réformes n'ignore pas qu'elles doivent être précédées d'une attaque décisive, et que pour ébranler des esprits prévenus il faut frapper des coups d'autant plus terribles que la prévention est plus grande. Or, les académies, si bien faites pour conserver le dépôt des saines traditions et rallier en faisceau les forces dispersées de tant de bons esprits, sont le plus souvent impuissantes à accomplir par elles-mêmes les réformes philosophiques, et quelquefois même contraires à l'audace de ceux qui les tentent. Leibniz, très-décidé à commencer une attaque qu'il jugeait nécessaire, mais convaincu de la vanité des efforts isolés d'un seul homme, de la stérilité des écoles de philosophie proprement dites et de l'esprit de conservation qui anime les académies, vit qu'il fallait chercher d'autres alliés, et il s'adressa, lui protestant, avec une noble assurance à l'ordre des Jésuites.

La pensée était hardie. Vouloir faire de l'ordre puissant qui dirigeait l'éducation de la jeunesse en France et en Allemagne les fondateurs d'une philosophie, ou même les propagateurs de la sienne, c'était un plan qui ne manquait ni de grandeur, ni d'habileté. Leibniz en avait conçu le projet depuis longtemps. « Si j'étais pape, écrit-il [1], je voudrais distribuer entre les moines les recherches de la vérité, qui servent à la gloire de Dieu, et les œuvres de charité, qui servent au salut et au bien des hommes. » C'est cette même pensée qu'il avait soumise aux jésuites et qui, paraissant rencontrer quelque approbation dans l'ordre, était devenue sous sa plume un projet « qui parut si plausible, écrit-il, que quelques jésuites lui promirent de faire sous main que cela pourrait être vu de leurs supérieurs comme une curiosité jolie. »

Quel était ce projet? « Une nouvelle philosophie qui aurait effacé absolument celle de Descartes, » et pour laquelle il demandait le concours de la compagnie, « un ordre qui a tant de grands hommes excellents en toutes sortes de sciences, pouvant, s'ils travaillaient de concert, établir des propositions aussi assurées que celles d'Euclide. »

M. Cousin avait bien vu que Leibniz avait une politique contre le cartésianisme. Je lui dénonce ses alliés, ou, du moins ceux dont il avait fait choix, les jésuites. Mais les jésuites ne répondirent pas entièrement aux espérances qu'il avait conçues. S'il eût été pape, Leibniz, j'en

---

[1] Lettre au landgrave de Hesse.

conviens, leur eût fait défricher en commun le champ de la science ; mais il ne l'était pas, et c'est pourquoi le projet, Leibniz en fait l'aveu, resta sur la table comme une curiosité jolie.

Ne nous hâtons pas cependant de voir dans l'alliance proposée sous main par Leibniz et dans l'insuccès de sa démarche un fait secondaire et sans importance dans l'histoire de la philosophie. Ce qui le rapprochait un moment des jésuites, ce qui faisait le fond de son projet, c'était cette attaque au cartésianisme qui présageait sa réforme, c'était, comme il le dit lui-même, une nouvelle philosophie.

Prenons donc le cartésianisme constitué tel qu'il l'aborda de front par ses doctrines, et voyons ce qu'il a su faire, non par simple critique, mais par voie de réforme.

La réforme du cartésianisme entreprise par lui ne pouvait être aisée ni rapide quand on songe aux obstacles et aux difficultés qu'il dut éprouver de la part de ces esprits prévenus, « tellement éblouis de la gloire de Descartes, comme il le dit, qu'ils ne donnent presque rien que des paraphrases de leur maître et ne s'appliquent pas à faire de nouveaux progrès. » Il ne faut donc pas s'attendre à de grands succès et à d'importants aveux dans l'école, mais à des progrès lents et insensibles, qui seront le fruit d'une persévérance et d'efforts inouïs. Je ne parle pas des mathématiques, où la marche fut rapide et où les découvertes de Leibniz, bien que très-combattues, rencontrèrent dans le marquis de L'Hôpital, dans Varignon, dans Fontenelle, des partisans et des propagateurs. Je veux parler seulement de sa philosophie, dont l'esprit de secte et le fol entêtement des cartésiens stricts arrêtèrent toujours les progrès.

Leibniz eut à lutter contre des difficultés presque insurmontables. J'en veux donner quelques exemples, qui prouveront à quel point l'esprit de secte est contraire à celui des sciences. Leibniz n'habitant pas la France n'avait pour y répandre sa philosophie que les seuls journaux, et l'on voit que, sans se laisser décourager par l'apparente infériorité que devait lui donner aux yeux du public son langage, qui sentait toujours un peu l'étranger, il tâchait même, quand il y écrivait, de *s'accommoder au stile des cartésiens* ([1]), sans quoi il n'eût pas été lu ni compris. Mais ce qu'on ignore et ce que M. Cousin, si prompt à relever les torts de Leibniz envers Descartes, n'a pas dit, c'est que ces journaux lui furent très-sévères. Leibniz eut souvent des articles refusés au *Journal des Savants*. Il n'avait eu qu'à se louer du président Cousin, qui faisait autrefois le journal, et il y avait souvent inséré des extraits de sa philosophie; mais il eut à se plaindre de l'abbé Bignon, qui lui avait succédé, et se montrait moins empressé de lui offrir une place dans son recueil, devenu plus étroit par la faute de celui qui le dirigeait. « M. l'abbé Bignon, écrit-il à René de Montmort,

---

([1]) « J'ai espéré que ce petit écrit contribuerait à mieux faire entendre mes méditations en y joignant ce que j'ai mis dans les journaux de Leipzig, de Paris et de Hollande. Dans ceux de Leipzig, je m'accommode assez au langage de l'école; dans les autres, je m'accommode davantage au style des cartésiens, et, dans cette dernière pièce, je tâche de m'exprimer d'une manière qui puisse être entendue de ceux qui ne sont pas encore trop accoutumés au style des uns et des autres. » (Lettre à Montmort, 704.)

conseiller de chambre, qui est son correspondant et son ami, M. l'abbé Bignon m'avait promis qu'on mettrait un extrait de ma *Théodicée* dans le *Journal des Savants*; mais jusqu'ici ceux qui travaillent à ce journal ne l'ont point fait. » Ainsi, la *Théodicée* n'avait pu trouver grâce devant ces sévères censeurs. Les lettres à Fontenelle, que nous avons publiées dans un premier volume, contiennent de curieux détails sur un refus du même genre dont il fut l'objet de la part du même journal, et qui amena quelque aigreur entre Leibniz et Fontenelle. Leibniz avait envoyé, vers 1703, au secrétaire de l'Académie, qui se disait son ami, et s'avouait son disciple en géométrie, un écrit pour servir de réponse à un cartésien français, le P. Lami, qui avait, dans sa *Connaissance de Dieu*, attaqué le système de l'harmonie préétablie. Comme l'article ne paraissait pas, Leibniz crut pouvoir en demander des nouvelles. Et Fontenelle lui écrivit assez durement : « Quant à vostre écrit pour répondre au P. Lami, M. l'abbé Bignon n'a pas jugé à propos de le mettre dans son journal, parce qu'on n'y met rien de polémique... Quand vous voudrez nous envoyer quelque morceau de vous, quelques échantillons de vos sublimes découvertes en géométrie, l'Académie ouvrira ses mémoires avec un extrême plaisir, et fera sonner bien haut que vous êtes de son corps. » Ainsi ce n'est pas assez qu'on refuse un extrait de sa *Théodicée* au *Journal des Savants*, on lui ôte, en colorant ce refus d'un prétexte, le droit d'y défendre son système, attaqué par un cartésien, le P. Lami. La réponse de Leibniz à Fontenelle est un chef-d'œuvre de bon goût. Après lui avoir répondu que l'excuse est mauvaise, que sa réponse n'est pas polémique, mais purement philosophique, bien éloigné de faire sonner ses titres à la reconnaissance d'un recueil auquel il avait communiqué ses plus belles découvertes, et d'un homme qui se disait son élève dans la science de l'infini et qui le trahissait par sa négligence, il conclut qu'il y a nécessité de préparer le lecteur à sa philosophie par des écrits exotériques, si l'on veut qu'elle soit goûtée du public. « Les journaux m'ont servi jusqu'icy, lui dit-il, mais je vois bien que le vostre, parvenu à un certain âge où l'on ne se soucie plus des bagatelles, ne veut plus que des pièces de poids et qui ayent corps. Je voudrois estre toujours en estat de vous en envoyer de cette force, mais mon esprit est devenu moins propre à porter le travail des calculs et des figures; il croit qu'il lui est permis maintenant de s'égayer un peu, sauf aux autres de mépriser ses productions tardives. Je suis le premier à me rendre justice là-dessus, et je trouve toujours des gens qui me font plus d'honneur que je ne mérite, puisqu'il est vray que même « un sot trouve toujours un plus sot qui l'admire. »

Ces difficultés qu'on lui suscitait, ce mauvais vouloir dont on fit preuve, rendaient notre tâche plus délicate. Il est bien évident que ce n'est qu'à force de recherches patientes et continues qu'on peut arriver à ressaisir les traces de l'action exercée sur les esprits en France par une philosophie qui y était très-combattue. Il faut pour cela étudier les doctrines des cartésiens français, conférer les différentes éditions d'un même ouvrage sorti de leur école, voir les développements divers qu'ils ont donnés souvent à une même pensée, noter la rectification en apparence la plus insignifiante, lire avec soin toutes les correspondances que Leibniz entretint avec des savants français, suivre enfin dans les journaux, dans celui des *Savants*, dans les *Actes* de Leipzig, dans les *Nouvelles de la république des lettres*, dans le *Journal de Trévoux*, le mouvement et les résultats des polémiques de Leibniz.

Telle est la méthode que j'ai cru devoir appliquer. J'ai pris successivement les principaux centres cartésiens : Port-Royal et les jansénistes, l'oratoire et les cartésiens d'origine augustinienne ; j'ai comparé les diverses éditions de ces écrits ; j'ai consulté les correspondances, j'ai feuilleté les journaux, et partout j'ai recherché les moindres traces du leibnizianisme, comme un chimiste cherche à découvrir les moindres indices d'une substance qui avait échappé jusque là à toutes ses analyses. Je donnerai les résultats de ce travail entrepris sur les principaux cartésiens et philosophes contemporains ou successeurs de Leibniz, et notamment sur Malebranche, sur Arnauld, sur Spinoza et sur Bayle.

Ceux qui s'attendent à de grands changements, à de brusques retours au leibnizianisme, ceux-là, outre qu'ils ne tiennent pas compte des obstacles, ne comprennent pas la nature de cette philosophie ; sa loi même, par opposition au cartésianisme, est de ne se développer que lentement. Elle agit, mais c'est d'abord d'une manière imperceptible. Aussi, tandis que le cartésianisme va par bonds et fascine la ville et la cour, le leibnizianisme met trente ans à germer dans le cerveau de son auteur et trente ans à s'y développer. Cette philosophie n'est, à vrai dire, qu'une poignée de germes que Leibniz a semés sans espoir de les récolter jamais. Descartes est un converti de la philosophie et il fait des conversions. C'est un charme qui agit tout à coup. On tombe thomiste, moliniste, gassendiste, et l'on se relève cartésien. Leibniz, au contraire, n'agit qu'à la longue et par changement insensible. On devient leibnizien ; et c'est pourquoi dans l'histoire de la philosophie de Leibniz nous ne trouvons pas de ces conversions éclatantes qui renversent les esprits et renouvellent toutes choses; mais nous ressaisissons au contraire la trace d'un progrès lent mais continu, qui, pour être plus caché, ne fut pas sans action sur les destinées de l'esprit. Voyez : cette philosophie a mis plus d'un siècle à se développer en Allemagne, et elle s'y développe encore. Comment voulez-vous la retrouver toute formée au dix-septième siècle, en France ?

Malebranche, le plus grand des cartésiens français, n'avait jamais été étudié jusqu'ici sous ce point de vue tout nouveau, qui consiste à rechercher dans sa philosophie les germes de leibnizianisme qui s'y trouvent contenus. J'avoue même que l'analyse de son principal ouvrage, la *Recherche de la vérité*, ne donne d'abord que de très-faibles indices. En effet, le premier volume de *la Recherche* parut en 1674; le deuxième, l'année suivante, 1675. Or, si l'on se pose la question de savoir quelle pouvait être à cette époque l'influence de Leibniz sur Malebranche, on reconnaît qu'elle était sinon tout à fait nulle, du moins très-faible. Leibniz avait connu Malebranche à l'époque de son séjour à Paris, pendant les années qui précédèrent la publication de *la Recherche*. Il y avait même discuté avec lui par lettres et de vive voix, sur l'essence de la matière; et là, pendant qu'il habitait l'hôtel de Saint-Quentin, à la suite d'une première conférence, il avait pris la plume et essayé par ses objections contre l'étendue pure des cartésiens d'amener son antagoniste à une discussion réglée. Mais Malebranche, à la fois obstiné et timide comme les solitaires, et toujours évasif, comme l'a si bien dit M. Cousin, prenant d'ailleurs Leibniz plutôt pour un géomètre que pour un philosophe, paraissait peu disposé, si l'on en juge par ses réponses, à se laisser amener sur ce terrain d'une discussion réglée que souhaitait Leibniz. Je ne m'étonne donc pas que ceux qui s'arrêtent à ces premières lettres n'aient point vu dans Leibniz, retenu par le respect que lui inspirait Malebranche, le futur réformateur du cartésianisme. Et d'ailleurs il suffit d'ouvrir la *Recherche de la vérité* pour s'apercevoir que Malebranche y professe la physique cartésienne pure, sans épargner (liv. I, ch. XVI) les formes substantielles, « ces substances fécondes qui font tout, quoiqu'elles ne subsistent que dans l'imagination de notre philosophe. »

Toutefois ces courts entretiens, ce commerce d'abord noué, puis bientôt rompu dans le moment même de la publication de la *Recherche de la vérité*, devaient se reprendre et ne plus cesser jusqu'à la mort de Malebranche. Dans les premiers jours de l'année 1679, Leibniz saisit la première occasion de renouer avec lui. Chose singulière ! c'est par une attaque au cartésianisme qu'il débute dans sa lettre du 13 janvier 1679 ; et il cherche très-sérieusement à le détacher de Descartes. « Je voudrais que vous n'eussiez pas écrit pour les cartésiens seulement, comme vous avouez vous-même, car il me semble que tout nom de secte doit être odieux à un amateur de la

vérité. » Dans la lettre suivante, il continue en lui envoyant ses premières impressions sur les *Méditations de métaphysique* de M. l'abbé de Lanion et les *Conversations chrétiennes* de Malebranche. Il l'attaque sur le sentiment cartésien de l'âme des bêtes et sur les preuves de l'existence de Dieu et de la distinction de l'âme et du corps, et comme Malebranche élude toujours la discussion métaphysique, « vous passez, lui dit finement Leibniz, tout ce que j'avais mis en avant pour entrer en cette matière. » Toutefois ces premiers germes d'une réforme du cartésianisme ne devaient pas être entièrement perdus. Dans la quatrième édition de la *Recherche de la vérité*, que nous avons sous les yeux, nous lisons ce passage. Il s'agit d'une partie des plus importantes de la physique cartésienne qui traite des lois du mouvement, c'est-à-dire de celles que Leibniz avait le plus vivement attaquées. « Voici présentement quelques réflexions sur
« le sentiment de M. Descartes, et sur l'origine de son
« erreur. J'appelle son sentiment une erreur, parce que
« je ne trouve aucun moyen de défendre ce qu'il dit
« des règles du mouvement et de la cause de la dureté
« des corps vers la fin de la seconde partie de ses *Prin-*
« *cipes* en plusieurs endroits et qu'il me semble avoir
« assez prouvé la vérité du sentiment qui lui est con-
« traire... M. Descartes était homme comme nous; on
« ne vit jamais plus de solidité, plus de justesse, plus
« d'étendue et plus de pénétration d'esprit que celle qui
« paraît dans ses ouvrages, je l'avoue, mais il n'était pas
« infaillible. Ainsi, il y a apparence qu'il est demeuré
« si fort persuadé de son sentiment, qu'il n'a pas fait
« réflexion qu'il assurait quelque chose dans la suite de

« ses *Principes* qui y était contraire... La certitude des
« principes de la philosophie de Descartes ne peut donc
« servir de preuve pour défendre ses règles du mouve-
« ment ; et il y a lieu de croire que si M. Descartes lui-
« même avait examiné de nouveau ses principes sans
« préoccupation et en pesant des raisons semblables à
« celles que j'ai dites, il n'aurait pas cru que les effets
« de la nature eussent confirmé ses règles et ne serait
« pas tombé dans la contradiction en attribuant la du-
« reté des corps durs seulement au repos de leurs parties,
« et leur ressort à l'effort de la matière subtile ([1]). »

Ainsi Malebranche dès 1679 abandonnait déjà la physique cartésienne sur un point où il ne pouvait plus la
défendre contre Leibniz, et reconnaissait qu'il est impossible, en partant de la notion de l'étendue, comme une
masse en repos, de démontrer l'existence des corps, le
repos n'impliquant pas la force, comme le croyait Descartes. Mais il conservait toujours la doctrine du maître
sur un autre point qui lui paraissait devoir échapper
longtemps aux atteintes de Leibniz, à savoir, sa grande
loi de l'égale conservation du mouvement. Or, Leibniz

([1]) « L'autorité de Descartes, dit-il encore dans le même chapitre, fait un si grand effort sur la raison de quelques personnes, qu'il faut prouver en toutes manières que ce grand homme s'est trompé, afin de pouvoir les désabuser. » Quelques lignes plus bas : « De là je prétends, malgré toutes les défaites de M. Descartes et des cartésiens, que si ces grands corps étaient dans le vide, ils pourraient être en-core agités avec plus de facilité. » (*Rech. de la vérité*, page 591.) Il conclut contre lui en ces termes : « Il est donc évident que le repos n'a point de force pour résister au mouvement, et que le moindre mouvement contient plus de puissance et plus de force que le plus grand repos. » *Ibid.*

ne devait pas le laisser non plus dans une tranquille possession de ce principe, dont il croyait pouvoir démontrer la fausseté. Ce fut l'origine de toute une longue controverse entamée entre les *Acta eruditorum* de Leipzig et les *Nouvelles de la République des lettres* et le *Journal des savants* (1).

Descartes avait cru que le mouvement se conserve toujours égal dans le monde, bien que sa direction varie, et il faisait dépendre de cet unique principe de sa physique la stabilité des lois qui régissent et conservent tout l'univers. Leibniz le premier a démontré, par une analyse plus savante, que l'erreur métaphysique de Descartes repose sur une induction imparfaite qui lui a fait confondre l'effet avec la cause. Le mouvement suppose la force qui le produit, et c'est la force qui se conserve : l'effet, c'est l'apparente conservation du mouvement ; mais la cause, c'est la force qui n'est pas un pur phénomène comme le mouvement. Le mécanisme, en dernière analyse, force donc de recourir à quelques principes de la métaphysique pour expliquer la conservation du monde.

Ce fut l'occasion entre Leibniz et Malebranche d'un nouveau commerce. Nous allons suivre dans une période de onze ans le progrès lent mais certain de la philosophie de Leibniz s'essayant sur l'immortel disciple de Descartes et cherchant à renverser la loi fon-

---

(1) L'écrit de Leibniz, publié dans les *Acta eruditorum* de 1686, porte : « Brevis demonstratio erroris memorabilis Cartesii et aliorum, circa legem naturalem secundum quam volunt à Deo semper eamdam quantitatem motus conservari. » L'abbé de Conti, cartésien zélé, répondit dans les *Nouvelles de la république des lettres*, en 1686.

damentale de toute sa physique. Déjà Leibniz faisait allusion à cette controverse scientifique dans une de ses lettres à Arnauld du 1er août 1687. « Au lieu de M. Catelan, lui écrit-il, c'est le R. P. Malebranche qui a répliqué depuis peu dans les *Nouvelles de la République des lettres* à l'objection que j'avais faite. Il semble reconnaître que quelques-unes des lois de la nature ou règles du mouvement qu'il avait avancées pourront difficilement être soutenues. Et c'est un défaut des raisonnements de M. Descartes et des siens, de n'avoir pas considéré que tout ce qu'on dit du mouvement, de l'inégalité et du ressort se doit vérifier aussi, quand on suppose ces choses infiniment petites ou infinies. » La même année, dans une réplique à l'abbé Conti qui fut insérée dans les *Nouvelles de la république des lettres*, il avait pris acte des premières et bien faibles concessions que lui avait faites Malebranche. « Comme c'est l'auteur de la *Recherche de la vérité*, dit-il, à qui nous sommes redevables de la correction de quelques préjugés cartésiens assez considérables, tant ailleurs que sur cette matière, il m'a paru à propos de faire connaître ici ce qui restait encore à dire. » Leibniz n'épargnait rien pour le convaincre. Les lettres et les mémoires se succédaient, et les critiques et les éloges. « Mon révérend père, lui écrit-il, j'ai toujours estimé et admiré ce que vous nous avez donné en métaphysique, même dans les endroits avec lesquels je ne suis pas encore d'accord entièrement. » Malebranche ne se rendait que peu à peu. « Quoi qu'il en soit, monsieur, quelque estime que j'aie pour mes amis, je ne me rends à leurs sentiments que lorsque j'en suis convaincu par l'évidence de leurs raisons dont je ne sens pas toujours toute la force. » Enfin, en 1692, Malebranche fit un second pas et donna un commencement de satisfaction à Leibniz. Le *Traité sur les lois de la communication du mouvement* qu'il publia alors, sans abandonner la loi de Descartes, contenait quelques modifications à plusieurs propositions du sixième livre de la *Recherche de la vérité*. Mais ce n'était pas seulement quelques conséquences, c'était le principe lui-même que Leibniz combattait, et un principe nouveau qu'il cherchait à y substituer. Malebranche, déjà très-ébranlé, fut enfin forcé de se rendre. Les objections de Leibniz ne le laissaient point dormir; lui-même nous apprend que retiré à la campagne, il examina de nouveau les lois de Descartes et qu'il les trouva fausses. Convaincu par sa propre expérience, il en vint à reconnaître que Leibniz avait raison, et comme il reçut alors une lettre de Hanovre, qui le félicitait d'avoir fait un premier pas et qui en sollicitait un second plus décisif, Malebranche, dans sa réponse où respire une noble abnégation, lui avoue le changement radical qui s'est opéré dans ses idées et n'hésite point à proclamer lui-même la supériorité de son illustre ami dans les sciences. « Je suis maintenant convaincu, écrit-il, que le mouvement absolu se perd et s'augmente sans cesse, j'ai donc tout changé ce traité et je vous dis ceci afin que vous continuiez d'être persuadé que je cherche sincèrement la vérité... S'il est des gens qui soient indifférents à votre mérite ou qui le paraissent, ils ne font tort qu'à eux-mêmes, du moins dans l'esprit des habiles gens. »

Ainsi, Malebranche avait mis plus de vingt ans à revenir de ses erreurs cartésiennes sur les lois du mouvement; et Leibniz, plus de onze à obtenir sa première victoire sur le cartésianisme de Malebranche. Exemple mémorable de la lenteur que mettaient les cartésiens à revenir, et de cette continuité patiente qui fit la force de Leibniz. Une victoire si chèrement achetée ne fut point stérile. On suit, dans les diverses éditions de la *Recherche de la vérité*, les traces du progrès qu'avait fait Leibniz. Mais ce n'est pas seulement dans la *Recherche de la vérité*, c'est aussi dans ses autres écrits, et surtout dans ses *Entretiens de métaphysique*, qu'on découvre de nouvelles marques de cette action. Savez-vous, en effet, ce que Leibniz avait obtenu de Malebranche, et quelle était la valeur de cet aveu qui d'abord paraît peu de chose ? C'était l'élimination du principe panthéistique de la physique cartésienne et la reconnaissance tacite de la méthode infinitésimale, à laquelle il devait cette élimination. Malebranche soutenait, d'après Descartes, que Dieu lui-même, trop semblable à un ouvrier qui remonte incessamment sa machine, équilibre le mouvement des corps par la création continuée, à chaque instant de la durée et sur chaque point de l'espace. C'était ôter toute efficace aux causes secondes, et soutenir la passivité la plus complète. « Vous voilà mort, répète-t-il souvent à son interlocuteur, dans ses *Entretiens de métaphysique*, immobile comme un roc, stupide comme une souche (¹). » Pour

---

(¹) « Cette action, cette force mouvante n'appartient nullement aux corps, c'est l'efficace de la volonté de celui qui les crée ou qui les conserve successivement en différents lieux... Donc, Ariste, vous ne pouvez de vous-même remuer le bras, changer de place, de situation, de posture, faire aux hommes ni bien ni mal, mettre dans l'univers le moindre changement. Vous voilà dans le monde sans

sortir de ce repos, il ne faut rien moins qu'un miracle de la Divinité, le miracle de l'occasionalisme, « miracle déraisonnable, » s'écrie Leibniz, et que Spinosa lui-même, tout cartésien qu'il était, avait fini par déclarer absurde (¹). Leibniz, au contraire, avait découvert qu'il y a de la force dans la nature même du corps et qu'il est un centre de mouvement. Il analysait le mouvement, et il montrait sous les phénomènes variables et multiples la force ou cause prochaine du changement. Cette force différente du mouvement, et qui est plus réelle et plus fondée, se conserve dans le monde, et ne varie pas, au lieu que le mouvement varie sans cesse, et peu importe qu'il se perde ou qu'il s'augmente, pourvu que la force n'en soit pas altérée. En partant de ces principes, Leibniz démontrait que les lois de Descartes étaient fausses, et qu'elles étaient d'ailleurs contredites par l'expérience ; il leur en substituait d'autres qui reposent sur la force, véritable principe du changement des corps. C'étaient ces lois et ce principe nouveau dont Malebranche venait de reconnaître l'exactitude, et qui le forçaient d'abandonner Descartes.

Je ne puis songer à ce premier avantage remporté par Leibniz sur l'un des principaux cartésiens de France, sans m'étonner qu'on ait voulu faire de l'harmonie préétablie une suite de la théorie des causes occasionnelles professées par Malebranche, et y retrouver un reste de cartésianisme. Comment le cartésianisme aurait-il pu donner à Leibniz le principe d'une harmonie dont il

aucune puissance, immobile comme un roc, stupide, pour ainsi dire, comme une souche. »

(¹) Voir *Réfutation inédite*, p. 66.

n'avait aucune idée? La *forme* rétablie par Leibniz est un principe d'action, et c'est à un système de passivité qu'il la devrait ! Cette force qui vient se substituer à la passivité pure des cartésiens, c'est aux cartésiens qu'il l'aurait empruntée ! Mais elle agit spontanément, elle est une loi de la nature, et les cartésiens recourent au miracle ! Le changement du miracle en une loi naturelle constante est la découverte de Leibniz. Où est le rapport? A la passivité, Leibniz oppose l'activité des substances, au miracle la nature, à l'accord forcé, miraculeux, l'accord naturel, spontané, *spontaneam relationem*.

Renonçons donc à voir dans l'harmonie préétablie une suite de l'occasionalisme. Si la transition de l'un à l'autre eût été si facile, Malebranche n'eût pas lutté douze ans contre un principe qui établissait, suivant Leibniz, l'accord naturel et spontané de tous les êtres. Mais cette force toujours constante sous la multiplicité des modes qui l'expriment, et différente de la grandeur, de la figure et du mouvement, renversait la notion de l'étendue pure et avec elle toute la physique cartésienne. Et voilà pourquoi Malebranche avait résisté. S'il était conséquent, du jour où il acceptait la loi de Leibniz, il passait définitivement de l'occasionalisme à l'harmonie préétablie et reconnaissait la supériorité du système de son rival.

Mais c'était implicitement aussi reconnaître la supériorité de sa méthode. Car enfin, Leibniz en poussant aux forces réduisait tout à un calcul, à une estime des forces; mais ce calcul ne pouvait réussir que par une analyse supérieure et capable de diviser l'indivisible et qu'il appelait pour ce motif *analysis indivisibilium*, ou analyse infinitésimale. Ce n'était même, c'est lui qui en fait la remarque, qu'un cas de son calcul différentiel. « C'est un défaut des raisonnements de M. Descartes et de ceux du P. Malebranche de n'avoir pas considéré que tout ce qu'on dit du mouvement, de l'inégalité et du ressort se doit vérifier aussi, quand on suppose ces choses infiniment petites ou infinies. En quel cas le mouvement infiniment petit devient repos, l'inégalité infiniment petite devient égalité, et le ressort infiniment prompt n'est autre chose qu'une dureté extrême, à peu près comme tout ce que les géomètres démontrent de l'ellipse se vérifie d'une parabole, quand on la conçoit comme une ellipse dont l'autre foyer est infiniment éloigné. Et c'est une chose étrange de voir que presque toutes les règles du mouvement de M. Descartes choquent ce principe que je tiens aussi infaillible en physique, qu'il l'est en géométrie, parce que l'auteur des choses agit en parfait géomètre. » Leibniz, convaincu de l'importance de sa méthode, ne cesse de l'opposer à Descartes et à Malebranche dans ses lettres à Arnauld. Il en fait un chapitre de son *Discours de métaphysique*, où il marque la différence profonde des deux voies : l'une, purement géométrique, qui est celle de ses adversaires; l'autre, plus métaphysique que géométrique, et qui est la sienne. « Il paraît de plus en plus, dit-il en concluant, quoique tous les phénomènes particuliers de la nature se puissent expliquer mathématiquement ou mécaniquement par ceux qui les entendent, que néanmoins les principes généraux de la nature corporelle et de la mécanique même sont plutôt métaphysiques que géométriques, et appartiennent plutôt à quelques formes ou natures indivisibles comme causes des apparences qu'à la masse corporelle ou étendue ; réflexion qui est capable de réconcilier la philosophie mécanique des modernes avec la circonspection de quelques personnes intelligentes et bien intentionnées, qui craignent avec quelque raison qu'on ne s'éloigne trop des estres immatériels au préjudice de la piété([1]). » Dans sa correspondance avec Malebranche, il emploie cette même méthode et des arguments empruntés au calcul différentiel pour résoudre ses objections et combattre ses lois du mouvement. Il faut donc conclure non-seulement que Malebranche, en abandonnant le principe de Descartes, pour adopter enfin celui de Leibniz, acceptait implicitement sa méthode, mais aussi que c'est à cette méthode supérieure que Leibniz doit d'avoir détrompé Malebranche.

Les faits le prouvent : les lettres de Malebranche témoignent qu'il avait connu sa grande découverte du calcul différentiel. Il se féliciterait, lui écrit-il, « de le tenir pour apprendre de lui mille belles adresses particulières relatives à ce calcul intégral et différentiel, et à la manière de l'appliquer aux questions de physique, » que le marquis de L'Hospital, lui-même, tout leibnizien qu'il était, ne lui expliquait pas d'une manière satisfaisante. Un texte de la *Recherche de la vérité* nous le montre recommandant à ses disciples l'étude du calcul différentiel.

Comment, en effet, Malebranche, qui était de l'Académie des sciences et très-versé lui-même dans la nouvelle géométrie, n'eût-il point connu cette immortelle découverte? Mais alors quand on le voit, après une lutte de douze années, et à mesure qu'il devenait plus habile

---

([1]) V. Appendice, page 353.

dans les mathématiques transcendantes, abandonner Descartes, son premier maître, qu'on l'entend, dans ses entretiens de métaphysique, s'élever à des considérations toutes nouvelles et bien étrangères à Descartes sur les différents ordres d'infinis, et notamment sur les infiniment petits, et qu'à la lecture de la *Théodicée*, il ne peut s'empêcher de convenir avec lui du principe de l'optimisme, comment ne pas voir que ces deux génies s'étaient enfin pénétrés, et que, comme il arrive toujours, le plus original et le plus savant avait modifié l'autre.

Leibniz nous apprend dans la *Théodicée* qu'à son retour de France par l'Angleterre et la Hollande, il vit Spinoza, et qu'il s'entretint avec lui. Nous avons raconté, dans un mémoire spécial, la visite que lui fit Leibniz dans une auberge de La Haye, les entretiens qu'ils y eurent ensemble et le résultat qui fut de prouver à Spinoza lui-même que la physique cartésienne était fausse [1]. Voyageur au nom de la philosophie, Leibniz répandait ses doctrines et subjuguait ses rivaux par l'entraînante vigueur de son esprit et son universelle présence.

La correspondance avec Arnauld range aussi ce dernier parmi les cartésiens sur lesquels Leibniz a fait l'essai de son système, et dont il a singulièrement modifié les idées philosophiques. On y rencontre à chaque pas des phrases très-significatives, comme celle-ci de Leibniz à Arnauld : «Quoi qu'en disent les cartésiens, dont il semble que vous-même ne vous êtes point soucié en ce point..., je demeure d'accord avec vous contre les cartésiens.» Et Arnauld lui répond : «Les difficultés que vous avez

---

[1] Voir la *Réfutation inédite de Spinoza par Leibniz*, p. 65.

proposées aux cartésiens sont très-subtiles. » Ou bien encore : « Je serais bien aise de savoir ce que les cartésiens ont dit sur votre écrit. » Enfin les objections d'Arnauld, qui devenaient de plus en plus faibles, et que Leibniz avait presque toutes réfutées, prouvent que si Arnauld ne s'était pas entièrement converti, il était sorti de ce commerce moins cartésien qu'il n'y était entré.

Il faudrait appliquer le même procédé à tous les grands métaphysiciens du dix-septième siècle, à Fénelon, peut-être même à Nicole et à Bossuet qui étaient pour les idées confuses, et l'on verrait que ses découvertes n'ont pas eu seulement pour effet de populariser l'infini dans les sciences mathématiques, et de lui former des disciples tels que L'Hospital et Fontenelle; mais qu'elles ont fait progresser ce même infini dans la philosophie où elles sont devenues, malgré le scepticisme de Bayle [1], la source de la plus sublime métaphysique.

On nie l'influence philosophique de Leibniz en France au dix-septième siècle, et cette influence est partout, non-seulement en France, mais dans les pays voisins, en Suisse [2], en Hollande [3] et même en Italie.

[1] Et encore Bayle est un sceptique plein de respect pour la philosophie de Leibniz, et qui est bien près de se rendre sur certaines opinions cartésiennes qu'il avait professées. Il n'y a que sur le terrain de la *Théodicée* que la conciliation est tout à fait impossible, parce que les principes diffèrent. Cf. *Lettres et Opusc.*, 172, 318, etc.

[2] Voir sa correspondance avec Bourguet, professeur à Neufchâtel, où l'on vient de découvrir une série de lettres qu'il ne nous a pas été possible d'examiner, mais qui paraissent faire double emploi avec celles dont Dutens devait la communication à l'Académie de Rouen, et qu'il a imprimées dans son recueil.

[3] M. Bouillier a démontré que le cartésianisme était devenu,

Un séjour de deux ans dans cette contrée l'avait lié avec les principaux savants. Il avait connu Bianchini à Rome, Viviani à Florence, Guido Grandi à Pise, Muratori à Modène, Malpighi à Pavie, et Spoleto à Padoue; et il n'était resté étranger ni aux leçons des professeurs, ni aux découvertes des savants, ni aux travaux des Académies, où se perpétuait l'esprit de Galilée. Ses lettres à Fardella prouvent qu'il s'y était occupé de l'état de la philosophie (¹). M. Bouillier, dans une récente histoire du cartésianisme, n'a pas assez tenu compte de la propagande que Leibniz, savant universel et cosmopolite, exerça dans ce pays. Uniquement occupé d'étendre l'influence du cartésianisme au delà des monts, il n'y a pas su discerner l'influence rivale, et il a fait de Fardella un cartésien. Mais cet astronome et ce philosophe, successivement professeur à Modène, à Venise et à Padoue, était surtout platonicien et augustinien, et travaillait même à un grand ouvrage de *Philosophie platonico-augustinienne*, et s'il avait, pendant un séjour de trois ans à Paris, connu Regis, Arnauld, Bernard Lami et Malebranche, dont il goûta les doctrines, il subit plus tard l'ascendant de Leibniz, qui vint le visiter à Padoue.

vers la fin du dix-septième siècle, en Hollande, une sorte d'éclectisme. Leibniz entretint toujours de nombreux correspondants en ce pays, où il a placé la scène de ses nouveaux essais et qui était comme l'entrepôt de son commerce d'idées avec l'Angleterre.

(¹) C'est ainsi qu'on le voit, après la mort de Borelli, le premier qui ait appliqué le mécanisme de Descartes à la médecine, et le chef des iatro-mécaniciens, exciter Spoleto, professeur de médecine et d'astronomie à Padoue, à entrer dans des voies nouvelles et à faire l'application des mathématiques transcendantes à son art : *Mathematicum inter medica agere*.

Tout à la fois philosophe et mathématicien, Fardella tendait comme lui à l'universalité. Il était alors plongé dans les plus difficiles questions sur la nature de l'âme et son immortalité. Leibniz lui donna les premiers traits de la théorie de la substance et quelque teinture de ses mathématiques. Le commerce lié se continua par lettres après le départ de Leibniz, et, dans les quatre qui nous sont restées, on les voit discuter à fond sur la nature de la substance et de l'étendue. Le progrès qu'avait fait Leibniz sur l'esprit de Fardella fut sensible lors de sa grande querelle avec Matteo Georgi, racontée par M. Bouillier. Seulement, M. Bouillier l'a cru sous l'influence de Malebranche, avec lequel il avait depuis longtemps cessé tout commerce, quand il était bien évidemment sous celle de Leibniz, dont il défend dans ses écrits les maximes arrêtées sur la nature de l'étendue. Enfin, si l'on en veut des preuves moins théoriques et plus sensibles, cette chaire de professeur, à Naples, qu'obtint Fardella quand il quitta Barcelone, l'empereur Charles VI la lui accorda à la demande de Leibniz qui était tout puissant, et c'est à cette nouvelle conquête que celui-ci fait allusion en ces termes : « Un savant abbé italien, professeur de mathématiques à Padoue, qui donna fort dans ma nouvelle hypothèse. » Il y donnait si bien qu'il faisait du point inétendu et insécable la source même de l'étendue.

Le réformateur de l'histoire, l'auteur de la *Science nouvelle*, Vico, est de même un génie leibnizien et un partisan de la méthode ontologique ([1]), qui s'adresse

---

([1]) Voir sur Vico le remarquable travail de la princesse de Beljoiose.

comme Fardella à Platon et à Leibniz, et qui non-seulement ne suit pas aveuglément Descartes, mais le réfute. Son attaque au cartésianisme paraît empruntée aux lettres que nous publions (¹). Il partage les préventions de Leibniz contre ce qu'il appelle l'épicurisme physique de Descartes, il le condamne comme lui et dans les mêmes termes, et il recourt aux monades, qu'il n'a pas même la pensée de déguiser sous ses points métaphysiques.

On pourrait en conclure contre l'auteur de la *Philosophie cartésienne* que l'enseignement de la philosophie moderne en Italie produisit bien vite une attaque et une réforme, dont les principales parties sont empruntées à Leibniz. On pourrait même aller jusqu'à dire que Fardella, nommé à la demande de Leibniz à une des principales chaires de philosophie à Naples, y enseignait Leibniz et non point Descartes, et que Vico, élève de tous deux, n'a fait que suivre une conception leibnizienne en réformant l'histoire.

(¹) Il est curieux de penser que cette réfutation toute leibnizienne du cartésianisme, adoptée par Vico, a été renouvelée de nos jours en Italie dans la *Civiltà catolica*.

QUATRIÈME PARTIE.

CRITIQUE DE LA DÉMONSTRATION CARTÉSIENNE DE L'EXISTENCE DE DIEU, SUIVIE DES REMARQUES SUR WEIGEL [1].

I.

Parmi les philosophes du dix-septième siècle qui cherchaient avant tout la première vérité et la lumière universelle en Dieu même et voulaient donner à la démonstration de son existence une rigueur mathématique, je ne connais que deux grands esprits qui ne se tinrent pas pour entièrement satisfaits des preuves de Descartes : ce sont Pascal et Leibniz. Mais tandis que le premier blâme les preuves métaphysiques absolument, parce qu'il les trouve « si éloignées du raisonnement des hommes et si impliquées, qu'elles frappent peu, et qu'une heure après, elles ne laissent dans l'esprit que la crainte de s'être trompé, » ce que Leibniz reprend dans ces preuves, c'est le manque de rigueur, et il veut leur donner toute la précision et l'exactitude qu'elles comportent.

---

[1] PIÈCES A CONSULTER : *Discours sur la démonstration de l'existence de Dieu par Descartes*, p. 22. — *Animadversiones ad Weigelium*, p. 146. — On peut aussi consulter avec fruit le chapitre que le P. Gratry a consacré à Leibniz dans son bel ouvrage de la *Connaissance de Dieu*.

On savait déjà, par ses nouveaux essais et par ses remarques au P. Lami, que Leibniz travaillait à perfectionner la preuve de Descartes. Le *Discours* que nous publions donne de nouvelles lumières sur sa critique et sur les perfectionnements qu'il entendait y apporter.

Ce discours est en forme de lettre à une princesse qui lui avait demandé son avis, et qui devait être la duchesse Sophie, ou sa fille, Sophie-Charlotte, reine de Prusse. On sait, en effet, qu'elles furent toutes deux les écolières ou les amies de Leibniz, qui avait souvent traité devant elles des preuves de Dieu dans les entretiens d'Herren-Hausen ou de Charlottenbourg, et je ne connais que ces deux princesses en Allemagne « qui fissent, comme il le dit en commençant, de ces graves questions l'objet de leurs plus profondes pensées et qui eussent des lumières extraordinaires sur ces sujets. »

Leibniz, en cela bien différent de ses modernes compatriotes, pour qui les preuves de Dieu ont fait leur temps et n'ont plus qu'une valeur historique, en reconnaissait si bien l'importance et la sublimité, qu'il croit devoir, avant de les aborder dans son discours, énoncer ses titres à la confiance de celle qui lui en demandait son avis, et faire précéder sa critique et son essai de l'exposé de ses travaux scientifiques, mettant pour ainsi dire en pratique la vérité qu'il énonçait dès le début, que les preuves de Dieu, bien loin d'être le commencement de la première philosophie, sont le couronnement de la plus sublime. Il serait même tenté de reprocher à Descartes de les avoir rendues banales en les rendant trop faciles, et d'avoir ainsi tourné la tête aux faiseurs de démonstrations qui pullulaient alors et discréditaient la science de Dieu par la vulgarité et l'insuffisance des résultats. « Votre Altesse sçait, lui écrit-il, qu'il n'y a rien de si rebattu aujourd'huy que des démonstrations de cette existence; je remarque qu'il en est à peu près comme de la quadrature du cercle et du mouvement perpétuel : le moindre petit écolier de mathématiques et de la mécanique prétend à ces problèmes sublimes, et il n'y a pas jusqu'au plus ignorant distillateur qui ne se promette la pierre des philosophes. De même, tous ceux qui ont appris quelque peu de métaphysique débutent d'abord par la démonstration de l'existence de Dieu et de l'immortalité de nos âmes, qui, à mon avis, ne sont que le fruit de toutes nos études, puisque c'est là le fondement de nos plus grandes espérances. » Pour lui, il ne croit pas avoir trop de ses mathématiques, de ses mécaniques, de son analyse nouvelle en géométrie, de ses connaissances profondes en métaphysique pour aborder ce problème.

Il y a deux grandes familles de preuves : les unes appelées cosmologiques, qui remontent des effets aux causes et de la vue du monde ou de nous-mêmes à Dieu ; les autres tirées de l'idée de Dieu, et qui ont reçu dans l'école le nom d'ontologiques. La prédominance de ces dernières est très-sensible dans la philosophie de Descartes, qui a renouvelé même celle que saint Anselme avait mise sous la forme d'un syllogisme. Mais cette preuve ne touche pas également tous les esprits, et tandis que dans l'école cartésienne le P. Lami en faisait l'argument absolu, ailleurs on la trouvait sophistique.

Leibniz, qui admettait, comme Descartes, une idée de Dieu innée dans nos âmes, ne pouvait être contre une preuve tirée de cette idée; mais elle ne le satisfaisait entièrement ni dans saint Anselme, ni dans Descartes, et l'on conçoit qu'il se montra difficile après avoir signalé, comme il le fait en commençant dans sa lettre l'abus des preuves qui ne prouvent rien, et la difficulté d'en trouver de concluantes.

Leibniz a fait tout à la fois dans son *Discours* la critique de la démonstration cartésienne et des objections dont elle fut l'objet. Il classe en deux catégories toutes celles qu'on trouve à la suite des *Méditations*. Dans la première il range ceux qui nient « qu'il y ait une idée de Dieu, parce qu'il n'est pas sujet à l'imagination, supposant qu'idée et image est la même chose; » et, dans la seconde, « ceux qui demeurant d'accord qu'il y a une idée de Dieu, et que cette idée renferme toutes les perfections, ne peuvent comprendre que l'existence s'ensuive, soit parce qu'ils ne demeurent pas d'accord que l'existence est du nombre des perfections, ou parce qu'ils ne voient pas comment une simple idée ou pensée peut inférer une existence hors de nous. » Quiconque a lu les nombreuses objections qui furent adressées à Descartes reconnaîtra que Leibniz en a parfaitement saisi le caractère et fait ressortir la faiblesse, par cette division si simple en adversaires ou en partisans timides de l'idée de Dieu, et qu'elles sont en effet l'œuvre d'un matérialisme étroit ou d'un spiritualisme inconséquent.

L'insuffisance des preuves de Descartes, bien loin donc de résulter pour Leibniz des objections qu'on lui fit, serait plutôt palliée par la faiblesse des attaques qu'on dirigea contre elles. Ses adversaires s'étaient mis sur un mauvais terrain, et Leibniz ne veut pas les y suivre.

Non-seulement il admet avec Descartes, et malgré ses contradicteurs, qu'il y a une idée de Dieu, mais il prétend pousser cette idée à ses dernières conséquences contre ses partisans craintifs, qui répugnent à s'avancer sur le terrain de la raison. On voit déjà que, s'il se sépare de Descartes, ce n'est pas sur les principes fondamentaux, mais sur l'application qu'il en fait et la méthode de démonstration qu'il emploie.

Leibniz a reconnu, dans les *Nouveaux Essais*, que l'argument de Descartes, renouvelé de saint Anselme, n'était ni un sophisme, ni un paralogisme, et il semble qu'il cherche un nom nouveau à lui donner, quand il dit : « C'est une démonstration imparfaite qui suppose quelque chose qu'il fallait encore prouver. » En effet, Descartes induit Dieu plutôt qu'il ne le démontre, et c'est une induction qu'il a faite pour trouver Dieu bien plus qu'une démonstration pour prouver son existence.

Mais si Descartes peut être absous du reproche de paralogisme, il ne l'est pas de celui d'induction imparfaite. L'induction de Descartes, qui peut se formuler ainsi : « J'ai en moi l'idée de Dieu ; donc Dieu existe, » n'est pas celle qui s'appuie uniquement sur les faits extérieurs, tels que la vue du monde ou le spectacle de la nature, mais celle qui repose sur la nature intime de notre esprit, en se servant des données qu'il nous offre. Il fallait, pour qu'elle fût valable, vérifier toutes les suppositions qu'on peut faire et n'en pas laisser une seule sans preuve. Or, il suffit de considérer l'argument de Descartes pour voir qu'il a laissé subsister quelque chose d'hypothétique dans son point de départ : il n'a pas vérifié la possibilité de Dieu en analysant tous les caractères de son idée; il ne s'est pas demandé si elle renfermait quelque contradiction. Cette analyse est d'autant plus indispensable que la science nous offre des exemples d'impossibilités qui se vérifient par la démonstration : la quadrature du cercle, la dernière vitesse, le nombre infini ou le plus grand de tous les cercles impliquent. Supposez que quelqu'une de ces impossibilités soit contenue dans l'idée que nous avons de Dieu, Dieu serait impossible. Il fallait donc que Descartes vérifiât les bases de l'induction dont il s'est servi pour trouver Dieu.

La critique de Leibniz a surtout pour but d'établir que Descartes n'a pas assez connu l'identité de la vraie logique et de la vraie métaphysique, et de celle-ci avec la théologie naturelle (1). C'est précisément dire que les procédés qui réussissent dans ces sciences sont les mêmes, et que *l'art d'inventer en général* est même chose avec celui de trouver les vérités sur Dieu.

La découverte de l'identité du procédé qui démontre Dieu avec celui qui nous fait trouver des vérités d'un autre ordre fait la supériorité de Leibniz sur Descartes. L'induction de Descartes, quelque importante qu'elle soit, est cependant encore très-imparfaite, parce qu'il n'a pas conscience de cette identité; celle de Leibniz lui est très-supérieure, parce qu'il en a conscience, et qu'il énonce clairement le principe sur lequel repose cette identité. « Si la vraie logique et la vraie métaphysique sont même chose, et si la métaphysique est la théologie naturelle (2), c'est, dit-il, parce que le même Dieu, qui est la somme de tous

---

(1) *Discours*, p. 25.
(2) *Ibid.*

les biens, est aussi le principe de toutes les connaissances (¹). » Leibniz fait faire par là un grand pas à la science de Dieu, de même qu'il en fait faire un immense aux autres sciences.

Sa confiance dans la simplicité féconde de l'idée de Dieu, bien loin d'être moindre que celle de Descartes, est beaucoup plus grande. « L'idée de Dieu, dit-il, renferme en elle l'Être absolu, c'est-à-dire ce qu'il y a de simple en nos pensées, d'où tout ce que nous pensons prend son origine. M. Descartes n'avait pas pris la chose de ce côté (²). » Cette simplicité féconde de l'idée de Dieu à laquelle il rapportait ses découvertes, opérait déjà toute une révolution dans les sciences renouvelées par lui, et il serait absurde de penser qu'elle n'ait pas accru et perfectionné notre science sur Dieu.

Le perfectionnement apporté par Leibniz ne fut donc pas seulement d'avoir ajouté une ou deux propositions modales à la preuve de saint Anselme, ce fut de légitimer l'induction de Descartes par de grandes et fécondes découvertes. Le recours à la logique d'invention et l'identité du procédé, qui tantôt invente dans les sciences et tantôt démontre l'existence de Dieu, sont indiqués dans sa lettre. Il y énonce, en effet, le rapport des idées simples et primitives dans lesquelles il veut résoudre toutes nos pensées avec les formes simples qui sont la source des choses, et déclare que le fondement de la logique d'invention est identique au fondement de la véritable démonstration de l'existence de Dieu.

(¹) *Discours*, p. 25.
(²) *Ibid.*

Cette logique plus complète qu'il oppose à celle de Descartes, « qui va trop vite et fait violence à l'esprit sans l'éclairer, » et qu'il définit l'art de « ne faire des arguments qu'en forme, (¹) » n'est point du tout l'art syllogistique. « Il me semble, dit Leibniz, que je voie des gens qui s'écrient contre nous et qui me renvoient à l'école; mais je les prie de se donner un peu de patience, car peut-être ne m'entendent-ils pas. Ces arguments *in formâ* ne sont pas toujours marqués au coin de *barbara celarent* (²). »

Et il ajoute aussitôt : « Toute démonstration rigoureuse qui n'obmet rien qui soit nécessaire à la force du raisonnement est de ce nombre. » Et il cite comme exemple un compte de receveur ou un calcul d'analyse (³). Cette logique, qui devait donner à la preuve de Dieu une évidence mathématique, était donc l'art de trouver les formes par une analyse supérieure et cachée que Leibniz a le premier appliquée en géométrie et qui devait l'être en métaphysique, par suite de l'analogie observée par lui entre ces deux sciences.

Que ce procédé de Leibniz soit bien l'induction, et qu'il ait, par ses découvertes, vérifié et légitimé l'induction de Descartes en la perfectionnant, c'est ce qui se précise davantage dans sa *Monadologie* et son *Harmonie universelle*. Le procédé qui lui donna les monades est précisément la première partie de celui qui démontre Dieu.

Qu'est-ce en effet que de procéder comme il le fait

(¹) *Discours*, p. 30.
(²) *Ibid.*, p. 30.
(³) *Ibid.*, p. 31.

et comme il nous engage à le faire, de réduire les choses à leur source ou à leurs formes, de dégager dans nos pensées ce qu'il y a de simple, d'arriver par la négation des limites à la substance pure, sinon le premier degré pour s'élever à Dieu? Mais c'est aussi cette sorte de mathématique universelle et cette logique d'invention dont il cherchait le fondement : l'identité est ici de toute évidence. Pour découvrir la vérité, en effet, il faut réduire à des pensées simples mais fécondes d'où l'on puisse tirer les rapports des choses par la voie des transmutations de formules; et pour trouver Dieu, il faut réduire les êtres à leur source ou à leurs formes simples. Car si « l'idée de Dieu enferme tout ce qu'il y a de simple dans nos pensées, sa nature enferme tout ce qu'il y a de simple dans les choses, » et « ce qui est la base de la logique l'est aussi de la métaphysique [1]. »

Le *Discours*, qui est très-explicite sur la première partie du procédé qui démontre Dieu, à savoir, *la réduction aux formes*, l'est beaucoup moins sur la seconde, qui consiste à prouver que toutes les formes simples absolument prises sont compatibles entre elles, et à chercher le rapport de toutes les perfections infinies qui se trouvent renfermées dans la nature de Dieu. Le *Discours* pose seulement le problème, indique la marche à suivre, mais il ne fait que l'énoncer et s'en réfère pour le reste à l'une des découvertes les plus contestées de Leibniz, celle de sa caractéristique universelle [2].

Il faut avouer qu'une simple lettre ne pouvait conte-

---

[1] *Discours*, p. 25.
[2] *Ibid*, p. 32.

nir toutes les bases de sa méthode, et que Leibniz, qui paraissait jaloux de n'en point divulguer le secret, n'en devait point si aisément faire confidence, même à une grande princesse. Mais quel que soit le jugement que l'on doive porter sur la caractéristique universelle à laquelle il s'en réfère, cette caractéristique n'est elle-même qu'un cas spécial de son analyse de l'Infini qui ne peut être contestée. Cette analyse, qui obtient les formes par la suppression des limites et l'évanouissement des différences, et les pousse à l'infini par la simplicité, étant bien le même procédé qui nous donne les perfections infinies de Dieu par la négation de toutes limites, on ne voit pas pourquoi, si elle établit en mathématiques le rapport des formes entre elles d'une manière précise, elle n'établirait pas ce rapport en métaphysique.

L'harmonie ne se limite pas d'une manière arbitraire aux seules mathématiques, et si ce procédé a une rigueur parfaite pour les formes prises dans l'espace et dans le temps, pourquoi ne garderait-il pas son exactitude pour les formes absolument prises, en dehors du temps et de l'espace, telles qu'elles subsistent en Dieu ? « Les règles du fini réussissent aussi dans l'infini et réciproquement [1]. »

L'harmonie de toutes les formes simples absolument prises ou de toutes les perfections infinies, qui revient à l'accord de toutes les vérités éternelles, est donc en dernière analyse la preuve de la possibilité de Dieu même ; et comme cet accord est progressif, et ne se fait qu'à mesure des nouvelles découvertes dans les

---

[1] Leibniz, *Lettre à Varignon*.

sciences, la démonstration complète de l'existence de Dieu dépend de tout ce que les sciences lui apportent, et du plus ou du moins d'harmonie qui y règne.

On comprend maintenant pourquoi Leibniz, en commençant sa lettre, énonçait avec une certaine pompe toutes les découvertes qu'il avait faites en mathématiques, en physique, en logique; pourquoi il insistait surtout sur sa nouvelle analyse en géométrie, et sur le rapport de ces nouvelles découvertes. C'était rassembler des matériaux pour la démonstration cherchée; c'était déjà en quelque façon démontrer Dieu.

II.

A la même époque où Leibniz travaillait à perfectionner la démonstration cartésienne de l'existence de Dieu, un Allemand qu'il avait connu à l'université d'Iéna, où il était professeur, cherchait aussi la preuve mathématique. Erhard Weigel n'était pas seulement un habile mathématicien, mais un philosophe et un moraliste versé dans l'étude du droit naturel. Et si quelques-unes de ses idées en mécanique et en astronomie étonnent par leur originalité, on ne peut qu'approuver ses courageux efforts et ses ingénieuses inventions pour la réforme des écoles, l'éducation du peuple, et l'adoption du calendrier grégorien. Leibniz, qui professait pour lui une véritable estime, le loue en tête de ses *Remarques* en des termes qu'il faut citer. « Weigel, dit-il, est digne d'éloges pour sa vertu, sa constance et sa charité qui, lui faisant mépriser les mauvais juges, lui fait rompre la glace et essayer par des effets pour la gloire de Dieu et le bien public ce que d'autres se contentent de désirer par de stériles souhaits... Rien de plus élégant que les analogies tirées des choses mathématiques et qu'il applique à la morale; rien de plus propre à fixer dans les esprits ces deux ordres de vérités et à les faire éclater en acte, l'occasion étant donnée. »

Les *Remarques* de Leibniz sont consacrées à l'examen d'une démonstration nouvelle de l'existence de Dieu dont Weigel était l'auteur, et qu'il avait publiée dans un livre intitulé : *Le Miroir des vertus*.

Cette preuve, qui reposait sur l'idée de la création continuée et sur la notion de l'Être dépendant, lequel ne dépend pas plus de Dieu au premier moment de son existence que dans tous ceux qui suivent, avait paru assez neuve et assez importante à Leibniz pour qu'il la soumît à sa critique. Le dogme de la création continuée, ce dogme cher aux cartésiens, qui expliquaient par lui la conservation des choses, était accepté par Leibniz, qui le trouve très-véritable et conforme à la doctrine reçue; mais s'il acceptait le dogme en lui-même, il n'admettait pas les conséquences panthéistiques que quelques cartésiens en avaient tirées. « Quelques cartésiens, dit-il dans ses *Remarques*, enlèvent la force d'agir aux choses, et font de Dieu le seul acteur, et cette opinion, qui paraît sourire à notre Weigel, ne me satisfait pas entièrement. »

La preuve de Weigel reposait en effet sur le principe de l'anéantissement du fini et sur un miracle déraisonnable, qui consisterait à le recréer sans cesse de nouveau. Weigel suivait en cela les cartésiens dont parle Leibniz qui, afin de prouver que les choses sont continuellement produites de nouveau, se fondent sur ce que notre existence présente n'emporte pas l'existence future. C'était renverser le fondement même de notre individualité, et élever la démonstration de l'existence de Dieu sur un principe panthéistique.

La discussion de Leibniz est donc d'autant plus importante que c'était une nouvelle forme de démonstration cartésienne qu'il examinait dans Weigel; et que c'est le principe de sa Monadologie qu'il oppose à celui de la création continuée des cartésiens.

Weigel avait exposé sa preuve en ces termes : « Comme l'existence de ce monde renaît sans cesse et à chaque instant, et que cela ne peut se faire par son existence antérieure, qui n'existe plus, ni par le néant où elle est retombée, il suit de là qu'en dehors des choses de ce monde, qui sont essentiellement transitoires, il y a quelque chose de permanent qui tire à chaque instant du néant les existences des choses de ce monde, en d'autres termes, qu'il y a un créateur du ciel et de la terre. »

Il n'est pas difficile de reconnaître sous cette forme bizarre et propre à Weigel un nouveau remaniement de la preuve de Descartes. Descartes avait dit : « De ce que moi, être imparfait et borné, j'existe et je me sens exister, il s'ensuit qu'un être parfait et qui m'a tout donné existe. » Weigel allait plus loin et disait : « Non-seulement les choses sont imparfaites et finies, mais elles sont anéanties et créées de nouveau à chaque instant ; et cette création nouvelle implique un créateur, à savoir Dieu. » Descartes cherchait à s'élever du fini à l'infini ; mais Weigel, autorisé d'ailleurs par l'exemple de quelques cartésiens, et pour remonter comme eux des choses passagères à un être stable, et de la caducité du monde à la permanence de son auteur, anéantissait le fini pour retrouver l'infini. C'était la fausse application et l'exagération sensible du procédé de Descartes, le recours enfin à un de ces miracles que Leibniz appelait déraisonnables.

La preuve de Weigel contredisait l'un des axiomes favoris de Leibniz, à savoir que rien n'est anéanti, et que l'annihilation des êtres est un plus grand miracle que leur création. Elle supposait non-seulement la continuelle production des choses à nouveau, mais leur continuel anéantissement. « Je m'étonne, s'écrie Leibniz, que l'on ait érigé en principe ce qui par soi-même avait tant besoin de preuve, puisque c'était le nœud de la difficulté. Il est bien vrai que les modes de l'existence se renouvellent sans cesse par des raisons de temps, de lieux ou de circonstances. L'être d'aujourd'hui est différent de celui d'hier; c'est autre chose d'être dans son jardin que d'être dans sa maison, d'être bien portant ou malade; on peut dire même que notre vie d'aujourd'hui diffère de celle d'hier, la vie du jardin de la vie du foyer, la vie saine de la vie malade. Mais tous ces changements respectifs d'existence, tous ces modes divers ne prouvent point le changement de l'existence absolue, et surtout un changement tel que la chose soit anéantie. Sans doute il peut y avoir une diversité d'existences respectives même simultanées, suivant les divers rapports; ainsi, dans ce fait, que nous étions l'été passé dans notre jardin, nous pouvons distinguer l'existence en été de l'existence dans un jardin, car l'existence dans le temps diffère de l'existence locale, et ce n'est que par accident que le temps et le lieu coïncident. Or, l'existence dans le temps est dans un flux perpétuel par la force de sa nature, tandis que l'existence locale, quantitative, circonstantielle, tantôt change et tantôt demeure. Quant à l'existence absolue, elle est toujours la même, et non multiple, comme la relative. Il fallait donc montrer que le cours du temps suffit à l'emporter, et que la chose est alors anéantie et créée de nouveau. »

« Weigel insinue, pour appuyer sa proposition, que le temps et l'existence sont même chose ; mais cette assertion manque de preuve, j'en demande la démonstration. Et d'ailleurs, quand même on accorderait que l'existence des choses est emportée par le temps, et qu'elles sont continuellement créées de nouveau par quelque chose de permanent, quelle est cette chose? Rien ne prouve qu'elle est une, qu'elle est le créateur du ciel et de la terre, qu'elle est Dieu. »

Weigel a montré par sa preuve le danger d'appliquer à faux le procédé de Descartes, qui fut perfectionné par Leibniz. Il l'appliquait mal assurément quand il faisait sortir d'une thèse cartésienne une doctrine d'anéantissement et qu'il voulait réduire les choses à n'être rien, pour prouver que Dieu est tout. Si, pour prouver l'existence de Dieu, il fallait anéantir les êtres, nier la personnalité humaine, montrer, comme on le disait alors, les créatures toujours naissantes, toujours mourantes, sans être un seul instant que par miracle, le dogme de l'existence de Dieu serait un dogme funeste et antiphilosophique. Leibniz avait donc raison, tout en rendant justice aux droites intentions de Weigel et des cartésiens qui l'avaient induit dans l'erreur, de rejeter tout ce panthéisme plus nuisible qu'utile à la véritable démonstration de l'existence de Dieu. Le procédé qui le démontre en effet, bien loin de rien détruire, consiste à affirmer quelque chose au delà du fini, à chercher dans les êtres ce qu'il y a de réel, à n'effacer que les limites, et à ne supprimer que des bornes; Leibniz l'appliquait si peu à l'élimination des êtres qu'il l'employait uniquement à la découverte des réalités, et qu'il définissait ainsi l'idée de Dieu : « L'idée de Dieu renferme l'*Etre absolu*, c'est-à-dire ce qu'il y a de simple dans nos pensées, d'où tout ce que nous pensons prend son origine [1]. »

[1] *Discours sur l'existence de Dieu*, p. 25.

CONCLUSIONS.

Recomposer, à l'aide de fragments, un système où tout se tient, considérer les écrits de Leibniz dans leur source, faire commenter l'auteur de la Monadologie par lui-même et rendre à sa philosophie une nouvelle saveur en l'écrivant avec des documents nouveaux, tels ont été la pensée première et le but de cette publication.

Un fait nous semble désormais hors de doute : les *Dialogues de Platon traduits* nous ont mis sur la voie d'une des principales sources où Leibniz a puisé. Évidemment il s'est inspiré du génie de la Grèce. Un souffle ardent de Platonisme, précurseur des grandes tentatives de la pensée, l'a soutenu. Leibniz doit à la Grèce, dont il sut apprécier les œuvres, d'avoir porté le sentiment profond de l'art et de la poésie dans les problèmes les plus épineux de la scolastique. Quand on entre dans l'esprit de ses découvertes, parmi tant d'autres mérites admirés des savants, on est frappé de leur incomparable beauté et l'on y respire une secrète harmonie; soit qu'il unisse la dialectique platonicienne à la scolastique restaurée, soit qu'il ressuscite les thèses oubliées des écoles d'Élée et d'Ionie, il le fait avec un art infini et comme en se jouant de la difficulté des problèmes. La Monadologie tout entière peut se réduire à une théorie de *l'ex-*

pression dont la perception naturelle, le sentiment animal et la connaissance intellectuelle sont les degrés. Sa méthode elle-même a gardé quelque chose de la pureté des formes grecques. Il l'a définie par ces mots d'une lettre à Fardella : *Instituta resolutio materiæ in formas*, c'est-à-dire l'art de trouver les lois et d'atteindre la forme des faits comme un artiste saisit l'ensemble des traits qui composent une de ses figures.

Quand on lit à la dernière page de ce volume l'étonnant portrait qu'il a tracé de lui-même (¹), parmi ces traits d'une pénétrante anatomie, on est frappé de ce que certaines natures philosophiques offrent de congénial malgré la distance des temps. Il faisait régner l'ordre, l'esprit de conciliation et la tranquillité partout en lui-même et au dehors. Sa tête n'était pas plus ennemie du désordre que son cœur ne l'était des préjugés de secte ou des préventions de parti, et de même que les matières les plus embarrassées s'y arrangeaient en entrant, les opinions les plus disparates s'harmonisaient en lui. « On ne le vit jamais, nous dit-il, ni triste ni gai avec excès; » modérant ses joies et ses douleurs, timide au début de ses entreprises, audacieux à les poursuivre, joignant la profondeur à la sagacité et unissant deux qualités presque incompatibles, l'esprit d'invention et celui de méthode, il était également propre à découvrir les vérités les plus sublimes et à supporter le poids des calculs les plus ardus. Dans ses dernières années seulement, les matières sèches et abstraites auxquelles il s'était livré dès sa jeunesse en-

---

(¹) *Appendix*, p. 363. « Imago Leibnizii à se ipso. »

flammaient son cerveau et causaient la fatigue du corps et celle de l'esprit ; il aimait alors à se récréer par de belles pensées et des sujets plus humains ; il écoutait, comme Socrate, l'oracle intérieur qui lui conseillait de s'adonner à l'harmonie vers la fin de ses jours.

L'*Histoire de sa vie racontée par lui-même* a confirmé le témoignage des dialogues qu'il a traduits, et nous l'a montré se pénétrant dès l'enfance du génie de l'antiquité profane et sacrée. Nous le voyons ensuite de vingt à trente ans tout agité de la pensée des réformes, appelant le triomphe de la vérité, prévoyant la mauvaise philosophie du dix-huitième siècle avec des accents prophétiques, et publiant par fragments les premiers et imparfaits commencements de sa réforme des sciences. Ses *Lettres à Hobbes* portent la trace d'une fermentation d'idées extraordinaire. Il aborde tous les problèmes politiques et sociaux, et conçoit le projet d'une réforme du droit. Bientôt ce sera celle de la philosophie tout entière.

Son *Attaque au cartésianisme* peut être jugée à deux points de vue très-divers. Ceux mêmes qui seront tentés, d'après les documents nouveaux, de rattacher avec nous Leibniz à Platon le verront avec peine se séparer de Descartes. En le voyant saper par la base ce système célèbre, et découvrir le vice caché de sa psychologie qui manque d'étendue ; en l'entendant reprocher à ce philosophe d'avoir fini dans le *naturalisme*, où a commencé Spinosa, et poursuivre dans les cartésiens de son temps cet aveuglement de secte qui ferme leur esprit aux découvertes, on se récriera contre une injuste critique et des attaques violentes et passionnées. Pour nous, nous n'avons jamais pensé à déprécier Descartes au profit de Leibniz, et nous ne voudrions pas enlever une seule admiration légitime à la gloire de ce grand homme ; mais il nous est impossible de ne point voir que si Descartes a sécularisé la philosophie, il n'a pas exempté ses disciples d'une sujétion presque aveugle à ses préceptes. L'époque où Leibniz a vécu est une époque de transition entre cet âpre dogmatisme et des tendances plus modernes, et son système est surtout un essai de transactions philosophiques entre l'esprit d'absolutisme et celui de liberté. Si l'époque où nous sommes est elle-même une ère de transition pour la philosophie, le nom de Leibniz peut être proposé comme un de ceux qui, tout en continuant le dix-septième siècle, s'associent le mieux aux tendances du nôtre.

L'Allemagne a vu naître au dernier siècle, de la philosophie de Leibniz largement interprétée, toute une philosophie du sentiment. Il l'avait le premier retrouvée sous le nom bien humble des *pensées sourdes* ou des *idées confuses,* et en cela même il se rapprochait plus de la vérité que ceux qui en ont fait depuis une sorte de criterium infaillible. « Les petites perceptions, nous dit-il, sont de plus grande efficace qu'on ne pense. Ce sont elles qui forment ce je ne sais quoi, ces goûts et ces images des qualités des sens, ces impressions que font sur nous les corps, cette liaison que chaque être a avec tout le reste, et cet univers voilé qui est en chaque âme. Il ajoute qu'elles font l'harmonie, ce qui était bien faire au mysticisme sa part.

La *Correspondance avec Arnauld* et le *Discours de métaphysique* qui la précède renferment les véritables origines de son système. On y retrouve l'emploi de la dialectique platonicienne joint à la connaissance profonde de la scolastique. C'est la scolastique qui lui a fourni la première idée de ses monades, et c'est la méthode dialectique qui a renouvelé et vivifié ces principes de métaphysique depuis longtemps stériles. Cette méthode élevée par Leibniz à un degré de précision supérieure saisit l'unité de vie sous ses manifestations les plus diverses, et, s'élevant du plus bas degré jusqu'au plus sublime, retrouve partout dans le monde un écoulement de la puissance divine. Il lui doit cette analyse qui remonte de la divisibilité aux formes indivisibles, de la génération aux formes ingénérables, de la mort à l'indestructibilité. Il y montre une puissante synthèse qui lui fait concevoir et coordonner dans de simples lettres tous les germes du plus vaste système d'une philosophie de la nature, de l'histoire et de la religion, et les premiers commencements d'une théorie plus complète de l'immortalité; il y emploie un procédé d'investigation qui lui fait découvrir dans le passé les traces d'une grande philosophie grecque et chrétienne, dont il renouvelle les principales thèses opposées au mécanisme de Descartes et au panthéisme de Spinosa. Les propositions de métaphysique que contiennent ces lettres, et qui sont relatives à la nature de la substance, à la spontanéité, à l'ingénérabilité et à l'incorruptibilité des formes simples, à l'harmonie des substances entre elles et à l'unité des êtres, transforment la philosophie et la transportent dans l'infini. Il les applique à l'union de l'âme et du corps, à l'activité des substances et à la coopération de Dieu, à la cause du mal, à l'accord de la liberté avec la

Providence et la certitude, et aux métamorphoses substituées aux métempsycoses, c'est-à-dire aux plus difficiles problèmes, dont quelques-uns même passent pour insolubles. On ne saurait dire que ces applications soient toujours satisfaisantes : qui oserait se flatter de ne plus laisser d'ombres en de tels sujets? Mais elles sont dignes de l'attention des savants et de celle des moralistes. C'est là cette analyse des idées et des notions principales de la philosophie, dont Leibniz avait découvert de beaux commencements dans Platon, et qu'il a poussée plus loin qu'aucun de ses devanciers. Il suffit d'indiquer ici celles de l'*espèce* et de l'*individu* qu'il ramène à l'unité, de l'*espace* et du *temps* qu'il réduit à des rapports de coexistence et de succession, de l'*étendue* et du *mouvement* qu'il pousse jusqu'aux forces, et enfin cette théorie des *idées innées* qu'il défendra plus tard contre Locke et les sensualistes dans les *Nouveaux Essais*. Mais s'il accepte la vision en Dieu de Malebranche, tout entière du côté du ciel, et par rapport à Dieu, lumière des intelligences et seul soleil des esprits, il la restreint en ce qui touche à l'âme, n'admettant en aucun cas « que nous pensions par autrui, ou autrement que par nos propres idées. » Pour lui, ce qu'il aperçoit de plus réel sous la lumière de Dieu, c'est, au contraire, « l'étendue et l'indépendance de notre âme, qui est toujours pleine de formes; » la virtualité de notre intelligence, qui possède un fonds si riche, et cet éternel présent de l'esprit sur lequel viennent se grouper et se peindre toutes les pensées futures en traits confus que l'avenir y distinguera. Telle est en résumé la substance des lettres à Arnauld. C'est, de tous les documents émanés de lui, celui qui contient le plus de métaphysique et qui est le plus propre à donner l'intelligence de son système. Ce document, toutefois, doit être soumis à une exacte critique, car il paraît parfois entaché d'un idéalisme tout moderne, et fut longtemps accusé par Arnauld de fatalisme ou de panthéisme.

Nous avons redressé l'imputation de fatalisme par un texte précieux du *De Libertate*, où il nous enseigne la voie qu'il a suivie pour se retirer de cet abîme. Nous avons vu que le panthéisme assurément très-nouveau qu'on lui impute de nos jours en Allemagne, et que nous avons défini *le panthéisme par voie de métamorphoses*, se réduisait à l'énoncé d'une loi de la nature, qu'il a le premier mise en lumière, et qui est la loi des transformations. Leibniz a pris soin de l'isoler de toutes les tendances panthéistiques, telles que la métempsycose. L'accusation d'idéalisme était plus difficile à combattre : Leibniz a idéalisé la nature et intellectualisé les phénomènes sensibles ; ses analyses savantes de l'étendue, du mouvement, de la figure, du temps et du lieu, le prouvent. Mais s'il a, par ce moyen, débarrassé la philosophie de tous les problèmes inutiles qui avaient fait le désespoir des scolastiques, et de toutes ces abstractions réalisées qui arrêtaient les esprits, et si d'ailleurs il a retrouvé partout, sous l'étendue, le mouvement et la figure les forces qui y président, il faut avouer qu'il est loin de partager les tendances funestes d'un idéalisme absolu ou sceptique. Or, Leibniz a si bien reconnu l'existence des corps qu'il en a le premier mathématiquement déterminé la force, et que son grand travail a été de prouver contre Descartes que l'étendue ne suffit pas. Mais s'il a retrouvé ce qu'il y a de réel dans le corps, il le doit à son analyse transcendante et à cette méthode dialectique qui lui fit découvrir les forces et les lois sous les phénomènes et les apparences. La science de la nature était à ses yeux un art sublime qui demande des simplifications, des retranchements et des transformations sans nombre. L'analyse du spiritualisme serait ainsi celle de la physique générale, et Leibniz, en faisant prévaloir la notion de force dans la nature, aurait pour toujours rattaché cette science à la philosophie.

Leibniz la croyait possible, parce que la raison naturelle est un enchaînement de vérités qui se développent les unes des autres comme de leurs germes à partir d'une idée mère qui les résume toutes et les contient implicitement. L'infini est le principe de cet enchaînement, même pour les vérités finies, parce qu'il est « ce qu'il y a de simple dans nos idées. » « Les règles du fini, disait Leibniz, réussissent aussi dans l'infini, *et vice versâ.* » C'était du même coup soumettre à Dieu la science de l'homme, et à la raison la science de Dieu. La mutuelle pénétration de ces deux mondes est si intime dans sa philosophie, que les vérités de la physique y dépendent souvent de la morale et de la métaphysique, et que celles de la foi suivent un ordre semblable, parce que tout se tient dans le cœur comme dans l'esprit, et que ceux qui détruisent la raison renversent aussi la religion naturelle.

L'*idée de Dieu*, qui les renferme toutes, est ainsi le fondement de la philosophie. Leibniz en a donné la définition la plus complète en ces termes : « L'idée de Dieu renferme l'être absolu, c'est-à-dire ce qu'il y a de simple dans nos pensées, d'où tout ce que nous pensons prend son origine. » Le *Discours sur l'existence de Dieu* et les *Remarques sur la preuve de Weigel* nous révèlent l'identité de la vraie logique et de la vraie métaphysique, et l'analogie du procédé pour démontrer Dieu avec celui qui trouve les vérités inconnues. Ils établissent l'insuffisance des démonstrations les plus célèbres et le danger de quelques autres, qui s'appuient sur des principes panthéistiques. Ils rétablissent enfin dans sa force le procédé véritable qui s'élève du fini à l'infini, du variable au permanent, de la matière aux formes, puis cherche le rapport des formes et leur subordination ou leur harmonie.

Le *De Libertate* nous donne sur cette analyse des lumières nouvelles. Leibniz touche dans ce morceau aux deux principes métaphysiques de l'*identité* et de la *raison suffisante*, et à la différence entre les vérités nécessaires régies par le premier et les vérités contingentes auxquelles s'applique le second, deux ordres qu'il compare aux nombres commensurables et incommensurables, et qu'il entreprend de soumettre également à la raison. Je n'ose affirmer que Leibniz ait entièrement réussi, mais il est mort dans cette croyance qu'il s'était au moins approché plus qu'aucun autre de la *vraie philosophie*.

La *vraie philosophie*, telle que l'entendait Leibniz, eût consisté à analyser toutes les notions jusqu'en leurs dernières racines, et à établir à côté des axiomes et des théorèmes d'Euclide sur la grandeur et les proportions, d'autres propositions non moins assurées, et d'une importance plus grande, d'une utilité plus générale, « sur les coïncidences et les similitudes, les causes et les effets, la puissance, les relations en général, les substances simples, l'être de soi et l'être par accident. » Cette mécanique et cette dynamique sublime alliées à la métaphysique, qui est la science des principes, et soutenues d'un *catalogue des idées simples* étaient ce que Leibniz entendait par la vraie philosophie.

Quelques-uns s'imaginent qu'il poursuivait un fantôme et signalent avec force les deux écueils de ces recherches, l'abus de l'analyse et l'inconvénient des mathématiques en philosophie. Sa méthode, disent-ils, est celle des mathématiques transcendantes, et la science de l'infini qu'il annonce sans cesse n'est qu'une partie des mathématiques : *Generalis matheseos pars sublimior, ipsa scilicet scientia infiniti*. C'est une science d'abstraction. Qu'en résulte-t-il? que Leibniz, appliquant à la philosophie le procédé et le langage des mathématiques, n'entend sous le nom de *vraie philosophie* qu'un monde idéal, peut-être même chimérique, un monde de *noumènes* enfin, comme disait Kant, dont il est impossible à l'esprit humain de démontrer l'existence réelle et la certitude métaphysique.

Voilà l'objection dans toute sa force. On concède à Leibniz la possibilité d'un monde idéal où les formes soient continues et la géométrie parfaite, où les vérités s'enchaînent, où les changements, suivant sa propre expression, ne soient qu'éminemment et comme dans leur source : concession qu'à la vérité on est obligé de faire, puisque par sa principale découverte il en a démontré l'exactitude géométrique. Mais on lui conteste sa réalité, on l'accuse d'idéalisme s'il en parle en philosophie, et l'on affirme que par sa transcendance même un tel monde échappera toujours à la connaissance de l'homme. C'est, comme l'a spirituellement observé Leibniz à propos de son analyse infinitésimale, renouveler les objections des sceptiques contre les dogmatiques, et c'est aussi, comme on le voit, réduire la *vraie philosophie* à bien peu de chose.

Mais il n'est pas très-difficile de répondre à ceux qui font l'objection que Leibniz n'a jamais entendu démontrer l'existence de ce qu'ils appellent son *monde idéal* par les mathématiques seulement, et que sa méthode constante a été, au contraire, d'éclairer les mathématiques par la philosophie, c'est-à-dire par des lumières tirées de plus haut.

Leibniz a fait faire, par son analyse, un grand pas aux sciences mathématiques, en rattachant à la raison une science qui dépendait encore beaucoup de l'imagination. « Notre analyse de l'infini, écrit-il dans une lettre que nous publions, dérivée des sources les plus profondes de la philosophie, *ex intimo philosophiæ fonte derivata*, élève les mathématiques bien au-dessus des notions ordinaires, c'est-à-dire de celles qui dépendent de l'imagination, dans lesquelles la géométrie et l'algèbre étaient à peu près entièrement plongées jusqu'ici. Nos découvertes nouvelles en mathématiques en partie recevront la lumière de nos théorèmes de philosophie et en partie aussi les confirmeront ([1]). » Ainsi, la source même de

---

([1]) « Fortassè non inutile erit, ut non nihil in præfatio operis tui attingas de nostrâ hâc analysi infiniti, ex intimo philosophiæ fonte derivatâ, quâ mathesis ipsa ultrà hactenùs consuetas notiones, id est ultrà imaginabilia sese attollit, quibus penè solis hactenùs geometria et analysis immergebantur. Et hæc nova inventa mathematica

ses inventions en mathématiques est la philosophie, qui lui a fait appliquer à la géométrie des idées et une dialectique qui lui manquaient, et bien loin qu'il ait voulu faire de la science de l'infini une science de pures mathématiques, il entendait par cette partie plus sublime de la *mathèse* la science générale, ou *l'art d'inventer*. Quand il ajoute qu'il y a solidarité entre les deux applications du procédé, et que sa certitude géométrique et sa certitude métaphysique se confirment, il reconnaît encore que sa véritable explication dépend de la philosophie d'où il recevra la lumière.

Si l'analyse de Leibniz est dérivée des sources intimes de la philosophie, si c'est cette dernière qui lui en a donné le type et qui la justifie, si son procédé éminemment rationnel suit la marche de la raison et monte avec elle des effets aux causes, ou descend des causes à leurs effets, suivant qu'il ramène les choses à leurs éléments ou qu'il les en dérive, il est absurde de dire que sa méthode philosophique est exclusivement mathématique, et il serait plus vrai de dire qu'il a transporté en mathématiques la méthode des philosophes. En effet, partout Leibniz remonte aux principes métaphysiques et ne s'arrête nulle part aux principes mathématiques. C'est là peut-être sa différence profonde avec Newton, Newton disant : « La géométrie se glorifie de faire tant de belles découvertes avec si peu de principes empruntés d'ailleurs ([1]), » et Leibniz

partim lucem accipient à nostris philosophematibus, partim rursùs ipsis autoritatem dabunt. » *Ep. ad Fardellam*, p. 327.

([1]) « Gloriatur geometria quòd tam paucis principiis aliundè petitis tam multa præstet. » *Princ.*, præf.

disant : « Notre analyse de l'infini est dérivée des sources profondes de la philosophie (¹). »

La généralité de sa méthode mathématique, qui suppose au plus haut degré chez celui qui l'a découverte les facultés de généralisation et d'abstraction nécessaires pour trouver l'élément invariable au milieu de ce qui change, aurait dû mettre sur la voie de cette vérité, que sa méthode est surtout philosophique, de même que les applications qu'il en fait à la nature et qui démontrent non plus sa rigueur en géométrie, mais sa fécondité même en physique, auraient dû prouver qu'elle s'applique à la science du réel et aux données de l'expérience.

Mais comme certains esprits se refusent à voir ce qu'il y a d'éminemment raisonnable à remonter aux principes, et à des principes simples et féconds même en mathématiques, et que par un singulier malentendu ils s'imaginent qu'on leur demande un acte de foi dans l'infini vivant et réel, toutes les fois qu'on prononce le nom d'analyse infinitésimale, Leibniz, qui n'a jamais admis d'ailleurs l'identité des mathématiques et de la philosophie, et qui connaissait déjà de son temps cette nature d'esprits rebelles à l'idée de l'infini, n'a jamais insisté pour leur faire admettre *à priori* une notion qui les étonne, et l'on peut dire qu'il a deux langages, suivant qu'il parle aux philosophes ou aux mathématiciens. Il s'est donc toujours abstenu de recourir en mathématiques aux substances immatérielles qui seules

---

(¹) « Hæc nostra analysis infiniti ex intimo philosophiæ fonte derivata. » *Leibn.*, p. 327.

peuvent arrêter l'irrémédiable écoulement des quantités finies; et il s'est contenté (¹), comme terme de l'analyse, d'un symbole exact, mais non réel, qui est le signe de *l'infiniment petit*, forçant les géomètres de reconnaître la supériorité de sa méthode, démontrée par l'exactitude et la variété de ses résultats, sans leur demander une adhésion plus haute, qui eût supposé chez eux la science des principes. Mais ce que Leibniz n'admettait pas et ce qu'il a bien fait sentir à Locke dans les *Nouveaux Essais*, et à Spinosa dans la Réfutation que nous avons publiée, c'est que des philosophes se refusassent à parler cette langue du spiritualisme, qui est le langage de la raison même, et à reconnaître l'évidence de la vérité philosophique qu'il était forcé de voiler et d'atténuer en mathématiques, mais qui ressortait claire et précise de toutes ses analyses philosophiques : à savoir qu'il y a des substances simples, immatérielles et fécondes en dehors de l'espace et du temps, et que la Raison découvre en supprimant l'espace et le temps, la distance et le mouvement.

Les philosophes, en effet, ne sauraient faire valoir l'excuse des géomètres, qui se déclarent incompétents quand il s'agit de substances immatérielles, car l'analyse qui conduit aux âmes est toujours de leur ressort, et s'ils se récusent, sous prétexte que Leibniz a voulu introduire l'analyse infinitésimale en philosophie, ils ne le peuvent plus dès que nous supprimons toutes ses applications

---

(¹) *Suffecerit*, c'est le mot dont il se sert avec les mathématiciens. Voir à ce sujet *Historia et Origo calculi differentialis à Leibnizio conscripta*. Hannover, 1846.

mathématiques, si belles et si nombreuses qu'elles soient. Aussi bien Leibniz nous donne l'exemple, et s'il est en toutes choses partisan de la rigueur et de l'exactitude, il n'a jamais entendu, comme Spinoza, étendre à la métaphysique les idées et le langage du géomètre. J'ai publié deux volumes de ses œuvres inédites, et c'est à peine si l'on en peut extraire une page de mathématiques.

Mais si l'on a raison de réclamer contre les applications mathématiques à la philosophie, il est un autre ordre d'applications tout aussi positives, tout aussi incontestables de la méthode de Leibniz, qu'on ne peut nier, applications vraiment philosophiques, qui sont écrites dans la langue des philosophes et qui ne supposent en aucune façon l'initiation au calcul différentiel et le maniement de l'instrument spécial des mathématiciens.

Deux de ces applications métaphysiques s'appellent la *Monadologie* et *l'harmonie préétablie*. Là point d'algèbre, point de calcul différentiel, mais deux théories métaphysiques d'une importance capitale, au point que depuis près d'un demi-siècle, en Allemagne, le grand dilemme est celui-ci : « Sera-t-on avec Leibniz pour la Monadologie et l'ordre moral universel qui en résulte, ou bien avec Spinoza pour la substance absolue, tout à la fois pensante et étendue, et le panthéisme qui en découle ? »

En présence d'une telle alternative, il importait de savoir comment Leibniz était arrivé à la Monadologie et à l'harmonie universelle, et si la méthode ou les méthodes qu'il a suivies en métaphysique avaient le caractère abstrait et exclusif de l'algèbre des panthéistes.

Or, nous avons vu que ces applications le mènent à une réalité positive, non-seulement pour le corps, mais surtout pour l'âme et pour Dieu, et que jamais la doctrine des âmes n'a été mise dans un plus beau jour. Comment, en effet, Leibniz est-il arrivé à la Monadologie? comment cette application métaphysique a-t-elle été obtenue? C'est, nous l'avons vu, par la méthode dialectique élevée à un degré de précision supérieure. Si le propre de cette méthode est de prendre son point de départ dans la réalité, il est évident que ce n'est pas un stérile mécanisme mathématique qu'il cherche à introduire en philosophie, et que son système de monadologie n'est pas une pure hypothèse.

Nous avons ensuite, pour éviter une équivoque toujours à craindre quand il s'agit d'une question de procédé, défini ce que nous entendons par la dialectique leibnizienne, et nous avons vu que Leibniz avait déjà distingué dans la marche de Platon deux mouvements et comme deux degrés, d'abord un élan sublime, mais instinctif et peu raisonné, qui n'est pas encore la méthode, mais qui précède une marche plus savante; puis les commencements d'une analyse plus parfaite qui « ramène nos pensées à des notions simples, indécomposables, et un premier essai de la loi de la continuité qui est la raison même, opérant la réduction de tout aux harmonies [1]. »

Il semblait que les origines dialectiques de la Mo-

---

[1] Leibniz a lui-même défini le procédé de Platon une *réduction de tout aux harmonies*. La loi de la continuité n'est pas autre chose. Voir la note à la fin du volume.

nadologie nous dispensaient de prouver que Leibniz n'a pas inventé, pour raisonner en philosophie, un procédé spécial et singulier dont personne avant lui n'avait eu connaissance. Mais ici l'analyse infinitésimale s'est dressée devant nous avec sa notation algébrique, son mécanisme représentatif, ingénieux et subtil, et l'appât d'une science mathématique de l'infini, et nous nous sommes vus pour un instant ramenés aux mathématiques transcendantes dans un sujet de philosophie platonicienne, et menacés de nous perdre dans les enfoncements des infiniment petits. Mais le grand philosophe s'est aisément retrouvé dans Leibniz sous l'habile géomètre. Là où l'on nous faisait toucher du doigt l'instrument mathématique empiétant sur la métaphysique, nous avons montré l'action réelle, incontestable de la philosophie sur les mathématiques.

On finira par reconnaître que Leibniz a suivi deux grandes directions, et que la variété même de ses méthodes peut se ramener à deux lignes parallèles, dont l'une exprimerait la raison et l'autre la nature : l'une, qui lui vient de Platon, bien qu'antérieure à lui, et qui est la méthode dialectique ; l'autre, qui tient au développement des sciences naturelles, dont il a connu le procédé fondamental. Leibniz lui-même a reconnu qu'il y a deux méthodes, et distingué deux analyses, l'une transcendante et qu'il appelle *analysis per saltum*, l'autre, naturelle et graduée, qu'il appelle *analysis per gradus*; l'une plus parfaite, car elle ne suppose rien de connu, et donne la plus haute certitude, mais difficile, et souvent même inabordable; l'autre, plus aisée, car elle s'aide de ce qu'elle a précédemment découvert, pour passer du connu à l'inconnu, et simplifier les problèmes en les transformant (¹). On retrouve dans ces deux analyses les deux procédés fondamentaux de l'esprit humain; d'une part, le procédé dialectique pris comme principe du développement des sciences philosophiques, et de l'autre, la méthode des sciences naturelles qui suit la nature et dont Leibniz a plusieurs fois décrit la marche.

Ces deux voies parallèles, qu'on peut suivre fort loin sans en voir le bout ni la jonction, Leibniz a su les unir. Et si, pour trouver les monades, il a pris la première qui passe de la matière aux formes, il a d'ailleurs suivi dans les sciences une certaine marche naturelle très-simple et très-élémentaire, calquée sur celle de la nature, qui avance peu à peu et par degrés. C'est là ce qu'il appelait sa *loi de continuité*, ou l'analyse graduée qui simplifie les problèmes et s'avance par degrés jusqu'aux plus difficiles, cherchant toujours la loi plus générale ou *modum continuandi*, de manière que le dernier terme de l'analyse, bien qu'en dehors de la série, puisse être soumis au raisonnement, si c'est en philosophie,

(¹) Ce texte, d'autant plus précieux que Leibniz a rarement décrit les procédés qu'il emploie, est tiré d'une lettre à Hugens. Nous le rétablissons ici dans son entier : « Habeo autem diversas vias quibus magnum hoc problema in oblatis casibus aggredior... Analysis enim duorum est generum : *una per saltum*, cùm problema propositum resolvimus ad prima usquè postulata ; *altera per gradus*, cùm problema propositum reducimus ad aliud facilius. Et quia sæpè fit ut prior methodus prolixis nimis calculis indigeat, confugiendum est non rarò ad secundam : tametsi enim prior sit absolutior, nec aliis indigeat præcognitis, commodior tamen est posterior, quia laborem minuit jam inventis utendo. »

et au calcul, si l'on est en mathématique. C'est ainsi qu'il avait soumis les infiniment petits au calcul, en les considérant comme de simples différences ou fonctions des quantités ordinaires, bien qu'ils soient évidemment en dehors du fini. C'est ainsi qu'il faisait entrer les attributs divins en ligne de compte, bien qu'il désespérât presque d'atteindre à la perfection de la méthode qui ramènerait toutes nos pensées aux attributs de Dieu comme à leurs éléments simples et indécomposables [1]. C'est ainsi qu'il avait considéré les petites perceptions dans l'âme comme des éléments de la pensée, bien qu'elles soient totalement insensibles. Plus on étudie sa méthode, et plus on s'aperçoit qu'il est surtout grand par l'art de ménager ses approches, par le côté pratique du procédé et par une certaine tactique que la nature lui avait enseignée.

Si Leibniz a reconnu deux méthodes, l'une qui va par sauts et l'autre par degrés, l'une qui franchit d'un bond l'intervalle et l'autre qui le comble peu à peu; l'une qui est d'une perfection désespérante pour l'esprit humain, et pour ainsi dire inaccessible par ses seules forces, l'autre d'une perfection bornée, mais qui nous rapproche de plus en plus du but, il en résulte que Leibniz n'a point eu de méthode exclusive. La méthode dialectique et la loi de la continuité, ces deux

---

[1] « An verò unquàm ab hominibus perfecta institui possit analysis notionum, sive an ad prima possibilia ac notiones irresolubiles, sive (quod eodem redit) ipsa absoluta attributa Dei, nempè causas primas, atque ultimam rerum rationem cogitationes suas reducere possint, nunc quidem definire non ausim. » *De cognitione et ideis*, p. 80.

pôles de l'esprit humain, se touchent et se répondent en lui comme les deux faces d'une même idée, comme l'analyse et la synthèse, comme la différentielle et l'intégrale de la diversité ramenée à l'unité, *varietatis in unitatem reductæ*. Par la force de cette synthèse, on est amené à voir dans son esprit comme une sorte d'harmonie préétablie, naturelle et spontanée, qui s'établit entre les deux voies et les deux règnes des causes efficientes et des causes finales, puis, au-dessus de ce dualisme apparent, un horizon universel dont les divisions infinies et parcellaires se ramènent à un genre suprême. Leibniz a raison. Si la méthode dialectique qui passe de la matière aux formes, et qui l'a conduit aux monades, est le plus grand effort du spiritualisme, la loi de la continuité sur laquelle est fondé son système d'harmonie universelle est sa plus haute tendance systématique.

FIN DE L'INTRODUCTION.

LETTRES ET OPUSCULES

INÉDITS

DE LEIBNIZ

LETTRES DE LEIBNIZ

SUR

DESCARTES ET LE CARTÉSIANISME (¹).

Première Lettre.

Monsieur,

Puisque vous voulés bien que je vous dise librement mes pensées sur le cartesianisme, je ne vous dissimuleray rien de ce que je pense et qui se pourra dire en peu de mots; et je n'avanceray rien sans en donner ou pouvoir en donner raison.

Premièrement, tous ceux qui donnent absolument dans les sentimens de quelques auteurs tiennent de l'esclavage et se rendent suspects d'erreur; car de dire que Descartes est le seul des auteurs qui soit exempt d'erreur considérable, c'est une supposition qui pourra estre vraye, mais qui

---

(¹) Ces trois lettres, dont les originaux autographes sont conservés dans la Bibliothèque royale de Hanovre, sont inédites. L'éditeur a cru devoir suivre l'orthographe souvent bizarre des originaux.

n'est pas vraisemblable. En effet, cet attachement n'appartient qu'à des petits esprits qui n'ont pas la force ou le loisir de méditer d'eux-mêmes ou qui ne s'en veuillent pas donner la peine. C'est pourquoy les trois illustres Académies de nostre temps et la Société Royale d'Angleterre qui a esté établie la première, et puis l'Académie Royale des Sciences à Paris et l'Académie del Cimento à Florence ont protesté hautement de ne vouloir estre ny aristoteliciens ny cartesiens.

Aussi ay-je reconnu par expérience que ceux qui sont tout à fait cartesiens ne sont guères propres à inventer et ne font que le métier d'interprètes ou commentateurs de leur maître, comme les philosophes de l'École faisoient sur Aristote; et de tant de belles découvertes qu'on a faites depuis Descartes, il n'y en a pas une que je sache qui vienne d'un cartesien véritable.

Je connais un peu ces Messieurs-là et je les défie de m'en nommer une de leur fonds. C'est une marque ou que Descartes ne sçavoit pas la vraye méthode ou bien qu'il ne la leur a pas laissée.

Descartes même avoit l'esprit assez borné de tous les hommes : il excelloit dans les spéculations, mais il n'a rien trouvé d'utile à la vie qui tombe sous les sens et qui serve dans la pratique des arts. Toutes ses méditations estoient ou trop abstraites, comme sa métaphysique et sa géométrie, ou trop imaginatives, comme ses principes de la philosophie naturelle. La seule chose d'usage qu'il ait cru de donner, c'étoient ses lunettes d'approche, faites suivant la ligne hyperbolique avec lesquelles il promettoit de nous faire voir dans la lune des animaux ou des parties aussi petites que des animaux. Jamais, par malheur, il n'a pas sçu trouver des ouvriers capables d'exécuter son dessein, et depuis même on a démonstré que l'avantage de la ligne de l'hyperbole n'est pas si grand qu'il avoit cru.

Il est vray que Descartes estoit un grand génie et que les sciences luy ont des grandes obligations, mais non pas de la manière que le peuple des cartesiens le croit. Il faut donc que j'entre un peu dans le détail et que je donne des échantillons et de ce qu'il a pris des autres, de ce qu'il a fait luy-même et de ce qu'il a laissé à faire. On verra par là si je parle sans connaissance de cause.

Premièrement, sa morale est un composé des sentimens des stoïciens et des épicuriens, ce qui n'est pas fort difficile, car Sénèque déjà les concilioit fort bien. Il veut que nous suivions la raison ou bien la nature des choses, comme disoient les stoïciens, dont tout le monde demeurera d'accord. Il adjoute que nous devons ne nous pas mettre en peine des choses qui ne sont pas en nostre pouvoir. C'est justement le dogme du Portique qui établissoit la grandeur et la liberté de leur sage tant vanté dans la force d'esprit qu'il avoit à se résoudre de se passer des choses qui ne dépendent pas de nous et à les supporter quand elles viennent malgré nous. C'est pourquoy j'ay coustume d'appeller cette morale l'art de la patience. Le souverain bien estoit, suivant les stoïciens et suivant Aristote même, d'agir suivant la vertu ou suivant la prudence, et le plaisir qui en résulte avec la résolution susdite est proprement cette tranquillité de l'âme ou indoléance que les stoïciens et les épicuriens rendoient et recommandoient également sous des noms différens. On n'a qu'à voir l'incomparable manuel d'Epictète et l'Epicure de Laërce pour avouer que Descartes n'a pas avancé la pratique de la morale. Mais il me semble que cet art de la patience, dans laquelle il fait consister l'art de vivre, n'est pas encore le tout. Une patience sans espérance ne dure et ne console guères, et c'est en quoy Platon, à mon avis, passe les autres. Il nous fait espérer une meilleure vie par de bonnes raisons et approche le plus du christianisme. Il suffit de lire cet excellent dialogue de l'immortalité de l'âme ou de la mort de Socrate, que Théophile a traduit en françois, pour en concevoir une haute idée. Je croy que Pythagore faisoit la même chose et que la métempsycose n'estoit que pour s'accommoder à la portée du vulgaire. Mais parmi ses disciples il raisonnoit tout autrement. Aussi Ocellus Lucanus qui en estoit un et dont nous avons un petit mais excellent fragment de l'Univers n'en dit mot. On me dira : Descartes établit si bien l'existence de Dieu et l'immortalité de l'ame. Mais je diray que j'appréhende qu'on ne me trompe sous ces belles paroles : car le Dieu ou l'estre parfait de Descartes qui n'a pas de volonté ni d'entendement, puisque, selon Descartes, il n'a pas le bien pour objet de la volonté ni le vray pour l'objet de l'entendement (¹), n'est pas un Dieu comme on se l'imagine et comme on le souhaite, c'est à dire juste et sage, faisant tout pour le bien des créatures autant qu'il est possible, mais plus tost quelque chose d'approchant du Dieu de Spinosa, scavoir le principe des choses et même certaine souveraine puissance qui met tout en action et fait tout ce qui est faisable. C'est pourquoy un Dieu fait comme celuy de Descartes ne nous laisse point d'autre consolation que celle de la patience par force. Il dit en quelque endroit que la matière passe successivement par toutes les formes possibles, c'est-à-dire que son Dieu fait tout ce qui est faisable et passe,

---

(¹) Aussi ne veut-il point que son Dieu agisse suivant quelque fin, et c'est pour cela qu'il retranche de la philosophie la recherche des causes finales, sous ce prétexte adroit que nous ne sommes pas capables de descouvrir les fins de Dieu au lieu que Platon qui a si bien fait voir que si Dieu est l'auteur des choses et que si Dieu agit suivant la sagesse, que la véritable physique est de sçavoir les fins et l'usage des choses. Car la science est de sçavoir les raisons et les raisons de ce qui a été fait par entendement sont les causes finales ou desseins de celuy qui les a faites, lesquels paraissent par l'usage et la fonction qu'elles font. C'est pourquoy la considération de l'usage des parties est si utile dans l'anatomie. (NOTE ou renvoi de la main de Leibniz.)

suivant un ordre nécessaire et fatal, par toutes les combinaisons possibles. Mais à cela il suffisoit la seule nécessité de la matière, ou plus tost son Dieu n'est que cette nécessité ou ce principe de la nécessité agissant dans la matière comme il peut. Il ne faut donc pas dire que Dieu aye quelque soin des créatures intelligentes plus que des autres, chacune sera heureuse ou malheureuse selon qu'elle se trouvera enveloppée dans les grands torrents ou tourbillons, et il a raison de nous recommander la patience au lieu de félicités sans espérance.

Mais quelqu'un des plus gens de bien abusé par les beaux discours de son maistre me dira qu'il établit pourtant si bien l'immortalité de l'ame et par conséquent une meilleure vie. Quand j'entends ces choses, je m'étonne de la facilité qu'il y a de tromper le monde lorsqu'on peut seulement jouer adroitement des paroles agréables, quoyqu'on en corrompe le sens, car comme les hipocrites abusent de la piété et les hérétiques de l'écriture et les séditieux du mot de la liberté, de même Descartes a abusé de ce grand mot de l'existence de Dieu et de l'immortalité de l'ame. Il faut donc developper ce mystère et leur faire voir que l'immortalité de l'ame suivant Descartes ne vaut guère mieux que son Dieu. Je croy bien que je ne feray point de plaisir à quelques-uns, car les gens ne sont pas bien aises d'estre éveillés quand ils ont l'esprit occupé d'un songe agréable. Mais que faire? Descartes veut qu'on déracine les fausses pensées avant que d'y introduire les véritables; il faut suivre son exemple et je croiray de rendre un service au public si je pouvois les désabuser de dogmes si dangereux. — Je dis donc que l'immortalité de l'ame telle qu'elle est établie par Descartes ne sert de rien et nous sçauroit consoler en aucune façon; car supposons que l'ame soit une substance et que point de substance ne dépérisse; cela estant l'ame ne se perdra point, aussi en effet rien ne se perd dans la nature; mais comme la matière, de même l'ame changera de façon et comme la matière qui compose un homme a composé autresfois des plantes et d'autres animaux, de même cette ame pourra être immortelle en effect, mais elle passera par mille changemens et ne se souviendra point de ce qu'elle a esté. Mais cette immortalité sans souvenance est tout à fait inutile à la morale; car elle renverse toute la récompense et tout le châtiment. A quoy vous serviroit-il, monsieur, de devenir roy de la Chine à condition d'oublier ce que vous avés esté? Ne seroit-ce pas la même chose que si Dieu en même temps qu'il vous détruisoit, créoit un roy dans la Chine. C'est pourquoy afin de satisfaire à l'espérance du genre humain, il faut prouver que le Dieu qui gouverne tout est sage et juste et qu'il ne laissera rien sans récompense et sans châtiment; ce sont là les grands fondemens de la morale; mais le dogme d'un Dieu qui n'agit pas pour le bien et d'une ame qui est immortelle sans souvenances ne sert qu'à tromper les simples et à pervertir les personnes spirituelles.

Je pourray pourtant monstrer des défauts dans la démonstration prétendue de Descartes, car il y a encore bien des choses à prouver pour achever. Mais je croy qu'il est à présent inutile de s'y amuser, puisque ces démonstrations ne serviroient guère, comme je viens de prouver, si mesme elles estoient bonnes.

Il me reste de toucher quelque chose des autres sciences que Descartes a tentées pour faire voir des échantillons de ce qu'il a fait ou de ce qu'il n'a pas fait. Je commenceray par la géométrie, puisqu'on croit que c'est le fort de M. Descartes.

Il faut luy rendre justice, il estoit habile géomètre, mais non pas jusqu'à effacer les autres. Il dissimule d'avoir lu Viete, cependant Viete a dit beaucoup, et ce que Descartes a adjouté c'est premièrement une recherche plus distincte des lignes courbes solides ou qui passent le solide par le moyen des équations accommodées aux lieux; et secondement la méthode des tangentes par les deux racines égales. Cependant il parle dans la géométrie avec une hauteur insupportable. Il dit hardiment que tous les problèmes se peuvent résoudre par sa méthode. Cependant il a esté obligé d'avouer dans les rencontres, premièrement que les problèmes de l'arithmétique de

Diophante n'estoient pas dans son pouvoir, et secondement que l'inverse des tangentes le passoit aussi. Cependant ces inverses des tangentes sont la partie la plus sublime et la plus utile de la géométrie. Je croy que peu de cartesiens entendront ce que je veux dire, car il y a très-peu d'excellens géomètres parmy eux; ils se contentent de résoudre quelques petits problèmes par le calcul de leur maistre, et deux ou trois grands géomètres de nostre temps qu'on compte vulgairement parmy eux reconnoissent trop bien les choses que je viens de dire pour pouvoir estre jugés cartesiens.

L'astronomie de Descartes n'est dans le fond que celle de Kepler à laquelle il a donné un meilleur tour, en expliquant plus distinctement la convexion des corps mondains par le moyen de la matière fluide qui est poussée par leur mouvement; au lieu que Kepler ayant quelques règles de l'École employoit encor quelques vertus imaginaires. Mais Kepler avoit si bien préparé cette matière que l'accommodement que monsieur Descartes a fait de la philosophie corpusculaire avec l'astronomie de Copernic n'estoit pas fort difficile. Je dis la même chose de la philosophie magnétique de Gilbert, et je reconnoy néanmoins que ce que dit Descartes sur l'aimant, sur le flux et le reflux de la mer et sur les météores est tout à fait ingénieux et passe tout ce que les anciens ont dit là dessus. Cependant je n'ose pas encor dire s'il a bien rencontré. Sa Dioptrique a des endroits admirables, mais elle en a d'autres insoutenables. Par exemple, il a bien rencontré en establissant la proportion des sinus, mais c'estoit en tastonnant, car les raisons qu'il en a apportées pour prouver les loix de la réfraction ne vaillent rien. Je croy mesme que les habiles géomètres en demeurent à présent d'accord.

Pour l'anatomie et la connoissance de l'homme, M. Descartes a bien de l'obligation à Harvée, auteur de la circulation du sang ; mais je ne trouve pas qu'il ait rien découvert qui soit d'usage et démonstratif. Il s'amuse trop à raisonner sur des parties invisibles de nostre corps avant que d'avoir bien recherché celles qui sont visibles. Monsieur Stenon (¹) a fait voir aux yeux que monsieur Descartes s'est trompé tout à fait dans l'opinion qu'il avoit du mouvement du cœur et des muscles. Par un grand malheur pour la physique et pour la médecine, mons. Descartes a perdu sa vie en se croyant trop habile en médecine et differant d'écouter les autres et de se faire soigner lorsqu'il tomba malade en Suède. Il faut avouer qu'il estoit grand homme, et s'il avoit vecu peut-estre seroit-il revenu de quelques erreurs si son arrogance l'avoit pu permettre. Il auroit toujours fait asseurement quelques décou-

---

(¹) Stenon, célèbre naturaliste suédois et grand géologue, dont la conversion au catholicisme fit grand bruit en Allemagne. Leibniz le connaissait beaucoup : il en parle avec éloge dans sa *Théodicée*, éd. Erdman.

vertes importantes. Mais aussi il est seur qu'il n'auroit pas la réputation qu'il avoit de son temps où il y avoit peu d'habiles gens capables de lui tenir teste, ou bien c'estoit des jeunes gens qui ne faisoient que commencer. Mais depuis on a trouvé des choses en géométrie que Descartes croyoit impossibles; en physique on a fait des découvertes qui passent en utilité toutes ces jolies fictions de ses tourbillons imaginaires. Outre cela mons. Descartes ignoroit la chymie sans laquelle il est impossible d'avancer la physique d'usage. Ce qu'il dit des sels fait pitié à ceux qui s'y entendent, et on voit bien qu'il n'en a pas connu les différences. S'il avoit eu moins d'ambition pour se faire une secte et plus de patience à raisonner sur les choses sensibles, et moins de penchant à donner dans l'invisible, il auroit peut-estre jetté les fondements de la vraye physique, car il avoit le génie admirable pour y réussir; mais s'estant égaré du vray chemin, il a fait tort à sa réputation qui ne sera pas si durable que celle d'Archimède. On oubliera bientost le beau roman de physique qu'il nous a donné. C'est donc à la postérité de commencer à bastir sur des meilleurs fondemens que les Académies sont occupées de jetter en sorte que rien ne les puisse ébranler. Suivons donc leur exemple, contribuons à de si beaux desseins, ou bien si nous ne sommes pas propres à inventer, gardons au moins la liberté d'esprit si nécessaire pour estre raisonnable.

Mons. Descartes a fait comme les charlatans qui, pour attirer le monde et donner du débit de leur remèdes, mettent des théatres en public où ils font voir des bouffonneries et autres choses extraordinaires mais peu nécessaires. Ainsi tout ce qu'il a dit qu'on doit douter de tout, qu'on doit mettre les choses douteuses pour fausses n'ont servi qu'à le faire écouter, à faire du bruit, à attirer le monde par la nouveauté et à se faire même contredire pour estre plus célèbre. Mais il a eu soin de se conserver un moyen d'expliquer raisonnablement ses paradoxes (¹).

Deuxième Lettre.

J'estime infiniment M. Des Cartes, et je connois la grandeur de son mérite, mais je ne conviens pas des exagérations de certaines gens, et je ne sçaurois approuver le cartesianisme. L'esprit de secte et l'ambition de celuy qui prétendra s'ériger en chef de parti fait grand tort à la vérité et aux progrès des sciences. Un auteur qui a cette vanité en teste tâche de rendre les autres méprisables, il y cherche à faire paroistre leurs défauts ; il supprime ce qu'ils ont dit de bon et tâche de se l'attribuer sous un

---

(¹) Pensée de Leibniz, qui se trouve écrite de sa main à la fin de cette première lettre.

habit déguisé. Et il ne songe pas qu'en payant d'ingratitude ses prédécesseurs il laisse un mauvais exemple à la postérité, et pourra estre traité de même; il lève la gloire à ceux qui la méritent et rebute d'autres qui pourroient estre animés par leurs exemples à bien faire; il fait naistre des jalousies et des contestations avec perte d'un temps précieux et du repos nécessaire pour les découvertes de conséquence... Les sectateurs d'un tel auteur n'étudient ordinairement que les écrits du maistre au lieu du grand livre de la nature; ils s'accoustument au babil, à des faux-fuyans et à la paresse; ils ignorent ce qu'il y a de bon chez les autres et se privent des avantages qu'ils en pourroient recevoir, car ils sont tousjours déterminés à penser la même chose d'une même façon; ils ne trouvent jamais de vérités nouvelles, et cet esprit servil, qui les tient enchaînés, les rend d'ordinaire incapables de s'élever à des inventions et de faire des progrès de conséquence.

Tout cecy est arrivé à Des Cartes et à beaucoup de cartesiens. Ce philosophe cherche d'abord de faire mépriser tous les autres; il parle d'une étrange manière dans ses lettres des plus habiles hommes de son temps, et il paroist une vanité étrange dans ses expressions accompagnée de quelques finesses peu louables. Il cherchoit avec passion d'entrer en lice avec les Jésuites, et prenoit pour un mépris la réserve qu'ils firent paroistre à luy répondre.

Il cite rarement les auteurs, et il ne loue presque jamais. Cependant une grande partie de ses meilleures pensées estoit prise d'ailleurs : à quoy personne ne trouveroit à redire s'il l'avoit reconnu de bonne foy.

Aristote a fort bien expliqué le plein et la division du continu contre les atomistes. Démocrite avoit monstré que tous les phénomènes de la physique peuvent estre expliqués mécaniquement, et M. Des Cartes le voulant rendre méprisable pour luy paroistre moins redevable, a tort de luy imputer l'erreur d'Epicure, qui s'imaginoit que les atomes avoient une pesanteur. Leucippe avoit enseigné les tourbillons. L'explication de la lumière par la comparaison d'un baston qui touche ce qui est éloigné estoit déjà des anciens rapporté par Simplicius, philosophe grec. Platon explique divinement bien les substances incorporelles distinctes de la matière et les idées indépendentes des sens. Il faut même avouer que les raisonnemens des académiciens et les objections des sceptiques contre les sens et contre les choses sensibles sont de grande importance pour faire reconnoistre ces vérités. La morale de Des Cartes est sans doute celle des stoïciens. Et quant aux mathématiques où il avoit acquis le plus d'autorité, il s'en faut beaucoup que les éloges excessives de ses sectateurs ayent lieu. Il avoue luy-même dans ses lettres qu'il n'a pas entrepris de donner la mathématique universelle, parce qu'il trouvoit bien de la difficulté dans les problèmes des nombres tels que M. Fermat et M. Frenicle proposoient. Et dans la géométrie même, il se trouve pris lorsque M. de Beaune luy propose les problèmes de la converse des tangentes ; il se trompa fort quand il crut qu'on ne trouveroit jamais la proportion d'une courbe à une droite. Et ayant reconnu que les anciens avoient eu le tort de donner des bornes à la géométrie en excluant les lignes des plus hauts degrés, il tomba dans le même défaut ou voulut bien y tomber en excluant de la géométrie les lignes qui ne se peuvent expliquer par une équation d'un degré déterminé, parce qu'il ne pouvoit pas les assujetir à sa méthode par laquelle il prétendit de pouvoir résoudre tous les problèmes de géométrie ; il commence la sienne par une rodomontade qui est bien éloignée de la vérité, comme s'il avoit donné moyen de réduire tous les problèmes à des équations d'un certain degré, et par conséquent le moyen de les construire par des lignes courbes convenables.

M. Fermat avoit déjà donné les lieux, plans et solides et le fondement de presque tout ce qui est contenu dans le premier livre de la Géométrie de DesCartes. Aussi n'estoit-ce qu'une ressuscitation de la méthode des anciens. Et le même M. Fermat a monstré depuis que M. Des Cartes s'est fort trompé dans l'assignation des lignes propres à une résolution des problèmes ayant monstré que trente moyennes proportionnelles se peuvent trouver par une ligne du huitième degré, au lieu que suivant Des Cartes, il en faudroit une du quinzième pour le moins. Et il l'avoit prévenu encor dans la méthode *de maximis et minimis* et des touchantes; car celle de Des Cartes qui est bien plus embarrassée et éclaire moins l'esprit est venue après coup, et peut passer pour un déguisement de l'autre, d'autant que lorsqu'une chose est trouvée, il est souvent facile d'y arriver par une autre route; de sorte qu'on peut dire : qu'encor le deuxième livre de la géométrie de Des Cartes n'est pas tout à fait nouveau ; et quant au troisième les Anglois ont découvert que l'ouvrage posthume de Thomas Harriot, imprimé l'an 1631, contient déjà presque tout ce qu'il y a de meilleur et principalement l'adresse de poser une équation égale à rien et de la produire par la multiplication des racines qui est le fond de tout ce livre troisième. Il a joué aussi d'adresse pour s'approprier la belle invention de la réduction des équations quarrées aux cubiques. L'auteur en estoit Ludovicus Ferrarius dont Cardan qui estoit son maistre et son ami nous a laissé la vie. Borelli nous en explique l'occasion ; mais Des Cartes prit un autre tour moins naturel pour donner la même chose. Mais surtout il devoit nommer Viete quand il seroit vray même qu'il ne l'eut jamais lu auparavant, comme il nous veut persuader dans une de ses lettres avec peu de vraisemblance.

Quant à la dioptrique, il avoue dans ses lettres

que Kepler a esté son maistre dans cette science et celuy de tous les hommes qui en avoit sceu le plus, cependant il n'avoit garde de le nommer dans ses ouvrages, et bien moins Snellius dont il paroist avoir appris la véritable règle des réfractions comme M. Isaac Vossius a découvert. Il se donne bien de garde aussi de nommer Maurolycus et de Dominis qui avoient ouvert le chemin à la découverte des raisons de l'arc-en-ciel. C'est Kepler aussi qui avoit trouvé que la ligne dioptrique approchoit de l'hyperbole, et un aussi habile géomètre que Des Cartes, après avoir appris la règle de Snellius, devoit trouver aisément que c'estoit l'hyperbole mesme. Kepler a aussi remarqué la ressection des mobiles par la tangente de la circulation et le moyen d'expliquer la gravité par la similitude d'un tourbillon d'eau dont l'agitation dans un vaisseau fait aller vers le centre les petites raclures de bois et autres particules qui sont moins solides que l'eau même ; ce qui est le fondement de ce qu'il y a de meilleur dans la physique de Des Cartes. Après cela on ne s'étonnera point qu'il n'a pas nommé Gilbert auteur de la Philosophie magnétique dont les pensées sans doute luy ont donné des ouvertures considérables, et encor moins que le chancelier Bacon et Galilée qu'il consideroit comme des rivaux de la gloire de la restauration de la philosophie. Il dit malignement de Bacon que les voyes qu'il propose pour la connoissance de la nature demanderoient les revenus de trois grands rois ; mais les illustres sociétés fondées par des grands princes ont bien fait voir qu'on peut réussir à meilleur marché en suivant les avis de cet illustre chancelier qui n'avoit garde de donner dans le visionnaire. Il est bien vray que les expériences demandent des frais que les particuliers le plus souvent ne sont pas en estat de fournir. Mais il est vray aussy que c'est une témérité d'espérer la connoissance du détail des corps naturels sans faire ou scavoir beaucoup d'expériences.

La censure de Galiléo n'a guères plus de justice, il méprise ses pensées comme si elles estoient inutiles ou mal fondées. Cependant l'expérience en a fait connoistre le grand usage ; et il parle des télescopes comme trouvés par hasard, et ce n'est que pour donner en passant une atteinte à Galilée qui les avoit trouvées à force de raisonner sur le seul bruit de la découverte de Hollande. Aussi Kepler a remarqué que Porta en avoit donné quelques lumières qui estoient fondées plustot sur la raison que sur l'expérience et qui ont peut-estre servi à l'inventeur hollandais. Kepler luy-même par la force de son génie a découvert les télescopes dont tous les verres sont convexes et qui sont bien plus excellens que les autres.

Enfin Des Cartes vouloit faire croire qu'il avoit peu leu et qu'il avoit plustot employé son temps aux voyages et à la guerre. C'est à quoy tendent les contes qu'il fait dans sa méthode. Mais on scait qu'il avoit fait son cours dans le collége : le style fait connoistre sa lecture ; la guerre ne l'avoit guères occupé qu'autant qu'il falloit pour n'y estre pas entièrement ignorant. Et les voyages luy donnèrent la commodité d'estudier, de voir les bons auteurs et les habiles gens.

Ces défauts de ce philosophe qui n'estoient que les effets d'une vanité trop ordinaire aux gens d'élite ne nous doivent pas empêcher d'honorer son grand mérite. Il avoit un talent merveilleux de se bien expliquer, il a eu l'esprit d'amasser les meilleurs sentimens des anciens et modernes, quoyqu'il ne soit pas venu à bout des démonstrations qu'il promettoit touchant Dieu et l'âme. On luy est redevable d'avoir ressuscité les contemplations de Platon et des Académiciens, et d'en avoir fait voir l'importance [1] : et quoyqu'il se trompe dans sa physique en posant pour fondement la conservation de la même quantité de mouvement, il a donné occasion par là à la découverte de la vérité qui est la conservation de la même quantité de force, qu'on sçait estre différente du mouvement. On ne peut pas luy accorder que la lumière consiste dans un simple commencement ou dans une action..... ny qu'il

---

[1] Il faut avouer que ce qu'il dit de l'étendue comme si elle faisoit l'essence des corps ne sçauroit estre soutenu même en philosophie pour ne rien dire de la religion. Il est vray néantmoins qu'il n'y a jamais d'étendue sans corps, et que le vuide ne se trouve point.

(*Note de Leibniz.*)

ait donné la vraye raison des lois de la réfraction. Car s'il est vray que l'air à cause de sa flexibilité fait perdre une partie de la force comme [le tapis collé] au globule qui court là-dessus, cette force perdue ne sera point rendue lorsque le rayon sort de l'air et retourne dans l'eau. Cependant nous voyons que le rayon y reprend la première inclinaison.

Son premier élément et ses globules ne scauroient subsister; mais les tourbillons en général sont une chose fort belle, et il a poussé plus avant ce que d'autres avoient commencé. Car chaque système ou corps particulier ne se maintient que par le mouvement de ses parties qui repoussent celles des corps voisins. Quoyqu'il y ait encor beaucoup de difficulté dans son explication du flux et reflux à cause de celles qui se trouvent dans le mouvement de la lune, il a pourtant dit ce qu'il y a de plus plausible. Aussi quoyqu'il y ait encor un grand scrupule sur son explication de l'aimant parce qu'on n'en scauroit tirer cette déclinaison et qui n'est pas si irrégulière qu'on auroit cru en son temps, néantmoins il paroist avoir approché le plus de la vérité. Et tout son système du monde et de l'homme, quelque imaginaire qu'il soit, est pourtant si beau qu'il peut servir de modèle à ceux qui chercheront les causes véritables; il manquoit d'expérience, il n'avoit pas assez de connoissance de la chymie, et ce qu'il dit des sels des mineraux et autres corps sensiblement homogènes est trop sec. Mais son génie y suppléoit autant qu'il est possible. C'est grand dommage qu'il n'a pas vecu autant que M. Hobbes et M. Roberval, le genre humain luy auroit des grandes obligations, et il se seroit peut-estre corrigé en bien d'endroits. Jouissons de ce qu'il a de bon sans nous infecter de son système et de l'esprit de secte; mais surtout tachons de l'imiter en faisant des découvertes; c'est la véritable manière de suivre les grands hommes et de prendre part à leur gloire sans leur rien dérober.

DISCOURS

SUR

LA DEMONSTRATION DE L'EXISTENCE DE DIEU

PAR DES CARTES (¹).

Madame,

Si V. A. ne m'avoit ordonné de luy expliquer plus distinctement ce que j'avois dit en passant touchant M. Des Cartes et sa démonstration de l'existence de Dieu, il y auroit de la témérité de le vouloir entreprendre. Car les lumières extraordinaires de V. A. que j'ay bien mieux reconnu lorsque j'eus l'honneur de l'entendre parler quelque moment que par ce que tant de grands hommes ont publié à son avantage préviennent tout ce qu'on luy peut dire sur une matière qui a esté sans doute il y a longtemps l'objet de ses plus profondes pensées. Ce n'est donc pas à dessein de luy proposer quelque chose

---

(¹) Il serait curieux de savoir quelle est l'altesse à qui Leibniz adressait ce discours. Le manuscrit autographe de la Bibliothèque de Hanovre ne porte aucune suscription. J'inclinerais à croire qu'il s'agit de la duchesse Sophie, femme du duc Ernest-Auguste de Brunswick, ou de la princesse Sophie-Charlotte de Prusse, sa fille. Gurhauer nous apprend, dans sa *Vie de Leibniz*, qu'il eut avec la duchesse Sophie, dans les jardins d'Herren-Hausen, plusieurs entretiens philosophiques sur ces graves questions de l'existence de Dieu et de l'immortalité de l'âme.

de nouveau que je m'engage à ce discours, mais afin d'en apprendre son jugement dont je ne prétends pas d'appeler.

V. A. scait qu'il n'y a rien de si rebattu aujourd'huy que des démonstrations de cette existence ; je remarque qu'il en est à peu près comme de la quadrature du cercle et du mouvement perpétuel : le moindre petit écolier de mathématique et de la mécanique prétend à ces problèmes sublimes; et il n'y a pas jusqu'au plus ignorant distillateur qui ne se promette la pierre des philosophes. De même tous ceux qui ont appris quelque peu de métaphysique débutent d'abord par la démonstration de l'existence de Dieu et de l'immortalité de nos âmes qui, à mon avis, ne sont que le fruit de toutes nos études, puisque c'est là le fondement de nos plus grandes espérances. J'avoue que V. A. n'auroit pas sujet d'avoir meilleure opinion de moy, si je ne luy disois que je suis venu à ces matières après avoir préparé l'esprit par des recherches très-exactes en ces sciences sévères qui sont la pierre de touche de nos pensées. Partout ailleurs on se flatte et on trouve des flatteurs ; mais il n'y a que très-peu de mathématiciens qui ayent débité des erreurs et il n'y en a point qui ayent pu faire approuver leurs fautes. Dans mes premières années, j'estois assez versé dans les subtilités des Thomistes et Scotistes; en sortant de l'école, je me jettay dans les bras de la jurisprudence qui demandoit aussi l'histoire : mais les voyages me donnèrent la connoissance de ces grands personnages qui me firent prendre goût aux mathématiques; je m'y attachay avec une passion presque démesurée pendant les quatre années que je demeuray à Paris. Ce fut avec plus de succès et d'applaudissemens qu'un apprentif et un étranger ne pouvoit attendre. Car pour ce qui est de l'analyse, je n'ose pas dire ce que les plus grands hommes qu'il y ait aujourd'huy en ces matières en jugèrent et pour ce qui est des mécaniques, la machine d'arithmétique dont je fis voir le modelle aux deux Sociétés royales de France et d'Angleterre paroit une chose tout à fait extraordinaire. Ce n'est pas la Rechnologie de Neper (baron écossais) travestie en machine comme quelques autres qu'on a publiées depuis peu. Les deux académies virent une différence infinie entre la mienne et les autres qui ne sont en effect que des amusemens et qui n'ont que le nom de commun avec celle-cy, et on le reconnoistra quand elle sera en perfection comme je m'y attends. Mais pour moy je ne chérissois les mathématiques que parce que j'y trouvois les traces de l'art *d'inventer en général*, et il me semble que je découvris à la fin que M. Des Cartes luy-même n'avoit pas encor pénétré le mystère de cette grande science.

Je me souviens qu'il dit en quelque endroit que l'excellence de sa méthode qui ne paroist que probablement dans la physique est demonstrée dans sa géométrie. Mais j'avoue que c'est dans la géométrie même que j'en ay reconnu principalement l'imperfection. Car s'il y a beaucoup à redire en physique il ne faut pas s'en étonner, puisque M. Des Cartes n'estoit pas assez fourni d'expériences. Mais la géométrie ne dépend que de nous-mêmes ; elle n'a que faire des secours extérieurs.

Je prétends donc qu'il y a encor une tout autre analyse en géométrie que celle de Viete et de Des Cartes qui ne sçauroient aller assés avant puisque les problèmes les plus importans ne dépendent point des équations auxquelles se réduit toute la géométrie de M. Des Cartes luy-même, nonobstant ce qu'il avoit avancé un peu trop hardiment dans la géométrie, sçavoir que tous les problèmes se reduisoient par les équations accommodées aux lieux.

Je viens à la métaphysique et je puis dire que c'est pour l'amour d'elle que j'ay passé par tous ces degrés ; car j'ay reconnu que la vraye métaphysique n'est guères différente de la vraye logique, c'est à dire de l'art d'inventer en général ; car en effect la métaphysique est la théologie naturelle et le même Dieu qui est la somme de tous les biens est aussy le principe de toutes les connoissances. C'est parce que l'idée de Dieu renferme en elle l'Estre absolu c'est à dire ce qu'il y a de simple en nos pensées d'où tout ce que nous pensons prend son origine. M. Des Cartes n'avoit pas pris la chose de ce costé ; il donne deux manières de prouver l'existence de Dieu : la *première* est qu'il y a en nous une idée de Dieu, et si elle est véritable c'est à dire si elle est d'un estre infini et si elle le représente fidellement elle ne sçauroit estre causée par quelque chose de moindre, et par conséquent il faut que ce Dieu mesme en soit la cause. Il faut donc qu'il existe. L'*autre* raisonnement est encor plus court. C'est que Dieu est un estre qui possède toutes les perfections, et par conséquent il possède l'existence qui est du nombre des perfections. Donc il existe. Il faut avouer que ces raisonnemens sont un peu suspects parce qu'ils vont trop viste et parce qu'ils nous font violence sans nous éclairer. Au lieu que les véritables démonstrations ont coustume de remplir l'esprit de quelque nourriture solide. Cependant il est difficile de trouver le nœud de l'affaire, et je vois que quantité d'habiles gens qui ont fait des objections à M. Des Cartes s'en sont éloignés. Quelques uns ont cru qu'il n'y avoit point d'idée de Dieu parce qu'il n'est pas sujet à l'imagination, supposant qu'idée et image est la même chose. Je ne suis pas de leur avis et je scay bien qu'il y a une idée de la pensée et de l'existence et de choses semblables dont il n'y a point d'image. Car nous pensons à quelque chose, et quand nous y remarquons ce qui nous la fait reconnoistre, cela autant qu'il est en nostre ame est l'idée de la chose. C'est pourquoy il y a bien aussi une idée de ce qui n'est pas matériel ny imaginable.

Quelques autres demeurent d'accord qu'il y a une idée de Dieu, et que cette idée renferme toutes les perfections; mais ils ne scauroient comprendre comment l'existence s'en suive : soit parce qu'ils ne demeurent pas d'accord que l'existence est du nombre des perfections, ou parce qu'ils ne voyent pas comment une simple idée ou pensée peut inférer une existence hors de nous. Pour moy je crois tout de bon que celui qui a reconnu cette idée de Dieu et qui voit bien que l'existence est une perfection doit avouer qu'elle luy appartient. En effect je ne doute point de l'idée de Dieu non plus que de son existence, au contraire je prétends en avoir une démonstration ; mais je ne veux pas que nous nous flattions et que nous nous persuadions de pouvoir venir à bout d'une si grande chose à si peu de frais. Les paralogismes sont dangereux en cette matière, quand ils ne réussissent pas, ils rejaillissent sur nous-mêmes et ils fortifient le party contraire. Je dis donc qu'il faut prouver avec toute l'exactitude imaginable qu'il y a une idée d'un estre tout parfait; c'est à dire de Dieu ; il est vray que les objections de ceux qui croyoient prouver le contraire, parce qu'il n'y a point d'image de Dieu, n'en valent rien comme je viens de faire voir; mais il faut avouer aussi que la preuve de mons. Des Cartes qu'il apporte à fin d'establir l'idée de Dieu est imparfaite. Comment dira-t-il pourroit-on parler de Dieu sans y penser, et pourroit-on penser à Dieu sans en avoir l'idée. Ouy sans doute on pense quelque fois à des choses impossibles et même on en fait des démonstrations. Par exemple mons. Des Cartes veut que la quadrature du cercle est impossible; on ne laisse pas d'y penser et de tirer des conséquences de ce qui arriveroit si elle estoit donnée. Le mouvement de la dernière vistesse est impossible dans quelque corps que ce soit, car si on le supposoit dans un cercle par exemple, un autre cercle concentrique et environnant celui-cy, et attaché fermement au premier, seroit mû d'une vitesse encore plus grande que le premier qui par conséquent n'est pas du suprême degré, contre ce que nous avions supposé, nonobstant tout cela, on pense à cette vitesse suprême qui n'a point d'idée puisqu'elle est impossible.

De même le plus grand de tous les cercles est une chose impossible, et le nombre de toutes les unités possibles ne l'est pas moins : il y en a démonstration. Et néantmoins nous pensons à tout cela. C'est pourquoy il y a lieu de douter asseurément si l'idée du plus grand de tous les estres n'est pas sujette à caution; et s'il n'enferme quelque contradiction; car je comprends bien par exemple la nature du mouvement, et la vitesse, et ce que c'est que le plus grand et le plus parfait. Néantmoins je ne sçay pas encor pour cela s'il n'y a une contradiction cachée à joindre tout cela ensemble comme il y en a en effet dans les autres exemples susdits.

C'est à dire en un mot, car je ne scay pas encor pour cela un tel estre est possible; car s'il ne l'estoit pas, il n'y en auroit point d'idée. Cependant j'avoue que Dieu a un grand avantage icy par dessus toutes les autres choses. Car il suffit de prouver qu'il est possible, pour prouver qu'il est, ce qui ne se rencontre pas autre part que je scache. De plus j'infère de là qu'il y a présomption que Dieu existe. Car tousjours il y a présomption du costé de la possibilité; c'est à dire toute chose est tenue possible jusqu'à ce qu'on en prouve l'impossibilité. Il y a donc présomption aussi que Dieu est possible, c'est à dire qu'il existe, puisqu'en luy l'existence est une suite de la possibilité. Cela peut suffire pour la practique de la vie, mais il n'en est pas assés pour une démonstration. J'ay fort disputé là dessus avec plusieurs cartesiens; mais enfin j'ay gagné cela sur quelques uns des plus habiles qui m'ont avoué ingénuement après avoir compris la force de mes raisons que cette possibilité estoit encor à démontrer. Il y en a même qui après avoir esté sommés par moy ont entrepris cette démonstration, mais ils ne l'ont pas encor achevée.

Vostre Altesse estant éclairée comme elle est voit bien par là où nous en sommes, et qu'on n'a rien fait si on ne prouve pas cette possibilité.

Quand je considère tout cela, j'ay pitié de la faiblesse des hommes, et je n'ay garde de m'en excepter. Mons. Des Cartes qui estoit sans doute un des plus grands hommes de ce siècle s'est trompé d'une manière si visible et tant d'illustres personnages avec luy : néanmoins on ne doute pas de leurs lumières ny de leurs soins. Tout cela pourroit donner mauvaise opinion à quelqu'un de la certitude de nos connoissances en général. Car dira-t-on si tant d'habiles gens n'ont pas évité le piége qu'esperay-je moy qui ne suis rien au prix d'eux. Néanmoins il ne faut pas perdre courage. Il y a un moyen de se garantir des erreurs dont ces Messieurs n'ont pas daigné de se servir ; cela auroit fait tort à la grandeur de leur esprit, au moins en apparence et chez le peuple. Tous ceux qui veuillent paroistre grands personnages et qui s'érigent en chefs de secte ont quelque chose de bateleur. Un danseur des cordes n'a garde de se laisser attacher pour se garantir de tomber : il seroit seur de son fait, mais il ne paroistroit pas habile homme. On me demandera où donc ce beau moyen qui nous peut garantir des cheutes? J'ay quasi peur de le dire et cela paroist trop bas mais enfin je parle à Votre Altesse qui ne juge pas des choses par l'apparence. C'est en un mot de ne faire des argumens qu'*in forma*. Il me semble que je ne voy des gens qui s'écrient contre moy et qui me renvoyent à l'école. Mais je les prie de se donner un peu de patience, car peut-estre ne m'entendent-ils pas ; les argumens *in forma* ne sont pas tousjours marqués au coin de *barbara celarent*. Toute démonstration rigoureuse qui n'obmet rien qui soit nécessaire à la force du raisonnement est de ce nombre, et j'ose bien dire qu'un compte d'un receuveur et un calcul d'analyse est un argument *in forma* puisqu'il n'y a rien qui y manque et puisque la forme ou la disposition de tout ce raisonnement est cause de l'évidence. Ce n'est que la forme qui discerne un livre des comptes fait suivant la practique qu'on appelle communément (Italienne) dont Stewart a fait un traité tout entier d'un journal confus de quelque ignorant en matière de négoce.

C'est pourquoy je soutiens qu'à fin de raisonner avec évidence partout il faut garder quelque formalité constante. Il y aura moins d'éloquence, et plus de certitude, mais pour déterminer cette forme qui ne feroit pas moins en métaphysique ou physique et en morale que le calcul ne fait en mathématiques et qui monstreroit mesme les degrés de probabilité lorsqu'on ne peut raisonner que vraisemblablement, il faudroit rapporter icy les méditations que j'ay sur une nouvelle charactéristique, ce qui seroit trop long. Je diray néantmoins en peu de mots, que cette charactéristique représenteroit nos pensées véritablement et distinctement et quand une pensée est composée de quelques autres plus simples, son caractère le seroit aussi de mesme. Je n'ose dire ce qui s'en suivroit pour la perfection des sciences si cela paroistroit incroyable : et néantmoins il y en a démonstration. Seulement je diray icy que puisque ce que nous sçavons est raisonnement ou expérience, il est tout asseuré que tout raisonnement après cela en matières démonstratives ou probables ne demanderoit pas plus d'adresse qu'un calcul d'algèbre, c'est-à-dire on tireroit *ex datis experimentis*, tout ce qui s'en peut tirer, tout de même qu'en algèbre. Mais à présent il me suffit de remarquer que ce qui est le fondement de ma charactéristique l'est aussi de la démonstration de l'existence de Dieu. Car les pensées simples sont les élémens de la charactéristique et les formes simples sont la source des choses. Or je soutiens que toutes les formes simples sont compatibles entre elles. C'est une proposition dont je ne sçaurois bien donner la démonstration sans expliquer au long les fondemens de la charactéristique, mais si elle est accordée, il s'ensuit que la nature de Dieu qui enferme toutes les formes simples absolument prises est possible. Or nous avons prouvé cy dessus que Dieu est, pourveu qu'il soit possible, donc il existe; ce qu'il falloit démonstrer.

REMARQUES

SUR

L'ABRÉGÉ DE LA VIE DE M. DESCARTES

PAR LEIBNIZ (¹).

1610. Je ne crois pas que le P. Mersenne puisse estre compté entre les sectateurs de M. Des Cartes. On voit assez qu'il n'entroit pas fort avant dans ses opinions bien qu'il estoit fort de ses amis, mais avec cette adresse qu'il ne laissa pas de se conserver celle de MM. Fermat, Hobbes, Gassendi et Roberval. Je ne crois pas que les Maximes de morale et de logique qu'on rapporte ny ayent esté faites par Des Cartes écolier c'est par anticipation sans doute que M. Baillet les fait entrer dans le récit de ses estudes de collége.

1613. Je n'ay pas encore le petit traité de M. Des Cartes de l'escrime.

1619. Il est vray que M. Des Cartes donnoit dans

(¹) La vie de Descartes dont il est ici question est par Baillet. Il avait fait demander des renseignements à tous les savants, même étrangers, qui avaient eu commerce avec la personne ou les écrits de ce grand homme. M. Cousin a publié dans ses *Fragments* les remarques de Hugens. Nous publions celles de Leibniz, que nous avons retrouvées à Hanovre, et qui sont inédites.

sa jeunesse dans des pensées un peu chimériques, on le voit par ses Olympiques. Mais je ne crois pas qu'il ait esté véritablement enthousiaste pour quelque temps comme M. Baillet l'a pris qui n'a pas assez considéré ce que M. Des Cartes entendoit par les fondemens de la science admirable.

— 1625. L'opinion de M. Des Cartes sur le tonnerre est une des moins raisonnables, et le bruit de la cheute des neiges dans les Alpes qui luy en a donné l'occasion ne prouve rien.

— 1626. Je croiray volontiers que M. Des Cartes n'avoit point veu Galilée en Italie. Cependant on remarque qu'il estoit jaloux de la réputation de ce grand homme.

— 1629. Il est vray que M. Des Cartes s'appliqua de temps en temps à la médecine, mais il eut esté à souhaiter qu'il s'y fut appliqué d'avantage et avec plus d'attachement aux observations qu'aux hypothèses. Car il faut avouer que les considérations des atômes et petites parties sert peu dans la practique.

— 1630. Il me semble qu'on fait tort à M. Isaac Béeckman. . . . .
. . . . M. Des Cartes donnoit un étrange tour aux choses quand il estoit piqué contre quelqu'un.

— 1636. Au sujet de la géométrie de M. Des Cartes il est bon de sçavoir que ce fut M. Golius qui fournit l'occasion à la faire naistre et qui contribua aux ouvertures qu'il eut dans cette science. Car M. Golius estoit très versé dans la géométrie profonde

des anciens qui avoit esté comme oubliée depuis. Et comme M. Des Cartes faisoit sonner fort haut sa méthode et la facilité qu'elle luy donnoit de résoudre le grand problème des anciens rapporté par Pappin, qui consiste dans un certain dénombrement des lignes courbes par les lieux. Ce problème cousta six semaines à M. Des Cartes et fait presque tout le premier livre de sa géométrie. Il servit aussi à désabuser M. Des Cartes de la petite opinion qu'il avoit eue de l'analyse des anciens. J'ay cela de M. Hardy qui me l'a conté autrefois à Paris...
M. Bayle s'étonne dans quelque endroit que M. Des Cartes a pu se résoudre à employer six semaines à un seul problème. Mais il faut considérer que ce problème contient une grande suite d'autres.

1637. Je crois que l'animosité qu'il y a eu entre M. Des Cartes et M. de Roberval venoit d'une raison plus importante que de ce que M. Des Cartes avoit omis de luy donner un exemplaire de ses Essais. La véritable raison a esté sans doute que M. Des Cartes avoit la coustume de parler des autres savans avec un grand mépris.

Et Roberval estoit un homme fier, ardent et contentieux. M. Des Cartes sans doute estoit bien plus profond que luy et plus capable de faire des découvertes. Mais il estoit comme les méditatifs ont coustume d'estre et comme un homme qui ayant beaucoup de grandes vues ne scauroit avoir le loisir de se charger la mémoire des particularités de chaque matière. Mais M. Roberval, n'ayant que les mathématiques en teste et faisant profession d'enseigner, avoit sa science preste et pour ainsi dire au bout de la langue. Cela faisoit que M. Des Cartes avoit de la peine à luy tenir teste dans les conversations ou le monde ne juge que par les dehors... M. Roberval me raconta à Paris que Des Cartes paroissoit écolier auprès de luy, et d'autres me l'ont confirmé. Il affectoit de se trouver aux Compagnies ou M. Des Cartes venoit pour avoir l'occasion de le harceler, et ce fut une des raisons qui fit quitter Paris à M. Des Cartes comme M. Baillet a remarqué plus bas.

1637. Autant que je puis juger par les lettres de M. Des Cartes, M. Fermat avoit trouvé et communiqué à ses amis sa méthode *de maximis et minimis* avant que la géométrie de M. Des Cartes avoit paru. Quant à la querelle qu'il y eut entre ces deux excellens géomètres, comme la méthode de M. Fermat a quelques avantages considérables sur celle que M. Des Cartes venoit de publier dans sa géométrie, on voit clairement que celuy-ci se servoit de chicanes pour la décrier d'autant qu'il avoit un peu trop vanté luy-même la sienne, qu'il avoit appliquée aux Tangentes disant que c'estoit ce qu'il avoit le plus désiré de scavoir dans la géométrie : en quoy je suis nullement de son avis.

1638. [Longue note sur les insultes de Des Cartes à Fermat Gillot son domestique satisfesoit à sa place à ses objections]... C'est Snellius Hollandois qui a le premier découvert la véritable loy des réfractions. Ainsi toutes les apparences sont que M. Des Cartes qui estoit si curieux de ces choses, qui avoit séjourné si longtemps en Hollande et qui practiquoit les meilleurs mathématiciens l'a sceu. Cela se confirme aussi en ce qu'il n'en a pas sceu la raison, et que voulant l'expliquer à sa mode par la composition du mouvement perpendiculaire avec les parallèles qu'il avoit appris de Kepler, il s'estoit embarrassé étrangement... Je n'ay pas vû ce monsieur Snellius, mais je suis persuadé que la voye par laquelle il a trouvé cet important Théorème a esté la même que M. Fermat a employé depuis et qui l'a mené à la même loy sans s'y attendre et sans rien sçavoir de Snellius. Et ce qui me le fait croire, c'est que les anciens se sont servi de la même méthode pour démontrer l'égalité des angles d'incidence et de réflexion que MM. Snellius et Fermat ont poussée à la réfraction. La postérité a depuis rendu justice à ces deux Messieurs, et ceux qui ont approfondi ces choses demeurent d'accord que M. Des Cartes n'a pas esté inventeur ny de la loy de réfraction ny de sa raison. Cependant la raison des anciens tient quelque chose de la considération des finales ça esté ce qui a fait qu'on a cherché encor une raison obefficiente. M. Hobbes s'estoit servi de la considération d'un rayon solide. M. Barron l'avoit poussé plus avant, mais il semble que l'explication de M. Hugens par les ondes est la plus profonde et la plus apparente que nous ayons jusqu'ici.

Je crois que M. Des Cartes a eu raison de dire que le jeune M. Pascal âgé de seize ans lorsqu'il fit son Traité des conques avoit profité des pensées de M. Des Argues. Il me semble aussi que M. Pascal l'a reconnu luy-même. Cependant il faut avouer qu'il avoit poussé les choses bien plus loin. C'est dommage que cet ouvrage dont MM. Perrier neveux de M. Pascal me montrant des fragmens à Paris n'a pas esté donné au public.

1641. Je ne trouve pas que M. Des Cartes ait esté ravi qu'on l'ait prié de donner l'abrégé de ses méditations métaphysiques dans un ordre géométrique, ny que l'exécution luy en ait paru facile. On remarque plustot qu'il a eu de la peine à s'y résoudre et à le faire. Aussi on peut dire qu'il y a très-mal réussi et qu'on y voit clairement la foiblesse de ses argumens cachés auparavant sous les belles apparences du Discours suivi des Méditations.

Il faut avouer que M. Hobbes faisant des objections à M. Des Cartes écrit fort civilement et que M. Des Cartes y répondit d'une manière fière et insultante et comme un homme qui parle par monosyllabes, et qui daigne à peine son adversaire de réponse. C'est que *figulus figulum odit* et que M. Des Cartes avoit quelque jalousie de la réputation de M. Hobbes qu'il considéroit comme un concourant dans la fondation d'une nouvelle philosophie.

On a trouvé depuis que les pensées de M. Hobbes n'estoient pas si méprisables que M. Des Cartes vouloit faire croire. Ce philosophe se moquoit de M. Hobbes qui disoit que la reflexion des corps venoit du ressort. Cependant ce sentiment a esté justifié depuis.

Je croy que M. Des Cartes régloit sa manière de traiter les gens honnestement ou fièrement selon les maximes d'une certaine politique, il insultoit à MM. Fermat, Hobbes et Gassendi quoyqu'ils eussent usé de beaucoup de civilité à son égard parce que leur manière de philosopher faisoit outrage à la sienne. Mais il traita M. Arnaud avec beaucoup d'honnesteté parce qu'il voyoit bien qu'il n'y auroit pas de concours entre eux et qu'ils avoient en quelque façon les mêmes intérests contre les docteurs vulgaires de l'école et surtout contre les Jésuites avec lesquels M. Des Cartes méditoit d'entrer en guerre. Cette espèce de politique paroist aussi dans les manières différentes dont M. Des Cartes a usé en parlant de M. Bouilliaud et de Campanella : mais en différens endroits il parle du premier avec estime pour la même raison qui luy sert à mépriser le second; c'est que l'un et l'autre s'estoit trompé en s'écartant des routes de la philosophie ordinaire.

Quant à M. Gassendi, je trouve que M. Des Cartes n'en a pas bien usé à son égard et que ses manières de répondre s'éloignent fort de cette honnesteté qui sied bien dans les disputes. Le prétexte qu'on allègue pour excuser M. Des Cartes scavoir que M. Gassendi dans les entretiens familiers ne parloit pas de nostre philosophe avec la modération qui paroissoit dans ses objections peut estre faux et s'il est vray je m'imagine que ces expressions de M. Gassendi auront esté postérieures à la réplique de M. Des Cartes. Mais quand il seroit vray que M. Gassendi eut parlé autrement qu'il m'écrivoit, M. Des Cartes auroit asseurement mieux fait d'avoir pour le public les mêmes égards que M. Gassendi avoit eus, et de donner plustot un exemple de modération que d'emportement. La pluspart des lecteurs ne connoissant point ces discours familiers prétendus confèrent la replique avec les objections et n'approuvent point qu'on oppose des manières choquantes à des expressions douces et honnestes.

1642. Je ne m'imagine pas que le cartesianisme ait fait un grand progrès dans l'ordre des Jésuites.

J'ay appris qu'un Anglois de cet ordre dont nous avons un livre intitulé *Thomæ Bonartis Nordtani Angli Concordia scientiæ cum fide*, essuya des mortifications pour avoir paru trop porté à suivre les sentimens de ce philosophe.

1643. M. de Sorbière qui avoit vu M. Des Cartes dans sa retraite témoigne d'avoir reconnu en luy le désir insatiable d'estre chef de secte et une affectation qui rendoit ses démarches estudiées ce qu'il n'avoit pas trouvé en M. Gassendi dont le procedé estoit plus franc et les manières sans artifice.

1644. Je m'étonne comment on peut dire que M. Des Cartes a eu assez de modestie pour se donner nulle part l'autorité de décider ; luy qui est peut-estre le plus affirmatif des philosophes qu'on avoit jamais vu jusqu'à avoir dit quelque part que si on découvroit la moindre erreur sur ce qu'il avoit dit de la lumière, il déclaroit que toute sa philosophie estoit fausse. Ce qui estoit doublement hyperbolique, car on sçait assez aujourd'hui que sa doctrine sur la lumière est pleine d'erreurs.

Mais il ne s'ensuit pas pour cela que toute sa philosophie est fausse car ses parties ne sont pas aussi bien liées qu'il veut que nous croyions.

1645. Je ne pense pas qu'on puisse accuser M. Regius avec justice d'avoir esté plagiaire de M. Des Cartes. Il luy avoit souvent rendu justice en reconnoissant combien il luy estoit obligé. Mais M. Des Cartes qui vouloit regenter les gens sur lesquels il croyoit avoir quelque autorité ayant maltraité Regius sous des pretextes assez légers, le parti le plus raisonnable que celuy-ci pouvoit prendre estoit de ne plus parler de luy ny en bien ny en mal. En quoy il obéissoit aux ordres de son magistrat... M. Des Cartes en critiquant la thèse de M. Regius se sert de chicanes fort plaisantes, entre autres parce que Regius avoit intitulé sa thèse : Explication de l'âme, etc., M. Des Cartes dit qu'il faut croire qu'il y aura mis là toutes ses raisons et qu'il n'aura plus rien à dire. Il est vray que cette thèse n'a esté publiée que l'an 1647, mais j'en ay voulu parler icy par avance.

Il est vray que M. Des Cartes tenoit la quadrature du cercle pour impossible, mais il ne paroist pas qu'il en ait eu une démonstration.

1647. M. Des Cartes ne dit pas seulement qu'il n'a point de raisons de prouver que le monde soit fini, mais il dit de plus qu'on n'en sçauroit avoir.

M. Golius n'a jamais esté cartesien.

1648. M. Roberval ayant obtenu les papiers du P. Mersenne et les lettres de M. Des Cartes qui y estoient; il est à croire qu'elles se trouveront parmy les papiers que M. Roberval a laissés à l'Académie Royale des Sciences.

Bien que M. Morus ait estimé infiniment M. Des Cartes on voit bien par les lettres qu'il luy envoit, qu'il avoit dès lors des sentimens particuliers.

1649. Sur la mort de Beaune... erreur. Mépris de Des Cartes pour M. Schooten non motivé.....

Je veux croire que la reine de Suède a eu beaucoup d'estime pour M. Descartes et qu'elle l'a honoré de sa confiance jusqu'à luy faire part aussi bien qu'à M. Chanut des dispositions qu'elle avoit pour le dessein extraordinaire qu'elle a pris depuis, mais de dire qu'elle l'ait mis de son conseil secret, c'est en quoy je ne voy pas d'apparence.... J'ay sçu à Rome des personnes qui avoient eu l'honneur d'approcher souvent de la Reine qu'elle avoit témoigné que M. Jean-Alphonse Borelli luy paroissoit plus grand philosophe que Des Cartes luy-même. Je ne suis nullement de l'opinion de la Reine. Cependant on voit par là que l'estime qu'elle a eue pour M. Des Cartes n'a pas esté si grand qu'on dit; je crois que s'il avoist vecu il auroit essuyé les inégalités de l'humeur de cette grande princesse.

Je ne sçay quels grammairiens M. Baillet entend en parlant de la cour de la Reine de Suède. Est-ce qu'il donne ce nom à MM. Saumaise, Bouchard, Naudé, Isaac Vossius, Freinshemius, dont les mérites et les connoissances fort estendues ont esté reconnues généralement.

1650. J'avoue cependant que les lumières de M. Des Cartes dans la connoissance de la nature ont esté plus utiles au genre humain que toute l'érudition de ces Messieurs-là. Et il auroit esté à souhaiter que nostre philosophe fut parvenu à l'aage de M. Hobbes ou de M. Roberval. Car asseurément il auroit encor fait des découvertes très-importantes, dont sa mort déplorable nous a frustré. En effect je tiens que le genre humain y a fait une perte très-grande qu'il sera très-difficile de réparer. Et quoyque nous ayons eu depuis de fort grands hommes qui ont même surpassé M. Des Cartes en certaines matières, je ne connois aucun qui ait eu des veues aussi générales que luy, jointes à une pénétration et profondeur aussi grande que la sienne.

PLATONIS PHÆDO

VEL DE ANIMI IMMORTALITATE (¹)

SALVIS SENTENTIIS

A LEIBNIZIO CONTRACTUS (²).

Echecrates à Phædone, qui morienti Socrati affuerat, totius rei gestæ, et ultimorum in primis sermonum tanti viri narrationem petit.—Cui Phædo, morem gerens, refert ea de die, qua venenum in carcere hausit Socrates, affuisse illi, præter se, *Athenienses*, Apollodorum et Critobulum, et patrem hujus Critonem et Hermogenem, Epigenem, Æschinem, Antisthenem, Ctesippum, Menexenum; peregrinos verò Simmiam ac Cebetem et Phædondam, *Thebanos*; tùm Euclidem et Therpsionem, *Megarenses*. Hi ad Socratem manè ingressi (ait Phædo), sedentem in lecticâ et crura nuper, ut fieri solebat,

---

(¹) Postea in Theophili paraphrasim incidi, in qua versus intermiscentur. Fuit olim in Gallia celebris. Locis quibusdam a sensu prorsus aberravit Theophilus. Verbi gratia, cum Cebes exclamat: *proh Jupiter!* subaddit Phædo: *Thebanorum more*, significans Thebanos in sermone hanc exclamationem subdere solitos esse. Theophilus contra interpretatus est quasi Cebes hæc verba dixisset: *Thebanorum more*. (*Nota Leibnizii ab editore in latinum versa.*)

(²) Nota quædam Leibnizii manu exarata mensem martium 1676 indicat, utpote contracti sermonis istius tempus. (*Nota editoris.*)

FIDÈLE ABRÉGÉ DU PHÉDON DE PLATON

ou de son

TRAITÉ SUR L'IMMORTALITÉ DE L'AME[1]

RÉSUMÉ PAR LEIBNIZ [2].

Echecrate demande à Phédon, qui avait assisté à la mort de Socrate, le récit de cet événement et surtout les derniers discours de ce grand homme. Phédon, pour lui être agréable, raconte que le jour où Socrate but le poison dans sa prison, il y avait auprès de lui, outre lui Phédon, en Athéniens : Apollodore, Critobule et son père Criton, Hermogène, Epigenès, Æschine, Antisthène, Ctsippe, Menexène; et en étrangers : Simmias, Cébès et Phædondas de Thèbes, Euclide et Therpsion de Mégare. « Etant venus le matin visiter Socrate, dit Phédon, ils le trouvèrent assis sur un lit de repos et se frottant les jambes qu'on venait de débarrasser de leurs chaînes, suivant la coutume observée pour

---

[1] J'ay rencontré depuis la paraphrase de Théophile où il y a des vers entremeslés. Elle a fait du bruit en France du temps passé. Il y a des endroits que Théophile n'a pas bien compris, par exemple quand Cébès disoit : *proh Jupiter*. Phædo ajoute : *Thebanorum more*, voulant dire que ceux de Thèbes mesloient dans leurs discours cette exclamation. Théophile l'a pris comme si Cebes nous avait dit ces mots : *Thebanorum more*.   (*Note de Leibniz*.)

[2] Une note en marge de la main de Leibniz nous prouve que cet abrégé a été fait par lui dans le mois de mars 1676. (*N. de l'Édit.*)

imminente morte, vinculis soluta perfricantem reperêre. Quos ut vidit Socrates : — Videte, inquit, amici, quàm facilis sit in contraria transitus; nam hoc crus modo dolore afficiebatur ex vinculis, nunc subitò successit voluptas. Quod si advertisset Æsopus, condidisset, opinor, fabulam, narravissetque nobis Deum duarum rerum ità pugnantium, cùm aliam non posset, saltem apices conjunxisse. —Tum Cebes, suscepto sermone :

Opportunè, inquit, ô Socrates, Æsopi mentionem facis, nam intelligo te in carcere, quod nunquàm antè facere solitus eras, poemata scribere cœpisse, et Æsopi fabulas carmine complexum; quod imprimis miratus est Evenus ([1]), poeta, ut scis, et philosophus, jussitque ut à te causam rogarem. — Socrates, cùm respondisset somnia quædam aliquoties admonuisse ut musicam exerceret, id se verò intellexisse de poesi : Hoc, inquit, ô Cebes, responde Eveno, atque illud adde, ut si probè sapit, me quàm primùm sequatur, migro enim hinc hodie : non tamen fortè sibi vim inferet, non enim fas esse aiunt.

—Tum Cebes : Quid istud, ô Socrates ? fas quidem non esse se ipsum violare, philosophum tamen optare morientem sequi ? — Cui Socrates : Audivistis

---

([1]) Arbitror Evenum paucis post Socratem diebus obiisse, idque Platonem non explicuisse in dialogo velut rem eo tempore notam, et intelligi daret quaudam fuisse in Socrate imprimis morituro vim vaticinatricem. (*Nota Leibnizii manu exarata.*)

les prisonniers dont la mort était proche. Dès que Socrate les vit : — Vous voyez, mes amis, dit-il, combien l'on passe aisément d'un état à un état contraire ; à l'impression de douleur que causait tout à l'heure à cette jambe les liens dont elle était chargée a succédé tout à coup une sensation de plaisir. Si Esope avait fait cette remarque, c'eût été, je pense, le sujet d'une fable, où il nous eût raconté que Dieu, ne pouvant joindre l'une à l'autre deux choses aussi contraires, en avait du moins réuni les extrémités. — Alors Cébès prenant la parole : C'est à propos, dit-il, ô Socrate ! que tu cites Esope, car j'apprends que, dans ta prison, tu as commencé, ce que tu ne fis jamais jusqu'alors, à écrire des poëmes, et que tu as mis en vers les fables d'Esope. C'est un grand sujet d'étonnement, surtout pour Evenus([1]), qui est, comme tu le sais, poëte et philosophe : il m'a prié de t'en demander la raison. — Socrate, après avoir dit que maintes fois des songes l'avaient averti d'apprendre la musique, et que par là il entendait la poésie : Fais, dit-il, ô Cébès, cette réponse à Evenus, et dis-lui en outre que, s'il veut agir en sage, il ait à me suivre bientôt, car c'est aujourd'hui que je m'en vais d'ici ; et cependant je doute qu'il emploie la violence, car on dit que cela est défendu. — Alors Cébès : Qu'est-ce cela, ô Socrate ! il n'est point permis de se faire violence, et pourtant un philosophe peut désirer de suivre un

---

([1]) Je pense qu'Evenus était mort peu de jours après Socrate, et que Platon n'a pas donné d'explication sur un fait qui était connu de son temps. Il donnerait à entendre qu'il y aurait eu en Socrate, surtout au moment où il allait mourir, comme un don de prophétie.
                          (*Note de la main de Leibniz.*)

talia jàm à Philolao, subest tamen paradoxi quiddam; nam si quibusdam aliquandò melius est mori quàm vivere, cur non liceat sibimet prodesse, et quid opus ut alium exspectent, qui ipsis prosit? Sed hæc, si placet, discutiamus nonnihil, quandò nihil aliud ad solis occasum, usque quod mihi moriendi tempus Athenienses posuère agendum superest; ità enim me apud vos quoque purgavero, qui meam moriendi facilitatem culpâstis.

Altioris sanè indaginis est arcana illa sententia, in quodam hìc carcere esse homines, neque cuiquam seipsum solvere atque aufugere jure licere. Illud verò clarius videtur, homines ipsos esse quamdam possessionem Deorum, nec priùs debere quemquam se interficere, quàm Deus necessitatem imposuerit : quemadmodum si quod ex mancipiis tuis se interimeret, irasceris utique, et si posses, etiam punires. — Tum Cebes : Esto, inquit, neminem mori debere nisi jussum, sed ut libenter moriatur etiam jussus, hoc à ratione alienum videtur. Non est servo jus fugiendi, at si à domino bono ejiciatur domo et à familiaribus avulsus, barbaris ignotisque venumdetur, utique dolebit et tantò magis, quantò meliùs bona sua præsentia intelliget. — Ad hæc Simmias : Hoc tibi quoque dictum putato, ô Socrates, qui à vità libenter discedens et amicos tuos, et, quod plus est, Deos, dominos bonos, faciliùs quàm

homme qui meurt. — Socrate répondit : Tu as entendu de telles choses de Philolaus, mais cela cache un paradoxe; car si, aux yeux de quelques-uns, il est plus doux de mourir que de vivre, pourquoi ne serait-il point permis de se rendre heureux soi-même et faudrait-il attendre un bienfaiteur étranger? Mais, si tu le veux, discutons sur ce point, puisque nous n'avons rien autre à faire jusqu'au coucher du soleil, moment que les Athéniens ont fixé pour ma mort; je pourrai ainsi me disculper devant vous, qui accusez cette pente que j'ai de mourir.

C'est une question qui demanderait de profondes recherches que cette mystérieuse sentence qui a placé l'homme ici-bas comme dans une prison et qui ne permet à personne de s'en tirer soi-même et de s'en échapper. Mais, ce qui est plus clair, c'est que les hommes eux-mêmes sont comme la propriété des dieux, et ils ne doivent se donner la mort que lorsque Dieu leur en a donné l'ordre. Ainsi, si quelqu'un de tes esclaves se tuait, tu te mettrais en colère, et même, si tu le pouvais, tu l'en punirais. — Alors Cébès : Je t'accorde, dit-il, que personne ne doit mourir sans ordre, mais mourir avec plaisir, quand l'ordre est donné, voilà ce qui paraît contraire à la raison. L'esclave n'a pas le droit de s'enfuir, mais s'il est rejeté de la maison d'un bon maître, arraché du sein de la famille et vendu à des barbares et à des inconnus, sa douleur en sera grande, et d'autant plus grande, qu'il aura apprécié la bonté de sa condition présente.—A cela Simmias : Tu peux t'appliquer ces paroles, ô Socrate! puisque, en partant, tu abandonnes, d'une pente si facile, tes amis et même les dieux, ces maîtres

par est, relinquis. Scis enim, si omnia quæ fieri solent facere voluisses, potuisses te servare vitam. — Tum Socrates : Conabor, amici, nunc apud vos accuratiùs, quàm nuper apud Athenienses judices, me defendere. Equidem, ô Simmia atque Cebes, nisi me migraturum putarem, primùm quidem ad Deos alios sapientes et bonos, deindè ad homines defunctos, his qui hìc sunt meliores, injustè agerem, non molestè ferens mortem. Nunc certo habetote *sperare* me ad viros bonos iturum, sed hoc quidem haud omninò asseverarem. Quod verò ad Deos, dominos valdè bonos, iturus sim, certum habetote, si quid aliud unquàm ; idque unum est quod ego ausim affirmare. Quare mortem non ægrè fero, sed bono animo sum speroque superesse aliquid defunctis et multo meliùs fore bonis quàm malis. — Tum Simmias : Quid facis, ô Socrates ! qui, cum præclarâ adeò sententiâ te hinc proripis, nec tanti boni nos quoque participes relinquis ? Denique non aliter te apud nos purgabis, quàm si hoc quidem persuaseris. — Huic Socrates : Rectè, inquit, ô judices, idque facere conabor. Principio itaque arbitror philosophorum esse meditari mortem, ut ridiculum videatur eos molestè ferre, si id adveniat, quod per omnem vitam agitavêre. Deindè ipsi philosophi imprimis morte digni sunt. Quod ne rideatis, scitote ingens illis bonum esse mortem. Quid aliud autem philosophi quotidiè agunt ? Nam voluptatibus et curâ corporis non ultrà ducuntur

si bons. Car, tu le sais, si tu avais voulu faire tout ce qu'on fait d'ordinaire, tu aurais pu sauver ta vie. — Alors Socrate : J'essaierai, ô mes amis ! de me défendre plus consciencieusement auprès de vous que je ne l'ai fait l'autre jour devant mes juges d'Athènes. Oui, sans doute, Simmias et Cébès, si je ne croyais que je vais rejoindre d'autres dieux sages et bons, et même des hommes morts meilleurs que ceux qui sont ici-bas, j'aurais tort de rester indifférent à la mort. Et maintenant, soyez-en sûrs, j'ai l'espérance d'aller retrouver des hommes bons ; je ne voudrais pas l'affirmer, mais, ce qui est certain, si jamais quelque chose le fut, c'est que j'irai vers des dieux qui sont de bons maîtres, et c'est là la seule chose que j'oserais affirmer. Voilà pourquoi je ne quitte point la vie avec regret ; j'ai bon courage et j'espère qu'il y a quelque chose après la mort, et que le sort des bons sera meilleur que celui des méchants. — Alors Simmias : Que fais-tu, ô Socrate ! toi qui, sur la foi de si grandes maximes, t'arraches du milieu de nous, et ne veux point nous faire participer à des biens si immenses ? Tu ne peux te justifier à nos yeux qu'en nous persuadant ce que tu as avancé. — Alors Socrate : C'est bien, ô mes juges ! et je vais m'efforcer de le faire. Et d'abord, je pense qu'il est d'un philosophe de méditer la mort, en sorte qu'il serait un objet de risée, s'il soutenait mal un événement dont l'attente a rempli sa vie. Secondement, c'est surtout aux philosophes qu'il convient de mourir, et c'est très-sérieusement que je parle ; sachez que la mort est pour eux un grand bien. Quelle autre chose font-ils tous les jours ? Car les voluptés et les soins du

quàm necesse est, et cùm sapientiam quærunt, non ignorant sinceris cogitationibus impedimento esse corpus, si inquisitionis socium assumant. Nam nec visus, nec auditus aliquid exhibent sinceri; et tum optimò ratiocinamur, cùm nec visus, nec auditus, nec dolor, nec voluptas turbant. Quæso te, Simmia, ipsamne justi et pulchri et magni essentiam aliquid esse putas?—Ità certè.—Hoc verò an oculis perspici potest?—Minimè.—Hæc tamen cogitanda sunt, si veritatem et sapientiam quæramus; abducenda ergò à sensibus mens est. At impedimenta à corpore quotidiè nascuntur. Alendum est enim corpus et ad eam rem opus pecuniis; pecuniarum autem causâ qualia faciant homines nôstis. Itaque qui purè intelligere volent, optabunt à corpore recedere ejusque voti, non nisi morte compotes fient. Si quis verò mortem molestè ferat, eum non φιλόσοφον, sed φιλοσώματον esse scitote. Alii qui mortem majoris mali vitandi causâ oppetiêre, solo metu, si quidem id fieri potest, fortes sunt; philosophus solus, spe boni majoris, imò unici sive summi. Animadvertendum est enim non esse hanc rectam ad felicitatem viam, ut voluptates voluptatibus, dolores doloribus redimamus, et metum metu, et majus minori, tanquàm nummos, commutemus. Sed ille duntaxat rectus sit nummus, cujus gratiâ hæc omnia oportet

corps ne les occupent que le temps justement nécessaire, et lorsqu'ils recherchent la sagesse, ils n'ignorent point que le corps, quand il est associé à leurs recherches, est un obstacle aux pures pensées; car ni la vue, ni l'ouïe ne nous donnent rien de pur, et nous raisonnons d'autant mieux que ni la vue, ni l'ouïe, ni la douleur, ni la volupté ne nous troublent pas. Mais, dis-moi, Simmias, l'essence du juste, du beau et du grand, penses-tu que ce soit quelque chose? — Simmias : Oui, certainement. — Socrate : Mais est-ce quelque chose que les yeux aperçoivent? — Simmias : Non. — Socrate : Il y faut penser pourtant, si nous recherchons la vérité et la sagesse; il faut donc dégager l'esprit des sens. Mais journellement le corps fait naître des obstacles. Il faut le nourrir, et pour cela nous avons besoin d'argent, et ce que font les hommes pour de l'argent, vous le savez. Ceux donc qui aspirent à l'intellection pure souhaiteront de s'isoler du corps, et ils n'atteindront la fin de leur désir que par la mort. Si quelqu'un a peur de la mort, sachez qu'il n'est point ami de la sagesse, mais de son corps. Quant à ces autres qui n'ont recherché la mort que pour éviter un plus grand mal, ils n'ont que le courage de la peur, si je puis dire : seul, le philosophe ne la désire que pour un bien plus grand, pour le bien unique et suprême. Car il faut bien observer que la vraie route du bonheur n'est pas de racheter le plaisir par le plaisir, la douleur par la douleur, la crainte par la crainte, le plus grand par le plus petit, comme si nous échangions des pièces de monnaie. Mais la seule monnaie qui soit vraiment bonne est celle contre laquelle il faut tout échanger, tout

commutari atque venundari, scilicet sapientia, sine qua temperantia abstinens voluptatibus, et fortitudo dolores perferens, tantùm umbræ sunt virtutum. Ego me ex eorum numero esse scio, qui omni studio ad veram vitam contendêre; quantùm autem profecerim, mox discam. Habetis cur non perturber, cùm vos eosque qui hic sunt, dominos relinquo; spero enim me et illìc non minùs bonos dominos amicosque inventurum, si igitur defensio mea vobis magis quàm Atheniensibus judicibus satisfecit, benè se res habet. — Suscipiens sermonem Cebes, cùm ista finisset Socrates : Cætera quidem, ô Socrates, rectè dicta videntur; quantùm verò ad ipsam animam spectat, valdè ambigunt homines, ne anima à corpore separata nusquàm sit ulteriùs, sed statim exstinguatur; nam si superesse constaret, magna spes foret, vera esse quæ dicis, animam scilicet in se collectam, et à corpore separatam, fore perfectiorem. — Tum Socrates : Si ità vultis, etiam hoc per id, quod mihi superest, vivendi tempus, agitemus. Vetus opinio est abire animas ad inferos atque inde aliquandò hùc reverti. Quo posito, utique medio tempore existunt animæ. Hæc verò opinio etiam probata habebitur, si consideretur non fieri viventes nisi ex mortuis, nec mortuos, nisi ex viventibus; quemadmodùm somniantes ex vigilantibus, et contrà : et in universum contraria ex con-

vendre, à savoir la sagesse; car, sans elle, la tempérance, qui nous fait nous abstenir de la volupté, le courage, qui nous fait supporter les douleurs, ne sont que des ombres de vertus. Quant à moi, je sais que je suis du nombre de ceux qui font tous leurs efforts pour parvenir à la vraie vie, et je saurai bientôt si j'y ai fait quelques progrès. Vous savez donc maintenant pourquoi je ne suis point troublé en vous quittant, vous et ceux qui sont les maîtres ici-bas. C'est que j'espère trouver dans l'autre monde de bons maîtres et des amis non moins bons. Et si ma défense vous satisfait plus que les juges athéniens, tout est pour le mieux. — Cébès prenant la parole, après que Socrate eut parlé : Certes, ô Socrate! dit-il, le reste de ton discours paraît juste; mais pour ce qui regarde l'âme, il y a de grandes difficultés parmi les hommes afin de savoir si l'âme, séparée du corps, n'a pas d'existence ultérieure et s'éteint tout à coup; car s'il était certain qu'elle survécût, ce serait un grand sujet pour nous d'espérer de voir arriver ce que tu dis, à savoir que l'âme, recueillie en elle-même et séparée du corps, en sera plus parfaite. — Alors Socrate : Si vous le voulez, nous allons, pendant le temps qui me reste encore à vivre, agiter cette question. L'opinion ancienne est que les âmes vont dans les enfers et que, de là, elles reviennent un jour sur terre. Cela posé, les âmes existent très-certainement dans l'intervalle. Cette opinion acquerra la force d'une preuve, si l'on considère que les vivants ne naissent que des morts, et les morts des vivants, de même que le sommeil vient de la veille, et réciproquement, et, en général, les contraires des con-

trariis: transitus autem ab uno contrariorum in alterum, unius generatio alterius exstinctio est. Et unius quidem horum contrariorum manifesta nobis per experientiam generatio est: ipsum scilicet mori, quod mortui productio est. Consentaneum ergo, nisi in hoc uno mancam putemus naturam, esse contrarii quoque alterius generationem aliquam quæ est reviviscentia. Et certò, nisi circulus in his esset, alterumque ex altero reproduceretur, directa tantùm progressio foret, omniaque ad idem devenirent.

Visus est ista Cebes non mediocriter comprobare subjecitque multò clariora fore, si illud cogitetur, toties à Socrate ipso inculcatum: cùm discamus aliquid, nos tantùm reminisci; idque eo in primis pulcherrimo constare argumento, quòd interrogati homines, si quis eos rectè interroget, ipsi omnia quemadmodùm sunt, respondent in ipsis etiam abstrusioribus, qualia sunt geometrica; quod nunquàm facere possent, nisi ipsis jàm inesset scientia quædam. Quod si ergò tantùm reminiscimur, utique scivimus aliquid antè hanc vitam. — Cùm subdubitaret hic nonnihil Simmias, aut saltem hæreret, Socrates resumpsit sermonem, et: Nonne, inquit, confiteris, Simmia, id vulgò reminiscentiam appellari, cùm quis, aliquâ re perceptâ, ad alterius cujusdam diversæ rei cogitationem veniat, ut si

traires. Mais le passage continuel de l'un des contraires à l'autre est naissance pour celui-ci, mort pour celui-là. L'expérience nous montre très-clairement comment s'engendre l'un de ces contraires; c'est à savoir que ce qui vient de la mort y retourne. Je crois donc, à moins toutefois que nous ne pensions que la nature ait manqué en ce seul point, je crois donc, dis-je, que l'autre contraire aussi est engendré, et que c'est la seconde vie. Certes, si cette impulsion ne suivait un mouvement circulaire, si les choses ne se reproduisaient pas les unes par les autres, la progression se ferait toujours en ligne droite, tout serait confondu. — Cette preuve parut faire effet sur Cébès; il ajouta que tout s'éclaircirait davantage, si on faisait réflexion sur ce principe si souvent inculqué par Socrate lui-même : quand nous apprenons quelque chose, nous ne faisons que nous ressouvenir; et la plus forte preuve en est sans doute que les hommes interrogés, si toutefois l'interrogateur est habile, répondent d'eux-mêmes ce qui est réellement et cela même dans les sujets les plus abstrus, comme le sont les questions de géométrie : ce qu'ils ne sauraient faire, s'il n'y avait en eux une certaine science innée. Mais si nous ne faisons que nous ressouvenir, il faut bien que nous ayons su quelque chose avant cette vie. — Comme Simmias paraissait conserver un léger doute ou du moins quelque hésitation, Socrate reprit l'entretien : Tu ne peux manquer d'avouer, Simmias, que l'on appelle communément réminiscence l'état d'un homme qui, percevant une chose, pense à une autre d'une autre espèce; c'est ainsi qu'une lyre nous fait ressouve-

lyra faciat hominis reminisci ? — Ità est, ait Simmias. — Scito ergò idem fieri in acquisitione scientiæ; nam cùm lapides duos cogitamus æquales et mox duo quoque ligna, tunc ipsius per se æqualis reminiscimur, quod in nullo homine continetur, et cujus aliundè in nobis existens notitia tantùm excitatur. Sed hoc accuratiùs probandum est : ipsum per se æquale utique est aliquid, ejusque etiam notitiam habemus, at non è ligno neque è saxo, nam lignum et saxum non sunt per se æqualia, quoniam modo æqualia, modo inæqualia sunt. Hoc ampliùs cùm judicamus, duo esse æqualia aut inæqualia, ad eam quæ in nobis est, referimus cognitionem æqualis; ea ergò jàm præexistit in nobis. Cùmque fateamur à nullo sensu, nec visu scilicet, nec tactu, nec alio acquisitam adeoque et cum nativitate in nobis fuisse; idemque est de cæteris notitiis pulchri scilicet et boni aliorumque : hinc jàm alterum sequitur, vel scientiam nobis cum nativitate infusam, vel nos antè nativitatem scientiam possedisse, alterutrum elige, ò Simmia. — Cùm hic tergiversaretur Simmias, perrexit Socrates : — utrovis modo discere erit reminisci. Age, Simmia, putasne eorum quæ dicimus, statim rationem reddere rectèque respondere posse ? — Ego verò, ait Simmias, adeò id non puto, ut verear ne nemo cràs hic supersit qui possit. — Ergò,

nir d'un homme. — Je te l'accorde, dit Simmias. — Socrate : Sache donc qu'il en est de même dans l'acquisition du savoir. Si nous pensons à deux pierres qui sont égales, puis à deux morceaux de bois, nous nous ressouvenons alors de ce qui est égal en soi, qui n'est renfermé dans aucun homme, et dont la notion préexistante en nous-même ne fait que s'y réveiller. Mais cela demande à être prouvé avec plus de soin. Ce qui est égal en soi est certainement quelque chose, et nous en avons connaissance. Mais cette connaissance ne vient pas du bois ou de la pierre, car ni le bois ni la pierre ne sont égaux par soi, puisque tantôt ils le sont et tantôt ils ne le sont pas. Lorsque nous portons ce jugement sur l'égalité ou l'inégalité, nous nous rapportons à la connaissance de l'égalité, qui est en nous et qui déjà y préexiste, et nous disons que cette connaissance ne nous a pas été donnée ni par les sens, ni par la vue, ni par le toucher, ni par aucune science acquise, mais qu'elle était innée en nous, et il en est de même des autres connaissances du bien, du beau, etc. Mais ici se présente une autre difficulté : la science est-elle infuse en nous au moment de la naissance, ou la possédons-nous avant de venir au monde? Laquelle de ces deux opinions devons-nous choisir, Simmias? — Comme Simmias hésitait, Socrate continua : Dans les deux cas apprendre sera se ressouvenir. Penses-tu, Simmias, lui dit-il, que tous puissent immédiatement donner une solution et répondre avec précision à toutes les questions qui nous occupent? — Simmias : Non-seulement je ne le pense pas, mais je crains bien aussi qu'aucun de ceux qui seront encore vivants demain ne le

ait Socrates, ignorant aliquandò, mox sciunt, nemine dicente si modò rectè ducas; sciverant ergò aliquandò et obliti reminiscuntur (¹). Sed an nascendo scientiam acceperimus, ità definiemus: ponamus ità esse; sequitur aliquo saltem tempore durare nobis scientiam nascendo, si ità vis acceptam, posteà interire obliviscendo nisi quod in tum est dicere malimus simul nos accipere scientiam et perdere; tale autem tempus cùm nullum sit in hâc vitâ inde à nativitate sequitur, habuisse nos scientiam antequàm nasceremur. — Tum Simmias: Mirificè hæc confecisti, ô Socrates, eademque mihi videtur esse necessitas atque pulcherrima hùc ratio nos perduxit ut animam pariter ac ipsas illas essentias antequàm nasceremur exstitisse confiteamur, nihil enim certiùs quàm existere ipsum bonum et ipsum pulchrum. Et hæc quidem satis mihi persuasisti, ô Socrates, sed vellem persuadeas et Cebeti, homini omnium ad credendum tardissimo, imò et mihi ipsi videtur, etsi concedendum sit animam fuisse antequàm nasceremur, non ideò sequi

¹ Pars hactenus dictorum solida est: ejusdem, etc., æqualis esse quasdam in nobis perceptiones à sensibus non acceptas certum est, sed propositiones quas ex his notitiis sive ideis ducimus, discimusque à nobis ipsis, eas necesse non est nos jam olim scivisse, sequeretur enim ne nova quidem theoremata à nobis inveniri posse que non jam anteà sciverimus, cùm tamen novorum characterum usus nova exhibeat theoremata.   (*Nota Leibnitii manu exarata.*)

puisse faire. — Socrate: Donc, ils deviennent d'ignorants qu'ils étaient savants, sans que personne ne leur communique la science et pour peu qu'on sache les conduire : on a su, on oublie et l'on se ressouvient. Mais, afin de voir si c'est en naissant que nous recevons la science, nous procéderons ainsi : supposons le fait. Il s'ensuit que, pendant un certain temps, du moins, cette science qui, si tu le veux, nous aura été donnée en naissant, demeure en nous, qu'après cela, elle meurt par l'oubli; mais tu préfères peut-être dire que nous recevons la science et que nous la perdons du même coup. Mais comme ce temps ne s'est point écoulé dans cette vie, et depuis que nous sommes nés, il en résulte que nous avons la science acquise avant de naître ([1]). — Alors Simmias : O Socrate ! tu t'en es tiré à merveille; il me semble aussi qu'une même nécessité et une haute raison nous amènent à avouer que l'âme, ainsi que toutes les essences, a existé avant la naissance; car rien n'est plus certain que l'existence du bien et du beau. De toutes ces choses, ô Socrate ! tu nous as convaincus, moi et Cébès, l'homme le plus difficile à convaincre; mais il me semble que, quoique nous t'accordions l'existence de l'âme avant notre naissance, il ne s'ensuit

---

[1] Il y a de solides vérités dans ce qui a été dit jusqu'ici. Il est évident qu'il y a en nous certaines perceptions du même, de l'égalité, etc., qui ne viennent pas des sens. Mais quant aux propositions que nous formons de ces notions ou de ces idées et que nous apprenons de nous-même, il n'est pas nécessaire que nous les ayons sues autrefois. Car il s'ensuivroit que la découverte de nouveaux théorèmes nous seroit impossible si nous ne les avions sus antérieurement, tandis que l'usage de nouveaux caractères est une marque de la nouveauté des théorèmes. (*Note de la main de Leibniz.*)

exstare post mortem. — Ità est, ait Cebes, videris enim hujus non nisi dimidium probâsse. — Imò totum, ait Socrates, si modò huic conclusioni adjungatis quod suprà ostensum est, vivos ex mortuis fieri. Nam si animam aliquandò oportet ad hanc vitam reverti utique superest post mortem. Veruntamen video vos desiderare ut idem diligentiùs tractetur et fortasse puerorum more formidatis, ne corpore egredientem animam ventus dispergat, præsertim si ventis vehementiùs flantibus exierit. — Tùm Cebes : Finge nos hæc formidare, ô Socrates, aut etiam puta inter nos puerum esse qui mortem velut larvam pertimescat. — Huic, inquit Socrates, carminibus mederi quotidiè oportet, donec sanus efficiatur. — Sed ubinàm, inquit Cebes, medicum ejusmodi nanciscemur, ô Socrates, cùm tu decesseris? — Ampla est, inquit, ô Cebes, Græcia, in quà sunt viri præstantes, quàm plurimæ sunt barbaræ nationes, per has omnes ejusmodi medicum debetis perquirere, neque pecuniis parcentes, neque laboribus. Nihil enim est pro quo quis omnia meliùs expendat. — Fiet, inquit Cebes, sed redeamus jam, si tibi placet undè digressi sumus. — Placet, inquit Socrates, atque ità perrexit. Nonne quod simplex est, incorruptibile est? et vicissìm quod non mutatur et eodem modo se habet, simplex videtur? Ità certè jàm eodem modo se habere atque æterna esse constat ea quæ per se sunt, ipsum bonum, ipsum pulchrum, verbo, essentias rerum de

pas qu'elle existera après la mort. — C'est bien cela, dit Cébès, tu ne nous as encore prouvé que la moitié de ce que tu as avancé. — J'ai prouvé le tout, dit Socrate, si seulement vous voulez y ajouter la conclusion que nous avons rendue évidente plus haut, à savoir que les vivants naissent des morts ; car si l'âme doit un jour revenir en cette vie, il faut bien qu'elle survive après la mort. Mais il me semble que vous paraissez regretter que je ne traite pas ce sujet avec plus de soin, et vous craignez peut-être, comme des enfants, que quand l'âme sort du corps, le vent ne l'emporte, surtout quand on meurt par un grand vent ? — Alors Cébès : O Socrate ! prends que nous le craignions, et suppose aussi qu'il y ait parmi nous un enfant qui le craigne et qui ait peur de la mort comme d'un masque. — Alors, dit Socrate, il faut employer chaque jour des enchantements, jusqu'à ce que vous l'ayez guéri. — Mais où trouverons-nous un pareil médecin, dit Cébès, puisque tu nous quittes ? — La Grèce est grande, ô Cébès ! et l'on y trouve beaucoup d'habiles gens ; les nations barbares sont plus nombreuses encore ; c'est parmi elles et tout le monde que vous devez chercher ce médecin, en n'épargnant ni l'argent ni les labeurs ; car il n'y a pas de plus noble manière de dépenser sa fortune. — Soit, reprit Cébès, mais reprenons, si tu le veux, le discours que nous avons quitté. — Volontiers, dit Socrate, et il continua ainsi : Ce qui est simple n'est-il pas incorruptible, et pareillement, ce qui ne change pas et se conserve toujours le même ne nous paraît-il pas simple ? Il est certain qu'elles se conservent et sont éternelles les choses qui existent par elles-mêmes, comme le

quibus et suprà locuti sumus. Contra sensibilia fluxa et caduca sunt. Quis jam neget animam his æternis, corpus caducis, magis assimilari? Nam cùm mens ad aliquid considerandum socium sibi corpus assumsit, tunc à corpore trahitur ad ea quæ nunquàm eodem modo sunt, aberratque et perturbatur, et quasi ebria vacillat. At quoties ipse animus aliquid per se ipsum excogitat, confert se ad purum, sempiternum, immortale, semper eodem modo se habens, et tanquàm ipsis cognatus, semper adhæret illi, tunc etiam cùm à corpore abductus est, quoties redit in se ipsum, et cessare ei licet ab errore, tunc circa intelligibilia ista eodem semper se habet modo ut potè qui talia jam attigerit, et hæc ejus affectio sapientia nominatur. — Ad hæc Cebes : Arbitror, inquit, quemlibet utcunque indocilem atque pertinacem tibi concessurum animam esse æternis illis ac divinis similiorem.—Tum Socrates : Porrò consideremus, inquit, etiam hoc animæ esse secundùm naturam, præesse ac ducere, corporis obedire ac sequi, quorum illud divino, similius hoc mortali. Concludamus ergò cùm corpori conveniat ut brevi solvatur, animo convenire ut vel omninò non solvatur, vel certè ut sit rei immortali valdè propinquus et similis. Porrò ipsum cadaver, anima cassum diffluit quidem, sed lentè, et si condiatur, ut in Ægypto, per incredibile quoddam tempus fermè integrum manet, et quod cùm ità sit, quis credat corpus vix multo tempore, animam divinis ac æter-

bien, le beau et toutes les essences dont nous avons parlé plus haut. Tout ce qui tombe sous nos sens, au contraire, passe et périt. Qui niera que l'on ne doive assimiler l'âme aux choses éternelles, le corps aux choses périssables ? Car, lorsque l'esprit, pour approfondir un objet, a pris le corps pour son associé, il est entraîné par lui vers les choses qui varient sans cesse, il commet des erreurs, se trouble et chancelle, comme s'il était ivre. Mais toutes les fois que l'esprit pense par lui seul, il se tourne vers le pur, l'éternel, l'immortel, vers ce qui ne change pas, et si ses efforts se soutiennent, quand bien même le corps viendrait un instant le tirer de ses méditations, toutes les fois qu'il revient en lui-même, il peut faire cesser son erreur : puis il se comporte toujours de même à l'égard de ces intelligibles, car il les a déjà connus, et c'est cette affection que l'on appelle sagesse. — A cela Cébès : Je pense que, quel que soit notre degré d'indocilité et d'opiniâtreté, nous sommes forcés d'avouer les rapports de l'âme avec les choses divines et éternelles.—Alors Socrate: Remarquons aussi qu'il est de la nature de l'âme de dominer et de gouverner, de celle du corps d'obéir et de se soumettre, et que la première de ces choses nous rapproche du divin, la seconde du mortel. Concluons donc que, s'il convient à la nature du corps de se dissoudre bientôt, il convient à celle de l'âme de ne se point du tout dissoudre ou du moins de se rapprocher extrêmement des choses immortelles. Or, le cadavre même, privé de son âme, se réduit en poussière, mais lentement et s'il est embaumé comme en Égypte, alors il reste intact pendant un temps incroyable. S'il en est ainsi, qui croirait qu'il faut au

nis tantò similiorem, momento interire. Càm contrà videatur tanto perfectior esse debere quanto à corpore purior exierit. Itaque animæ terrenis tantùm perceptionibus graves, circa sepulchra hærere creduntur, et corpora animalium induere ut cujusque naturæ convenit, asini, milvii, lupi. Qui verò popularem civilemque virtutem, quam temperantiam et justitiam nominant, exercuere, absque philosophiâ quidem et mente, sed ex consuetudine exercitationeque acquisitam, eos hic feliciores apum et formicarum speciem induere, et rursùs deniquè in humanam redire formam; in Deorum verò genus nulli fas est pervenire præter eos qui discendi cupiditate flagrantes, et philosophati sunt, et puri penitùs decessere. Hi nec paupertatem formidant, nec contemptum, nec fingendo corpori vivunt, sed animum colunt. His jàm vivis philosophia paulatim animum à corpore solvit, ostendens quàm fallax oculorum auriumque judicium, suadetque ab iis discedere, quatenùs illis hærere non summa cogit necessitas, seque in se ipsam revocare, nec ulli credere præter quàm sibi, quatenùs scilicet ipsa per se ipsam intelligat quodlibet eorum quæ per se existunt et per se intelliguntur. Quæ verò ipsa per alia consideret, quæque in aliis alia sint, qualia sensibilia sint, eorum nihil verum

corps un long temps pour mourir et une grande peine, et que pour l'âme, bien plus semblable aux choses divines et immortelles, il suffit d'un moment? N'est-il pas évident, au contraire, que l'âme sera d'autant plus parfaite qu'elle sera sortie plus pure de son corps? C'est pour cela, croit-on, que les âmes appesanties sous le poids des sensations terrestres gisent parmi les tombeaux et se revêtissent de corps d'animaux appropriés à leur nature, des ânes, des milans, des loups. Celles, au contraire, qui ont mis en pratique les vertus sociales et civiques, que l'on appelle tempérance et justice, vertus qu'on acquiert sans la philosophie et sans la réflexion, mais par l'habitude et la pratique, celles-ci, plus heureuses, se revêtiront de la forme des fourmis et des abeilles, ou rentreront de nouveau dans les corps humains. Mais il n'est permis à personne de s'élever jusqu'à la famille des dieux, si ce n'est à ceux qui, enflammés de l'amour de la sagesse, sont devenus philosophes et sont sortis purs de cette terre. Ils ne redoutent point, ceux-là, la pauvreté, le mépris; leur vie ne se passe point à flatter le corps, c'est l'âme seule qu'ils cultivent. Déjà pendant leur vie la philosophie leur apprend peu à peu à dégager l'âme du corps; elle leur montre combien est trompeur le jugement des yeux et des oreilles, et les engage à se séparer d'eux, à moins qu'une nécessité puissante ne les force à s'y soumettre; elle leur apprend à se recueillir, à n'ajouter foi qu'à elle-même, à examiner, avec l'essence même de sa pensée, ce que chaque chose est en son essence; à tenir pour faux tout ce qu'elle apprend par un autre qu'elle-même, tout ce qui varie selon la différence des intermédiaires, comme

existimare; itaque philosophia illud considerat, qui vehementer doleat aut delectetur, aut cupiat, aut metuat, non ideò tantùm nocere sibi, quòd pecunias consumet aut ægrotabit, sed quòd animi puritati officiat, quanquàm hoc, quod omnium damnorum maximum est, homines non animadvertant. Quare nec illud philosophi est, animum semel ad altiora erectum immergere sensibus, et nunc polluendo se, nunc purgando, alternis ludere, aut ligando solvendoque mentem Penelopes telam retexere, sed agnitam semel veritatem constanter sequi, certum post hanc vitam ad quiddam æternis divinisque cognatum migrantem, debere se humanis eximi malis. Qui hoc animo est, non metuit ne, solutâ corporis compage, omnis in ventos vita recedat.

Cùm hæc Socrates dixisset, longum factum est silentium, omnibus tacitè dicta revolventibus; Cebes verò et Simmias parumper invicem collocuti sunt. — Hoc verò intuitus Socrates : Si alia quædam agitatis, nihil dico ; si verò aliquid hìc desideratis, ne vereamini eloqui. — Tum Simmias : Dubitavimus ego atque hic Cebes, an tibi ultrà interrogandi negotium facessere hoc rerum statu conveniret, sed vicit amor discendi ne aliquandò nobis ipsi exprobremus, quod nunc siluerimus, sed et exhortatio tua animos feret. Itaque eò redit dubitationis nostræ caput, quæ de animo à te tam præclarè dicta

les choses sensibles. La philosophie estime donc que celui qui vit dans la tristesse, dans la joie, dans les désirs immodérés, dans la crainte, n'éprouve pas seulement les maux ordinaires, comme de perdre sa fortune, de devenir malade, mais qu'il touche à la pureté de son âme, bien que, et c'est là le plus grand et le dernier des maux, il n'en ait pas même le sentiment. C'est pourquoi il n'est pas d'un philosophe, quand son âme s'est une fois redressée vers les choses supérieures, de la replonger dans les sens, de la souiller et de la purifier tour à tour, et, à force de lier et de délier, de refaire la toile de Pénélope; mais il doit poursuivre avec constance la vérité une fois reconnue, certain qu'après cette vie, celui qui retourne à un état voisin de l'éternel et du divin sera exempt des maux de l'humanité. Celui qui est dans ces dispositions ne craint pas qu'à la sortie du corps sa vie ne se dissipe et ne s'envole tout entière emportée par le vent.

Lorsque Socrate eut parlé ainsi, il se fit un long silence : tout le monde repassait dans sa mémoire ce qu'il venait de dire. Mais Cébès et Simmias parlèrent un peu ensemble.—Socrate s'en aperçut : Si vous parlez d'autre chose, je n'ai rien à dire, dit-il, mais si vous avez quelques doutes sur ce que j'ai dit, parlez sans crainte. — Simmias : Nous doutions, Cébès et moi, s'il convenait dans un pareil moment de te fatiguer plus longtemps de nos questions ; mais l'amour de la science l'emporte, nous craignons d'avoir à nous reprocher notre silence, enfin tu nous y a engagé toi-même et cela nous décide. Le principal doute qui nous vient, c'est que les paroles si claires que tu as prononcées au sujet de l'âme

sunt, dici posse de harmoniâ aliisque id genus, nam et ipsam esse invisibile quiddam et incorporeum et perpulchrum et divinum in lyrâ recte temperatâ: at ubi quis fides inciderit, nullam esse: nisi quis argumentis quibus tu, conficere velit, cùm fides tempore ad putrescendum indigeant, harmoniam illam longe diviniorem non posse statim perire. Vide ergò quid illis respondeas, animam quamdam temperationem esse qualitatum corporis, ac turbatâ concinnitate primùm interire.—Tum Socrates: Memoranda sunt quæ objicis, Simmia, sed et Cebetem, si placet, audiamus, si quid ille separatim displicet. — Tum Cebes: Ego à te nisi grave dictum esset demonstratum dicerem quod anima fuerit ante corpus, sed et illud quod nondùm concedit Simmias, tibi annuo animum corpore validiorem ac diuturniorem esse, sed non ideò sequi perpetuum esse, posse enim deleri paulatim et à novissimo corpore vinci quale quis scit an non hoc sit ut qui multas contriverit vestes, multis quidem posterior obiit, ultima verò prior, nec ideò homo veste vilior, quod à novissimâ victus est. Itaque stultè in morte confidimus, nisi demonstrare possimus animam omninò immortalem esse.

Hæc cùm Cebes Simmiasque dixissent, valdè omnes commoti ac perturbati sumus, mirabamurque attoniti quam subitò quam plausibilis ratio So-

peuvent se rapporter aussi à l'harmonie ou à autre chose de ce genre, car elle aussi est quelque chose d'invisible, d'incorporel, de très-beau et de divin dans une lyre bien accordée ; mais si l'instrument vient à se casser, elle s'évanouit aussitôt ; ou bien il faudrait supposer que quelqu'un, se servant des mêmes arguments que toi, irait soutenir que s'il faut du temps à une corde pour se corrompre, il est impossible que cette harmonie bien plus divine s'éteigne tout d'un coup. Vois donc ce que tu répondras à ceux qui prétendent que l'âme n'est qu'un certain accord des qualités corporelles, et que, dès que l'harmonie entre elles est troublée, elle meurt la première. — Alors Socrate : « Tes objections sont dignes d'être remarquées ; mais entendons aussi Cébès, et voyons ce qu'il veut nous objecter de particulier. — Alors Cébès : Je te dirai d'abord que tu as démontré que l'âme a existé avant le corps ; je veux bien même, ce que Simmias ne t'accorde pas, que l'âme soit plus forte et plus durable que le corps, mais il ne s'ensuit pas qu'elle dure toujours. Elle peut se détruire peu à peu, se laisser vaincre par le dernier corps, et nul ne sait quel est ce dernier. Ainsi vous pouvez supposer un homme qui a usé beaucoup d'habits, il survit à tous, sauf au dernier, et cela ne veut pas dire qu'il soit plus vil qu'un habit, parce que l'habit a duré plus que lui. Nous avons tort de nous fier à la mort si nous ne pouvons démontrer complètement l'immortalité de l'âme.

Après ces paroles de Cébès et de Simmias, tous étaient émus et troublés, et nous fûmes étonnés combien les raisons si claires de Socrate avaient perdu de leur force, par cet exemple de l'harmo-

cratis fidem amisisset, illo objecto harmoniæ exemplo, ut vix ampliùs ulli rationi in posterum tutò fidendum videretur.

— Ego verò, ait Phædo, sæpe admiratus sum Socratem, sed nunquàm magis quàm tunc mirificam ejus sapientiam suspexi : ità benignè accepit objicientes, ità sagaciter nos sensit commotos, denique ità opportunè remedium adhibuit, jacentesque animos iterùm erexit.—Nobis enim silentibus, ità ille cœpit : Video, amici, vos inopinatâ difficultate perturbatos in eum venisse statum, ut cavendum vobis valdè videatur, ne rationum osores atque contemtores efficiamini ; quo nihil accidere homini periculosiùs potest. Est eadem verò origo odii ergà rationes quæ misanthropicè. Qui humanum genus odio habent, ab aliquo valdè familiari et amico turpiter decepti, nihil uspiam justi et honesti inter homines esse credunt, non cogitantes paucos vehementer bonos malosque esse mediocriter utrumque plerosque, et, si certamina vitiorum instituenda essent, paucos in hoc quoque genere summos fore. Sed in hoc dissimiles rationibus homines, quod non ut homo, ità ratio hominem decipit, sed homo ratiocinandi arte carens seipsum. Qui speciosis quibusdam argumentis utramque partem tueri parati sunt, hùc denique deveniunt ut nihil putent esse certum; quique firmis rationibus cognitis, mox plausibilibus verbis abripiuntur, hi velut ægri

nie. C'était au point que nous craignions à l'avenir de ne pouvoir avec sûreté ajouter foi à rien. — Quant à moi, dit Phédon, j'ai souvent admiré Socrate, mais jamais sa sagesse ne s'est montrée plus sublime que dans cette circonstance, tant il a accueilli nos objections avec bienveillance, tant il s'est aperçu avec perspicacité des impressions qu'elles avaient faites sur nous, tant enfin il sut apporter à propos le remède et relever nos courages abattus. En effet, lorsqu'il nous vit ainsi silencieux, il reprit : — Je vous vois, amis, troublés par cette difficulté inattendue, mais il faut prendre garde qu'il ne vous arrive ce malheur de prendre en haine et mépris les raisons, rien n'est plus dangereux pour l'homme. La haine du raisonnement vient de la même source que la misanthropie. Ceux qui haïssent le genre humain ont été honteusement trompés soit par leurs parents, soit par un ami intime, ils croient qu'il n'existe plus ni justice ni honnêteté parmi les hommes, ne faisant pas réflexion qu'il y en a peu ou de tout à fait bons ou de tout à fait méchants, mais qu'on reste communément dans la médiocrité du mal ou du bien, et que si l'on établissait des luttes pour le vice, très-peu d'hommes s'y distingueraient. Il y a cette différence entre les hommes et le raisonnement, que le raisonnement ne trompe pas l'homme comme l'homme même, mais que l'homme dépourvu de logique se trompe lui-même. Ceux qui sont prêts à défendre par des arguments spécieux et le pour et le contre, en arrivent à croire qu'il n'y a plus rien de vrai, et ceux qui, après avoir entendu des raisonnements solides, se laissent entraîner par des discours plausibles, ceux-là, comme

culpam à se in ipsas transferunt rationes, easque totâ vitâ odio habent, quasi jàm ab illis decepti, undè reliqua ipsis vita cæca et corporeis impulsibus obnoxia est. Hi porrò cùm disputent, id tantùm agunt ut vincant. Ego in hoc articulo mortis, id ago ut satisfaciam ipse mihi; ubi me illud jàm ab initio argumentum excitat: si vera sentiam, ea credere operæ pretium erit. Si extinguor morte, breve hoc erroris mei malum fore. Vobis verò opera danda est, ne quid dicam quod vos decipiat, neque velut apis, aculeo in vobis relicto, aufugiam. Nunc ergò ad vestras objectiones, ô Cebes ac Simmia, venio, atque illud ante omnia quæso, an etiamnùm credatis discere esse reminisci. — Assensêre. — Ergò, inquit Socrates, jàm statim tibi ostendam, Simmia, animam non esse harmoniam corporis, cùm fuerit ante hoc corpus; scientiam enim cujus reminiscitur, utique in corpore isto non habuit, uti suprà ostendimus, nec mirum est harmoniam interire primam quæ ultima producitur, quod in animâ contra est, quæ cùm præextiterit, poterit et superesse. Elige ergò, Simmia, animam esse harmoniam malis an discere reminisci? — Ego verò, inquit Simmias, fateor ac fatebor semper, posteriùs à me præferri : ità pulchrum, ità liquido demonstratum videtur, nam quod de harmoniâ ad-

des malades, au lieu de s'en prendre à eux-mêmes, accusent le raisonnement, l'ont en horreur pour le reste de leurs jours comme s'ils étaient déjà ses victimes; leur vie se passe dans les ténèbres et à obéir aux impulsions du corps. Ceux-là, dans la discussion, ils ne se soucient que de l'emporter. Et moi qui vais mourir je ne cherche qu'à me satisfaire moi-même, et voici le motif qui m'y engage depuis le commencement : si ce que je dis se trouve vrai, il est bon de le croire. Si je viens à mourir, le mal de l'erreur ne sera pas de longue durée. Mais quant à vous, il faut que je fasse attention de ne pas avancer des choses qui puissent vous tromper, pour vous abandonner ensuite à votre propre sort, comme l'abeille qui laisse le dard dans la plaie et s'enfuit. Maintenant, ô Cébès et Simmias, j'en reviens à vos objections, et avant toute chose je vous demanderai si vous croyez qu'apprendre n'est que se ressouvenir. — Ils en furent d'avis.

Ainsi donc, reprit Socrate, je te montrerai que l'âme n'est point l'harmonie du corps, puisqu'elle a existé avant ce corps ; car la science dont elle se souvient, ce n'est pas dans ce corps qu'elle l'a possédée, et il n'est pas étonnant de voir l'harmonie cesser aussitôt la première, puisqu'elle n'est qu'un produit de ce qui précède ; c'est justement le contraire pour l'âme qui, ayant préexisté, pourra survivre. Choisis donc, Simmias, préfères-tu dire que l'âme est une harmonie ou que la science est une réminiscence. — Quant à moi, dit Simmias, je l'avoue et l'avouerai toujours, je préfère la dernière opinion, la démonstration m'en paraît claire et belle, mais le raisonnement que j'avais admis touchant l'harmonie n'était que par rai-

miseram, erat ex congruentiâ quâdam, quod genus argumentorum infidum esse, nec demonstrationibus opponi posse docet geometria. — His adde, ô Simmia, harmoniam non ducere fides, sed sequi, nec quicquam unquàm edere partibus adversum undè contemperata est, at mens, ut vides, corpus ducit. Præterea ipsum plus minusve variat consonantiam, et gradus scilicet contemperationis majorem minoremve reddit harmoniam. Quis verò aliquam dicat alia magis minusve animam esse, aut prout melior pejorque est, aliam atque aliam esse: et virtuosam à vitiosâ, tantum differre quantum consonantia à dissonantiâ, et ipsi consonantiæ, animæ scilicet aliam rursùs consonantiam aut dissonantiam, vitium scilicet aut virtutem supervenire. Denique colloqui quodam modo harmoniam fidibus et opponere se et pœnas infligere, quod anima corpori facit, nemo dixerit.

— Ad hæc Cebes: Miratus sum quàm subitò primo statim impetu harmoniam illam confeceris, quæ mihi tam formidanda videbatur, nec dubito quin idem meis quoque rationibus sit eventum. — Cui Socrates: Parciùs ista, amice, ne qua invidia nobis sequentia interturbet, sed hæc quidem Diis curæ erunt. Ego ad rationem tuam venio, cui ut satisfaciam, altiùs ordiendum est, à generationis et corruptionis causis. Ego, ô Cebes, cùm juvenis essem, mirâ naturalis scientiæ cupiditate flagrabam; tunc autem ex materiâ et partibus cuncta compone-

son de convenance, et c'est une sorte d'argument vicieux que la géométrie nous apprend à regarder comme dangereux, et qui ne saurait tenir devant de vraies démonstrations. — Ajoute à cela, Simmias, que l'harmonie ne précède pas les sons, mais les suit, et qu'elle ne produit jamais rien de contraire aux choses dont elle se compose : l'esprit, au contraire, dirige le corps. En outre, le concert des parties est susceptible de plus ou de moins, et ce degré d'accord rend l'harmonie ou plus grande ou plus petite. Qui dira que l'âme soit plus ou moins qu'une autre? ou, selon qu'elle est meilleure ou plus mauvaise, que ce sont deux âmes différentes, et que l'âme vertueuse diffère autant de l'âme vicieuse que l'accord du désaccord, et qu'à cette âme harmonique par elle-même répond une autre harmonie ou désharmonie qui constituent la vertu ou le vice? Qui viendra dire que l'harmonie parle à ses cordes, les contredit, leur inflige des peines, comme l'esprit fait au corps?— A cela Cébès répondit : Je suis étonné, ô Socrate, de la promptitude et de la vigueur avec laquelle tu as donné le dernier coup à cette harmonie qui me paraissait si redoutable, et je ne doute pas que tu n'arrives à donner une solution à mes raisons. — Socrate : Epargne ces flatteries, ô ami, de peur que quelque envie ne vienne troubler la suite de mon discours, mais les Dieux y pourvoiront. J'en reviens donc à ton objection ; mais pour y satisfaire il faut remonter plus haut, jusqu'aux causes de la naissance et de la mort. Quand j'étais jeune, ô Cébès, j'étais de mon naturel enflammé pour les sciences, mais alors je tirais tout de la matière et de ses parties ; je pen-

bam, et opinabar manifestum hominem cibo potuque augeri. Tunc si quis quæsisset de duobus hominibus sibi propinquis, dixissem alterum altero capite majorem et denarium octuario quod præter octuarium contineret duo. Hæc igitur juvenis clara ac manifesta putabam, posteà cœpi ità dubitare ut nihil horum ampliùs liquido intelligere viderer. Quod adeò verum est, ut ne nunc quidem mihi persuadere possim, si quis unum uni addat. Tunc vel illud unum cui unum adjunctum est, fieri duo, vel adjunctum et id cui adjunctum est, propter alterius ad alterum adjunctionem, evadere duo. Miror enim, cùm separata essent, utrumque fuisse unum, nunc congressione atque appropinquatione facta esse duo. Nec si quis unum dividat, adhuc persuaderi possum hanc divisionem ac partium separationem causam esse ut fiant duo, eamdem ob rationem quæ facit ut non intelligam quomodo appropinquatio faciat unum. Undè facilè judicatis cur cæteras rerum generationes multò minùs intelligam hâc quidem viâ. Quæ cùm ità sæpè mecum revolverem, forté accidit, ut audirem aliquid de libris Anaxagoræ, qui doceret mentem omnia exornare omniumque causam esse. Hoc ego causæ genere magnoperè sum delectatus; putabam enim si mens omnia exornaret, singula per hanc ità esse disposita, ut optimè disponi potuerant. Itaque si quis

sais que la nourriture et la boisson seules faisaient croître le corps des hommes. Alors, si l'on m'avait demandé la différence entre deux hommes, j'aurais répondu que l'un est plus grand que l'autre d'une tête; que dix me paraissait plus grand que huit, parce qu'il renferme deux de plus. Tout cela était clair et évident pour moi dans ma jeunesse, mais ensuite je me suis mis à en douter, au point qu'il ne me paraissait plus voir clairement aucune de ces choses. Et cela est tellement vrai que je ne crois pas même savoir, lorsque quelqu'un ajoute l'unité à elle-même, ce qui fait deux, si c'est celui qui est ajouté ou celui auquel on a ajouté qui ensemble deviennent deux, à cause de cette addition de l'un à l'autre. Et ce qui me surprend, c'est que ces deux choses étant séparées, l'une et l'autre faisaient un, et qu'elles se trouvent maintenant, par leur rapprochement et leur union, en faire deux. De même si quelqu'un divise l'unité, je ne puis comprendre encore comment ce partage, cette séparation des parties est la cause de ce que cette unité devienne deux, et cela, par la même raison que je ne puis m'expliquer comment leur rapprochement produit l'unité. De là vous pouvez juger facilement pourquoi je comprends encore moins la génération des autres choses par cette méthode. Comme je repassais souvent ces choses en moi-même, il arriva par hasard que j'entendis parler des livres d'Anaxagore, qui enseignait que l'esprit donne à toutes choses l'ornement et en est la cause. Ce genre de cause me plut extrêmement, et je me disais que si l'esprit donne l'ornement à tout, tout devait être disposé de la manière la plus convenable. A celui qui m'eût de-

quæreret an aliqua generarentur aut interirent, quærere tantùm debere quid sit optimum unicuique. Qui autem optimum novit, eum et deteriùs cognovisse, cùm eorum eadem scientia sit. Singulis ergò assignandum quod unicuique est optimum, cunctis verò commune bonum. Sed cùm libros ipsos Anaxagoræ nactus sum, spe meâ prorsùs excidi. Neque enim ille in progressu mente ac rerum ornatu utebatur, sed ætherea quædam et aerea et aquea comminiscebatur. Quod, inquit, perindè est ac si quis dicens me omnia mente facere, mox rationem redditurus, cur hìc sedeam, ossa mea et nervos alleget et modum sedendi explicet, et disputationis meæ causas afferat, aerem et linguam, verarum intereà causarum oblitus, quod scilicet Atheniensibus meliùs visum est me condemnare et mihi meliùs visum hìc sedere : profectò jamdudùm, ut arbitror, hi nervi atque hæc ossa apud Megarenses aut Bœotios essent, ipsique quod optimum est, optione delatâ, nisi justius honestiusque censuissem pœnas civitati pendere, quascunque exigat, quàm subterfugere atque exulem vivere. Sed si quis dicat absque ossibus nervisque me hìc sedere non posse, rectè dixerit, causas esse dicere non debet. Cùm ergò causas rerum ex optimi electione sumptas, neque ipse per me consequi, neque ab alio me dis-

mandé s'il y a des choses qui naissent ou qui meurent, j'aurais cru suffisant de répondre en cherchant ce qui est le plus convenable à leur nature. Celui qui connaît le bien connaît le mal; car il n'y a qu'une science pour l'un et pour l'autre. Il suffisait donc, me disais-je, d'assigner à chacun quel est son bien particulier pour lui, et ensuite ce qui est le bien général pour tous. Mais lorsque j'eus trouvé les livres d'Anaxagore, je fus bien déchu de mes espérances; car il ne se servait pas de l'esprit et de l'ornement des choses pour en expliquer le progrès; mais il recourait à un mélange d'éther, d'eau et d'air : comme si quelqu'un venait dire que je fais tout avec intelligence, et que, pour en donner la raison, il dît que je suis assis ici pour reposer mes os et mes nerfs; qu'il vînt à décrire ma manière d'être assis, ou que, pour expliquer la cause de notre entretien, il en oubliât les vraies et les cherchât dans l'air ou dans la voix; ou bien que les Athéniens ont jugé qu'il était mieux de me condamner, et que moi j'ai trouvé qu'il était mieux d'être assis sur ce lit. Déjà certes ces nerfs et ces os se trouveraient à Mégare ou en Béotie, d'autant, ce qui est tout à fait pour le mieux, que le choix m'en avait été laissé, si je n'avais pensé qu'il était plus juste et plus honnête de supporter les peines quelles qu'elles soient que la patrie exige de moi, que de s'enfuir et de vivre dans l'exil. Si quelqu'un me disait que, sans mes os et mes nerfs je ne pourrais pas être assis en cet endroit, certes il aurait raison; mais il ne doit point dire qu'ils sont la cause de ma présence ici. Voyant donc que je ne pouvais me satisfaire par moi-même ni tirer d'un autre des lu-

cere posse viderem, velut secundâ navigatione institutâ, aliud ingressus sum iter, et ad aliud quoddam causarum genus quod unum mihi supererat, animum converti : quòd si non omnia explicet, nihil tamen patiatur dici falsum. Cœpi nimirùm à rerum ipsarum contemplatione ad formas sive rationes per se consideratas revocare mentem : quæ his non consonant, audacter falsa esse dico, quæ ex illis consequuntur vera, cætera tantisper in medium relinquo. Hoc verò ad demonstrandam mentis immortalitatem sufficere intelligetis. Sed ut clariùs intelligar, cùm pulchrum aliquid dicimus, nonne volumus pulchritudinis esse particeps seu ipsius per se pulchri? Et hanc ipsum possumus causam reddere cur pulchra sit, quæ sit autem rursùs causa hujus participationis et quomodo aliquid fiat pulchrum, velut difficile et dubium nunc relinquemus. Certum est interim unumquodque pulchritudine esse pulchrum et ipsâ magnitudine esse magnum, et itâ de cæteris. Itaque non dicemus aliquem aliquo capite esse majorem, sed majoritate, ne forté mox eumdem alio eodem capite minorem esse dicere cogaris, quod absurdum est, idem simul et majus et minus facere. Sed nec binario dices decem esse plura duobus, sed multitudine : nec si uni addas unum, additionem esse putandum est id quo fiant

mières suffisantes sur les causes des choses tirées de la raison du meilleur; je me suis engagé dans une autre route, j'ai entrepris une seconde traversée. J'ai tourné mon esprit vers un autre genre de cause, le seul qui me restait, genre qui, s'il n'explique pas tout, ne permet point de dire rien de faux. J'ai commencé, de la contemplation même des choses, à ramener mon esprit sur les formes et les raisons des choses considérées en elles-mêmes; tout ce qui n'est pas en harmonie avec les formes, je le déclare hardiment faux; tout ce qui en découle par voie de conséquence, je l'appelle vrai; quant au reste, je le laisse quelque peu en question. Ceci doit suffire, comme vous le verrez bientôt, pour achever la démonstration de l'immortalité de l'âme. Pour que vous me compreniez mieux, quand nous disons que quelque chose est beau, n'est-il pas vrai que nous voulons qu'il le soit par participation à la beauté ou à ce qui est beau en soi? et nous pouvons même donner la cause finale de sa beauté; mais nous laisserons maintenant de côté l'explication de la cause efficiente et de la manière dont se fait cette participation, vu la difficulté et le doute. Il est certain que chaque chose est belle par sa beauté, grande par sa grandeur, et ainsi de tout. Nous ne dirons point que quelqu'un est plus grand qu'un autre d'une tête, mais par la grandeur, ni plus petit qu'un autre d'une autre tête, ce qui serait absurde, une même chose ne pouvant pas être en même temps plus grande et plus petite. Et tu ne diras pas que dix est plus que deux par le nombre binaire, mais par la quantité; ou si tu ajoutes l'unité à elle-même, que c'est l'addition qui est cause de deux, et

duo, sed dualitatem, nec divisionem quâ singula fiunt unum sed participatione essentiæ cuique propriæ : quod si quis homo instaret, non antè responderes, quàm rationes ipsas per se accuratè considerâsses.—Hæc cum tantâ claritate dicta essent, ut vel ab hebetissimo quovis intelligi posse viderentur, mirum non est omnes haud gravatìm assensisse, ipsas per se species esse aliquid et horum participatione cætera denominari. — Tùm Socrates perrexit : Nonne Simmias Socrate major, Phædone minor, magnitudine utique et parvitate ac ipsum per se magnum sive magnitudine nunquàm parvum esse potest? Idem ergò subjectum contraria potest pati, contraria ipsa se non patiuntur. Sunt tamen et subjecta quæ etiam non nisi certam patiuntur formam, quâ ablatâ destruuntur, ut ignis calore ablato, et nix frigore destruuntur, et ternarius sine imparitate esse non potest, quamvis enim alia sit ternarii, alia imparitatis forma, illa tamen hanc secum ducit et veluti perficit : porrò non tantùm contraria invicem consistere non possunt, sed et quæ contraria secum ducunt : ut duitas non est contraria trinitati, sed illa paritatem, hæc imparitatem secum ducit quâ pugnant. Binarius ergò est ad impar, ut ignis ad frigidum *aliaque* id genus. His itâ positis, si quis à me quærat cur calescat, certum aliquod corpus quod mihi forte ostendit, res-

non la dualité ; que c'est la division qui de un fait plusieurs, et non la participation, l'essence propre à chacune. Si on insistait, tu ne répondrais pas avant d'avoir examiné attentivement toutes les raisons en elles-mêmes. Comme tout cela avait été expliqué avec une clarté telle que le plus ignorant aurait pu le comprendre, il n'est point étonnant que tous les assistants resteraient persuadés que les espèces en elles-mêmes ont une réalité, et que les choses ne reçoivent de nom que par leur participation à ces espèces. Alors Socrate continua : Est-ce que Simmias n'est pas plus grand que Socrate, et Phédon plus petit, l'un par la grandeur, l'autre par la petitesse ? Et ce qui est grand par soi-même, ou par la grandeur, ne peut jamais devenir petit. Donc le même sujet peut admettre les contraires, mais les contraires s'excluent. Mais il est aussi des sujets qui ne souffrent qu'une certaine forme ; si l'on y touche, ils sont détruits eux-mêmes ; c'est ainsi que le feu et la neige sont détruits quand on enlève à l'un la chaleur, à l'autre le froid. Un ternaire ne peut exister sans l'impair ; et bien que la forme du ternaire soit autre que la forme de l'impair, la première cependant amène, pour ainsi dire, la seconde et la rend plus parfaite. Or, ce ne sont pas les contraires seulement qui ne peuvent pas subsister ensemble, mais aussi ce qui amène les contraires avec soi ; ainsi, la dualité n'est pas contraire à la trinité ; mais l'une amène l'égalité, l'autre l'inégalité qui se combattent. Un binaire est à l'impair ce que le feu est au froid, ou toute autre chose du même genre. Cela posé, si quelqu'un me demande pourquoi tel corps pris au hasard de-

pondere quidem possum causam esse quòd habeat caliditatem, sed magis illi satisfecero, si speciem calidi nominavero, dixerove ideò quia in eo sit ignis et ægrotare aliquem, non quia in eo sit morbus, sed quia febris. Quòd si quis quærat cur aliquid corpus sit vivum, respondebit non quia in eo vita, sed anima quæ vitam secum ducit, ut ternarius imparitatem. Quare ipsa mortem suscipere non potest, non magis quàm ternarius paritatem : adeòque immortalis est : potest tamen exstingui ternarius, ac tùm succedere poterit paritas ; non ergò sufficit dicere immortalem esse animam, nisi adjiciamus non posse exstingui [1]. Jàm verò aliundè nobis exploratum est Deum et ipsam vitæ formam, et si quid aliud est immortale, etiam indissolubile esse. Nec enim potest indissolubile esse in rebus, si id quod per se particeps vitæ est dissolveretur.

Hic Socrati Cebes assensum præbuit, Simmiasque ipse *fassus est* non habere se quod ultrà objiceret, tantùm rei ipsius magnitudine et humanâ imbecillitate intrà se turbari. Hæc Socrates benignè audivit et crebrâ veritatum meditatione obviàm his perturbationibus eundum suasit, jàmque à demonstrationibus satis, ut putabat, absolutis ad narrationes quasdam et velut historias de statu animarum post mortem deflexit, quibus mentes fortiùs percellerentur.

[1] Sed hoc, meâ sententiâ, demonstrandum restabat, quicquid vitæ sit particeps, non posse extingui. (*Nota Leibnizii manu exarata.*)

vient chaud, je puis répondre que c'est parce qu'il contient la chaleur ; mais sans doute je le contenterais davantage si je lui nommais l'espèce de chaleur, si je disais qu'il est chaud parce qu'il y a du feu en lui ; et de même, pour la cause des maladies, que c'est la fièvre et non la maladie.

Si quelqu'un demandait pourquoi le corps est vivant, on répondra non pas parce qu'il a la vie en lui, mais parce qu'il a une âme qui naturellement amène la vie ; comme un ternaire suppose l'impair. Cette âme, donc, ne peut mourir, pas plus que le ternaire ne peut devenir pair. Elle est donc immortelle, mais cependant le ternaire peut être détruit et alors l'égalité peut avoir lieu : il ne suffit donc point de dire que l'âme est immortelle, il faut ajouter qu'elle est indestructible. Déjà, d'ailleurs, nous avons vu que Dieu et la forme même de la vie, et toute autre chose immortelle étaient indissolubles. Et en effet que pourrait-il y avoir d'impérissable dans les choses, si ce qui participe par soi-même à la vie pouvait être détruit[1]. — Cébès approuva hautement les paroles de Socrate, et Simmias même avoua qu'il n'avait plus rien à objecter, si ce n'est que la grandeur du sujet et la faiblesse humaine étaient la cause du trouble qu'il éprouvait au-dedans.—Socrate écouta avec bienveillance, conseilla de prévenir ces troubles par une méditation fréquente de la vérité, puis laissant là les démonstrations qu'il regardait comme achevées, il crut pouvoir recourir aux histoires et comme aux fables de l'état de l'âme après la mort, pour frapper davantage et

---

[1] Oui, mais selon moi il restait à démontrer que ce qui participe à la vie est indestructible. *(Note de Leibniz.)*

« Et hoc jàm facile agnoscetis, inquit, si anima sit immortalis non hujus tantùm vitæ, sed universæ futuræ curam nobis habendam esse. Si mors totius dissolutio esset, lucrarentur improbi, quia corpore simul et pravitate liberarentur, nunc verò cùm anima sit immortalis, nulla ei superest malorum declinatio, quàm ut optima et prudentissima fiat. Neque enim aliud ad manes secum transfert anima quàm cognitionem. » His ità positis, longam et jucundam incepit fabulam narrare de inferis. Animas scilicet corpore egressas per varios anfractus à dæmone (id est genio) duce tandem ad locum destinatum perduci. Ubi ad cæteros venerit, tunc omnes malam animam perhorrescere, neminem se ei ducem præbere; itaque vagam errare donec ab ipsâ necessitate post certas periodos, in habitationem sibi convenientem transferatur. Porrò terram nostram, aere quodam crasso obrutam, qui puros rerum aspectus tam nobis adimat quàm piscibus mare. Sed ut et in fundo maris salsedine, ità hujus aeris contagio apud nos exesa esse omnia. Qui in summum educatur et velut ad superficiem hujus maris perveniat, ei res longè alias apparituras : indè de puriore illâ terrâ disserit gemmis coloribusque fulgente : quod aerem nobis ætherem illis esse. Varios indè narravit fluvios, Tartarum et Acheronta et Pyriphlegetonta : his fluviis jactari animas, et quas-

fortifier les esprits. Vous reconnaîtrez aisément, dit-il, que si l'âme est immortelle, ce n'est pas la vie actuelle, mais la vie future qui doit être l'objet de nos soucis. Si la mort était la destruction de tout, ce serait un grand gain pour les méchants d'être délivrés de leur corps et de leur méchanceté; mais comme l'âme est immortelle, il n'y a pas d'autre moyen de prévenir les maux qui l'attendent que de devenir éclairé et vertueux. Car l'âme n'amène avec elle dans l'autre monde que sa conscience. Cela posé, il se mit à raconter une grande et belle fable sur les enfers. Les âmes sorties de leur corps, sous la conduite du démon (c'est-à-dire du génie), sont menées par des chemins détournés vers le lieu qui leur est destiné. Arrivées ainsi auprès des autres âmes, si elles ont été méchantes, toutes en ont horreur, et aucune ne veut leur servir de guide; elles errent jusqu'à ce que la nécessité elle-même, après un temps déterminé, les transporte à l'habitation qui leur convient. Or, notre terre est entourée d'une épaisse couche d'air qui nous enlève le pur aspect des choses tout autant que la mer aux poissons. Et de même qu'au fond de la mer l'âcreté du sel ronge tout, de même aussi le contact de cet air dévore tout chez nous. Celui qui peut s'élever à son niveau et parvenir jusqu'à la surface de cette mer, celui-là verra les choses sous un aspect tout nouveau. Ensuite, il parla de cette terre plus pure, toute resplendissante de pierreries et de couleurs; ce qui est de l'air pour nous est un éther pour eux. Il nous dit ensuite le nom des différents fleuves, le Tartare, l'Achéron, le Pyriphlégeton; les âmes y sont ballottées; quelques-unes plus lourdes

dam nimiùm graves, in Tartarum mergi undè nunquàm exeant, alias jactationibus expiari; sed qui piè præ cæteris vixisse inveniuntur, hi sunt qui ex his terrenis locis, tanquàm carcere soluti atque liberati, ad altiora transcendunt, puramque suprà terram habitant regionem, inter hos autem quicunque satis per philosophiam purgati sunt, absque corporibus omninò totum per tempus vivunt, habitationesque his etiam pulchriores nanciscuntur, quarum pulchritudo neque facilis dictu est, neque præsens tempus ad dicendum sufficeret.

Horum ergò gratiâ quæramus in hâc vitâ virtutem et sapientiam. Præmium namque pulchrum est et spes est ingens. Hæc porrò ità in singulis habere se ut narravi, nemo sanæ mentis dicet, sed talia quædam circà animas et earum sedes periclitando atque tentando dicere operæ pretium putavi. Honestum enim periculum est, oportetque hæc quasi carmina quædam, majorum ritu, mentibus infundi. Quamobrem ipse jamdiù protraho fabulam. Quare qui, voluptatibus et ornamentis corporis neglectis, animam suis propriis ornamentis, temperantiâ, fortitudine, justitiâ, sapientiâ decoraverit, bonam spem habeto, cùm fatum vocaverit, migraturque. Et me verò, ô amici, ut tragicus aliquis diceret, jàm vocat fatum; et jàm tempus est ut ad lavandum divertam, præstare enim judico, ut lotus venenum bibam. Surrexit, lavit, quædam cum Critone, cum mulieribus puerisque seorsùm locutus est. Et, his dimissis, cùm

tombent au fond du Tartare, et y restent plongées éternellement; d'autres y sont ballottées pour leur expiation. Mais ceux qu'on reconnaît avoir vécu dans la sainteté, ceux-là sont délivrés de ces lieux terrestres comme d'une prison, montent vers les lieux élevés et habitent une région pure, élevée au-dessus de la terre. Parmi eux, ceux que la philosophie a suffisamment purifiés vivent à jamais dégagés de leur corps, et demeurent dans des habitations plus belles que celles des autres. Il n'est pas facile de les décrire à cause de leur beauté, et le peu de temps qui nous reste ne nous le permet pas. C'est pourquoi dans cette vie nous devons chercher à acquérir la vertu et la sagesse, car la récompense est belle et l'espérance est grande. Un homme de sens ne soutiendra pas que toutes ces choses sont précisément telles que je les ai décrites; mais j'ai essayé, j'ai tenté l'épreuve de vous dire quelque chose de probable; car une telle épreuve est honorable sur les âmes et leurs demeures, et, comme le font les magiciens, il faut en enchanter nos âmes comme d'un philtre. Voilà pourquoi j'ai prolongé si longtemps ma fable. Qu'il prenne donc confiance, celui qui a rejeté les plaisirs et les biens du corps, qui a orné son âme de sa véritable parure, c'est-à-dire de la tempérance, de la force, de la justice, de la sagesse, qu'il prenne confiance quand le destin l'appellera et qu'il faudra partir. Quant à moi, ô mes amis, comme dirait le poëte tragique, déjà le destin m'appelle et déjà il est temps d'aller au bain, car je pense qu'il vaut mieux boire le poison après m'être baigné. — Il se leva, se lava et s'entretint séparément avec Criton et quelques femmes et enfants qui se trouvaient là. Après les avoir

vesperasceret, poposcit venenum. — Cui Crito: posse eum adhùc aliquandiù exspectare, idque alios factitare solitos, qui serò, pasti etiam et fortasse iis quorum amore ducebantur, potiti bibêre. — Tùm Socrates : Meritò illi cùm se lucrari putent, ego meritò aliter, qui nihil aliud lucrarer quàm ut mihi ipsi ridiculus apparerem, velut parcus servator rei cujus nihil mihi ampliùs supersit. — Tùm Crito : Quid ampliùs mandas? — Ego verò nihil, inquit, quàm ut hortationum mearum memores, vestrî curam geratis, quod si feceritis, omnia ex meâ sententiâ agetis. — Quæsivit porrò Crito : Quemadmodùm, ô Socrates, sepeliri te jubes? — Utcunque, inquit, libet, si tamen me apprehendetis ac nisi ego vos effugero. Ac simul subridens et ad nos conversus: Non persuadeo, inquit, Critoni me esse hunc Socratem qui nunc disputo et singula dicta dispono. Sed putat me esse illud quod post videbit cadaver. Itaque corpus meum, mi Crito, sepelito, ut tibi justum videbitur, me verò aliò profectum scito. Intereâ venenum allatum est, et Socrates ad carceris custodem conversus: — Cedo, inquit, bone vir, quid me facere oportet, tu enim harum rerum peritiam habes. — Nihil, inquit, aliud quàm post potionem deambulare, quoàd gravari tibi sentias crura, posteà jacere, atque ità tu facies. His dictis, porrexit calicem Socrati, in quo contritum erat venenum. Socrates verò hilariter, ô Echecrates, ac-

renvoyés, comme le soir approchait, il demanda le poison. — Criton lui fit entendre qu'il pouvait encore attendre quelque temps, comme d'autres avaient coutume de faire, qui ne buvaient le poison qu'après avoir mangé, joui même de leurs amours. — Alors Socrate : Ils croyaient sans doute et avec raison gagner du temps, mais je crois que je n'y gagnerai rien que de me rendre ridicule à moi-même ; pareil à celui qui voudrait épargner une chose dont rien n'existe plus.

— Alors Criton : Qu'ordonnes-tu encore? — Rien, dit Socrate, si ce n'est que mes exhortations ne sortent point de votre mémoire : si vous le faites, vous aurez obéi en tout à mes désirs. — Criton redemanda : Comment, ô Socrate, désires-tu être enseveli? — Comme il vous plaira, dit-il, si toutefois vous pouvez me saisir et que je ne vous échappe pas. Puis, souriant, il se tourna vers nous : Je ne saurais venir à bout de persuader à Criton que je suis le Socrate qui s'entretient avec vous, et qui ordonne toutes les parties de son discours ; il s'imagine toujours qu'il va me voir mort tout à l'heure. Ensevelis-moi donc, ô Criton, comme tu le jugeras convenable, car sache que je m'en vais ailleurs. Sur ces entrefaites, on apporta le poison, et Socrate se tournant vers le geôlier : Mon ami, lui dit-il, indique-moi ce qu'il faut que je fasse, car tu dois avoir l'expérience de ces choses? — Pas autre chose, reprit le geôlier, que de vous promener quand vous aurez bu le poison, jusqu'à ce vous sentiez vos jambes s'appesantir, alors de vous coucher. Faites ainsi. — A ces mots, il tendit à Socrate la coupe qui contenait le poison. Mais Socrate la prit, ô Echecrate,

cepit, nihil omninò commotus, neque colore, neque vultu mutato, cùmque sparsisset aliquid ex poculo ut Diis libaret, felicem ab illis sibi transmigrationem precatus, facilè alacriterque ebibit. Plerique nostrûm retinere eò usquè quodam modo lacrymas potueramus; ut verò bibentem vidimus et bibisse, ulteriùs non potuimus, sed me quidem dolor adeò superabat, ut lacrymæ largiter mihi proflueront, non Socratem sed nostram vicem miserentibus nobis, qui velut parente orbaremur. — Quo Socrates animadverso : Quid facitis, ô viri ! atqui ego, maximè hanc ob causam mulieres abegeram. Audiveram enim cum gratulatione et applausu esse ex hâc vitâ migrandum. His dictis, erubuimus et lacrymæ subitò exaruere; succedente in locum doloris admiratione. Sed Socrates, cùm crura gravari sentiret, decubuit resupinus, tùm qui venenum præbuit pedes compressit, quæsivitque an sentiret, negavit. Indè tibias paulatimque manu ascendens, ostendit nobis eas frigoscere, atque cùm ad cor perveniret, rigore decessurum. — Jàmque friguerant ei præcordia, cùm, detegens sese (nam coopertus erat), dixit, quæ vox illi postrema fuit : O Crito, gallum Æsculapio debemus, quem reddite, neque negligatis. — Fiet, inquit Crito, et quæsivit quid aliud juberet. — Ille nihil respondit, sed cum

avec la plus parfaite sérénité, sans émotion aucune, sans changer de visage ni de couleur ; il en répandit quelques gouttes en l'honneur des dieux, leur demandant de rendre son voyage plus heureux, et l'avala avec une tranquillité et une facilité merveilleuses. Jusque-là nous avions eu presque tous assez de force pour retenir nos larmes ; mais, en le voyant boire, et après qu'il eut bu, nous n'en fûmes plus les maîtres. Pour moi, la douleur me saisit avec force, mes larmes s'échappèrent avec abondance ; ce n'était pas Socrate que nous pleurions, comme si nous avions perdu un de nos parents, mais c'était sur notre sort à nous, misérables. — Socrate se retourna : « Que faites-vous, ô hommes ! c'est pour cela principalement que j'ai renvoyé les femmes ; car j'avais entendu dire que c'est avec des félicitations et des applaudissements qu'on devait quitter la vie. — Ces paroles nous firent rougir, nos larmes cessèrent de couler. L'admiration succéda à la douleur. Mais Socrate, sentant ses jambes s'appesantir, se coucha sur le dos ; celui qui lui avait présenté le poison lui serra les pieds, en lui demandant s'il le sentait. Socrate répondit que non. Remontant peu à peu ses mains plus haut vers les tibias, le geôlier nous fit voir qu'ils étaient glacés, et quand ce froid arrivera jusqu'au cœur, nous dit-il, Socrate mourra. — Déjà le bas-ventre commençait à se refroidir, lorsque Socrate se découvrant (car il était couvert) nous dit ces paroles qui furent les dernières : Nous devons un coq à Esculape, ô Criton, donnez-le-lui et ne négligez point cette dette. — Cela sera fait, dit Criton. Et il demanda en même temps s'il n'avait rien autre à ordonner. So-

parvo tempore interquievisset, commotus est, et minister eum detexit, atque ipse lumina fixit. Quod cùm Crito cerneret, ora oculosque composuit. Hic finis fuit amici nostri, ô Echecrates, viri nostro quidem judicio, omnium quos experti sumus, optimi et sapientissimi.

crate ne répondit pas ; mais, peu d'instants après, il fut saisi d'un mouvement convulsif, le geôlier le découvrit alors complétement : ses regards étaient fixes. Dès que Criton s'en aperçut, il lui ferma les yeux et la bouche. Telle fut la fin de notre ami, ô Echechrate, de l'homme qui, de tous ceux que nous avons connus, fut, à mon avis, le plus juste et le plus sage.

PLATONIS THEÆTETUS

SIVE DE SCIENTIA

A LEIBNIZIO CONTRACTUS.

Socrates : Cùm intelligerem ad te, Theodore (¹), geometriæ aliarumque scientiarum causâ, quibus præstas, plurimos confluere adolescentes, rogare te jamdudùm institui, ut quos ex Atheniensibus imprimis spem quamdam bonæ frugis ostendere crederes, mihi illis benè cupienti narrares.—Theodorus : Faciam ut jubes, ô Socrates, neque tibi quidquam dissimulabo. Scito autem adolescentes probos me vidisse multos, qui verò tam mirabili naturæ felicitate donati sunt ac Theætetus (²) quidam vestras vidisse neminem. Difficile admodùm est reperire hominem ingeniosum simul et mansuetum. Acuti enim in iracundiam proni sunt; graves autem ferè torpentes sunt et obliviosi. Hic verò itâ suaviter et expeditò ad disciplinas graditur, ut nec lubricus quietusque olei fluxus mollior videatur. Sed ecce ipsum, ô Socrates, à palæstrâ redeuntem.

(¹) Theodorus geometra et philosophus Cyrenœcus. (*N. Leibnizii.*)

(²) Videtur Theætetus fuisse amicus Platoni, qui eum dialogo isti nomen ejus præscribendo honorare voluit. (*Nota Leibnizii.*)

LE THÉÉTÈTE DE PLATON
ou
DIALOGUE SUR LA SCIENCE

ABRÉGÉ PAR LEIBNIZ.

Socrate : Comme j'ai su que c'était vers toi, Théodore(¹), qu'affluait un grand nombre de jeunes gens désireux d'apprendre la géométrie et les autres sciences où tu excelles, je voulais, depuis longtemps déjà, te demander quels sont, parmi les Athéniens, ceux qui nous donnent surtout l'espérance de bons fruits. Je m'y intéresse et je te prie de me le dire. — Théodore : J'agirai comme tu l'ordonnes, Socrate, et sans te rien cacher. Sache donc que j'ai vu souvent des jeunes gens bien doués, mais jamais je n'en ai rencontré qui aient réuni les dons d'une heureuse nature, comme un certain Théétète (²), votre concitoyen. Il est rare de trouver un homme d'un esprit pénétrant qui soit doux de caractère. Les hommes vifs sont enclins à la colère ; les hommes graves le sont à la torpeur et à l'oubli ; mais lui marche à la science avec tant de douceur et d'une allure si dégagée, qu'on dirait les flots tranquilles et doux d'une huile qui se répand avec abondance et facilité. Mais le voici, Socrate, il revient de la pa-

---

(¹) Théodore, géomètre et philosophe cyrénéen. (*Note de Leibniz.*)
(²) Il paraît que Théétète était ami de Platon, qui, pour lui faire honneur, a donné son nom à ce dialogue. (*Note de Leibniz.*)

— Socrates : Fac, quæso, ipsum hùc accedere. — Theodorus : O Theætete, accede hùc ad Socratem. — Socrates : Multos nobis cives ac peregrinos, ô Theætete, laudavit Theodorus, neminem verò majoribus quàm te laudibus cumulavit. — Theætetus : Benè est, ô Socrates, sed vide ne jocum dixerit. — Socrates : Non est hìc mos Theodori. Sed dic, age, discis aliqua à Theodoro geometrica. — Theætetus : Equidem. — Socrates. : Quæ verò ad astronomicam harmoniam et dialecticam spectant, ediscis ? — Theætetus : Annitor equidem. — Socrates : Sed dic mihi, discere nonne est in eo quod discimus, scientiorem sive sapientiorem fieri ? — Theætetus : Ità, certè. — Socrates : Ego verò adeò hebes sum, ut ne capere quidem possim quid sit scire, nedùm ut ipse sciam aliquid, quare rem valdè gratam feceris, si quid scientiam esse putes, ingenuè exposueris, idque te facere ut vides, etiam Theodorus probat. — Theætetus : Parendum est quandò vos quidem imperatis, si quâ enim in re aberravero, corrigetis. — Socrates : Faciemus procul dubio, si quo modo poterimus. — Theætetus : Videntur mihi scientiæ esse quæ quis à Theodoro discere potest, geometria et reliquæ, prætereà opificum artes. — Socrates : Generosè ac magnificè, ô amice ! de uno rogatus, multa, pro simplici varia dedisti. — Theætetus : Quâ ratione id ais ? — Socrates : Quæstio erat, non quot aut quorum sint scientiæ, sed quid scientia, nec verò quid sit cal-

lestre. — Socrate : Fais-le approcher, je te prie. — Théodore : Théétète, viens auprès de Socrate. — Socrate : Théodore m'a vanté plusieurs de mes concitoyens et des étrangers, ô Théétète, mais il n'a fait de personne un aussi grand éloge que de toi. — Théétète : C'est à merveille, ô Socrate, mais prenez garde qu'il n'ait voulu plaisanter. — Socrate : Ce n'est pas l'usage de Théodore. Mais, dis-moi, n'apprends-tu pas la géométrie à son école ? — Théétète : Oui. — Socrate : Et l'astronomie, l'harmonie, la dialectique ? Théétète : Je fais tous mes efforts pour cela. — Socrate : Dis-moi, apprendre n'est-ce pas devenir plus savant et plus sage sur le point de nos études ? — Théétète : Oui, sans doute. — Socrate : J'ai si peu d'ouverture dans l'esprit, que je ne puis comprendre ce que c'est que la science, bien loin de savoir quelque chose ; et ce sera m'obliger que de m'exposer tout simplement tes pensées sur ce qu'est la science. Théodore, comme tu le vois, m'approuve et t'y engage. — Théétète : Il faut bien obéir, puisque vous l'ordonnez ; si je me trompe, vous me redresserez. — Socrate : Nous le ferons très-certainement, si nous en sommes capables. — Théétète : J'appelle sciences ce qu'on apprend auprès de Théodore, la géométrie et le reste, et aussi les métiers des artisans. — Socrate : Quelle générosité, quelle libéralité, mon ami ! pour une chose que je te demande, tu m'en donnes plusieurs, et pour un objet simple, des objets fort divers. — Théétète : Pourquoi dites-vous cela, Socrate ? — Socrate : Le but de ma demande, ô Théétète, n'est point de savoir quels sont les objets des sciences, ni combien il y a de sciences, mais ce qu'est la science ; car celui

ceorum conficiendorum scientia sciet, qui quid sit scientia non noverit. — THEÆTETUS : Video nunc, ô Socrates, quid velis ; videris enim petere, quidquid nuper mihi et Socrati huic (¹), tibi nomine simili, condiscipulo meo, in mentem venit, alio licet in argumento. Theodorus nobis dixerat latus quadrati, cujus area sit tripla pedis quadrati, aut etiam quintupla, non esse longitudine lineæ pedali commensurabile ; idemque in aliis enumerando docebat usquè ad decem et septem pedes eundo. Nos verò cùm videremus sic sine fine procedi posse, quæsivimus inter nos an non generale quiddam liceret comminisci. Et invenimus tandem non tantùm de senario et quinario, sed et de omni numero, qui non ex duobus æqualibus in se invicem multiplicatis, produci potest, idem debere dici. — SOCRATES : Egregiè id quidem, ideòque conare multas scientias unâ eâdemque ratione complecti. — THEÆTETUS : Audivi, ô Socrates, circumferri hujusmodi quæstiones tuas, et conatus sum respondere, sed nondùm mihi satisfeci. — SOCRATES : Gravidus mihi videris, ô amice, et dolere ut solent parturientes. Ego verò huic malo opportunum remedium habeo. Audisti fortassè me esse obstetricis filium, sed me quoque obstetriciam artem exercere, fortè non audisti. Hoc ergò tibi profiteor, quod cave ne aliis prodas.

(¹) Hic Socrates minor introducitur loquens in dialogo cui Sophista inscribitur, sive de Ente. (*Nota Leibnizii.*)

qui n'a nulle idée de la science ne comprendra pas ce qu'est la science des cordonniers. — THÉÉTÈTE : Je vois maintenant ce que vous demandez, Socrate. Il me semble que votre question est de même nature, quoique le sujet en soit différent, que celle qui nous vint à l'esprit, il y a quelques jours, en conversant ensemble Socrate(1), mon condisciple, qui porte le même nom que vous, et moi. Théodore nous avait dit que le côté d'un carré dont l'aire est triple ou quintuple d'un pied carré n'était pas commensurable en longueur à celle d'un pied, et il continua à nous prouver la même chose jusqu'à dix-sept pieds. Voyant qu'il était possible d'aller ainsi à l'infini, nous nous demandâmes s'il n'était pas possible de comprendre ces puissances sous un nom général qui leur convînt à toutes. Et nous avons trouvé qu'on pouvait affirmer la même chose, non pas seulement des puissances de trois et de cinq, mais de tout nombre qui n'est pas le produit de deux autres égaux. — SOCRATE : C'est très-bien ; essaye donc de réunir plusieurs sciences sous un seul et même rapport. — THÉÉTÈTE : O Socrate, j'ai déjà entendu agiter certaines de ces questions que vous faites ; j'ai essayé d'y répondre, mais je ne me suis point satisfait. — SOCRATE : Ton âme, mon ami, me paraît en mal d'enfant, et il me semble que tu éprouves les premières douleurs. Mais j'ai pour ce mal un remède excellent. Tu as entendu dire, sans doute, que je suis le fils d'une sage-femme, mais jamais, peut-être, que j'en exerce aussi le métier. Je te l'avoue, mais ne va

---

(1) Ce Socrate le Jeune paraît dans le dialogue intitulé *Le Sophiste ou De l'Être*. (*Note de Leibniz.*)

Scis obstetrices ipsas non solere amplius parere et eas parturientibus opitulari, et nisi abusus rem optimam sub lenocinii nomine corrupisset, earum etiam officium esset matrimonia rectè conciliare. Quòd si feminæ aliquandò partus ventaneos et falsos veris similes parerent, pars muneris longè præstantissima foret, discernere infantem à monstro. Porrò hæc omnia circa animorum partus ad me pertinere scito : nam et sterilis ipse sum, et aliquandò animos *evacilio* et nonnullos Prodico, alios aliis magistris tradidi. Quibus verò possum, illis obstetriciam opem exhibeo, et partum verum à falso examinando discerno. Interrogationes autem velut incantationes sunt, quibus parientes sollicito. Quarè à principio orsus, quid scientiam esse putes, mihi responde. — THEÆTETUS : Faciam quandò ita vis. Videtur ergò, quod quis scit, id sentire, adeòque scientia esse sensus. — SOCRATES : Videtur sententia tua non abhorrere ab eâ Protagoræ, licet aliter enuntiatâ, quod omnium rerum mensura sit homo.

Ventum eumdem esse uni frigidum, alteri minimè; itaque talia esse omnia unicuique qualia sentit. Undè nullus unquàm sensus erit falsus. Porrò videtur Protagoras arcani quiddam innuere voluisse, nihil esse, sed omnia fieri et in fluxu consistere; idem enim videntur censuisse Heraclitus et

pas trahir ce secret. Tu sais que les sages-femmes ne font plus d'enfants et donnent leurs secours à celles qui en font, et si un abus de langage n'eût corrompu sous un nom honteux une chose excellente, elles auraient encore le soin d'accorder les mariages. Si une femme avait une de ces grossesses venteuses, et faisait une fausse couche qui ressemblât à une vraie, ce serait de beaucoup la partie la plus belle de leur art de savoir discerner un enfant d'un monstre. Or, toutes ces choses, appliquées à l'accouchement des âmes, sont de mon métier ; car moi-même je suis stérile, mais quelquefois j'amène des âmes ; j'en ai confié quelquefois à Prodicus et à d'autres maîtres, et quand je le puis, je leur prête le secours de mon art, et je sépare par l'analyse une couche fausse d'une vraie. Mes questions sont comme des philtres par lesquels je seconde les accouchements. Revenons donc à notre début, et dis-moi Théétète, en quoi consiste la science. — THÉÉTÈTE : Je ferai ce que vous désirez. Il me semble donc que celui qui sait une chose sent ce qu'il sait, et que la science n'est autre que la sensation. — SOCRATE : Ta définition ne me paraît pas différer de celle de Protagoras, quoiqu'il se soit exprimé d'une autre façon. L'homme, dit-il, est la mesure de toutes choses. Le même vent qui est froid pour l'un ne l'est pas pour l'autre, et, ainsi, les choses sont pour chacun telles qu'il les sent, et aucune sensation ne peut être fausse. Or, Protagoras a voulu insinuer quelque secret en nous disant que rien n'est, mais que tout devient et est dans un flux continuel. C'est, au reste, une opinion qui paraît commune à Héraclite, à Empédocle et à la

Empedocles et plerique veterum, excepto Parmenide. Ex his verò consequitur colorem hunc album, exempli causâ, non esse quiddam in oculis nostris, neque quiddam extrà oculos; neque ei locum certum attribui posse, sed quiddam ex sentientis objectique congressu ortum esse. Et certè auderesne asserere res cani imò alteri homini eodem modo apparere ac tibi? — Theætetus: Nequaquàm. — Socrates: Imò fortè nec tibi semper, cùm ipse muteris. — Theætetus: Ità videtur. — Socrates: Porrò si quid ipsum per se magnum vel album vel calidum esset, et nunquàm cum alio congrederetur, maneret utique quale est. — Theætetus: Ità certè. — Socrates: Jàm potestne aliquid majus fieri minusve aliter quàm adauctum vel minutum? Quid respondes? — Theætetus: Si quod mihi videtur respondebo, dicam non posse; si ad superiorem positionem respiciam, dicam posse (¹). — Socrates: Agnoscis ergò nihil majus minusve fieri mole vel numero, quamdiù manet æquale; nihil verò crescere aut decrescere, nisi addatur aliquid vel subtrahatur. Denique concedes quod ante non erat et posteà est, aliquandò fieri. — Theætetus: Concedere ista cogor. — Socrates: Sed hinc pugnantia sequuntur: tu crescendo fis major; ego verò, tibi

---

(¹) Sunt quædam hic et paulò ante in autore, quorum connexionem non satis explicare possum. (*Nota Leibnizii.*)

plupart des anciens, à l'exception de Parménide. Il s'ensuit que ce que tu appelles couleur blanche n'est point quelque chose qui existe dans tes yeux, ni hors de tes yeux ; ne lui assigne même aucun lieu déterminé : c'est quelque chose qui naît de la rencontre de celui qui sent avec l'objet. Et, certes, tu ne soutiendras pas qu'un objet paraît à un chien, ou même à un autre homme, sous la même forme qu'à toi. — Théétète : Non, assurément. — Socrate : Tu n'affirmeras pas davantage que les choses se présentent à toi toujours sous le même aspect, puisque tu changes toujours. — Théétète : Certes, non. — Socrate : Or, si une chose était grande, ou blanche, ou chaude par soi, et n'entrait jamais en rapport avec une autre, elle resterait toujours telle qu'elle est. — Théétète : Oui, sans doute. — Socrate : Mais une chose peut-elle devenir plus grande ou plus petite autrement que par voie d'augmentation et de diminution? qu'en penses-tu? réponds. — Théétète : Si je réponds ce que je pense, je dirai que cela ne se peut ; mais si j'ai égard à la thèse précédente, je dirai que oui (¹). — Socrate : Tu reconnais donc que jamais une chose ne devient ni plus grande, ni plus petite, soit pour la masse, soit pour le nombre, tant qu'elle demeure égale à elle-même; qu'une chose à laquelle on n'ajoute ni on n'ôte rien ne saurait augmenter ni diminuer; enfin, tu accorderas aussi que ce qui n'existait point d'abord et est ensuite ne peut que devenir. — Théétète : Je suis forcé d'en convenir. — Socrate : Déjà les contradictions naissent. Toi tu deviens plus grand en prenant du dévelop-

---

(¹) Il se trouve ici, et un peu plus haut, dans l'auteur, quelques passages dont je ne puis pas bien m'expliquer la liaison. (*N. de Leibniz.*)

nunc æqualis, maneo qui sum, nec quicquam decedit moli meæ, et tamen fio te minor, crescente te, quod est mirum, me scilicet alium factum esse sine mutatione in nos factâ, contra id quod concesseram et me minorem factum, etsi nihil mihi decesserit (1). — THEÆTETUS : Ego quoque hæc admiror, ô Socrates; quantòque magis inspicio, tantò magis tenebræ offunduntur intuenti. — SOCRATES : Ergò dicendum erit non esse res, sed fieri, et in congressu perpetuò agentis et patientis, sentientisque ac sensibilis consistere. Adeòque nec dicendum aliquid esse pulchrum ac bonum, sed fieri semper. — THEÆTETUS : Dùm te audio disserentem, valdè probabilia mihi hæc videntur. — SOCRATES : Sed vide jàm quàm magna contra difficultas insurgat. Nam, si omnia cuique sunt ut apparent et sensus scientia est, resque in fluxu hoc modo consistunt, sequitur sensum nunquàm decipi. Ergò nec somniantes nec furentes decipiuntur. — THEÆTETUS : Captum me tenes, ô Socrates, et me sententiæ meæ pudet; neque enim ausim negare eos decipi, cùm alii se Deos esse putent, alii volare instar avium. — SOCRATES : Vides ergò nec nostris quales nunc sumus sensibus fidendum esse. Nam quo argumento discerneremus, illine potiùs decipiantur an nos? Et quis scit an

---

(1) Notabilis est hæc difficultas et magni etiam ad alia quædam momenti. Responsio autem quæ in Platone sequitur, quod scilicet omnia fluant, non intelligo quomodò satis ad difficultatem referatur.
(*Nota Leibnizii.*)

pement ; moi, qui suis maintenant ton égal, je reste ce que je suis ; rien ne manque à ma taille, et cependant je deviens plus petit que toi qui as grandi ; voilà ce qui est étonnant, je suis devenu autre sans qu'il y ait eu de changement en nous, contrairement à ce que j'avais accordé, et je suis devenu plus petit sans que mon corps ait diminué([1]). — Théétète : C'est ce qui m'étonne aussi, ô Socrate, et plus je sonde cette question, plus ma vue s'obscurcit. — Socrate : Il ne faudra donc pas dire que les choses sont, mais qu'elles deviennent et consistent dans le rapprochement perpétuel de l'agent et du patient, de celui qui sent et de ce qui est senti ; de même on ne dira pas qu'une chose est belle et bonne, mais qu'elle le devient. — Théétète : A entendre vos discours, tout cela me paraît très-probable. — Socrate : Mais vois quelle grande difficulté s'élève déjà. Si toutes choses sont pour chacun telles qu'elles lui apparaissent, si la sensation est science, et si les choses sont dans un flux continuel, il s'ensuit que la sensation est infaillible. Donc ceux qui rêvent et les fous ne sauraient se tromper. — Théétète : Me voilà pris, Socrate ; j'ai honte de ce que j'ai avancé, car je n'oserai nier que ces hommes se trompent quand ils s'imaginent être des dieux ou voler comme des oiseaux. — Socrate : Tu vois donc que nous ne pouvons pas nous fier à nos sensations dans l'état présent. Mais quel argument nous fera discerner si ce sont eux qui se trompent ou nous ? et qui sait si nous-mêmes nous ne rêvons

---

([1]) Cette difficulté est capitale et même d'une grande importance pour d'autres sujets. Mais je ne vois pas bien comment la réponse de Platon, à savoir que tout passe, se rapporte à la difficulté.

(*Note de Leibniz.*)

non et nos somniemus? nam scis et somniantes videri sibi cum aliis colloqui, et æquale feré somni et vigiliæ tempus esse. Vides ergò alio quàm sensus testimonio opus esse. Ne tamen nimirùm festinemus, audire operæ pretium erit quid pro se teque videatur dicere Protagoras. Nimirùm dicet : Quod simile fit vel dissimile, utique fit vel sibi, vel alteri idem, alterumve : non sibi autem, ergò alteri, non inquam sibi quia alteri mixtum sive junctum alia producit. Non autem potest idem in se simul diverse esse, ut vinum pariter dulce et ingratum. Ergò sequitur alteri atque alteri bibenti aliud atque aliud esse. Et dulce alicui, dulce est. Eodem modo sentiens, alicui sentiens. Rursùsque ergò stabilita erit deplorata modò opinio tua quòd scientia sit sensus. Sed nunc ad te, Theodore, vertor, tibi enim amicus olim fuit Protagoras.

Non miror quod dixit Protagoras, quod cuique videatur, id illi existere, sed illud miror quod dixit mensuram rerum esse hominem, cùm potuerit eodem jure dicere prodigiosum canem esse mensuram rerum. Nec video cur præceptor aliis fuerit, mercede etiam amplâ acceptâ, si unusquisque sapientiæ propriæ mensura est. — THEODORUS : Malim de his, ut cœpisti, Theætetum interroges, ne aut Prota-

pas? car ceux qui rêvent aussi croient converser avec d'autres êtres, et que le temps du sommeil et de la veille est à peu près égal. Tu vois donc qu'il faut un autre témoignage que celui des sens. Mais ne nous hâtons pas ; et je crois qu'il sera utile d'entendre ce que dit Protagoras pour sa défense et la tienne. Sans doute il dira : Ce qui devient semblable ou dissemblable devient le même ou autre par rapport à soi ou par rapport à autrui ; ce n'est point par rapport à soi, c'est donc par rapport à autrui. Je dis que ce n'est point par rapport à soi, puisqu'étant mêlé ou joint à autre chose, c'est une source de changement. La même cause ne peut point produire des effets contraires ; ainsi le vin ne peut être en même temps doux et aigre. Il s'ensuit que, suivant le goût des buveurs, il diffère. Ce qui est doux est ainsi par rapport à quelque chose, ce qui est senti l'est aussi. L'opinion dont tu avais fait ton deuil, à savoir que la science est la sensation, se trouve de nouveau rétablie. Mais je reviens à toi, Théodore, car Protagoras était autrefois ton ami. Je ne suis point étonné de tout ce que ce philosophe a avancé pour prouver que ce qui paraît tel à chacun est tel qu'il lui paraît en effet ; mais je suis surpris qu'il ait dit que l'homme était la mesure des choses, quand il aurait pu dire, avec la même autorité, qu'un chien monstre était la mesure des choses. Et je ne vois pas pourquoi il se croit en droit d'enseigner les autres, de mettre ses leçons à un si haut prix, si chacun est la mesure de sa propre sagesse. — Théodore : Je préfère que tu interroges Théétète à ce sujet, comme tu avais commencé, pour ne point me mettre en dissentiment avec Protagoras mon ami,

goræ amico repugnare cogar, aut tibi. — SOCRATES: Age ergò, dic Theætete, si quis te subitò ostenderet tam esse sapientem quàm quisque hominum aut Deorum, nonne mirareris? — THEÆTETUS : Mirarer certè, ac jàm video quid velis, hoc verum fore si sibi quisque mensura sit rerum et si idem sit scientia et sensus. — SOCRATES: Vacillas ergò? — THEÆTETUS : Nescio ubi consistam. Hoc tamen nondùm possum animo exuere, esse exempla in quibus conveniant scientia et sensus. Ex causâ, cùm vocabula audio pronuntiata, aut scripta lego, eorum colorem et figuram et sonum acutum gravemque, scio simul et sentio. — SOCRATES : Non est in omnibus repugnandum tibi, ne scilicet proficere et longiùs progredi impediaris. Difficultatem tamen in re valdè huic vicinâ mihi natam aspice. Quæritur scilicet an quæ quis scivit aliquandò et memoria etiamnùm tenet, adhuc sciat? — THEÆTETUS: Quidni? SOCRATES : Imò verò nunc nescit si scire et sentire idem est, neque enim ampliùs sentit. — THEÆTETUS : Iterùm me irrretitum tenes, atque adeò fateri cogor aliud esse scientiam, aliud sensum. — SOCRATES: Evanuit ergò fabula Protagoreæ. — THEÆTETUS: Ità videtur. — SOCRATES: Sed quid agimus, ô Theætete? vereor enim ne victoriam canamus ante triumphum. Nam si superesset Protagoras, non ità facilè vicissemus. Responderet ille scilicet cui memoria sit, cum adhùc pati, adeòque adhùc sentire: deinde

ou avec toi. — Socrate : Dis-moi, Théétète, si quelqu'un te prouvait que tu ne le cèdes en rien pour la sagesse à qui que ce soit, homme ou dieu, n'en serais-tu pas surpris ? — Théétète : Je le serais certainement ; et je vois où vous voulez en venir, à savoir s'il est vrai que chacun est la mesure des choses, et si la science et la sensation sont même chose. — Socrate : Tu hésites ? — Théétète : Je ne sais à quoi m'arrêter ; mais je ne puis pourtant pas m'ôter de l'esprit qu'il y a des cas où la science et les sens sont d'accord. Ainsi, quand j'entends prononcer des paroles, ou que je lis des caractères écrits, je sais tout à la fois et je sens leur couleur, leurs figures ; j'entends leur son, grave ou aigu. — Socrate : Je ne veux pas t'entreprendre sur tous les points, afin de ne pas trop retarder ta marche et que tu puisses avancer ; voici cependant une difficulté qui vient de me naître à l'esprit dans un sujet très-voisin du nôtre, et qu'il faut que tu connaisses. On se demande si les choses qu'on a sues une fois, et dont on conserve le souvenir, on les sait encore. — Théétète : Pourquoi pas ? — Socrate : Je dis, moi, qu'on les ignore, si savoir et sentir sont une même chose, car on ne les sent plus. — Théétète : Me voilà de nouveau pris dans vos filets, et je suis encore forcé d'avouer que la science est autre chose que la sensation. — Socrate : La fable de Protagoras s'évanouit donc. — Théétète : Il paraît. — Socrate : Mais qu'allons-nous faire, Théétète ? Je crains bien que nous ne chantions victoire avant le triomphe ; car si Protagoras était présent, nous n'aurions pas vaincu si facilement. Il répondrait que celui qui a conservé la mémoire en subit l'impression, et, par

etiam salvâ sententiâ suâ, alium alio esse sapientiorem. Nam sapientis esse efficere ut res sibi illisque bona appareant, adeòque et sint. Itaque sapiens is erit qui illius conditionem cui mala videntur suntque, permutans, bona apparere et esse facit. Itaque medicus qui ægroto, et sophista qui discipulo, alia quàm priùs et gratiora apparere facit, sapiens erit. Hæc diceret Protagoras, ô Theodore, si nobis adesset, et me qui quod adolescentem his minimè adsuetum redarguerim, acriter impugnaret, seriòque inquirendum in sententiâ suâ dictitaret. Quid ergò? Nonne parendum censes, ô Theodore? — THEODORUS: Quidni? — SOCRATES: Vides hos omnes, excepto te, pueros esse; quare si illi credemus, nos invicem potiùs conferemus quàm cum pueris ludemus. Præsertim cùm illud quæratur an deceat in figuris geometricis atque astronomiâ esse mensuram, an verò omnes æquè ac tu in his sunt periti? — THEODORUS: Jamdudùm te id agere vidi, Socrates, ut me in arenam protraheres, amico meo Protagora lacessito. Delirabam profectò qui me putabam, tibi assidentem certamen evitare posse. Quare haud ultrà repugno: ducas quò lubet. — SOCRATES: Ne nos accuset Protagoras, necesse est ex suo cum sermone redarguamus. Dixit: Quod cuique videtur,

conséquent, il sent encore; il ajouterait, sans renier son opinion, qu'il y a différents degrés de sagesse. En effet, il est d'un sage de faire paraître les choses bonnes à soi et aux autres, et, par conséquent de faire qu'elles soient telles; celui-là donc est sage, qui, changeant le point de vue de celui qui les voit en mal, ce qui les rend telles, les lui présente sous une apparence de bien, ce qui leur en donne l'être; par la même raison, le médecin et le sophiste, qui montrent les choses, l'un à ses malades, l'autre à ses disciples, sous un aspect autre et plus agréable, seront réputés sages. C'est là ce que dirait Protagoras, ô Théodore, s'il était présent, et, m'adressant de vifs reproches de battre un enfant novice sur un tel sujet, il répéterait qu'il faut instituer une recherche sérieuse de son sentiment. Qu'en dis-tu? ne faut-il pas obéir, ô Théodore? — THÉODORE: Pourquoi pas? — SOCRATE: Tu vois que tous ceux qui sont ici, à l'exception de toi, ne sont que des enfants; donc, pour obéir à Protagoras, au lieu de badiner avec des enfants, il faut que nous conférions ensemble tous deux, surtout lorsque nous chercherons si l'on doit nous tenir pour mesure des figures géométriques et astronomiques. Mais peut-être tous les hommes sont-ils aussi savants que toi sur ces questions? — THÉODORE: Depuis longtemps, Socrate, je vois ton intention, en attaquant mon ami Protagoras, de me pousser dans l'arène; j'étais fou de croire qu'assis à tes côtés, je pourrais éviter le combat. Je ne l'éviterai pas davantage, tu peux me mener où tu voudras. — SOCRATE: Pour ôter tout prétexte aux accusations de Protagoras, il faut le réfuter d'après ses propres paroles. Il a dit: Ce qui

id illi cui videtur, esse. — THEODORUS : Ità certè. — SOCRATES : Atqui ipsi homines credunt alios plus scire quàm se; cùm scilicet sunt in periculis constituti, ut in morbis, in castris, in mari, tunc enim ad peritos confugiunt. — THEODORUS : Fateor. — SOCRATES : Deinde cùm mihi opinionem tuam declaras, non possum ego judicare verumne an falsum dicas, si homo veritatis mensura est. Cessabunt ergò disputationes, nec quisquam alterum redarguet. — THEODORUS : Diù nimis in amicum meum, ô Socrates, invehimur. — SOCRATES : Fortassè et in veritatem, nam si adesset Protagoras fortassè, aliud sentiremus. Sed et nunc, dicente Protagorà, cogimur assentiri, calida, sicca, dulcia, cæteraque hujusmodi esse cuique ut ei videntur. Sed circà salubria, obnoxia, ne ipse quidem dicere audebit, ità esse ut cuique videtur, fortassè nec circà justa, sancta, honesta, eorum contraria, tametsi sint aliqui qui hæc quoque in opinione posita esse putent, in quorum numero Protagoram censere non audeo. Sed nos jàm, ô Theodore, transimus de disputatione in disputationem, otiosi enim sumus et libertate nostrâ utimur, et ut quæque jucundiora videntur, ea persequimur. At qui in foro loquuntur, astricti formulis, et exiguo temporis spatio arctati, ipso periculo stimulante, non nisi ad rem pertinentia et in præsens necessaria loquuntur; undè fit ut homines

paraît à chacun est pour lui comme il lui paraît. — Théodore : Il l'a dit. — Socrate : Or, les hommes croient qu'il y en a de plus savants qu'eux, et c'est lorsqu'ils sont en danger dans les maladies, à la guerre ou sur mer, qu'ils recourent à leurs lumières. — Théodore : C'est vrai. — Socrate : Quand tu me fais connaître ton opinion, je puis juger si elle est vraie ou fausse, puisque l'homme est la mesure de la vérité. Voilà donc un terme aux disputes, et l'on ne verra plus d'hommes se réfuter l'un l'autre. — Théodore : C'est trop longtemps, Socrate, courir sus à mon ami. — Socrate : Et peut-être aussi à la vérité; car si Protagoras était présent, peut-être aurions-nous un autre sentiment. Maintenant même, pendant qu'il a la parole, nous sommes forcés d'accorder que le sec, le chaud, le doux, et les autres qualités de ce genre sont, en effet, pour chacun comme elles paraissent; pour ce qui est du nuisible et du salutaire, lui-même n'oserait affirmer qu'on doit se fier aux apparences; il ne le dirait pas non plus du juste, de l'honnête, du saint et de leurs contraires, bien qu'il y ait quelques hommes qui les croient aussi sujets à l'opinion, mais je n'oserais dire que Protagoras est du nombre. Mais voici, Théodore, que nous passons d'une dispute à une autre dispute; nous sommes de loisir, nous usons de notre liberté, et nous ne suivons que l'agrément dans nos recherches. Or, ceux qui parlent sur la place publique sont astreints aux formules, resserrés dans d'étroites limites de temps, sous la pression du péril; et ils ne disent que ce qui va droit au fait et ce que réclame l'urgence; d'où il suit que ceux qui recherchent la vérité pour leur propre plaisir pa-

animi gratiâ veritatem quærentes, in foro ridiculi appareant; quemadmodùm ingenuus aliquis à servis irrideretur, si servilia ministeria aggrederetur. At acres illi homines in foro atque in causis versati, cùm de morte cogitant, nec ampliùs de pecuniolâ quâdam aut forensi controversiâ, sed beatitudine et totâ vitæ ratione et conditione humanâ agitur, mœrent et titubant, et barbara proferunt, et anxii torquentur et vicissim ingenuis viris dant pœnas. *[Visne ut tibi hoc apertiùs comparatione amborum edisseram (¹)? — THEODORUS : Rem profectò jucundam feceris. Neque enim certo temporis spatio inclusi sumus, neque nobis imminet judex, qui digressiones prohibeat. — SOCRATES : Videntur hi qui in judiciis et foro ab ineunte ætate jactantur, ad eos qui in philosophiâ versati, et hujusmodi studiis assuefacti sunt collati, esse servi ad eos qui inter liberos sunt educati. — THEODORUS : Quo pacto?] Verùm hæc jàm finem cùm præter propositum sint, mitto mihi ipsi minimè molesta fuere, sed redeamus in viam quandò ità placet (²). — SOCRATES : Scilicet illud adnotaveramus multos esse qui

---

(¹) Leibnizius ad marginem : « Operæ pretium erit omnia sequentia etsi prolixiuscula exscribi, quoniam præclara sunt. Si verò id displiceat incompendio, omitti possunt omnia. Vide à *visne ut* hoc signo*.
(*Nota Leibnizii manu exarata.*)

(²) Hæc omnia quæ Platonis sententiam prolixiùs explicant, brevitatis causa, suadente Leibnizio ut supra, omitti possunt.
(*Nota ab editore addita*).

raissent ridicules à la tribune publique; de même qu'un noble se verrait exposé à la risée des esclaves, s'il voulait entreprendre des œuvres serviles. Mais ces hommes si ardents au forum, si habiles avocats, quand ils réfléchissent sur la mort, et qu'il ne s'agit plus d'une faible somme d'argent ou de quelque contestation d'affaires, mais du bonheur, de toute la conduite de la vie et du sort de l'homme, ces hommes, on les voit tristes, hésitants; ce qu'ils disent est misérable; ils sont dans les angoisses et les tourments, et, à leur tour, ils payent rançon à des hommes d'une profession plus noble *. [Veux-tu que je t'éclaircisse tout ceci en les comparant les uns aux autres (¹)? — Théodore : C'est avec le plus grand plaisir, car nous ne sommes pas renfermés dans des limites de temps et n'avons pas à redouter de juge qui interdise toute digression. — Socrate : En vérité, ceux qui sont, dès leur âge le plus tendre, dans les tribunaux et les affaires, quand on les compare aux philosophes et à ceux qui s'exercent en ces nobles études, ressemblent à des esclaves mis en parallèle avec ceux qui sont élevés parmi les hommes libres. — Théodore: Comment cela?] Mais comme tout ceci est hors d'œuvre, n'en parlons plus; je ne m'en plains pas, et puisque nous sommes d'accord, revenons à notre sujet (²). — Socrate: Nous avions

---

(¹) Leibniz a mis en marge : Bien que la suite puisse paraître un peu trop développée, il serait bon de la donner *in extenso*, car elle est fort belle. Si cela déplaisait dans un abrégé, on peut passer le tout. Voyez à ces mots marqués d'un astérisque : « Veux-tu, etc. »

(²) Tout ceci fait partie du développement annoncé plus haut par Leibniz, et qui pouvait être supprimé si on le trouvait trop long.

(*Note de l'éditeur*).

justa et sancta putent in opinione consistere. Neminem verò eò pertinaciæ processisse, ut putet utilia, salubria, noxia consistere in opinione, neminem, dùm utilitati suæ consulere studet, falli. — Theodorus : Ità est. — Socrates : Sed indè sequitur nec justum in opinione consistere. Leges enim condit civitas, quas civibus utiles putat. Rectè ergò Protagoram interrogabimus qui omnium mensuram esse hominem putat, an putat esse et futurorum. Et æquè ne ignaro et artifici aliquid suæ artis præscripto prædicenti, credendum sit, nisi fortè putemus fore utrique quale prædixit, et agricola aliquo sene prædicente austerum fore anni vinum, cive verò talium imperito contrarium asserente, an dicendum vinum utrique fore quale prædixit, agricolæ quidem austerum, civi verò dulce. — Theodorus : Hoc ridiculum foret. — Socrates : Vides ergò esse quorum mensura homo non sit, et cum judicare posse de eo quod in præsentiarum suave est, non verò de eo quod futurum est suave. Difficiliùs verò deprehenditur ne circa præsentia quidem infallibilem semper judicem esse hominem, id tamen tibi ex illâ Heracliteorum opinione comprobabitur. Sed ut in hoc inquiramus rectiùs, videndum Heracliteis qui arbitrantur omnia in fluxu consistere, tametsi contrà Melissus et Parmenides sense-

donc remarqué qu'il en est beaucoup qui croient que le juste et le saint reposent sur l'opinion ; mais que jamais personne ne fut assez opiniâtre pour croire que l'utile, le salutaire et le nuisible dépendent de l'opinion, que personne enfin, s'il cherche son intérêt, ne se trompe.—Théodore : Sans doute. —Socrate : Mais il s'ensuit que le juste non plus ne saurait dépendre de l'opinion. Une cité ne fait de lois qu'autant qu'elle les croit utiles aux citoyens. Nous aurons donc raison de demander à Protagoras si, pensant que l'homme est la mesure de toutes choses, il croit aussi qu'il est la mesure des choses à venir, et s'il faut ajouter également foi à un ouvrier habile et à un ouvrier maladroit quand il prédit quelque chose suivant les règles de son art, à moins, toutefois, que nous ne pensions qu'il en arrivera à chacun selon sa prédiction. Je suppose qu'un vieux vigneron prédise que le vin de l'année sera mauvais, qu'un bourgeois sans expérience affirme le contraire, faudrait-il dire que le vin sera pour chacun ce que porte sa prédiction, c'est-à-dire mauvais pour le vigneron, bon pour l'habitant des villes?—Théodore : Cela serait absurde.—Socrate : Tu vois donc qu'il est des choses dont l'homme n'est pas la mesure, et s'il peut porter un jugement sur ce qui est agréable au goût dans le moment présent, il ne le peut plus quand il s'agit de l'avenir. Mais il est plus difficile de s'assurer que l'homme n'est pas un juge infaillible, même pour le présent; c'est cependant ce que sert à prouver l'opinion des disciples d'Héraclite. Pour mieux nous en convaincre, il faut recourir aux disciples de ce philosophe, qui croit que tout s'écoule, contrairement à Mélisse et à Parmé-

rint omnia unum esse in se ipso consistens. — Theodorus : Non est vilis quæstio quæ totam olim Ioniam exercuit. — Socrates : Ut ergò intelligamus hos viros qui omnia in perpetuâ mutatione consistere putant, inquirendum erit in genera mutationum. Videmus autem aliquid aut locum mutare secundùm totum aut partes, aut in loco manens, aliter mutari, ut si ex albo fiat nigrum. Habemus ergò duas mutationes, motum scilicet localem et alterationem. Hoc posito, jàm eos hoc modo interrogando aggrediamur. Putatisne quodlibet utramque pariter mutationem suscipere, an verò aliqua unicam tantùm ? — Theodorus : Arbitror eos dicturos suscipere utramque. — Socrates : Ità est, alioqui non erit dicendum : Omnia esse in mutatione ac fluxu, nisi secundùm unum modum, secundùm alterum verò erunt in statu ; hinc sequitur omnia omni mutatione mutari. Quo posito, nihil possumus de sensuum veritate pronuntiare ; dùm enim pronuntiamus, res jàm transiit, cùm enim fluxus albedinis sit ejus transitus in alium colorem, semper verò fluat, non poterimus unquàm dicere rem esse albam. Sensus ergò scientia non est ne secundùm eos quidem qui omnia putant moveri, in quorum numero Protagoras ipse est. Atque ità amicum tuum Protagoram, Theodore, expedivimus, et scientiam

nide. qui disent que tout est une immobile unité. — THÉODORE : Ce n'est pas une mince question que celle qui a agité si longtemps l'Ionie entière. — SOCRATE : Mais, pour mieux comprendre ceux qui croient à un perpétuel changement des choses, il faut rechercher les différents genres de changements : nous voyons ou l'objet changer de place en tout ou en partie, ou bien, restant à sa place, changer d'une autre manière, comme de blanc devenir noir. Il y a donc deux changements, le mouvement local et l'altération des formes. Cette distinction faite, attaquons nos adversaires en les interrogeant. Pensez-vous que toutes choses soient susceptibles de ces deux changements, ou bien qu'il en est qui ne subissent que l'influence d'un seul? — THÉODORE : Je pense qu'ils diront : Les objets reçoivent les deux. — SOCRATE : Sans doute : autrement on ne pourrait pas dire que tout n'est dans un état de mouvement et de changement continus, que, suivant un mode et que suivant l'autre, tout est dans le repos. D'où il suivrait que toutes choses changent à chaque changement. Mais alors, nous ne pourrions rien affirmer de la certitude des sensations, car lorsque nous porterions un jugement, la chose serait déjà passée. Ainsi, comme le flot de la blancheur n'est qu'un passage à une autre couleur, dans un perpétuel écoulement, nous ne pouvons dire qu'une chose est blanche. La sensation n'est donc pas la science, pas même de l'avis de ceux qui croient que tout se meut, et Protagoras est du nombre. Voilà donc, Théodore, que nous avons expédié ton ami, que nous avons montré que la science n'était pas la sensation, à moins, toutefois, que

non esse sensum ostendimus, nisi fortè aliter Theætetus persuadeat. — Theætetus : Vellem vos nunc illud excutere quid secundùm eorum opinionem dicendum sit qui omnia pronuntiant stare atque unum immutabile esse. — Theodorus : De his tutè respondebis, Theætete, ego enim non nisi Protagoræ gratiâ locutus sum. — Socrates : Difficiliter adducor ut in hos dicam; nam etsi Melissum quoque et cæteros non contemnamus, minùs tamen quàm unum Parmenidem vereor (1). Collocutus sum cum illo sene admodùm adhuc adolescens, visusque est mihi profundam generosamque omninò sapientiam possidere. Metuo ergò ne ejus dicta minùs intelligamus. Deindè nimirùm à præsenti instituto discederemus, cùm id agamus ut cognoscatur quid sit scientia. — Theætetus : Redeamus ergò ad priora, quandò itâ vis. — Socrates : Scientiam dicebas esse sensum. Si quis jàm quæreret quoniam alba et nigra homo videat, et quoniam gravia et acuta audiat, oculis, ut arbitror, et auribus responderes. — Theætetus : Ità certè. — Socrates : Vide jàm an non præterea necesse sit unum quemdam esse sensum omnibus communem qui nobis ostendat quæ in omnibus illis sensibus reperiuntur. — Theætetus : Ipsum esse, credo, intelligis et non esse, simile et dissimile, idem et diversum, unum et plura, quærisque quoniam ex corporis instrumentis perci-

---

1 Videtur Plato ipse in Parmenidis opinionem inclinare, unde ejus examen vitat. *(Nota Leibniziana acutissima.)*

Théétète ne veuille nous persuader le contraire. — Théétète : Je désirerais vous entendre discuter maintenant l'opinion de ceux qui disent que tout est en repos, dans une immobile unité. — Théodore : C'est toi qui répondras, Théétète, car je n'ai pris la parole qu'uniquement en faveur de Protagoras. — Socrate : C'est toujours avec répugnance que je me décide à parler contre ces philosophes ; car, sans vouloir mépriser Mélisse et les autres, je les crains moins que le seul Parménide([1]). Je me suis entretenu avec ce philosophe, déjà bien vieux, quand je n'étais qu'un adolescent. Il m'a paru plein d'une profonde et généreuse sagesse. Je crains donc que nous ne comprenions pas ses paroles, et ce serait ensuite nous éloigner de l'objet que nous traitons, qui est de savoir ce qu'est la science. — Théétète : Revenons donc sur nos pas, puisque vous le voulez. — Socrate : Tu disais que la science était la sensation. Si l'on te demandait pourquoi l'homme voit blanc et noir, entend les sons aigus et graves, tu répondrais : Ce sont les yeux et les oreilles qui font voir et entendre. — Théétète : Certainement. — Socrate : Examine donc si, en outre, nous n'avons pas besoin d'un sens qui soit commun à tous et qui nous montre ce qu'on trouve dans toutes les sensations. — Théétète : Oui ; vous me parlez, je crois, de l'être et du non-être, de la ressemblance et de la dissemblance, de l'identité et de la différence, de l'unité et de la pluralité, et vous me demandez comment il se fait qu'avec des organes corporels nous percevons, par

---

([1]) Platon paraît incliner vers l'opinion de Parménide, et c'est pourquoi il évite de l'examiner.   (*Remarque très-fine de Leibniz.*)

piamus ipsum, exempli causâ, par et impar. — Socrates : Egregiè admodùm, ô Theætete, persequeris
et hoc ipsum interrogo. — Theætetus : Hoc profectò fateor me ignorare, nec quid aliud dici possit
video, quàm ipsam per se animam hæc percipere.
— Socrates : Hæc mea quoque sententia est, quam
tibi cupiebam persuaderi, itaque hoc me onere as-
sensu tuo opportunò liberâsti. Porrò sensus corpo-
rei statim adsunt nobis à nativitate, at de eo quod
sit aut non sit, non nisi post aliquod temporis spatium judicare incipimus : ergò et veritatem percipere, sive quod idem est, scientiam habere ; planè
ergò nunquàm sensus et scientia idem sunt, ne in
illis quidem quæ corporeis instrumentis percipiuntur ; quoniam, ut sciamus, pronuntiare debeamus,
aliquid esse aut non esse. Scientia ergò in sensibus
corporeis nulla est nec scientia erit sentire, id est
videre, audire, tangere. Quærenda ergò erit scientia
non in sensu corporeo scilicet, sed in illâ interiore
animæ facultate, quæ ipsa secundùm seipsam circà
ea quæ sunt, versatur. — Theætetus : Hoc arbitror,
homines vocant sententiam sive opinionem animi (1). — Socrates : Rectè arbitraris. — Theætetus : Non possum dicere quamlibet esse scientiam,
sunt enim et falsæ. Erit ergò scientia, sententia
vera. — Socrates : Hoc ut examinemus, opus erit
despicere quid sit ipsa animi sententia, cujus natura

---

[1] Marsilius Ficinus vertit opinionem, ego sic malim.
(*Nota Leibnizii manu addita.*)

exemple, le pair et l'impair. — Socrate : Tu me suis parfaitement, Théétète, c'est cela même que je te demande. — Théétète : En vérité, je n'en sais rien, et n'ai rien autre chose à répondre, si ce n'est que c'est l'âme qui a cette perception par elle-même. — Socrate : C'est aussi mon avis, et je désirais t'en convaincre; c'est un soin dont tu me délivres à point par ton assentiment. Or, les sens corporels nous sont présents du jour de notre naissance ; mais nous ne commençons à juger de ce qui est ou de ce qui n'est pas qu'après un certain laps de temps, et ainsi à percevoir la vérité, c'est-à-dire à posséder la science. Il est donc évident que jamais la sensation et la science ne sont la même chose, pas même pour les objets de perception corporelle, puisque pour savoir nous devons affirmer l'existence ou la non-existence d'une chose. La science n'est pas dans les sens du corps, et le savoir n'est pas sentir, c'est-à-dire voir, entendre, toucher, mais elle est dans cette faculté intérieure de l'âme qui, sans autre règle qu'elle-même, s'occupe de ce qui est. — Théétète : C'est là, je pense, ce que les hommes appellent un jugement, une opinion de l'âme (¹). — Socrate : Oui. — Théétète : Je ne puis pas encore dire que toute opinion est science, car il en est de fausses; la science sera donc une opinion vraie. — Socrate : Pour examiner cette question, il faut voir ou ce qu'est une opinion de l'âme, chose qui m'a toujours paru obscure, ou, ce que je n'ai jamais pu comprendre, comment on peut émettre une opinion fausse. Car celui qui opine

---

(¹) Marsile Ficin traduit par le mot *opinion*; je le préfère.

(*Note de Leibniz.*)

mihi semper perobscura, visa est; vel ideò quod nondùm capio, quomodò possit aliquis falsa statuere, sive opinari. Nam qui opinatur, aut ea opinatur quæ novit, aut quæ non novit. Si novit, tunc putavit esse alia quàm quæ sunt; et alia illa utique etiam novit. Quomodò verò si utraque novit, unum pro altero sumere, id est ea ignorare potest. At verò quæ non novit, inter se falsâ opinione ne conjungere quidem potest, quoniam de illis ne cogitare quidem potest. Et qui Socratem Theætetumque non novit, is nunquàm putabit Socratem esse Theætetum. Illud verò multò minùs dici potest, aliquem quæ novit putare esse ea quæ non novit. Non video ergò quomodò quis falsa opinari possit. — THEÆTETUS : Videndum fortè quin qui falsa opinatur, opinetur ea quæ non sunt. — SOCRATES : Cùm opinio eorum quæ non sunt opinio sit nullius, adeòque nulla ista opinio sit, cùm omnis opinio sit de aliquo, ideò dicendum videtur longè aliud esse opinari falsa quàm ea quæ non sunt, opinari. Illud enim restat videndum, an qui falsa opinatur, aliena opinetur. Quod ità tibi declaro. Cogitatio est quasi tacitus quidam animi sermo ad se ipsum, interrogatio et responsio, affirmatio et negatio. Si ergò alia de aliis affirmemus, ut bovem de equo, impar de pari, utique falsa opinabimur. Porrò nemo mortalium unquàm diversa et pugnantia de se invicem pronuntiat seriò. Ergò si utraque novit, nec de se invicem poterit affirmare; si verò non novit, de iis ne quidem cogitabit. Redit ergò difficultas.— THEÆTETUS : Dic, obsecro, ô Socrates, nihil ne tibi

opine sur ce qu'il connaît ou sur ce qu'il ignore. Si c'est en connaissance de cause, il croit qu'il y a autre chose que ce qui est, et ces autres choses il les connaît alors aussi. Mais s'il les connaît toutes, comment peut-il prendre l'une pour l'autre, c'est-à-dire les ignorer? S'il ne les connaît pas, il ne peut même les réunir par une fausse opinion, puisqu'il ne peut pas même les penser. Celui qui ne connaît ni Socrate ni Théétète ne pensera jamais que Socrate puisse être Théétète. Mais on peut bien moins encore dire que quelqu'un prend pour ce qu'il sait ce qu'il ne sait pas. Je ne vois donc pas comment on peut avoir une opinion fausse. — THÉÉTÈTE : Prenons garde que peut-être juger faux, c'est juger ce qui n'est pas. — SOCRATE : Un jugement sur ce qui n'est pas est un jugement qui ne porte sur rien; par conséquent, un tel jugement n'est pas, puisqu'il lui faut, pour être, un objet; on doit donc dire, à mon sens, qu'il est bien différent de juger faux ou de juger ce qui n'est pas; car il nous reste à examiner si un jugement faux n'est pas un jugement étranger. Et voici comment je raisonnerai : la pensée est comme un discours secret de l'âme, discours où l'âme interroge et répond, affirme et nie. Si donc nous affirmons à tort, par exemple, un bœuf au lieu d'un cheval, l'impair au lieu du pair, ce sera un jugement faux. Or, personne n'énoncera jamais des affirmations diverses et contradictoires sur soi-même, du moins sérieusement. Si donc on connaît les deux termes, on ne saurait les confondre; si on ne les connaît pas, on ne peut pas même les penser. Voilà la difficulté qui revient.—THÉÉTÈTE : Dites, ô Socrate, je vous en con-

ad exitum hujus quæstionis occurrat. — Socrates : Subdubito non nihil an nuper rectè consenserimus neminem posse, qui novit, falso opinari ea esse quæ non novit. Imò verò enim videtur aliquandò posse : quod ut intelligas, responde, quæso, possitne aliquis discere quæ anteà ignoravit ? — Theætetus : Quidni ? — Socrates : Jam exempli et declarationis gratiâ finge tibi, esse in animis nostris quamdam quasi ceræ massam, in uno quàm in alio majorem, puriorem durioremve. Et ponamus eorum, quæ sentiuntur, signacula oblivisci. Porrò cujus imaginem servamus, in quantum meminimus, novimus, non verò sentimus. His positis, primum manifestum est : si neque Theodorum, neque Theætetum noverim unquàm, non posse me alterum pro altero sumendo, errare; deindè ne tùm quidem si unum noverim, alterum non; multò minùs, si neutrum sentiam noscamve. Deindè arbitror, si utrumque sentiam, non posse fieri ut unum pro altero me sentire credam, adeòque ne sic quidem errabo. Si verò unum sentiam, alterum noverim tantùm; ejusque effigiem in animo retineam, non verò sentiam, tunc poterit contingere error. Effigiem enim Theodori, tempore non nihil detritam, tibi quem video, accommodabo, et cùm tua etiam dudùm recepta commutabo, undè fiet ut tibi nunc tribuam quæ olim de illo sensi. — Theætetus : Omninò talis

jure, si votre esprit ne vous fournit rien pour résoudre cette question. — SOCRATE : J'ai un léger doute si nous avons raison d'accorder qu'on ne peut, quand on connaît, porter un jugement faux sur l'existence de ce qu'on ne connaît pas : il y a plus, c'est que je crois qu'on le peut, et pour te le faire comprendre, réponds, je te prie, Théétète, peut-on apprendre ce qu'on ignorait? — THÉÉTÈTE : Pourquoi non? — SOCRATE : Suppose donc avec moi, comme exemple et comme explication, qu'il y a dans nos âmes une certaine quantité de cire plus ou moins grande, plus ou moins pure, plus ou moins consistante. Supposons que nous venions à oublier les signes de ce que nous avons senti : ce dont nous gardons le souvenir, nous le connaissons, en tant que nous nous souvenons, mais nous ne le sentons plus. Cela posé, il est évident que si nous ne connaissons ni Théétète ni Théodore, nous ne pouvons nous tromper en prenant l'un pour l'autre ; ensuite cela ne peut point arriver non plus si nous connaissons l'un et pas l'autre ; bien moins encore si tous deux sont étrangers à nos sens et à notre connaissance. J'en conclus que si mes sens me font percevoir l'un et l'autre, il est impossible que je prenne l'un pour l'autre, et dès lors je ne puis me tromper. Mais si je perçois l'un des deux par les sens, que je ne fais que connaître l'autre et en porter l'image dans mon âme, sans la sentir, alors l'erreur pourra arriver. L'image de Théodore, un peu effacée, je la rapporterai à toi qui es devant mes yeux, je l'échangerai même contre la tienne, que j'ai depuis longtemps reçue, et il en résultera que je t'attribuerai les sensations dont il était l'objet. — THÉÉTÈTE : Oui,

est opinio qualem mirificè figurâsti. — SOCRATES : Hoc adhuc vehementiùs asseres, cùm sequentia audies, nimirùm quibus hæc cerea animi effigies profunda, multa levisque ac probè subacta est, homines fieri dociles et acutos simulque etiam memores, præsertìm si pura sint simulacra, et in amplâ regione distributa, undè fit ut ejusmodi homines propriè pariter et rectè opinentur. At quibus non satis defæcata est massa, vel nimis mollis durave, contraria accidunt. Mollis nimis cera celeres ad percipiendum efficit, sed obliviosos ; dura memores, sed tardos. Quorum impura est materia, obscura sunt simulacra, illorum etiam quorum dura nimis est, quia non satis profundæ sunt imagines. Obscura et eorum qui molliorem habent, nam facilè imagines confunduntur ; denique ob parvitatem quoque materiæ, nimis propinquæ adeòque et confusæ, atque obscuræ effigies reddentur. — THEÆTETUS : Rectissimè, ô Socrates, loqueris ; jàm satis ergò constat nobis quid falsa sit opinio, adeòque et quid sit vera ; proindè et quid sit scientia. — SOCRATES : Importunus reverà molestusque admodùm, ô Theætete, vir garrulus esse videtur. — THEÆTETUS : Quorsùm hæc? — SOCRATES : Brevitatem ipse meam et garrulitatem ægrè fero, qui nunquàm mihi satisfacio, nunquàm me expedire possum. —THEÆTETUS : Quid habes adhùc quod molestè feras? — SOCRATES : Dicam tibi ingenuè ; credebam invenisse nos præclarum quiddam scilicet opinionem falsam non in

l'opinion est bien ainsi, et vous nous l'avez présentée à merveille. — Socrate : Tu seras encore bien plus de cet avis, après avoir entendu ce qui suit. Les hommes en qui ce tableau de l'âme est d'une cire profonde, abondante, unie, ont de la docilité, de la perspicacité, de la mémoire, surtout si les images sont pures et distribuées dans une vaste région. C'est ce qui fait que ces hommes portent des jugements vrais et justes. Mais ceux dont la cire a gardé quelque souillure, ou est trop molle ou trop dure, ressentent des effets opposés. Une cire molle rend les perceptions vives, mais passagères ; une cire dure en conserve la mémoire, mais avec lenteur ; ceux dont la matière est impure n'ont que des images sans netteté ; il en est de même d'une cire trop dure, parce que les traces manquent de profondeur, ou d'une cire trop molle, car les images sont également obscures et se brouillent aisément. Enfin, quand la matière est insuffisante, les images trop rapprochées se confondent et s'obscurcissent. — Théétète : Voilà qui est bien dit, ô Socrate ! Nous sommes fixés sur la nature de l'opinion fausse, par conséquent aussi sur la vraie, et enfin sur la science. — Socrate : Il faut avouer qu'un babillard est un être bien importun et bien fâcheux. — Théétète : A quel propos dites-vous cela ? — Socrate : Je suis mécontent d'être court et diffus, sans pouvoir me satisfaire jamais et me tirer d'affaire. — Théétète : Qu'est-ce donc qui vous chagrine ? — Socrate : Je te le dirai franchement. Je croyais que nous avions rencontré quelque chose de beau, et c'était que l'opinion fausse ne réside ni dans les sens ni dans les pensées, mais dans leur

sensibus, non in cogitationibus, sed utrorumque congressu existere. Sed subnata sunt quæ me etiam vexant et malè habent. Nimirùm videtur non solà collatione sensus et cogitationis fieri error, nam si ità esset, nunquàm in ipsis cogitationibus falleremur. Quod tamen fieri posse constat. Ut si ab aliquo quæram quantùm faciant quinque et septem, poterit errare et respondere facere simul undecim, cùm tamen duodecim conficiant. Ubi vides neutrum sentiri, utrumque tantum cogitari, atque nosci et tamen nos circà ea falli; necesse est ergò quæ quis novit, ut ea simul et ignoret, quoniam in illis fallitur. Et in priorem difficultatem relapsi sumus. — THRÆTETUS : Nimirùm vera narras. — SOCRATES : Audendum est aliquid et deponendus non nihil pudor. Videamus an aliquà nos distinctione expedire liceat. Videtur interesse aliquid inter hæc duo : scientiam habere, eaque, ut ità dicam, uti, et scientiam possidere. Qui feras ingenti vivario inclusas tenet aut pisces in piscinà, is possidet, sed non nisi cùm cepit, habet; simileque quiddam de rerum imaginibus dici posse videtur. Arithmeticum putamus numeros scire et eorum imagines in animà habere, et tamen fieri potest ut in rebus quibusdam numerandis fallatur. At verò numerare nihil aliud est quàm quantus sit quisque numerus considerare. Quomodò ergò fallitur in numerando, si quantus sit quisque numerus novit? Hic ergò accipe distinctionem nostram. Qui feras in vivario conclusas tenet, initio

mutuel concours. Mais voilà que naissent insensiblement d'autres idées qui me tourmentent et m'importunent : il me semble que ce n'est pas seulement de la comparaison des sens et de la pensée d'où naît l'erreur; car, s'il en était ainsi, nos pensées ne seraient jamais fausses, ce qui peut cependant arriver. Par exemple, si je demandais à quelqu'un combien font cinq et sept, il pourrait se tromper et me répondre : onze, et cependant ils font douze. Ainsi, tu vois, tu n'as senti ni l'un ni l'autre, mais tu les as pensés tous deux, tu les connais, et cependant tu te trompes. Il faut donc admettre que l'on ignore ce que l'on connaît, puisqu'on se trompe, et nous voilà retombés dans la première difficulté. — Théétète : Rien de plus vrai. — Socrate : Il faut oser quelque chose et quitter pour le moment notre réserve habituelle; voyons si nous pouvons en sortir par quelque distinction. Il me semble qu'il y a quelque différence entre ces deux choses : avoir la science et en user, pour ainsi dire, et puis la posséder. Ainsi, celui qui tient des animaux enfermés dans un vivier, ou des poissons dans un étang, les possède, mais il ne les a véritablement que lorsqu'il les prend. Nous pensons que l'arithméticien connaît les nombres et en a les images dans son âme; cependant il peut se tromper dans ses calculs. Compter n'est autre chose que considérer quelle est la quantité de chaque nombre. Comment peut-il se tromper dans ses calculs celui qui connaît l'exacte quantité de chaque nombre? C'est ici qu'a lieu ma distinction. Celui qui tient des animaux captifs dans son vivier a commencé par les chasser, pour les y enfermer; ensuite il peut de nouveau chasser dans

venatus est ut includeret, posteà in ipso vivario venari potest, ut unam teneat; et hic fieri potest, ut unam pro aliâ capiat (¹). Idem fiet arithmetico huic numeranti, ut numerum sumat pro numero. Equidem utrumque scit, et tamen scientiam unius pro scientiâ sive notitiâ alterius accipit. Quoniam possidet quidem scientiam in memoriæ suæ thesauro, sed antequàm in eo quæsitam comprehenderit, revera non habet adeòque unum pro alio sumere potest. — Theætetus : Nonne hæc rectè ? — Socrates : In speciem utique, sed sub eâ latet difficultas prior. Dabo enim, dùm venamur in vivario, nos ignorare; sed ubi cepimus, id quod quærimus vel aliud pro ipso, utique id quod cepimus, omninò habemus ejus scientiam (²). Non ergò patet quomodo possimus in eo falli. Forté ergò rationis erit ut potiùs quid sit scientia quàm quid sit error, ut hactenùs, examinemus. Redeamus ergò ad scientiæ definitionem. — Theætetus : Quare ergò quoque illud repetam quod dixi, scientiam esse opinionem sive sententiam veram. — Socrates : Hoc brevi admodùm investigatione refelletur. Scis oratores judicibus multa persuadere non docendo, sed affectus commovendo, et tamen fieri potest ut quod persuasére, verum sit.

(¹) Obscura hæc nec satis explicata in Platone. (*Leibnizii manu.*)
(²) Tunc ergo non tandum possidemus, sed et habemus. (*Id.*)

ce vivier pour en prendre un, et il peut fort bien arriver qu'il prenne l'un pour l'autre (¹). De même l'arithméticien, dans ses calculs, peut prendre un nombre pour un autre. Il connaît l'un et l'autre, et cependant il peut prendre la notion et la connaissance de celui-ci pour la notion et la connaissance de celui-là. Il possède la science dans le trésor de sa mémoire; mais, avant de l'avoir saisie dans ce trésor où il la cherche, il ne l'a point, et il peut prendre une chose pour une autre. — Théétète : Voilà qui paraît bien dit, Socrate. — Socrate : En apparence, sans doute, mais la première difficulté revient. J'accorderai que, pendant que nous sommes à chasser dans le vivier, nous soyons dans l'ignorance ; mais quand nous venons à prendre quelque chose, ou ce que nous désirions, ou ce que nous ne désirions pas, nous avons certes la connaissance de ce que nous avons pris (²). On ne voit donc pas comment on peut s'y tromper. Il serait plus raisonnable, au lieu de chercher ce qu'est l'erreur, comme nous l'avons fait jusqu'à présent, d'examiner ce qu'est la science. Revenons donc à sa définition. — Théétète : Je vous répéterai ce que je vous ai déjà dit : La science est une opinion ou un jugement vrai. — Socrate : Il faudra peu de recherches pour réfuter ceci. Tu sais que les orateurs persuadent souvent les juges, non en les instruisant, mais en excitant les passions, et qu'il peut fort bien arriver que ce qu'ils persuadent soit vrai. Nous ne dirons pourtant pas que les juges

---

(¹) Ceci est obscur et pas assez expliqué par Platon.
(*Note de Leibniz.*)

(²) Alors donc, non-seulement nous possédons, mais nous sommes propriétaires.

Judices tamen id de quo persuasi sunt, scire minimè dicemus. Itaque vides esse opinionem veram quæ scientia non sit. — Theætetus : Facis ut in memoriam redeat quod ab aliquo audivi, scientiam esse opinionem veram cum ratione, et quæ ratione carent, sciri non posse. — Socrates : Accipe vicissìm somnium pro somnio. Audivi ab aliquo prima elementa ex quibus homines et alia componuntur, rationem non admittere (¹); imò necquicquàm aliud de illis dici posse cùm sint sola usquè adeò ut ne esse quidem de illis dicere liceat, hoc enim foret ipsis ipsum esse superaddere. Quæ verò ex his copulatis fiunt, prædicationis capacia sunt. Elementa igitur esse rationis atque orationis incapacia adeòque incognita, sensibus tamen comprehendi (²): quæ verò ex illis fiunt, quasi syllabas, posse cognosci et enuntiari. — Theætetus : Benè mihi ista videntur dicta. — Socrates : Idem videtur et mihi, nisi quod hoc unum displicet, syllabas esse notas, elementa verò ignota (³). Nùm qui primam mei nominis syllabam *So* cognoscet, utiquè et elementa ejus *So* noverit. Certè qui utrumque ignorat, quomodò ambo cognoscet ? Qui singula ignorat, quomodò

(¹) Hæc dicitur Prodici Chii fuisse opinio de elementis, quæ magni est momenti, si rectè explicetur.   (*Leibnizianum.*)

(²) Notabile hoc de primis illis est hoc quidem enunciari quod sint nec nisi ipsa de sensibus dici posse.   (*Id.*)

(³) Quanquam enim verum sit ea definitionem atque rationem non habere, nota tamen erunt.   (*Id.*)

ont la science s'ils ont la persuasion. Il y a donc des opinions vraies qui ne sont pas la science. — THÉÉTÈTE : Vous me rappelez une chose que j'ai ouï dire à quelqu'un : c'est que la science est une opinion vraie, accompagnée de raison, et que ce qui n'est pas raisonnable n'est pas science. — SOCRATE : Rêve pour rêve, voici le mien : J'ai entendu dire que les premiers éléments dont les hommes sont composés, ainsi que tout le reste, n'admettent point la raison (¹); que chaque élément, pris séparément, ne peut pas se nommer; qu'il est impossible d'en dire rien de plus, pas même qu'il est, car ce serait y ajouter l'être. Quant aux composés de ces éléments réunis, on peut les nommer. Ainsi, les éléments ne porteraient ni raison ni discours, et par conséquent ils seraient inconnus et cependant saisissables par les sens (²). Quant à leurs composés, on peut les connaître et les énoncer comme des syllabes. — THÉÉTÈTE : Cela me paraît ingénieux. — SOCRATE : Je le trouve aussi; et la seule chose qui me déplaise, c'est que les syllabes soient connues et que les éléments ne le soient pas (³). Celui qui connaît la première syllabe de mon nom, *So*, connaît aussi ses deux éléments. Certes, celui qui ne connaîtrait ni l'un ni l'autre ne pourrait les connaître tous les deux. Celui qui ignorerait les parties, comment connaî-

---

(¹) Telle était, dit-on, l'opinion de Prodicus de Théos ; elle est d'une grande importance si on la prend bien. (*Note de Leibniz*.)

(²) Il est remarquable, au sujet de ces éléments, qu'on en puisse énoncer l'être et que les sens seuls puissent les saisir.
(*Note de Leibniz*.)

(³) Quoiqu'il soit vrai que ces choses n'aient pas reçu de définition ou qu'on n'en ait pas donné la raison, elles n'en sont pas moins connues. (*Id.*)

omnia sciet? — THEÆTETUS : Fortè dici potest, syllabam non esse omnia elementa, sed tertium quiddam ex ipsis factum propriæ naturæ. — SOCRATES : Ità esto, ac fortè etiam ità est. Sed numquid non partes illius esse oportet, et omne ac totum an differre putas? — THEÆTETUS : Quoniàm proindè respondere jubes, dicam differre. — SOCRATES : Si dicam bis ter aut ter duo, aut quatuor et duo, aut tria, duo, unum, nonne idem dico? — THEÆTETUS : Idem, neque aliud quàm sex. — SOCRATES : Vides ergò in his quæ numeris constant, idem esse omne et omnia (1), seu sex esse omnia sex, adeòque ex partibus constare, sive totum esse, idem ergò in his esse totum et omnia, seu omnes partes; itaque aut dicendum est syllabam non esse totum, aut erit omnia elementa, adeòque illis incognitis nec ipsa cognoscetur : quòd si totum non est, sed quiddam indivisibile et simplex, tunc et ipsamet inter elementa erit, vel certè non minùs quàm ipsa elementa, expers cognitionis, scilicet ob simplicitatem. Concedendum ergò aut nihil cognosci, aut elementa cognita esse. Et certè qui litteras discit, utiquè discit prima elementa; et qui musicam discit, sonum cujuslibet chordæ dignoscere studet. Discimus ergò semper elementa adeòque ea cognoscimus, ubi di-

---

(1) Hic quædam obscuriuscula dixit Plato. Obscure idem esse omne et omnia. Dicit hic alia quædam quæ prætermisi, quia non satis intellexi. (*Nota Leibnizii.*)

trait-il le tout? — THÉÉTÈTE : On pourrait dire peut-être que la syllabe n'est pas tous les éléments, mais une troisième chose qui en est composée, et qui a sa nature propre. — SOCRATE : Soit, et peut-être en est-il ainsi. Mais ne faut-il pas qu'il y ait des parties, et crois-tu que l'ensemble et le tout diffèrent? — THÉÉTÈTE : Puisque vous désirez une réponse absolument, je vous dirai qu'ils diffèrent. — SOCRATE : Si je dis, deux fois trois, trois fois deux, quatre et deux, ou trois, deux et un, est-ce que je n'énonce pas la même chose? — THÉÉTÈTE : Absolument; c'est toujours six. — SOCRATE : Par conséquent, pour ce qui regarde les nombres, nous entendons la même chose par le total et toutes ses parties (¹) : six est le total; il consiste en ses parties, ou il est le total : c'est donc la même chose d'être le tout ou l'ensemble, ou la réunion des parties. Il faut dire alors que la syllabe n'est pas un tout, ou qu'elle est la réunion de tous les éléments; si on ne connaît pas ces derniers, on ne connaîtra pas la syllabe. Si elle n'est pas un tout, mais quelque chose de simple, d'indivisible, elle sera mise au nombre des éléments, ou du moins il ne sera pas moins possible de la connaître à cause de sa simplicité que les éléments eux-mêmes. Il faut donc m'accorder, ou que nous ne connaissons rien, ou que les éléments sont connus. Celui qui apprend les lettres apprend certainement les premiers éléments; celui qui apprend la musique s'étudie à distinguer les sons de chaque corde. Nous apprenons donc tou-

---

(¹) Il y a ici quelque obscurité dans Platon : ainsi que le tout et ses parties sont même chose. Il dit d'autres choses que j'ai passées sous silence, parce que je ne les ai pas suffisamment comprises.

(*Note de Leibniz.*)

discimus. — THEÆTETUS : Rectè videris ratiocinari. — SOCRATES : His itâ positis, redeamus ad definitionem scientiæ, esse scilicet opinionem cum ratione. Sed quid est hoc quod diximus cum ratione ? Scire eum dicemus, qui interroganti quid res sit, ejus elementa omnia enumerare possit, ut qui roganti quid sit currus, respondere possit : est rotæ, axis, tabulæ, jugum, aliaque id genus.—THEÆTETUS : Itâ, omninò. — SOCRATES : Sed nec hoc sufficere tibi ostendam; quid enim si transponat eorumque situm non sciat, currûs essentiam non intelliget; quemadmodùm aliquis non nosset nomen tuum, Theætete, etsi omnes ejus litteras ei diceremus, nisi diceremus et situm (¹). — THEÆTETUS : Fateor. — SOCRATES : Vides ergò non esse scientiam elementorum rei cognitionem. — THEÆTETUS : Quid aliud ergò dicemus.— SOCRATES : An forte cùm nonnullis asseremus scientiam rei habere, qui ei velut notas afferre possit, quibus res de quâ agitur, ab aliis omnibus discernatur, quod vocant definitio-

---

(¹) Opinionem de elementis non satis refellit; nam et situs est inter cogitandi elementa. Omnibus autem elementis cognitis nihil referet, quo ipsa situ noscantur, et rectangulum AB et BA in calculo symbolico idem est. (*Nota in qua Leibnizius opinionem sibi familiarem de Caracteristicâ situs enuntiat.*)

jours à connaître les éléments, et nous les connaissons dès que nous les avons appris. — THÉÉTÈTE: Voilà qui paraît bien raisonné. — SOCRATE: Cela posé, revenons à la définition de la science. C'est, disions-nous, une opinion accompagnée de raison. Mais qu'entendons-nous par accompagnée de raison? Nous dirons qu'un homme sait, quand, après l'avoir interrogé sur une chose, il est capable de nous en énumérer tous les éléments; comme, par exemple, celui auquel on demanderait ce qu'est un char, et qui pourrait répondre: Ce sont des roues, un essieu, des ailes, un timon et autre chose semblable. — THÉÉTÈTE: Oui, sans doute. — SOCRATE: Mais cela ne suffit pas, et je vais te le montrer. Que sera-ce, en effet, s'il transpose tout cela et s'il n'en connaît pas la place; il ne comprendra pas l'essence du char. C'est ainsi, Théétète, que quelqu'un ne connaîtrait pas ton nom, bien que nous lui en disions toutes les lettres, si nous ne lui disions en même temps quelle en est la position (¹). — THÉÉTÈTE: Je le reconnais. — Socrate: Tu vois donc que la science n'est pas la connaissance des éléments. — THÉÉTÈTE: Que dirons-nous donc? — SOCRATE: Dirons-nous avec quelques-uns qu'avoir la science d'une chose, c'est pouvoir en apporter comme des marques par lesquelles on distingue la chose dont il s'agit de toute autre, ce que l'on appelle une défi-

---

(¹) Il ne réfute pas assez à fond la thèse des éléments, car il y a aussi un ordre entre les éléments de la pensée. Mais quand on connaît la totalité des éléments, il importe peu dans quel ordre on les connaît. Le rectangle AB et BA dans le calcul symbolique est pareil. (Note de Leibniz où il recourt à une opinion particulière de sa *caractéristique des situations*.)

nem. — THEÆTETUS : Omninò. — SOCRATES : Sed vide quo modo in circulum redierimus. Diximus scientiam esse veram opinionem de aliquo cum notitiâ differentiæ ejus ab aliis omnibus conjunctam. — THEÆTETUS : Ità, certè. — SOCRATES : Notitia autem differentiæ, quid aliud quàm recta de differentiâ opinio est? — THEÆTETUS : Fateor. — SOCRATES: Ergò scientia erit recta opinio cum rectâ opinione; quod est nihil dicere. Cur ergò rationem rectæ opinioni addimus, si aliud nihil ratio quàm recta de differentiis sententia est? Si quis verò dicat non rectam opinionem differentiæ sufficere, sed ejus scientia esse opus, is utiquè definit scientiam per scientiam; quod ridiculum est. Nondùm ergò profecimus fœtusque obstretriciâ arte meâ ex te educti, vani deprehensi sunt et educatione indigni. — THEÆTETUS : Non nego, illud tamen credo plura quàm in me haberem, te educente, me protulisse. — SOCRATES : Quod superest, amice, si te in posterum rursùs gravidum esse contigerit, melioribus certè plenus eris, ob præsentem discussionem. Sin forte sterilis vacuusque manebis, minùs, amice, molestus eris, putans te scire quæ ignores. Sed nunc eundum mihi est in regis porticum, me enim Melitus in judicium vocavit. Cras summo manè, ô Theodore, hùc redibimus.

nition. — THÉÉTÈTE : Oui. — SOCRATE : Mais vois comme nous tournons dans un cercle. Nous avons dit que la science était une opinion vraie d'un objet, jointe à la connaissance de sa différence avec tous les autres objets. — THÉÉTÈTE : C'est cela. — SOCRATE : Mais la connaissance de la différence, qu'est-ce autre chose qu'une opinion vraie de la différence? — THÉÉTÈTE : Je l'avoue. — SOCRATE : La science sera donc une opinion vraie avec une opinion vraie, ce qui n'est rien dire. Pourquoi donc ajouter la raison à l'opinion juste et droite, si la raison n'est elle-même qu'un jugement sur la différence? Mais si quelqu'un prétend qu'il ne suffit pas d'une opinion juste de la différence, mais qu'il en faut la science, il définit la science par la science, ce qui est absurde. Nous n'avançons donc point, et les enfants que mon art d'accoucheur a mis au monde sont reconnus des êtres chimériques et indignes d'être élevés. — THÉÉTÈTE : Je ne le nie point; je crois cependant qu'avec votre aide j'ai produit bien plus de choses que je n'en avais dans l'âme. — SOCRATE : Mon ami, s'il t'arrive à l'avenir de concevoir de nouveau, tes conceptions seront meilleures, après cette première épreuve. Si tu restes vide et stérile, tu seras moins à charge aux autres, ne pensant pas savoir ce que tu ne sais pas. Mais il faut que je me rende au Portique du roi pour répondre, car Mélitus m'a cité à comparaître. Demain, de bon matin, Théodore, nous nous retrouverons ici.

ANIMADVERSIONES AD WEIGELIUM (¹).

Mirificè probo præclara Weigelii nostri consilia de notionibus utilibus in teneras mentes infantium ità instillandis, ut simul perpetua virtutum praxis accedat. Et laudandus est suæ virtutis constantiæque, imò zeli et charitatis, quòd, contemptis iniquis judicibus, glaciem frangit, quæque alii inanibus votis expetunt pro gloriâ Dei et publico bono reapsè attentat. Ego certè, si quidnon applausu tantùm in publicum, sed et cohortatione privatâ possim apud amicos et patronos ut his egregiis laboribus ferveant, nunquàm intermittam. Et elegantissimæ sunt illæ quibus passim utitur analogiæ rerum mathematicarum cum moralibus, aptæque ad infigendas animis utrasque veritates, ut in actum ipsum, datâ occasione, prorumpant.

Illud tamen optarim, ut dùm hæc agit, quibus veritates jam inventæ, in usum docendo rectè transferantur, simul etiam nova inventa sua quibus thesaurum nostrum auget, proferri in publicum non intermittat, ut ab interitu vindicentur. Nam utraque

---

(¹) Weigelius cujus inventa Leibnizius laudat, et passim animadversione perstringit, cum altero Weigelio non est confundendus, quem utpote mysticum, et, ut aiunt, θεόσοφον, mediâ ætate sextâ decimâ in Germaniâ florentem, Bruckerus indicat, et Ritterus laudat.
(*Ab editore additum.*)

REMARQUES SUR WEIGEL [1].

J'approuve tout à fait les beaux desseins de notre Weigel pour insinuer les notions utiles dans l'esprit encore tendre des enfants, de telle sorte que la pratique des vertus s'y joigne toujours. Weigel est digne d'éloges pour sa vertu, sa constance et sa charité, qui, lui faisant mépriser les mauvais juges, lui fait rompre la glace et essayer par des effets, pour la gloire de Dieu et le bien public, ce que d'autres se contentent de désirer par de stériles souhaits. Pour ma part, si je puis quelque chose non-seulement par de publics encouragements, mais même par des exhortations particulières auprès de mes amis et de mes maîtres pour les rendre favorables à ces excellents travaux, je m'y emploirai en toute circonstance. Rien de plus élégant que les analogies tirées des choses mathématiques et qu'il applique en divers lieux à la morale; rien de plus propre à fixer dans les esprits ces deux ordres de vérités et à les faire éclater en acte, l'occasion étant donnée.

Et toutefois je souhaiterais que pendant qu'il donne tous ses soins à acclimater par l'enseignement dans la pratique les vérités déjà trouvées, il ne laissât pas de donner au public ses nouvelles découvertes

---

[1] Ce Weigel, dont Leibniz approuve les beaux desseins, sauf à lui faire quelques légères critiques, ne doit pas être confondu avec un autre Wegel, mystique et théosophe, qui florissait en Allemagne vers le milieu du seizième siècle. Voir Brucker et Ritter.
(*Note de l'éditeur.*)

cura suum momentum habere apud eos debet, quibus Deus dedit utrumque posse. Studeo ipse quoque conferre aliquid pro qualicumque modulo meo et circà ipsam inveniendi artem, quam analysim vocant mathematici. Subindè laboro ut ultrà metas producatur. Nam scientia de quantitate in universum vel de æstimatione, ut vocat celeberrimus Weigelius, mihi pro dimidiâ tantùm parte tradita videtur. Exstat enim ea tantùm pars quæ finitas quantitates versat; sed restabat matheseos generalis pars sublimior, ipsa scilicet scientia infiniti sæpè ad finitas ipsas investigandas necessaria, quam fortassè primus analyticis præceptis adornavi, novo etiam calculi genere proposito, quem nunc egregii viri passìm adhibent : ipso fatente Hugenio, harum rerum optimo judice, sic obtineri ad quæ alias vix admitteremur, sed hæc obiter et vel ideò notavi, quod intellexerim Veigelium nostrum, consilio meo non satis percepto, nimietatem nescio quam in hâc indagatione vereri. Quasi in perficiendâ ipsâ inveniendi arte, et ad magnas veritates obtinendas magìs magìsque, ut ità dicam, armando nimii esse possimus.

In metaphysicis quoque veritatibus eruendis, quæ sanè sunt omnium maximæ et ad veram scientiam moralem efficacissimæ, non exiguam operam posui eòque magìs eorum studium æstimo, qui in his versantur attentiùs. Sed artem demonstrandi in metaphysicis singulari cautione et curâ indigere

dont il a enrichi notre trésor, afin de les sauver de l'oubli. Ces deux choses doivent être l'objet de tous nos soins, quand Dieu nous a donné la faculté de les accomplir. Je travaille aussi à apporter mon obole suivant mes faibles moyens, et je tâche surtout à étendre au delà des bornes l'art d'inventer, que les mathématiciens appellent analyse. Car la science de la quantité en général ou de l'estimation (calcul), comme l'appelle notre célèbre Weigel, ne me paraît être traitée qu'à moitié. On ne connaît que cette partie qui traite des quantités finies; mais restait la partie la plus élevée de la mathématique générale, à savoir la science de l'infini, souvent nécessaire pour la recherche même des quantités finies, et que j'ai peut-être le premier enrichie de préceptes analytiques : j'ai même proposé un nouveau genre de calcul auquel les hommes les plus capables des différents pays ont généralement recours, et Hugens, excellent juge dans de pareilles matières, avoue lui-même d'avoir obtenu même des solutions de problèmes qui sans cela resteraient à peu près inaccessibles. Mais tout ceci n'est qu'en passant, et je ne l'ai marqué que parce que j'ai cru voir que notre Weigel, qui n'a pas peut-être assez compris mon dessein, redoute quelque excès dans ces recherches, comme si nous pouvions jamais aller trop loin dans le perfectionnement de l'art d'inventer et en nous armant de plus en plus pour la conquête des grandes vérités.

La découverte des vérités de la métaphysique, qui sont assurément les plus importantes et qui servent le plus à la vraie science des mœurs, ne m'a pas non plus médiocrement occupé, et je fais d'autant

judico, magis etiam quàm in mathematicis receptis. Cujus rei ratio est, quòd in numeris et figuris et notitiis quæ ab his pendent, regitur mens nostra Ariadneo quodam filo imaginationis atque exemplorum, habetque in promptu comprobationes quales. Arithmetici probas vocant quibus facilè revincuntur paralogismi. At in metaphysicis (prout tradi solent hactenùs), his auxiliis destituti sumus, cogimurque supplere ipso ratiocinandi rigore quod comprobatione vel examinibus deest. Itaque licet complures egregii viri in metaphysicis nobis demonstrationes sunt polliciti, puto tamen indulgentiùs plerumque egisse, et paucissimas rarissimasque nos in hoc genere demonstrationes habere quæ hunc titulum animo mereantur.

Verissimam judico Veigelianam sententiam et à receptâ doctrinâ non abhorrentem, quòd conservatio divina sit continua creatio rerum cæterarum, idque ex ipsâ notione entis dependentis fluere arbitror, cùm non magis primo suæ existentiæ momento, quàm cæteris omnibus, à Deo dependeat. Itaque creatio et conservatio tantùm extrinseca præexistentis aut non præexistentis similis operationis connotatione differunt, ita ut creatio sit conservatio inchoata, quemadmodùm conservatio est creatio continuata. Fatcor tamen in modo probandi Veigeliano mihi non nihil aquam hærere et desiderari adhùc nonnulla ad plenam et absolutam demonstrationem existentiæ divinæ hinc deductam,

plus d'estime des travaux de ceux qui y mettent tous leurs soins. Mais l'art de démontrer les propositions de la métaphysique, suivant moi, demande des précautions et une exactitude extrêmes, plus grandes même que dans les sujets de mathématiques reçus. Et la raison est que dans les nombres, les figures et les notions qui en dépendent, notre esprit a pour se conduire un fil d'Ariane dans l'imagination et l'exemple; et qu'on a sous la main ces moyens de contrôle que les arithméticiens appellent preuves, et qui nous amènent vite à découvrir les paralogismes. Mais dans la métaphysique commune nous manquons de ces aides, et il y faut suppléer par la rigueur du raisonnement ce qui manque du côté des moyens de preuves et d'examen. Et, bien que beaucoup d'excellents hommes nous aient promis des démonstrations métaphysiques, je crois qu'ils se sont flattés, et que nous possédons fort peu et de très-rares démonstrations en ce genre, qui soient vraiment dignes de ce titre.

Je tiens pour vraie et pour conforme à la doctrine reçue la preuve de Weigel, que la conservation divine est la création continue des autres choses, et je crois que c'est une suite de la notion de l'être dépendant, puisqu'il ne dépend pas moins de Dieu au premier moment de son existence que dans tous ceux qui suivent. Donc la création et la conservation ne diffèrent que par le caractère extrinsèque du développement préexistant ou non, mais qui est au fond le même. La création n'est donc qu'une conservation commencée, et la conservation qu'une création continuée. Et, toutefois, j'avoue que dans la preuve de Weigel, la soif me vient et que je voudrais encore

quæ ita habet in *Speculo virtutum*, Viennensi ab ipso edito.

Datur Deus, id est creator cœli et terræ.

Demonstratio. Quia existentia essentiæ mundi hujus quovis momento de novo oritur (per observ. 1), et tamen hoc fieri non potest per existentiam ejus præcedentem (ax. 2), quippe jam exstinctam vel per ejus nihileitatem, inquam jam cecidit (ax. 3), sequitur extra res hujus mundi quippe transitorias dari rem permanentem, quæ rerum hujus mundi existentias quovis momento de nihilo producat, id est dari creatorem cœli et terræ.

Hæc demonstratio mihi videtur paulò brevior et in assumendo liberalior, quàm ut menti satisfacere possit. Utitur unâ observatione et duobus axiomatibus, quæ itidem subjicerem, ut tota ejus vis perspiciatur. Observatio 1 erat: Quandò actualis essentia, non mutata, sed talis posita qualis ante fuerat, in re quâpiam invenitur, tunc res posteà exhibita, cum eâ quæ anteà exstitit, eadem est, sive existentia eadem sit, sive diversa. — Axioma 2 erat: Quod nihil est, tunc utique nihil operatur. — Axioma 3: Ex nihilo non potest essentiæ illique existentiâ suâ sponte oriri. Et axiomata quidem manifesta puto, observatio verò partim obscura videtur, partim non sufficiens, ad probandum quod indè deducitur. Obscura, quia non satis explicatum

quelque chose pour achever et rendre parfaite la démonstration de l'existence de Dieu, qu'il en déduit et qui est proposée en ces termes dans le *Miroir des Vertus*, qu'il a lui-même édité à Vienne.

Dieu est donné, c'est-à-dire le créateur du ciel et de la terre.

Démonstration. Comme l'existence de l'essence de ce monde renaît sans cesse et à chaque instant (par l'obs. 1), et que cependant cela ne se peut faire par son existence antérieure (ax. 2), car elle n'existe plus, ni par le néant où il est retombé (ax. 3); il suit de là qu'en dehors des choses de ce monde essentiellement transitoire, il est donné quelque chose de substantiel, de durable, qui tire à chaque instant du néant les existences des choses de ce monde; en d'autres termes, il est donné un créateur du ciel et de la terre.

Cette démonstration me paraît un peu courte et trop large dans ce qu'elle prend pour accordé, pour pouvoir satisfaire l'esprit. Elle se sert d'une observation et de deux axiomes que je vais mettre ici dessous, pour qu'on en voie bien toute la force.

1° L'observation est celle-ci : Quand on trouve en quoi que ce soit une essence actuelle non changée, mais telle qu'elle était auparavant, alors la chose qui vient à se produire ensuite est la même chose, avec celle qui existait antérieurement, que l'existence reste la même ou soit autre. 2° L'axiome était : Ce qui n'est rien n'a pas d'opération. 3° L'autre était : Du néant ne peut pas naître pour cette essence son existence. — Je tiens tous les axiomes pour évidents, mais l'observation me paraît en partie obscure et en partie insuffisante pour prouver ce

est discrimen inter essentiam actualem et existentiam, insufficiens ad probandum quia ex eo quòd, essentia sine mutatione manente, rem eamdem manere judicatur, nullo modo infertur existentiam ipsam quovis momento de novo oriri.

Observationis primæ citatæ mens est hæc : et si existentia mutatur, modò non mutatur essentia; res tamen manet eadem. Sed quomodò ex hoc asserto hyperbolico potest inferri absolutum, quod scilicet existentiâ reverâ continuè mutetur? Fortassè autem lapsus vel à typographo vel ab alio commissus est in citando, dùm observatio prima citata est, cùm debuerit citari secunda, quæ magìs ad rem facit, asseritque existentiam mundi continuè aliam atque aliam fieri. Et sanè observatio 1 minus ad quæstionem necessaria est, sive enim [mutatâ existentiâ manenteque essentiâ] res eædem maneant, sive non maneant, sufficeret ex mutatâ existentiâ inferri posse necessitatem creatoris; sufficeret, inquam, si satis esset comprobatum.

Verùm si debitam in demonstrando ἀκρίβειαν amamus, etiam post hanc emendationem videtur superesse difficultas. Nam dubitari adhùc ab adversariis potest, utrum verum sit, existentiam rerum mundanarum quovis momento de novo produci eo sensu ut res ipsæ quovis momento annihilentur et creentur. Et miror inter principia demonstrandi collocari quod ipsum demonstratione potissimum opus habebat, tanquàm in quo hujus negotii cardo vertebatur. Illud

qu'on en déduit : obscure, parce qu'on n'a pas assez expliqué la différence entre l'essence actuelle et l'existence ; insuffisante, parce que de ce que l'essence demeurant sans changement, on suppose que la chose demeure la même, on n'en peut inférer que l'existence elle-même naisse à chaque instant de nouveau. Le sens de la première observation citée est celui-ci : Si l'existence change mais que l'essence ne change pas, la chose reste cependant toujours la même. Mais comment de cette assertion hyperbolique en peut-on inférer d'une manière absolue qu'effectivement l'existence change toujours ? Peut-être le typographe, ou quelque autre, a-t-il commis la faute d'avoir cité en premier lieu une observation qui devrait être cachée dans les replis de la seconde, qui, plus utile à la question, affirme que l'existence du monde change toujours. Et, en effet, la première observation est bien peu nécessaire à la question, car, soit que (l'existence ayant changé et l'essence étant restée la même), les choses restent dans le même état, soit qu'elles n'y demeurent pas, il suffirait de ce changement d'existence pour en conclure la nécessité du créateur : cela suffirait, dis-je, si la chose était assez prouvée.

Mais puisque nous aimons une juste sévérité dans la démonstration, voyons si après cette correction la difficulté disparaît ? — Les adversaires ne pourront-ils pas encore se demander s'il est vrai que l'existence des choses de ce monde soit une production nouvelle à chaque moment de la durée, en ce sens que les choses elles-mêmes sont annihilées et créées à chaque moment ? Et je m'étonne que l'on ait érigé en principe ce qui par soi-

equidem verum est, continuè novari modos existendi ratione temporis, locis qualitatum et circumstantiarum, aliud est nos hodiè esse vel existere, quàm nos heri fuisse, aliud est nos fuisse vel extitisse in horto quàm esse domi; aliud est nos fuisse sanos quàm esse ægrotos, et diù etiam potest aliam esse nostram existentiam hesternam quàm hodiernam, hortensem quàm domesticam, sanam quàm ægram, sed mutatione harum existentiarum respectivarum, sive existendi modorum, non probatur absolutæ existentiæ mutatio, ità ut indè sequatur rem ipsam annihilari. Sanè existentiæ respectivæ dantur plures pro diversis respectibus; et quidem simul; ità dùm æstate proximâ in horto essemus, potest modus noster existendi in æstate concipi ut diversus à modo existendi in horto seu temporalis existentia differt à locali, etsi per accidens tale tempus cum tali loco conjungatur et temporalis quidem existentia perpetuò fluit, vi suæ naturæ, localis verò et qualitativa aut circumstantialis interdùm mutatur, interdùm manet; sed absoluta existentia nunc nonnisi una eademque est, non verò multiplex ut respectiva; undè cam solo temporis lapsu aliam fieri adeòque annihilari rem, et denuò creari ostendendum erat.

Video passìm in scholiis et discursibus nonnulla non contemnenda afferri à viro præclaro ad probandam hanc existentiæ absolutæ novationem, sed

même avait tant besoin de preuve, puisque c'était le nœud de la difficulté. Il est bien vrai que les modes de l'existence se renouvellent sans cesse, par des raisons de temps, de lieux ou de circonstances. L'Etre d'aujourd'hui est différent de celui d'hier ; c'est autre chose d'être dans son jardin que d'être dans sa maison, d'être bien portant ou malade; on peut dire même que notre vie d'aujourd'hui diffère de celle d'hier, la vie du jardin de la vie du foyer, la vie saine de la vie malade.

Mais tous ces changements respectifs d'existence, tous ces modes divers ne prouvent point le changement de l'existence absolue, et surtout un changement tel que la chose soit anéantie. Sans doute il peut y avoir une diversité d'existences respectives, même simultanées, suivant les divers rapports ; ainsi, dans ce fait, que nous étions l'été passé dans notre jardin, nous pouvons distinguer l'existence en été de l'existence dans un jardin, car l'existence dans le temps diffère de l'existence locale, et ce n'est que par accident que le temps et le lieu coïncident. Or, l'existence dans le temps est dans un flux perpétuel par la force de sa nature, tandis que l'existence locale, quantitative, circonstancielle, tantôt change et tantôt demeure. Quant à l'existence absolue, elle est toujours la même, et non multiple comme la relative. Il fallait donc montrer que c'est le cours du temps seul qui change cette dernière, que la chose est alors anéantie et créée de nouveau.

Je vois que dans quelques endroits des scolies et éclaircissements, cet homme célèbre avance quelques faits qui ne sont point à dédaigner pour prou-

cum in eo consistat cardo negotii, optandum erat hæc ipsa in formam demonstrationis redigi : tale illud est quod dicitur [in schol. dem. p. 19]. Tempus nihil aliud esse quàm ipsam rerum existentiam, seu actualitatem, adeòque lapsu temporis etiam existentiam interire et novari. Sed hæc assentio rursùs probatione indiget. Nec sufficit quod ibi dicitur objicientes non intelligere temporis naturam; esto enim quod non intelligant, demonstrantis est intelligentiam ipsis afferre per claras probationes; nec dubitans de argumentis alicujus promissis opus habet semper rationibus dubitandi, sufficit enim ad dubitandum quoties de demonstratione plenâ agitur esse aliquid nondùm probatum. Ex abundanti tamen potest dubitandi ratio aliqua utiliter adjici, ut demonstranti occasio detur meliùs absolvendi demonstrationem. Nec hoc loco si tempus idem esset quod rerum existentia, videtur sequi, tot fore tempora quot res rerum existentias, adeòque ea quæ simul existunt, non existere eodem tempore : undè inferri videtur latissimum esse discrimen inter tempus et rerum existentiam, adeòque nondùm esse confectum quod lapsu temporis existentia absoluta labatur, ità ut res annihiletur.

Superest etiam alia dubitatio momenti non minoris. Nam si concederetur rerum mundanarum nobis

ver ce renouvellement de l'existence absolue ; mais, comme c'est en cela même que consiste la difficulté, on aurait pu souhaiter que le tout eût été rédigé sous forme de démonstration : ainsi, quand il dit (sch. dem., p. 19) :

Le temps n'est autre chose que l'existence même des choses ou leur actualité, de sorte que l'existence meurt et se renouvelle avec le temps : cette assertion manque de preuve. Il ne suffit pas de dire que ceux qui font ces objections ne comprennent pas la nature du temps ; car supposé même qu'ils ne la comprennent pas, il est du devoir de celui qui démontre de donner l'intelligence de ce qu'il avance par des preuves claires, et celui qui doute de ce que promet un argument n'a pas toujours besoin de raisons pour en douter, car il suffit pour cela, quand il s'agit d'une démonstration complète, qu'il reste quelque chose à prouver. On peut bien, à plus forte raison, insinuer quelque motif de doute : c'est donner à celui qui démontre une occasion d'achever plus à fond sa démonstration. Ainsi, dans l'espèce, si le temps et l'existence sont même chose, pourrait-on dire : Il y a donc autant de temps que de choses, ou d'existences de choses, et alors ce qui existe simultanément n'existe pas dans le même temps ; et ne pourrait-on pas inférer de là qu'il existe une grande distance entre le temps et l'existence des choses ? et voilà la difficulté qui revient : à savoir qu'il n'est pas prouvé que le temps emporte avec lui dans son cours l'existence absolue et anéantit les choses.

Enfin, il me reste un autre doute d'une importance au moins égale. Si l'on accorde que l'exis-

obversantium existentiam perpetuo labi, atque adeò res eas esse transitorias crearique continuè à re permanente; non tamen hinc sequitur creatorem hunc esse creatorem cœli et terræ, et multò minùs sequitur esse Deum. Dicet enim adversarius posse diversos imò innumerabiles dari creatores, seu diversa dari entia permanentia pro diversis rebus transitoriis creandis; novaque opus fore demonstratione ad probandum unicam esse rem permanentem omnibus transitoriis continuè producendis communem; imò erunt qui dicent ipsas essentias sibi novas semper existentias producere, neque enim ipsas essentias annihilari, sed permanere cujus contrarium utique demonstrari debet.

Hæc attuli, non quòd negem verissima esse quæ dicuntur, aut improbem laudatissima egregii viri cogitata, sed quod optem complementum illis addi ut mathematicæ demonstrationis titulum mereantur. Candidè certè me egisse et non sugillandi animo aut nodum in scirpo quærendi, spero ipsum cum aliis æquis censoribus agniturum.

Cartesiani post magistrum ex eo probare conantur continuam rerum productionem, quia ex nostrâ præsente existentiâ non sequatur futura. Sed vel hoc argumentum rem absolvit; dicet enim adversarius omninò sequi futuram ex præsente, nisi quid impediens surveniat. Denique quod recentiores qui-

tence des choses terrestres qui sont devant nos yeux est dans un perpétuel écoulement; que les choses donc sont passagères, et qu'elles sont continuellement créées par un être stable, il ne s'ensuit point que ce créateur est le créateur du ciel et de la terre, et il s'ensuit encore bien moins qu'il est Dieu; car l'adversaire répondra qu'il peut exister de nombreux, d'innombrables créateurs, ou bien divers êtres stables, selon la diversité des choses transitoires. Et il faut encore ici une démonstration nouvelle pour prouver l'unité de cet être stable, qui produit sans interruption les choses transitoires. Enfin, l'on dira que les essences mêmes se créent sans cesse des existences nouvelles, que les essences ne sont pas détruites, mais demeurent, et il faut démontrer le contraire.

J'ai avancé tout ceci, non pas que je nie la vérité des preuves qu'on apporte, ou que je désapprouve les louables intentions d'un homme excellent, mais c'est parce que je souhaite qu'on y ajoute ce qui leur manque avant de leur donner le titre de démonstrations mathématiques. L'auteur et tout juge équitable reconnaîtront, je l'espère, ma sincérité, l'éloignement où je suis de chercher des chicanes ou de mauvaises difficultés. Les Cartésiens s'efforcent, après leur maître, de prouver la production continuelle des choses, parce que notre existence présente n'emporte pas l'existence future. Mais il n'en faut pas davantage pour résoudre la question; car l'adversaire dira que l'existence présente emporte la future, si rien n'empêche. Enfin, pour ce qui est de l'opinion de quelques nouveaux Cartésiens, qui enlèvent la

dam Cartesiani rebus vim agendi tollant, quasi Deus solus omnia agat, res autem non sint nisi causæ occasionales, quod Veigelio nostro arridere nonnihil videtur, non per omnia sequor. Etsi enim fateor nullum esse in rigore metaphysico substantiæ creatæ unius in aliam influxum, agere tamen creaturas et vim agendi habere arbitror, quæ alio loco commodiùs explicabuntur.

Multa cæteroquin præclarè atque eleganter dicta in *Speculo* Viennensi invenio, ex causâ quòd summus charitatis excessus vocatur apotheosis. Verissimum enim est creaturas aliquandò ità ab hominibus amari, ut indè sibi velut deos faciant, quemadmodùm ipsa Scriptura sacra de iis loquitur, qui ventrem sibi faciunt deum. Similiter rectè servilitas consideratur ut excessus humanitatis, conspiratio ut excessus concordiæ, satisque multæ optimæ notiones afferuntur.

Omnem etiam severam ratiocinationem esse computi genus optimè inculcatur; quâ de re aliquandò (Deo volente) dabo nova et ad hunc computum actu ipso exercendum profutura ultrà ea quæ quis facilè suspicetur. Intereà elegantibus Veigelii nostri analogiis nos oblectabimus, verbi gratiâ, cum de Autarkiâ (αὐτάρκεια) agens, jucundè observat, uti nihil refert eadem fractio vel proportio magnis an parvis numeris efferatur, ità qui animo contento fruitur, ei nihil referre magnis opibus agminibusque servorum,

force d'agir aux choses, comme si Dieu seul faisait tout, et si les choses n'étaient que des causes occasionnelles, opinion qui paraît plaire à notre Weigel, je ne l'approuve pas de tout point. Bien que j'avoue que dans la rigueur métaphysique il n'y a pas d'influence d'une substance créée sur une autre, je pense toutefois que les créatures agissent, qu'elles ont une force d'action, mais je me réserve d'y revenir en son lieu. Cela ne m'empêche pas de trouver qu'il y a bien des choses, pensées avec noblesse, dites avec élégance dans le *Miroir* de Vienne : cette définition, par exemple : Le degré suprême de l'amour est l'apothéose.

Et, en effet, il est très-vrai qu'il y a des hommes qui aiment de simples créatures, au point d'en faire leurs dieux, comme ceux dont parle l'Ecriture sainte, qui faisaient leur dieu de leur ventre. — C'est une observation juste aussi qui lui fait dire que la servilité est un excès d'humanité, la conspiration un excès de concorde, et il donne de ces définitions excellentes en assez grand nombre. Il a raison d'insinuer encore que tout raisonnement exact est une sorte de calcul. Et si Dieu le permet, je donnerai de nouvelles règles, qui seront d'une utilité merveilleuse dans la pratique pour exercer ce calcul. En attendant, nous nous recréerons avec les élégantes analogies de notre Weigel. Lorsqu'il traite de l'art de se suffire à soi-même, il fait cette observation pleine de finesse : qu'il importe peu qu'une fraction ou proportion soit riche ou pauvre en quantité; et, que de même, celui qui a la conscience tranquille ne s'inquiète guère si c'est avec des grandes richesses, des troupeaux d'esclaves, ou

an rebus parabilibus atque obviis pervenerit ad hoc terrestris felicitatis culmen.

De cætero prorsùs iis calculum meum adjicio (etsi non autoptes), quæ 1 M p p autoptes quisquis demùm fuerit pro Veigelianâ docendi ratione Aretologisticâ dixit ([1]). Atque hoc nunc quidem ad *Speculum* Viennense breviter notare placuit; præsertim cùm nondùm anteà mihi fuerit lectus hic liber, non magis quàm alter Aretologisticus, qui longiùs etiam sese in res metaphysicas diffundit, etsi pro compendii ratione magis adumbrare notiones quàm explicare videatur; imprimis autem eleganter in ipsâ praxi arithmeticâ usum virtutum ostendit.

Quod tetractycam arithmeticen attinet, arbitror in praxi si quid mutandum esset potiùs duodecimalem vel sedecimalem fore adhibendam pro decimali; quo majoris enim numeri progressio adhibetur (dummodò tabulæ Pythagoricæ fundamentales memoria teneantur) eò expeditior est calculus. Sed cùm hæc ab omnibus recepta non nisi ægrè mutentur, poterimus in calculis usualibus contenti esse hoc Catone arithmeticæ decimalis; sed quod theoriam attinet, veritatumque egregiarum in arithmeticis inventionem, quæ ipsæ deindè praxi quoque plurimùm prosint, puto non tantùm tetractycam decimali esse præferendam; sed et ipsi tetractycæ rursùs præferendam esse dyadicam, quæ omnium

---

([1]) Hæc nimium corrupta sunt, ut ad meliorem statum restitui facilè possint.

par des ressources ordinaires et à sa portée, qu'il est parvenu au faîte de la félicité terrestre. Du reste, j'ajoute en outre ici mon calcul, bien que je ne sois pas (¹).

Il m'a plu de faire ces quelques remarques sur le *Miroir* de Vienne, parce que je n'avais pas encore lu ce livre, ni celui intitulé *Aretologisticus*, qui s'étend plus longuement sur des questions métaphysiques ; il est, il est vrai, trop avare de raisonnements, comme sont les abrégés, et il esquisse les notions sans les développer ; mais c'est surtout dans la pratique même qu'il nous montre l'usage de l'arithmétique des vertus.

Quant à ce qui touche l'arithmétique tétractique, je crois que dans la pratique, si l'on avait pu changer quelque chose, c'eût été de préférer prendre pour base 12 ou 16 au lieu de 10, 19 ; car plus la progression contient de nombres élevés, plus le calcul sera expéditif (pourvu que la mémoire ait retenu les tables fondamentales de Pythagore). Mais comme on a beaucoup de peine à changer la pratique reçue, on pourra se contenter dans les calculs usuels de ce Caton de l'arithmétique décimale. Quant à la théorie et à l'invention des belles vérités en arithmétique, qui profite ensuite à la pratique, je crois qu'il faut non-seulement ne pas préférer le tétractique au décimal, mais qu'on est forcé de recourir de nouveau au dyadique, qui est le système le plus parfait de tous, qui ne crée point d'hypothèse, mais résout complétement les opération.

(¹) Suit ici dans le texte latin un passage altéré que nous n'avons pu rétablir.

perfectissima est, nec quicquam supponit, sed numeros plenè resolvit.

Nempè secundùm dyadicam exprimuntur omnes numeri per solos characteres 0 et 1, per unitatem et nihil; insigni analogiâ ortus rerum creatarum ex Deo et nihilo; creaturis perfectiones suas a puro actu positivo, seu Deo, imperfectiones, sive limites a negativo, seu nihilo, habentibus; sed specimen dabimus hujus expressionis :

Decimaliter.	Dyadice.
0	0
1	1
2	10
3	11
4	100
5	101
6	110
7	111
8	1000
9	1001
10	1010
11	1011
12	1100
13	1101
14	1110
15	1111
16 etc.	10000 etc.

EXEMPLA CALCULI DYADICI.

Additio.

```
+ 5. . . .      + 101
  7. . . .      + 111
  ───           ─────
  12            1100
```

Multiplicatio.

```
  5. . . .        101
  3. . . .         11
  ──            ─────
  15              101
                  101
                ─────
                 1111
```

Car, d'après la dyadique, tous les nombres sont exprimés par les seuls caractères 0 et 1, par l'unité et 0 ; remarquable analogie de la création des choses sorties de Dieu et du néant. Les créatures n'ont de perfection que par le fait positif, ou Dieu ; et elles n'ont d'imperfection ou de limites que par le fait négatif, ou le néant. Nous donnerons un spécimen de cette expression :

Par les nombres décimaux.	Par les nombres binaires.
0	0
1	1
2	10
3	11
4	100
5	101
6	110
7	111
8	1000
9	1001
10	1010
11	1011
12	1100
13	1101
14	1110
15	1111
16 etc.	10000 etc.

EXEMPLE DU CALCUL BINAIRE.

Addition.

```
+ 5....     + 101
+ 7....     + 111
  ──          ────
  12         1100
```

Multiplication.

```
  5....       101
  3....        11
  ──          ───
 15....       101
              101
              ────
             1111
```

Hic observari meretur ipsas numerorum expressiones dyadicas certâ lege in infinitum progredi, quod in decadicâ et aliis fieri non potest, quia in solâ dyadicâ characteres adhibentur, dependentiam seu originem ex unitate et nihilo, sive primis principiis adeòque intimam numeri naturam exprimentes. Hinc sequitur etiam theoremata omnia numerica in numerorum serie ex ipsis istis characteribus debere apparere, innumeraque arcana numerorum veritatesque etiam summæ utilitatis in calculo practico hujus erui posse. Observatu etiam dignum est hanc ipsam expressionem dyadicam exhibere nobis in characteribus quod jam à multo tempore examinatores monetales et cognati ipsis artifices in ponderibus exhibebant, ostendentes quomodò paucissimis ponderibus progressivis geometricæ duplæ multi alii numeri conficiantur; sic quinque ponderibus quæ valeant 1, 2, 4, 8, 16, in unâ lance libræ variè conjunctis, exhiberi possunt omnia pondera ab 1 usque ad 31. Et sex ponderibus 1, 2, 4, 8, 16, 32, exhiberi possunt omnia pondera ab 1 usque ad 63; cujus rei demonstratio ex dyadicâ representatione primo obtutu patet. Hanc igitur multas ob causas ad meditanda numerorum arcana scientiamque augendam tetractycæ ipsi præferendam putent.

NOTA.

Hic explicitæ *Animadversiones Leibnizianæ ad Weigelium*. Sequitur nota, quam damus in extenso.

Demonstrationi existentiæ Dei à celeberrimo Weigelio propositæ plurimùm solidi inesse arbitror.

Verissimum enim videtur conservationem esse continuam crea-

Il faut observer ici que les expressions de la dyadique marchent d'après une certaine loi vers l'infini; ce qui ne peut arriver quand la base est 10 ou un autre nombre, puisque dans le système dyadique seul les caractères nous montrent leur origine ou leur dépendance de l'unité et du néant ou des premiers principes, et expriment ainsi la nature intime du nombre. Il s'ensuit que tous les théorèmes numériques doivent apparaître dans la série des nombres revêtus de ces mêmes caractères. Bien des secrets et des vérités d'une haute utilité pour le calcul pratique peuvent être tirées de ces faits. Il est digne de remarque que cette expression de la dyadique nous présente les caractères que depuis longtemps déjà connaissaient les inspecteurs monétaires, et que d'habiles ouvriers nous montraient pour les poids. Ainsi, ils nous montraient que par la progression géométrique ils pourraient, avec très-peu de poids, former le double des nombres donnés.

Ainsi, avec cinq poids de la valeur de 1, 2, 4, 8, 16, combinés de diverses manières, ils peuvent former tous les poids depuis 1 jusqu'à 31. Et avec six poids de 1, 2, 4, 8, 16, 32, on peut les former tous, depuis 1 jusqu'à 63. Cette question est résolue très-clairement par la représentation de la dyadique. C'est à cause de ces nombreuses raisons que cette méthode doit être préférée à la méthode tétractique, quand on veut méditer sur les secrets des nombres, et accroître le trésor de la science.

tionem. Puto tantùm quædam tacitè assumi, quæ ad perfectæ demonstrationis vim obtinendam adhuc probatione indigere videntur. Assumi videtur quod ob existentiam respectivam ad tempus seu temporalem continuè aliam, seu ob alium existendi modum ad tempus relatum. Sequatur etiam existentiam absolutè aliam atque aliam fieri, cùm tamen variæ existentiæ respectivæ seu modi existendi concipi possunt, v. g. (vergleich), existere in tempore, existere in loco, existere album aut nigrum ; et potest unus modus existendi manere, altero mutato. Undè dubitari potest an non mutato licet modo existendi in tempore, ipsa tamen existentia in se manere queat, cùm, mutatâ existentiâ in tempore, sæpè manent existentia in loco aut alia similia. Et augetur ratio dubitandi, quia si nos aliam numero.

Supponi videtur :

1° Eamdem numero existentiam non posse durare per aliquod tempus, seu ex mutatâ existentiâ in hoc tempore, sequi imitationem existentiæ absolutè ;

2° Quòd essentia eodem numero licet manens, non tamen per se novas diversis temporibus sui existentias producat, sed quòd opus sit ente existentiam eamdem semper habente, quod novam existentiam producat ;

3° Quod essentia eadem numero manere possit, mutatâ licet existentiâ.

Optimum foret rem redigere in syllogismum.

Existentiam absolutè acquirimus, videtur sequi nos semper alios fieri numero [et nullam esse rerum durationem, neque concedatur observatio prima in *Speculo* Viennensi], cùm ad idem numero individuum, etiam eadem numero existentia absoluta requiri videatur. Respectivas enim manente eodem individuo variari posse est in confesso, ex respectivis autem existentiis, seu modis existendi, in quo ad tempus refertur hoc habere privilegium, ut absolutam existentiæ alietatem inferat, ità ut res ideò annihilatæ censeantur, videtur rigorosiùs probandum. Alioqui erunt qui dicent, non tantùm eamdem essentiam, sed et tandem existentiam absolutam posse à Deo reproduci, et in diversis temporis momentis existere.

MISCELLANEA METAPHYSICA.

Corpus non est substantia, sed modus tantum entis sive apparentia cohærens.

Intelligo autem per corpus non id quod scholastici ex materiâ et formâ quâdam intelligibili componunt, sed quod molem aliàs Democritici vocant. Hoc aio non esse substantiam. Demonstrabo enim si molem consideramus ut substantiam, incedere nos in implicantia contradictionem ex ipso continui labyrintho, ubi illud imprimis considerandum est primùm atomos esse non posse, nam cum divinâ sapientiâ pugnant; deindè corpora re ipsâ divisa esse in partes infinitas, nec tamen in puncta, ideòque non posse ullo modo assignari corpus unum, sed materiæ portionem quamlibet esse ens per accidens, imò et in perpetuo fluxu. Si verò hoc tantùm dicamus, corpora esse apparentias cohærentes, cessat omnis inquisitio de infinitè parvis quæ percipi non possunt. Sed et hìc locum habet Herculinum illud argumentum meum, quòd ea omnia, quæ sintne an non sint à nemine percipi potest, nihil sunt. Jam ea est corporum natura; nam si Deus ipse vellet creare substantias corporeas quales fingunt homines, nihil ageret neque ipse percipere posset, se aliquid egisse, quoniàm nihil deniquè quàm apparentiæ percipiuntur. Signum veritatis deniquè cohærentia est; causa autem est voluntas Dei formalis; ratio est quòd Deus percipit aliquid optimum esse seu ἀφρόνικωτατον, sive quòd aliquod Deo placet; itaque ipsa, ut ità dicam, **voluntas divina est rerum existentia.**

DEMONSTRATIO CONTRA ATOMOS SUMPTA EX ATOMORUM CONTACTU.

SCHEDA I. — DEMONSTRATIO.

Definitio. — Res duobus modis ab aliâ distinguitur : vel per se ipsam, vel extrinsecùs. Per se ipsam ab aliâ distinguitur, quandò per solam rei considerationem habetur distinguendi modus, nullâ operatione nullâve in re mutatione factâ. Extrinsecùs, quandò applicato externo, aliquid novum in re producitur, quod in aliâ non prodit.

Ità sphæra et cubus, tùm consideratione, tùm et operatione, distingui possunt. Consideratione, quia in illâ nulli inveniuntur anguli, quorum in cubo sunt octo. Operatione, ut si ambo plano inclinato imponantur, ubi volvendo sphæra dependet cubus planum vadendo *en glissant*.

Axioma A : Quidquid ab alio extrinsecùs distinguibile est, etiam per se ipsum distinguibile est.

Exempli causâ, sint duo nummi ab eodem typo, unus ex auro novo, alter ex sophistico, qui extrinsecùs facile distinguuntur mallei ictu. Aio etiam antè ictum attentâ consideratione discrimina in compositione ipsâ uniuscujusque deprehensum iri, nudo oculo vel armato, et licet oculorum acies eo pertingere non posset, tamen esse intùs, et à perspicaciore quâdam creaturâ (veluti ab angelo) posse deprehendi.

Observatio. — Corpora quædam à se invicem divelluntur.

Hypothesis concessa : Materia est uniformis, seu, excepto motu et figurâ, ubique sibi similis.

Definitio II. — Atomus est corpus quod frangi non potest.

Postulatum. — Si dantur atomi, liceat eas assumere figuræ et magnitudini cujuscunque et in situ quocunque.

THEOREMA.

Fieri non potest ut omnia corpora ex atomis constent. Assumantur per postulatum tres atomi ABC, ex quibus A sit cubica, sed B et C sint prismatica, triangularem cubum componentes D priori A similem et æqualem. Cubus D a cubo A per se distingui non potest per hypothesim concessam. Ergò nec poterunt distingui extrinsecùs per axioma 1. Si ergò corpora alia impingant in cubum D, vel separare poterunt atomos B et C, vel non poterunt. Si poterunt separare, tunc eadem corpora eodem modo impingentia in cubum A, divellere poterunt eumdem in parte; alioqui enim A et B extrinsecùs distinguerentur per definitionem cujus contrarium est ostensum. Sed si cubus A divelletur in parte, utique per definitionem 2, non erit atomus, ut supponebatur. Sin corpora alia cubum D in parte componentes, iterùm dissolvere non possunt, sequitur ex non atomo factam esse atomum per contactum; idemque locum habebit cujuscunque figuræ atomi assignentur. Undè sequitur atomos quæ semel se tetigerint, divelli rursùs non posse.

Jam si omnia corpora componuntur ex atomis, corpora non nisi per atomos sese tangunt. Ergò nec divelli possunt post contactum, nisi atomus unius ab atomo alterius divellatur. Quod fieri non posse ostendimus; sed corpora non divelli constat observatione. Itaque corpora omnia ex atomis componi verum non est.

SCHEDA II. — SCHOLIO AD DEMONSTRATIONEM.

Non video quid ei demonstrationi responderi possit, nisi negationem postulati : si dantur atomi, posse eas assumi figuræ et magnitudini, cujuscunque in situ quocunque. Id unum ergò cum aliquâ ratione dici posse videtur; non posse dari atomos quarum partes tantum puncto aut lineâ connectuntur. Itaque non posse, exempli causâ, dari atomum similem composito ex duabus sphæris sese tangentibus. Quod si ergò dantur atomi sphæricæ aut aliis quibuscunque superficiebus curvis terminatæ, nunquàm sese aliter tangent, quàm in puncto; itaque nunquàm component corpus atomo simile.

Hic aliqua replicari posse arbitror. Primò, si contactus in superficie est causa firmitatis, sequetur majorem esse firmitatem cum major est superficies. Undè atomi non essent æqualiter firmæ. Itaque esset vis quædam determinata divellendi, quâ possent mensurari firmitates. Quam vim non video ubi possimus invenire, si non est in corporum motu, nisi spirituales quasdam potentias advocemus, quæ tamen quomodò in corpora agant, intelligi non potest. Quod si æqualis est firmitas omnium atomorum, nec refert quantus sit contactus, etiam suffecerit contactus in lineâ, imò in puncto.

Alterum quod replicari potest, hoc est saltem demonstratum esse à nobis, non posse corpora componi ex atomis per hedras planas terminatis. Sed præterquàm quòd dubitari potest, utrùm reverà dentur curvilinea propriè dicta, non videtur exceptio hæc consentanea rationibus rerum, ut si compositio ex atomis possibilis est, necessariò fieri debeat, per corpora planitiei expertia. — Tertia replicatio hæc est : Non tantùm atomos planarum superficierum, sed et concavarum, tollendas esse ex naturâ. Alioqui ex non atomo licebit facere atomos, quotiescunquè continget concavam superficiem unius atomi applicari ad alterius convexam ; idque tamdiù fiet, donec omnes atomi concavarum superficierum erunt impletæ quantùm per convexas existentes in naturâ fieri potest. Sed hæc quoque restrictio non videtur consentanea rationibus rerum. Et in universum, si quis neget alias dari atomos quàm perfectè sphæricas, ut vim demonstrationis effugiat, ea comminiscitur quæ quidem posterioribus accommodata sunt, sed primis rationibus amplitudinique naturæ non respondent. Breviter : ex atomorum hypothesi possum absurdum deducere, modò mihi concedatur atomis magnitudinem, figuram et motum assignare quem volo.

Aliud argumentum institui posset tale : si dari possent atomi, possent dari corpora similia et æqualia, et tamen diversa inter se ut forent duæ sphæræ æquales. Si darentur atomi, nulla in ipsis intelligi posset causa reflexionis, quippequæ ab elaterio sumenda est, nec atomi sese ferientes, à se invicem dissilirent. Item contactus superficialis est causa cohæsionis, duæ atomi hedris vel superficiebus concurrentes non dissilient, ità si æqualis utriusque celeritas occursu tota vis periret.

SCHEDA III. — APPENDIX AD DEMONSTRATIONEM.

Si quis neget dari posse atomos quarum partes sese in puncto tantùm aut lineâ tangant, adeoque contactus in superficie requiritur ad cohæsionem, ut demonstrationis nostræ vim evitet, is in alias novas difficultates sese inducet.

Nam si cohæsio oritur à contactu superficiali, casus intelligi potest in quo nequeat atomus radere atomum. Ubi enim pars hedræ atomi B congruet parti hedræ atomi A, non tantùm non poterunt dissilire, et itaque divelli, sed etiam una non poterit super aliâ labi [nam anguli sunt in superficie] imò quod est mirabilius, atomus A motu suo veniens ex loco A in locum 2 A, ità situm ut progredi ultrà nequeat, quin atomum B radat, ibi sistetur sine ullo obstaculo quasi incantamento objecto. Nec sufficit dicere nullas dari atomos tales nec alias in naturâ nisi sphæricas, aut saltem convexis superficiebus terminatas exstare. Sufficit enim esse possibiles atomos planis aut concavis hedris terminatas. Si possibiles sunt terminatæ convexis, et ex possibilitate earum suppositâ absurdum sequi, undè nec convexas admittendas sequitur.

Quòd si quis his animadversis jam non ampliùs contactum superficialem tantùm, sed etiam quietem tangentium sese, ad cohæsionem requirat, ne scilicet atomus una super alia labi prohibeatur, is sententiæ suæ probationem afferre nequit; nec apparet cur natura et vis præsentis statûs qui est contactus, pendere debent à statu præterito, ut scilicet præsens contactus cohæsionem operetur; si aliquandiù duravit in eodem loco, quasi assuefactione quâdam sit opus : undè etiam sequeretur firmitatem duratione augeri, et novè natas atomos eò esse firmiores, quò diutiùs cohæsêre, quod nemo facilè dixerit.

Sed nec assignari potest momentum quo incipiat cohæsio duarum atomorum, quia tota simul perfecta est. Et si non incipit nisi aliquandò duraverit, incipiet nunquàm, foret enim prior se ipsâ : prætereà omnis quies intelligi potest ex duobus motibus composita, ut si corpus simul ducatur à duobus moventibus, atque ità quiescat per accidens; an tunc quoque parietibus alterius quod radit adhærescere intelligetur ? Itaque quocumquè nos vertamur, in ἄπορα incidimus; quod mirum non est, quia sumpsimus hypothesim ratione carentem, firmitatem scilicet summam, sine intelligibili causâ.

Quòd si quis atomos saltem decreto Dei fieri posse arbitretur, ei fatemur posse Deum efficere atomos, sed perpetuo miraculo opus fore ut divulsioni obsistatur, cùm in ipso corpore principium perfectæ firmitatis intelligi non possit. Potest Deus præstare quidquid possibile est, sed non possibile est ut potentiam suam creaturis transcribat, ut ipsæ per se possint quæ solâ ipsius potestate perficiuntur.

Quidquid per se ipsum distinguibile est, etiam extrinsecùs distinguibile est. Si duo corpora sint similia, per unum simile distingui non possunt. Si duo corpora sint similia sed inæqualia, per se invicem extrinsecùs distingui possunt, nullo vel tertio assumpto. Corpora similia et æqualia extrinsecùs discerni non possunt; imò nullo modo, adeòque sunt unum idemque.

DE LIBERTATE (¹).

Vetustissima generis humani dubitatio est, quomodò libertas et contingentia, cum serie causarum et providentiâ stare possint. Et aucta est rei difficultas, christianorum disquisitionibus de justitiâ Dei in procurandâ hominum salute.

Ego cùm considerarem nihil casu fieri aut per accidens, nisi respectu ad substantias quasdam particulares habito, et fortunam à fato separatam inane nomen esse et nihil existere, nisi positis singulis requisitis, ex his autem omnibus simul vicissim consequi, ut res existat, parùm aberam ab eorum sententiâ, qui omnia absolutè necessaria arbitrantur, et libertati sufficere judicant ut à coactione tuta sit, etsi necessitati submittatur, neque infallibile seu verum certò cognitum à necessario discernunt.

Sed ab hoc præcipitio retraxit me consideratio eorum possibilium quæ nec sunt, nec erunt, nec fuerunt; nam si quædam possibilia nunquàm existunt, utique existentia non semper sunt necessaria, alioqui pro ipsis alia existere impossibile foret, adeòque omnia nunquàm existentia forent impossibilia;

(¹) Inter miscellanea metaphysica, in bibliothecâ Hannoverensi servata, hoc de Libertate fragmentum invenimus, magni quidem momenti, quia Leibnizius ipse quâ viâ ex fato ad libertatem emerserit, et semetipsum ab hoc præcipitio retraxerit, indicat.
(*Nota ab editore addita.*)

neque verò negari potest fabulas complures primis quales Romaniscorum nomine censentur esse possibiles ; et si inveniant locum in hâc serie universi, quam Deus delegit, nisi quis sibi fingat in tantâ magnitudine spatii et temporis aliquas esse regiones poetarum, ubi et regem Artum magnæ Britanniæ, et Amadissam Galliæ, et illustratum figmentis Germanorum Theodericum Veronensem per orbem errantes videre possis ; à quâ opinione insignis quidam nostri sæculi philosophus non multùm abfuisse videtur, qui alicubi expressè affirmat materiam omnes successivè formas suscipere quarum est capax, *Princip. philos.*, parte III, art. 47, quod minimè defendi potest ; ità enim omnis pulchritudo universi et rerum delectus tolletur, ut alia nunc taceam, quibus contrarium evinci potest.

Agnita igitur rerum contingentia, porrò considerabam quænam esset notio liquida veritatis ; indè enim non absurdè aliquod huic argumento lumen sperabam, ut veritates necessariæ à contingentibus discerni possent. Videbam autem commune esse omni propositioni veræ affirmativæ universali et singulari, necessariæ vel contingenti, ut prædicatum insit subjecti, seu ut prædicati notio in notione subjecti aliquâ ratione involvatur ; idque esse principium infallibilitatis in omni veritatum genere, apud eum qui omnia à priori cognoscit ; sed hoc ipsum difficultatem augere videbatur, nam si prædicati notio pro dato tempore in subjecti notione inest, quomodò sine contradictione ab impossibilitate prædicatum à subjecto tunc abesse potest, salvâ ejus notione ?

Tandem nova quædam atque inexspectata lux

oborta est undè minimè sperabam : ex considerationibus scilicet mathematicis de naturâ infiniti. Duo sunt nimirùm labyrinthi humanæ mentis, unus circà compositionem continui, alter circà naturam libertatis, et ex eodem infiniti fonte oriuntur. Et ambos sanè nodos idem ille insignis philosophus quem paulò antè citavi, cùm solvere non posset, aut sententiam suam aperire nollet, gladio scindere maluit; nam *de Princip.*, part. I, art. 40 et 41, ait facilè nos magnis difficultatibus inextricari, si Dei præordinationem cum libertate arbitrii conciliare conemur, sed ab illis discutiendis abstinendum esse, quod à nobis Dei natura comprehendi non possit. Et idem, parte II, art. 35, de materiæ divisione in infinitum, ait dubitari non debere, si à nobis capi non possit. Sed hoc non sufficit, aliud enim est nos rem non comprehendere, aliud est nos comprehendere ejus contradictorium; itaque saltem necesse est responderi posse illis argumentis, quæ inferre videntur libertatem aut divisionem materiæ implicare contradictionem.

Sciendum igitur est omnes creaturas characterem quemdam impressum habere divinæ infinitatis, atque hunc esse multorum mirabilium fontem, quibus humana mens in stuporem datur.

Nimirùm nulla est portio materiæ tam exigua, in quâ non sit quidam infinitarum numero creaturarum mundus, neque ulla est substantia individualis creata tam imperfecta, quin in omnes alias agat, et ab omnibus aliis patiatur, et notione suâ completâ (qualis in divinâ mente est), complectatur totum universum, et quidquid est, fuit, eritve, neque ulla est veritas facti seu rerum individualium, quin ab infinitarum rationum serie dependeat; cui seriei quidquid inest à Deo solo pervideri potest. Quæ etiam causa est, quòd solus Deus veritates contingentes à priori cognoscit, earumque infallibilitatem aliter quàm experimento videt.

His attentiùs consideratis, patuit intimum inter veritates necessarias contingentesque discrimen. Nempè omnis veritas vel originaria est, vel derivativa. Veritates originariæ sunt quarum ratio reddi non potest, et tales sunt identicæ sive immediatæ, idem de se ipso affirmantes aut contradictorium de contradictorio negantes. Veritates derivativæ rursùs duorum sunt generum : aliæ enim resolvuntur in originarias, aliæ progressum resolvendi in infinitum admittunt. Illæ sunt necessariæ, hæ, contingentes. Nimirùm necessaria propositio est cujus contrarium implicat contradictionem, qualis est omnis identica aut derivativa in identicas resolubilis; et tales sunt veritates quæ dicuntur metaphysicæ vel geometricæ necessitates. Nam demonstrare nihil aliud est, quàm resolvendo terminos propositionis et pro definito definitionem aut ejus partem substituendo, ostendere æquationem quamdam seu coincidentiam prædicati cum subjecto in propositione reciprocâ; in aliis verò saltem inclusionem, ità ut quod in propositione latebat, et virtute quâdam continebatur, per demonstrationem evidens et expressum reddatur; exempli causâ, si numerum ternarium vel senarium vel duodenarium, etc., intelligamus qui dividi potest per 3, 6, 12, potest hæc demonstrari propositio : omnis duodenarius est senarius; nam omnis duodenarius est binario-binarius ternarius (qui est resolutio duodenarii in suos primitivos 12 = 2, 2. 3, sen. duodenarii definitio), et omnis binario-binarius ternarius est binarius ternarius (quæ est propositio identica), et omnis binarius ternarius est senarius (quæ est definitio senarii 6 = 2. 3); ergò omnis duodenarius est senarius (12 est idem quod 2, 2. 3), et 2, 2. 3 divisibilis est per 2, 3, et 2. 3 est idem quod 6; ergò 12 est divisibilis per 6).

Sed in veritatibus contingentibus, etsi prædicatum insit subjecto, nunquàm tamen de eo potest demonstrari, neque unquàm ad æquationem seu identitatem revocari potest propositio, sed resolutio procedit in infinitum, Deo solo vidente non quidem finem resolutionis qui nullus est, sed tamen connexionem [terminorum] sic involutionem prædicati in subjecto, quia ipse videt quidquid seriei inest; imò ipsa hæc veritas ex ipsius partim intellectu, partim voluntate nata est. Et infinitam ejus perfectionem, atque totius rerum seriei harmoniam, suo quodam modo exprimit.

Nobis autem duæ sunt viæ relictæ veritates contingentes cognoscendi, una experientiæ, altera rationis; experientiæ quidem, quandò sensibus rem satis distinctè percepimus; rationis autem ex hoc ipso principio generali, quòd nihil fit sine ratione, seu quòd semper prædicatum aliquâ ratione subjecto inest; itaque pro certo habere possumus omnia à Deo fieri perfectissimo modo, neque quidquam ab eo præter rationem agi, neque usquàm evenire aliquid quin ab eo qui intelligit, ejus ratio intelligatur, cur nempè sic potiùs quàm aliter sese habeat rerum status : peccata oriuntur ex originali rerum limitatione : Deus autem non tam peccata decernit quàm certarum substantiarum possibilium, peccatum [liberum in notione suâ completâ] sub ratione possibilitatis jam involventium, totamque adeò rerum [seriem cui inerunt connotantium, admissionem ad existendum :] neque dubium etiam esse debet quin rationes sint arcanæ omnem creaturis captum transcendentes, cur una rerum series (licet peccatum includens) alteri à Deo præferatur : cæterum à Deo discernitur nonnisi perfectio, seu, quod positivum est, limitatio autem nascens ex eâ, peccatum eo ipso permittitur, quia decretis quibusdam positivis stantibus, rejectio ejus absoluta locum non habet, neque aliud ex sapientiæ rationibus superest, quàm ut majori bono alioqui non obtinendo redimatur; verum ista hujus loci non sunt.

Sed quo magis figatur animi attentio, ne per vagas difficultates exultet, venit in mentem analogia quædam veritatum cum proportionibus, quæ rem omnem mirificè illustrare et in clarâ luce ponere videtur. Scilicet quemadmodùm in omni propositione numerus minor inest majori vel æqualis æquali, ità in omni veritate prædicatum inest subjecto. Et uti in omni proportione (quæ est inter homogeneas quantitates analysis quædam æqualium vel congruentium institui potest, detrahique minus à majore tollendo scilicet à majore partem minori æqualem; et similiter à detracto detrahi potest residuum) et ità porrò vel ubique usque, vel in infinitum ; ità in analysi veritatum quoque semper pro termino substituitur æquivalens, ut prædicatum in ea resolvatur quæ subjecto continentur. Sed quemadmodùm in proportionibus aliquandò quidem exhauritur analysis et pervenitur ad communem mensuram, quæ scilicet repetitione suâ perfectè utrumque proportionis terminum metitur; interdùm verò analysis in infinitum continuari potest, ut fit in comparatione numeri rationalis et surdi, velut lateris et diagonalis in quadrato; ità similiter veritates interdùm demonstrabiles sunt, seu necessariæ, interdùm liberæ vel contingentes, quæ nullâ analysi ad identicitatem, tanquàm ad communem mensuram, reduci possunt. Atque hoc est discrimen essentiale tàm proportionum quàm veritatum.

Interìm quemadmodùm propositiones incommensurabiles subjiciuntur scientiæ geometriæ et de seriebus quoque infinitas habemus demonstrationes; ità multò magìs veritates contingentes seu infinitæ subeunt scientiam Dei et ab eo non quidem demonstratione (quod implicat contradictionem), sed tamen infallibili visione cognoscuntur. Dei autem visio minimè concipi, ut scientia quædam experimentalis quasi ille in rebus à se distinctis videat aliquid, sed ut cognitio à priori (per veritatum rationes), quatenùs res videt ex se ipsâ possibiles quidem consideratione suæ naturæ existentes autem accidente consideratione suæ voluntatis liberæ decretorumque quorum primum est omnia agere optimo modo, et summâ cum ratione; scientia autem media quam vocant, nihil aliud est quàm scientia possibilium contingentium.

His autem probè consideratis, non puto difficultatem in hoc argumento nasci posse, cujus non solutio ex dictis derivari queat. Admissâ enim hâc notione necessitatis quam admittunt omnes, quòd scilicet ea demum necessaria sint, quorum contrarium implicat contradictionem, facilè apparet naturam demonstrationis atque analysim consideranti ne dari posse, imò debere veritates quæ nullâ analysi ad veritates identicas vel contradictionis principium reducuntur, sed infinitam rationum seriem suppeditant uni Deo perspectam, atque eam esse naturam omnium quæ libera et contingentia appellantur. (Sed maximè eorum quæ locum et tempus involvunt) ex ipsâ infinitate partium universi rerumque mutuâ permeatione ac nexu, satis suprà ostensum est.

EPISTOLÆ AD HOBBESIUM (¹).

Vir amplissime, cùm nuper ex amici Angliam lustrantis literis vivere te adhuc et valere et ætate maximâ animæ voluptate intellexissem, non potui me à scribendo retinere, quod si impestivum factum est, silendo punire poteris, mihi nihilominùs satis erit, affectum testari. Opera tua partim sparsim, partim junctim edita pleraque me legisse credo, atque ex iis, quantùm ex aliis nostro seculo non multis, profiteor profecisse. Nihil auribus dare soleo, sed agnoscunt hoc mecum omnes, quibus tua in civili doctrinâ scripta assequi datum est, nihil ad admirabilem in tantâ brevitate evidentiam accedere posse; definitionibus nihil et rotundiùs et usui publico consentaneum magis; in theorematis indè deductis sunt qui hæreant; sunt qui iis ad malesana abutuntur, quod ego in plerisque ex ignoratâ applicandi ratione evenisse arbitror. Si quis generalia illa motus principia: nihil moveri incipere, nisi ab alio moveatur; corpus quiescens quantumcunque à quantulocunque levissimo motu impelli posse, aliaque, intempestivo saltu rebus sensilibus applicuerit, nisi præparatis animis demonstraverit, pleraque quæ quiescere videntur, insensibiliter moveri, vel à plebe deridebitur. Similiter si quis tua de civitate vel Republicâ demonstrata omnibus cœtibus, qui vulgò itâ appellantur, tua summæ potestatis attributa omnibus regis, principis, monarchæ, majestatis nomen sibi

---

(¹) Primus duas hasce litteras ad Hobbesium detexit Guhrauer.

vindicantibus; tua de summâ in statu naturali licentiâ omnibus diversarum rerum publicarum civibus negotia aliqua inter se tractantibus accommodaverit, is, si quid conjicio, etiam tuâ sententiâ magnopere falletur. Agnosco, multas esse in orbe terrarum respublicas, quæ non sint una civitas, sed pluræ confœderatæ, multosque esse titulo monarchos, in quos cæteri voluntatem suam nunquàm transtulerint : nec diffiteris, supposito mundi rectore nullum esse posse hominum statum purè naturalem, extrà omnem rempublicam, cùm Deus sit omnium monarcha communis : ac proindè non rectè nonnullos hypothesibus tuis licentiam impietatemque impingere. Ego qui tua ità, ut dixi, semper intellexi, fateor, magnam in iis lucem accensam ad persequendum, quod molior cum amico, opus jurisprudentiæ rationalis. Cùm enim observarem, jurisconsultos Romanos incredibili subtilitate ac dicendi ratione luculentâ tuæque valdè simili, sua quæ in Pandectis conservata sunt responsa condidisse ; cùm cernerem magnam eorum partem ex mero naturæ jure poenè demonstrando collectam, reliqua ex principiis non multis, quanquàm arbitrariis, plerumquè tamen ex usu Reipublicæ sumtis eâdem certitudine deducta : igitur cùm primùm in jurisprudentiâ pedem posui, jam à quadriennio circiter consilia agitavi, quâ ratione paucissimis verbis (ad modum veteris edicti perpetui) elementa juris ejus, quod Romano corpore continetur, condi possint, ex quibus deindè liceat leges ejus universas velut demonstrare. Quamquàm autem multa intercedent, præsertim in imperatorum rescriptis meri juris naturalis non futura ; hæc tamen luculenter à cæteris discernentur et reliquorum multitudine pensabuntur. Praesertìm cùm asserere ausim dimidiam juris Romani partem meri juris naturalis esse; et constet, totam poenè Europam eo jure uti, cui ei disertè locorum consuetudine derogatum non est.

Has tamen curas prolixas, fateor, ac lentas aliis nonnunquàm amoenioribus interstinguo, soleo enim et quaedam quandoque de naturâ rerum, quanquàm velut peregrinum in orbem delatus, ratiocinari. Ac de abstractis motuum rationibus, in quibus jacta à te fundamenta mihi se mirificè approbant, interdùm cogitavi; et tibi quidem prorsùs assentior, corpus à corpore non moveri, nisi contiguo et moto, motum, qualis coepit, durare, nisi sit, quod impediat. In quibusdam tamen fateor me haesisse, maximè autem in eo, quod causam consistentiae, seu quod idem est, cohaesionis in rebus liquidam redditam non deprehendi. Nam si reactio, ut alicubi innuere videris, ejus rei unica causa est, cùm reactio sit motus in oppositum impengentis, impactus autem oppositum sui non producat, erit reactio etiam sine impactu. Reactio autem est motus partium corporis à centro ad circumferentiam, ille modus autem non impeditur, et tunc exibunt partes corporis, ità corpus suum deserent, quod est contrà experientiam; aut impeditus, et tunc cessabit motus reactionis, nisi externo auxilio, quale nullum hîc commune reperias, resuscitetur. Ut taceam vix explicabile esse, quam ob causam unumquodque corpus in quolibet puncto sensili à centro ad circumferentiam conetur: item quomodò sola reactio rei percussae efficiat, ut tantò major sit resultantiae impetus, quantò major fuit incidentia. Cùm tamen rationi consentaneum sit, majorem incidentiam minuere reactionem. Sed hæc dubitatiunculæ meæ fortè ex tuis non satis intellectis proficiscuntur. Ego crediderim ad cohæsionem corporum efficiendam sufficere partium conatum ad se invicem, seu motum, quo una aliam premit. Quia quæ se premunt sunt in conatu penetrationis. Conatus est initium penetratio unio. Sunt ergò in initio unionis. Quæ autem sunt in initio unionis, eorum initia vel termini sunt unum. Quorum termini sunt unum seu τὰ ἔσχατα ἕν, etiam Aristotele definitore, non jam contigua tantùm, sed continua sunt et verè unum corpus, uno motu mobile. Has contemplationes, si quid veri habent, non pauca in theoriâ motus notare facilè agnoscis. Restat probem, quæ se premunt, esse in conatis penetrationis. Premere est conari in locum alterius adhuc inexistentis, conatus est initium motus. Ergo initium existendi in loco, in quem corpus conatur. Existere in loco in quo existit aliud, est penetrasse. Ergo pressio est conatus penetrationis. Sed hæc à te, vir magne, exactiùs dijudicabuntur, quo in examinandis demonstrationibus nemo facile accuratior.

Quid verò de cll. 8. 8. Hugenii et Wreni circà motum theorematis sentis? Quid de Mesolabo doctissimi Slusii? De origine fontium addam, quod succurrit: Tua est et acutissimi Isaaci Vossii de origine eorum sententia, oriri ex aquâ pluviâ vel nivali in montium cavernis collectâ; et sanè magnam partem ibi nasci largior, non omnes cujus rei sequens non procul Moguntiâ experimentum non ità dudùm cœptum accipe : fontem quemdam novum repertum dominus fundi perficere cogitabat. Jubet igitur, lutum omne effodi : quo facto, in arenam incidit nullius sensibilis humiditatis; fons planè evanuit; mane locus vaporibus è sabulo assurgentibus appletus erat, luto ergò rursùm supejecto et solidato fons rediit, quod videtur confirmare sententiam Basilii Valentini, magni inter chymicos nominis scriptoris, vaporibus fumisque è terræ penetralibus surgentibus, et fontes et metalla mineraliaque gigni, illas verò exhalationes ad continuandam naturæ circulationem, aere (ex exhalationibus) et mari (è fontibus collecto) in terram rodestillantibus matri suæ reddi, solis prius sulphure repetendi aliquandò, cùm novam in terræ visceribus reactionem sive displosionem fecerint, ascensus causâ, imprægnatas.

De cætero utinàm post opera tua edita specilegium adhûc aliquid meditationum tuarum sperare liceat, præsertìm cùm non dubitem, tot novorum experimentorum, quot ab aliquot annis vestri aliique sanè egregii prodùxere, plerorumque excogitatas te rationes habere, quas non perire interest generis humani. De naturâ mentis utinàm etiam aliquod distinctiùs dixisses! Quanquam enim rectè definieris sensionem reactionem permanentem, tamen, et paullò antè dixi, non datur in rerum merè corporearum natura reactio permanens vera, sed ad sensum tantùm, quæ reverà discontinua est, novoque aliquo externo semper excitatur. Ut proindè verear, ne, omnibus expensis, dicendum sit, in brutis non esse sensionem veram, sed apparentem, non magis quàm dolor est in aquâ bulliente : et veram sensionem, quam in nobis experimur, non posse solo corporum motu explicari. Præsertìm cùm illa propositio : « omnis motor est corpus; » quâ sæpè uteris, non sit, quod sciam, unquàm demonstratus. Sed quousque te nugis meis onerabo? Desinam igitur, cùm illud testatus fuero, et profiteri me passim apud amicos et Deo dante etiam publicè semper professurum, scriptorem me, qui te et exactiùs et clariùs et elegantiùs philosophatus sit, ne ipso quidem divini ingenii Cartesio demto nosse nullum. Idque me, amice, opture, ut quod Cartesius tentavit magis, quàm perfecit, felicitati generis humani infirmanda immortalitatis spe, tu qui omnium mortalium optime poteras, consuluisses. Cui rei Deus te quàm diutissimè servet. Vale faveque.

Mogunt. 13-22 jul. 1670.

Vir amplissime,
Cultori nominis tui
GOTTFREDO GUILIELMO LEIBNITIO
J. U. D. et Consil. Moguntino.

Viro A M. P^{mo}
D° THOMÆ HOBBESIO
Philosopho in paucis magno.

Lutetiæ Parisiorum, 167..
Illustri Viro THOMÆ HOBBESIO
G. G. LEIBNITIUS S.

Non tam miraberis, credo, vir clarissime, compellari te ab ignoto, suetus ad omnia humanitatis officia, quàm à me, id est, quandò nullà aliâ re tibi cognitus sum, ab harum litterarum auctore, quas non diffiteor rudes, neque te dignas: addo et festinatas, quod non negabit lator earum, vir optimus, qui eodem mecum hospitio Parisiis aliquamdiù usus, pridiè abitus sui inter cœnandum rogavit, haberemne aliquid perferendum ad te? nam aliquoties jam antè tuum nomen inter nos frequentatum erat multo cum honore, quem virtutibus tuis debere constat. Ego eo velut ictu excitatus, cùm ille præsertim professus esset, notitiam tecum jam à multo tempore contractum, impetum scribendi de improviso sumsi, de quo prout videbitur statues, nam si notitiam meam rejicis, non vitabis cultum.

Equidem diù est, quòd scripta tua versavi, digna seculo, digna te', qui primus illam accuratam disputandi ac demonstrandi rationem veteribus vel per transennam inspectam, in civilis scientiæ clarâ luce posuisti. Sed in libello de Cive te ipsum superasse videris, iis rationum nervis, eo sententiarum pondere, ut sæpè oracula potiùs reddere, quàm dogmata tradere credi possis. Ego quem neque paradoxa deterrent, nec novitatis illecebræ abripiunt, credidi operæ pretium me facturum, si ipsas filenas interioris doctrinæ tuæ radicibus scrutarer, neque enim ad conclusiones resistere meum est, neglectis demonstrationibus, quibus ab auctore muniuntur.

Principio igitur à naturæ humanæ contemplatione orsus, illud observo, non hominibus minùs quàm bestiis impetum quemdam esse in obvia quæque appetita involandi; hanc spem solo metu frenari, quem facere possunt tot aliorum concurrentes in idem vires. Nam cùm illud posuisses, id cuique jus esse, quod necessarium factu videatur ad incolumitatem tutandam, et unumquemque necessitatum suarum judicem statuisses, facili concludisti, justum omnibus in omnes bellum eo rerum statu consecuturum. Quod cùm internecinum esset futurum eâ virium paritate, ut fortissimus à debilissimo occidi possit, indè pacis consilia agitari cœpta. Hactenùs nihil habeo, quod resistam, neque enim illud objiciam, ferendas potiùs hujus vitæ injurias quàm periculo futuræ repellendas, quæque alia Theologi ac Jurisconsulti in te congressere; satis enim video, demonstrationes tuas esse in geometricâ universales et à materiâ abstractas, quare, etsi cuique jus tribuis, quidvis faciendi sui causâ, non negas; si quis sit Omnipotens, si qua futura vita præmiis pœnisque destinata, non tàm veritatem theorematum desiisse, quàm applicationem cessare; incolumitatem enim cujusque, his positis, in vitæ melioris expectatione sitam; et justum fore, quidquid cuique ad eam obtinendam utile videatur; denique neque hujus vitæ defensionem jure divino denegatam, etsi desinat in eâ consistere summa rerum.

Illud ergò quærendum est, quâ ratione pax inita firmetur, nam si nulla est pacis securitas, restat status belli et jus cuilibet adversarium occupandi. In eum ergò usum Respublicas, ais, inventas, quæ mutuo complurium consensu armatæ, tutos omnes præstare possint. Etsi autem videaris asserere, jus omne à subditis in Rempublicam translatum, rectè tamen alibì agnoscis, etiam in Republicâ jus restare, consulendi rebus suis, ubi periculi metus, sive in Republicâ sive ab ipsâ Republicâ immineat; quare si quis jussu eorum, penes quos rerum summa est, ad supplicium trahatur, jus ipsi utique esse miscendi ima summis, salutis causâ; sed cæteros ex vi prioris pacti, quietem rectoribus debere. Sed quæro à te, V. C., nonne fateberis non minùs in Republicâ, quàm in statu illo rudi, quem naturalem vocas, suspicionem validam periculi ingentis justam esse præveniendi mali causam ? Quòd si ergò manifestè appareat innocentes plecti, si sæpè, si indiscriminatum sævit tyrannus, non diffitibere opinor, jus esse, ex tuæ quoque philosophiæ decretis, coeundi in fœdera illis qui periculi propinqui videntur. Nam illud tibi facile assentior, plebem promiscuam rectiùs facturam, dum vivere commodè liceat, indignationi suæ aut miserationi aliisque animi motibus, extra metum, posthabeat quietem suam. Quare summa eorum omnium, quæque summâ potestate tu te concludis, hoc redire videtur : in Republicâ neque tam facilè, neque ob suspiciones tam leviter abrumpendum fœdus, quoniam major in eo securitas præstetur : ut major longe Christianorum veterum patientia fuit, qui quamdam, ut ita dicam, irresistibilatem tribuebant Reipublicæ.

APPENDICE

LETTRES MÉTAPHYSIQUES
DE LEIBNIZ ET D'ARNAULD,

PRÉCÉDÉES

D'UNE NOTICE SUR CETTE CORRESPONDANCE.

NOTICE DE L'ÉDITEUR
SUR LA CORRESPONDANCE DE LEIBNIZ ET D'ARNAULD.

On s'étonnera de voir rejetée dans un appendice une correspondance qui, soit pour la gravité des questions philosophiques, soit pour le développement du système est la plus importante. Je dois donc au lecteur les motifs tout de délicatesse qui me font rejeter à la fin du volume un ensemble de pièces du plus haut rang, et sacrifier pour ainsi dire cette correspondance si longtemps et si vainement cherchée, et qui n'avait point vu le jour en France.

L'abbé Colignon était un chanoine de Lisieux. Il entretenait des relations avec l'Allemagne par l'intermédiaire de son frère, qui avait une position à la cour du landgrave de Hesse. Ce landgrave était un singulier personnage qui, après avoir fait la guerre et l'amour, ne faisait plus que de la théologie et en avait un goût immodéré. Très-curieux de tout ce qui paraissait de nouveau en France et en Allemagne, il lia un commerce avec Leibniz, qui rayonnait de l'Allemagne en France et hors de France, et égalait, par l'étendue et la diversité de ses relations, la richesse et l'universalité de ses connaissances. Sa correspondance avec le landgrave, qui fait aussi partie de la succession de l'abbé Colignon, atteint le chiffre de cent quatorze lettres, sur des sujets variés de philosophie, de littérature et de politique, et surtout de théologie. Quelques-unes de ces lettres sont de véritables petits traités sur la matière. On y suit l'histoire des démêlés des jésuites et des jansénistes; on y recueille le fait si précieux et si avéré d'un projet de Leibniz pour faire adopter sa philosophie en France. Enfin, et c'est là le point, on y découvre tout un plan du landgrave pour convertir Leibniz, et toute une apologie de Leibniz, qui, d'abord ébranlé, ne veut point se convertir et en donne les raisons.

Je ne reviendrai pas sur ces délicates questions d'ouverture tendant à conversion successivement ajournées, discutées, puis repoussées par Leibniz. J'ai moi-même ailleurs discuté la valeur et les considérants du *Systema theologicum*, et sans le rejeter comme une pièce apocryphe, sans lui ôter même ce caractère de perfectibilité dogmatique dont il est le témoignage irrécusable, en le croyant enfin un monument précieux de la science théologique de son auteur, j'ai été contraint d'abandonner ceux qui en ont fait un monument explicite de sa foi. L'introduction peut servir à dissiper bien des nuages sur la religion de Leibniz, sans qu'il soit nécessaire de recourir à des interprétations outrées. Et il suffira de dire ici, que cette correspondance avec le landgrave est le corollaire indispensable du *Systema theologicum*, que seule elle peut servir à lui assigner sa véritable place dans l'œuvre de ce philosophe théologien, et que sans elle il faut renoncer à le comprendre.

Mais la correspondance avec le landgrave n'était elle-même que la chrysalide à peine formée d'où devait sortir une correspondance plus importante, plus glorieuse, celle avec Arnauld.

Le grand Arnauld avait été l'intermédiaire choisi par le landgrave pour discuter avec Leibniz les points de foi et les questions religieuses qu'il avait à cœur de voir résolues : c'était aussi un grand cartésien. Et c'est ainsi que par un attrait philosophique bien explicable, après lui avoir soumis d'un air mystérieux et dans le plus grand secret le futur compromis théologique, tendant à la réunion des Églises protestantes avec l'Église catholique, Leibniz se trouva amené à lui faire examiner son propre système de philosophie, et cela dans la période même de sa croissance et de son développement, au moment où son esprit vigoureux mûrissait les germes de haute métaphysique d'où devait sortir une philosophie nouvelle, et suivant lui destinée à effacer le cartésianisme. Arnauld, sollicité par le landgrave, avait mission de convertir Leibniz. Leibniz, dans son ardeur métaphysique, voyait de son côté un cartésien à convertir à sa philosophie. De là, l'intérêt de cette correspondance.

Les lettres, toutefois, se suivirent d'abord assez aigres et mêlées de quelque amertume qu'avait ressentie Leibniz à la suite d'une boutade d'Arnauld, mais bientôt sérieuses, élevées et même sereines, rachetant des deux parts un premier malentendu, et vraiment philosophiques par la profondeur des aperçus, par la subtilité des pensées et par le progrès lent, mais soutenu d'Arnauld dans la nouvelle philosophie.

On ne saurait nier en effet, et j'ai essayé de mettre ce point hors de doute dans l'introduction, que si Leibniz, par le *Systema theologicum* et les explications données à Arnauld par l'intermédiaire du landgrave, s'est montré toujours animé d'un véritable christianisme, et dépassant de beaucoup l'horizon étroit des théologiens de Wittemberg, d'Iena et d'Helmstadt, Arnauld, à son tour, est sorti de ce commerce moins cartésien qu'il n'y était entré, ou, si l'on veut, plus leibnizien.

Ni l'un ni l'autre ne s'étaient convertis complétement, mais tous deux s'étaient mutuellement éclairés.

On s'étonnera, sans doute, que des lettres si graves aient entièrement échappé à la sagacité des premiers éditeurs de Leibniz et d'Arnauld, et aient si longtemps attendu de voir le jour. Nous écrivions à ce sujet, il y a quelques années, ce qui suit :

« M. Erdmann, l'habile professeur de Halle, et éditeur considérable de Leibniz après Dutens, nous rappelle dans sa préface, pages xv-xvii, que l'éditeur des œuvres d'Antoine Arnauld a eu les lettres de Leibniz entre les mains, mais qu'il négligea, sauf quelques fragments, de les publier; il en donnait la raison que voici : « Nous n'hésiterions pas de donner toutes ces lettres au public, si nous avions pu en même temps lui donner les réponses de M. Arnauld, mais celles-ci nous manquent. Nous croyons devoir laisser aux éditeurs des œuvres de Leibniz le soin de donner en entier toutes ces lettres. — Nous avons pris le parti d'en donner ici des extraits. Nous en avons retranché les discussions métaphysiques qui nous ont paru trop subtiles et trop alambiquées pour être agréables à nos lecteurs, et peut-être même trop dangereuses dès là que nous ne pouvions pas y joindre les repliques de M. Arnauld. » C'était un étrange scrupule. M. Erdmann ajoute qu'on ne sait ce que ces lettres sont devenues, qu'on apprend seulement par une notice de Feder, *Specimina selecta*, p. 277 (1804), que la bibliothèque royale de Hanovre conserve les lettres inédites de Leibniz et d'Arnauld, mais que des copies de ces lettres avaient été demandées pendant l'occupation française, par le général Mortier, pour un savant de Paris. Feder ajoute qu'il ne s'en était pas occupé, ne voulant pas concourir avec le dessein qu'on pourrait avoir en France de les faire imprimer. Voilà des faits, ajoute M. Erdmann qui ne peuvent pas être niés. Il va sans dire que les lettres de Leibniz à Arnauld, dont parle Feder, n'étaient pas celles que l'éditeur français des lettres d'Arnauld (1776) avait eues entre les mains, mais les minutes mêmes ou projets de la main de Leibniz. M. Erdmann ne donna d'ailleurs que la lettre écrite de Venise (23 mars 1690), et il assurait même que les autres n'existaient plus à Hanovre. Il est bien vrai, selon lui, qu'il existe une liasse (*fasciculus*) sous le nom d'Arnauld, mais qui ne contient que les lettres d'Arnauld seul. Feder avait bien vu autrefois dans cette liasse deux lettres de Leibniz à Arnauld, la première en latin, la seconde en français, mais toutes deux n'étaient que des lettres de politesse, *nihil nisi verba officiosa continentes*. Erdmann prétend que ces deux lettres avaient été sans doute remises avec les autographes dans le temps que les lettres d'Arnauld avaient été copiées sur l'ordre du maréchal Mortier. Or, la bibliothèque royale de Hanovre n'ayant pas réservé de copies de ces lettres, il n'avait pas à s'en occuper, puisqu'il ne pouvait deviner ce qu'elles étaient devenues. »

« En 1842, M. Guhrauer publia une vie de Leibniz, et dans une note, il faisait ressortir les contradictions du savant éditeur. Il pense que les minutes (*concept*) de toutes ces lettres se trouvent encore parmi les papiers de Leibniz à Hanovre ; il en donne même les raisons : 1° la notice imprimée de Feder parle de la correspondance entière et des originaux de cette correspondance, originaux que la bibliothèque a dû garder, puisque le savant de Paris n'en a obtenu que des copies. Cette notice a assurément plus de poids pour la critique que le dire de M. Erdmann, qui veut la mettre en contradiction avec le témoignage de Feder sur les deux lettres de politesse; 2° M. Erdmann, en second lieu, prétend que les autographes auraient été envoyés à Paris, tandis que Feder dit en propre termes : Les lettres ont été demandées en copie. Enfin, ce savant français n'était autre que l'abbé Emery, supérieur du séminaire de Saint-Sulpice à Paris, qui avait publié son livre de l'*Esprit de Leibniz*, et qui, dans l'exposition de sa *Doctrine de Leibniz*, 1819, communiqua quelques extraits traduits des lettres de Leibniz à Arnauld (de Mayence). Or, la correspondance inédite de l'abbé Emery et de Feder nous démontre que le supérieur de Saint-Sulpice avait reçu les lettres de Feder, et qu'elles n'étaient pas les originaux de Leibniz. Ces lettres sont d'ailleurs purement philosophiques, et traitent de la preuve de la possibilité de la transsubstantiation. Ce qui prouve que la bibliothèque royale de Hanovre n'a pas dû se dessaisir des véritables lettres de Leibniz à Arnauld, et que l'erreur de M. Erdmann provient d'un malentendu qui s'expliquera sans doute. Il est probable que si la liasse de la bibliothèque ne contient pas les lettres de Leibniz, elles se trouveront ailleurs, dans quelque coin inexploré. »

« Et, en effet, les recherches faites à Paris par MM. Cousin et Bouiller ont prouvé, par leur insuccès même, que ces lettres n'y étaient pas. Elles n'étaient pas du moins dans les papiers de M. l'abbé Emery, où on aurait dû les trouver, suivant M. Erdmann. Si elles y sont, que l'on dise dans quel endroit. La science se féliciterait assurément de le savoir, et M. Cousin est tout prêt à se baisser pour les ramasser, s'il n'y a qu'à se baisser toutefois. »

« Du reste si les éditeurs effectifs ont manqué jusqu'à ce jour, les éditions en projet ne sont point rares. Le premier et le plus considérable de tous sans contredit est Leibniz lui-même, qui, dans les années 1707 et 1708, s'est occupé très-sérieusement de publier cette correspondance. Il écrivait à l'abbé Bignon, en 1708 : « J'ay eu autrefois un commerce de lettres avec l'illustre M. Arnauld sur certains points de philosophie et de théologie naturelle, que je suis prêt à revoir et à mettre en ordre à la prière de quelques amis. Et comme la feue reine de Prusse, princesse d'une grande pénétration, qui se plaisait à la lecture des ouvrages de M. Bayle, m'avait engagé souvent à lui dire mes sentiments, de vive voix et par écrit, sur les difficultés qu'il met en avant et que je ne trouvais point des plus insurmontables, on m'a prié de mettre ces écrits ensemble et de leur donner une collection. Je crois que ce que je dirai sur ces matières pourra passer en France aussi bien qu'en Allemagne. Mais je n'ai pas encore pris de mesures pour l'impression, n'ayant pas encore tout mis dans l'état où il doit être. »

« Une autre lettre que nous avons retrouvée à Hanovre est écrite au libraire même qui devait suivre l'impression, et contient presque la minute du traité que Leibniz offrait de conclure avec lui. Cette lettre est inédite, et comme elle est d'importance, je la donnerai *in extenso*. »

« Monsieur, j'ai reçu l'honneur de votre lettre que M. de la Croze m'a envoyée et je vous réponds directement. L'ouvrage dont il vous a parlé sera un livre in-octavo. Il contient des méditations de plusieurs années, mais qui sont à présent plus de saison que jamais. Le but est de justifier la justice de Dieu et la liberté de l'homme, et de montrer que le mal est compatible avec l'un et l'autre de ces attributs. Il y a des pensées un peu singulières, mais qui ne choquent aucuns points de la théologie établie et qui portent la sagesse de Dieu et la spontanéité de l'homme au delà de ce qu'on en avait conçu. Comme elles sont fondées en bonne partie sur mon système nouveau de l'harmonie préétablie, dont il est parlé dans les journaux et chez M. Bayle dans son dictionnaire art. *Rorarius*, et comme ce système a été assez bien reçu dans le monde, j'espère qu'on n'en désapprouvera pas tout à fait les conséquences. On satisfait aux difficultés de M. Bayle, de Laurent Valla et de plusieurs autres. On examine le système du Père Malebranche sur les volontés particulières et générales de Dieu ; il y aura un échantillon nouveau d'une théologie d'un de mes amis ; enfin on y fait entrer beaucoup de discussions du temps. On finit par une fiction agréable commencée par Laurent Valla, mais corrigée et poussée plus loin pour faire voir que ce qui paraissait le plus embarrassant, selon Valla lui-même, nous fournit une issue fort commode. On met devant cet écrit un discours préliminaire touchant la conformité de la foi et de la raison, le plus souvent mal entendue.

« Après cet ouvrage publié, je pense donner au public *des lettres que j'ai échangées* avec M. Arnauld, M. Bayle, un ami de M. Locke, M. l'évêque de Meaux et quelques princes et princesses, sur des matières de philosophie ou de théologie. Sans parler maintenant de plusieurs autres pièces de ma façon, et particulièrement de mes réflexions sur les ouvrages du Père Malebranche, de M. Locke et de quelques autres personnes célèbres.

« J'ay aussi quelques manuscrits d'autruy que je pourrais donner, dont il y en a d'historiques ; entre autres, je pourrais publier le Journal des voyages de l'empereur Charles-Quint, depuis sa jeunesse jusqu'à sa retraite en Espagne, fait par une personne qui l'a toujours accompagné. Ce journal éclaircit bien des choses et contient bien des particularités. »

« Je ne demande qu'un nombre considérable d'exemplaires, j'en ai le besoin à cause de la quantité considérable d'amis que j'ai de tous côtés, de sorte qu'il me faut au moins cent vingt exemplaires, si je ne veux pas être réduit à en acheter moi-même, et cela même pourrait faire connaître l'ouvrage partout (1). »

---

(1) Lettre adressée à Pierre Humbert, d'Amsterdam, sous le couvert de M. Garyant, envoyé à M. Mezevita. Hanovre, 1707.

On apprend par cette lettre tout ce qu'il nous intéressait de savoir : le nom du libraire, les conditions de Leibniz, le prix qu'il attache à ces lettres qu'il jugeait dignes encore, même en 1708, de voir le jour et de soutenir le voisinage de la *Théodicée* ; car c'est d'elle qu'il s'agit dans toute la première partie de cet écrit, et il est clair que dans sa pensée elles s'y rattachent et la préparent. Un seul renseignement nous manque. Pourquoi ces lettres ne virent-elles pas le jour alors? Pierre Humbert refusait-il de les éditer, et Leibniz, distrait par d'autres soins, différa-t-il jusqu'à sa mort, arrivée en 1716, de donner au public ces précieux manuscrits? Cette opinion paraît la plus probable. Leibniz, si empressé d'écrire sur tous les sujets, était peu soucieux d'éditer ses œuvres, ainsi qu'on en peut juger par les *Nouveaux Essais sur l'entendement humain*, son plus grand ouvrage, et qui ne parurent point de son vivant.

« Pour nous, nous souhaitons vivement qu'un éditeur nous rende enfin ces manuscrits si longtemps enfouis et qui paraissent aujourd'hui perdus. »

Voilà le point où j'étais arrivé sur cette correspondance que je savais précieuse pour éclairer les véritables sentiments de Leibniz et nous faire connaître l'une des principales phases de développement de son système, quand j'appris par une lettre que M. Travers, professeur au lycée de Caen et secrétaire de l'académie de cette ville, amateur éclairé des lettres et de la philosophie, possédait au moins la copie d'une part importante de ce trésor, et, connaissant mes études sur Leibniz, me proposait d'en prendre connaissance, m'offrant, avec une libéralité dont je lui sais gré, de consulter ces copies.

Or à la même époque où le secrétaire de l'académie de Caen retrouvait, à Lisieux, dans les papiers de l'abbé Colignon, les copies de ces lettres, sans doute envoyées de Hesse-Cassel par son frère, et que lui-même avait préparées pour l'impression, ainsi que le prouvent les tables et avis de l'éditeur que nous avons entre les mains, deux hommes en Allemagne, très-connus par leur science, MM. de Rommel et Grotefend avaient retrouvé dans les archives confiées à leurs soins (¹), l'un dans celles de Hesse-Cassel et dans la bibliothèque du dernier landgrave de Hessen-Rotenbourg où étaient conservés d'importants manuscrits du landgrave de Hessen-Rheinfels ; l'autre, dans celles de la bibliothèque de Hanovre, d'où sortira enfin la lumière sur le grand philosophe de Hanovre, ces deux correspondances si longtemps cherchées : le premier cent quatorze lettres tant de Leibniz que du landgrave, le second vingt et une lettres de Leibniz et d'Arnauld, et un discours métaphysique du premier.

C'est là ce qui expliquera au lecteur pourquoi les lettres de Leibniz et d'Arnauld, d'ailleurs si curieuses, figurent dans un appendice et seulement en partie. Il entre dans le plan de cet ouvrage de ne donner dans le corps du volume que ce qui est inédit, et bien que la correspondance avec Arnauld soit inédite en France et que les copies de l'abbé Colignon ne soient pas les minutes

---

(¹) M. de Rommel, historiographe de la maison de Hessen, est aussi directeur des archives et de la bibliothèque de Cassel, où il trouva toute une liasse de copies de ces lettres, qu'il put comparer avec les originaux, qui lui furent envoyés de Hanovre. Quant à M. Grotefend, il n'est pas archiviste de la bibliothèque de Hanovre, mais il a, sous la direction éclairée de M. Shaumann, secrétaire-archiviste, la garde d'honneur, si je puis dire, des papiers de Leibniz.

de Hanovre, M. Grotefend s'est acquis par sa publication un droit à l'estime des savants de France et une place considérable parmi les éditeurs de Leibniz.

Et maintenant si l'on nous demande comment nous nous expliquons l'existence de ces copies retrouvées à Lisieux dans la succession de l'abbé Colignon par l'infatigable secrétaire de l'académie de Caen, de la libéralité duquel nous les tenons, j'en donnerai l'explication qui m'a paru la plus naturelle. C'est que l'importance même dont étaient les lettres de Leibniz, dans la république des savants, en multipliait les copies et faisait suppléer à l'impression toujours coûteuse par l'envoi de ces copies. C'est ainsi que pour la correspondance avec le landgrave en particulier, elle voyageait manuscrite et copiée de mains diverses en France et en Allemagne, bien que les originaux fussent toujours à Hanovre. Il en aura été de même (et la découverte de M. Travers le prouve) pour la correspondance avec Arnauld, et je ne doute pas qu'on ne découvre un jour de nouvelles copies après les nôtres.

F. C.

SOMMAIRE

DES SUJETS QUI SERONT TRAITÉS DANS LA CORRESPONDANCE AVEC ARNAULD [1].

1. De la perfection divine, et que Dieu fait tout de la manière la plus souhaitable.
2. Contre ceux qui soutiennent qu'il n'y a point de bonté dans les ouvrages de Dieu ; ou bien que les règles de la bonté et de la beauté sont arbitraires.
3. Contre ceux qui croient que Dieu aurait pu mieux faire.
4. Que l'amour de Dieu demande une entière satisfaction et acquiescence touchant ce qu'il fait.
5. En quoi consistent les règles de perfection de la divine conduite, et que la simplicité des voies est en balance avec la richesse des effets.
6. Que Dieu ne fait rien hors de l'ordre et qu'il n'est pas même possible de feindre des événements qui ne soient point réguliers.
7. Que les miracles sont conformes à l'ordre général, quoiqu'ils soient contre les maximes subalternes. De ce que Dieu veut ou qu'il permet et de la volonté générale ou particulière.
8. Pour distinguer les actions de Dieu et des créatures, on explique en quoi consiste la notion d'une substance individuelle.
9. Que chaque substance singulière exprime tout l'univers à sa manière, et que dans sa notion tous ses événements sont compris avec toutes leurs circonstances et toute la suite des choses extérieures.
10. Que l'opinion des formes substantielles a quelque chose de solide, mais que ces formes ne changent rien dans les phénomènes, et ne doivent point être employées pour expliquer les effets particuliers.
11. Que les méditations des théologiens et des philosophes qu'on appelle scolastiques ne sont pas à mépriser entièrement.
12. Que les notions qui consistent dans l'étendue enferment quelque chose d'imaginaire et ne sauraient constituer la substance du corps.
13. Comme la notion individuelle de chaque personne enferme une fois pour toutes ce qui lui arrivera à jamais, on y voit les preuves *à priori*, ou raisons de la vérité de chaque événement, ou pourquoi l'un est arrivé plus tôt que l'autre. Mais ces vérités, quoique assu-

[1] Emprunté à la publication de M. Grotefend.

rées, ne laissent pas d'être contingentes, étant fondées sur le libre arbitre de Dieu et des créatures. Il est vrai que leur choix a toujours ses raisons, mais elles inclinent sans nécessité.

14. Dieu produit diverses substances selon les différentes vues qu'il a de l'univers, et par l'intervention de Dieu la nature propre de chaque substance porte que ce qui arrive à l'une répond à ce qui arrive à toutes les autres, sans qu'elles agissent immédiatement l'une sur l'autre.

15. L'action d'une substance finie sur l'autre ne consiste que dans l'accroissement du degré de son expression jointe à la diminution de celle de l'autre, en tant que Dieu les a formées par avance, en sorte qu'elles s'accommodent ensemble.

16. Le concours extraordinaire de Dieu est compris dans ce que notre essence exprime, car cette expression s'étend à tout, mais il surpasse les forces de notre nature ou de notre expression distincte, qui est finie et suit certaines maximes subalternes.

17. Exemple d'une maxime subalterne des lois de nature, où il est montré que Dieu conserve toujours régulièrement la même force, mais non pas la même quantité de mouvement, contre les cartésiens et plusieurs autres.

18. La distinction de la force et de la quantité de mouvement est importante entre autres pour juger qu'il faut recourir à des considérations métaphysiques séparées de l'étendue, afin d'expliquer les phénomènes des corps.

19. Utilité des causes finales dans la physique.

20. Passage mémorable de Socrate dans le Phédon de Platon contre les philosophes trop matériels.

21. Si les règles mécaniques dépendaient de la seule géométrie sans la métaphysique, les phénomènes seraient tout autres.

22. Conciliation des deux voies dont l'une va par les causes finales et l'autre par les causes efficientes, pour satisfaire tant à ceux qui expliquent la nature mécaniquement qu'à ceux qui ont recours aux natures incorporelles.

23. Pour revenir aux substances immatérielles, on explique comment Dieu agit sur l'entendement des esprits, et si on a toujours l'idée de ce qu'on pense.

24. Ce que c'est qu'une connaissance claire ou obscure, distincte ou confuse, adéquate ou inadéquate, intuitive ou suppositive ; définition nominale, réelle, causale, essentielle.

25. En quel cas notre connaissance est jointe à la contemplation de l'idée.

26. Nous avons en nous toutes les idées de la réminiscence de Platon.

27. Comment notre âme peut être comparée à des tablettes vides, et comment nos notions viennent des sens.

28. Dieu seul est l'objet immédiat de nos perceptions qui existent hors de nous, et lui seul est notre lumière.

29. Cependant nous pensons immédiatement par nos propres idées et non par celles de Dieu.

30. Comment Dieu incline notre âme sous la nécessité; qu'on n'a point de droit de se plaindre; qu'il ne faut pas demander pourquoi Judas pèche, puisque cette action libre est comprise dans sa notion; mais seulement pourquoi Judas le pécheur est admis à l'existence préférablement à quelques autres personnes possibles. De l'imperfection ou limitation originelle avant le péché, et des degrés de la grâce.
31. Des motifs de l'élection, de la foi prévue, de la science moyenne, du décret absolu, et que tout se réduit à la raison pourquoi Dieu a choisi et résolu d'admettre à l'existence une telle personne possible, dont la notion enferme une telle suite de grâces ou d'actions libres. Ce qui fait cesser tout d'un coup les difficultés.
32. Utilité de ces principes en matière de piété et de religion.
33. Explication du commerce de l'âme et du corps, qui a passé pour inexplicable ou pour miraculeux, et de l'origine des perceptions confuses.
34. De la différence des esprits et des autres substances, âmes ou formes substantielles. Et que l'immortalité qu'on demande importe le souvenir.
35. Excellence des esprits : que Dieu les considère préférablement aux autres créatures : que les esprits expriment plutôt Dieu que le monde, et que les autres substances simples expriment plutôt le monde que Dieu.
36. Dieu est le monarque de la plus parfaite république, composée de tous les esprits, et la félicité de cette cité de Dieu est son principal dessein.
37. Jésus-Christ a découvert aux hommes le mystère et les lois admirables du royaume des cieux, et la grandeur de la suprême félicité que Dieu prépare à ceux qui l'aiment.

LETTRES MÉTAPHYSIQUES.

PREMIÈRE LETTRE

DE M. LEIBNIZ AU PRINCE ERNEST, SUR M. ARNAULD.

Hanovre, du 2 avril 1686.

J'ai reçu le jugement de M. Arnauld (¹) et je trouve à propos de le désabuser, si je puis, par le papier ci-joint en forme de lettre à V. A. S. (²); mais j'avoue que j'ai eu beaucoup de peine de supprimer l'envie que j'avais tantôt de rire, tantôt de témoigner de la compassion, voyant que ce bon homme paraît, en effet, avoir perdu une partie de ses lumières, et ne se peut empêcher d'outrer toutes choses, comme font les mélancoliques, à qui tout ce qu'ils voient ou songent paraît noir. J'ai gardé beaucoup de modération à son égard, mais je n'ai pas laissé de lui faire connaître doucement qu'il a tort. S'il a la bonté de me retirer des erreurs qu'il m'attribue et qu'il croit voir dans mes écrits, je souhaiterais qu'il supprimât les réflexions personnelles et les expressions dures que j'ai dissimulées par le respect que j'ai pour V. A. S. et pour la considération que j'ai eu pour le mérite du bon homme. Cependant j'admire la différence qu'il y a entre nos saints prétendus et entre les personnes du monde qui n'en affectent pas l'opinion et

---

(¹) M. Leibniz ayant envoyé ses écrits métaphysiques à M. Arnauld, par le canal du prince de Hesse-Rhinsfeld, pour en savoir son sentiment, ce docteur, se trouvant pour lors fort occupé et enrhumé, fit au prince une réponse préliminaire le 13 mars 1686 (lettre 553). C'est de cette lettre dont M. Leibniz se plaint ici.

(²) C'est la deuxième lettre.

en possèdent bien davantage l'effet. V. A. S. est un prince souverain, et cependant elle a montré à mon égard une modération que j'ai admirée. Et M. Arnauld est un théologien fameux, que les méditations des choses divines devraient avoir rendu doux et charitable, et cependant ce qui vient de lui paraît souvent fier et farouche et plein de dureté. Je ne m'étonne pas maintenant s'il s'est brouillé si vivement avec le P. Malebranche et autres qui étaient fort de ses amis. Le P. Malebranche avait publié des écrits que M. Arnauld a traités d'extravagants, à peu près comme il fait à mon égard, mais le monde n'a pas toujours été de son sentiment. Il faut cependant qu'on se garde bien d'irriter son humeur bilieuse : cela nous ôterait tout le plaisir et toute la satisfaction que j'avais attendue d'une collation douce et raisonnable. Je crois qu'il a reçu mon papier quand il était en mauvaise humeur, et que se trouvant importuné par là il s'en a voulu venger par une réponse rebutante. Je sais que si V. A. S. a le loisir de considérer l'objection qu'il me fait, elle ne pourrait s'empêcher de rire en voyant le peu de sujet qu'il y a de faire des exclamations si tragiques ; à peu près comme on rirait en écoutant un orateur qui dirait à tout moment : *O cœlum ! o terra ! o maria Neptuni !* Je suis heureux s'il n'y a rien de plus choquant et de plus difficile dans mes pensées que ce qu'il objecte. Car, si ce que je dis est vrai (savoir que la notion ou considération individuelle d'Adam enferme tout ce qui lui doit arriver et à sa postérité) il s'ensuit, selon M. Arnauld, que Dieu n'aura plus de liberté maintenant à l'égard du genre humain. Il s'imagine donc Dieu comme un homme qui prend des résolutions selon les occurrences, au lieu que Dieu prévoyant tout et réglant toutes choses de toute éternité a choisi de prime abord toute la suite et connexion de l'univers, et par conséquent non pas un Adam tout simple, mais cet Adam dont il prévoyait qu'il ferait de belles choses et qu'il aurait de tels enfants, sans que cette providence de Dieu réglée de tout temps soit contraire à sa liberté. De quoi tous les théologiens (à la réserve de quelques sociniens, qui conçoivent Dieu d'une manière très-humaine) demeurent d'accord. Et je m'étonne que l'envie de trouver je ne sais quoi de choquant dans mes pensées, dont la prévoyance avait fait naître en son esprit une idée confuse et mal digerée, a porté ce savant homme à parler contre ses propres lumières et sentiments; car je ne suis pas assez peu équitable pour l'imiter et pour lui imputer ce dogme dangereux de ces sociniens, qui détruit la souveraine perfection de Dieu, quoiqu'il semble d'y incliner dans la chaleur de la dispute.

Tout homme qui agit sagement considère toutes les circonstances et liaisons de la résolution qu'il prend, et cela suivant la mesure de sa capacité. Et Dieu, qui voit tout parfaitement et d'une seule vue, peut-il manquer d'avoir pris ses résolutions conformément à tout ce qu'il voit; et peut-il avoir choisi un tel Adam sans considérer et résoudre aussi tout ce qui a de la connexion avec lui? Et par conséquent il est ridicule de dire que cette résolution libre de Dieu lui ôte sa liberté; autrement pour être toujours libre il faudrait être toujours irrésolu.

Voilà ces pensées choquantes dans l'imagination de M. Arnauld; nous verrons si, à force de conséquences, il en pourra tirer quelque chose de plus mauvais. Cependant la plus importante réflexion que je fais là-dessus, c'est que lui-même autrefois a écrit expressément à V. A. S. que pour des opinions de philosophie on ne ferait point de peine à un homme qui serait de leur Église, ou qui en voudrait être, et le voilà lui-même maintenant qui, oubliant cette modération, se déchaîne sur un rien. Il est donc dangereux de se commettre avec ces gens-là, et V. A. S. voit combien on doit prendre de mesures. Aussi a-ce été une des raisons que j'ai eues de communiquer ces choses à M. Arnauld, savoir, pour le sonder et pour voir comment il se comporterait ; mais *tange montes, et fumigabunt*. Aussitôt qu'on s'écarte tant soit peu du sentiment de quelques docteurs, ils éclatent en foudres et en tonnerres. Je crois bien que le monde ne serait pas de son sentiment, mais il est toujours bon d'être sur ses gardes. V. A. cependant aura occasion peut-être de lui représenter que c'est rebuter les gens sans mérite que d'agir de la sorte, afin qu'il en use dorénavant avec un peu plus de modération. Il me semble que V. A. S. a échangé des lettres avec lui touchant les voies de contrainte dont je souhaiterais d'apprendre le résultat.

DEUXIÈME LETTRE

DE M. LEIBNIZ AU PRINCE DE HESSE-RHYNSFELDS, POUR ÊTRE COMMUNIQUÉE A M. ARNAULD.

Hanovre, le 12 avril 1686.

Monseigneur, je ne sais que dire à la lettre de M. Arnauld, et je n'aurais jamais cru qu'une personne dont la réputation est si grande et si véritable et dont nous avons de si belles réflexions de morale et de logique irait si vite dans ses jugements. Après cela, je ne m'étonne pas si quelques-uns se sont emportés contre lui. Cependant je tiens qu'il faut souffrir quelquefois la mauvaise humeur d'une personne dont le mérite est extraordinaire, pourvu que son procédé ne tire point à conséquence et qu'un retour d'équité dissipe les fantômes d'une prévention mal fondée. J'attends cette justice de M. Arnauld, et cependant, quelque sujet que j'aie de me plaindre, je veux supprimer toutes les réflexions qui pourraient aigrir et qui ne sont pas essentielles à la matière. Mais j'espère qu'il en usera de même, s'il a la bonté de m'instruire. Je le puis assurer seulement que certaines conjectures qu'il fait sont fort différentes de ce qui est en effet, que quelques personnes de bon sens ont fait un autre jugement, et que, nonobstant leur applaudissement, je ne me presse pas trop de publier quelque chose sur des matières abstraites qui sont au goût de peu de personnes, puisque le public n'a presque rien encore appris, depuis plusieurs années, de quelques découvertes plus plausibles que celles que j'ai. Je n'avais mis ces *Méditations* par écrit que pour profiter en mon particulier des jugements des plus habiles et pour me confirmer ou corriger dans la recherche des plus importantes vérités.

Il est vrai que quelques personnes d'esprit ont goûté mes opinions ; mais je serai le premier à les désabuser, si vous jugez qu'il y a le moindre inconvénient. Cette déclaration est sincère, et ce ne serait pas la première fois que j'ai profité des instructions des personnes éclairées. C'est pourquoi je mérite que M. Arnauld exerce à mon égard cette charité qu'il y aurait de me tirer de mes erreurs, qu'il croit dangereuses et dont je déclare de bonne foi de ne pouvoir encore comprendre le mal ; je lui aurais assurément une très-grande obligation. Mais j'espère qu'il en usera avec quelque modération, et qu'il me rendra justice, puisqu'on la doit au moindre des hommes, quand on lui a fait tort par un jugement précipité.

Il choisit une de mes thèses pour montrer qu'elle est dangereuse. Mais ou je suis incapable pour le présent de comprendre la difficulté, ou je n'en vois aucune, ce qui m'a remis un peu de ma surprise et m'a fait croire que ce que dit M. Arnauld ne vient que de prévention. Je tâcherai donc de lui ôter cette opinion étrange qu'il a conçue un peu trop promptement.

J'avais dit, dans le treizième article de mon sommaire, que la *notion individuelle de chaque personne enferme, une fois pour toutes, ce qui lui arrivera à jamais*. Il en tire cette conséquence, que tout ce qui arrive à une personne, et même à tout le genre humain, doit arriver par une nécessité plus que fatale, comme si les notions ou prévisions rendaient les choses nécessaires, et comme si une action libre ne pouvait être comprise dans la notion ou vue parfaite que Dieu a de la personne à qui elle appartiendra. Et il ajoute que peut-être je ne trouverai pas d'inconvénient à la conséquence qu'il tire. Cependant j'avais protesté expressément, dans le même article, de ne pas admettre une telle conséquence. Il faut donc ou qu'il doute de ma sincérité, dont je ne lui ai donné aucun sujet, ou qu'il n'ait pas assez examiné ce qu'il réfutait, ce que je ne blâmerais pourtant pas, comme il semble que j'aurais droit de le faire, parce que je considère qu'il écrivait dans un temps où quelques incommodités ne lui laissaient pas la liberté d'esprit entière, comme le témoigne sa lettre même ; et je désire de faire connaître combien j'ai de déférence pour lui.

Je viens à la preuve de sa conséquence, et, pour y mieux satisfaire, je rapporterai les propres paroles de M. Arnauld. Si cela est (savoir que la notion individuelle de chaque personne enferme, une fois pour toutes, ce qui lui arrivera à jamais), Dieu n'a pas été libre de créer tout ce qui est depuis arrivé au genre humain, et ce qui lui arrivera à jamais doit arriver par une nécessité plus que fatale. (Il y avait quelque faute dans la copie; mais je crus de la pouvoir restituer, comme je viens de faire) [1] ; car la notion indivi-

---

[1] M. Leibniz n'a pas bien réussi à restituer la copie défectueuse. Il faut lire ainsi : « Si cela est, Dieu a été libre de créer ou de ne pas créer Adam, mais supposé qu'il l'ait voulu créer, tout ce qui est, etc. » Voyez la lettre de M. Arnauld au prince Ernest, du 13 mars 1686 (lettre 552).

duelle d'Adam a enfermé qu'il aurait tant d'enfants, et la notion individuelle de chacun de ces enfants, tout ce qu'ils feraient et tous les enfants qu'ils auraient, ainsi de suite. Il n'y a donc pas eu plus de liberté en Dieu à l'égard de tout cela, supposé qu'il ait voulu créer Adam, que de prétendre qu'il a été libre à Dieu, en supposant qu'il m'a voulu créer, de ne point créer de nature capable de penser. Ces dernières paroles doivent contenir proprement la preuve de la conséquence ; mais il est très-manifeste qu'elles confondent *necessitatem ex hypothesi* avec la nécessité absolue. On a toujours distingué entre ce que Dieu est libre de faire absolument et entre ce qu'il s'est obligé de faire en vertu de certaines résolutions déjà prises, et il n'en prend guère qui n'aient déjà égard à tout. Il est peu digne de Dieu de le concevoir, sous prétexte de maintenir sa liberté, à la façon de quelques sociniens et comme un homme qui prend des résolutions selon les occurrences, et qui maintenant ne serait plus libre de créer ce qu'il trouve bon, si ses premières résolutions à l'égard d'Adam ou autres enfermaient déjà un rapport à ce qui touche leur postérité, au lieu que tout le monde demeure d'accord que Dieu a réglé de toute éternité toute la suite de l'univers, sans que cela diminue sa liberté en aucune manière.

Il est visible aussi que cette objection détache les volontés de Dieu les unes des autres, qui pourtant ont du rapport ensemble ; car il ne faut pas considérer la volonté de Dieu de créer un tel Adam, détachée de toutes les autres volontés qu'il a à l'égard des enfants d'Adam et de tout le genre humain, comme si Dieu, premièrement, faisait le décret de créer Adam sans aucun rapport à sa postérité, et par là néanmoins, selon moi, s'ôtait la liberté de créer la postérité d'Adam comme bon lui semble ; ce qui est raisonner fort étrangement.

Mais il faut plutôt considérer que Dieu, choisissant, non

pas un Adam vague, mais un tel Adam, dont une parfaite représentation se trouve parmi les êtres possibles dans les idées de Dieu, accompagné de telles circonstances individuelles, et qui, entre autres prédicats, a aussi celui d'avoir, avec le temps, une telle postérité; Dieu, dis-je, le choisissant, a déjà égard à sa postérité, et choisit en même temps l'un et l'autre; en quoi je ne saurais comprendre qu'il y ait du mal; et s'il agissait autrement, il n'agirait point en Dieu. Je me servirai d'une comparaison : un prince sage, qui choisit un général dont il sait les liaisons, choisit, en effet, en même temps quelques colonels et capitaines qu'il sait bien que ce général recommandera, et qu'il ne voudra pas lui refuser pour quelques raisons de prudence qui ne détruisent pourtant point son pouvoir absolu ni sa liberté. Tout cela a lieu en Dieu par plus forte raison. Donc, pour procéder exactement, il faut considérer en Dieu une certaine volonté plus générale, plus compréhensive qu'il a à l'égard de tout l'ordre de l'univers, puisque l'univers est comme un tout que Dieu pénètre d'une seule vue; car cette volonté comprend virtuellement les autres volontés touchant ce qui entre dans cet univers et parmi les autres aussi celle de créer un tel Adam, lequel se rapporte à la suite de sa postérité, laquelle Dieu a aussi choisie telle; et même on peut dire que ces volontés en particulier ne diffèrent de la volonté en général que par un simple rapport et à peu près comme la situation d'une ville, considérée d'un certain point de vue, diffère de son plan géométral; car elles expriment toutes tout l'univers, comme chaque situation exprime la ville.

En effet, plus on est sage, moins on a de *volontés détachées* et plus les vues et les volontés qu'on a sont compréhensives et liées; et chaque volonté particulière renferme un rapport à toutes les autres, afin qu'elles soient le mieux concertées qu'il est possible. Bien loin de trouver là-dedans quelque chose qui choque, je croirais que le contraire détruit la perfection de Dieu ; et, à mon avis, il faut être bien difficile ou bien prévenu pour trouver dans des sentiments si innocents ou plutôt si raisonnables de quoi faire des exagérations aussi étranges que celles qu'on a envoyées à V. A. — Pour peu qu'on pense aussi à ce que je dis, on trouvera qu'il est manifeste *ex terminis*; car, par la notion individuelle d'Adam, j'entends certes une parfaite représentation d'un tel Adam qui a de telles conditions individuelles, et qui est distingué par là d'une infinité d'autres personnes possibles fort semblables, mais pourtant différentes de lui (comme toute ellipse diffère du cercle, quelque approchante qu'elle soit), auxquelles Dieu l'a préféré, parce qu'il lui a plu de choisir justement un tel ordre de l'univers, et tout ce qui s'ensuit de sa résolution n'est nécessaire que par une suite hypothétique, et ne détruit nullement la liberté de Dieu ni celle des esprits créés. Il y a un Adam possible dont la postérité est telle, et une infinité d'autres dont elle serait autre. N'est-il pas vrai que les Adams possibles (si on les peut appeler ainsi) sont différents entre eux, et que Dieu n'en a choisi qu'un qui est justement le nôtre ? Il y a tant de raisons qui prouvent l'impossibilité, pour ne pas dire l'absurdité et même l'impiété du contraire, que je crois que, dans le fond, tous les hommes sont du même sentiment quand ils pensent un peu à ce qu'ils disent. Peut-être aussi que si M. A. n'avait pas eu de moi le préjugé qu'il s'est fait d'abord, il n'aurait pas trouvé mes propositions si étranges et n'en aurait pas tiré de telles conséquences.

Je crois en conscience d'avoir satisfait à l'objection de M. Arnauld, et je suis bien aise de voir que l'endroit qu'il a choisi comme un des plus choquants l'est si peu à mon avis ; mais je ne sais si je pourrai avoir le bonheur de faire en sorte que M. Arnauld le reconnaisse aussi. Le grand mérite parmi mille avantages a ce petit défaut, que les personnes qui en ont, ayant raison de se fier à leurs sentiments ne sont pas aisément désabusées. Pour moi qui ne suis pas de ce caractère, je ferais gloire d'avouer que j'ai été mieux instruit et même j'y trouverais du plaisir, pourvu que je le puisse dire sincèrement et sans flatterie.

Au reste, je désire aussi que M. Arnauld sache que je ne prétends nullement à la gloire d'être novateur, comme il semble qu'il a pris mes sentiments. Au contraire, je trouve ordinairement que les opinions les plus anciennes et les plus reçues sont les meilleures. Et je ne crois pas qu'on puisse être accusé d'être novateur quand on produit seulement quelques nouvelles vérités sans renverser les sentiments établis, car c'est ce que font les géomètres et tous ceux qui passent plus avant. Et je ne sais s'il sera facile de marquer des opinions autorisées à qui les miennes soient opposées. C'est pourquoi ce que M. Arnauld dit de l'Eglise n'a rien de commun avec ces méditations, et je n'espère pas qu'il veuille ni qu'il puisse assurer qu'il y a quoi que ce soit là-dedans qui passerait pour hérétique en quelque Église que ce soit. Cependant, si celle où il est était si prompte à censurer, un tel procédé devrait servir d'avertissement pour s'en donner de garde. Et dès qu'on voudrait produire quelque méditation qui aurait le moindre rapport à la religion et qui irait un peu au delà de ce qui s'enseigne aux enfants, on serait en danger de faire une affaire, à moins que d'avoir quelque Père d'Église pour garant, qui dise la même chose *in terminis*, encore cela peut-être ne suffirait-il pas pour une entière assurance, surtout quand on n'a pas de quoi se faire ménager.

Si V. A. S. n'était pas un prince dont les lumières sont aussi grandes que la modération, je n'aurais eu garde de l'entretenir de ces choses ; maintenant à qui s'en rapporter mieux qu'à elle, et puisqu'elle a eu la bonté de lier ce commerce pourrait-on, sans imprudence, aller choisir un autre arbitre ? D'autant qu'il ne s'agit pas tant de la vérité de quelques propositions que de leur conséquence et tolérabilité, je ne crois pas qu'elle approuve que les gens soient foudroyés pour si peu de chose. Mais peut-être aussi que M. Arnauld n'a parlé en ces termes si durs qu'en croyant que j'admettrais la conséquence qu'il a raison de trouver effrayante, et qu'il changera de langage après mon éclaircissement et désaveu, à quoi sa propre équité pourra contribuer autant que l'autorité de V. A.

Je suis avec dévotion, Monseigneur, de V. A. S. le très-humble serviteur.

TROISIÈME LETTRE

DE M. LEIBNIZ A M. ARNAULD.

Hanovre, ce 14 juillet 1686.

Comme je défère beaucoup à votre jugement, j'ai été réjoui de voir que vous aviez modéré votre censure après avoir vu mon explication sur cette proposition que je crois importante et qui vous avait paru étrange : que la notion individuelle de chaque personne renferme une fois pour toutes ce qui lui arrivera à jamais. Vous en aviez tiré d'abord cette conséquence, que de cette seule supposition que Dieu ait résolu de créer Adam, tout le reste des événements humains arrivés à Adam et à sa postérité s'en seraient suivis par une nécessité fatale, sans que Dieu n'ait plus eu la liberté d'en disposer, non plus qu'il peut ne pas créer une créature capable de penser après avoir pris la résolution de me créer.

A quoi j'avais répondu que les desseins de Dieu, touchant tout cet univers, étant liés entre eux conformément à sa souveraine sagesse, il n'a pris aucune résolution à l'égard d'Adam sans en prendre à l'égard de tout ce qui a quelque liaison avec lui. Ce n'est donc pas à cause de la résolution prise à l'égard d'Adam, mais à cause de la résolution prise en même temps à l'égard de tout le reste (à quoi celle qui est prise à l'égard d'Adam enveloppe un parfait rapport) que Dieu s'est déterminé sur tous les événements humains. En quoi il me semblait qu'il n'y avait point de nécessité fatale, ni rien de contraire à la liberté de Dieu, non plus que dans cette nécessité hypothétique généralement approuvée, qu'il n'y a à l'égard de Dieu même d'exécuter ce qu'il a résolu.

Vous demeurez d'accord, Monsieur, dans votre réplique, de cette liaison des résolutions divines que j'avais mises en avant, et vous avez même la sincérité d'avouer que vous aviez pris d'abord ma proposition tout autrement, parce qu'on n'a pas accoutumé, par exemple (ce sont vos paroles), de considérer la notion spécifique d'une sphère par rapport à ce qu'elle est représentée dans l'entendement divin, mais par rapport à ce qu'elle est en elle-même ; que vous aviez cru qu'il en était encore ainsi à l'égard de la notion individuelle de chaque personne. Pour moi j'avais cru que les notions pleines et compréhensives sont représentées dans l'entendement divin comme elles sont en elles-mêmes (¹). Mais maintenant que vous savez que c'est là ma pensée, cela suffit pour vous y conformer et pour examiner si elle lève la difficulté. Il semble donc que vous reconnaissiez que mon sentiment expliqué de cette manière, savoir des notions pleines, telles qu'elles sont dans l'entendement divin, n'est pas seulement innocent, mais même qu'il est certain ; car

---

(¹) Notio plena comprehendit omnia prædicata rei, v. g., coloris : completa omnia prædicata subjecti, v. g., ignis calidi in substantiis individualibus concedunt.

voici vos paroles : Je demeure d'accord que la connaissance que Dieu a eue d'Adam, lorsqu'il a résolu de le créer, a enfermé celle de tout ce qui lui est arrivé et de tout ce qui est arrivé et doit arriver à sa postérité, et ainsi prenant en ce sens la notion individuelle d'Adam, ce que vous en dites est très-certain. Nous allons voir tantôt en quoi consiste la difficulté que vous y trouvez encore. Cependant je dirai un mot de la raison de la différence qu'il y a en ceci entre les notions des espèces et celles des substances universelles, plutôt par rapport à la volonté divine que par rapport au simple entendement : c'est que les notions spécifiques les plus abstraites ne comprennent que des vérités nécessaires ou éternelles qui ne dépendent point des décrets divins (quoi qu'en disent les cartésiens dont il semble que vous-même ne vous êtes pas soucié en ce point) ; mais les notions de substances individuelles, qui sont complètes et capables de distinguer leur sujet, et qui enveloppent par conséquent les vérités contingentes ou de fait et les circonstances individuelles du temps, du lieu et autres, doivent aussi envelopper dans leur notion, prise comme possible, les décrets libres de Dieu, pris aussi comme possibles, parce que ces décrets libres sont les principales sources des existences ou faits, au lieu que les essences sont dans l'entendement divin avant la considération de la volonté.

Cela nous servira pour mieux entendre tout le reste et pour satisfaire aux difficultés qui semblent encore rester dans mon explication ; car c'est ainsi que vous continuez, Monsieur : mais il me semble qu'après cela il reste à demander, et c'est ce qui fait ma difficulté, si la liaison entre ces objets (j'entends Adam et les événements humains) est telle d'elle-même, indépendamment de tous les décrets libres de Dieu, ou si elle en est dépendante, c'est-à-dire si ce n'est qu'ensuite des décrets libres, par lesquels Dieu a ordonné tout ce qui arriverait à Adam et à sa postérité, que Dieu a connu tout ce qui leur arriverait ; ou s'il y a, indépendamment de ces décrets entre Adam d'une part et ce qui est arrivé et arrivera à lui et à sa postérité de l'autre, une connexion intrinsèque et nécessaire. Il vous paraît que je choisirai le dernier parti, parce que j'ai dit que Dieu a trouvé parmi les possibles un Adam accompagné de telles circonstances individuelles, et qui, entre autres prédicats, a aussi celui d'avoir avec le temps une telle postérité. Or, vous supposez que j'accorderai que les possibles sont possibles avant tous les décrets libres de Dieu. Supposant donc cette explication de mon sentiment suivant le dernier parti, vous jugez qu'elle a des difficultés insurmontables ; car il y a, comme vous dites avec grande raison, une infinité d'événements humains arrivés par des ordres très-particuliers de Dieu ; comme entre autres la religion judaïque et chrétienne et surtout l'incarnation du Verbe divin. Et je ne sais comment on pourrait dire que tout cela (qui est arrivé par des décrets très-libres de Dieu) était enfermé dans la notion individuelle de l'Adam possible ; ce qui est considéré comme possible devant avoir tout ce que l'on conçoit qu'il a sous cette notion, indépendamment des décrets divins.

J'ai voulu rapporter exactement votre difficulté, Monsieur, et voici comme j'espère d'y satisfaire entièrement, à votre gré même ; car il faut bien qu'elle se puisse résoudre, puisqu'on ne saurait nier qu'il n'y ait réellement une telle notion pleine de l'Adam, accompagné de tous ses prédicats et conçu comme possible, laquelle Dieu connaît avant que de résoudre de créer, comme vous semblez l'accorder ; autrement, il résoudrait avant que de connaître assez. Je crois donc que le dilemme de la double explication que vous proposez reçoit quelque milieu, et la liaison que je conçois entre Adam et les événements humains est intrinsèque, mais elle n'est pas nécessaire, indépendamment des décrets libres de Dieu, parce que les décrets libres de Dieu, pris comme possibles, entrent dans la notion de l'Adam possible, ces mêmes décrets, devenus actuels, étant cause de l'Adam actuel. Je demeure d'accord avec vous, contre les cartésiens, que les possibles sont possibles avant les décrets de Dieu actuels, mais non pas sans supposer quelquefois les mêmes décrets pris comme possibles ; car les possibilités des individuels ou des vérités contingentes enferment dans leur notion la possibilité de leurs causes, savoir des décrets libres de Dieu, en quoi elles sont différentes des possibilités des espèces ou vérités éternelles, qui dépendent du seul entendement de Dieu, sans en supposer la volonté, comme je l'ai déjà expliqué ci-dessus.

Cela pourrait suffire ; mais afin de me faire mieux entendre, j'ajouterai que je conçois une infinité de manières possibles de créer le monde selon les différents desseins que Dieu pouvait former, et que chaque monde possible dépend de quelques desseins principaux ou fins de Dieu, qui lui sont propres, c'est-à-dire de quelques décrets libres primitifs conçus *sub ratione possibilitatis*, ou lois de l'ordre général de celui des univers possibles, auquel elles conviennent et dont elles déterminent la notion aussi bien que les notions de toutes les substances individuelles qui doivent entrer dans ce même univers, tout étant dans l'ordre, jusqu'aux miracles même, quoique ceux-ci soient contraires à quelques maximes subalternes ou lois de la nature. Ainsi tous les événements humains ne pouvaient manquer d'arriver, comme ils sont arrivés effectivement, supposé le choix d'Adam fait, mais non pas tant à cause de la notion individuelle d'Adam, quoique cette notion les enferme, mais à cause des desseins de Dieu, qui entrent aussi dans cette notion individuelle d'Adam, et qui déterminent celles de tout cet univers, et ensuite tant celle d'Adam que celles de toutes autres substances individuelles de cet univers, chaque substance individuelle enfermant tout l'univers dont elle est partie, selon un certain rapport, par la connexion qu'il y a de toutes choses à cause de la liaison des résolutions ou desseins de Dieu.

Je trouve que vous faites encore une autre objection, Monsieur, qui n'est pas prise des conséquences contraires en apparence à la liberté, comme l'objection que je viens de résoudre, mais qui est prise de la chose même et de l'idée que nous avons d'une substance individuelle; car, puisque j'ai l'idée d'une substance individuelle, c'est-à-dire celle de moi, c'est là qu'il vous paraît qu'on doit chercher ce qu'on doit dire d'une notion individuelle et non pas dans la manière dont Dieu conçoit les individus; et comme je n'ai qu'à consulter la notion spécifique d'une sphère pour juger que le nombre des pieds du diamètre n'est pas déterminé par cette notion, de même, dites-vous, je trouve clairement dans la notion individuelle que j'ai de moi que je serais moi, soit que je fasse ou que je ne fasse pas le voyage que j'ai projeté.

Pour y répondre distinctement, je demeure d'accord que la connexion, quoiqu'elle soit certaine, n'est pas nécessaire, et qu'il m'est libre de faire ou de ne pas faire ce voyage ; car, quoiqu'il soit enfermé dans ma notion que je le ferai, il y est aussi que je le ferai librement ; et il n'y a rien en moi de tout ce qui se peut concevoir *sub ratione generalitatis, seu essentiæ, seu notionis specificæ, sive incompletæ*, dont on puisse tirer que je le ferai ; au lieu que de ce que je suis homme, on peut tirer que je suis capable de penser, et, par conséquent, si je ne fais pas ce voyage, cela ne combattra aucune vérité éternelle ou nécessaire. Cependant, puisqu'il est certain que je le ferai, il faut bien qu'il y ait une connexion entre moi, qui suis le sujet, et l'exécution du voyage, qui est le prédicat, *semper enim notio prædicati inest subjecto in propositione verâ*. Il y aurait donc une fausseté, si je ne le faisais pas, qui détruirait ma notion individuelle ou complète, ou ce que Dieu conçoit ou concevait de moi avant même que de résoudre de me créer; car cette notion enveloppe *sub ratione possibilitatis* les existences ou vérités de fait, ou décrets de Dieu, dont les faits dépendent. Mais, sans aller si loin, s'il est certain que A est B, celui qui n'est pas B n'est pas A non plus. Donc, si A signifie moi et B signifie celui qui fera ce voyage, on peut conclure que celui qui ne fera pas ce voyage n'est pas moi. Et cette conclusion se peut tirer de la seule certitude de mon voyage futur, sans qu'il faille l'imputer à la proposition dont il s'agit.

Je demeure d'accord aussi que, pour juger de la notion d'une substance individuelle, il est bon de consulter celle que j'ai de moi-même, comme il faut consulter la notion spécifique d'une sphère pour juger de ses propriétés, quoiqu'il y ait bien de la différence ; car la notion de moi en particulier et de toute autre substance individuelle est infiniment plus étendue et plus difficile à comprendre qu'une notion spécifique, comme est celle de la sphère, qui n'est qu'incomplète et n'enferme pas toutes les circonstances nécessaires pour venir à une certaine sphère. Ce n'est pas assez que je me sente une substance qui pense, il faudrait concevoir distinctement ce qui me discerne de tous les autres esprits possibles; mais je n'en ai qu'une expérience confuse. Cela fait que, quoiqu'il soit aisé de juger que le nombre des pieds du diamètre n'est pas enfermé dans la notion de la sphère en général, il n'est pas si aisé de juger certainement (quoiqu'on le puisse juger assez probablement) si le voyage que j'ai dessein de faire est enfermé dans ma notion ; autrement, il serait aussi aisé d'être prophète que d'être géomètre. Cependant, comme l'expérience ne me saurait faire connaître une infinité de choses insensibles dans les corps, dont la considération générale de la nature du corps et du mouvement me peut convaincre, de même, quoique l'expérience ne me fasse pas sentir tout ce qui est renfermé dans ma notion, je puis connaître en général que tout ce qui m'appartient y est enfermé par la considération générale de la notion individuelle.

Certes, puisque Dieu peut former et forme effectivement cette notion complète, dont on peut rendre raison de tous les phénomènes qui m'arrivent, elle est donc possible, et c'est la véritable notion complète de ce que j'appelle moi, en vertu de laquelle tous mes prédicats m'arrivent comme à leur sujet. On pourrait donc le prouver tout de même sans faire mention de Dieu, qu'autant qu'il faut pour marquer ma dépendance; mais on exprime plus fortement cette vérité en tirant la notion dont il s'agit de la connaissance divine comme de sa source. J'avoue qu'il y a bien des choses dans la science divine que nous ne saurions comprendre, mais il me semble qu'on n'a pas besoin de s'y enfoncer pour résoudre notre question. D'ailleurs, si à l'égard de quelques personnes, et même de cet univers, quelque chose allait autrement qu'elle ne va, rien ne nous empêche de dire que ce serait une autre personne ou un autre univers possible que Dieu aurait choisi. Ce serait donc véritablement une autre. Il faut aussi qu'il y ait une raison *à priori*, indépendante de mon expérience, qui fasse qu'on dit véritablement que c'est moi qui ai été à Paris, et que c'est encore moi et non un autre qui suis maintenant en Allemagne, et par conséquent il faut que la notion de moi lie ou comprenne les différents États. Autrement, on pourrait dire que ce n'est pas le même individu, quoiqu'il paraisse de l'être. Et, en effet, quelques philosophes qui n'ont pas assez connu la nature de la substance et des êtres indivisibles, ou êtres *per se*, ont cru que rien ne demeurait véritablement le même. Et c'est pour cela entre autres que je juge que les corps ne seraient pas des substances, s'il n'y avait en eux que de l'étendue.

Je crois, Monsieur, d'avoir maintenant satisfait aux difficultés qui touchent la proposition principale ; mais, comme vous faites encore quelques remarques de conséquence sur quelques expressions incidentes dont je m'étais servi. Je tâcherai de m'expliquer.

J'avais dit que la supposition de laquelle tous les événements humains se peuvent déduire n'est pas celle de créer un Adam vague, mais celle de créer un tel Adam déterminé à toutes ces circonstances, choisi parmi une infinité d'Adams possibles. Sur quoi vous faites deux remarques considérables : l'une contre la pluralité des Adams, et l'autre contre la réalité des substances simplement possibles.

Quant au premier point, vous dites avec grande raison qu'il est aussi peu possible de concevoir plusieurs Adam possibles, prenant Adam pour une nature singulière, que de concevoir plusieurs moi. J'en demeure d'accord ; mais aussi en parlant de plusieurs Adams, je ne prenais pas Adam pour un individu déterminé, mais pour quelque personne conçue *sub ratione generalitatis*, sous des circonstances qui nous paraissent déterminer Adam à un individu, mais qui véritablement ne le déterminent pas assez, comme lorsqu'on entend par Adam le premier homme que Dieu met dans un jardin de plaisir dont il sort par le péché, et de la côte de qui Dieu tire une femme (car il ne faut pas nommer Eve ni le Paradis en les prenant pour des individus déterminés, autrement ce ne serait plus *sub ratione generalitatis*). Mais tout cela ne détermine pas assez, et il y aurait ainsi plusieurs Adams disjonctivement possibles, ou plusieurs individus à qui tout cela conviendrait. Cela est vrai, quelque nombre fini de prédicats incapables de déterminer tout le reste qu'on prenne. Mais ce qui détermine un certain Adam doit renfermer absolument tous ces prédicats, et c'est cette notion complète qui détermine *rationem generalitatis ad individuum*. Au reste, je suis si éloigné de la pluralité d'un même individu, que je suis même très-persuadé de ce que saint Thomas avait déjà enseigné à l'égard des intelligences, et que je tiens être général, savoir qu'il n'est pas possible qu'il y ait deux individus entièrement semblables ou différents, *solo numero*.

Quant à la vérité des substances purement possibles, c'est-à-dire que Dieu ne créera jamais, vous dites, monsieur, d'être fort porté à croire que ce sont des chimères; à quoi je ne m'oppose pas, si vous l'entendez, comme je crois, qu'ils n'ont point d'autre réalité que celle qu'ils ont dans l'entendement divin et dans la puissance de Dieu. Cependant vous voyez par là, Monsieur, qu'on est obligé de recourir à la science et puissance divine pour les bien expliquer. Je trouve aussi fort solide ce que vous dites ensuite, qu'on ne conçoit jamais aucune substance purement possible que sous l'idée de quelqu'une de celles que Dieu a créées. Vous dites aussi : Nous nous imaginons qu'avant de créer le monde, Dieu a envisagé une infinité de choses possibles, dont il a choisi les unes et rebuté les autres; plusieurs Adams (premiers hommes) possibles, chacun avec une grande suite de personnes et d'événements, avec qui il a une liaison intrinsèque ; et nous supposons que la liaison de toutes ces autres choses avec un de ces Adams (premiers hommes) possibles est toute semblable à celle qu'a eu l'Adam créé avec toute sa postérité ; ce qui nous fait penser que c'est celui-là de tous les Adams possibles que Dieu a choisi, et qu'il n'a point voulu de tous les autres. En quoi vous semblez reconnaître, monsieur, que ces pensées que j'avoue pour miennes (pourvu qu'on entende la pluralité des Adams et leur possibilité selon l'explication que j'ai donnée, et qu'on prenne tout cela selon notre manière de concevoir quelque ordre dans les pensées ou opérations que nous attribuons à Dieu) entrent assez naturellement dans l'esprit, quand on pense un peu à cette matière, et même ne sauraient être évitées, et peut-être ne vous ont déplu que parce que vous avez supposé qu'on ne pourrait pas les concilier avec les décrets libres de Dieu. Tout ce qui est actuel peut être conçu comme possible (¹), d'autant plus que vous accordez que Dieu envisage en lui tous ces prédicats, lorsqu'il détermine de le créer. Ils lui appartiennent donc ; et je ne vois pas que ce que vous dites de la réalité des possibles y soit contraire. Pour appeler quelque chose possible, ce n'est assez qu'on en puisse former une notion, quand elle ne serait que dans l'entendement divin, qui est pour ainsi dire le pays des réalités possibles. Ainsi, en parlant des possibles, je me contente qu'on en puisse former des propositions véritables, comme l'on peut juger, par exemple, qu'un carré parfait n'implique pas de contradiction, quand même il n'y aurait point de carré parfait au monde. Et si on voulait rejeter absolument les purs possibles, on détruirait la contingence de la liberté ; car s'il n'y avait rien de possible que ce que Dieu a créé effectivement, ce que Dieu a créé serait nécessaire, et Dieu, voulant créer quelque chose, ne pourrait créer que cela seul, sans avoir la liberté du choix.

Tout cela me fait espérer (d'après les explications que j'ai données, et dont j'ai toujours apporté des raisons, afin de vous faire juger que ce ne sont pas des faux-fuyants controuvés pour éluder vos objections) qu'au bout du compte vos pensées ne se trouvent pas si éloignées des miennes qu'elles ont paru d'abord de l'être. Vous approuvez la liaison des résolutions de Dieu ; vous reconnaissez

---

(¹) Le manuscrit de Hanovre porte : « Si l'Adam actuel aura avec le temps une telle postérité, on ne saurait nier ce même prédicat à cet Adam conçu comme possible. »

ma proposition principale pour certaine, dans le sens que je lui avais donné dans ma réponse ; vous aviez douté seulement si je faisais la liaison indépendante des décrets libres de Dieu, et cela vous avait fait de la peine avec grande raison ; mais j'ai fait voir qu'elle dépend de ces décrets, selon moi, et qu'elle n'est pas nécessaire, quoiqu'elle soit intrinsèque. Vous avez insisté sur l'inconvénient qu'il y aurait de dire que si je ne fais pas le voyage que je dois faire je ne serais pas moi, et j'ai expliqué comment on le peut dire ou non. Enfin j'ai donné une raison décisive qui, à mon avis, tient lieu de démonstration ; c'est que toujours, dans toute proposition affirmative, véritable, nécessaire ou contingente, universelle ou singulière, la notion du prédicat est comprise en quelque façon dans celle du sujet : *prædicatum inest subjecto*, ou bien je ne sais ce que c'est que la vérité. Or je ne demande pas davantage de liaison ici que celle qui se trouve *à parte rei* entre les termes d'une proposition véritable, et ce n'est que dans ce sens que je dis que la notion de la substance individuelle enferme tous les événements, toutes ces dénominations, même celles qu'on appelle vulgairement extrinsèques (c'est-à-dire qui ne lui appartient qu'en vertu de la connexion générale des choses et de ce qu'elle exprime tout l'univers à sa manière), puisqu'il faut toujours qu'il y ait quelque fondement de la connexion des termes d'une possibilité, qui se doit trouver dans leurs notions. C'est là mon grand principe, dont je crois que tous les philosophes doivent demeurer d'accord, et dont un des corollaires est cet axiome vulgaire, que rien sans raison, qu'on peut toujours rendre, pourquoi la chose est plutôt allé ainsi qu'autrement, bien que cette raison incline souvent sans nécessité, une parfaite indifférence étant une supposition chimérique ou incomplète. On voit que du principe susdit, qui est si manifeste, je tire des conséquences qui surprennent ; mais ce n'est que parce qu'on n'a pas accoutumé de poursuivre assez les connaissances les plus claires.

Au reste, la proposition qui a été l'occasion de toute cette discussion est très-importante et mérite d'être bien établie, car il s'en suit que toute substance individuelle exprime l'univers tout entier à sa manière et sous un certain rapport, ou, pour ainsi dire, suivant le point de vue dont elle le regarde ; et que son état suivant est une suite (quoique libre ou bien contingente) de son état précédent, comme s'il n'y avait que Dieu et elle au monde ; ainsi chaque substance individuelle ou être complet est comme un monde à part, indépendant de toute autre chose que de Dieu. Il n'y a rien de si fort pour démontrer non-seulement l'indestructibilité de notre âme, mais même qu'elle garde toujours en sa nature les traces de tous ses états précédents, avec un souvenir virtuel indépendant du corps, qui peut toujours être excité, puisqu'elle a de la conscience et connaît en elle-même ce que chacun appelle moi. Ce qui la rend susceptible des qualités morales et de châtiment et récompense même après cette vie, car l'immortalité sans le souvenir n'y servirait de rien. Mais cette indépendance n'empêche pas le commerce des substances entre elles ; car comme toutes les substances créées sont une production continuelle du même souverain être selon les mêmes desseins, et expriment le même univers ou les mêmes phénomènes, elles s'entr'accordent exactement, et cela nous fait dire que l'une agit sur l'autre, parce que l'une exprime plus distinctement que l'autre la cause ou la raison des changements, à peu près comme nous attribuons le mouvement plutôt au vaisseau qu'à toute la mer, et cela avec raison, bien que parlant abstraitement on pourrait soutenir une autre hypothèse du mouvement, le mouvement en lui-même, et faisant abstraction de la cause, étant toujours quelque chose de relatif. C'est ainsi qu'il faut entendre, à mon avis, le commerce des substances créées entre elles, et non pas d'une influence ou dépendance réelle physique, qu'on ne saurait jamais concevoir distinctement.

C'est pourquoi, quand il s'agit de l'union de l'âme et du corps et de l'action ou passion d'un esprit à l'égard d'une autre créature, plusieurs ont été obligés de demeurer d'accord que leur commerce physique immédiat est inconvenable. Cependant l'hypothèse des causes occasionnelles ne satisfait pas, ce me semble, à un philosophe. Car elle introduit une manière de miracle continuel, comme si Dieu à tout moment changeait les lois des corps à l'occasion des pensées des esprits, ou changeait le cours régulier des pensées de l'âme en y incitant d'autres pensées à l'occasion des mouvements du corps; et généralement comme si Dieu s'en mêlait autrement pour l'ordinaire qu'en conservant chaque substance dans son train et dans les lois établies pour elle. Il n'y a donc que l'hypothèse de la concomitance ou de l'accord des substances entre elles qui explique tout d'une manière convenable et digne de Dieu, et qui même est démonstrative et inévitable, à mon avis, selon la proposition que nous venons d'établir. Il me semble aussi qu'elle s'accorde bien davantage avec la liberté des créatures raisonnables que l'hypothèse des impressions ou celle des causes occasionnelles. Dieu a créé d'abord l'âme de telle sorte, que pour l'ordinaire il n'a besoin de ces changements; et ce qui arrive à l'âme lui naît de son propre fonds, sans qu'elle se doive accommoder au corps dans la suite, non plus que le corps à l'âme. Chacun suivant ses lois, et l'un agissant librement, l'autre sans choix, se rencontre l'un avec l'autre dans les mêmes phénomènes. L'âme cependant ne laisse pas d'être la forme du corps, parce qu'elle exprime les phénomènes de tous les autres corps suivant le rapport au sien.

On sera peut-être plus surpris que je nie l'action immédiate, physique, d'une substance corporelle sur l'autre, qui semble pourtant si claire. Mais outre que d'autres l'ont déjà fait, il faut considérer que c'est plutôt un jeu de l'imagination qu'une conception distincte. Si le corps est une substance et non pas un simple phénomène, comme l'arc-en-ciel, ni un être uni par accident ou par agrégation comme un tas de pierres, il ne saurait consister dans l'étendue, et il y faut nécessairement concevoir quelque chose qu'on appelle forme substantielle et qui répond en quelque façon à ce qu'on appelle l'âme. J'en ai été enfin convaincu comme malgré moi, après en avoir été assez éloigné autrefois. Cependant, quelque approbateur des scolastiques que je sois dans cette explication générale, et, pour ainsi dire métaphysique des principes des corps, je suis aussi corpusculaire qu'on ne saurait être dans l'explication des phénomènes particuliers, et ce n'est rien dire que d'y alléguer les formes ou les qualités. Il faut toujours expliquer la nature métaphysiquement et mécaniquement, pourvu qu'on sache que les principes mêmes ou lois de mécanique ou de la force ne dépendent pas de la seule étendue mathématique, mais de quelques raisons métaphysiques.

Après tout cela, je crois que maintenant les propositions contenues dans l'abrégé qui vous a été envoyé, Monsieur, paraîtront non-seulement plus intelligibles, mais peut-être encore plus solides et plus importantes qu'on n'avait pu juger d'abord.

Dans le 17° article de cet abrégé, il y est fait mention de la différence qu'il y a entre la force et la quantité de mouvement que M. Descartes et bien d'autres ont pris pour une chose équivalente, en soutenant que Dieu conserve toujours la même quantité de mouvement et que les forces sont *in ratione compositâ celeritatum et corporum*, ce que j'ai jugé être faux, comme vous pouvez juger, Monsieur, par le petit imprimé ci-joint, que MM.... ont inséré dans leur *Acta eruditorum*. Cette remarque est de conséquence tant en théorie qu'en pratique. Et on trouvera généralement que le double de la vitesse d'un corps peut faire un effet quadruple ou élever une même pesanteur à une hauteur quadruple; or, c'est par la quantité d'effet qu'il faut mesurer la force, et si nous supposons que Dieu transférât toute la force du corps et acquise par la descente D au corps B, il lui donnerait la force de monter de F jusqu'en E, par la construction expliquée dans l'imprimé et la figure qui y est jointe. Mais par là, la quantité du mouvement sera doublée, et par conséquent Dieu, conservant la force, ne conservera pas dans ce cas la même quantité de mouvement, mais l'augmentation jusqu'au double.

Mais il est temps de finir cette lettre, déjà trop longue, après avoir témoigné avec sincérité que je me tiendrai toujours fort honoré des moindres marques de votre bienveillance, et que je serai toujours avec une très-ardente passion et une très-haute estime, Monsieur M. V. S. H. U. J. obs. S. (Signé LEIBNIZ).

QUATRIÈME LETTRE

DE M. LEIBNIZ A M. ARNAULD.

Hanovre, ce 28 nov.-8 déc. 1686.

Comme j'ai trouvé quelque chose d'extraordinaire dans la franchise et dans la sincérité avec laquelle vous vous êtes rendu à quelques raisons dont je m'étais servi, je ne saurais me dispenser de le reconnaître et de l'admirer. Je me doutais bien que l'argument pris de la nature générale des propositions ferait quelque impression sur votre esprit; mais j'avoue aussi qu'il y a peu de gens capables de goûter des vérités si abstraites, et que, peut-être, tout autre que vous ne se serait pas aperçu si aisément de sa force.

Je souhaiterais d'être instruit de vos méditations touchant la possibilité des choses qui ne sauraient être que profondes et importantes, d'autant qu'il s'agit de parler de ces possibilités d'une manière qui soit digne de Dieu. Mais ce sera selon votre commodité. Pour ce qui est de deux difficultés que vous trouvez dans ma lettre, l'une touchant l'hypothèse de la concomitance ou de l'accord des substances entre elles, l'autre touchant la nature des formes des substances corporelles, j'avoue qu'elles sont considérables, et si j'y pouvais satisfaire entièrement, je croirais pouvoir déchiffrer les plus grands secrets de la nature universelle. Mais *est aliquid prodire tenus*. Et quant au premier, je trouve que vous expliquez assez vous-même ce que vous aviez trouvé d'obscur dans ma pensée touchant l'*hypothèse de la concomitance*; car lorsque l'âme a un sentiment de douleur en même temps que le bras est blessé, je crois, en effet, comme vous dites, Monsieur, que l'âme se forme elle-même cette douleur, qui est une suite naturelle de son état ou de sa notion, et j'admire que saint Augustin, comme vous avez remarqué, semble avoir reconnu la même chose, en disant que la douleur que l'âme a dans ses rencontres n'est autre chose qu'une tristesse qui accompagne la mauvaise disposition du corps. En effet, ce grand homme avait des pensées très-solides et très-profondes. Mais, dira-t-on, comment sait-elle cette mauvaise disposition du corps? Je réponds que ce n'est pas par aucune impression ou action du cœur sur l'âme, mais parce que la nature de toute substance porte une expression générale de tout l'univers, et que la nature de l'âme porte plus particulièrement une expression plus distincte de ce qui arrive maintenant à l'égard de son corps. C'est pourquoi il lui est naturel de marquer et de connaître les accidents de son corps par les siens. Il en est de même à l'égard du corps, lorsqu'il s'accommode aux pensées de l'âme; et lorsque je veux lever les bras, c'est justement dans le moment que tout est disposé dans le corps pour cet effet ; de sorte que le corps se meut en vertu de ses propres lois, quoiqu'il arrive par l'accord admirable mais immanquable des choses entre elles, que ces lois y conspirent justement dans le moment que la volonté s'y porte, Dieu y ayant eu égard par avance lorsqu'il a pris sa résolution sur cette suite de toutes les choses de l'univers. Tout cela ce ne sont que des conséquences de la notion d'une substance individuelle qui enveloppe tous ses phénomènes, en sorte que rien ne saurait arriver à une substance qui ne lui laisse de son propre fonds, mais conformément à ce qui arrive à une autre, quoique l'une agisse librement et l'autre sans choix. Et cet accord est une des plus belles preuves qu'on puisse donner de la nécessité d'une substance souveraine cause de toutes choses.

Je souhaiterais de me pouvoir expliquer si nettement et décisivement touchant l'autre question qui regarde les formes substantielles.

La première difficulté que vous indiquez, Monsieur, est que notre âme et notre corps sont deux substances réellement distinctes ; donc il semble que l'une n'est pas la forme substantielle de l'autre. Je réponds qu'à mon avis notre corps en lui-même, l'âme mise à part, ou le *cadaver*, ne peut être appelé une substance que par abus, comme une machine ou comme un tas de pierres, qui ne sont que des êtres par l'agrégation, car l'arrangement régulier ou irrégulier ne fait rien à l'unité substantielle. D'ailleurs, le dernier concile de Latran déclare que l'âme est véritablement la forme substantielle de notre corps.

Quant à la seconde difficulté, j'accorde que la forme substantielle du corps est indivisible, et il me semble que c'est aussi le sentiment de saint Thomas. J'accorde encore que toute forme substantielle, ou bien toute substance, est indestructible et même ingénérable, ce qui était aussi le sentiment d'*Albert le Grand*, et, parmi les anciens, celui de l'auteur du livre *de Diætá*, qu'on attribue à Hippocrate. Elles ne sauraient donc naître que par une création. Et j'ai beaucoup de penchant à croire que toutes les générations des animaux dépourvus de raison, qui ne méritent pas une nouvelle création, ne sont que des transformations d'un autre animal déjà vivant, mais quelquefois imperceptibles, à l'exemple des changements qui arrivent à un ver à soie et autres semblables, la nature ayant accoutumé de découvrir ses secrets dans quelques exemples qu'elle cache en d'autres rencontres. Ainsi les âmes des brutes auraient été toutes créées dès le commencement du monde, suivant cette fécondité des semences mentionnée dans la Genèse; mais l'âme raisonnable n'est créée que dans le temps de la formation de son corps, étant entièrement différente des autres âmes que nous connaissons, parce qu'elle est capable de réflexion et imite en petit la nature divine.

Troisièmement, je crois qu'un carreau de marbre n'est peut-être que comme un tas de pierres, et ainsi ne saurait passer pour une seule substance, mais pour un assemblage de plusieurs. Car supposons qu'il y ait deux pierres, par exemple le diamant du Grand-Duc et celui du Grand-Mogol, on pourra mettre un même nom collectif en ligne de compte pour tous deux, et on pourra dire que c'est une paire de diamants, quoiqu'ils se trouvent bien éloignés l'un de l'autre; mais on ne dira pas que ces deux diamants composent une substance. Or, le plus et le moins ne fait rien ici. Qu'on les approche donc davantage l'un de l'autre, qu'on les fasse toucher même, ils n'en seront pas plus substantiellement unis; et quand après l'attouchement on y joindrait quelque autre corps propre à en empêcher leur séparation, par exemple si on les enchâssait dans un seul anneau, tout cela n'en fera que ce qu'on appelle *unum per accidens*. Car c'est comme par accident qu'ils sont obligés à un même mouvement. Je tiens donc qu'un carreau de marbre n'est pas une seule substance accomplie, non plus que le serait l'eau d'un étang avec tous les poissons y compris (quand même toute l'eau avec tous ses poissons se trouverait glacée); ou bien un troupeau de moutons, quand même ces moutons seraient tellement liés qu'ils ne pussent marcher que d'un pas égal, et que l'un ne pût être touché sans que tous les autres criassent. Il y a autant de différence entre une substance et un tel être, qu'il y en a entre un homme et une communauté, comme peuple, armée, société ou collége, qui sont des êtres moraux, où il y a quelque chose d'imaginaire et de dépendant de la fiction de notre esprit. L'unité substantielle demande un être accompli indivisible et naturellement indestructible, puisque sa notion enveloppe tout ce qui lui doit arriver, ce qu'on ne saurait trouver ni dans la figure ni dans le mouvement (qui enveloppent même toutes deux quelque chose d'imaginaire, comme je pourrais démontrer), mais bien dans une âme ou forme substantielle, à l'exemple de ce qu'on appelle *moi*.

Ce sont là les seuls êtres accomplis véritables, comme les anciens avaient reconnu, et surtout Platon, qui a fort clairement montré que la seule matière ne suffit pas pour former une substance. Or, le *moi* susdit ou ce qui lui répond dans chaque substance individuelle ne saurait être fait ni défait par l'appropinquation ou éloignement des parties, qui est une chose purement extérieure à ce qui fait la substance. Je ne saurais dire précisément s'il y a d'autres substances corporelles véritables que celles qui sont animées, mais au moins les âmes servent à nous donner quelque connaissance des autres par analogie. Tout cela peut contribuer à éclaircir la quatrième difficulté, car, sans me mettre en peine de ce que les scolastiques ont appelé *formam corporeitatis*, je donne des formes substantielles à toutes les substances corporelles plus que machinalement unies.

Mais cinquièmement, si on me demande ce que je dis du soleil, du globe de la terre, de la lune, des arbres et de semblables corps, et même des bêtes, je ne saurais assurer absolument s'ils sont animés, ou au moins s'ils sont des substances, ou bien s'ils sont simplement des machines ou agrégés de plusieurs substances. Mais au moins je puis dire que s'il n'y a aucunes substances corporelles telles que je veux, il s'ensuit que les corps ne seront que des phénomènes véritables, comme l'arc-en-ciel; car le continu n'est pas seulement divisible à l'infini, mais toute partie de la matière est actuellement divisée en d'autres parties aussi différentes entre elles que les deux diamants susdits; et cela allant toujours ainsi, on ne viendra jamais à quelque chose dont on puisse dire : Voilà véritablement un être, que lorsqu'on trouve des machines animées dont l'âme ou forme substantielle fait l'unité substantielle indépendante de l'union extérieure de l'attouchement. Et s'il n'y en a point, il s'ensuit que, hormis l'homme, il n'y aurait rien de substantiel dans le monde visible.

Sixièmement, comme la notion de la substance individuelle en général que j'ai donnée est aussi claire que celle de la vérité, celle de la substance corporelle le sera aussi, et, par conséquent, celle de la forme substantielle. Mais quand elle ne le serait pas, nous sommes obligés d'admettre bien des choses dont la connaissance n'est pas assez claire et distincte. Je tiens que celle de l'étendue l'est encore bien moins, témoin les étranges difficultés de la composition du continu; et on peut même dire qu'il n'y a point de figure arrêtée et précise dans les corps, à cause de la subdivision actuelle des parties. De sorte que les corps seraient sans doute quelque chose d'imaginaire et d'apparent seulement, s'il n'y avait que de la matière et ses modifications. Cependant il est inutile de faire mention de l'unité, notion ou forme substantielle des corps, quand il s'agit d'expliquer les phénomènes particuliers de la nature, comme il est inutile aux géomètres d'examiner les difficultés *de compositione continui* quand ils travaillent à résoudre quelque problème. Ces choses ne laissent pas d'être importantes et considérables en leur lieu. Tous les phénomènes des corps peuvent être expliqués machinalement ou par la philosophie corpusculaire, suivant certains principes de mécanique posés, sans qu'on se mette en peine s'il y a des âmes ou non ; mais dans la dernière analyse des principes de la physique et de la mécanique même, il se trouve qu'on ne saurait expliquer ces principes par les seules modifications de l'étendue, et la nature de la force demande déjà quelque autre chose.

Enfin, en septième lieu, je me souviens que M. Cordemoy dans un *Traité du discernement de l'âme et du corps* pour sauver l'unité substantielle dans le corps, s'est cru obligé d'admettre des atomes ou des corps étendus indivisibles, afin de trouver quelque chose de fixe pour faire un être simple ; mais vous avez bien jugé, Monsieur, que je ne serais pas de ce sentiment. Il paraît que M. Cordemoy avait reconnu quelque chose de la vérité, mais il n'avait pas encore vu en quoi consiste la véritable notion d'une substance. Aussi c'est là la clef des plus importantes connaissances. L'atome, qui ne contient qu'une masse figurée d'une dureté infinie (que je ne tiens pas conforme à la sagesse divine, non plus que le vide), ne saurait envelopper en lui tous ses états passés et futurs, et encore moins ceux de tout l'univers[1].

[1] Suit tout une partie mathématique qui renferme des objections

CINQUIÈME LETTRE

DE M. LEIBNIZ A M. ANT. ARNAULD.

Gottingue, 30 avril 1687.

Monsieur, vos lettres étant à mon égard des bienfaits considérables et des marques de votre pure libéralité, je n'ai aucun droit de les demander, et par conséquent vous ne répondez jamais trop tard. Quelque agréables et utiles qu'elles me soient, je considère ce que vous devez au bien public, et cela fait taire mes désirs. Vos considérations instruisent toujours, et je prendrai la liberté de les parcourir par ordre.

Je ne crois pas qu'il y ait de la difficulté dans ce que j'ai dit, que l'âme exprime plus distinctement *cœteris paribus* ce qui appartient à son corps, puisqu'elle exprime tout l'univers d'un certain sens, et particulièrement suivant le rapport des autres corps au sien, car elle ne saurait exprimer également toutes choses; autrement il n'y aurait point de distinction entre les âmes; mais il ne s'ensuit pas pour cela qu'elle se doive apercevoir parfaitement de ce qui se passe dans les parties de son corps, puisqu'il y a des degrés de rapport entre ces parties mêmes qui ne sont pas toutes exprimées également, non plus que les choses extérieures. L'éloignement des uns est récompensé par la petitesse des autres ou autres empêchements, et tel voit les astres qui ne voit pas le fossé qui est devant ses pieds. Les nerfs sont des parties plus sensibles, et ce n'est peut-être que par eux que nous nous apercevons des autres. Ce qui

---

contre le principe cartésien de la quantité du mouvement et une démonstration qui prouve le contraire. Nous ne reproduisons pas cette partie de la lettre, parce que Leibniz ne fait que répéter ici ce qu'il a déjà exposé sous plusieurs formes, et qu'on trouve dans ses œuvres.

arrive apparemment, parce que le mouvement des nerfs ou des liqueurs y appartenant imitent mieux les impressions et les confondent moins ; or, les impressions les plus distinctes de l'âme répondent aux impressions plus distinctes du corps. Ce n'est pas que les nerfs agissent sur l'âme, ou les autres corps sur les nerfs, à parler métaphysiquement, mais c'est que l'un représente l'état de l'autre *spontanea relatione*. Il faut encore considérer qu'il se passe trop de choses dans notre corps pour pouvoir être séparément aperçues toutes ; mais on en sent un certain résultat, auquel on est accoutumé, et on ne saurait discerner ce qui y entre à cause de la multitude, comme lorsqu'on entend de loin le bruit de la mer, on ne discerne pas ce que fait chaque vague, quoique chaque vague fasse son effet sur nos oreilles ; mais quand il arrive un changement insigne dans notre corps, nous le remarquons bientôt, et mieux que les changements de dehors qui ne sont pas accompagnés d'un changement notable de nos organes.

Je ne dis pas que l'âme connaisse la piqûre avant qu'elle ait le sentiment de douleur, si ce n'est comme elle connaît ou exprime confusément toutes choses suivant les principes déjà établis ; mais cette expression, bien qu'obscure et confuse, que l'âme a de l'avenir par avance est la cause véritable de ce qui lui arrivera et de la perception plus claire qu'elle aura par après, quand l'obscurité sera développée, l'état futur étant une suite du précédent.

J'avais dit que Dieu a créé l'univers en sorte que l'âme et le corps, agissant chacun suivant ses lois, s'accordent dans les phénomènes. Vous jugez, Monsieur, que cela convient avec l'hypothèse des causes occasionnelles. Si cela était je n'en serais point fâché, et je suis toujours bien aise de trouver des approbateurs ; mais j'entrevois votre raison, c'est que vous supposez que je ne dirai pas qu'un corps se puisse mouvoir soi-même. Ainsi l'âme n'étant pas la cause réelle du mouvement du bras, et le corps non plus, ce sera donc Dieu. Mais je suis dans une autre opinion, je tiens que ce qu'il y a de réel dans l'état que l'on appelle le mouvement procède aussi bien de la substance corporelle que la pensée et la volonté procèdent de l'esprit. Tout arrive dans chaque substance en conséquence du premier état que Dieu lui a donné en la créant, et le concours extraordinaire mis à part, son concours ordinaire ne consiste que dans la conservation de la substance même, conformément à son état précédent et aux changements qu'il porte. Cependant on dit fort bien qu'un corps pousse un autre, c'est-à-dire qu'il se trouve qu'un corps ne commence jamais d'avoir une certaine tendance que lorsqu'un autre corps qui le touche en perd à proportion suivant les lois constantes que nous observons dans les phénomènes. Et en effet, les mouvements étant des phénomènes réels plutôt que des êtres, un mouvement comme phénomène est dans mon esprit la suite immédiate d'un autre phénomène, et de même dans l'esprit des autres ; mais l'état d'une substance n'est pas la suite immédiate de l'état d'une autre substance particulière.

Je n'ose pas assurer que les plantes n'ont point d'âme, ni vie, ni forme substantielle, car, quoiqu'une partie de l'arbre plantée ou greffée puisse produire un arbre de la même espèce, il se peut qu'il y soit une partie séminale qui contient déjà un nouveau végétable, comme peut-être il y a déjà des animaux vivants, quoique très-petits, dans la semence des animaux, qui pourront être transformés dans un animal semblable. Je n'ose donc pas encore assurer que les animaux seuls sont vivants et doués d'une forme substantielle. Et peut-être qu'il y a une infinité de degrés dans les formes des substances corporelles.

Vous dites, Monsieur, que ceux qui soutiennent l'hypothèse des causes occasionnelles disant que ma volonté est la cause occasionnelle, et Dieu la cause réelle du mouvement, ne prétendent pas que Dieu fasse cela dans le temps par une nouvelle volonté, qu'il ait chaque fois que je veux lever mon bras ; mais par cet acte unique de la volonté éternelle, par laquelle il a voulu faire tout ce qu'il a prévu qu'il serait nécessaire qu'il fît. A quoi je réponds, qu'on pourra dire par la même raison que les miracles mêmes ne se font pas par une nouvelle volonté de Dieu, étant conformes à son dessein général ; et j'ai déjà remarqué dans les précédentes que chaque volonté de Dieu renferme toutes les autres, mais avec quelque ordre de priorité.

En effet, si j'entends bien le sentiment des auteurs des causes occasionnelles, ils introduisent un miracle, qui ne l'est pas moins pour être continuel. Car il me semble que la notion du miracle ne consiste pas dans la rareté. On me dira que Dieu n'agit en cela que suivant une règle générale et par conséquent sans miracle ; mais je n'accorde pas cette conséquence, et je crois que Dieu peut se faire des règles générales à l'égard des miracles mêmes, par exemple si Dieu avait pris la résolution de donner sa grâce immédiatement ou de faire une autre action de cette nature ; toutes les fois qu'un certain cas arriverait, cette action ne laisserait pas d'être un miracle, quoiqu'ordinaire. J'avoue que les auteurs des causes occasionnelles pourront donner une autre définition du terme ; mais il semble que, suivant l'usage, le miracle diffère intérieurement et par la substance de l'acte d'une action commune, et non pas par un accident extérieur de la fréquente répétition ; et qu'à proprement parler Dieu fait un miracle, lorsqu'il fait une chose qui surpasse les forces qu'il a données aux créatures et qu'il l'y conserve ([1]). *Ainsi de même il faut dire que*, si la

---

([1]) Le manuscrit de Hanovre porte : « Par exemple, si Dieu faisait qu'un corps, étant mis en mouvement circulaire par le moyen d'une fronde, continuât d'aller librement en ligne circulaire quand il sera

continuation du mouvement surpasse la force du corps, il faudra dire, suivant la notion reçue, que la continuation du mouvement est un vrai miracle, au lieu que je crois que la substance corporelle a la force de continuer ses changements suivant les lois que Dieu a mises dans sa nature et qu'il y conserve. Et afin de me mieux faire entendre, je crois que les actions des esprits ne changent rien du tout dans la nature des corps, ni les corps dans celle des esprits, et même que Dieu n'y change rien à leur occasion, que lorsqu'il fait un miracle; et les choses, à mon avis, sont tellement concertées, que jamais esprit ne veut rien efficacement que lorsque le corps est prêt de le faire, en vertu de ses propres lois et forces [1]. Ainsi on ne doit pas être en peine, selon moi, comment l'âme peut donner quelque mouvement ou quelque nouvelle détermination aux esprits animaux, puisqu'en effet elle ne leur en donne jamais, d'autant qu'il n'y a nulle proportion entre un esprit et un corps, et qu'il n'y a rien qui puisse déterminer quel degré de vitesse un esprit donnera à un corps, pas même quel degré de vitesse Dieu voudrait donner au corps à l'occasion de l'esprit suivant une loi certaine ; la même difficulté se trouvant à l'égard de l'hypothèse d'une des causes occasionnelles, qu'il y a à l'égard de l'hypothèse d'une influence réelle de l'âme sur le corps *et vice versâ*, en ce qu'on ne voit point de connexion ou fondement d'aucune règle. Et si l'on veut dire, comme il semble que M. Descartes l'entend, que

délivré de la fronde, sans être poussé ou retenu par quoi que ce soit, ce serait un miracle ; car, selon les lois de la nature, il devrait continuer en ligne droite par la tangente; et si Dieu décernait que cela devrait toujours arriver, il ferait des miracles naturels, ce mouvement ne pouvant point être expliqué par quelque chose de plus simple. »

[1] Le manuscrit de Hanovre porte : « Au lieu que, selon les auteurs des causes occasionnelles, Dieu change les lois des corps à l'occasion de l'âme, *et vice versa*. C'est là la différence essentielle entre nos sentiments. »

l'âme, ou Dieu à son occasion, change seulement la direction ou détermination du mouvement et non la force qui est dans le corps, ne lui paraissant pas probable que Dieu viole à tout moment, à l'occasion de toutes les volontés des esprits, cette loi générale de la nature, que la même force doit subsister, je réponds qu'il sera encore assez difficile d'expliquer quelle connexion il peut y avoir entre les pensées de l'âme et les côtés ou angles de la direction des corps, et de plus qu'il y a encore dans la nature une autre loi générale, dont M. Descartes ne s'est point aperçu, qui n'est pas moins considérable, savoir que la même détermination ou direction subsiste toujours en scène dans la nature ; car je trouve que si on menait quelque ligne droite que ce soit, par exemple d'orient en occident par un point donné, et si on calculait toutes les directions de tous les corps du monde, autant qu'ils avancent ou reculent dans les lignes parallèles à cette ligne, la différence entre les sommes des quantités de toutes les directions orientales et de toutes les directions occidentales se trouverait toujours la même, tant en certains corps particuliers, si on suppose qu'ils ont seuls commerce entre eux maintenant, qu'à l'égard de tout l'univers, où la différence est toujours nulle, tout étant parfaitement balancée et les directions orientales et occidentales étant parfaitement égales dans l'univers. Si Dieu fait quelque chose contre cette règle, c'est un miracle.

Il est donc infiniment plus raisonnable et plus digne de Dieu de supposer qu'il a créé d'abord en telle façon la machine du monde que, sans violer à tout moment les deux grandes lois de la nature, savoir celles de la force et de la direction, et plutôt en les suivant parfaitement, excepté le cas des miracles, il arrive justement que les ressorts des corps soient prêts à jouer d'eux-mêmes, comme il faut, dans le moment que l'âme a une volonté ou pensée convenable, qu'elle aussi bien n'a eue que conformément aux précédents états des corps, et qu'ainsi l'union de l'âme avec la machine du corps et les parties qui y entrent, et l'action de l'une sur l'autre ne consiste que dans cette concomitance, qui marque la sagesse admirable du Créateur bien plus que toute autre hypothèse. On ne saurait disconvenir que celle-ci ne soit au moins possible, et que Dieu ne soit assez habile ouvrier pour la pouvoir exécuter ; après quoi on jugera aisément que cette hypothèse est la plus probable, étant la plus simple, la plus belle et la plus intelligible, et retranche tout d'un coup toutes les difficultés pour ne rien dire des actions criminelles ; où il paraît plus raisonnable de ne faire concourir Dieu que par la seule conservation des forces créées.

Enfin, pour me servir d'une comparaison, je dirais qu'à l'égard de cette concomitance que je soutiens, c'est comme à l'égard de plusieurs différentes bandes de musiciens ou chœurs, jouant séparément leurs parties et placés en sorte qu'ils ne se voient et même ne s'entendent point, qui peuvent néanmoins s'accorder parfaitement en suivant seulement leurs notes, chacun les siennes, en sorte que celui qui les écoute tous y trouve une harmonie merveilleuse et bien plus surprenante que s'il y avait de la connexion entre eux. Il se pourrait même faire que quelqu'un, étant du côté de l'un de ces deux chœurs, jugeât par l'un ce que fait l'autre, et en prît une telle habitude (particulièrement si l'on supposait qu'il pût entendre le sien sans le voir et voir l'autre sans l'entendre) ; que, son imagination y suppléant, il ne pensât plus au chœur où il est, mais à l'autre, ou ne prît le sien que pour l'écho de l'autre, n'attribuant à celui où il est que certains intermèdes, dans lesquels certaines règles de symphonie, par lesquelles il juge de l'autre, ne paraissent pas ; ou bien attribuant au sien certains mouvements qu'il fait faire de son côté suivant certains desseins qu'il croit être imités par les autres, à cause du rapport à cela qu'il trouve dans la suite de la mélodie, ne sachant point que ceux qui sont de l'autre côté font encore en cela quelque chose de répondant suivant leurs propres desseins.

Cependant je ne désapprouve nullement qu'on dise les esprits causes occasionnelles et même réelles en quelque façon des mouvements des corps, car à l'égard des résolutions divines, ce que Dieu a prévu et préétabli à l'égard des esprits a été une occasion qu'il a ainsi réglé les corps d'abord, afin qu'ils conspirassent entre eux suivant les lois et forces qu'il leur donnerait ; et comme l'état de l'un est une suite immanquable, quoique souvent contingente et même libre, on peut dire que Dieu fait qu'il y a une connexion réelle en vertu de cette notion générale des substances, qui porte qu'elles s'entr'expriment parfaitement toutes ; mais cette connexion n'est pas immédiate.

Si l'opinion que j'ai, que la substance demande une véritable unité, n'était fondée que sur une définition que j'aurais forgée contre l'usage commun, ce ne serait qu'une dispute de mots, si ce n'était que j'eusse remarqué et distingué par là une notion négligée mal à propos par les autres. Mais outre que les philosophes ordinaires ont pris ce terme à peu près de la même façon, *distinguendo unum per se et unum per accidens, formamque substantialem et accidentalem, mixta imperfecta et perfecta, naturalia et artificialia*, je prends les choses de bien haut, et laissant là les termes, je crois que là où il n'y a que des êtres par agrégation, il n'y aura pas même des êtres réels; car tout être par agrégation suppose des êtres doués d'une véritable unité, parce qu'il ne tient sa réalité que de celle de ceux dont il est composé; de sorte qu'il n'en aura point du tout, si chaque être dont il est composé est encore un être par agrégation, ou il faut encore chercher un autre fondement de sa réalité, qui de cette manière, s'il faut toujours continuer de chercher, ne se peut trouver jamais.

J'accorde, Monsieur, que dans toute la nature corporelle il n'y a que des machines (qui souvent sont animées), mais je n'accorde pas qu'il n'y ait que des agrégés de substances, et s'il y a des agrégés de substances, il faut bien qu'il y ait aussi de véritables substances dont tous les agrégés résultent. Il faut donc venir nécessairement ou aux points de mathématique dont quelques auteurs composent l'étendue, ou aux atomes d'Epicure ou de M. Cordemoy (qui sont des choses que vous rejetez avec moi), ou bien il faut avouer qu'on ne trouve nulle réalité dans les corps, ou enfin il y faut reconnaître quelques substances qui aient une véritable unité.

J'ai déjà dit dans une autre lettre que le composé des diamants du Grand-Duc et du Grand-Mogol se peut appeler une paire de diamants; mais ce n'est qu'un être de raison, et quand on les approchera l'un de l'autre, ce sera un être d'imagination ou perception, c'est-à-dire un phénomène; car l'attouchement, le mouvement commun, le concours à un même dessein ne changent rien à l'unité substantielle.

Il est vrai qu'il y a tantôt plus, tantôt moins de fondement de supposer comme si plusieurs choses faisaient une seule, selon que ces choses ont plus de connexion; mais cela ne sert qu'à abréger nos pensées et à représenter les phénomènes. Il semble aussi que ce qui fait l'essence d'un être par agrégation n'est qu'une manière d'être de ceux dont il est composé; par exemple, ce qui fait l'essence d'une armée n'est qu'une manière d'être des hommes qui la composent. Cette manière d'être suppose donc une substance dont l'essence ne soit pas une matière d'être d'une autre substance. Toute machine aussi suppose quelque substance dans les pièces dont elle est faite, et il n'y a point de multitude sans de véritables unités [1].

---

[1] Le manuscrit de Hanovre porte : « J'ai donc cru qu'il me serait

Pour trancher court, je tiens pour un axiome cette proposition identique, qui n'est diversifiée que par l'accident : que ce qui n'est pas véritablement un n'est pas non plus véritablement un être. On a toujours cru que l'un et l'être sont des choses réciproques. Autre chose est l'être, autre chose est des êtres ; mais le plusieurs suppose le singulier, et là où il n'y a pas un être, il y aura encore moins plusieurs êtres. Que peut-on dire de plus clair ?

Je ne dis pas qu'il n'y a rien de substantiel ou rien que d'apparent dans les choses qui n'ont pas une véritable unité, car j'accorde qu'ils ont toujours autant de réalité ou de substantialité qu'il y a de véritable unité dans ce qui entre dans leur composition.

Vous objectez, Monsieur, qu'il pourra être de l'essence du corps de n'avoir pas une vraie unité ; mais il sera donc de l'essence du corps d'être un phénomène dépourvu de toute réalité, comme serait un songe réglé, car les phénomènes mêmes, comme l'arc-en-ciel ou un tas de pierres, seraient tout à fait imaginaires s'ils n'étaient composés d'êtres qui ont une véritable unité.

Vous dites de ne pas voir ce qui me porte à admettre ces formes substantielles, ou plutôt ces substances corporelles douées d'une véritable unité ; mais c'est parce que je ne conçois nulle réalité sans une véritable unité. Et chez moi la notion de la substance singulière enveloppe des suites incompatibles avec un être par agrégation ; je conçois des propriétés dans les substances qui ne sauraient être expliquées par l'étendue, la figure et le mouvement, outre qu'il n'y a aucune figure exacte et arrêtée dans les corps à cause

permis de distinguer les êtres d'agrégation des substances, puisque ces êtres n'ont leur unité que dans notre esprit, qui se fonde sur les rapports ou modes des véritables substances. Si une machine est une substance, un cercle d'hommes qui se prennent par les mains le sera aussi, et puis une armée, et enfin toute multitude de substances. »

de la sous-division actuelle du continu à l'infini ; et que le mouvement, en tant qu'il n'est qu'une modification de l'étendue et changement de voisinage, enveloppe quelque chose d'imaginaire; en sorte qu'on ne saurait déterminer à quel sujet il appartient parmi ceux qui changent, si on n'a recours à la force qui est cause du mouvement, et qui est dans la substance corporelle. J'avoue qu'on n'a pas besoin de faire mention de ces substances et qualités pour expliquer les phénomènes particuliers ; mais on n'y a pas besoin non plus d'examiner le concours de Dieu, la composition du continu, le plein et mille autres choses.

On peut expliquer machinalement, je l'avoue, les particularités de la nature ; mais c'est après avoir reconnu ou supposé les principes de la mécanique même qu'on ne saurait établir, *à priori*, que par des raisonnements de métaphysique, et même les difficultés *de compositione continui* ne se résoudront jamais, tant qu'on considérera l'étendue comme faisant la substance des corps, et nous nous embarrassons de nos propres chimères.

Je crois aussi que de vouloir renfermer dans l'homme presque seul la véritable unité ou substance, c'est être aussi borné en métaphysique que l'étaient en physique ceux qui enfermaient le monde dans une boule. Et les substances véritables étant autant d'expressions de tout l'univers, pris dans un certain sens, et autant de réplications des œuvres divines, il est conforme à la grandeur et à la beauté des ouvrages de Dieu (puisque ces substances ne s'entr'empêchent pas) d'en faire dans cet univers autant qu'il se peut et autant que des raisons supérieures permettent.

La supposition de l'étendue, toute nue, détruit toute cette merveilleuse variété; la masse seule (s'il était possible de la concevoir) est d'autant au-dessous d'une substance, qui est perspective et représentation de tout l'univers, suivant son point de vue et suivant les impressions, ou plutôt rapports, que son corps reçoit médiatement ou immédiatement de tous les autres, qu'un cadavre est au-dessous d'un animal, ou plutôt qu'une machine est au-dessous d'un homme. C'est même par là que les traits de l'avenir sont formés par avance et que les traces du passé se conservent pour toujours dans chaque chose, et que la cause et les effets s'entre-prêtent exactement jusqu'au détail de la moindre circonstance, quoique tout effet dépende d'une infinité de causes et que toute cause eût une infinité d'effets ; ce qu'il ne serait pas possible d'obtenir, si l'essence du corps consistait dans une certaine figure, mouvement ou modification d'étendue qui fût déterminée. Aussi dans la nature il n'y en a point ; tout est indéfini à la rigueur à l'égard de l'étendue, et ce que nous en attribuons aux corps n'est qu'un phénomène et une abstraction ; ce qui fait voir combien on se trompe en ces matières ; faute d'avoir fait ces réflexions si nécessaires pour reconnaître les véritables principes et pour avoir une juste idée de l'univers [1].

La multitude des âmes (à qui je n'attribue pas pour cela toujours la volupté ou la douleur) ne doit pas nous faire de peine, non plus que celle des atomes des Gassendistes, qui sont aussi indestructibles que ces âmes. Au contraire, c'est une perfection de la nature d'en avoir beaucoup, une âme ou bien une substance animée étant infiniment plus parfaite qu'un atome, qui est sans aucune variété ou subdivision, au lieu que chaque chose animée contient un monde de diversités dans une véritable unité. Or l'expé-

---

[1] Le manuscrit de Hanovre porte : « Et il me semble qu'il y a autant de préjudice à ne pas entrer dans cette idée si raisonnable qu'il y en a à ne pas connaître la grandeur du monde, la subdivision à l'infini et les explications machinales de la nature. On se trompe autant de concevoir l'étendue comme une notion primitive, sans concevoir la véritable notion de la substance et de l'action, qu'on se trompait autrefois en se contentant de considérer les formes substantielles en gros sans entrer dans le détail des modifications de l'étendue. »

rience favorise cette multitude des choses animées. On trouve qu'il y a une quantité prodigieuse d'animaux dans un goutte d'eau imbue de poivre, et on en peut faire mourir des millions tout d'un coup. Or, si ces animaux ont des âmes, il faudra dire de ces âmes ce qu'on peut dire probablement des animaux mêmes, savoir qu'ils ont déjà été vivants dès la création du monde et le seront jusqu'à la fin, et que la génération n'étant apparemment qu'un changement consistant dans l'accroissement, la mort ne sera qu'un changement de diminution, qui fait rentrer cet animal dans l'enfoncement d'un monde de petites créatures où il a des perceptions plus bornées, jusqu'à ce que l'ordre l'appelle peut-être à retourner sur le théâtre. Les anciens se sont trompés d'avoir admis les transmigrations des âmes au lieu des transformations d'un même animal qui garde toujours la même âme : métempsycose *pro metaschematismis*. Mais les esprits ne sont pas soumis à ces révolutions. Dieu les crée quand il est temps et les détache du corps par la mort, puisqu'ils doivent toujours garder leurs qualités morales et leur réminiscence pour être citoyens de cette république universelle toute parfaite, dont Dieu est le monarque, laquelle ne saurait perdre aucun de ses membres, et dont les lois sont supérieures à celles des corps.

J'avoue que le corps à part, sans l'âme, n'a qu'une unité d'agrégation; mais la réalité qui lui reste provient des parties qui le composent et qui retiennent leur unité. Cependant, quoiqu'il se puisse qu'une âme ait un corps composé de parties animées par des âmes à part, l'âme ou forme du tout n'est pas pour cela composée des âmes ou formes des parties. Pour ce qui est d'un insecte qu'on coupe, il n'est pas nécessaire que les deux parties demeurent animées, quoiqu'il leur reste quelque mouvement. Au moins l'âme de l'insecte entier ne demeurera que d'un seul côté; et comme dans la formation et dans l'accroissement de l'insecte l'âme y était dès le commencement dans une certaine partie déjà vivante, elle restera aussi après la destruction de l'insecte dans une certaine partie encore vivante, qui sera toujours autant petite qu'il le faut pour être à couvert de l'action de celui qui déchire ou dissipe le corps de cet insecte, sans qu'il soit besoin de s'imaginer avec les juifs un petit os d'une dureté insurmontable où l'âme se sauve.

Je demeure d'accord qu'il y a des degrés de l'unité accidentelle, qu'une société réglée a plus d'unité qu'une cohue confuse et qu'un corps organisé, ou bien qu'une machine a plus d'unité qu'une société, c'est-à-dire il est plus à propos de les concevoir comme une seule chose, parce qu'il y a du rapport entre les ingrédients; mais enfin toutes ces unités ne reçoivent leur accomplissement que des pensées et apparences comme les couleurs et les autres phénomènes qu'on ne laisse pas d'appeler réels. La tangibilité d'un tas de pierres ou bloc de marbre ne prouve pas mieux sa réalité substantielle que la visibilité d'un arc-en-ciel prouve la sienne ; et comme rien n'est si solide qu'il n'ait un degré de fluidité peut-être que ce bloc de marbre n'est qu'un tas d'une infinité de corps vivants, ou comme un lac plein de poissons, quoique ces animaux ordinairement ne se distinguent à l'œil que dans les corps demi-pourris.

On peut donc dire de ces composés et choses semblables ce que Démocrite en disait fort bien, savoir : *Esse opinione, lege,* νόμῳ. Et Platon est dans le même sentiment à l'égard de tout ce qui est purement matériel. Notre esprit remarque ou conçoit quelques substances véritables qui ont certains modes; ces modes enveloppent des rapports à d'autres substances d'où l'esprit prend occasion de les joindre ensemble dans la pensée et de mettre un nom en ligne de compte pour toutes ces choses ensemble, ce qui sert à la commodité du raisonnement ; mais il ne faut pas s'en laisser tromper pour en faire autant de substances ou êtres véritablement réels : cela n'appartient qu'à ceux qui s'arrêtent aux apparences, ou bien à ceux qui font des réalités de toutes les abstractions de l'esprit, et qui conçoivent le nombre, le temps, le lieu, le mouvement, la figure, les qualités sensibles comme autant d'êtres à part. Au lieu que je tiens qu'on ne saurait mieux rétablir la philosophie et la réduire à quelque chose de précis, que de reconnaître les seules substances ou êtres accomplis, doués d'une véritable unité avec leurs différents états qui s'entre-suivent, tout le reste n'étant que des phénomènes, des abstractions ou des rapports.

On ne trouvera jamais rien de réglé pour faire une substance véritable par agrégation ; par exemple, toutes les parties qui conspirent à un même dessein sont plus propres à composer une véritable substance que celles qui se touchent. Tous les officiers de la compagnie des Indes de Hollande feront une substance réelle, bien mieux qu'un tas de pierres ; mais le dessein commun, qu'est-il autre chose qu'une ressemblance, ou bien un ordre d'actions et passions que notre esprit remarque dans des choses différentes ? Que si l'on veut préférer l'unité d'attouchement, on trouvera d'autres difficultés. Les corps fermes n'ont peut-être leurs parties unies que par la pression des corps environnants et d'eux-mêmes, et en leur substance ils n'ont peut-être pas plus d'union qu'un morceau de sable, *arena sine calce*.

Plusieurs anneaux entrelacés pour faire une chaîne, pourquoi composeront-ils plutôt une substance véritable que s'ils avaient des ouvertures pour se pouvoir quitter l'un l'autre ? Il se peut que pas une des parties de la chaîne ne touche l'autre, et même ne l'enferme point, et que néanmoins elles soient tellement entrelacées, qu'à moins de se prendre d'une certaine manière, on ne les saurait séparer, comme dans la figure ci-jointe. Dira-t-on, 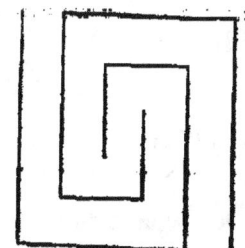 en ce cas, que la substance du composé de ces choses est comme en suspens, et dépend de l'adresse future de celui qui les voudra déjoindre? Fictions de l'esprit partout, et tant qu'on ne discernera pas ce qui est véritablement un être accompli ou bien une substance, on n'aura rien à quoi on se puisse arrêter.

Pour conclusion, rien ne se doit assurer sans fondement; c'est donc à ceux qui sont des êtres et des substances sans une véritable unité de prouver qu'il y a plus de réalité que ce que nous venons de dire, et de montrer en quoi elle consiste; et j'attends la notion d'une substance ou d'un être qui puisse comprendre toutes ces choses, après quoi et les parties et peut-être encore les songes y pourront un jour prétendre, à moins qu'on donne des limites bien précises à ce droit de bourgeoisie qu'on veut accorder aux êtres formés par agrégation.

Je me suis étendu sur ces matières, afin que vous puissiez juger non-seulement de mes sentiments, mais encore des raisons qui m'ont obligé de les suivre, que je soumets à votre jugement, dont je connais l'équité et l'exactitude. J'y soumets aussi ce que vous aurez trouvé dans les nouvelles de la république des lettres, pour servir de réponse à M. l'abbé Catelan, que je crois habile homme, après ce que vous en dites; mais ce qu'il a écrit contre Huygens et contre moi fait voir qu'il va un peu vite. Nous verrons comment il en usera maintenant.

Je suis ravi d'apprendre le bon état de votre santé et souhaite la continuation, avec tout le zèle et de toute la passion qui fait que je suis, Monsieur, votre, etc.

P. S. Je réserve pour une autre fois quelques autres matières, que vous avez touchées dans votre lettre.

SIXIÈME LETTRE

DE M. LEIBNIZ A M. ANT. ARNAULD.

Hanovre, le 9 octobre 1687.

Comme je ferai toujours grand cas de votre jugement lorsque vous pouvez vous instruire de ce dont il s'agit, je veux faire ici un effort pour tâcher d'obtenir que les positions que je tiens importantes et presque assurées vous paraissent sinon certaines, au moins soutenables. Car il ne me paraît pas difficile de répondre aux doutes qui vous restent, et qui, à mon avis, ne viennent que de ce qu'une personne prévenue et distraite d'ailleurs, quelque habile qu'elle soit, a bien de la peine à entrer d'abord dans une pensée nouvelle sur une manière abstraite des sens, où ni figures, ni modèles, ni imaginations nous peuvent secourir.

J'avais dit que l'âme, exprimant naturellement tout l'univers en certain sens, et selon le rapport que les autres corps ont au sien, et par conséquent exprimant plus immédiatement ce qui appartient aux parties de son corps, doit, en vertu des lois du rapport qui lui sont essentielles, exprimer particulièrement quelques mouvements extraordinaires des parties de son corps, ce qui arrive lorsqu'elle en sent la douleur. A quoi vous répondez, que vous n'avez point d'idée claire de ce que j'entends par ce mot d'*exprimer*; si j'entends par là une *pensée*, vous ne demeurez pas d'accord que l'âme a plus de pensée et de connaissance du mouvement de la lymphe dans les vaisseaux lymphatiques que des satellites de Saturne; mais si j'entends quelque autre chose, vous ne savez, dites-vous, ce que c'est, et par conséquent (supposez que je ne puisse point l'expliquer distinctement) ce terme ne servira de rien pour faire connaître comment l'âme peut se donner le sentiment de la douleur, puisqu'il faudrait pour cela (à ce que vous voulez) qu'elle connût déjà qu'on me pique, au lieu qu'elle n'a cette connaissance que par la douleur qu'elle ressent. Pour répondre à cela, j'expliquerai ce terme que vous jugez obscur, et je l'appliquerai à la difficulté que vous avez faite. Une chose exprime une autre (dans mon langage) lorsqu'il y a un rapport constant et réglé entre ce qui se peut dire de l'une et de l'autre. C'est ainsi qu'une projection de perspective exprime son géométral. L'expression est commune à toutes les formes et c'est un genre dont la perception naturelle, le sentiment animal et la connaissance individuelle sont des espèces. Dans la perception naturelle et dans le sentiment, il suffit que ce qui est divisible et matériel et se trouve dispersé en plusieurs êtres soit exprimé ou représenté dans un seul être indivisible, ou dans la substance qui est douée d'une véritable unité. Mais cette représentation est accompagnée de conscience dans l'âme raisonnable, et c'est alors qu'on l'appelle pensée (¹). Or, cette expression arrive partout, parce que toutes les substances sympathisent avec toutes les autres et reçoivent quelque changement proportionnel répondant au moindre changement qui arrive dans tout l'univers, quoique ce changement soit plus ou moins notable, à mesure que les autres corps ou leurs actions ont plus ou moins de rapport au nôtre. C'est de quoi je crois que M. Descartes serait demeuré d'accord lui-même, car il accorderait sans doute qu'à cause de la continuité et divisibilité de toute la matière, le moindre mouvement étend son effet sur les corps voisins, et par conséquent de voisin à voisin à l'infini, mais diminué à proportion ; ainsi notre

---

(¹) Le manuscrit de Hanovre porte : « On ne peut point douter de la possibilité d'une telle représentation de plusieurs choses dans une seule, puisque notre âme nous en fournit un exemple. »

corps doit être affecté en quelque sorte par le changement de tous les autres. Or, à tous les mouvements de notre corps répondent certaines perceptions ou pensées plus ou moins confuses de notre âme ; donc l'âme aussi aura quelque pensée de tous les mouvements de l'univers, et selon moi toute autre âme ou substance en aura quelque perception ou expression. Il est vrai que nous ne nous apercevons pas distinctement de tous les mouvements de notre corps, comme, par exemple, de celui de la lymphe ; mais (pour me servir d'un exemple déjà employé) c'est comme il faut bien que je m'aperçoive un peu du mouvement de chaque vague du rivage, afin de pouvoir apercevoir ce qui résulte de leur assemblage, savoir de ce grand bruit qu'on entend proche de la mer ; ainsi nous sentons aussi quelque résultat confus de tous les mouvements qui se passent en nous, mais étant accoutumé à ce mouvement interne, nous ne nous en apercevons avec distinction et réflexion que lorsqu'il y a une altération considérable, comme dans les commencements des maladies. Et il serait à souhaiter que les médecins s'attachassent à distinguer plus exactement ces sortes de sentiments confus que nous avons de notre corps. Or, puisque nous ne nous apercevons des autres corps que par le rapport qu'ils ont au nôtre, j'ai eu raison de dire que l'âme exprime mieux ce qui appartient à notre corps. Aussi ne connaît-on les satellites de Saturne ou de Jupiter que par un mouvement qui se fait dans nos yeux. Je crois qu'en tout ceci un cartésien sera de mon sentiment, excepté que je suppose qu'il y a alentour de nous d'autres âmes ou formes substantielles que la nôtre, à qui j'attribue une expression ou perception inférieure à la pensée, au lieu que les cartésiens refusent le sentiment aux bêtes et n'admettent point de formes substantielles hors de l'homme ; ce qui ne fait rien à la question que nous traitons ici de la cause de la douleur. Il s'agit donc maintenant de savoir comment l'âme s'aperçoit des mouvements de son corps, puisqu'on ne voit pas moyen d'expliquer par quels canaux l'action d'une masse étendue passe sur un être indivisible. Les cartésiens ordinaires avouent de ne pouvoir rendre raison de cette union ; les auteurs de l'hypothèse des causes occasionnelles croient que c'est *nodus vindice dignus, cui Deus ex machinâ intervenire debeat;* pour moi je l'explique d'une manière naturelle. Par la notion de l'être ou de la substance accompli, en général, qui porte que toujours son état présent est une suite naturelle de son état précédent, car la nature de toute âme est d'exprimer l'univers ; elle a d'abord été créée de telle sorte qu'en vertu des propres lois de sa nature, il lui doit arriver de s'accorder avec ce qui se passe dans les corps, et particulièrement dans le sien ; il ne faut donc pas s'étonner qu'il lui appartient de se représenter la piqûre, lorsqu'elle arrive à son corps. Et pour achever de m'expliquer sur cette matière, soient :

État des corps au moment A.
État des corps au moment suivant B (piqûre).

État de l'âme au moment A.
État de l'âme au moment B. (Douleur).

Comment donc l'état des corps au moment B suit de l'état des corps au moment A ; de même B, état de l'âme, est suite d'A, état précédent de la même âme, suivant la notion de la substance en général. Or, les états des âmes sont naturellement et essentiellement des expressions des états répondants du monde, et particulièrement des corps qui leur sont alors propres ; donc puisque la piqûre fait une partie de l'état du corps au moment B, la représentation ou expression de la piqûre qui est la douleur sera aussi une partie de l'état de l'âme au moment B ; car comme un mouvement suit d'un autre mouvement, de même une représentation suit d'une autre représentation dans une substance dont la nature est d'être représentative. Ainsi il faut bien que l'âme s'aperçoive de la piqûre, lorsque les lois du rapport demandent qu'elle exprime plus distinctement un changement plus notable des parties de son corps. Il est vrai que l'âme ne s'aperçoit pas toujours distinctement des causes de la piqûre et de sa douleur future, lorsqu'elles sont encore cachées dans la représentation de l'état A, comme lorsqu'on dort ou qu'autrement on ne voit pas approcher l'épingle, mais c'est parce que les mouvements de l'épingle font trop peu d'impression alors, et quoique nous soyons déjà affectés, en quelque sorte, de tous ces mouvements et les représentations dans notre âme, et qu'ainsi nous ayons en nous la représentation ou expression des causes de la piqûre, et par conséquent la cause de la représentation de la même piqûre, c'est-à-dire la cause de la douleur ; nous ne les saurions démêler de tant d'autres pensées et mouvements que lorsqu'ils deviennent considérables. Notre âme ne fait réflexion que sur les phénomènes plus singuliers qui se distinguent des autres : ne pensant distinctement à aucuns, lorsqu'elle pense également à tous. Après cela, je ne saurais deviner en quoi on puisse plus trouver la moindre ombre de difficulté, à moins de nier que Dieu puisse créer des substances qui soient d'abord faites en sorte qu'il leur arrive en vertu de leur propre nature de s'accorder dans la suite avec les phénomènes de tous les autres. Or, il n'y a point d'apparence de nier cette possibilité, et puisque nous voyons que des mathématiciens représentent les mouvements des cieux dans une machine (comme lorsque,

Jura poli rerumque fidem legesque deorum
Cuncta Syracusius transtulit arte senex.

ce que nous pouvons bien mieux faire aujourd'hu qu'Archimède ne pouvait de son temps), pourquoi Dieu, qu les surpasse infiniment, ne pourra-t-il pas d'abord créer des substances représentatives, en sorte qu'elles expriment par leurs propres lois, suivant le changement naturel des pensées ou représentations, tout ce qui doit arriver au corps, ce qui me paraît non-seulement facile à concevoir, mais encore digne de Dieu et de la beauté de l'univers, et en quelque façon nécessaire, toutes les substances devant avoir une liaison et harmonie entre elles, et toutes devant exprimer en elles le même univers, et la cause universelle, qui est la volonté de leur créateur, et les décrets ou lois qu'il a établies pour faire qu'elles s'accommodent entre elles le mieux qu'il se peut. Aussi cette correspondance mutuelle des différentes substances (qui ne sauraient agir l'une sur l'autre à parler dans la rigueur métaphysique, et s'accordent néanmoins comme si l'une agissait sur l'autre) est une des plus fortes preuves de l'existence de Dieu ou d'une cause commune que chaque effet doit toujours exprimer suivant son point de vue ou sa capacité. Autrement les phénomènes des esprits différents ne s'entre-accorderaient point, et il y aurait autant de systèmes que de substances; ou bien ce serait un pur hasard s'ils s'accordaient quelquefois. Toute la notion que nous avons du temps et de l'espace est fondée sur cet accord; mais je n'aurais jamais fait, si je devais expliquer à fond tout ce qui est lié avec notre sujet, cependant j'ai mieux aimé être prolixe que de ne pas exprimer assez.

Pour passer à vos autres doutes, je crois maintenant que vous verrez, Monsieur, comme je l'entends, quand je dis qu'une substance corporelle se donne son mouvement elle-même, ou plutôt ce qu'il y a de réel dans le mouvement à chaque moment; car le mouvement qui est un phénomène demande d'autres phénomènes, puisque tout état présent d'une substance est une suite de son état précédent. Il est vrai qu'un corps qui n'a point de mouvement, ou plutôt point d'action ou tendance au changement, ne s'en peut pas donner ; mais je tiens qu'il n'y a point de tel corps. Vous me direz que Dieu peut réduire un corps à l'état de parfait repos, mais je réponds que Dieu peut aussi le réduire à rien, et que ce corps destitué d'action et de passion n'a garde d'être une substance, ou du moins il suffit que je déclare que si jamais Dieu réduit quelque corps à un parfait repos (ce qui ne se saurait faire que par miracle), il faudra un nouveau miracle pour lui rendre quelque mouvement. Au reste, vous voyez aussi que mon opinion confirme plutôt qu'elle ne détruit la preuve du premier moteur. Il faut toujours rendre raison du commencement du mouvement et de ses lois et de l'accord des mouvements entre eux, ce qu'on ne saurait faire sans recourir à Dieu. Ma main se remue, non pas à cause que je le veux, car j'ai beau vouloir qu'une montagne se remue, si je n'ai une foi miraculeuse, il ne s'en fera rien ; mais parce que je ne le pourrais vouloir avec succès, si ce n'était justement dans le moment que les ressorts de la main se vont débander comme il faut pour cet effet ; ce qui se fait d'autant plus que mes passions s'accordent avec les mouvements de mon corps. L'un accompagne toujours l'autre, en vertu de la correspondance établie ci-dessus, mais chacun a sa cause immédiate chez soi.

Je vais à l'article des formes ou âmes que je tiens indivisibles et indestructibles. Je ne suis pas le premier de cette opinion. Parménide, dont Platon parle avec vénération, aussi bien que Mélisse, a soutenu qu'il n'y avait point de génération ni corruption qu'en apparence ; Aristote le témoigne livre III *du Ciel*, chap. II. Et l'auteur du 1er livre *de Diætâ*, qu'on attribue à Hippocrate, dit expressément qu'un animal ne saurait être engendré tout de nouveau, ni détruit tout à fait. Albert le Grand et Jean Bacon semblent avoir cru que les formes substantielles étaient déjà cachées dans la matière de tout temps ; Fernel les fait descendre du ciel, pour ne rien dire de ceux qui les détachent de l'âme du monde. Ils ont tous vu une partie de la vérité, mais ils ne l'ont point développée ; plusieurs ont cru la transmigration, d'autres la traduction des âmes, au lieu de s'aviser de la transmigration et transformation d'un animal déjà formé. D'autres, ne pouvant expliquer autrement l'origine des formes, ont accordé qu'elles commencent par une véritable création, et au lieu que je n'admets cette création dans la suite des temps qu'à l'égard de l'âme raisonnable, et tiens que toutes les formes qui ne pensent pas ont été créées avec le monde, comme les atomistes le soutiennent de leurs atomes. Ils croient que cette création arrive tous les jours, quand le moindre ver est engendré. Philopone, ancien interprète d'Aristote, dans son livre contre Proclus, et Gabriel Biel semblent avoir été de cette opinion. Il me semble que saint Thomas tient l'âme des bêtes pour indivisible. Et nos cartésiens vont bien plus loin, puisqu'ils soutiennent que toute âme et forme substantielle véritable doit être indestructible et ingénérable. C'est pour cela qu'ils la refusent aux bêtes, bien que M. Descartes, dans une lettre à M. Morus, témoigne de ne vouloir pas assurer qu'elles n'en ont point. Et puisqu'on ne se formalise point de ceux qui introduisent des atomes toujours subsistants, pourquoi trouvera-t-on étrange qu'on dise autant des âmes à qui l'indivisibilité convient par leur nature, d'autant qu'en joignant le sentiment des cartésiens touchant la substance et l'âme avec celui de toute la terre touchant l'âme des bêtes, cela s'ensuit nécessairement ? Il sera difficile d'arracher au genre humain cette opinion reçue toujours et partout, et catholique s'il en fût jamais, que les bêtes ont du sentiment. Or, supposant qu'elle est véritable, ce que je tiens touchant ces âmes n'est pas seulement nécessaire suivant les cartésiens, mais encore important pour la morale et la religion, afin de détruire une opinion dangereuse, pour laquelle plusieurs personnes d'esprit ont du penchant, et que les philosophes italiens sectateurs d'Averroès avaient répandue dans le monde, savoir que les âmes particulières retournent à l'âme du monde, lorsqu'un animal meurt, ce qui répugne à mes démonstrations de la nature de la substance individuelle et ne saurait être conçu distinctement, toute substance individuelle devant toujours subsister à part, quand elle a une fois commencé d'être. C'est pourquoi les vérités que j'avance sont assez importantes, et tous ceux qui reconnaissent les âmes des bêtes les devant approuver, les autres au moins ne doivent point les trouver étranges.

Pour en venir à vos doutes sur cette indestructibilité,

1° J'avais soutenu qu'il faut admettre dans les corps quelque chose qui soit véritablement un seul être, la matière ou masse étendue en elle-même n'étant jamais que *plura entia*, comme saint Augustin a fort bien remarqué après Platon. Or, j'infère qu'il n'y a pas plusieurs êtres, là où il n'y a pas un qui soit véritablement un être, et que toute multitude suppose l'unité. A quoi vous répliquez en plusieurs façons; mais c'est sans toucher à l'argument en lui-même, qui est hors de prise, en vous servant seulement des objections *ad hominem* et des inconvénients, et en tâchant de faire voir que ce que je dis ne suffit pas à résoudre la difficulté. Et d'abord vous vous étonnez, Monsieur, comment je puis me servir de cette raison qui aurait été apparente chez M. Cordemoy, qui compose tout d'atomes, mais qui doit être nécessairement fausse selon moi (à ce que vous jugez), puisque hors des corps animés, qui ne font pas la cent mille millième partie des autres; il faut nécessairement que tous les autres soient *plura entia*, et qu'ainsi la difficulté revient. Mais c'est par là que je vois, Monsieur, que je ne me suis pas encore bien expliqué pour vous faire entrer dans mon hypothèse. Car, outre que je ne me souviens pas d'avoir dit qu'il n'y a point de forme substantielle hors les âmes, je suis bien éloigné du sentiment qui dit que les corps animés ne sont qu'une petite partie des autres. Car je crois plutôt que tout est plein de corps animés, et chez moi il y a sans comparaison plus d'âmes qu'il n'y a d'atomes chez M. Cordemoy, qui en fait le nombre fini, au lieu que je tiens que le nombre des âmes ou au moins des formes est tout à fait infini, et que la matière étant divisible sans fin, on n'y peut assigner aucune partie si petite où il n'y ait dedans des corps animés ou au moins des formes, c'est-à-dire des substances corporelles (1).

2° Cette autre difficulté que vous faites, Monsieur, savoir que l'âme jointe à la matière n'en fait pas un être véritablement un, puisque la matière n'est pas véritablement une, et que l'âme, à ce que vous jugez, ne lui donne qu'une dénomination extrinsèque ; je réponds que c'est la substance animée à qui cette matière appartient, qui est véritablement un être, et la matière prise pour la masse en elle-même n'est qu'un pur phénomène ou apparence bien fondée, comme encore l'espace et le temps. Elle n'a pas même des qualités précises et arrêtées qui la puissent faire passer pour un être déterminé, comme j'ai déjà insinué dans ma précédente ; puisque la figure même qui est de l'essence d'une masse étendue déterminée n'est jamais exacte et déterminée à la rigueur dans la nature, à cause de la division actuelle à l'infini des parties de la matière. Il n'y a jamais ni globe sans inégalités, ni droite sans courbures entremêlées, ni courbe d'une certaine nature finie, sans mélange de quelque autre, et cela dans les petites parties comme dans les grandes, ce qui

---

(1) Le manuscrit de Hanovre porte : « Doués d'une entéléchie primitive, ou (si vous permettez qu'on se serve si généralement du nom de vie) d'un principe vital, c'est-à-dire des substances corporelles, dont on pourra dire en général de toutes qu'elles sont vivantes. »

fait que la figure, bien loin d'être constitutive des corps, n'est pas seulement une qualité entièrement réelle et déterminée hors de la pensée, et on ne pourra jamais assigner à quelque corps une certaine surface précise, comme on pourrait faire s'il y avait des atomes. Et je puis dire la même chose de la grandeur et du mouvement, savoir que ces qualités ou prédicats tiennent du phénomène, comme les couleurs et les sons, et quoiqu'ils enferment plus de connaissance distincte, ils ne peuvent pas soutenir non plus la dernière analyse et par conséquent la masse étendue considérée sans les entéléchies ou formes substantielles, ne consistant qu'en ces qualités, n'est pas la substance corporelle, mais un phénomène tout pur comme l'arc-en-ciel ; aussi les philosophes ont reconnu que c'est la forme qui donne l'être déterminé à la matière, et ceux qui ne prennent pas garde à cela ne sortiront jamais du labyrinthe *de compositione continui*, s'ils y entrent une fois. Il n'y a que les substances indivisibles et leurs différents états qui soient absolument réels. C'est ce que Parménide et Platon et d'autres anciens ont bien reconnu. Au reste, j'accorde qu'on peut donner le nom *d'un* à un assemblage de corps inanimés, quoique aucune forme substantielle ne les lie, comme je puis dire : Voilà un arc-en-ciel, voilà un troupeau ; mais c'est une unité de phénomène ou de pensée, qui ne suffit pas pour ce qu'il y a de réel dans les phénomènes (1).

(1) Le manuscrit de Hanovre porte : « Que si on prend pour matière de la substance corporelle non pas la masse sans formes, mais une matière seconde qui est la multitude des substances dont la masse est celle du corps entier, on peut dire que ces substances sont des parties de cette matière comme celles qui entrent dans notre corps en font la partie, car notre corps est la matière, et l'âme est la forme de notre substance; il en est de même des autres substances corporelles. Et je n'y trouve pas plus de difficulté qu'à l'égard de l'homme, où l'on demeure d'accord de tout cela. Les difficultés qu'on se fait en ces matières viennent, entre autres, qu'on n'a pas communément une notion

3° Vous objectez que je n'admets point de formes substantielles que dans les corps animés (ce que je ne me souviens pourtant pas d'avoir dit) ; or, tous les corps organisés étant *plura entia*, par conséquent les formes ou âmes, bien loin d'en faire un être, demandent plutôt plusieurs êtres afin que les corps puissent être animés. Je réponds que, supposant qu'il y a une âme ou forme substantielle, entéléchie dans les bêtes ou autres substances corporelles, il en faut raisonner en ce point, comme nous raisonnons tous de l'homme, qui est un être doué d'une véritable unité, que son âme lui donne, nonobstant que la masse de son corps est divisée en organes, vases, humeurs, esprits ; et que les parties sont pleines sans doute d'une infinité d'autres substances corporelles douées de leurs propres entéléchies. Comme cette troisième objection convient en substance avec la précédente, cette solution y servira aussi.

4° Vous jugez que c'est sans fondement qu'on donne une âme aux bêtes et vous croyez que s'il y en avait, elle serait un esprit, c'est-à-dire une substance qui pense, puisque nous ne connaissons que les corps et les esprits et n'avons aucune idée d'une autre substance. Or, de dire qu'une huître pense, qu'un ver pense, c'est ce qu'on a peine à croire. Cette objection regarde également tous ceux qui ne sont pas cartésiens ; mais outre qu'il faut croire

assez distincte du tout et de la partie, qui, dans le fond, n'est autre chose qu'un requisit immédiat du tout, et en quelque façon homogène. Ainsi les parties peuvent constituer un tout, soit qu'il ait ou qu'il n'ait point une unité véritable. Il est vrai que le tout qui a une véritable unité peut demeurer le même individu à la rigueur, bien qu'il perde ou gagne des parties, comme nous expérimentons en nous-mêmes ; ainsi, les parties ne sont des requisits immédiats que *pro tempore*. Mais si on entendait par le terme de matière quelque chose qui soit toujours essentiel à la même substance, on pourrait, au sens de quelques scolastiques, entendre par là la puissance passive, primitive d'une substance, et en ce sens la matière ne serait point étendue ni divisible, bien qu'elle serait le principe de la divisibilité, ou de ce qui en revient à la substance. Mais je ne veux pas disputer de l'usage des termes. »

que ce n'est pas tout à fait sans raison que tout le genre humain a toujours donné dans l'opinion qu'il a du sentiment des bêtes, je crois d'avoir fait voir que toute substance est indivisible, et que par conséquent toute substance corporelle doit avoir une âme ou au moins une forme qui ait de l'analogie avec l'âme, puisque autrement les corps ne seraient que des phénomènes.

D'assurer que toute substance qui n'est pas divisible (c'est-à-dire selon moi toute substance en général) est un esprit et doit penser, cela ne paraît sans comparaison plus hardi et plus destitué de fondement que la conservation des formes. Nous ne connaissons que cinq sens et un certain nombre de métaux, en doit-on conclure qu'il n'y en a point d'autres dans le monde? Il y a bien plus d'apparence que la nature, qui aime la variété, ait produit d'autres formes que celles qui pensent. Si je puis prouver qu'il n'y a point d'autres figures du second degré que les sections coniques, c'est parce que j'ai une idée distincte de ces lignes, qui me donne moyen de venir à une exacte division; mais comme nous n'avons point d'idée distincte de la pensée, et ne pouvons pas démontrer que la notion d'une substance indivisible est la même avec celle d'une substance qui pense, nous n'avons point de sujet de l'assurer. Je demeure d'accord que l'idée que nous avons de la pensée est claire, mais tout ce qui est clair n'est pas distinct. Ce n'est que par le sentiment intérieur que nous connaissons la pensée (comme le P. Malebranche a déjà remarqué); mais on ne peut connaître par sentiment que les choses qu'on a expérimentées; et comme nous n'avons pas expérimenté les fonctions des autres formes, il ne faut pas s'étonner que nous n'en avons point d'idée claire; car nous n'en devrions point avoir, quand même il serait accordé qu'il y a de ces formes. C'est un abus de vouloir employer les idées confuses, quelque claires qu'elles soient, à prouver que quelque chose ne peut être. Et quand je ne regarde que les idées distinctes, il me semble qu'on peut concevoir que les phénomènes divisibles ou de plusieurs êtres peuvent être exprimés ou représentés dans un seul être indivisible, et cela suffit pour concevoir une perception sans qu'il soit nécessaire d'attacher la pensée ou la réflexion à cette représentation. Je souhaiterais de pouvoir expliquer les différences ou degrés des autres expressions immatérielles qui sont sans pensée, afin de distinguer les substances corporelles ou vivantes d'avec les animaux, autant qu'on les peut distinguer ; mais je n'ai pas assez médité là-dessus, ni assez examiné la nature pour pouvoir juger des formes par la comparaison de leurs organes et opérations. M. Malpighi, fondé sur des analogies fort considérables de l'anatomie, a beaucoup de penchant à croire que les plantes peuvent être comprises sous le même genre avec les animaux, et sont des animaux imparfaits.

5° Il ne reste maintenant que de satisfaire aux inconvénients, que vous alléguez, Monsieur, contre l'indestructibilité des formes substantielles ; et je m'étonne d'abord que vous la trouvez étrange et insoutenable, car suivant votre propre sentiment tous ceux qui donnent aux bêtes une âme et du sentiment doivent soutenir cette indestructibilité. Les inconvénients prétendus ne sont que des préjugés d'imagination qui peuvent arrêter le vulgaire, mais qui ne peuvent rien sur des esprits capables de méditation. Aussi crois-je qu'il sera aisé de vous satisfaire là-dessus. Ceux qui conçoivent qu'il y a quasi une infinité de petits animaux dans la moindre goutte d'eau, comme les expériences de M. Leewenhoeck ont fait connaître, et qui ne trouvent pas étrange que la matière soit remplie partout de substances animées, ne trouveront pas étrange non plus qu'il y ait quelque chose d'animé dans les cendres mêmes, et que le feu peut transformer un animal et le réduire en petit au lieu de le détruire entièrement. Ce qu'on peut dire d'une chenille ou ver à soie se peut dire de cent et de mille; mais il ne s'ensuit pas que nous devrions voir renaître des vers à soie des cendres. Ce n'est peut-être pas l'ordre de la nature. Je sais que plusieurs assurent que les vertus séminales restent tellement dans les cendres, que les plantes en peuvent renaître, mais je ne veux pas me servir d'expériences douteuses. Si ces petits corps organisés, enveloppés par une manière de contraction d'un plus grand qui vient d'être corrompu, sont tout à fait hors de la ligne de la génération ou s'ils peuvent revenir sur le théâtre en leur temps, c'est ce que je ne saurais déterminer. Ce sont là des secrets de la nature où les hommes doivent reconnaître leur ignorance.

6° Ce n'est qu'en apparence et suivant l'imagination que la difficulté est plus grande à l'égard des animaux plus grands qu'on voit ne naître que de l'alliance des deux sexes, ce qui apparemment n'est pas moins véritable des moindres insectes. J'ai appris depuis quelque temps que M. Leewenhoeck a des sentiments assez approchants des miens, en ce qu'il soutient que même les plus grands animaux naissent par une manière de transformation et je n'ose ni approuver ni rejeter le détail de son opinion, mais je la tiens très-véritable en général; et M. Swammerdam, autre grand observateur et anatomiste, témoigne assez qu'il y avait aussi du penchant. Or, les jugements de ces messieurs-là valent ceux de bien d'autres en ces matières. Il est vrai que je ne remarque pas qu'ils aient poussé leur opinion jusqu'à dire que la corruption et la mort elle-même est aussi une transformation à l'égard des vivants destitués d'âme raisonnable, comme je le tiens ; mais je crois que s'ils s'étaient avisés de ce sentiment, ils ne l'auraient pas trouvé absurde, et il n'est rien de si naturel que de croire que ce qui ne commence pas ne périt pas non plus. Et quand on reconnaît que toutes les générations sont des augmentations et développement d'un animal déjà formé, on se persuadera aisément que la corruption ou la mort n'est autre chose que la diminution et enveloppement d'un animal qui ne laisse pas de subsister et de demeurer vivant et organisé. Il est vrai qu'il n'est pas si aisé de le rendre croyable par des expériences particulières, comme à l'égard de la génération, mais on en voit la raison : c'est parce que la génération avance d'une manière naturelle et peu à peu, ce qui nous donne le loisir d'observer. Mais la mort mène trop en arrière, *per saltum*, et retourne d'abord à des parties trop petites pour nous, parce qu'elle se fait ordinairement d'une manière trop violente, ce qui empêche de nous apercevoir du détail de cette rétrogradation ; cependant le sommeil, qui est une image de la mort, les extases, l'ensevelissement d'un ver à soie dans sa coque, qui peut passer pour une mort, la ressuscitation des mouches noyées, avancée par le moyen de quelque poudre sèche dont on les couvre (au lieu qu'elles demeureraient mortes tout de bon, si on les laissait sans secours) et celle des hirondelles qui prennent leurs quartiers d'hiver dans les roseaux et qu'on trouve sans apparence de vie ; les expériences des hommes morts de froid, noyés ou étranglés, qu'on a fait revenir, sur quoi un homme de jugement a fait il n'y a pas longtemps un traité en allemand, où, après avoir rapporté des exemples, même de sa connaissance, il exhorte ceux qui se trouvent là où il y a de telles personnes, de faire plus d'efforts que de coutume pour les remettre et en prescrit la méthode ; toutes ces choses peuvent confirmer mon sentiment que ces états différents ne diffèrent que du plus et du moins, et si on n'a pas le moyen de pratiquer des ressuscitations en d'autres genres de mort, c'est ou qu'on ne sait pas ce qu'il faudrait faire, ou que, quand on le saurait, nos mains, nos instruments, nos remèdes n'y peuvent arriver, surtout quand la dissolution va d'abord à des parties trop petites. Il ne faut donc pas s'arrêter aux notions que le vulgaire peut avoir de la mort ou de la vie, lorsqu'on a des analogies et qui plus est des arguments solides, qui prouvent le contraire. Car je crois d'avoir assez fait voir qu'il y doit avoir des formes substantielles, s'il y a des substances corporelles; et quand on accorde ces formes ou ces âmes, on en doit reconnaître l'ingénérabilité et indestructibilité; après quoi il est sans comparaison plus raisonnable de concevoir les transformations des corps animés que de s'imaginer le passage des âmes d'un corps à un autre, dont la persuasion très-ancienne ne vient apparemment que de la transformation mal entendue. De dire que les âmes des bêtes demeurent sans corps, ou qu'elles demeurent cachées dans un corps qui n'est pas organisé, tout cela ne paraît pas si naturel. Si l'animal fait par la contraction du corps du bélier qu'Abraham immola au lieu d'Isaac doit être appelé un bélier, c'est une question de nom, à peu près comme serait la question, si un papillon peut être appelé un ver à soie. La difficulté que vous trouvez, Monsieur, à l'égard de ce bélier réduit en cendres, ne vient que de ce que je ne m'étais pas assez expliqué, car vous supposez qu'il ne reste point de corps organisé dans les cendres, ce qui vous donne droit de dire que ce serait une chose monstrueuse que cette infinité d'âmes sans corps organisés, au lieu que je suppose que naturellement il n'y a point d'âme sans corps animé et point de corps animé sans organes; et ni cendres, ni masses ne me paraissent incapables de contenir des corps organisés.

Pour ce qui est des esprits, c'est-à-dire des substances qui pensent, qui sont capables de connaître Dieu et de découvrir des vérités éternelles, je tiens que Dieu les gouverne suivant des lois différentes de celles dont il gouverne le reste des substances. Car toutes les formes des substances expriment tout l'univers; on peut dire que les substances brutes expriment plutôt le monde que Dieu, mais que les esprits expriment plutôt Dieu que le monde. Aussi Dieu gouverne les substances brutes suivant les lois matérielles de la force ou des communications du mouvement, mais les esprits suivant les lois spirituelles de la justice, dont les autres sont incapables. Et c'est pour cela que les substances brutes se peuvent appeler matérielles, parce que l'économie que Dieu observe à leur égard est celle d'un ouvrier ou machiniste; mais à l'égard des esprits, Dieu fait la fonction de prince ou législateur, qui est infiniment plus relevée. Et Dieu n'étant à l'égard de ces substances matérielles que ce qu'il est à l'égard de tout, savoir l'auteur général des êtres, il prend un autre personnage à l'égard des esprits, qui le fait concevoir revêtu de volonté et de qualités morales; puisqu'il est lui-même un esprit, et comme un d'entre nous, jusqu'à entrer avec nous dans une liaison de société, dont il est le chef. Et c'est cette société ou république générale des esprits sous ce souverain monarque, qui est la plus noble partie de l'univers, composée d'autant de petits Dieux sous ce grand Dieu. Car on peut dire que les esprits créés ne diffèrent de Dieu que de plus à moins, du fini à l'infini. Et on peut assurer véritablement que tout l'univers n'a été fait que pour contribuer à l'ornement et au bonheur de cette cité de Dieu. C'est pourquoi tout est disposé en sorte que les lois de la force ou les lois purement matérielles conspirent dans tout l'univers à exécuter les lois de la justice ou de l'amour, que rien ne saurait nuire aux âmes qui sont dans la main de Dieu et que tout doit réussir au plus grand bien de ceux qui l'aiment. C'est pourquoi les esprits devant garder leur personnage et leurs qualités morales, afin que la cité de Dieu ne perde aucune personne, il faut qu'ils conservent particulièrement une manière de réminiscence ou conscience, ou le pouvoir de savoir ce qu'ils sont, d'où dépend toute leur moralité, peines et châtiment, et par conséquent il faut qu'ils soient exempts de ces révolutions de l'univers qui les rendraient tout à fait méconnaissables à eux-mêmes et en feraient moralement parlant une autre personne. Au lieu qu'il suffit que les substances brutes demeurent seulement le même individu dans la rigueur métaphysique, bien qu'ils soient assujettis à tous les changements imaginables, puisque aussi bien ils sont sans conscience ou réflexion. Quant au détail de l'état de l'âme humaine après la mort, et comment elle est exempte du bouleversement des choses, il n'y a que la révélation qui nous en puisse instruire particulièrement, la juridiction de la raison ne s'étend pas si loin. On me fera peut-être une objection sur ce que je tiens que Dieu a donné des âmes à toutes les machines naturelles qui en étaient capables, parce que les âmes ne s'entre-empêchant point, et ne tenant point de place, il est possible de leur en donner d'autant qu'il y a plus de perfection d'en avoir et que Dieu fait tout de la manière la plus parfaite qui est possible, et *non magis datur vacuum formarum quam corporum*. On pourrait donc dire par la même raison que Dieu devait aussi donner des âmes raisonnables ou capables de réflexion à toutes les substances animées. Mais je réponds que les lois supérieures à celles de la nature matérielle, savoir que les lois de la justice s'y opposent ; puisque l'ordre de l'univers n'aurait pas permis que la justice eût pu être observée à l'égard de toutes, il fallait donc faire qu'au moins il ne leur pût arriver aucune injustice ; c'est pourquoi elles ont été faites incapables de réflexion ou de conscience, et par conséquent insusceptibles de bonheur et de malheur (¹).

(¹) Le manuscrit de Hanovre porte : « Enfin, pour ramasser mes pensées en peu de mots, je tiens que toute substance renferme dans son état présent tous ses états passés et à venir, et exprime même tout

Maintenant je crois, Monsieur, de n'avoir rien laissé en arrière de toutes les difficultés que vous aviez expliquées, ou du moins indiquées, et encore de celles que j'ai cru que vous pouviez avoir encore. Il est vrai que cela a grossi cette lettre ; mais il m'aurait été plus difficile de renfermer le même sens en moins de paroles et peut-être que ce n'aurait été sans obscurité. Maintenant je crois que vous trouverez mes sentiments assez bien liés, tant entre eux qu'avec les opinions reçues. Je ne renverse point les sentiments établis ; mais je les explique et je les pousse plus en avant. Si vous pouviez avoir le loisir de revoir un jour

l'univers suivant son point de vue, rien n'étant si éloigné de l'autre qu'il n'ait commerce avec lui ; et sera particulièrement selon le rapport aux parties de son corps, qu'elle exprime plus immédiatement ; et par conséquent rien ne lui arrive que de son fonds, et en vertu de ses propres lois, pourvu qu'on y joigne le concours de Dieu. Mais elle s'aperçoit des autres choses parce qu'elle les exprime naturellement, ayant été créée d'abord en sorte qu'elle le puisse faire dans la suite et s'y accommoder comme il faut, et c'est dans cette obligation imposée dès le commencement que consiste ce qu'on (appelle) l'action d'une substance sur l'autre. Quant aux substances corporelles, je tiens que la masse, lorsqu'on n'y considère que ce qui est divisible, est un pur phénomène ; que toute substance a une véritable unité, à la rigueur métaphysique, et qu'elle est indivisible, ingénérable et incorruptible ; que toute la matière doit être pleine de substances animées, ou du moins vivantes ; que les générations et les corruptions ne sont que des transformations du petit au grand, ou *vice versâ*, et qu'il n'y a point de parcelle de la matière dans laquelle ne se trouve un monde d'une infinité de créatures, tant organisées qu'amassées ; et surtout que les ouvrages de Dieu sont infiniment plus grands, plus beaux, plus nombreux et mieux ordonnés qu'on ne croit communément ; et que la machine ou l'organisation, c'est-à-dire l'ordre, leur est comme essentiel jusque dans les moindres parties. Et qu'ainsi il n'y a point d'hypothèse qui fasse mieux connaître la sagesse de Dieu que la nôtre, suivant laquelle il y a pour tout des substances qui marquent sa perfection, et sont autant de miroirs, mais différents de la beauté de l'univers ; rien ne demeurant vide, stérile, inculte et sans perception. Il faut même tenir pour indubitable que les lois du mouvement et les révolutions des corps servent aux lois de justice et de police qui s'observent sans doute le mieux qu'il est possible dans le gouvernement des esprits, c'est-à-dire des âmes intelligentes, qui entrent en société avec lui, et composent avec lui une manière de cité parfaite, dont il est le monarque. »

ce que nous avions enfin établi, touchant la notion d'une substance individuelle, vous trouveriez peut-être qu'en me donnant ces commencements, on est obligé dans la suite de m'accorder tout le reste. J'ai tâché cependant d'écrire cette lettre en sorte qu'elle s'explique et se défende elle-même.

On pourra encore séparer les questions ; car ceux qui ne voudront pas reconnaître qu'il y a des âmes dans les bêtes et des formes substantielles ailleurs pourront néanmoins approuver la manière dont j'explique l'union de l'esprit et du corps, et tout ce que je dis de la substance véritable ; sauf à eux de sauver, comme ils pourront, sans telles formes et sans rien qui ait une véritable unité, ou bien par des points ou par des atomes, si bon leur semble, la réalité de la matière et des substances corporelles, et même de laisser cela indécis ; car on peut borner les recherches là où on le trouve à propos. Mais il ne faut pas s'arrêter en si beau chemin, lorsqu'on désire avoir des idées véritables de l'univers et de la perfection des ouvrages de Dieu, qui nous fournissent encore les plus solides arguments à l'égard de Dieu et de notre âme.

C'est une chose étrange que M. l'abbé Catelan s'est entièrement éloigné de mon sens et vous vous en êtes bien douté, Monsieur. Il met en avant trois propositions et dit que j'y trouve contradiction. Et moi je n'en trouve aucune, et me sers de ces mêmes propositions pour prouver l'absurdité du principe cartésien. Voilà ce que c'est que d'avoir affaire à des gens qui ne considèrent les choses que superficiellement. Si cela arrive dans une matière de mathématique, que ne devrait-on pas attendre en métaphysique et en morale ? C'est pourquoi je m'estime heureux d'avoir rencontré en vous un censeur également exact et équitable. Je vous souhaite encore beaucoup d'années pour l'intérêt du public et pour le mien et suis, etc., etc.

P. S. J'ai ajouté ma réponse à M. l'abbé, qui sera peut-être insérée dans les *Nouvelle de la république des lettres*.

NOTE DE LEIBNIZ A ARNAULD;

SUR L'HYPOTHÈSE DE LA CONCOMITANCE (¹).

L'hypothèse de la concomitance est une suite de la notion que j'ai de la substance. Car, selon moi, la notion individuelle d'une substance enveloppe tout ce qui lui doit jamais arriver, et c'est en quoi les êtres accomplis diffèrent de ceux qui ne le sont pas. Or, l'âme étant une substance individuelle, il faut que sa notion, idée, essence ou nature, enveloppe tout ce qui lui doit arriver; et Dieu qui la voit parfaitement y voit ce qu'elle agira ou souffrira à tout jamais, et toutes les pensées qu'elle aura. Donc puisque nos pensées ne sont que des suites de la nature de notre âme, et lui naissent en vertu de sa notion, il est inutile d'y demander l'influence d'une autre substance particulière, outre que cette influence est absolument inexplicable. Il est vrai qu'il nous arrive certaines pensées, quand il y a certains mouvements corporels, et qu'il arrive certains mouvements corporels, quand nous avons certaines pensées; mais c'est parce que chaque substance exprime l'univers tout entier à sa manière; et cette expression de l'univers, qui fait un mouvement dans le corps, est peut-être une douleur à l'égard de l'âme. Mais on attribue l'action à cette substance dont l'expression est plus distincte et on l'appelle cause.

(¹) Cette note, ou plutôt ce projet de lettre à Arnauld, ne se trouve pas ici à sa véritable place. Par l'ordre des dates comme par la marche des idées, il vient à son rang directement avant la lettre du 30 avril 1687, la cinquième de l'appendice.

Comme lorsqu'un corps nage dans l'eau, il y a une infinité de mouvements des parties de l'eau, tels qu'il faut afin que la place que ce corps quitte soit toujours remplie par la voie la plus courte. C'est pourquoi nous disons que ce corps en est cause, parce que par son moyen nous pouvons expliquer distinctement ce qui arrive ; mais si on examine ce qu'il y a de physique et de réel dans le mouvement, on peut aussi bien supposer que ce corps est en repos, et que tout le reste se meut conformément à cette hypothèse, puisque tout le mouvement en lui-même n'est qu'une chose respective, savoir un changement de situation, qu'on ne sait à qui attribuer dans la précision mathématique ; mais on l'attribue à un corps par le moyen duquel tout s'explique distinctement. Et en effet à prendre tous les phénomènes grands et petits, il n'y a qu'une seule hypothèse qui serve à expliquer le tout distinctement. Et on peut même (dire) que quoique ce corps ne soit pas une cause efficiente physique de ces effets, son idée au moins en est pour ainsi dire la cause finale, ou, si vous voulez, exemplaire dans l'entendement de Dieu. Car si on veut chercher s'il y a quelque chose de réel dans le mouvement, qu'on s'imagine que Dieu veuille exprès produire tous les changements de situation dans l'univers, tout de même comme si ce vaisseau les produirait en voguant dans l'eau ; n'est-il pas vrai qu'en effet il arriverait justement cela même ? car il n'est pas possible d'assigner aucune différence réelle. Ainsi dans la précision métaphysique on n'a pas plus de raison de dire que le vaisseau pousse l'eau à faire cette grande quantité de cercles servant à remplir la place du vaisseau, que de dire que l'eau est poussée à faire tous ces cercles, et qu'elle pousse le vaisseau à se remuer conformément ; mais, à moins de dire que Dieu a voulu exprès produire une si grande quantité de mouvements d'une manière si conspirante, on n'en peut pas rendre raison, et comme il n'est pas raisonnable de recourir à Dieu dans le détail, on a recours au vaisseau, quoiqu'en effet, dans la dernière analyse, le consentement de tous les phénomènes des différentes substances ne vienne que de ce qu'ils sont sous les productions d'une même cause, savoir de Dieu; qui fait que chaque substance individuelle exprime la résolution que Dieu a prise à l'égard de tout l'univers. C'est donc par la même raison qu'on attribue les douleurs aux mouvements des corps, parce qu'on peut par là venir à quelque chose de distinct. Et cela sert à nous procurer des phénomènes ou à les empêcher. Cependant, à ne rien avancer sans nécessité, nous ne faisons que penser, et aussi nous ne nous procurons que des pensées et les phénomènes ne sont que des pensées. Mais comme toutes nos pensées ne sont pas efficaces, et ne servent pas à nous en procurer d'autres d'une certaine nature, et qu'il nous est impossible de déchiffrer le mystère de la connexion universelle des phénomènes, il faut prendre garde par le moyen de l'expérience à celles qui nous en procurent autrefois, et c'est en quoi consiste l'usage des sens et ce qu'on appelle l'action hors de nous.

L'hypothèse de la concomitance ou de l'accord des substances entre elles suit de ce que j'ai dit que chaque substance individuelle enveloppe pour toujours tous les accidents qui lui arriveront, et exprime tout l'univers à sa manière; ainsi ce qui est exprimé dans le corps par un mouvement ou changement de situation est peut-être exprimé dans l'âme par une douleur. Puisque les douleurs ne sont que des pensées, il ne faut pas s'étonner si elles sont des suites d'une substance dont la nature est de penser. Et s'il arrive constamment que certaines pensées sont jointes à certains mouvements, c'est parce que Dieu a créé d'abord toutes les substances, en sorte que dans la suite tous leurs phénomènes s'entre-répondent, sans qu'il leur faille pour cela une influence physique mutuelle, qui ne paraît pas même explicable ; peut-être que M. Descartes était plutôt pour cette concomitance que pour l'hypothèse des causes occasionnelles, car il ne s'est point expliqué là-dessus, que je sache.

J'admire ce que vous remarquez, Monsieur, que saint Augustin a déjà eu de telles vues, en soutenant que la douleur n'est autre chose qu'une tristesse de l'âme qu'elle a de ce que son corps est mal disposé. Ce grand homme a assurément pénétré bien avant dans les choses. Cependant l'âme sent que son corps est mal disposé, non pas par une influence du corps sur l'âme, ni par une opération particulière de Dieu qui l'en avertisse, mais parce que c'est la nature de l'âme d'exprimer ce qui se passe dans les corps, étant créée d'abord, en sorte que la suite de ses pensées s'accorde avec la suite des mouvements. On peut dire la même chose du mouvement de mon bras de bas en haut. On demande ce qui détermine les esprits à entrer dans les nerfs d'une certaine manière : je réponds que c'est tant l'impression des objets que la disposition des esprits et nerfs mêmes, en vertu des lois ordinaires du mouvement. Mais par la concordance générale des choses, toute cette disposition n'arrive jamais que lorsqu'il y a en même temps dans l'âme cette volonté à laquelle nous avons coutume d'attribuer l'opération. Ainsi les âmes ne changent rien dans l'ordre des corps, ni les corps dans celui des âmes. (Et c'est pour cela que les formes ne doivent point être employées à expliquer les phénomènes de la nature.) Et une âme ne change rien dans le cours des pensées d'une autre âme. Et en général une substance particulière n'a point d'influence physique sur l'autre, aussi serait-elle inutile, puisque chaque substance est un être accompli, qui se suffit lui-même à déterminer en vertu de sa propre nature tout ce qui lui doit arriver. Cependant on a beaucoup de raison de dire que ma volonté est la cause de ce mouvement du bras, et qu'une *solutio continui* dans la matière de mon corps est cause de la douleur ; car l'un exprime distinctement ce que l'autre exprime plus confusément ; et on doit attribuer l'action à la substance dont l'expression est plus distincte. D'autant que cela soit à la pratique pour se procurer des phénomènes. Si elle n'est pas cause physique, on peut dire qu'elle est cause finale ou pour mieux dire exemplaire, c'est-à-dire que son idée dans l'entendement de Dieu a contribué à la résolution de Dieu à l'égard de cette particularité, lorsqu'il s'agissait de résoudre la suite universelle des choses.

L'autre difficulté est sans comparaison plus grande touchant les formes substantielles et les âmes des corps ; et j'avoue que je ne m'y satisfais point. Premièrement, il faudrait être assuré que les corps sont des substances et non pas seulement des phénomènes véritables, comme l'arc-en-ciel. Mais cela posé, je crois qu'on peut inférer que la substance corporelle ne consiste pas dans l'étendue ou dans la divisibilité ; car on m'avouera que deux corps éloignés l'un de l'autre, par exemple deux triangles, ne sont pas réellement une substance ; supposons maintenant qu'ils s'approchent pour composer un carré, le seul attouchement les fera-t-il devenir une substance? Je ne le pense pas. Or, chaque masse étendue peut être considérée comme composée de deux ou mille autres ; il n'y a que l'étendue par un attouchement. Ainsi on ne trouvera jamais un corps dont on puisse dire que c'est véritablement une substance. Ce sera toujours un agrégé de plusieurs. Ou plutôt ce ne sera pas un être réel, puisque les parties qui le composent sont sujettes à la même difficulté et qu'on ne vient jamais à aucun être réel, les êtres par agrégation n'ayant qu'autant de réalité qu'il y en a dans leurs ingrédients. D'où il suit que la substance d'un corps, s'ils en ont une, doit être indivisible ; qu'on l'appelle âme ou forme, cela m'est indifférent. Mais aussi la notion générale de la substance individuelle que vous semblez assez goûter, Monsieur, prouve la même chose. L'étendue est un attribut qui ne saurait constituer un être accompli, on n'en saurait tirer aucune action, ni changement, elle exprime seulement un état présent, mais nullement le futur et le passé, comme doit faire la notion d'une substance. Quand deux triangles se trouvent joints, on n'en saurait conclure comment cette jonction s'est faite, car cela peut être arrivé de plusieurs façons, mais tout ce qui peut avoir plusieurs causes n'est jamais un être accompli. Cependant j'avoue qu'il est bien difficile de résoudre plusieurs questions dont vous faites mention. Je crois qu'il faut dire que si les corps ont des formes substantielles, par exemple si les bêtes ont des âmes, que ces âmes sont indivisibles. C'est aussi le sentiment de saint Thomas. Ces âmes sont donc indestructibles? Je l'avoue, et comme il se peut que, selon les sentiments de M. Leewenhoeck, toute génération d'un animal ne soit qu'une transformation d'un animal déjà vivant, il y a lieu de croire aussi que la mort n'est qu'une autre transformation. Mais l'âme de l'homme est quelque chose de plus divin, elle n'est pas seulement indestructible, mais elle se connaît toujours et demeure *conscia sui*. Et quant à son origine, on peut dire, Dieu ne l'a produite que lorsque ce corps animé qui est dans la semence se détermine à prendre la forme humaine. Cette âme brute qui animait auparavant ce corps avant la transformation est annihilée, lorsque l'âme raisonnable prend sa place, ou si Dieu change l'une dans l'autre, en donnant à la première une nouvelle perfection par une influence extraordinaire, c'est une particularité sur laquelle je n'ai pas assez de lumières.

Je ne sais pas si le corps, quand l'âme ou la forme substantielle est mise à part, peut être appelé une substance. Ce pourra bien être une machine, un agrégé de plusieurs substances, de sorte que si l'on me demande ce que je dois dire de *forma cadaveris*, ou d'un carreau de marbre, je dirai qu'ils sont peut-être unis *per agregationem*, comme un tas de pierres, et ne sont pas des substances. On pourra dire autant du soleil, de la terre, des machines, et excepté l'homme, il n'y a point de corps dont je puisse assurer que c'est une substance plutôt qu'un agrégé de plusieurs ou peut-être un phénomène. Cependant il me semble assuré que, s'il y a des substances corporelles, l'homme ne l'est point seul, et il paraît probable que les bêtes ont des âmes, quoiqu'elles manquent de conscience.

Enfin, quoique je demeure d'accord que la considération des formes ou âmes est inutile dans la physique particulière, elle ne laisse pas d'être importante dans la métaphysique, à peu près comme les géomètres ne se soucient pas *de compositione continui*, et les physiciens ne se mettent point en peine si une boule pousse l'autre, ou si c'est Dieu.

Il serait indigne d'un philosophe d'admettre ces âmes ou formes sans raison, mais sans cela, il n'est pas intelligible que les corps sont des substances.

PREMIÈRE LETTRE

D'ARNAULD A LEIBNIZ [1].

13 mai 1686.

J'ai cru que je devais m'adresser à vous-même pour vous demander pardon du sujet que je vous ai donné d'être

[1] Nous avons suivi pour le classement des lettres de Leibniz et d'Arnauld l'ordre de nos copies. Toutefois, pour l'intelligence des questions, il est mieux de rapporter chacune des lettres d'Arnauld à la lettre correspondante de Leibniz qu'elle provoque ou qu'elle explique. Celle-ci, qui est la première par ordre de date, doit venir après la deuxième de Leibniz.

fâché contre moi en me servant de termes trop durs, pour marquer ce que je pensais d'un de vos sentiments. Mais je vous proteste devant Dieu que la faute que j'ai pu faire en cela n'a point été par aucune prévention contre vous, n'ayant jamais eu sujet d'avoir de vous qu'une opinion très-avantageuse, hors la religion dans laquelle vous vous êtes trouvé engagé par votre naissance, ni que je me sois trouvé de mauvaise humeur quand j'ai écrit la lettre qui vous a blessé, rien n'étant plus éloigné de mon caractère que le chagrin qu'il plaît à quelques personnes de m'attribuer ; ni que par un trop grand attachement à mes propres pensées, j'aie été choqué de voir que vous en aviez de contraire, vous pouvant assurer que j'ai si peu médité sur ces sortes de matières, que je puis dire que je n'ai point sur cela de sentiment arrêté. Je vous supplie, Monsieur, de ne croire rien de moi de tout cela; mais d'être persuadé que ce qui a pu être cause de mon indiscrétion est uniquement qu'étant accoutumé à écrire sans façon à Son Altesse, parce qu'elle est si bonne qu'elle excuse aisément toutes mes fautes, je m'étais imaginé que je lui pouvais dire franchement ce que je n'avais pu approuver dans quelques-unes de vos pensées, parce que j'étais bien assuré que cela ne courrait pas le monde, et que si j'avais mal pris votre sens, vous pourriez me détromper, sans que cela allât plus loin. Mais j'espère, Monsieur, que le même prince voudra bien s'employer pour faire ma paix, me pouvant servir pour l'y engager de ce que dit autrefois saint Augustin en pareille rencontre. Il avait écrit fort durement contre ceux qui croient qu'on peut voir Dieu des yeux du corps, ce qui était le sentiment d'un évêque d'Afrique, qui, ayant vu cette lettre qui ne lui était point adressée, s'en trouva fort offensé. Cela obligea ce saint d'employer un ami commun pour apaiser ce prélat, et je vous supplie de regarder comme si je disais au prince, pour vous être dit, ce que

saint Augustin écrit à cet ami pour être dit à cet évêque :
*Dum essem in admonendo sollicitus, in corripiendo nimius
atque improvidus fui. Hoc non defendo, sed reprehendo;
hoc non excuso, sed accuso. Ignoscatur peto : recordetur
nostram dilectionem pristinam, et obliviscatur offensionem
novam. Faciat certe quod me non fecisse succensuit ; habeat
lenitatem in dandâ veniâ, quam non habui in illâ epistolâ
conscribendâ.*

J'ai douté si je n'en devais point demeurer là sans entrer de nouveau dans l'examen de la question qui a été l'occasion de notre brouillerie, de peur qu'il ne m'échappât encore quelque mot qui pût vous blesser. Mais j'appréhende d'une autre part que ce fût n'avoir pas assez bonne opinion de votre équité. Je vous dirai donc simplement les difficultés que j'ai encore sur cette proposition : la notion individuelle de chaque personne renferme une fois pour toutes ce qui lui arrivera à jamais.

Il m'a semblé qu'il s'ensuivait de là que la notion individuelle d'Adam a enfermé qu'il aurait tant d'enfants, et la notion individuelle de chacun de ses enfants tout ce qu'ils feraient et tous les enfants qu'ils auraient, et ainsi de suite; d'où j'ai cru que l'on pourrait inférer, que Dieu a été libre de créer ou de ne pas créer Adam; mais que supposant qu'il l'ait voulu créer, tout ce qui est arrivé depuis au genre humain a dû et doit arriver par une nécessité fatale ; ou au moins qu'il n'y a pas plus de liberté à Dieu à l'égard de tout cela, supposé qu'il ait voulu créer Adam, que de ne pas créer une nature capable de penser, supposé qu'il ait voulu me créer.

Il ne me paraît pas, Monsieur, qu'en parlant ainsi, j'aie confondu *necessitatem ex hypothesi* avec la nécessité absolue; car je ne parle jamais au contraire que de la nécessité *ex hypothesi*. Mais je trouve seulement étrange que tous les événements humains soient aussi nécessaires *necessitate ex hypothesi*, de cette seule supposition que Dieu a voulu créer Adam, qu'il est nécessaire *necessitate ex-hypothesi*, qu'il y a eu dans le monde une nature capable de penser de cela seul qu'il m'a voulu créer.

Vous dites sur cela diverses choses de Dieu, qui ne me paraissent pas suffire pour résoudre ma difficulté.

1º Qu'on a toujours distingué entre ce que Dieu est libre de faire absolument, et entre ce qu'il s'est obligé de faire en vertu de certaines résolutions déjà prises. Cela est certain.

2º Qu'il est peu digne de Dieu de le concevoir (sous prétexte de maintenir sa liberté) à la façon des Sociniens, et comme un homme qui prend des résolutions selon les occurrences. Cette pensée est très-folle : j'en demeure d'accord.

3º Qu'il ne faut pas détacher les volontés de Dieu, qui pourtant ont du rapport ensemble. Et qu'ainsi il ne faut pas considérer la volonté de Dieu de créer un tel Adam, détachée de toutes les autres qu'il a à l'égard des enfants d'Adam et de tout le genre humain. C'est aussi de quoi je conviens. Mais je ne vois pas encore que cela puisse servir à résoudre ma difficulté.

Car, 1º j'avoue de bonne foi que je n'ai pas compris que par la notion individuelle de chaque personne (par exemple d'Adam) que vous dites renfermer une fois pour toutes tout ce qui lui doit arriver à jamais, vous eussiez entendu cette personne en tant qu'elle est dans l'entendement divin, mais en tant qu'elle est en elle-même. Car il me semble qu'on n'a pas accoutumé à considérer la notion spécifique d'une sphère par rapport à ce qu'elle est représentée dans l'entendement divin ; mais par rapport à ce qu'elle est en elle-même ; et j'ai cru qu'il en était ainsi de la notion individuelle de chaque personne ou de chaque chose.

2º Il me suffit néanmoins que je sache que c'est là votre

pensée pour m'y conformer, en recherchant si cela lève toute la difficulté que j'ai là-dessus, et c'est ce que je ne vois pas encore.

Car je demeure d'accord que la connaissance que Dieu a eue d'Adam, lorsqu'il a résolu de le créer, a enfermé celle de tout ce qui lui est arrivé et de tout ce qui est arrivé et doit arriver à sa postérité ; et ainsi, prenant en ce sens la notion individuelle d'Adam, ce que vous en dites est très-certain.

J'avoue, de même, que la volonté qu'il a eue de créer Adam n'a point été détachée de celle qu'il a eue à l'égard de ce qui lui est arrivé et à l'égard de toute sa postérité.

Mais il me semble qu'après cela il reste à demander (et c'est ce qui fait ma difficulté), si la liaison entre ces objets (j'entends Adam d'une part, et tout ce qui devait arriver tant à lui qu'à sa postérité de l'autre) est telle d'elle-même, indépendamment de tous les décrets libres de Dieu, ou si elle en a été dépendante, c'est-à-dire, si ce n'est qu'en suite des décrets libres par lesquels Dieu a ordonné tout ce qui arriverait à Adam et à sa postérité, que Dieu a connu tout ce qui arriverait à Adam et à sa postérité, ou s'il y a (indépendamment de ces décrets), entre Adam d'une part et ce qui est arrivé et arrivera à sa postérité de l'autre, une connexion intrinsèque et nécessaire. Sans ce dernier, je ne vois pas que ce que vous dites pût être vrai, que la notion individuelle de chaque personne enferme une fois pour toutes tout ce qui lui arrivera à jamais, en prenant même cette notion par rapport à Dieu.

Il semble aussi que c'est à ce dernier que vous vous arrêtez, car je crois que vous supposez que, selon notre manière de concevoir, les choses possibles sont possibles avant tous les décrets libres de Dieu ; d'où il s'ensuit que ce qui est enfermé dans la notion des choses possibles y est enfermé indépendamment de tous les décrets libres de

Dieu. Or, vous voulez que Dieu ait trouvé parmi les choses possibles un Adam possible accompagné de telles circonstances individuelles, et qui, entre autres prédicats, a aussi celui d'avoir avec le temps une telle postérité. Il y a donc, selon vous, une liaison intrinsèque, pour parler ainsi, et indépendante de tous les décrets libres de Dieu, entre cet Adam possible et toutes les personnes individuelles de toute sa postérité, et non-seulement les personnes, mais généralement tout ce qui leur devait arriver. Or c'est, Monsieur, je ne vous le dissimule point, ce qui m'est incompréhensible ; car il me semble que vous voulez que l'Adam possible (que Dieu a choisi préférablement à d'autres Adam possibles) a eu liaison avec toute la même postérité que l'Adam créé; n'étant, selon vous, autant que j'en puis juger, que le même Adam considéré tantôt comme possible et tantôt comme créé. Or, cela supposé, voici ma difficulté.

Combien y a-t-il d'hommes qui ne sont venus au monde que par des décrets très-libres de Dieu, comme Isaac, Samson, Samuel et tant d'autres ? Lors donc que Dieu les a connus conjointement avec Adam, ce n'a pas été parce qu'ils étaient enfermés dans la notion individuelle de l'Adam possible, indépendamment des décrets de Dieu. Il n'est donc pas vrai que toutes les personnes individuelles de la postérité d'Adam aient été enfermées dans la notion individuelle d'Adam possible, puisqu'il aurait fallu qu'elles y eussent été enfermées indépendamment des décrets divins.

On peut dire la même chose d'une infinité d'événements humains qui sont arrivés par des ordres très-particuliers de Dieu, comme entre autres la religion judaïque et chrétienne et surtout l'incarnation du Verbe divin. Je ne sais comment on pourrait dire que tout cela était enfermé dans la notion individuelle de l'Adam possible, ce qui est considéré comme possible devant avoir tout ce que l'on conçoit qu'il a sous cette notion indépendamment des décrets divins.

De plus, Monsieur, je ne sais comment, en prenant Adam pour l'exemple d'une nature singulière, on peut concevoir plusieurs Adam possibles. C'est comme si je concevais plusieurs moi possibles, ce qui assurément est inconcevable. Car je ne puis penser à moi sans que je ne me considère comme une nature singulière, tellement distinguée de toute autre existence ou possible, que je puis aussi peu concevoir divers moi que concevoir un rond qui n'ait pas tous les diamètres égaux. La raison est que ces divers moi seraient différents les uns des autres, autrement ce ne seraient pas plusieurs moi. Il faudrait donc qu'il y eût quelqu'un de ces moi qui ne fût pas moi : ce qui est une contradiction visible.

Souffrez maintenant, Monsieur, que je transfère à ce moi ce que vous dites d'Adam, et jugez vous-même si cela serait soutenable. Entre les êtres possibles, Dieu a trouvé dans ses idées plusieurs moi, dont l'un a pour ses prédicats d'avoir plusieurs enfants et d'être médecin, et un autre de vivre dans le célibat et d'être théologien. Et s'étant résolu de créer le dernier, le moi qui est maintenant enfermé dans sa notion individuelle de vivre dans le célibat et d'être théologien, au lieu que le premier aurait enfermé dans sa notion individuelle d'être marié et d'être médecin. N'est-il pas clair qu'il n'y aurait point de sens dans ce discours, parce que mon moi étant nécessairement une telle nature individuelle, ce qui est la même chose que d'avoir une telle notion individuelle, il est aussi impossible de concevoir des prédicats contradictoires dans la notion individuelle de moi, que de concevoir un moi différent de moi. D'où il faut conclure, ce me semble, qu'étant impossible que je ne fusse pas toujours demeuré moi, soit que je me fusse marié ou que je vécusse dans le célibat, la notion individuelle de mon moi n'a enfermé ni l'un ni l'autre de ces deux états; comme c'est bien conclure : ce carré de marbre est le même, soit qu'il soit en repos, soit qu'on le remue; donc, ni le repos, ni le mouvement n'est enfermé dans sa notion individuelle. C'est pourquoi, Monsieur, il me semble que je ne dois regarder comme enfermé dans la notion individuelle de moi que ce qui est tel que je ne serais plus moi s'il n'était en moi, et que tout ce qui est tel au contraire qu'il pourrait être en moi ou n'être pas en moi, sans que je cessasse d'être moi, ne peut être considéré comme étant enfermé dans ma notion individuelle, quoique par l'ordre de la providence de Dieu, qui ne change point la nature des choses, il ne puisse arriver que cela ne soit en moi. C'est ma pensée, que je crois conforme à tout ce qui a toujours été cru par tous les philosophes du monde.

Ce qui m'y confirme, c'est que j'ai de la peine à croire que ce soit bien philosopher que de chercher dans la manière dont Dieu connaît les choses ce que nous devons penser ou de leurs notions spécifiques ou de leurs notions individuelles. L'entendement divin est la règle de la vérité des choses *quoad se*; mais il ne me paraît pas que tant que nous sommes en cette vie c'en puisse être la règle, *quoad nos*. Car, que savons-nous présentement de la science de Dieu? Nous savons qu'il connaît toutes choses, et qu'il les connaît toutes par un acte unique et très-simple qui est son essence. Quand je dis que nous le savons, j'entends par là que nous sommes assurés que cela doit être ainsi. Mais le comprenons-nous, et ne devons-nous pas reconnaître que quelque assurés que nous soyons que cela est, il nous est impossible de concevoir comment cela peut être? Pouvons-nous de même concevoir que la science de Dieu étant son essence même, entièrement nécessaire et immuable, il a néanmoins la science d'une infinité de choses qu'il aurait pu ne pas avoir, parce que ces choses auraient pu ne pas être? Il en est de même de sa volonté qui est aussi son essence même, où il n'y a rien que de nécessaire, et néanmoins il veut et a voulu de toute éternité des choses qu'il aurait pu ne pas vouloir. Je trouve aussi beaucoup d'incertitude dans la manière dont nous nous représentons d'ordinaire que Dieu agit. Nous nous imaginons qu'avant que de vouloir créer le monde, il a envisagé une infinité de choses possibles dont il a choisi les unes et rebuté les autres : plusieurs Adams possibles, chacun avec une grande suite de personnes et d'événements avec qui il a une liaison intrinsèque ; et nous supposons que la liaison de toutes ces autres choses avec l'un de ces Adams possibles est toute semblable à celle que nous savons qu'a eue l'Adam créé avec toute sa postérité ; ce qui nous fait penser que c'est celui-là de tous les Adams possibles que Dieu a choisi et qu'il n'a point voulu de tous les autres. Mais sans m'arrêter à ce que j'ai déjà dit que prenant Adam pour exemple d'une nature singulière, il est aussi peu possible de concevoir plusieurs Adams que de concevoir plusieurs moi : j'avoue de bonne foi que je n'ai aucune idée de ces substances purement possibles, c'est-à-dire que Dieu ne créera jamais, et je suis fort porté à croire que ce sont des chimères que nous nous formons et que tout ce que nous appelons substances possibles ne peut être autre chose que la toute-puissance de Dieu, qui étant un pur acte ne souffre point qu'il y ait en lui aucune possibilité ; mais on en peut concevoir dans les natures qu'il a créées, parce que n'étant pas l'être même par essence, elles sont nécessairement composées de puissance et d'acte ; ce qui fait que je les puis concevoir comme possibles : ce que je puis aussi faire d'une infinité de modifications qui sont dans la puissance de ces natures créées, telles que sont les pensées des natures intelligentes et les figures de la substance étendue. Mais je suis fort trompé, s'il y a personne qui ose dire qu'il a l'idée d'une substance possible, purement possible. Car, pour moi, je suis convaincu que quoiqu'on parle tant de ces substances purement possibles, on n'en conçoit néanmoins jamais aucune que sous l'idée de quelqu'une de celles que Dieu a créées. Il me semble donc que l'on pourrait dire que, hors les choses que Dieu a créées ou qu'il doit créer, il n'y a nulle possibilité passive, mais seulement une puissance active et infinie.

Quoi qu'il en soit, tout ce que je veux conclure de cette obscurité et de la difficulté de savoir de quelle manière les choses sont dans la connaissance de Dieu et de quelle nature est la liaison qu'elles y ont entre elles, et si c'est une liaison intrinsèque ou extrinsèque, pour parler ainsi ; tout ce que j'en veux, dis-je, conclure, est que ce n'est point en Dieu, qui habite à notre égard une lumière inaccessible, que nous devons aller chercher les vraies notions ou spécifiques ou individuelles des choses que nous connaissons, mais que c'est dans les idées que nous en trouvons en nous. Or, je trouve en moi la notion d'une nature individuelle, puisque j'y trouve la notion de moi. Je n'ai donc qu'à la consulter, pour savoir ce qui est enfermé dans cette notion individuelle, comme je n'ai qu'à consulter la notion spécifique d'une sphère, pour savoir ce qui y est enfermé. Or, je n'ai point d'autre règle pour cela, sinon de considérer ce qui est tel qu'une sphère ne serait plus sphère si elle ne l'avait : comme est d'avoir tous les points de sa circonférence également distants du centre ; ou qui ne ferait pas qu'elle ne serait point sphère, comme de n'avoir qu'un pied de diamètre au lieu qu'une autre sphère en aurait dix, en aurait cent.

Je juge par là que le premier est enfermé dans la notion

spécifique d'une sphère, et que pour le dernier, qui est d'avoir un plus grand ou un plus petit diamètre, cela n'y est point enfermé. J'applique la même règle à la notion individuelle de moi. Je suis assuré que tant que je pense je suis moi. Car je ne puis penser que je ne sois, ni être, que je ne sois moi. Mais je puis penser que je ferai un tel voyage, ou que je ne le ferai pas, en demeurant très-assuré que ni l'un ni l'autre n'empêchera que je ne sois moi. Je me tiens donc très-assuré que ni l'un ni l'autre n'est enfermé dans la notion individuelle de moi. Mais Dieu a prévu, dira-t-on, que vous ferez ce voyage. Soit. Il est donc indubitable, que vous le le ferez. Soit encore. Cela change-t-il rien dans la certitude que j'ai que, soit que je le fasse ou que je ne le fasse pas, je serai toujours moi? Je dois donc conclure, que ni l'un ni l'autre n'entre dans mon moi, c'est-à-dire dans ma notion individuelle. C'est à quoi il me semble qu'on en doit demeurer sans avoir recours à la connaissance de Dieu, pour savoir ce qu'enferme la notion individuelle de chaque chose.

Voilà, Monsieur, ce qui m'est venu dans l'esprit, sur la proposition qui m'avait fait de la peine, et sur l'éclaircissement que vous y avez donné. Je ne sais si j'ai bien pris votre pensée, ça été au moins mon intention. Cette matière est si abstraite qu'on s'y peut aisément tromper; mais je serais bien fâché que vous eussiez de moi une aussi méchante opinion que ceux qui me représentent comme un écrivain emporté, qui ne réfuterait personne qu'en le calomniant et prenant à dessein ses sentiments de travers. Ce n'est point là assurément mon caractère. Je puis quelquefois dire trop franchement mes pensées. Je puis aussi quelquefois ne pas bien prendre celles des autres (car certainement je ne me crois pas infaillible, et il faudrait l'être pour ne s'y tromper jamais); mais quand ce ne serait que par amour-propre, ce ne serait jamais à dessein que je les prendrais mal, ne trouvant rien de si bas que d'user de chicaneries et d'artifices dans les différends que l'on peut avoir sur des matières de doctrine, quoique ce fût avec des gens que nous n'aurions point d'ailleurs sujet d'aimer, et à plus forte raison quand c'est avec des amis. Je crois, Monsieur, que vous voulez bien que je vous mette de ce nombre. Je ne puis douter que vous ne me fassiez l'honneur de m'aimer, comme m'en avez donné trop de marques. Et pour moi, je vous proteste que la faute même que je vous supplie encore une fois de me pardonner n'est que l'effet de l'affection que Dieu m'a donnée pour vous, et d'un zèle pour votre salut, qui a pu n'être pas assez modéré.

Je suis, Monsieur, votre très-humble et très-obéissant serviteur,

A. ARNAULD.

DEUXIÈME LETTRE

D'ARNAULD A LEIBNIZ [1].

28 septembre 1686.

J'ai cru, Monsieur, me pouvoir servir de la liberté que vous m'avez donnée de ne pas me presser de répondre à vos civilités, et ainsi j'ai différé jusqu'à ce que j'eusse achevé quelque ouvrage que j'avais commencé. J'ai bien gagné à vous rendre justice, n'y ayant rien de plus honnête et de plus obligeant que la manière dont vous avez reçu mes excuses. Il ne m'en fallait pas pour me faire résoudre à vous avouer de bonne foi que je suis satisfait de la manière dont vous expliquez ce qui m'avait choqué d'abord, touchant la notion de la nature individuelle, car ja-

---

[1] Cette lettre d'Arnauld doit être lue après la troisième et avant la quatrième de Leibniz. Voir plus haut, page 236.

mais un homme d'honneur ne doit avoir de la peine de se rendre à la vérité, aussitôt qu'on la lui a fait connaître. J'ai surtout été frappé de cette raison, que dans toute proposition affirmative, véritable, nécessaire ou contingente, universelle ou singulière, la notion de l'attribut est comprise en quelque façon dans celle du sujet : *prædicatum inest subjecto*.

Il ne me reste de difficulté que sur la possibilité des choses, et sur cette manière de concevoir Dieu, comme ayant choisi l'univers qu'il a créé entre une infinité d'autres univers possibles qu'il a vus en même temps et qu'il n'a pas voulu créer. Mais comme cela ne fait rien proprement à la notion de la nature individuelle, et qu'il faudrait que je rêvasse trop pour bien faire entendre ce que je pense sur cela, ou plutôt ce que je trouve à redire dans les pensées des autres, parce qu'elles ne me paraissent pas dignes de Dieu, vous trouverez bon, Monsieur, que je ne vous en dise rien.

J'aime mieux vous supplier de m'éclaircir deux choses que je trouve dans votre dernière lettre, qui me semblent considérables, mais que je ne comprends pas bien.

La première est ce que vous entendez par l'hypothèse de la concomitance et de l'accord des substances entre elles, par laquelle vous prétendez qu'on doit expliquer ce qui se passe dans l'union de l'âme et du corps, et l'action ou passion d'un esprit à l'égard d'une autre créature ; car je ne conçois pas ce que vous dites pour expliquer cette pensée qui ne s'accorde, selon vous, ni avec ceux qui croient que l'âme agit physiquement sur le corps et le corps sur l'âme, ni avec ceux qui croient que Dieu seul est la cause physique de ces effets et que l'âme et le corps n'en sont que les causes occasionnelles. Dieu, dites-vous, a créé l'âme de telle sorte que, pour l'ordinaire, il n'a pas besoin de ces changements, et ce qui arrive à l'âme lui naît de son propre fonds, sans qu'elle se doive accorder au corps dans la suite, non plus que le corps à l'âme : chacun suivant ses lois et l'un agissant librement, l'autre sans choix, se rencontrent l'un avec l'autre dans les mêmes phénomènes.

Des exemples vous donneront moyen de mieux faire entendre votre pensée. On me fait une plaie dans le bras ; ce n'est à l'égard de mon corps qu'un mouvement corporel, mais mon âme a aussitôt un sentiment de douleur qu'elle n'aurait pas sans ce qui est arrivé à mon bras. On demande quelle est la cause de cette douleur ? Vous ne voulez pas que mon corps ait agi sur mon âme, ni que ce soit Dieu qui, à l'occasion de ce qui est arrivé à mon bras, ait formé immédiatement dans mon âme ce sentiment de douleur. Il faut donc que vous croyez que ce soit l'âme qui l'a formé elle-même, et que c'est ce que vous entendez quand vous dites que ce qui arrive dans l'âme à l'occasion du corps lui naît de son propre fonds. Saint Augustin était de ce sentiment, parce qu'il croyait que la douleur corporelle n'était autre chose que la tristesse qu'avait l'âme de ce que son corps était mal disposé. Mais que peut-on répondre à ceux qui objectent qu'il faudrait donc que l'âme sût que son corps est mal disposé avant que d'en être triste, au lieu qu'il semble que c'est la douleur qui l'avertit que son corps est mal disposé ?

Considérons un autre exemple où le corps a quelque mouvement à l'occasion de mon âme. Si je veux ôter mon chapeau, je lève mon bras en haut. Ce mouvement de mon bras de bas en haut n'est point selon les règles ordinaires du mouvement. Quelle en est donc la cause ? C'est que les esprits étant entrés en de certains nerfs les ont enflés. Mais ces esprits ne se sont pas d'eux-mêmes déterminés à entrer dans ces nerfs, ou ils ne se sont pas donné à eux-mêmes le mouvement qui les a fait entrer dans ces nerfs. Qui est-ce donc qui le leur a donné? Est-ce Dieu à l'occasion de ce que j'ai voulu lever le bras? C'est ce que veulent les partisans des causes occasionnelles, dont il semble que vous n'approuviez pas le sentiment. Il semble donc qu'il faille que ce soit notre âme, et c'est néanmoins ce qu'il semble que vous ne vouliez pas encore, car ce serait agir physiquement sur le corps, et il me paraît que vous croyez qu'une substance n'agit point physiquement sur une autre.

La deuxième chose sur laquelle je désirerais d'être éclairci est ce que vous dites : « qu'afin que le corps ou la matière ne soit point un simple phénomène, comme l'arc-en-ciel, ni être uni par accident ou par agrégation, comme un tas de pierres, il ne saurait consister dans l'étendue, et il y faut nécessairement quelque chose qu'on appelle forme substantielle, et qui réponde, en quelque façon, à ce qu'on appelle l'âme. » Il y a bien des choses à demander sur cela.

1° Notre corps et notre âme sont deux substances réellement distinctes. Or, en mettant dans le corps une forme substantielle outre l'étendue, on ne peut pas s'imaginer que ce soient deux substances distinctes. On ne voit donc pas que cette forme substantielle eût aucun rapport à ce que nous appelons notre âme.

2° Cette forme substantielle du corps devrait être ou étendue et divisible, ou non étendue et indivisible. Si on dit le premier, il semble qu'elle serait indestructible aussi bien que notre âme; et si on dit le dernier, il semble qu'on ne gagne rien par là pour faire que les corps soient *unum per se*, plutôt que s'ils ne consistaient qu'en l'étendue, car c'est la divisibilité de l'étendue en une infinité de parties qui fait qu'on a de la peine à en concevoir l'unité. Or, cette forme substantielle ne remédiera point à cela, si elle est aussi divisible que l'étendue même.

3° Est-ce la forme substantielle d'un carreau de marbre qui fait qu'il est un ? Si cela est, que devient cette forme substantielle quand il cesse d'être un parce qu'on l'a cassé en deux ? Elle est anéantie ou elle est devenue deux. Le premier est inconcevable, si cette forme substantielle n'est pas une manière d'être, mais une substance. Et on ne peut dire que c'est une manière d'être ou modalité, puisqu'il faudrait que la substance dont cette forme serait la modalité fût l'étendue; ce qui n'est pas apparemment votre pensée. Et si cette forme substantielle d'une qu'elle était devient deux, pourquoi n'en dira-t-on pas autant de l'étendue seule sans cette forme substantielle?

4° Donnez-vous à l'étendue une forme substantielle générale, telle que l'ont admise quelques scolastiques, qui l'ont appelée *formam corporitatis*; ou si vous voulez qu'il y ait autant de formes substantielles différentes qu'il y a de corps différents, et différentes d'espèces quand ce sont des corps différents d'espèces?

5° En quoi mettez-vous l'unité qu'on donne à la terre, au soleil, à la lune, quand on dit qu'il n'y a qu'une terre que nous habitons, qu'un soleil qui nous éclaire, qu'une lune qui tourne en tant de jours à l'entour de la terre? Croyez-vous qu'il soit nécessaire pour cela que la terre, par exemple, composée de tant de parties hétérogènes, ait une forme substantielle qui lui soit propre et que lui donne cette unité? Il n'y a pas d'apparence que vous le croyiez. J'en dirais de même d'un arbre, d'un cheval, et de là je passerai à tous les mixtes ; par exemple, le lait est composé du sérum, de la crème et de ce qui se caille : a-t-il trois formes substantielles ou s'il n'en a qu'une?

6° Enfin on dira qu'il n'est pas digne d'un philosophe d'admettre des entités dont on n'a aucune idée claire et distincte, et qu'on n'en a point de ces formes substantielles, et que de plus, selon vous, on ne les peut prouver par leurs effets, puisque vous avouez que c'est par la philosophie corpusculaire qu'on doit expliquer tous les phénomènes particuliers de la nature, et que ce n'est rien dire d'alléguer ces formes.

7° Il y a des cartésiens qui, pour trouver de l'unité dans les corps, ont nié que la matière fût divisible à l'infini et qu'on devait admettre des atomes indivisibles; mais je ne pense pas que vous soyez de leur sentiment.

J'ai considéré votre petit imprimé et je l'ai trouvé fort subtil. Mais prenez garde si les cartésiens ne vous pourront point répondre qu'il ne fait rien contre eux, parce qu'il semble que vous supposiez une chose qu'ils croient fausse, qui est qu'une pierre en descendant se donne à elle-même cette plus grande vélocité qu'elle acquiert plus elle descend. Ils diront que cela vient des corpuscules qui, en montant, font descendre tout ce qu'ils trouvent en leur chemin, et leur transportent une partie de ce qu'ils ont de mouvement, et qu'ainsi il ne faut pas s'étonner si le corps B, quadruple de A, a plus de mouvement étant descendu un pied que le corps A étant descendu de quatre pieds, parce que les corpuscules qui ont poussé B lui ont communiqué du mouvement proportionnellement à sa masse, et ceux qui ont poussé A proportionnellement à la sienne. Je ne vous assure pas que cette réponse soit bonne, mais je crois au moins que vous devez vous appliquer à voir si cela n'y fait rien, et je serais bien aise de savoir ce que les cartésiens ont dit sur votre écrit.

Je ne sais si vous avez examiné ce que dit M. Descartes dans ses lettres, sur son principe général des mécaniques. Il me semble qu'en voulant montrer pourquoi la même force peut lever, par le moyen d'une machine, le double ou le quadruple de ce qu'elle lèverait sans machine, il déclare qu'il n'a point d'égard à la vélocité. Mais je n'en ai qu'une mémoire confuse, car je ne me suis appliqué à ces choses-là que par occasion et à des heures perdues, et il y a plus de vingt ans que je n'ai vu aucun de ces livres-là.

Je ne désire point, Monsieur, que vous vous détourniez d'aucune de vos occupations tant soit peu importantes pour résoudre les deux doutes que je vous propose. Vous en ferez ce qu'il vous plaira et à votre loisir.

Je voudrais bien savoir si vous n'avez point donné la dernière perfection à deux machines que vous aviez trouvées étant à Paris : l'une d'arithmétique qui paraissait bien plus parfaite que celle de M. Pascal, et l'autre une montre tout à fait juste.

Je suis tout à vous.

TROISIÈME LETTRE

D'ARNAULD A LEIBNIZ [1].

4 mars 1687.

Il y a longtemps, monsieur, que j'ai reçu votre lettre, mais j'ai eu tant d'occupations depuis ce temps-là que je n'ai pu y répondre plus tôt.

Je ne comprends pas bien, Monsieur, ce que vous entendez par cette expression plus distincte que notre âme porte de ce qui arrive maintenant à l'égard de son corps, et comment cela puisse faire que quand on me pique le doigt, mon âme connaisse cette piqûre avant qu'elle en ait le sentiment de douleur. Cette même expression plus distincte lui devrait donc faire connaître une infinité d'autres choses qui se passent dans mon corps, qu'elle ne connaît pas néanmoins, comme tout ce qui se fait dans la digestion et la nutrition.

Quant à ce que vous dites : que quoique mon bras se lève lorsque je le veux lever, ce n'est pas que mon âme cause

[1] Cette lettre vient après la quatrième de Leibniz.

ce mouvement dans mon bras, mais c'est que quand je le veux lever. C'est justement dans le moment que tout est disposé dans le corps pour cet effet ; de sorte que le corps se meut en vertu de ses propres lois, quoiqu'il arrive par l'accord admirable, mais immanquable des choses entre elles, que ces lois y conspirent justement dans le moment que la volonté s'y porte. Dieu y ayant eu égard par avance, lorsqu'il a pris sa résolution sur cette suite de toutes les choses de l'univers. Il me semble que c'est dire la même chose en d'autres termes que disent ceux qui prétendent que ma volonté est la cause occasionnelle du mouvement de mon bras, et que Dieu en est la cause réelle. Car ils ne prétendent pas que Dieu fasse cela dans le temps par une nouvelle volonté, qu'il ait chaque fois que je veux lever le bras ; mais par cet acte unique de la volonté éternelle, par laquelle il a voulu faire tout ce qu'il a prévu qu'il serait nécessaire qu'il fît afin que l'univers fût tel qu'il a jugé qu'il devait être. Or n'est-ce pas à quoi revient ce que vous dites, que la cause du mouvement de mon bras lorsque je le veux lever est l'accord admirable, mais immanquable des choses entre elles, qui vient de ce que Dieu y a eu égard par avance lorsqu'il a pris sa résolution sur cette suite de toutes les choses de l'univers. Car cet égard de Dieu n'a pu faire qu'une chose soit arrivée sans une cause réelle : il faut donc trouver la cause réelle de ce mouvement de mon bras. Vous ne voulez pas que ce soit ma volonté. Je ne crois pas aussi que vous croyez qu'un corps puisse se mouvoir soi-même ou un autre corps comme cause réelle et efficiente. Reste donc que ce soit cet égard de Dieu, qui soit la cause réelle et efficiente du mouvement de mon bras. Or vous appelez vous-même cet égard de Dieu sa résolution, et résolution et volonté sont la même chose ; donc, selon vous, toutes les fois que je veux lever le bras, c'est la volonté de Dieu qui est la cause réelle et efficiente de ce mouvement.

Pour la deuxième difficulté, je connais présentement votre opinion tout autrement que je ne faisais. Car je supposais que vous raisonniez ainsi : les corps doivent être de vraies substances. Or ils ne peuvent être de vraies substances qu'ils n'aient une vraie unité, ni avoir une vraie unité qu'ils n'aient une forme substantielle : donc l'essence du corps ne peut pas être l'étendue, mais tout corps, outre l'étendue, doit avoir une forme substantielle. A quoi j'avais opposé qu'une forme substantielle divisible, comme elles le sont presque toutes au jugement des partisans des formes substantielles, ne saurait donner à un corps l'unité qu'il n'aurait pas sans cette forme substantielle.

Vous en demeurez d'accord, mais vous prétendez que toute forme substantielle est indivisible, indestructible et ingénérable, ne pouvant être produite que par une vraie création.

D'où il s'ensuit 1° que tout corps qui peut être divisé chaque partie demeurant de même nature que le tout, comme les métaux, les pierres, le bois, l'air, l'eau et les autres corps liquides, n'ont point de forme substantielle.

2° Que les plantes n'en ont point aussi, puisque la partie d'un arbre, ou étant mise en terre, ou greffée sur une autre, demeure arbre de même espèce qu'il était auparavant.

3° Qu'il n'y aura donc que les animaux qui auront des formes substantielles. Il n'y aura donc, selon vous, que les animaux qui seront de vraies substances.

4° Et encore vous n'en êtes pas si assuré que vous ne disiez, que si les brutes n'ont point d'âme ou de forme substantielle, il s'ensuit que hormis l'homme, il n'y aurait rien de substantiel dans le monde visible, parce que vous prétendez que l'unité substantielle demande un être accompli indivisible et naturellement indestructible, ce qu'on ne saurait trouver que dans une âme ou forme substantielle, à l'exemple de ce qu'on appelle moi.

Tout cela aboutit à dire que tous les corps dont les parties ne sont que machinalement unies ne sont point des substances, mais seulement des machines ou agrégés de plusieurs substances.

Je commencerai par ce dernier, et je vous dirai franchement qu'il n'y a en cela qu'une dispute de mot. Car saint Augustin ne fait point de difficulté de reconnaître que les corps n'ont point de vraie unité, parce que l'unité doit être indivisible et que nul corps n'est indivisible. Qu'il n'y a donc de vraie unité que dans les esprits, non plus que de vrai moi. Mais que concluez-vous de là? Qu'il n'y a rien de substantiel dans les corps qui n'ont point d'âme ou de forme substantielle. Afin que cette conclusion fût bonne, il faudrait avoir auparavant défini substance et substantiel, en ces termes : J'appelle substance et substantiel ce qui a une vraie unité. Mais comme cette définition n'a pas encore été reçue et qu'il n'y a point de philosophe qui n'ait autant de droit de dire : J'appelle substance ce qui n'est pas modalité ou manière d'être, et qui ensuite ne puisse soutenir que c'est un paradoxe de dire qu'il n'y a rien de substantiel dans un bloc de marbre, puisque ce bloc de marbre n'est point la manière d'être d'une autre substance, et que tout ce que l'on pourrait dire est que ce n'est pas une seule substance, mais plusieurs substances jointes ensemble machinalement. Or, c'est, ce me semble, un paradoxe, dira ce philosophe, qu'il y ait rien de substantiel dans ce qui est plusieurs substances. Il pourra ajouter qu'il comprend encore bien moins ce que vous dites que les corps seraient sans doute quelque chose d'imaginaire et d'apparent seulement, s'il n'y avait que de la matière et ses modifications. Car vous ne mettez que de la matière et ses modifications dans tout ce qui n'a point d'âme ou forme substantielle, indivisible, indestructible et ingénérable ; et ce n'est que dans les animaux que vous admettez de ces sortes de formes. Vous seriez donc obligé de dire que tout le reste de la nature est quelque chose d'imaginaire et d'apparent seulement; et à plus forte raison vous devriez dire la même chose de tous les ouvrages des hommes.

Je ne saurais demeurer d'accord de ces dernières propositions. Mais je ne vois aucun inconvénient de croire que dans toute la nature corporelle, il n'y a que des machines et des agrégés de substances, parce qu'il n'y a aucune de ces parties dont on puisse dire, en parlant exactement, que c'est une seule substance. Cela fait voir seulement ce qu'il est très-bon de remarquer, comme a fait saint Augustin, que la substance qui pense, ou spirituelle, est en cela beaucoup plus excellente que la substance étendue ou corporelle, qu'il n'y a que la spirituelle qui ait une vraie unité et un vrai moi, ce que n'a point la corporelle. D'où il s'ensuit qu'on ne peut alléguer cela pour prouver que l'étendue n'est point l'essence du corps, parce qu'il n'aurait point de vraie unité, s'il avait l'étendue pour essence, puisqu'il peut être de l'essence du corps de n'avoir point de vraie unité, comme vous l'avouez de tous ceux qui ne sont point joints à une âme ou à une forme substantielle.

Mais je ne sais, Monsieur, ce qui vous porte à croire qu'il y a dans les brutes de ces âmes ou formes substantielles qui doivent être, selon vous, indivisibles, indestructibles et ingénérables. Ce n'est pas que vous jugiez cela nécessaire pour expliquer ce qu'elles font; car vous dites expressément que tous les phénomènes des corps peuvent être expliqués machinalement ou par la philosophie corpusculaire, suivant certains principes de mécanique posés, sans qu'on se mette en peine s'il y a des âmes ou non. Ce n'est pas aussi par la nécessité qu'il y a que les corps des brutes aient une vraie unité et que ce ne soient pas seulement des machines ou des agrégés de substances, car toutes les plantes pouvant n'être que cela, quelle nécessité pourrait-il y avoir que les brutes fussent autre chose ? On ne voit pas de plus que cette opinion se puisse facilement soutenir en mettant ces âmes indivisibles et indestructibles; car que répondre aux vers, qui, étant partagés en deux, chaque partie se meut comme auparavant ? Si le feu prenait à une des maisons où on nourrit des cent mille vers à soie, que deviendraient ces cent mille âmes indestructibles? Subsisteraient-elles séparées de toute matière, comme nos âmes ? Que devinrent de même les âmes de ces millions de grenouilles que Moïse fit mourir quand il fit cesser cette plaie, et de ce nombre innombrable de cailles que tuèrent les Israélites dans le désert, et de tous les animaux qui périrent par le déluge ? Il y a encore d'autres embarras sur la manière dont ces âmes se trouvent dans chaque brute à mesure qu'elles sont conçues. Et qu'étaient-elles *in seminibus ?* Y étaient-elles indivisibles et indestructibles ? *Quid ergo fit, cùm irrita cadunt sine ullis conceptibus semina ? Quid cùm bruta mascula ad feminas non accedunt, toto vitæ suæ tempore ?* Il suffit d'avoir fait entrevoir ces difficultés.

Il ne reste plus qu'à parler de l'unité que donne l'âme raisonnable. On demeure d'accord qu'elle a une vraie et parfaite unité et un vrai moi, et qu'elle communique en quelque sorte cette unité et ce moi à ce tout composé de l'âme et du corps qui s'appelle l'homme; car, quoique ce tout ne soit pas indestructible, puisqu'il périt quand l'âme est séparée du corps, il est indivisible en ce sens qu'on ne saurait concevoir la moitié d'un homme. Mais en considérant le corps séparément, comme notre âme ne lui communique pas son indestructibilité, on ne voit pas aussi qu'à proprement parler elle lui communique ni sa vraie unité, ni son indivisibilité ; car, pour être unià notre âme, il n'en est pas moins vrai que ses parties ne sont unies entre elles que machinalement, et qu'ainsi ce n'est pas une seule substance corporelle, mais un agrégé de plusieurs substances corporelles. Il n'en est pas moins vrai qu'il est aussi divisible que tous les autres corps de la nature. Or, la divisibilité est contraire à la vraie unité. Il n'y a donc point de vraie unité. Mais il en a, dites-vous, par notre âme. C'est-à-dire qu'il appartient à une âme qui est vraiment une, ce qui n'est point une unité intrinsèque au corps, mais semblable à celle de diverses provinces qui, n'étant gouvernées que par un seul roi, ne font qu'un royaume.

Cependant, quoiqu'il soit vrai qu'il n'y ait de vraie unité que dans les natures intelligentes dont chacune peut dire moi, il y a néanmoins divers degrés dans cette unité impropre qui convient au corps; car, quoiqu'il n'y ait point de corps pris à part qui ne soit plusieurs substances, il y a néanmoins raison d'attribuer plus d'unité à ceux dont les parties conspirent à un même dessein, comme est une maison ou une montre, qu'à ceux dont les parties sont seulement proches les unes des autres, comme est un tas de pierres, un sac de pistoles, et ce n'est proprement que ces derniers qu'on appelle des agrégés par accident. Presque tous les corps de la nature que nous appelons un, comme un morceau d'or, une étoile, une planète, sont du premier genre, mais il n'y en a pas en qui cela paraisse davantage que les corps organisés, c'est-à-dire les animaux et les plantes, sans avoir besoin pour cela de leur donner des âmes (et il me paraît même que vous n'en donnez pas aux plantes). Car pourquoi un cheval ou un oranger ne pourront-ils pas être considérés chacun comme un ouvrage complet et accompli, aussi bien qu'une église ou une montre? Qu'importe pour être appelé un (de cette unité qui pour convenir au corps, qui a dû être différente de celle qui convient à la nature spirituelle) de ce que leurs parties ne soient unies entre elles que machinalement et qu'ainsi ce sont des machines. N'est-ce pas la plus grande perfection qu'ils puissent avoir d'être des machines si admirables qu'il n'y a qu'un Dieu tout-puissant qui les puisse avoir faites? Notre corps, considéré seul, est donc un en cette manière, et le rapport qu'il a à une nature intelligente qui lui est unie et qui le gouverne lui peut encore ajouter quelque unité, mais qui n'est point de la nature de celle qui convient aux natures spirituelles.

Je vous avoue, Monsieur, que je n'ai pas d'idées assez nettes et assez claires touchant les règles du mouvement pour bien juger de la difficulté que vous avez proposée aux cartésiens. Celui qui vous a répondu est M. l'abbé de Catelan, qui a beaucoup d'esprit et qui est fort bon géomètre. Depuis que je suis hors de Paris, je n'ai point entretenu de commerce avec les philosophes de ce pays-là; mais puisque vous êtes résolu de répondre à cet abbé et qu'il voudra peut-être défendre son sentiment, il y a lieu d'espérer que ces différents écrits éclairciront tellement cette difficulté que l'on saura à quoi s'en tenir.

Je vous suis trop obligé, Monsieur, du désir que vous témoignez avoir de savoir comme je me porte. Fort bien, grâces à Dieu, pour mon âge. J'ai seulement eu un assez grand rhume au commencement de cet hiver. Je suis bien aise que vous pensez à faire exécuter votre machine d'arithmétique; ç'aurait été dommage qu'une si belle invention se fût perdue. Mais j'aurais un grand désir que la pensée dont vous aviez écrit un mot au prince qui a tant d'affection pour vous ne demeurât pas sans effet, car il n'y a rien à quoi un homme sage doive travailler avec plus de soin et moins de retardement qu'à ce qui regarde son salut.

Je suis, Monsieur, votre très-humble et très-obéissant serviteur,

A. ARNAULD.

QUATRIÈME LETTRE.

D'ARNAULD A LEIBNIZ.

28 août 1687.

Je dois commencer par vous faire des excuses de ce que je réponds si tard à votre lettre du 3 avril. J'ai eu depuis ce temps-là diverses maladies et diverses occupations et j'ai de plus un peu de peine à m'appliquer à des choses si abstraites. C'est pourquoi je vous prie de trouver bon que je vous dise en peu de mots ce que je pense de ce qu'il y a de nouveau dans votre dernière lettre.

1º Je n'ai point d'idée claire de ce que vous entendez par le mot d'exprimer, quand vous dites que notre âme exprime plus distinctement *cœteris paribus* ce qui appartient à son corps, puisqu'elle exprime même tout l'univers en certain sens. Car si par cette expression vous entendez quelque pensée ou quelque connaissance, je ne ne puis demeurer d'accord que mon âme ait plus de pensée et de connaissance du mouvement de la lymphe dans les vaisseaux lymphatiques que du mouvement des satellites de Saturne. Que si ce que vous appelez expression n'est ni pensée ni connaissance, je ne sais ce que c'est. Et ainsi cela ne me peut de rien servir pour résoudre la difficulté que je vous avais proposée, comment mon âme peut se donner un sentiment de douleur quand on me pique, lorsque je dors, puisqu'il faudrait pour cela qu'elle connût qu'on me pique, au lieu qu'elle n'a cette connaissance que par la douleur qu'elle ressent.

2º Sur ce qu'on raisonne ainsi dans la philosophie des causes occasionnelles : ma main se remue sitôt que je le veux ; or ce n'est pas mon âme qui est la cause réelle de ce mouvement, ce n'est pas non plus le corps ; donc c'est

Dieu. Vous dites que c'est supposer qu'un corps ne se peut pas mouvoir soi-même, ce qui n'est pas votre pensée, et que vous tenez que ce qu'il y a de réel dans l'état qu'on appelle mouvement procède aussi bien de la substance corporelle que la pensée et la volonté procèdent de l'esprit.

Mais c'est ce qui me paraît bien difficile à comprendre, qu'un corps qui n'a pas de mouvement s'en puisse donner. Et si on admet cela, on ruine une des preuves de Dieu, qui est la nécessité d'un premier moteur.

De plus, quand un corps se pourrait donner du mouvement à soi-même, cela ne ferait pas que ma main se pût remuer toutes les fois que je le voudrais. Car étant sans connaissance, comment pourrait-elle savoir que je voudrais qu'elle se remuât;

3º J'ai plus de choses à dire sur ces formes substantielles indivisibles et indestructibles que vous croyez que l'on doit admettre dans tous les animaux et peut-être même dans les plantes, parce qu'autrement la matière (que vous supposez n'être point composée d'atomes ni de points mathématiques, mais être indivisible à l'infini) ne serait point *unum per se*, mais seulement *aggregatum per accidens*.

1. Je vous ai répondu qu'il est peut-être essentiel à la matière, qui est le plus imparfait de tous les êtres, de n'avoir point de vraie et propre unité, comme l'a cru saint Augustin, et d'être toujours *plura entia*, et, non proprement, *unum ens* ; et que cela n'est pas plus incompréhensible que la divisibilité de la matière à l'infini, laquelle vous admettez.

Vous répliquez que cela ne peut être, parce qu'il ne peut y avoir *plura entia* où il n'y a point *ens unum*.

Mais comment vous pouvez-vous servir de cette raison que M. de Cordemoy aurait pu croire vraie, mais qui, selon vous, doit être nécessairement fausse, puisque hors les corps animés qui n'en font pas la cent mille millième partie, il faut nécessairement que tous les autres qui n'ont point selon vous des formes substantielles soient *plura entia*, et non proprement *unum ens*. Il n'est donc pas impossible qu'il y ait *plura entia*, où il n'y a point proprement *unum ens*.

2. Je ne vois pas que vos formes substantielles puissent remédier à cette difficulté. Car l'attribut de l'*ens* qu'on appelle *unum*, pris comme vous le prenez dans une rigueur métaphysique, doit être essentiel et intrinsèque à ce qui s'appelle *unum ens*. Donc si une parcelle de matière n'est point *unum ens*, mais *plura entia*, je ne conçois pas qu'une forme substantielle qui, en étant réellement distinguée, ne saurait que lui donner une dénomination extrinsèque, puisse faire qu'elle cesse d'être *plura entia*, et qu'elle devienne *unum ens* par une dénomination intrinsèque. Je comprends bien que ce nous pourra être une raison de l'appeler *unum ens*, en ne prenant pas le mot d'*unum* dans cette rigueur métaphysique. Mais on n'a pas besoin de ces formes substantielles, pour donner le nom d'un à une infinité de corps inanimés. Car n'est-ce pas bien parler de dire que le soleil est un, que la terre que nous habitons est une? etc. On ne comprend donc pas qu'il y ait aucune nécessité d'admettre ces formes substantielles pour donner une vraie unité aux corps, qui n'en auraient point sans cela.

3. Vous n'admettez ces formes substantielles que dans les corps animés. Or, il n'y a point de corps animé qui ne soit organisé, ni de corps organisé qui ne soit *plura entia*. Donc bien loin que vos formes substantielles fassent que les corps auxquels ils sont joints ne soient pas *plura entia*, qu'il faut qu'il soient *plura entia*, afin qu'ils y soient joints.

4. Je n'ai aucune idée claire de ces formes substantielles ou âmes des brutes. Il faut que vous les regardiez comme des substances, puisque vous les appelez substantielles et que vous dites qu'il n'y a que les substances qui soient des êtres véritablement réels, entre lesquels vous mettez prin-

cipalement ces formes substantielles. Or je ne connais que deux sortes de substances, les corps et les esprits ; et c'est à ceux qui prétendraient qu'il y en a d'autres à nous le montrer, selon la maxime par laquelle vous concluez votre lettre qu'on ne doit rien assurer sans fondement. Supposant donc que ces formes substantielles sont des corps ou des esprits, si ce sont des corps, elles doivent être étendues, et par conséquent divisibles et divisibles à l'infini ; d'où il s'ensuit qu'elles ne sont point *unum ens*, mais *plura entia*, aussi bien que les corps qu'elles animent, et qu'ainsi elles n'auront garde de leur pouvoir donner une vraie unité. Que si ce sont des esprits, leur essence sera de penser, car c'est ce que je conçois par le mot d'esprit. Or, j'ai peine à comprendre qu'une huître pense, qu'un ver pense. Et de plus, comme vous témoignez dans cette lettre que vous n'êtes pas assuré que les plantes n'ont pas d'âme, ni vie, ni forme substantielle, il faudrait aussi que vous ne fussiez pas assuré si les plantes ne pensent pas, puisque leur forme substantielle, si elles en avaient, n'étant point un corps, parce qu'elle ne serait point étendue, devrait être un esprit, c'est-à-dire une substance qui pense.

4. L'indestructibilité de ces formes substantielles ou âmes des brutes me paraît encore plus insoutenable. Je vous avais demandé ce que devenaient les âmes des brutes lorsqu'elles meurent ou qu'on les tue ; lors par exemple que l'on brûle des chenilles, ce que devenaient les âmes. Vous me répondez qu'elle demeure dans une petite partie encore vivante du corps de chaque chenille, qui sera toujours autant petite qu'il le faut pour être à couvert de l'action du feu qui déchire ou qui dissipe les corps de ces chenilles. Et c'est ce qui vous fait dire que les anciens se sont trompés d'avoir introduit les transmigrations des âmes, au lieu des transformations d'un même animal qui garde toujours la même âme. On ne pouvait rien s'imaginer de plus subtil

pour résoudre cette difficulté. Mais prenez garde, Monsieur, à ce que je m'en vas vous dire. Quand un papillon de ver à soie jette ses œufs, chacun de ces œufs, selon vous, a une âme de vers à soie, d'où il arrive que cinq ou six mois après il en sort de petits vers à soie. Or, si on avait brûlé cent vers à soie, il y aurait aussi selon vous cent âmes de vers à soie dans autant de petites parcelles de ces cendres ; mais d'une part je ne sais à qui vous pourrez persuader que chaque ver à soie, après avoir été brûlé, est demeuré le même animal qui a gardé la même âme jointe à une petite parcelle de cendre qui était auparavant une petite partie de son corps ; et de l'autre, si cela était, pourquoi ne naîtrait-il point de vers à soie de ces parcelles de cendres, comme il en naît des œufs.

6. Mais cette difficulté paraît plus grande dans les animaux que l'on sait plus certainement ne naître jamais que de l'alliance des deux sexes. Je demande, par exemple, ce qu'est devenue l'âme du bélier qu'Abraham immola au lieu d'Isaac et qu'il brûla ensuite. Vous ne direz pas qu'elle est passée dans le fœtus d'un autre bélier, car ce serait la métempsycose des anciens, que vous condamnez. Mais vous me répondez qu'elle est demeurée dans une parcelle du corps de ce bélier réduit en cendres, et qu'ainsi ce n'a été que la transformation du même animal, qui a toujours gardé la même âme. Cela se pourrait dire avec vraisemblance dans votre hypothèse des formes substantielles d'une chenille qui devient papillon, parce que le papillon est un corps organisé, aussi bien que la chenille, et qu'ainsi c'est un animal qui peut être pris pour le même que la chenille, parce qu'il conserve beaucoup de parties de la chenille sans aucun changement, et que les autres n'ont changé que de figure. Mais cette partie du bélier réduit en cendres, dans laquelle l'âme du bélier se serait retirée, n'étant point organisée ne peut être prise pour un animal, et ainsi l'âme du bélier y étant

jointe ne compose point un animal, et encore moins un bélier, comme devrait faire l'âme du bélier. Que fera donc l'âme de ce bélier dans cette cendre? Car elle ne peut s'en séparer pour ailleurs; ce serait une transmigration d'âme que vous condamnez. Et il en est de même d'une infinité d'autres âmes qui ne composeraient point d'animaux étant jointes à des parties de matières non organisées, et qu'on ne voit pas qui puissent l'être selon les lois établies dans la nature. Ce seront donc une infinité de choses monstrueuses que cette infinité d'âmes jointes à des corps qui ne seraient point animés.

Il n'y a pas longtemps que j'ai vu ce que M. l'abbé Catelan a répondu à votre réplique, dans les *Nouvelles de la république des lettres* du mois de juin. Ce qu'il y dit me paraît bien clair. Mais il n'a peut-être pas bien pris votre pensée. Et ainsi j'attends la réponse que vous lui ferez.

Je suis, Monsieur, votre très-humble et très-obéissant serviteur.

A. A.

EPISTOLÆ AD FARDELLAM.(¹)

I.

Venetiis, mart. 1690.

Communicavi reverendo patri Mich. Fardellæ, ordinis Minorum, cogitationes meas metaphysicas complures, quòd eum cognitioni matheseos rerum quoque intelligibilium meditationem adjunxisse et magno veritatem ardore prosequi viderem. Ipse igitur, perceptâ sententiâ meâ, domi propositiones quasdam literis consignavit, memoriæ causâ, ut quæ à me audierat complecteretur, adjunctis dubitationibus, quæ ità habent, ut ipse mihi ad examinandum communicavit:

PROPOSITIO I.

Deus ab initio non tantùm infinitam rerum seriem, verùm etiam infinitas combinationes possibiles actionum passionum mutatationumque ipsarum rerum præscivit et prædeterminavit, quemadmodùm ipsa eventa libera singularum mentium creatarum.

DUBIUM REV. PATRIS.

Non satis intelligo, quomodò hujusmodi Dei præscientia et prædeterminatio cum humanæ mentis libertate conciliari valeat. Hoc modo enim, quicquid homo agere, neces-

---

(¹) Fardella, ordinis minorum, quem Leibnizii Patavium invisum ivit, philosophus et christianus, Leibnizianæ philosophiæ amantissimus. Vide quæ de eo narrantur passim in Introductione. (*Editoris nota.*)

sario, inevitabili et velut fatali quâdam ratione ageret. Si in humanâ mente non esset virtus quædam se determinandi à se ipsa, sed ab alio determinaretur, non profectò id extra Dei libertatem repræsentaret. Non est evidens hujusmodi prædeterminatio, sicut dubitari potest, an verè detur in Deo hæc præscientia respectu futurorum liberorum. Nec videtur hæc præscientia Dei necessaria; quid obstat enim ità Deum humanas mentes liberè in manu consilioque suo constituisse, ut neque determinaverit, neque præsciverit eorum eventa libera?

DECLARATIO.

Distinguendum est inter rerum series possibiles et actuales. Deus ex infinitis possibilibus elegit seriem quandam universi constantem ex infinitis substantiis, quarum unaquæque infinitam operationum seriem exhibet. Quod si autem Deus non præscivisset nec præordinavisset rerum actualium seriem, sequeretur eum causâ non satis cognitâ judicasse, ac rem non satis sibi perspectam elegisse. Neque excipi à cæteris possunt actiones mentium liberæ, quoniam partem seriei rerum faciunt, magnamque cum cæteris omnibus connexionem habent, ità ut unum sine alio perfectè intelligi non possit. Et cum omnis series ordinata involvat regulam continuandi seu legem progressionis, ideò Deus, quâlibet parte seriei perspectâ, omnia præcedentia et sequentia in ipsâ videt. Neque tamen indè mentium libertas tollitur. Aliud enim est certitudo infaillibilis, aliud absoluta necessitas, quemadmodùm S. Augustinus, et D. Thomas, aliique viri docti dudùm agnovere. Certè futurorum contingentium etiam liberorum determinata esset veritas vel falsitas, etsi ignota fingeretur. Itaque Dei præscientia, adeòque præordinatio libertatem non tollit. Cæterum sciendum est, mentem non ab alio determinari, sed à se ipsâ, neque ullam esse hypothesin, quæ magis quàm nostra faveat humanæ libertati; quoniam (ut ex sequentibus patet) una substantia creata in aliam non influit, adeóque mens omnes suas operationes ex proprio suo fundo educit, licet itâ ordinata sit ejus natura ab initio, ut operationes ejus cum cæterarum rerum omnium operationibus conspirent.

PROPOSITIO II.

Rerum mutationumque infinitæ series itâ sibi respondent et tantâ proportione connectuntur, ut quodlibet eorum cæteris omnibus perfectissimè consentiat et è converso.

Hinc quælibet res cum toto universo itâ connectitur, et unus rei unius motus itâ ordinem atque respectum involvit ad singulos aliarum rerum modos, ut in quâlibet, imò in unico unius rei modo, Deus clarè et distinctè videat universum veluti implicatum et inscriptum. Undè cùm unam rem aut unum modum rei percipio, semper confusè totum universum percipio ; et quò perfectiùs unam rem percipio, eo plures aliarum rerum proprietates mihi indè innotescunt.

Et ex hâc rerum summâ consonantiâ etiam totius universi harmonia ac pulchritudo maxima oritur, quæ summi Opificis vim et sapientiam nobis exhibet.

Contrà hanc propositionem nulla formata fuit objectio : sive quòd præcedens dubium et in ipsam redundaret, sive quòd priore dubio sublato rationi admodùm consentanea videretur.

PROPOSITIO III.

Corpus non est substantia, sed aggregatum substantiarum, cùm semper sit ulteriùs divisibile et quælibet pars semper aliam partem habeat in infinitum.

Undè repugnat corpus esse unicam substantiam, cùm necessariò in se involvat infinitam multitudinem seu infinita corpora, quorum quodlibet rursùs infinitas substantias continet.

Ergò præter corpus aut corpora, necesse est dari substantias, quibus vera competat unitas; etenim si dantur plures substantiæ, necesse est quòd una vera substantia detur. Vel quòd idem est, si plura entia creata dantur, necesse est quòd detur aliquod ens creatum verè unum. Nequit enim intelligi aut subsistere entis pluralitas, quin primò intelligatur ens unum, ad quod necessario referatur multitudo.

Hinc nisi dentur substantiæ quædam indivisibiles, corpora non forent realia, sed apparentiæ tantùm seu phœnomena, sicut iris, sublato quippè omni compositionis fundamento.

Interim non ideò dicendum est substantiam indivisibilem ingredi compositionem corporis tanquàm partem, sed potiùs tanquàm requisitum internum essentiale. Sicut punctum, licet non sit pars compositiva lineæ, sed heterogeneum quiddam, tamen necessario requiritur, ut linea sit et intelligatur.

Hinc cùm ergò verè sim unica substantia indivisibilis, in alias plures irresolubilis, permanens et constans subjectum mearum actionum et passionum, necesse est dari præter corpus organicum substantiam individuam, permanentem, toto genere diversam à naturâ corporis, quod in continuo fluxu suarum partium positum, nunquàm idem permanet, sed perpetuò mutatur.

Itaque in homine præter corpus datur substantia aliqua incorporea, immortalis, quippè inepta in partes resolvi.

Porrò unio animæ cum corpore in homine consistit in perfectissimo illo consensu, quo motuum series cogitationum seriei respondet, ità ut neque physicè corpus, neque occasione corporis Deus seriem cogitationum ex naturâ mentis sponte nascentium immutet, novasque in eo producat; sed potiùs ipsa anima ex suæ substantiæ propriæ virtute tales sibi modos agendi educat, qui ex primis naturæ legibus cum corporis motibus conspirent. Undè fit, ut certissimè unum animæ aut corporis modum aliorum corporum vel animarum modi consequantur. Neque aliud est operatio unius substantiæ in aliam quam actio unius substantiæ, quam vi consensus generalis consequitur actio alterius substantiæ.

Hinc videtur probabile, bruta, quæ sunt valdè nobis analoga, similiter et plantas, quæ brutis in multis respondent, non tantùm corporeâ ratione, verùm etiam animâ constare, secundùm quam brutum aut planta, unica indivisibilis substantia, permanens suarum operationum subjectum ducatur. Quod quamvis imaginatione comprehendi nequeat, mente tamen maximè intelligitur.

Hujusmodi autem animæ nunquàm pereunt, sed cùm perire videntur, in aliquâ mixti corrupti parte inconspicuâ involutæ remanent.

DUBIUM.

Pro multitudine lapidum A B C, debet priùs intelligi lapis A vel B vel C. At non idem est in animâ, quæ cum aliis animabus non constituit corpus. Et videtur aliquid difficultatis esse in hâc ratiocinatione. Dantur in universo aggregata substantiarum corpora. Ergo datur necessariò aliquid, quod sit unica indivisibilis substantia. Etenim tunc consequi legitimè inferretur, si hæc unitas intrinsecè tanquàm pars hujusmodi aggregatum componeret. Nam hoc unum substantiale non constituit intrinsecè aggregatum, nec est portio aliqua, sed omninò essentialiter diversum intelligitur. Quomodò igitur requiritur ut subsistat hoc aggregatum.

DECLARATIO.

Non dico corpus componi ex animabus, neque animarum aggregato corpus constitui, sed substantiarum. Anima autem propriè et accuratè loquendo non est substantia, sed forma substantialis, seu forma primitiva inexistens substantiæ primus actus, prima facultas activa. Vis autem argumenti in hoc consistet, quod corpus non est substantia, sed substantiæ seu substantiarum aggregatum.

Ergò aut nulla datur substantia, adeoque nec substantiæ, aut datur aliquid aliud quàm corpus, non tamen constituunt per modum partis, quia pars semper toti homogenea est, eodem modo ut puncta non sunt partes linearum. Interim corpora organica substantiarum in aliquâ materiæ massâ inclusarum sunt partes hujus massæ. Ità in piscinâ insunt multi pisces; et humor cujusque piscis rursùs est qualis piscina quædam, in quâ velut alii pisces aut sui generis animalia stabulantur, et ità porrò in infinitum. Ubique igitur in materiâ sunt substantiæ, ut in lineâ puncta. Et ut nulla datur portio lineæ, in quâ non sint infinita puncta, ità nulla datur portio materiæ, in quâ non sint infinitæ substantiæ. Sed quemadmodùm non punctum est pars lineæ, sed linea, in quâ est punctum ità quoque anima non est pars materiæ, sed corpus cui inest. An verò dici possit animal esse partem materiæ, uti piscis est pars piscinæ, armentum gregis considerandum. Et verò si animal concipiatur ut res habens partes, id est ut corpus anima præditum, divisibile, destructibile, concedam esse partem materiæ, cùm omnis pars materiæ habeat partes, sed non concedam esse substantiam neque rem indestructibilem; idem est de homine. Nam si homo sit ipsum ego neque dividi neque interire potest, neque pars est materiæ homogenea; sin hominis appellatione intelligatur id quod perit, homo erit pars materiæ ; illud verò indestructibile dicetur anima, mens, ego, quod pars materiæ non erit.

Corpus non est substantia, sed substantiæ seu aggregatum substantiarum, ergò aut nulla erit substantia, aut alia quàm corpus. Et vel nihil substantialis inerit corporibus, adeóque corpora erunt phænomena tantùm, vel in corpore continentur substantiæ indivisibiles, quæ non sunt ampliùs aggregata. Utique autem substantiæ illæ, quarum aggregatum est corpus, vel si ità loqui velit aliquis, componunt. Et si quis talia velit partes appellare, per me licet. Geometræ tamen iis tantum constituentibus, quæ toti homogenea sunt, nomen partis imponunt, neque punctum appellare solent lineæ partem.

Discrimen est inter relationem lineæ ad puncta et corporis ad substantias. Nam in lineis intelligibilibus nulla est divisio determinata, sed possibiles infinitæ in rebus verò actuales divisiones sunt factæ, et instituta resolutio materiæ in formas. Quod puncta sunt in resolutione imaginariâ, id animæ in verâ. Linea non est aggregatum punctorum, quia in lineâ non sunt partes actu, sed materia est aggregatum substantiarum, quia in materiâ sunt partes actu.

Corpus non est substantia, sed aggregatum substantiarum, constat enim ex pluribus realiter distinctis quemadmodùm strues lignorum, congeries lapidum, grex, exercitus, piscina, in quâ multi natant pisces. Et unumquodque corpus actu divisum est in plura corpora contenta.

Jam non dantur substantiæ, ubi non datur substantia, nec dantur numeri, nisi sint unitates, itaque necesse est præter corpora dari substantias quasdam verè unas seu indivisibiles, quarum aggregatis corpora constituantur.

Error philosophorum materialium in eo est, quod agnita necessitate unitatis, hanc substantiam in materiâ quæsivere, quasi corpus ullum dari posset, quod reverâ esset una substantia ; itaque ad atomos confugere, tanquàm terminos analyseos ; cùm tamen omne corpus constet ex diversis substantiis, nec referat, utrum partes cohæreant an non, præterquàm quod ratio indivisibilitatis in atomis reddi non potest.

Itaque cùm omne corpus sit massa seu aggregatum plurium corporum, nullum corpus est substantia, et proindè substantia extra corpoream naturam quærenda est.

Est autem substantia aliquid verè unum, indivisibile, adeoque ingenerabile et incorruptibile, quod est subjectum actionis et passionis, et, ut verbo dicam, id ipsum quod intelligo cùm dico *ego* (moy), quod subsistit, etsi corpore meo per partes sublato, uti certè corpus meum in perpetuo fluxu est, superstite me.

Nulla assignari potest pars corporis mei, quæ ad subsistentiam mei necessaria sit, nunquàm tamen *ego* sum sine aliquâ materiæ parte unitâ.

Interim *ego* corpore organico opus habeo, quanquàm nihil in eo sit, quod sit necessarium ad subsistentiam mei.

Analogum aliquid in omni intelligo animali, et, ut verbo dicam, in omni substantiâ verâ verèque meâ.

Infinitæ autem sunt substantiæ simplices seu creaturæ in quâlibet materiæ particulâ; et componitur ex illis materia, non tanquàm ex partibus, sed tanquàm ex principiis constitutivis seu requisitis immediatis, prorsùs ut puncta continui essentiam ingrediuntur, non tamen ut partes. Neque enim pars est, nisi quod toti homogeneum est, sed substantia materiæ seu corpori homogenea non est, non magis quàm lineæ punctum.

In omni substantiâ nihil aliud est quàm natura illa seu vis primitiva, ex quâ sequitur series operationum ejus internarum.

Ex quolibet statu substantiæ seu natura ejus cognosci potest series, seu omnes ejus status præteriti et futuri.

Prætereà quævis substantia involvit totum universum, et cognosci potest ex statu ejus etiam status aliarum.

Diversarum substantiarum series perfectè consentiunt inter se, et unaquæque exprimit totum universum secundùm modum suum. Et in hoc consensu consistit unio animæ et corporis, itemque id quod operationem substantiarum extra se appellamus.

Quo perfectior substantia est, eo distinctiùs exprimit universum.

Altera scheda sic vertit :

Hoc interest inter modum, quo linea constituitur punctis et quo materia constituitur ex substantiis quæ in eâ sunt, quod punctorum numerus non est determinatus, at substantiarum numerus, etsi infinitus sit, tamen est certus et determinatus. Neque enim materia divisa est omnibus modis possibilibus, sed certis quibusdam proportionibus servatis, ut machina, piscina, grex.

Linea non est aggregatum punctorum, cùm tamen corpus sit aggregatum substantiarum.

Qui atomos stabilivere, viderunt partem veritatis. Agnoverunt enim ad unum aliquid indivisibile deveniendum esse, quod sit basis multitudinis, sed in eo errarunt, quod unitatem in materiâ quæsiverunt, credideruntque posse corpus dari, quod verè sit substantia una indivisibilis.

Considerandum, an non debeat aliquid esse in materiâ præter substantias illas indivisibiles.

II.

3-13 sept. 1696.

Gratias ago quod Ongarelli meministi aliorumque quæ desiderabam circà Vergeriana et monasterium carcerum. Salisburgi relicta spero ad nos delatum iri interventu amici Augustani. Perplacent etiam quæ de opere tuo mox prodituro memorantur in schedâ quam misisti, cui titulus est *Galleria di Minerva, parte* 2. An hoc forte est quasi quoddam diarium eruditorum, quo librorum editorum vel edendorum contenta explicantur?

Verissimum est multa præclara contineri in Augustino etiam ad philosophiam theologiæ cognatam illustrandam, et operæ pretium esse facturum, qui dispersa per ejus scripta in unum colligat. Et cùm Platonica non minus quàm Aristotelica ei fuerint explorata, et illa magis etiam amata, Plato autem ad veritatem theologiæ naturalis multò Aristotele propiùs accesserit, eó uberiores poterunt fructus percipi ex Augustino. Interim fatendum est hæc tantùm (ut sic dicam) incunabula esse veritatis, quam meo judicio ad majorem longè maturitatem jàm perducere datur. Idque tibi non potest non esse exploratum, tàm ex iis quæ coràm locuti sumus, tùm etiam ex iis quæ literis subindè inter nos commutatis continentur; et ex iisdem multò adhuc plura elicere aliquandò licebit, credoque mea principia sic esse comparata, ut etiam apud vestros tuto allegari possint; nam et in Galliâ placuere viris doctis Romanæ partis, neque adeò indignè ferent vestri, si meas quasdam sententias tibi produci significes, tametsi hominis ultramontani.

Augustinum puto Pythagoricæ et Platonicæ scholæ placita secutum. Nam per Pythagorum imprimis de mentis immaterialitate et immortalitate dogma ex Oriente allatum in Græciâ inclaruit; Plato autem longiùs progressus vidit, non alias verè substantias esse quàm animas, corpora autem in perpetuo fluxu versari. Cogitata horum emendavit atque etiam auxit Augustinus ad normam christianæ sapientiæ, hunc scholastici, sed longo intervallo, sunt secuti. Mihi summa rei videtur consistere in verâ notione substantiæ, quæ eadem est cum notione monadis sive realis unitatis, et, ut itâ dicam, atomi formalis vel puncti essentialis, nam materialis dari non potest, undè frustrà in materiâ quæritur unitas : et punctum mathematicum non esse essentiale, sed modale, undè continuum ex punctis non constat, et tamen quicquid substantiale est, ex unitatibus conflatur.

Hæc considerans majore jàm fructu veterum meditationibus poterit, uti velut clave naturæ superioris repertâ, quam scholastici nimia modalitatum cura neglectâ substantia, recentiores nimiò materiarum, id est collectitiorum, studio ignoratâ monade obscurarûnt. Hanc doctrinam spero à se posse illustrari et magnam lucem addi meis quatibuscunque philosophematis, quemadmodùm et mathematica sive analytica mea reperta à domino Marchione Hospitalio Parisiis et à dominis fratribus Bernoulliis, quorum alter Basileœ, alter jàm Groningœ matheseos professorem agit, mirè sunt promota. Et nunc Dn. Marchio Hospitalius (qui R. P. Malebranchii amicus est singularis) de novà meà methodo calculi differentialis vel infinitesimalis (infinitesimalia enim seu infinite parvà ut ordinariorum differentias vel incrementa momentanea considero, et ità calculo subjicio) libellum peculiarem edidit, ingenuitate laudabili professus, qualiacumque mea has interiores matheseos fores sibi aperuisse. Quia igitur aliquam analyseos meœ notitiam petis, ideò hunc libellum suadeo ut ex Gallià tibi afferri cures et lectionem eorum adjungas specimina novi calculi mei, quœ in Actis Lipsiensibus vel à Bernoulliis vel à me edita habentur. Ità tibi non difficile erit, pro eo quo vales ingenio, in hæc mysteria penetrare. Nam magnum imprimis usum habet calculus ille in transferendà mathesi ad naturam, quia de infinito ratiocinari docet, omnia autem in naturà habent characterem infiniti auctoris, undè ipse Hugenius paulò ante mortem cùm hoc calculandi genus sibi familiare reddidisset et usurpare cœpisset, agnovit partìm in Actis eruditorum, partìm in suis ad me literis, posse ità detegi, ad quæ alias vix admitteremur.

Quòd si aliquandò Florentiam excurrere vacabit, multa poterit tibi explicare dominus Baro de Bodenhausen, amicus domini Magliabecchii et meus, qui et ipse his est mysteriis initiatus; donec aliquandò nobis iterùm colloqui detur, quod suavissimum utrique fore auguror.

Fortassè non inutile erit, ut nonnihil in præfatione operis tui attingas de nostrà hâc analysi infiniti, ex intimo philosophiæ fonte derivata, qua mathesis ipsa ultrà hactenùs consuetas notiones, id est ultrà imaginabilia, sese attollit quibus penè solis hactenùs geometria et analysis immergebantur. Et hæc nova inventa mathematica partim lucem accipient à nostris philosophematibus, partim rursùs ipsis autoritatem dabunt.

Quæ de fecunditate animæ habentur in transmissâ schedâ, minùs intelligo. Mihi omnis substantia operationum mirè fertilis videtur. Sed à substantiâ (præterquàm infinita) substantiam, id est monada, produci non arbitror; in quo puto nos non dissensuros, si mutuò intelligamur. Vale.

P. S. Qui corporis essentiam in extensione consistere dicunt (de quibus quæris) rem non satis explicant. Extensionis notio non est primitiva, ut Cartesiani sibi persuadent, sed composita, et supponit alterius rei repetitionem. Hinc nullum quidem datur vacuum, non sufficit tamen extensio ad corpus intelligendum. Spatium et tempus non sunt substantiæ, sed relationes reales (præterita scilicet in præsentibus exprimuntur, undè realis est relatio præsentium ad ipsa). Itaque eorum sententia, qui dicunt, spatium esse corpus in genere, mihi non satisfacit. Quid quæso, dicent esse tempus? An motum in genere? Sed neutrum meo judicio dici debet.

Apud Dutensium altera Leibnizii ad Fardellam epistola sic se habet : « Multa apud Platonicos Augustinumque præclara reperiuntur, sed quæ arbitror ab ipsismet non satis intellecta, et ex impetu magis et calore quàm luce nata. De naturâ monadum et substantiarum quod porrò quæris, putem facilè satisfieri posse, si speciatim indices quid in eâ re explicari velis. De origine earum puto me jam fixisse, omnes sine dubio perpetuas esse, nec nisi creatione oriri ac nonnisi annihilatione interire posse, id est naturaliter nec oriri nec occidere, quod tantum est aggregatorum. Vellem videre antea liceret, quæ de meis sententiis dices in tuo quod moliris Augustiniano opere.

Finis epistolæ ea est (Venetia, 10 Agosto) : « La priego favorirmi d'accennarmi il suo sentimento circa la natura così dell' anima come del corpo, se questo consiste nel semplice e nudo stendimento, se lo spatio è l' istesso che il corpo, infinito e senza termine. Di più la supplico mandarmi almeno un saggio della sua analisi uccio me ne possa servire. Mi comando con libertate e si persuada che saro, etc. »

DISCOURS DE METAPHYSIQUE (¹).

1. La notion de Dieu la plus receue et la plus significative que nous ayons, est assez bien exprimée en ces termes, que Dieu est un estre absolument parfait, mais ou n'en considere pas assez les suites ; et pour y entrer plus avant, il est à propos de remarquer qu'il y a dans la nature plusieurs perfections toutes differentes ; que Dieu les possede toutes ensemble, et que chacune luy appartient au plus souverain degré. Il faut connoistre aussi ce que c'est que perfection, dont voicy une marque assés seure, sçavoir que les formes ou natures, qui ne sont pas susceptibles du dernier degré, ne sont pas des perfections, comme par exemple la nature du nombre ou de la figure. Car le nombre le plus grand de tous (ou bien le nombre de tous les nombres), aussi bien que la plus grande de toutes les figures, impliquent contradiction, mais la plus grande science et la toute-puissance n'enferment point d'impossibilité. Par consequent la puissance et la science sont des perfections, et entant qu'elles appartiennent à Dieu, elles n'ont point de bornes. D'où il s'ensuit que Dieu possedant la sagesse supreme et infinie agit de la maniere la plus parfaite, non seulement au sens metaphysique, mais encor moralement parlant, et qu'on peut exprimer ainsi à nostre égard, que

---

(¹) Ce *Discours de métaphysique* est l'origine de la correspondance avec Arnaud, comme le prouve ce passage d'une lettre au landgrave de Hesse. « J'ay fait dernièrement (estant à un endroit où quelques jours durant je n'avois rien à faire) un petit discours de metaphysique dont je serois bien aise d'avoir le sentiment de Mons. Arnauld. » Voir Grotefend. Hannover, 1846.

plus on sera éclairé et informé des ouvrages de Dieu, plus on sera disposé à les trouver excellens, et entierement conformes à tout ce qu'on auroit pû souhaitter.

2. Ainsi je suis fort eloigné du sentiment de ceux qui soutiennent qu'il n'y a point de regles de bonté et de perfection dans la nature des choses, ou dans les idées que Dieu en a; et que les ouvrages de Dieu ne sont bons que par cette raison formelle que Dieu les a faits. Car si cela estoit, *Dieu sçachant qu'il en est l'auteur, n'avoit que faire de les regarder par apres et de les trouver bons, comme le temoigne la sainte écriture, qui ne paroist s'estre servi de cette anthropologie, que pour nous faire connoistre que leur excellence se connoist à les regarder en eux mêmes*, lors mêmes qu'on ne fait point de reflexion sur cette denomination toute nue, qui les rapporte à leur cause. Ce qui est d'autant plus vray, que *c'est par la consideration des ouvrages, qu'on peut decouvrir l'ouvrier*. Il faut donc que ces ouvrages portent en eux son caractere. J'avoue que le sentiment contraire me paroist extremement dangereux et fort approchant de celuy des derniers novateurs, dont l'opinion est, que la beauté de l'univers, et la bonté que nous attribuons aux ouvrages de Dieu, ne sont que des chimeres des hommes qui conçoivent Dieu à leur maniere. Aussi disant que les choses ne sont bonnes par aucune regle de bonté, mais par la seule volonté de Dieu, on détruit, ce me semble, sans y penser, tout l'amour de Dieu et toute sa gloire. Car pourquoy le louer de ce qu'il a fait, s'il seroit également louable en faisant tout le contraire? Où sera donc sa justice et sa sagesse, s'il ne reste qu'un certain pouvoir despotique, si la volonté tient lieu de raison, et si selon la definition des tyrans, ce qui plaist au plus puissant est juste par là même? Outre qu'il semble que toute volonté suppose quelque raison de vouloir et que cette raison est naturellement anterieure à la volonté. C'est pourquoy

je trouve encor cette expression de quelques autres philosophes tout à fait estrange, qui disent que les verités eternelles de la metaphysique et de la geometrie, et par consequent *aussi les regles de la bonté, de la justice et de la perfection, ne sont que des effets de la volonté de Dieu, au lieu qu'il me semble que ce sont des suites de son entendement,* qui ne depend point de sa volonté, non plus que son essence.

3. Je ne sçaurois non plus approuver l'opinion de quelques modernes qui soutiennent hardiment, que ce que Dieu fait n'est pas dans la derniere perfection, et qu'il auroit pû agir bien mieux. Car il me semble que les suites de ce sentiment sont tout à fait contraires à la gloire de Dieu. *Uti minùs malum habet rationem boni, ita minùs bonum habet rationem mali.* Et c'est agir imparfaitement, que d'agir avec moins de perfection qu'on n'auroit pû. C'est trouver à redire à un ouvrage d'un architecte que de monstrer qu'il le pouvoit faire meilleur. Cela va encore contre la sainte écriture, lors qu'elle nous asseure de la bonté des ouvrages de Dieu. Car comme les imperfections descendent à l'infini de quelque façon que Dieu auroit fait son ouvrage, il auroit tousjours esté bon en comparaison des moins parfaits, si cela estoit assez; mais une chose n'est gueres louable, quand elle ne l'est que de cette maniere. Je croy aussi qu'on trouvera une infinité de passages de la divine écriture et des SS. Peres, qui favoriseront mon sentiment, mais on n'en trouvera gueres pour celuy de ces modernes, qui est à mon avis inconnu à toute l'antiquité, et ne se fonde que sur le trop peu de connoissance que nous avons de l'harmonie generale de l'univers et des raisons cachées de la conduite de Dieu, ce qui nous fait juger temerairement que bien des choses auroient pû estre rendues meilleures. Outre que ces modernes insistent sur quelques subtilités peu solides. Car ils s'imaginent que rien est si

parfait, qu'il n'y aye quelque chose de plus parfait, ce qui est une erreur. Ils croyent aussi de pourvoir par là à la liberté de Dieu, comme si ce n'estoit pas la plus haute liberté d'agir en perfection suivant la souveraine raison. Car de croire que Dieu agit en quelque chose sans avoir aucune raison de sa volonté, outre qu'il semble que cela ne se peut point, c'est un sentiment peu conforme à sa gloire; par exemple supposons que Dieu choisisse entre A et B et qu'il prenne A sans avoir aucune raison de le preferer à B, je dis que cette action de Dieu pour le moins ne seroit point louable; car toute louange doit estre fondée en quelque raison qui ne se trouve point icy *ex hypothesi*. Au lieu que je tiens que Dieu ne fait rien dont il ne merite d'estre glorifié.

4. La connoissance generale de cette grande verité que Dieu agit tousjours de la maniere la plus parfaite et la plus souhaittable qu'il soit possible, est à mon avis le fondement de l'amour que nous devons à Dieu sur toutes choses, puisque celuy qui aime, cherche sa satisfaction dans la felicité ou perfection de l'objet aimé et de ses actions. *Idem velle et idem nolle vera amicitia est.* Et je croy qu'il est difficile de bien aimer Dieu, quand on n'est pas dans la disposition de vouloir ce qu'il veut, quand on auroit le pouvoir de le changer. En effet ceux qui ne sont pas satisfaits de ce qu'il fait, me paroissent semblables à des sujets mécontens dont l'intention n'est pas fort differente de celle des rebelles. Je tiens donc que suivant ces principes pour agir conformement à l'amour de Dieu il ne suffit pas d'avoir patience par force, mais il faut estre veritablement satisfait de tout ce qui nous est arrivé suivant sa volonté. J'entends cet acquiescement quant au passé. Car quant à l'avenir il ne faut pas estre quietiste ny attendre ridiculement à bras croisés, ce que Dieu fera, selon ce sophisme que les anciens appelloient λόγον ἀργόν, la raison paresseuse,

mais il faut agir selon la volonté presomtive de Dieu autant que nous en pouvons juger, tachant de tout nostre pouvoir de contribuer au bien general et particulierement à l'ornement et à la perfection de ce qui nous touche, ou de ce qui nous est prochain et pour ainsi dire à portée. Car quand l'evenement aura peut estre fait voir que Dieu n'a pas voulu presentement que nostre bonne volonté aye son effect, il ne s'ensuit pas de là qu'il n'aye pas voulu que nous fissions ce que nous avons fait. Au contraire, comme il est le meilleur de tous les maistres, il ne demande jamais que la droite intention, et c'est à luy de connoistre l'heure et le lieu propre à faire reussir les bons desseins.

5. Il suffit donc d'avoir cette confiance en Dieu, qu'il fait tout pour le mieux, et que rien ne sçauroit nuire à ceux qui l'aiment; mais de connoistre en particulier les raisons qui l'ont pû mouvoir à choisir cet ordre de l'univers, à souffrir les pechés, à dispenser ses graces salutaires d'une certaine maniere, cela passe les forces d'un esprit fini, sur tout quand il n'est pas encor parvenu à la jouissance de la veue de Dieu. Cependant on peut faire quelques remarques generales touchant la conduite de la providence dans le gouvernement des choses. On peut donc dire que celuy qui agit parfaitement est semblable à un excellent geometre, qui sçait trouver les meilleures constructions d'un probleme; à un bon architecte qui ménage sa place et le fonds destiné pour le bastiment de la maniere la plus avantageuse, ne laissant rien de choquant, ou qui soit destitué de la beauté dont il est susceptible; à un bon pere de famille, qui employe son bien en sorte qu'il n'y ait rien d'inculte ny de sterile; à un habile machiniste qui fait son effect par la voye la moins embarassée qu'on puisse choisir; et à un sçavant auteur, qui enferme le plus de realités dans le moins de volume qu'il peut. Or les plus parfaits de tous les estres, et qui occupent le moins de volume, c'est à dire

qui s'empechent le moins, ce sont les esprits dont les perfections sont les vertus. C'est pourquoy il ne faut point douter que la felicité des esprits ne soit le principal but de Dieu, et qu'il ne la mette en execution autant que l'harmonie generale le permet. De quoy nous dirons d'avantage tantost. Pour ce qui est de la simplicité des voyes de Dieu, elle a lieu proprement à l'égard des moyens, comme au contraire la varieté, richesse ou abondance y a lieu à l'égard des fins ou effects. Et l'un doit estre en balance avec l'autre, comme les frais destinés pour un bastiment avec la grandeur et la beauté qu'on y demande. Il est vray que rien ne couste à Dieu, bien moins qu'à un philosophe qui fait des hypotheses pour la fabrique de son monde imaginaire, puisque Dieu n'a que des decrets à faire, pour faire naistre au monde reel; mais en matiere de sagesse les decrets ou hypotheses tiennent lieu de depense à mesure qu'elles sont plus independentes les unes des autres : car la raison veut qu'on evite la multiplicité dans les hypotheses ou principes, à peu prés comme le systeme le plus simple est tousjours preferé en astronomie.

6. Les volontés ou actions de Dieu sont communement divisées en ordinaires ou extraordinaires. Mais il est bon de considerer que Dieu ne fait rien hors d'ordre. Ainsi ce qui passe pour extraordinaire, ne l'est qu'à l'égard de quelque ordre particulier establi parmy les creatures. Car quant à l'ordre universel, tout y est conforme. Ce qui est si vrai, que non seulement rien n'arrive dans le monde, qui soit absolument irregulier, mais on ne sçauroit mêmes rien feindre de tel. Car supposons par exemple que quelquun fasse quantité de points sur le papier à tout hazard, comme font ceux qui exercent l'art ridicule de la geomance. Je dis qu'il est possible de trouver une ligne geometrique dont la notion soit constante et uniforme suivant une certaine regle, en sorte que cette ligne passe par tous ces points, et

dans le même ordre que la main les avoit marqués. Et si quelqu'un traçoit tout d'une suite une ligne qui seroit tantost droite, tantost cercle, tantost d'une autre nature, il est possible de trouver une notion ou regle ou equation commune à tous les points de cette ligne en vertu de laquelle ces mêmes changemens doivent arriver. Et il n'y a par exemple point de visage dont la contour ne fasse partie d'une ligne geometrique et ne puisse estre tracé tout d'un trait par un certain mouvement reglé. Mais quant une regle est fort composée, ce qui luy est conforme, passe pour irregulier. Ainsi on peut dire que de quelque maniere que Dieu auroit créé le monde, il auroit tousjours esté regulier et dans un certain ordre general. Mais Dieu a choisi celuy qui est le plus parfait, c'est à dire celuy qui est en même temps le plus simple en hypotheses et le plus riche en phenomenes, comme pourroit estre une ligne de geometrie dont la construction seroit aisée et les proprietés et effets seroient fort admirables et d'une grande étendue. Je me sers de ces comparaisons pour crayonner quelque ressemblance imparfaite de la sagesse divine, et pour dire ce qui puisse au moins elever nostre esprit à concevoir en quelque façon ce qu'on ne sçauroit exprimer assez. Mais je ne pretends point d'expliquer par là ce grand mystere dont depend tout l'univers.

7. Or puisque rien ne se peut faire, qui ne soit dans l'ordre, on peut dire que les miracles sont aussi bien dans l'ordre que les operations naturelles, qu'on appelle ainsi parce qu'elles sont conformes à certaines maximes subalternes que nous appellons la nature des choses. Car on peut dire que cette nature n'est qu'une coustume de Dieu, dont il se peut dispenser à cause d'une raison plus forte, que celle qui l'a mû à se servir de ces maximes. *Quant aux volontés generales ou particulieres*, selon qu'on prend la chose, *on peut dire que Dieu fait tout suivant sa volonté la*

plus generale, qui est conforme au plus parfait ordre qu'il a choisi; mais on peut dire aussi qu'il a des volontés particulieres, qui sont des exceptions de ces maximes subalternes susdites, car la plus generale des loix de Dieu qui regle toute la suite de l'univers, est sans exception. On peut dire aussi que Dieu veut tout ce qui est un object de sa volonté particuliere; mais quant aux objets de sa volonté generale, tels que sont les actions des autres creatures, particulierement de celles qui sont raisonnables, aux quelles Dieu veut concourir, il faut distinguer : car si l'action est bonne en elle même, on peut dire que Dieu la veut et la commande quelques fois, lors mêmes qu'elle n'arrive point ; mais si elle est mauvaise en elle même, et ne devient bonne que par accident, parce que la suite des choses, et particulierement le chastiment et la satisfaction corrige sa malignité, et en recompense le mal avec usure, en sorte qu'enfin il se trouve plus de perfection dans toute la suite, que si tout ce mal n'estoit pas arrivé; il faut dire que Dieu le permet et non pas qu'il le veut, quoyqu'il y concoure à cause des loix de nature qu'il a establies et parce qu'il en sçait tirer un plus grand bien.

8. Il est assez difficile de distinguer les actions de Dieu de celles des creatures; car il y en a qui croyent que Dieu fait tout, d'autres s'imaginent qu'il ne fait que conserver la force qu'il a donnée aux creatures : la suite fera voir combien l'un ou l'autre se peut dire. Or puisque les actions et passions appartiennent proprement aux substances individuelles (*actiones sunt suppositorum*), il seroit nécessaire d'expliquer ce que c'est qu'une telle substance. Il est bien vray, que lorsque plusieurs predicats s'attribuent à un même sujet, et que ce sujet ne s'attribue plus à aucun autre, on l'appelle substance individuelle ; mais cela n'est pas assez, et une telle explication n'est que nominale. Il faut donc considerer ce que c'est que d'estre attribué ve-

ritablement à un certain sujet. Or il est constant que toute predication veritable a quelque fondement dans la nature des choses, et lors qu'une proposition n'est pas identique, c'est à dire lors que le predicat n'est pas compris expressement dans le sujet, il faut qu'il y soit compris virtuellement, et c'est ce que les philosophes appellent *in-esse*, en disant que le predicat est dans le sujet. Ainsi il faut que le terme du sujet enferme tousjours celuy du predicat, en sorte que celuy qui entendroit parfaitement la notion du sujet, jugeroit aussi que le predicat luy appartient. Cela estant, nous pouvons dire que la nature d'une substance individuelle ou d'un estre complet est d'avoir une notion si accomplie, qu'elle soit suffisante à comprendre et à en faire deduire tous les predicats du sujet à qui cette notion est attribuée. Au lieu que l'accident est un estre dont la notion n'enferme point tout ce qu'on peut attribuer au sujet à qui on attribue cette notion. Ainsi la qualité de roy qui appartient à Alexandre le Grand, faisant abstraction du sujet, n'est pas assez déterminée à un individu, et n'enferme point les autres qualités du même sujet, ny tout ce que la notion de ce prince comprend; au lieu que Dieu voyant la notion individuelle ou heccëité d'Alexandre, y voit en même temps le fondement et la raison de tous les predicats qui se peuvent dire de luy veritablement, comme par exemple qu'il vaincroit Darius et Porus; jusqu'à y connoistre *a priori* (et non par experience) s'il est mort d'une mort naturelle ou par poison, ce que nous ne pouvons sçavoir que par l'histoire. Aussi quand on considere bien la connexion des choses, on peut dire qu'il y a de tout temps dans l'ame d'Alexandre des restes de tout ce qui luy est arrivé, et les marques de tout ce qui luy arrivera, et même des traces de tout ce qui se passe dans l'univers, quoyqu'il n'appartienne qu'à Dieu de les reconnoistre toutes.

9. Il s'ensuivent de cela plusieurs paradoxes considerables; comme entre autres qu'il n'est pas vray que deux substances se ressemblent entierement, et soyent differentes *solo numero*, et que ce que S. Thomas asseure sur ce point des anges ou intelligences (*quod ibi omne individuum sit species infima*) est vray de toutes les substances, pourveu qu'on prenne la difference specifique, comme la prennent les geometres à l'egard de leur figures : item qu'une substance ne sçauroit commencer que par creation, ny perir que par annihilation : qu'on ne divise pas une substance en deux, ny qu'on ne fait pas de deux une, et qu'ainsi le nombre des substances naturellement n'augmente et ne diminue pas, quoyqu'elles soyent souvent transformées. De plus toute substance est comme un monde entier et comme un miroir de Dieu ou bien de tout l'univers, qu'elle exprime chacune à sa façon, à peu pres comme une même ville est diversement representée selon les differentes situations de celuy qui la regarde. Ainsi l'univers est en quelque façon multiplié autant de fois qu'il y a de substances, et la gloire de Dieu est redoublée de même par autant de representations toutes differentes de son ouvrage. On peut même dire que toute substance porte en quelque façon le caractere de la sagesse infinie et de la toute-puissance de Dieu, et l'imite autant qu'elle en est susceptible. Car elle exprime quoyque confusement tout ce qui arrive dans l'univers, passé, present ou avenir, ce qui a quelque ressemblance à une perception ou connoissance infinie ; et comme toutes les autres substances expriment cellecy à leur tour, et s'y accomodent, on peut dire qu'elle etend sa puissance sur toutes les autres à l'imitation de la toute-puissance du Createur.

10. Il semble que les anciens aussi bien que tant d'habiles gens accoustumés aux meditations profondes, qui ont enseigné la theologie et la philosophie il y a quelques siecles,

et dont quelques uns sont recommendables pour leur sainteté, ont eu quelque connoissance de ce que nous venons de dire, et c'est ce qui les a fait introduire et maintenir les formes substantielles qui sont aujourd'huy si decriées. Mais ils ne sont pas si eloignés de la verité, ny si ridicules que le vulgaire de nos nouveaux philosophes se l'imagine. Je demeure d'accord que la consideration de ces formes ne sert de rien dans le détail de la physique, et ne doit point estre employée à l'explication des phenomenes en particulier. Et c'est en quoy nos scholastiques ont manqué, et les medicins du temps passé à leur exemple, croyant de rendre raison des proprietés des corps, en faisant mention des formes et des qualités, sans se mettre en peine d'examiner la maniere de l'operation; comme si on se vouloit contenter de dire qu'une horloge, à la quantité horodictique prevenante de sa forme (¹), sans considerer en quoy tout cela consiste. Ce qui peut suffire en effet à celuy qui l'achete, pourveu qu'il en abandonne le soin à un autre. Mais ce manquement et mauvais usage des formes ne doit pas nous faire rejetter une chose dont la connoissance est si necessaire en metaphysique, que sans cela je tiens qu'on ne sçauroit bien connoistre les premiers principes ny élever assez l'esprit à la connoissance des natures incorporelles et des merveilles de Dieu. Cependant comme un geometre n'a pas besoin de s'embarasser l'esprit du fameux labyrinthe de la composition du continu, et qu'aucun philosophe moral et encor moins un jurisconsulte ou politique n'a point besoin de se mettre en peine des grandes difficultés qui se trouvent dans la conciliation du libre arbitre et de la providence de Dieu; puisque le geometre peut achever toutes ses demonstrations, et le politique peut terminer toutes ses deliberations sans entrer dans ces discus-

---

(¹) Lisez : provenante de sa forme.

sions, qui ne laissent pas d'estre necessaires et importantes dans la philosophie et dans la theologie; de même un physicien peut rendre raison des experiences se servant tantost des experiences plus simples déjà faites, tantost des demonstrations geometriques et mechaniques, sans avoir besoin des considerations generales qui sont d'une autre sphere; et s'il y employe le concours de Dieu ou bien quelque ame, archée ou autre chose de cette nature, il extravague aussi bien que celuy qui dans une deliberation importante de practique voudroit entrer dans des grands raisonnemens sur la nature du destin et de nostre liberté; comme en effect les hommes font assez souvent cette faute sans y penser, lors qu'ils s'embarassent l'esprit par la consideration de la fatalité, et même parfois sont detournés par là de quelque bonne resolution, ou de quelque soin necessaire.

11. Je sçay que j'avance un grand paradoxe en pretendant de rehabiliter en quelque façon l'ancienne philosophie et de rappeller *postliminio* les formes substantielles presque bannies; mais peutestre qu'on ne me condamnera pas legerement, quand on sçaura que j'ay assez medité sur la philosophie moderne, que j'ay donné bien du temps aux experiences de physique et aux demonstrations de geometrie, et que j'ay esté long temps persuadé de la vanité de ces estres que j'ai esté enfin obligé de reprendre malgré moy et comme par force, apres avoir fait moy même des recherches qui m'ont fait reconnoistre que nos modernes ne rendent pas assez de justice à S. Thomas et à d'autres grands hommes de ce temps là, et qu'il y a dans les sentimens des philosophes et theologiens scholastiques bien plus de solidité qu'on ne s'imagine, pourveu qu'on s'en serve à propos et en leur lieu. Je suis même persuadé, que si quelque esprit exact et meditatif prenoit la peine d'éclaircir et de digerer leur pensées à la façon des geometres analytiques, il

y trouveroit un tresor de quantité de verités tres importantes et tout à fait demonstratives.

12. Mais pour reprendre le fil de nos considerations, je croy que celuy qui meditera sur la nature de la substance, que j'ay expliquée cydessus, trouvera que toute la nature du corps ne consiste pas seulement dans l'étendue, c'est à dire dans la grandeur, figure et mouvement, mais qu'il faut necessairement y reconnoistre quelque chose, qui aye du rapport aux ames, et qu'on appelle communement forme substantielle, bien qu'elle ne change rien dans les phenomenes, non plus que l'ame des bestes, si elles en ont. On peut même demonstrer que la notion de la grandeur, de la figure et du mouvement n'est pas si distincte qu'on s'imagine, et qu'elle enferme quelque chose d'imaginaire et de relatif à nos preceptions, comme le font encor (quoyque bien d'avantage) la couleur, la chaleur, et autres qualités semblables dont on peut douter si elles se trouvent veritablement dans la nature des choses hors de nous. C'est pourquoy ces sortes de qualités ne sçauroient constituer aucune substance. Et s'il n'y a point d'autre principe d'identité dans le corps de ce que nous venons de dire, jamais un corps ne subsistera plus d'un moment. Cependant les ames et les formes substantielles des autres corps sont bien differentes des ames intelligentes, qui seules connoissent leurs actions, et qui non seulement ne perissent point naturellement, mais mêmes gardent tousjours le fondement de la connoissance de ce qu'elles sont ; ce qui les rend seules susceptibles de chastiment et de recompense, et les fait citoyens de la republique de l'univers, dont Dieu est le monarque : aussi s'ensuit il que tout le reste des creatures leur doit servir, de quoy nous parlerons tantost plus amplement.

13. Mais avant que de passer plus loin, il faut tacher de satisfaire à une grande difficulté qui peut naistre des fon-

demens que nous avons jettés cydessus. Nous avons dit que la notion d'une substance individuelle enferme une fois pour toutes tout ce qui luy peut jamais arriver, et qu'en considerant cette notion on y peut voir tout ce qui se pourra veritablement enoncer d'elle, comme nous pouvons voir dans la nature du cercle toutes les proprietés qu'on en peut deduire. Mais il semble que par là la difference des verités contingentes et necessaires sera détruite, que la liberté humaine n'aura plus aucun lieu, et qu'une fatalité absolue regnera sur toutes nos actions aussi bien que sur tout le reste des evenemens du monde. A quoy je réponds, qu'il faut faire distinction entre ce qui est certain, et ce qui est necessaire : tout le monde demeure d'accord que les futurs contingens sont asseurés, puisque Dieu les prevoit, mais on n'avoue pas pour cela, qu'ils soyent necessaires. Mais (dira-t-on) si quelque conclusion se peut deduire infailliblement d'une definition ou notion, elle sera necessaire. Or est il, que nous soutenons que tout ce qui doit arriver à quelque personne est déjà compris virtuellement dans sa nature ou notion, comme les proprietés le sont dans la definition du cercle, ainsi la difficulté subsiste encor pour y satisfaire solidement, je dis que la connexion ou consecution est de deux sortes, l'une est absolument necessaire, dont le contraire implique contradiction, et cette deduction a lieu dans les verités éternelles, comme sont celles de geometrie ; l'autre n'est necessaire qu'*ex hypothesi*, et pour ainsi dire par accident, et elle est contingente en elle même, lors que le contraire n'implique point. Et cette connexion est fondée non pas sur les idées toutes pures et sur le simple entendement de Dieu, mais encor sur ses decrets libres, et sur la suite de l'univers. Venons à un exemple : puisque Jules Cesar deviendra dictateur perpetuel et maistre de la republique, et renversera la liberté des Romains, cette action est comprise dans sa notion, car nous supposons que c'est la nature d'une telle notion parfaite d'un sujet, de tout comprendre, à fin que le predicat y soit enfermé, *ut possit inesse subjecto*. On pourroit dire que ce n'est pas en vertu de cette notion ou idée qu'il doit commettre cette action, puis qu'elle ne luy convient que parce que Dieu sçait tout. Mais on insistera que sa nature ou forme répond à cette notion, et puisque Dieu luy a imposé ce personnage il luy est desormais necessaire d'y satisfaire. J'y pourrois répondre par l'instance des futurs contingens, car ils n'ont rien encor de reel que dans l'entendement et volonté de Dieu, et puisque Dieu leur y a donné cette forme par avance, il faudra tout de même qu'ils y répondent. Mais j'aime mieux de satisfaire aux difficultés, que de les excuser par l'exemple de quelques autres difficultés semblables, et ce que je vay dire servira à eclaircir aussi bien l'une que l'autre. C'est donc maintenant qu'il faut appliquer la distinction des connexions, et je dis que ce qui arrive conformement à ces avances est asseuré, mais qu'il n'est pas necessaire, et si quelcun faisoit le contraire, il ne feroit rien d'impossible en soy même, quoy qu'il soit impossible (*ex hypothesi*) que cela arrive. Car si quelque homme estoit capable d'achever toute la demonstration, en vertu de la quelle il pourroit prouver cette connexion du sujet qui est Cesar et du predicat qui est son entreprise heureuse; il feroit voir en effet que la dictature future de Cesar a son fondement dans sa notion ou nature, qu'on y voit une raison, pourquoy il a plustost resolu de passer le Rubicon que de s'y arrester, et pourquoy il a plustost gagné que perdu la journée de Pharsale, et qu'il estoit raisonnable et par consequent asseuré que cela arrivast, mais non pas qu'il est necessaire en soy même, ni que le contraire implique contradiction. A peu près comme il est raisonnable et asseuré que Dieu fera tousjours le meilleur, quoyque ce qui est moins parfait n'implique point. Car on trouveroit que cette demonstration de ce predicat de Cesar n'est pas aussi absolue que celles des nombres ou de la geometrie, mais qu'elle suppose la suite des choses que Dieu a choisie librement, et qui est fondée sur le premier decret libre de Dieu, qui porte de faire tousjours ce qui est le plus parfait, et sur le decret que Dieu a fait (en suite du premier) à l'egard de la nature humaine, qui est que l'homme fera tousjours (quoyque librement) ce qui paroistra le meilleur. Or toute verité qui est fondée sur ces sortes de decrets est contingente, quoyqu'elle soit certaine ; car ces decrets ne changent point la possibilité des choses, et comme j'ay déjà dit, quoyque Dieu choisisse tousjours le meilleur asseurement, cela n'empeche pas que ce qui est moins parfait ne soit et demeure possible en luy même, bien qu'il n'arrivera point, car ce n'est pas son impossibilité, mais son imperfection, qui le fait rejetter. Or rien est necessaire dont l'opposé est possible. On sera donc en estat de satisfaire à ces sortes de difficultés, quelques grandes qu'elles paroissent (et en effet elles ne sont pas moins pressantes à l'egard de tous les autres qui ont jamais traité cette matiere), pourveu qu'on considere bien que toutes les propositions contingentes ont des raisons pour estre plustost ainsi qu'autrement, ou bien (ce qui est la même chose) qu'elles ont des preuves *a priori* de leur verité qui les rendent certaines, et qui monstrent que la connexion du sujet et du predicat de ces propositions a son fondement dans la nature de l'un et de l'autre ; mais qu'elles n'ont pas des demonstrations de necessité, puisque ces raisons ne sont fondées que sur le principe de la contingence ou de l'existence des choses, c'est à dire sur ce qui est ou qui paroist le meilleur parmy plusieurs choses également possibles, au lieu que les vérités necessaires sont fondées sur le principe de contradiction et sur la possibilité ou impossibilité des essences mêmes, sans avoir égard en cela à la volonté libre de Dieu ou des creatures.

14. Apres avoir connu en quelque façon, en quoy consiste la nature des substances, il faut tacher d'expliquer la dependance que les unes ont des autres, et leur actions et passions. Or il est premierement tres manifeste que *les substances créées dependent de Dieu qui les conserve et même qui les produit continuellement par une maniere d'emanation comme nous produisons nos pensées*. Car Dieu tournant pour ainsi dire de tous costés et de toutes les façons le systeme general des phenomenes qu'il trouve bon de produire pour manifester sa gloire, et regardant toutes les faces du monde de toutes les manieres possibles, puisqu'il n'y a point de rapport qui échappe à son omniscience; *le resultat de chaque veue de l'univers*, comme regardé d'un certain endroit, *est une substance qui exprime l'univers* conformement à cette veue, si Dieu trouve bon de rendre sa pensée effective et de produire cette substance. Et comme la veue de Dieu est tousjours veritable, nos perceptions le sont aussi, mais ce sont nos jugemens qui sont de nous et qui nous trompent. Or nous avons dit cy-dessus et il s'ensuit de ce que nous venons de dire, que chaque substance est comme un monde à part, independant de tout autre chose hors de Dieu; ainsi tous nos phenomenes, c'est à dire tout ce qui nous peut jamais arriver, ne sont que des suites de nostre estre; et comme ces phenomenes gardent un certain ordre conforme à nostre nature, ou pour ainsi dire au monde qui est en nous, qui fait que nous pouvons faire des observations utiles pour regler nostre conduite qui sont justifiées par le succés des phenomenes futurs, et qu'ainsi nous pouvons souvent juger de l'avenir par le passé sans nous tromper, cela suffiroit pour dire que ces phenomenes sont veritables sans nous mettre en peine, s'ils sont hors de nous, et si d'autres s'en apperçoivent aussi : cependant il est tres vray que les perceptions ou expres-

sions de toutes les substances s'entrerépondent, en sorte que chacun suivant avec soin certaines raisons ou loix qu'il a observées, se rencontre avec l'autre qui en fait autant, comme lorsque plusieurs s'estant accordés de se trouver ensemble en quelque endroit à un certain jour prefix, le peuvent faire effectivement s'ils veuillent. Or quoy tous expriment les mêmes phenomenes, ce n'est pas pour cela que leur expressions soyent parfaitement semblables, mais il suffit qu'elles soyent proportionnelles ; comme plusieurs spectateurs croyent voir la même chose, et s'entrentendent en effet, quoyque chacun voye et parle selon la mesure de sa veue. *Or il n'y a que Dieu* (de qui tous les individus emanent continuellement, et qui voit l'univers non seulement comme ils le voyent, mais encor tout autrement qu'eux tous), *qui soit cause de cette correspondance de leur phenomenes*, et qui fasse que ce qui est particulier à l'un, soit public à tous ; autrement il n'y auroit point de liaison. On pourroit donc dire en quelque façon, et dans un bon sens, quoyque eloigné de l'usage, qu'une substance particuliere n'agit jamais sur une autre substance particuliere et n'en patit non plus, si on considere que ce qui arrive à chacune n'est qu'une suite de son idée ou notion complete toute seule, puisque cette idée enferme déjà tous les predicats ou evenemens, et exprime tout l'univers. En effet rien ne nous peut arriver que des pensées et des perceptions, et toutes nos pensées et nos perceptions futures ne sont que des suites quoyque contingentes de nos pensées et perceptions precedentes, tellement que si j'estois capable de considerer distinctement tout ce qui m'arrive ou paroist à cette heure, j'y pourrois voir tout ce qui m'arrivera, ou qui me paroistra à tout jamais ; ce qui ne manqueroit pas et m'arriveroit tout de même, quand tout ce qui est hors de moy seroit détruit, pourveu qu'il ne restât que Dieu et moy. Mais comme nous attribuons à d'autres choses comme à des causes agissantes sur nous ce que nous appercevons d'une certaine maniere, il faut considerer le fondement de ce jugement, et ce qu'il y a de veritable.

15. Mais sans entrer dans une longue discussion il suffit à present, pour concilier le langage metaphysique avec la practique, de remarquer que nous nous attribuons d'avantage et avec raison les phenomenes que nous exprimons plus parfaitement, et que nous attribuons aux autres substances ce que chacune exprime le mieux. Ainsi *une substance* qui est d'une étendue infinie, entant qu'elle exprime tout, *devient limitée par la maniere de son expression plus ou moins parfaite*. C'est donc ainsi qu'on peut concevoir que les substances s'entrempechent ou se limitent, et par consequent on peut dire dans ce sens qu'elles agissent l'une sur l'autre, et sont obligées pour ainsi dire de s'accommoder entre elles. Car il peut arriver qu'un changement qui augmente l'expression de l'une, diminue celle de l'autre. Or la vertu d'une substance particuliere est de bien exprimer la gloire de Dieu, et c'est par là qu'elle est moins limitée. Et chaque chose quand elle exerce sa vertu ou puissance, c'est à dire quand elle agit, change en mieux et s'étend, entant qu'elle agit : lors donc qu'il arrive un changement dont plusieurs substances sont affectées (comme en effect tout changement les touche toutes), je croy qu'on peut dire que celle qui immediatement par là passe à un plus grand degré de perfection ou a une expression plus parfaite, exerce sa puissance, et agit, et celle qui passe à un moindre degré fait connoistre sa foiblesse, et patit. Aussi tiens je que toute action d'une substance qui a de la perception importe quelque volupté, et toute passion quelque douleur, et *vice versa* cependant il peut bien arriver qu'un avantage present soit détruit par un plus grand mal dans la suite. D'où vient qu'on peut pecher en agissant ou exerçant sa puissance et en trouvant du plaisir.

16. Il ne reste à present que d'expliquer, comment il est possible que Dieu aye quelques fois de l'influence sur les hommes ou sur les autres substances par un concours extraordinaire et miraculeux, puisqu'il semble que rien ne leur peut arriver d'extraordinaire ny de surnaturel, veu que tous leurs evenemens ne sont que des suites de leur nature. Mais il faut se souvenir de ce que nous avons dit cydessus à l'egard des miracles dans l'univers, qui sont tousjours conformes à la loy universelle de l'ordre general, quoyqu'ils soyent au dessus des maximes subalternes. Et d'autant que toute personne ou substance est comme un petit monde qui exprime le grand, on peut dire de même que cette action extraordinaire de Dieu sur cette substance ne laisse pas d'estre miraculeuse, quoyqu'elle soit comprise dans l'ordre general de l'univers entant qu'il est exprimé par l'essence ou notion individuelle de cette substance. C'est pourquoy, *si nous comprenons dans nostre nature tout ce qu'elle exprime, rien ne luy est surnaturel, car elle s'étend à tout;* un effect exprimant tousjours sa cause, et Dieu estant la veritable cause des substances. Mais comme ce que nostre nature exprime plus parfaitement luy appartient d'une maniere particuliere, puisque c'est en cela que sa puissance consiste, et qu'elle est limitée, comme je viens d'expliquer; il y a bien des choses qui surpassent les forces de nostre nature, et même celles de toutes les natures limitées. Par consequent afin de parler plus clairement, je dis que les miracles et les concours extraordinaires de Dieu ont cela de propre qu'ils ne sçauroient estre preveus par le raisonnement d'aucun esprit créé, quelque éclairé qu'il soit, parce que la comprehension distincte de l'ordre general les surpasse tous : au lieu que tout ce qu'on appelle *naturel,* depend des maximes moins generales que

les creatures peuvent comprendre. Afin donc que les paroles soyent aussi irreprehensibles que le sens, il seroit bon de lier certaines manieres de parler avec certaines pensées, et on pourroit appeler *nostre essence, ce qui comprend tout ce que nous exprimons*, et comme elle exprime nostre union avec Dieu même, elle n'a point de limites, et rien ne la passe. Mais ce *qui est limité en nous, pourra estre appellé nostre nature* ou nostre puissance, et à cet egard ce qui passe les natures de toutes les substances créées, est surnaturel.

17. J'ay déjà souvent fait mention des maximes subalternes, ou des loix de la nature, et il semble qu'il seroit bon d'en donner un exemple : Communement nos nouveaux philosophes se servent de cette regle fameuse que Dieu conserve tousjours la même quantité de mouvement dans le monde. En effect elle est fort plausible, et du temps passé je la tenois pour indubitable. Mais depuis j'ay reconnu en quoy consiste la faute. C'est que Monsieur des Cartes et bien d'autres habiles mathematiciens ont cru, que la quantité de mouvement, c'est à dire la vitesse multipliée par la grandeur du mobile, convient entierement à la force mouvante, ou pour parler geometriquement, que les forces sont en raison composée des vistesses et des corps. Or il est raisonnable que la même force se conserve tousjours dans l'univers. Aussi quand on prend garde aux phenomenes on voit bien que le mouvement perpetuel mecanique n'a point de lieu, parce qu'ainsi la force d'une machine, qui est tousjours un peu diminuée par la friction, et doit finir bientost, se repareroit, et par conséquent s'augmenteroit d'elle même sans quelque impulsion nouvelle de dehors; et on remarque aussi que la force d'un corps n'est pas diminuée qu'à mesure qu'il en donne à quelques corps contigus ou à ses propres parties entant qu'elles ont un mouvement à part. Ainsi ils ont cru que ce

qui se peut dire de la force, se pourroit aussi dire de la quantité de mouvement. Mais pour en monstrer la difference, je suppose qu'un corps tombant d'une certaine hauteur acquiert la force d'y remonter, si sa direction le porte ainsi, à moins qu'il ne se trouvent quelques empechemens : par exemple un pendule remonteroit parfaitement à la hauteur dont il est descendu, si la resistance de l'air et quelques autres petits obstacles ne diminuoient un peu sa force acquise. Je suppose aussi qu'il faut autant de force pour elever un corps *A* d'une livre à la hauteur *CD* de quatre toises, que d'elever un corps *B* de quatre livres à la hauteur *EF* d'une toise. Tout cela est accordé par nos nouveaux philosophes. Il est donc manifeste, que

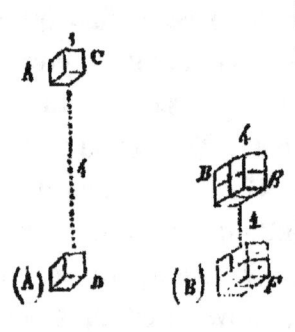

le corps *A* estant tombé de la hauteur *CD* a acquis autant de force precisement que le corps *B* tombé de la hauteur *EF*; car le corps (*B*) estant parvenu en *F* et y ayant la force de remonter jusqu'à *E* (par la première supposition), a par consequent la force de porter un corps de quatre livres, c'est à dire son propre corps, à la hauteur *EF* d'une toise, et de même le corps (*A*) estant parvenu en *D* et y ayant la force de remonter jusqu'à *C*, a la force de porter un corps d'une livre, c'est à dire son propre corps, à la hauteur *CD* de quatre toises. Donc (par la seconde supposition) la force de ces deux corps est egale. Voyons maintenant si la quantité de mouvement est aussi la même de part et d'autre : mais c'est là, où on sera surpris de trouver une difference grandissime. Car il a esté demonstré par Galilei, que la vistesse acquise par la cheute *CD* est double de la vistesse acquise par la cheute *EF*, quoyque la hauteur soit quadruple. Multiplions donc le corps *A* qui est comme 1 par sa vistesse qui est comme 2, le produit ou la quantité de mouvement sera comme 2, et de l'autre part multiplions le corps *B* qui est comme 4 par sa vistesse qui est comme 1, le produit ou la quantité de mouvement sera comme 4; donc la quantité de mouvement du corps *(A)* au point *D* est la moitié de la quantité de mouvement du corps *(B)* ou point *F*, et cependant leur forces sont egales; donc il y a bien de difference entre la quantité de mouvement et la force, ce qu'il falloit monstrer. On voit par là, comment la force doit estre estimée par la quantité de l'effect qu'elle peut produire, par exemple par la hauteur, à laquelle un corps pesant d'une certaine grandeur et espece peut estre elevé, ce qui est bien different de la vistesse qu'on luy peut donner. Et pour luy donner le double de la vistesse il faut plus que le double de la force. Rien n'est plus simple que cette preuve; et Mons. des Cartes n'est tombé icy dans l'erreur que par ce qu'il se fioit trop à ses pensées, lors même qu'elles n'estoient pas encor assez meures. Mais je m'étonne que depuis ses sectateurs ne se sont pas apperçus de cette faute: et j'ay peur qu'ils ne commencent peu à peu d'imiter quelques peripateticiens, dont ils se mocquent, et qu'ils ne s'accoustument comme eux de consulter plustost les livres de leur maistre que la raison et la nature.

18. Cette consideration de la force distinguée de la quantité de mouvement est assez importante non seulement en physique et en mechanique pour trouver les veritables loix de la nature et regles du mouvement, et pour corriger même plusieurs erreurs de practique qui se sont glissés dans les écrits de quelques habiles mathematiciens, mais encor dans la metaphysique pour mieux entendre les principes, car le mouvement, si on n'y considere que ce qu'il comprend precisement et formellement, c'est à dire un changement de place, n'est pas une chose entierement

reelle, et quand plusieurs corps changent de situation entre eux, y il n'est pas possible de determiner par la seule consideration de ces changemens, à qui entre eux le mouvement ou le repos doit estre attribué, comme je pourrois faire voir geometriquement, si je m'y voulois arrester maintenant. Mais la force ou cause prochaine de ces changemens est quelque chose de plus reel, et il y a assez de fondement pour l'attribuer à un corps plus qu'à l'autre; aussi n'est ce que par là qu'on peut connoistre à qui le mouvement appartient d'avantage. Or cette force est quelque chose de different de la grandeur de la figure et du mouvement, et on peut juger par là que tout ce qui est conçû dans les corps ne consiste pas uniquement dans l'étendue et dans ses modifications, comme nos modernes se le persuadent. Ainsi nous sommes encor obligés de rétablir quelques estres ou formes, qu'ils ont bannies. Et il paroist de plus en plus, quoyque tous les phenomenes particuliers de la nature se puissent expliquer mathematiquement ou mechaniquement par ceux qui les entendent, que néantmoins les principes generaux de la nature corporelle et de la mechanique même sont plustost metaphysiques que geometriques, et appartiennent plustost à quelques formes ou natures indivisibles comme causes des apparences qu'à la masse corporelle ou étendue. Reflexion qui est capable de reconcilier la philosophie mechanique des modernes avec la circomspection de quelques personnes intelligentes et bien intentionnées qui craignent avec quelque raison qu'on ne s'eloigne trop des estres immateriels au prejudice de la pieté.

19. Comme je n'aime pas de juger des gens en mauvaise part, je n'accuse pas nos nouveaux philosophes, qui pretendent de bannir les causes finales de la physique, mais je suis neantmoins obligé d'avouer que les suites de ce sentiment me paroissent dangereuses, sur tout quand

je le joins à celuy que j'ay refuté au commencement de ce discours, qui semble aller à les oster tout à fait, comme si Dieu ne se proposoit aucune fin ny bien, en agissant; ou comme si le bien n'estoit pas l'object de sa volonté. Je tiens au contraire que c'est là où il faut chercher le principe de toutes les existences et des loix de la nature, parce que Dieu se propose tousjours le meilleur et le plus parfait. Je veux bien avouer, que nous sommes sujets à nous abuser, quand nous voulons determiner les fins ou conseils de Dieu, mais ce n'est que lors que nous les voulons borner à quelque dessein particulier, croyans qu'il n'a eu en veue qu'une seule chose, au lieu qu'il a en même temps égard à tout; comme lorsque nous croyons que Dieu n'a fait le monde que pour nous, c'est un grand abus, quoyqu'il soit tres veritable qu'il l'a fait tout entier pour nous, et qu'il n'y a rien dans l'univers qui ne nous touche et qui ne s'accommode aussi aux égards qu'il a pour nous, suivant les principes posés cydessus. Ainsi lors que nous voyons quelque bon effet ou quelque perfection qui arrive ou qui s'ensuit des ouvrages de Dieu, nous pouvons dire seurement que Dieu se l'est proposée. Car il ne fait rien par hazard, et n'est pas semblable à nous, à qui il echappe quelque fois de bien faire. C'est pourquoy bien loin qu'on puisse faillir en cela, comme font les politiques outrés qui s'imaginent trop de rafinement dans les desseins des princes, ou comme font des commentateurs qui cherchent trop d'erudition dans leur auteur; on ne sçauroit attribuer trop de reflexions à cette sagesse infinie, et il n'y a aucune matiere où il y aye moins d'erreur à craindre tandis qu'on ne fait qu'affirmer, et pourveu qu'on se garde icy des propositions negatives qui limitent les desseins de Dieu. Tous ceux qui voyent l'admirable structure des animaux se trouvent portés à reconnoistre la sagesse de l'auteur des choses, et je conseille à ceux qui ont quelque sentiment de pieté et même de la veritable philosophie, de s'éloigner des phrases de quelques esprits forts pretendus, qui disent qu'on voit parce qu'il se trouve qu'on a des yeux, sans que les yeux ayent estés faits pour voir. Quand on est sericusement dans ces sentimens qui donnent tout à la necessité de la matiere ou à un certain hazard (quoyque l'un et l'autre doive paroistre ridicule à ceux qui entendent ce que nous avons expliqué cydessus), il est difficile qu'on puisse reconnoistre un auteur intelligent de la nature. Car l'effect doit répondre à sa cause, et même il se connoist le mieux par la connoissance de la cause, et il est déraisonnable d'introduire une intelligence souveraine ordonnatrice des choses, et puis au lieu d'employer sa sagesse, ne se servir que des proprietés de la matiere pour expliquer les phenomenes. Comme si pour rendre raison d'une conqueste qu'un grand prince a fait, en prenant quelque place d'importance, un historien vouloit dire, que c'est par ce que les petits corps de la poudre à canon estant delivrés à l'attouchement d'une étincelle se sont echappés avec une vistesse capable de pousser un corps dur et pesant contre les murailles de la place, pendant que les branches des petits corps qui composent le cuivre du canon estoient assez bien entrelassées, pour ne se pas déjoindre par cette vistesse ; au lieu de faire voir comment la prevoyance du conquerant luy a fait choisir le temps et les moyens convenables, et comment sa puissance a surmonté tous les obstacles.

20. Cela me fait souvenir d'un beau passage de Socrate dans le Phedon de Platon, qui est merveilleusement conforme à mes sentimens sur ce point, et semble estre fait exprés contre nos philosophes trop materiels. Aussi ce rapport m'a donné envie de le traduire, quoyqu'il soit un peu long, peutestre que cet échantillon pourra donner occasion à quelcun de nous faire part de quantité d'autres

pensées belles et solides, qui se trouvent dans les écrits de ce fameux auteur.

21. Or puisqu'on a tousjours reconnu la sagesse de Dieu dans le detail de la structure mecanique de quelques corps particuliers, il faut bien qu'elle se soit monstrée aussi dans l'oeconomie generale du monde et dans la constitution des loix de la nature. Ce qui est si vray qu'on remarque les conseils de cette sagesse dans les loix du mouvement en general. Car s'il n'y avoit dans les corps qu'une masse étendue, et s'il n'y avoit dans le mouvement que le changement de place, et si tout se devoit et pouvoit deduire de ces definitions toutes seules par une necessité geometrique; il s'ensuivroit, comme j'ay monstré ailleurs, que le moindre corps donneroit au plus grand qui seroit en repos et qu'il rencontreroit, la même vistesse qu'il a, sans perdre quoyque ce soit de la sienne; et il faudroit admettre quantité d'autres telles regles tout à fait contraires à la formation d'un systeme. Mais le decret de la sagesse divine de conserver tousjours la même force et la même direction en somme, y a pourveu. Je trouve même que plusieurs effects de la nature se peuvent demonstrer doublement, sçavoir par la consideration de la cause efficiente, et encor à part par la consideration de la cause finale, en se servant par exemple du decret de Dieu de produire tousjours son effect par les voyes les plus aisées et les plus determinées, comme j'ay fait voir ailleurs en rendant raison des regles de la catoptrique et de la dioptrique, et en diray d'avantage tantost.

22. Il est bon de faire cette remarque pour concilier ceux qui esperent d'expliquer mechaniquement la formation de la premiere tissure d'un animal, et de toute la machine des parties, avec ceux qui rendent raison de cette même structure par les causes finales. L'un et l'autre est bon, l'un et l'autre peut estre utile, non seulement pour

admirer l'artifice du grand ouvrier, mais encor pour découvrir quelque chose d'utile dans la physique et dans la medicine. Et les auteurs qui suivent ces routes differentes ne devroient point se maltraiter. Car je voy que ceux qui s'attachent à expliquer la beauté de la divine anatomie, se mocquent des autres qui s'imaginent qu'un mouvement de certaines liqueurs qui paroist fortuit a pû faire une si belle varieté de membres, et traitent ces gens là de temeraires et de profanés. Et ceuxcy au contraire traitent les premiers de simples et de superstitieux, semblables à ces anciens qui prenoient les physiciens pour impies, quand ils soûtenoient que ce n'est pas Jupiter qui tonne, mais quelque matiere qui se trouve dans les nues. Le meilleur seroit de joindre l'une et l'autre consideration, car s'il est permis de se servir d'une basse comparaison, je reconnois et j'exalte l'adresse d'un ouvrier non seulement en monstrant quels desseins il a eus en faisant les pieces de sa machine, mais encor en expliquant les instrumens dont il s'est servi pour faire chaque piece, sur tout quand ces instrumens sont simples et ingenieusement controuvés. Et Dieu est assez habile artisan pour produire une machine encor plus ingenieuse mille fois que celle de nostre corps, en ne se servant que de quelques liqueurs assez simples expressement formées en sorte qu'il ne faille que les loix ordinaires de la nature pour les demêler comme il faut afin de produire un effet si admirable, mais il est vray aussi, que cela n'arriveroit point, si Dieu n'estoit pas auteur de la nature. Cependant je trouve que la voye des causes efficientes, qui est plus profonde en effet et en quelque façon plus immediate et *a priori*, est en recompense assez difficile, quand on vient au detail, et je croy que nos philosophes le plus souvent en sont encor bien éloignés. Mais la voye des finales est plus aisée, et ne laisse pas de servir souvent à deviner des veritez importantes et utiles qu'on seroit bien long temps à chercher par cette autre route plus physique, dont l'anatomie peut fournir des exemples considerables. Aussi tiens-je que Snellius qui est le premier inventeur des regles de la refraction, auroit attendu longtemps à les trouver, s'il avoit voulu chercher premierement comment la lumiere se forme. Mais il a suivi apparemment la methode dont les anciens se sont servis pour la catoptrique, qui est en effet par les finales. Car cherchans la voye la plus aisée pour conduire un rayon d'un point donné à un autre point donné par la reflexion d'un plan donné (supposans que c'est le dessein de la nature), ils ont trouvé l'égalité des angles d'incidence et de reflexion, comme l'on peut voir dans un petit traité d'Heliodore de Larisse, et ailleurs. Ce que Mons. Snellius comme je croy et apres luy (quoyque sans rien sçavoir de luy) M. Fermat ont appliqué plus ingenieusement à la refraction. Car lors que les rayons observent dans les mêmes milieux la même proportion des sinus qui est aussi celle des resistences des milieux, il se trouve que c'est la voye la plus aisée ou du moins la plus determinée pour passer d'un point donné dans un milieu à un point donné dans un autre. Et il s'en faut beaucoup que la demonstration de ce même theoreme que M. des Cartes a voulu donner par la voye des efficientes, soit aussi bonne. Au moins y a-t-il lieu de soubçonner qu'il ne l'auroit jamais trouvée par là, s'il n'avoit rien appris en Hollande de la decouverte de Snellius.

23. J'ay trouvé à propos d'insister un peu sur ces considerations des finales, des natures incorporelles et d'une cause intelligente avec rapport aux corps; pour en faire connoistre l'usage jusque dans la physique et dans les mathematiques, afin de purger d'une part la philosophie mecanique de la profanité, qu'on luy impute, et de l'autre part d'elever l'esprit de nos philosophes des considerations materielles toutes seules à des meditations plus nobles.

Maintenant il sera à propos de retourner des corps aux natures immaterielles et particulierement aux esprits et de dire quelque chose de la maniere dont Dieu se sert pour les éclairer et pour agir sur eux, ou il ne faut point douter, qu'il n'y ait aussi certaines loix de nature, de quoy je pourrois parler plus amplement ailleurs. Maintenant il suffira de toucher quelque chose des idées, et si nous voyons toutes choses en Dieu, et comment Dieu est nostre lumiere. Or il sera à propos de remarquer que le mauvais usage des idées donne occasion à plusieurs erreurs. Car quand on raisonne de quelque chose, on s'imagine d'avoir une idée de cette chose, et c'est le fondement sur le quel quelques philosophes anciens et nouveaux ont basti une certaine demonstration de Dieu, qui est fort imparfaite. Car disent-ils, il faut bien que j'aye une idée de Dieu ou d'un estre parfait, puisque je pense à luy et on ne sçauroit penser sans idée, or l'idée de cet estre enferme toutes les perfections, et l'existence en est une, par consequent il existe. Mais comme nous pensons souvent à des chimeres impossibles, par exemple au dernier degré de la vistesse, au plus grand nombre, à la rencontre de la conchoide avec la base ou regle; ce raisonnement ne suffit pas. C'est donc en ce sens, qu'on peut dire, qu'il y a des idées vrayes et fausses, selon que la chose dont il s'agit est possible ou non. Et c'est alors qu'on peut se vanter d'avoir une idée de la chose, lors qu'on est asseuré de sa possibilité. Ainsi l'argument susdit prouve au moins, que Dieu existe necessairement, s'il est possible. Ce qui est en effet un excellent privilege de la nature divine, de n'avoir besoin que de sa possibilité ou essence, pour exister actuellement, et c'est justement ce qu'on appelle *ens a se*.

24. Pour mieux entendre la nature des idées, il faut toucher quelque chose de la varieté des connoissances. Quand je puis reconnoistre une chose parmy les autres, sans pou-

voir dire en quoy consistent ses differences ou proprietés, la connoissance est confuse. C'est ainsi que nous connoissons quelquefois clairement, sans estre en doute en aucune façon, si un poëme ou bien un tableau est bien ou mal fait, parce qu'il y a un je ne sçay quoy qui nous satisfait ou qui nous choque. Mais lors que je puis expliquer les marques que j'ay, la connoissance s'appelle distincte. Et telle est la connoissance d'un essayeur, qui discerne le vray or du faux par le moyen de certaines épreuves ou marques qui font la definition de l'or. Mais la connoissance distincte a des degrés, car ordinairement les notions qui entrent dans la definition, auroient besoin elles mêmes de definition et ne sont connues que confusement. Mais lors que tout ce qui entre dans une definition ou connoissance distincte est connu distinctement, jusqu'aux notions primitives, j'appelle cette connoissance adequate. Et quand mon esprit comprend à la fois et distinctement tous les ingrediens primitifs d'une notion, il en a une connoissance intuitive qui est bien rare, la plus part des connoissances humaines n'estant que confuses ou bien suppositives. Il est bon aussi de discerner les definitions nominales et les reelles : j'appelle definition nominale, lors qu'on peut encor douter si la notion definie est possible, comme par exemple, si je dis qu'une vis sans fin est une ligne solide dont les parties sont congruentes ou peuvent inceder l'une sur l'autre ; celuy qui ne connoist pas d'ailleurs ce que c'est qu'une vis sans fin, pourra douter si une telle ligne est possible, quoyque en effect ce soit une proprieté reciproque de la vis sans fin, car les autres lignes dont les parties sont congruentes (qui ne sont que la circomference du cercle et la ligne droite) sont planes, c'est à dire se peuvent décrire *in plano*. Cela fait voir que toute proprieté reciproque peut servir à une définition nominale, mais lors que la proprieté donne à connoistre la possibilité de la chose, elle fait la definition reelle ; et tandis qu'on n'a qu'une definition nominale, on ne sçauroit s'asseurer des consequences qu'on en tire, car si elle cachoit quelque contradiction ou impossibilité, on en pourroit tirer des conclusions opposées. C'est pourquoy les verités ne dependent point des noms, et ne sont point arbitraires comme quelques nouveaux philosophes ont crû. Au reste il y a encor bien de la difference entre les especes des definitions reelles, car quand la possibilité ne se prouve que par experience comme dans la definition de vif argent dont on connoist la possibilité parce qu'on sçait qu'un tel corps se trouve effectivement qui est un fluide extremement pesant, et neantmoins assés volatile, la definition est seulement reelle et rien d'avantage ; mais lors que la preuve de la possibilité se fait *a priori*, la definition est encor reelle et causale, comme lors qu'elle contient la generation possible de la chose ; et quand elle pousse l'analyse à bout jusqu'aux notions primitives, sans rien supposer, qui ait besoin de preuve *a priori* de sa possibilité, la definition est parfaite ou essentielle.

25. Or il est manifeste que nous n'avons aucune idée d'une notion quand elle est impossible. Et lors que la connoissance n'est que suppositive, quand nous aurions l'idée, nous ne la contemplons point, car une telle notion ne se connoist que de la même maniere que les notions occultement impossibles, et si elle est possible, ce n'est pas par cette maniere de connoistre qu'on l'apprend ; par exemple lors que je pense à mille ou à un chiliogone, je le fais souvent sans en contempler l'idée, comme lors que je dis que mille est dix foix cent, sans me mettre en peine de penser ce que c'est que 10 et 100, parce que je suppose de le sçavoir et ne crois pas d'avoir besoin à present de m'arrester à le concevoir. Ainsi il pourra bien arriver, comme il arrive en effect assez souvent, que je me trompe à l'égard d'une notion que je suppose ou croy d'entendre, quoyque

dans la verité elle soit impossible, ou au moins incompatible avec les autres, aux quelles je la joins, et soit que je me trompe, ou que je ne me trompe point, cette maniere suppositive de concevoir demeure la même. Ce n'est donc que lors que nostre connoissance est claire dans les notions confuses, ou lors qu'elle est intuitive dans les distinctes, que nous en voyons l'idée entière.

26. Pour bien concevoir ce que c'est qu'idée, il faut prevenir une equivocation, car plusieurs prennent l'idée pour la forme ou difference de nos pensées, et de cette maniere nous n'avons l'idée dans l'esprit, qu'entant que nous y pensons, et toutes les fois que nous y pensons de nouveau, nous avons d'autres idées de la même chose quoyque semblables aux precedentes. Mais il semble que d'autres prennent l'idée pour un object immediat de la pensée ou pour quelque forme permanente qui demeure lors que nous ne la contemplons point. Et en effect nostre ame a tousjours en elle la qualité de se representer quelque nature ou forme que ce soit, quand l'occasion se presente d'y penser. Et je croy que cette qualité de nostre ame entant qu'elle exprime quelque nature, forme ou essence, est proprement l'idée de la chose, qui est en nous, et qui est tousjours en nous, soit que nous y pensions ou non. Car nostre ame exprime Dieu et l'univers, et toutes les essences aussi bien que toutes les existences. Cela s'accorde avec mes principes, car naturellement rien ne nous entre dans l'esprit par dehors, et c'est une mauvaise habitude que nous avons de penser comme si nostre ame recevoit quelques especes messageres et comme si elle avoit des portes et des fenestres. Nous avons dans l'esprit toutes ces formes, et même de tout temps, parce que l'esprit exprime tousjours toutes ses pensées futures, et pense déja confusement à tout ce qu'il pensera jamais distinctement. Et rien ne nous sçauroit estre appris, dont nous n'ayons déja

dans l'esprit l'idée qui est comme la matiere dont cette pensée se forme. C'est ce que Platon a excellemment bien consideré, quand il a mis en avant sa reminiscence qui a beaucoup de solidité, pourveu qu'on la prenne bien, qu'on la purge de l'erreur de la preexistence, et qu'on ne s'imagine point que l'ame doit déja avoir sceu et pensé distinctement autres fois ce qu'elle apprend et pense maintenant. Aussi a-t-il confirmé son sentiment par une belle experience, introduisant un petit garçon qu'il mene insensiblement à des verités tres difficiles de la geometrie touchant les incommensurables, sans luy rien apprendre, en faisant seulement des demandes par ordre et à propos. Ce qui fait voir que nostre âme sçait tout cela virtuellement, et n'a besoin que d'animadversion pour connoistre les verités, et par consequent qu'elle a au moins les idées dont ces verités dependent. On peut même dire qu'elle possede déja ces verités, quand on les prend pour les rapports des idées.

27. Aristote a mieux aimé de comparer nostre ame à des tablettes encor vuides, où il y a place pour écrire, et il a soutenu que rien n'est dans nostre entendement, qui ne vienne des sens. Cela s'accorde d'avantage avec les notions populaires, comme c'est la maniere d'Aristote, au lieu que Platon va plus au fond. Cependant ces sortes de doxologies ou practicologies peuvent passer dans l'usage ordinaire à peu prés comme nous voyons que ceux qui suivent Copernic ne laissent pas de dire que le soleil se leve et se couche. Je trouve même souvent qu'on leur peut donner un bon sens, suivant le quel elles n'ont rien de faux, comme j'ay remarqué déja de quelle façon on peut dire veritablement que les substances particulieres agissent l'une sur l'autre, et dans ce même sens on peut dire aussi que nous recevons de dehors des connoissances par le ministere des sens, parce que quelques choses exterieures

contiennent ou expriment plus particulierement les raisons qui determinent nostre ame à certaines pensées. Mais quand il s'agit de l'exactitude des verités metaphysiques, il est important de reconnoistre l'étendue et l'independance de nostre ame, qui va infiniment plus loin, que le vulgaire ne pense, quoyque dans l'usage ordinaire de la vie on ne luy attribue que ce dont on s'apperçoit plus manifestement, et ce qui nous appartient d'une maniere particuliere, car il n'y sert de rien, d'aller plus avant. Il seroit bon cependant de choisir des termes propres à l'un et à l'autre sens pour eviter l'equivocation. Ainsi ces expressions qui sont dans nostre ame, soit qu'on les conçoive ou non, peuvent estre appellées idées, mais celles qu'on conçoit ou forme, se peuvent dire notions, *conceptus*. Mais de quelque maniere qu'on le prenne, il est tousjours faux de dire que toutes nos notions viennent des sens qu'on appelle exterieurs, car celle que j'ay de moy et de mes pensées, et par consequent de l'estre, de la substance, de l'action, de l'identité, et de bien d'autres, viennent d'une experience interne.

28. Or dans la rigueur de la verité metaphysique il n'y a point de cause externe qui agisse sur nous, excepté Dieu seul, et luy seul se communique à nous immediatement en vertu de nostre dependance continuelle. D'où il s'ensuit qu'il n'y a point d'autre object externe, qui touche nostre ame et qui excite immediatement nostre perception. Aussi n'avons nous dans nostre ame les idées de toutes choses, qu'en vertu de l'action continuelle de Dieu sur nous, c'est à dire parce que tout effect exprime sa cause, et qu'ainsi l'essence de nostre ame est une certaine expression ou imitation ou image de l'essence, pensée et volonté divine et de toutes les idées qui y sont comprises. On peut donc dire, que Dieu seul est nostre object immediat hors de nous, et que nous voyons toutes choses par

luy ; par exemple lors que nous voyons le soleil et les astres, c'est Dieu qui nous en a donné et qui nous en conserve les idées, et qui nous determine à y penser effectivement, par son concours ordinaire, dans le temps que nos sens sont disposés d'une certaine maniere, suivant les loix qu'il a establies. Dieu est le soleil et la lumiere des ames, *lumen illuminans omnem hominem venientem in hunc mundum*; et ce n'est pas d'aujourdhuy qu'on est dans ce sentiment. Apres la sainte écriture et les Peres, qui ont tousjours esté plustost pour Platon que pour Aristote, je me souviens d'avoir remarqué autresfois que du temps des scholastiques, plusieurs ont cru que Dieu est la lumiere de l'ame, et, selon leur maniere de parler, *intellectus agens animae rationalis*. Les Averroistes l'ont tourné dans un mauvais sens, mais d'autres, parmy les quels je croy que Guillaume de S. Amour s'est trouvé, et plusieurs theologiens mystiques, l'ont pris d'une maniere digne de Dieu et capable d'elever l'ame à la connoissance de son bien.

29. Cependant je ne suis pas dans le sentiment de quelques habiles philosophes, qui semblent soutenir que nos idées mêmes sont en Dieu, et nullement en nous. Cela vient à mon avis de ce qu'ils n'ont pas assez consideré encor ce que nous venons d'expliquer icy touchant les substances, ny toute l'étendue et independance de nostre ame, qui fait qu'elle enferme tout ce qui luy arrive, et qu'elle exprime Dieu et avec luy tous les estres possibles et actuels, comme un effect exprime sa cause. Aussi est ce une chose inconcevable que je pense par les idées d'autruy. Il faut bien aussi que l'ame soit affectée effectivement d'une certaine maniere, lors qu'elle pense à quelque chose, et il faut qu'il y aye en elle par avance non seulement la puissance passive de pouvoir estre affectée ainsi, la quelle est déja toute determinée, mais encor une puis-

sance active, en vertu de la quelle il y a tousjours eu dans sa nature des marques de la production future de cette pensée et des dispositions à la produire en son temps. Et tout cecy enveloppe déjà l'idée comprise dans cette pensée.

30. Pour ce qui est de l'action de Dieu sur la volonté humaine, il y a quantité de considerations assez difficiles, qu'il seroit long de poursuivre icy. Neantmoins voicy ce qu'on peut dire en gros. Dieu en concourant à nos actions ordinairement ne fait que suivre les loix qu'il a establies, c'est à dire il conserve et produit continuellement nostre estre, en sorte que les pensées nous arrivent spontanément ou librement dans l'ordre que la notion de nostre substance individuelle porte, dans la quelle on pouvoit les prevoir de toute eternité. De plus en vertu du decret qu'il a fait que la volonté tendroit tousjours au bien apparent, en exprimant ou imitant la volonté de Dieu sous des certains respects particuliers, à l'egard des quels ce bien apparent a tousjours quelque chose de veritable, il determine la nostre aux choix de ce qui paroist le meilleur sans la necessiter neantmoins. Car absolument parlant elle est dans l'indifference entant qu'on l'oppose à la necessité, et elle a le pouvoir de faire autrement ou de suspendre encor tout à fait son action, l'un et l'autre parti estant et demeurant possible. Il depend donc de l'ame de se precautionner contre les surprises des apparences par une ferme volonté de faire des reflexions, et de ne point agir ny juger en certaines rencontres, qu'apres avoir bien et meurement deliberé. Il est vray cependant et même il est asseuré de toute éternité que quelque âme ne se servira pas de ce pouvoir dans une telle rencontre. Mais qui en peut mais ? et se peut elle plaindre que d'elle même ? Car toutes ces plaintes apres le fait sont injustes, quand elles auroient esté injustes avant le fait. Or cette ame un peu avant que de pe-

cher auroit elle bonne grace de se plaindre de Dieu comme s'il la determinoit au peché? Les determinations de Dieu en ces matieres estant des choses qu'on ne sçauroit prevoir, d'où sçait elle qu'elle est determinée à pecher, si non lors qu'elle peche déja effectivement? Il ne s'agit que de ne pas vouloir, et Dieu ne sçauroit proposer une condition plus aisée et plus juste; aussi tous les juges sans chercher les raisons qui ont disposé un homme à avoir une mauvaise volonté, ne s'arrestent qu'à considerer combien cette volonté est mauvaise. Mais peutestre qu'il est asseuré de toute eternité, que je pecheray? Répondés vous vous même : peut estre que non ; et sans songer à ce que vous ne sçauriés connoistre, et qui ne vous peut donner aucune lumiere, agissés suivant vostre devoir que vous connoissés. Mais dira quelque autre, d'où vient que cet homme fera asseurement ce peché? La réponse est aisée, c'est qu'autrement ce ne seroit pas cet homme. Car Dieu voit de tout temps qu'il y aura un certain Judas dont la notion ou idée que Dieu en a, contient cette action future libre. Il ne reste donc que cette question, pourquoy un tel Judas, le traistre, qui n'est que possible dans l'idée de Dieu, existe actuellement. Mais à cette question il n'y a point de réponse à attendre icy bas, si ce n'est qu'en general on doit dire, que puisque Dieu a trouvé bon qu'il existât, non obstant le peché qu'il prevoyoit, il faut que ce mal se recompense avec usure dans l'univers, que Dieu en tirera un plus grand bien, et qu'il se trouvera en somme que cette suite des choses dans la quelle l'existence de ce pecheur est comprise, est la plus parfaite parmy toutes les autres façons possibles. Mais d'expliquer tousjours l'admirable oeconomie de ce choix, cela ne se peut pendant que nous sommes voyageurs; c'est assez de le sçavoir sans le comprendre. Et c'est icy qu'il est temps de reconnoistre *altitudinem divitiarum*, la profondeur et l'abyme de la divine sagesse, sans chercher un detail qui enveloppe des considerations infinies. On voit bien cependant que Dieu n'est pas la cause du mal. Car non seulement apres la perte de l'innocence des hommes le peché originel s'est emparé de l'ame, *mais encor auparavant il y avoit une limitation ou imperfection originale conaturelle à toutes les creatures,* qui les rend peccables ou capables de manquer. Ainsi il n'y a pas plus de difficulté à l'égard des supralapsaires qu'à l'egard des autres. *Et c'est à quoy se doit reduire à mon avis le sentiment de S. Augustin et d'autres auteurs que la racine du mal est dans le neant, c'est à dire dans la privation ou limitation des creatures,* à laquelle Dieu remedie gracieusement par le degré de perfection qu'il luy plaist de donner. Cette grace de Dieu, soit ordinaire ou extraordinaire, a ses degrés et ses mesures, elle est tousjours efficace en elle même pour produire un certain effet proportionné, et de plus elle est tousjours suffisante non seulement pour nous garantir du peché, mais même pour produire le salut, en supposant que l'homme s'y joigne par ce qui est de luy; mais elle n'est pas tousjours suffisante à surmonter les inclinations de l'homme, car autrement il ne tiendroit plus à rien, et cela est reservé à la seule grace absolument efficace qui est tousjours victorieuse, soit qu'elle le soit par elle même, ou par la congruité des circomstances.

31. Enfin les graces de Dieu sont des graces toutes pures, sur lesquelles les creatures n'ont rien à pretendre : pourtant comme il ne suffit pas pour rendre raison du choix de Dieu qu'il fait dans la dispensation de ces graces de recourir à la prevision absolue ou conditionnelle des actions futures des hommes, il ne faut pas aussi s'imaginer des decrets absolus, qui n'ayent aucun motif raisonnable. Pour ce qui est de la foy ou des bonnes œuvres prevûs, il est tres vray que Dieu n'a eleu que ceux dont il

prevoyoit la foy et la charité, *quos se fide donaturum praescivit*, mais la même question revient, pourquoy Dieu donnera aux uns plustost qu'aux autres la grace de la foy ou des bonnes oeuvres. Et quand à cette science de Dieu, qui est la prevision non pas de la foy et des bons actes, mais de leur matiere et predisposition ou de ce que l'homme y contribueroit de son costé (puisqu'il est vray qu'il y a de la diversité du costé des hommes là où il y en a du costé de la grace, et qu'en effect il faut bien que l'homme, quoyqu'il aye besoin d'estre excité au bien et converti, y agisse aussi par apres), il semble à plusieurs qu'on pourroit dire que Dieu voyant ce que l'homme feroit sans la grace ou assistance extraordinaire, ou au moins ce qu'il y aura de son costé faisant abstraction de la grace, pourroit se resoudre à donner la grace à ceux dont les dispositions naturelles seroient les meilleures ou au moins les moins imparfaites ou moins mauvaises. Mais quand cela seroit, on peut dire que ces dispositions naturelles, autant qu'elles sont bonnes, sont encor l'effect d'une grace bien qu'ordinaire, Dieu ayant avantagé les uns plus que les autres : et puisqu'il sçait bien que ces avantages naturels qu'il donne, serviront de motif à la grace ou assistance extraordinaire, suivant cette doctrine ; n'est il pas vray qu'enfin le tout se reduit entierement à sa misericorde? Je croy donc (puisque nous ne sçavons pas combien ou comment Dieu a égard aux dispositions naturelles dans la dispensation de la grace) que le plus exact et le plus seur est de dire, suivant nos principes et comme j'ay déja remarqué, qu'il faut qu'il y aye parmy les estres possibles la personne de Pierre ou de Jean dont la notion ou idée contient toute cette suite de graces ordinaires et extraordinaires et tout le reste de ces evenemens avec leur circomstances, et qu'il a plû à Dieu de la choisir parmy une infinité d'autres personnes egalement possibles, pour exister actuellement : apres quoy il semble qu'il n'y a plus rien à demander et que toutes le difficultés evanouissent. Car quant à cette seule et grande demande, pourquoy il a plû à Dieu de la choisir parmy tant d'autres personnes possibles; il faut estre bien déraisonnable pour ne se pas contenter des raisons generales que nous avons données, dont le detail nous passe. Ainsi au lieu de recourir à un decret absolu qui estant sans raison est déraisonnable, ou à des raisons qui n'achevent point de resoudre la difficulté, et ont besoin d'autres raisons, le meilleur sera de dire conformement à S. Paul, qu'il y a par cela certaines grandes raisons de sagesse ou de congruité inconnues aux mortels et fondées sur l'ordre general, dont le but est la plus grande perfection de l'univers que Dieu a observées. C'est à quoy reviennent les motifs de la gloire de Dieu et de la manifestation de sa justice aussi bien que de sa misericorde et generalement de ses perfections; et enfin cette profondeur immense des richesses dont le même S. Paul avoit l'ame ravie.

32. Au reste il semble que les pensées que nous venons d'expliquer, et particulierement le grand principe de la perfection des operations de Dieu et celuy de la notion de la substance qui enferme tous ses evenemens avec toutes leurs circomstances, bien loin de nuire, servent à confirmer la religion, à dissiper des difficultés tres grandes, à enflammer les ames d'un amour divin et à elever les esprits à la connoissance des substances incorporelles bien plus que les hypotheses qu'on a veues jusqu'icy. Car on voit fort clairement que *toutes les autres substances dependent de Dieu comme les pensées emanent de nostre substance, que Dieu est tout en tous, et qu'il est uni intimement à toutes les creatures, à mesure neantmoins de leur perfection*, que c'est luy qui seul les determine au dehors par son influence, et si agir est determiner immediatement, on peut dire en ce sens dans le langage de metaphysique, que Dieu seul opere

sur moy, et seul me peut faire du bien ou du mal, les autres substances ne contribuant qu'à la raison de ces determinations, à cause que Dieu ayant egard à toutes, partage ses bontés et les oblige de s'accommoder entre elles. Aussi Dieu seul fait la liaison ou la communication des substances, et c'est par luy que les phenomenes des uns se rencontrent et s'accordent avec ceux d'autres, et par consequent qu'il y a de la realité dans nos perceptions. Mais dans la practique on attribue l'action aux raisons particulieres dans le sens que j'ay expliqué cy-dessus, parce qu'il n'est pas necessaire de faire tousjours mention de la cause universelle dans les cas particuliers. On voit aussi que toute substance a une parfaite spontaneité (qui devient liberté dans les substances intelligentes), que tout ce qui luy arrive est une suite de son idée ou de son estre, et que rien ne la determine excepté Dieu seul. Et c'est pour cela qu'une personne dont l'esprit estoit fort relevé et dont la sainteté est reverée, avoit coustume de dire, que l'ame doit souvent penser comme s'il n'y avoit que Dieu et elle au monde. *Or rien ne fait comprendre plus fortement l'immortalité que cette independance et cette étendue de l'ame, qui la met absolument à couvert de toutes les choses exterieures, puisqu'elle seule fait tout son monde et se suffit avec Dieu :* et il est aussi impossible qu'elle perisse sans annihilation, qu'il est impossible que le monde (dont elle est une expression vivante, perpetuelle) se detruise luy même ; aussi n'est il pas possible que les changemens de cette masse étendue qui est appellée nostre corps, fassent rien sur l'ame, ny que la dissipation de ce corps detruise ce qui est indivisible.

33. On voit aussi éclaircissement de ce grand mystere de l'union de l'ame et du corps, c'est à dire comment il arrive que les passions et les actions de l'un sont accompagnées des actions et passions ou bien des phenomenes

convenables de l'autre. Car il n'y a pas moyen de concevoir que l'un aye de l'influence sur l'autre, et il n'est pas raisonnable de recourir simplement à l'operation extraordinaire de la cause universelle dans une chose ordinaire et particuliere. Mais en voicy la veritable raison : nous avons dit, que tout ce qui arrive à l'ame et à chaque substance, est une suite de sa notion, donc l'idée même ou essence de l'ame porte que toutes ses apparences ou perceptions luy doivent naistre *(sponte)* de sa propre nature, et justement en sorte qu'elles répondent d'elles mêmes à ce qui arrive dans tout l'univers, mais plus particulierement et plus parfaitement à ce qui arrive dans le corps qui luy est affecté, parce que c'est en quelque façon et pour un temps, suivant le rapport des autres corps au sien, que l'ame exprime l'estat de l'univers. *Ce qui fait connoistre encor, comment nostre corps nous appartient sans estre neantmoins attaché à nostre essence.* Et je croy que les personnes qui sçavent mediter, jugeront avantageusement de nos principes pour cela même, qu'ils pourront voir aisement en quoy consiste la connexion qu'il y a entre l'ame et le corps qui paroist inexplicable par toute autre voye. On voit aussi que les perceptions de nos sens, lors mêmes qu'elles sont claires, doivent necessairement contenir quelque sentiment confus, car comme tous les corps de l'univers sympathisent, le nostre reçoit l'impression de tous les autres, et quoyque nos sens se rapportent à tout, il n'est pas possible que nostre ame puisse attendre à tout en particulier; c'est pourquoy nos sentimens confus sont le resultat d'une varieté de perceptions, qui est tout à fait infinie. Et c'est à peu prés comme le murmure confus qu'entendent ceux qui approchent du rivage de la mer vient de l'assemblage des repercussions des vagues innumerables. Or si de plusieurs perceptions (qui ne s'accordent point à en faire une) il n'y a aucune qui excelle par dessus les autres, et si elles font à peu prés des impressions egalement fortes ou egalement capables de determiner l'attention de l'ame, elle ne s'en peut apercevoir que confusement.

34. Supposant que les corps qui font *unum per se*, comme l'homme, sont des substances, et qu'ils ont des formes substantielles, et que les bestes ont des ames, on est obligé d'avouer que ces ames et ces formes substantielles ne sçauroient entierement perir non plus que les atomes ou les dernieres parties de la matiere dans le sentiment des autres philosophes; car aucune substance ne perit, quoyqu'elle puisse devenir tout autre. Elles expriment aussi tout l'univers, quoyque plus imparfaitement que les esprits. Mais la principale difference est, qu'elles ne connoissent pas ce qu'elles sont, ny ce qu'elles font, et par consequent ne pouvant faire des reflexions, elles ne sçauroient decouvrir des verités necessaires et universelles. C'est aussi faute de reflexion sur elles mêmes qu'elles n'ont point de qualité morale, d'où vient que, passant par mille transformations à peu prés, comme nous voyons qu'une chenille se change en papillon, c'est autant pour la morale ou practique, comme si on disoit qu'elles perissent, et on le peut mêmes dire physiquement, comme nous disons, que les corps perissent par leur corruption. Mais l'ame intelligente connoissant ce qu'elle est, et pouvant dire ce moy, qui dit beaucoup, ne demeure pas seulement et subsiste metaphysiquement, bien plus que les autres, mais elle demeure encor la même moralement et fait le même personnage. Car c'est le souvenir, ou la connoissance de ce moy, qui la rend capable de chastiment et de recompense. Aussi l'immortalité qu'on demande dans la morale et dans la religion, ne consiste pas dans cette subsistance perpetuelle toute seule qui convient à toutes les substances, car sans le souvenir de ce qu'on a esté, elle n'auroit rien de souhaittable. Supposons que quelque particulier doive devenir

tout d'un coup roy de la Chine, mais à condition d'oublier ce qu'il a esté, comme s'il venoit de naistre tout de nouveau; n'est ce pas autant dans la practique, ou quant aux effects dont on se peut appercevoir, que s'il devoit estre aneanti, et qu'un roy de la Chine devoit estre créé dans le même instant à sa place? Ce que ce particulier n'a aucune raison de souhaitter.

35. Mais pour faire juger par des raisons naturelles, que Dieu conservera tousjours non seulement nostre substance, mais encor nostre personne, c'est à dire le souvenir et la connoissance de ce que nous sommes (quoyque la connoissance distincte en soit quelques fois suspendue dans le sommeil et les defaillances), il faut joindre la morale à la metaphysique; c'est à dire il ne faut pas seulement considerer Dieu comme le principe et la cause de toutes les substances et de tous les estres, mais encor comme chef de toutes les personnes ou substances intelligentes, et comme le monarque absolu de la plus parfaite cité ou republique, telle qu'est celle de l'univers composée de tous les esprits ensemble; Dieu luy même estant aussi bien le plus accompli de tous les esprits, qu'il est le plus grand de tous les estres. Car asseurement les esprits sont les plus parfaites, et qui expriment le mieux la divinité. Et toute la nature, fin, vertu et fonction des substances n'estant que d'exprimer Dieu et l'univers, comme il a esté assez expliqué, il n'y a pas lieu de douter que les substances qui l'expriment avec connoissance de ce qu'elles font, et qui sont capables de connoistre des grandes veritési à l'egard de Dieu et de l'univers, ne l'expriment mieux sans comparaison que ces natures qui sont ou brutes ou incapables de connoistre des verités, ou tout à fait destituées de sentiment et de connoissance; et la difference entre les substances intelligentes, et celles qui ne le sont point, est aussi grande que celle, qu'il y a entre le miroir

et celuy qui voit. Et comme Dieu luy même est le plus grand et le plus sage des esprits, il est aisé de juger, que les estres avec les quels il peut pour ainsi dire entrer en conversation et même en société, en leur communiquant ses sentimens et ses volontés d'une maniere particuliere, et en telle sorte qu'ils puissent connoistre et aimer leur bienfaiteur, le doivent toucher infiniment plus que le reste des choses, qui ne peuvent passer que pour les instrumens des esprits. Comme nous voyons que toutes les personnes sages font infiniment plus d'estat d'un homme que de quelque autre chose, quelque precieuse qu'elle soit : et il semble que la plus grande satisfaction qu'une ame, qui d'ailleurs est contente, peut avoir, est de se voir aimée des autres : quoyque à l'egard de Dieu il y aye cette difference que sa gloire et nostre culte ne sçauroit rien adjouter à sa satisfaction, la connoissance des creatures n'estant qu'une suite de sa souveraine et parfaite felicité, bien loin d'y contribuer ou d'en estre en partie la cause. Cependant ce qui est bon et raisonnable dans les esprits finis, se trouve eminemment en luy, et comme nous louerions un roy qui aimeroit mieux de conserver la vie d'un homme que du plus precieux et plus rare de ses animaux, nous ne devons point douter que le plus éclairé et le plus juste de tous les monarques ne soit dans le même sentiment.

36. En effet les esprits sont les substances les plus perfectionables, et leur perfections ont cela de particulier qu'elles s'entrempechent le moins, ou plustost qu'elles s'entraident, car les plus vertueux pourront seuls estre les plus parfaits amis ; d'où il s'ensuit manifestement que Dieu qui va tousjours à la plus grande perfection en general, aura le plus de soin des esprits, et leur donnera non seulement en general, mais mêmes à chacun en particulier le plus de perfection que l'harmonie universelle sçauroit permettre. On peut même dire que Dieu, entant qu'il est un

esprit, est l'origine des existences ; autrement s'il manquoit de volonté pour choisir le meilleur, il n'y auroit aucune raison pour qu'un possible existât preferablement aux autres. Ainsi la qualité de Dieu, qu'il a d'estre esprit luy même, va devant toutes les autres considerations qu'il peut avoir à l'egard des creatures : les seuls esprits sont faits à son image, et quasi de sa race ou comme enfans de la maison, puisqu'eux seuls le peuvent servir librement et agir avec connoissance à l'imitation de la nature divine : un seul esprit vaut tout un monde, puisqu'il ne l'exprime pas seulement mais le connoist aussi, et s'y gouverne à la façon de Dieu. Tellement qu'il semble quoyque toute substance exprime tout l'univers, que neantmoins les autres substances expriment plustost le monde que Dieu, mais que les esprits expriment plustost Dieu que le monde. Et cette nature si noble des esprits, qui les approche de la divinité autant qu'il est possible aux simples creatures, fait que Dieu tire d'eux infiniment plus de gloire que du reste des estres, ou plustost les autres estres ne donnent que de la matiere aux esprits pour le glorifier. C'est pourquoy cette qualité morale de Dieu, qui le rend le seigneur ou monarque des esprits, le concerne pour ainsi dire personnellement d'une maniere toute singuliere. C'est en cela qu'il s'humanise, qu'il veut bien souffrir des anthropologies, et qu'il entre en société avec nous, comme un prince avec ses sujets; et cette consideration luy est si chere que l'heureux et fleurissant estat de son empire, qui consiste dans la plus grande felicité possible des habitans, devient la supreme de ses loix. Car la felicité est aux personnes ce que la perfection est aux estres. Et si le premier principe de l'existence du monde physique est le decret de luy donner le plus de perfection qu'il se peut, le premier dessein du monde moral, ou de la cité de Dieu qui est la plus noble partie de l'univers, doit estre d'y repandre le plus de felicité, qu'il sera possible. Il ne faut donc point douter que Dieu n'ait ordonné tout en sorte que les esprits non seulement puissent vivre tousjours, ce qui est immanquable, mais encor qu'ils conservent tousjours leur qualité morale, afin que sa cité ne perde aucune personne, comme le monde ne perd aucune substance. Et par consequent ils sçauront tousjours ce qu'ils sont, autrement ils ne seroient susceptibles de recompense ny de chastiment, ce qui est pourtant de l'essence d'une republique, mais sur tout de la plus parfaite, où rien ne sçauroit estre negligé. Enfin Dieu estant en même temps le plus juste et le plus debonnaire des monarques, et ne demandant que la bonne volonté, pourveu qu'elle soit sincere et serieuse, ses sujets ne sçauroient souhaitter une meilleure condition, et pour les rendre parfaitement heureux il veut seulement qu'on l'aime.

37. Les anciens philosophes ont fort peu connu ces importantes verités : Jesus Christ seul les a divinement bien exprimées, et d'une maniere si claire et si familiaire, que les esprits les plus grossiers les ont conçues : aussi son evangile a changé entierement la face des choses humaines; il nous a donné à connoistre le royaume des cieux ou cette parfaite republique des esprits qui merite le titre de cité de Dieu, dont il nous a decouvert les admirables loix : luy seul a fait voir combien Dieu nous aime, et avec quelle exactitude il a pourveu à tout ce qui nous touche ; qu'ayant soin des passereaux il ne negligera pas les creatures raisonnables qui luy sont infiniment plus cheres; que tous les cheveux de nostre teste sont comtés; que le ciel et la terre periront plustost que la parole de Dieu et ce qu'appartient à l'œconomie de nostre salut soit changé ; que Dieu a plus d'égard à la moindre des ames intelligentes, qu'à toute la machine du monde; que nous ne devons point craindre ceux qui peuvent détruire les corps, mais

ne sçauroient nuire aux ames, puisque Dieu seul les peut rendre heureuses ou malheureuses, et que celles des justes sont dans sa main à couvert de toutes les revolutions de l'univers, rien ne pouvant agir sur elles que Dieu seul; qu'aucune de nos actions est oubliée; que tout est mis en ligne de compte, jusqu'aux paroles oisives, et jusqu'à une cuillerée d'eau bien employée; enfin que tout doit reussir pour le plus grand bien des bons; que les justes seront comme des soleils, et que ny nos sens ny nostre esprit n'a jamais rien gousté d'approchant de la felicité que Dieu prepare à ceux qui l'aiment.

VITA LEIBNITII A SE IPSO BREVITER DELINEATA (¹).

Leubniziorum sive Lubenieczioroum nomen Slavonicum; familia in Polonia Boh.................. et suopte ingenio, et cum nulla se aliunde spes ostenderet, hortantibus amicis, qui ei in aula Saxonica patronos paravere, quorum auxilio illo perrexit, ut professoris demum munus Lipsiae consequeretur, fortunamque in tranquillo collocaret. Nam cum aptus esset rebus agendis, Academiae negotia ei demandata sunt, quae in comitiis statuum provincialibus, in quibus Academicis inter praelatos locus est; omnique alia occasione cum fide et applausu gessit.

Natus sum illi jam quinquennario et vix sexennis amisi patrem, quare pauca de eo mihi ipse repraesento, reliqua ab aliis intellexi. Duo tantum memini, unum cum mature legere discerem, ipsum patrem id studiose egisse, ut historiae sacrae atque profanae amorem mihi tum variis narrationibus, tum exhibito Germanico libello conciliaret. Quod ei ita successit, ut egregia sibi promitteret in futurum. Alterum sane memorabile est, cujus perinde recordor, acsi nudius tertius contigisset. Erat dies dominicus, mater ad antimeridianum concionem audiendam in templum ierat; pater domi in lectulo jacebat aeger. Ego ipso solum atque amita praesentibus in hypocauto lusitabam nondum satis indutus: obambulabam autem in scamno parieti affixo, cui mensa admota erat, mensae adstabat amita, me indu-

---

(¹) Autographum in Bibliotheca regia Hanoverensi servatur.
(*Nota ab editore addita.*)

tura; ego in ipsam mensam assurgo lasciviens et illa me prensitante retrocedens e summo loco in pavimentum decido; pater amitaque exclamant, respiciunt, videntes me sedere illaesum atque irridentem, sed tribus prope passibus a mensa remotum, majore intervallo, quam quod saltu transmittere posse videretur infans. Quare pater peculiarem Dei gratiam agnoscens statim misit schedam in templum, quo finita concione pro more Deo gratiae agerentur; multis ea res tum in urbe sermonibus materiem praebuit. Pater autem tum ex hoc casu, tum nescio quibus aliis sive somniis, sive auguriis tam magnam de me spem concepit, ut saepe ab amicis irrederetur. Sed non licuit aut mihi diutius ejus ope uti, aut illi meis profectibus frui, nam paulo post ex hoc vita decessit.

Ego crescente aetate atque viribus mirifice historiarum lectione delectabar, librosque Germanicos nactus non dimittebam, quam perlegissem totos. At latino sermoni in schola operam dabam, et haud dubie solita tarditate profecissem, nisi casus aliquis peculiarem mihi viam ostendisset. Forte in aedibus, ubi habitabam, offendi libros duos, quos studiosus aliquis oppignoraverat, unum esse memini Livium, alter erat thesaurus chronologicus Sethi Calvisii. Hoc nactus statim devoravi, et Calvisium quidem facilius intelligebam, quod haberem librum Historiae universalis Germanicum, qui saepe eadem dicebat. At in Livio haesi diutius, nam cum veterum res atque formas ignorarem, et historicis alioqui dictio sit a vulgi intelligentia remota, vix lineolam bona fide intelligebam. Sed quoniam vetus erat editio incisis ligno figuris distincta, has contemplabar studiose et subinde subjecta verba legebam, nihil moratus obscura, et quae minime intelligebam transsiliens, quod cum saepius facerem totumque librum pervolvissem, aliquo postea intervallo; rem de integro aggressus, multa plura intelligebam, quo mirifice delectatus sine ullo Dictionario perrexi, donec pleraque tam plana essent, sensuque.......... Interea cum forte in schola...... adhiberem, praeceptori.... quaerit unde mihi illae.... quasi vero tu... disse. Dixi et... narrare quae mihi in recenti memoria erant. Praeceptor re dissimulata eos adit, qui curam habebant educationis meae, monet ut caveant, ne intempestiva ac praepostera lectione studia mea perturbarem. Livium mihi aeque convenire, ac pygmeo cothurnum. Excutiendos e pueri manu esse alterius lustri libros, remittendumque ad Comenii vestibulum aut minorem Catechismum. Et persuasisset haud dubie, nisi forte interfuisset colloquio quidam e vicinia eques eruditus et peregrinationibus clarus, qui domino aedium familiaris erat; is ludi magistri sive invidiam, sive stuporem aversatus, quem omnes eodem pede metiri videbat, contra demonstrare coepit, iniquum atque intolerabile esse, prima exerentium se ingeniorum semina magistrorum duritie atque ruditate suffocari. Quin potius favendum puero nihil vulgare promittenti, atque omni auxilio subveniendum esse. Itaque me venire iubet, cumque ad quaesita non absurde respondere videret, non conquievit, antequam a cognatis extorsisset, ut mihi in ipsam patris bibliothecam, quae clausa cum vineis luctabatur, aditus daretur. — Ego vero hoc nuntio perinde triumphabam, ac si thesaurum reperissem. Nam veteres plerosque, solis nominibus mihi notos, gestiebam videre, Ciceronem et Quinctilianum et Senecam, Plinium, Herodotum, Xenophontem, Platonem et Historiae Augustae scriptores, et multos Ecclesiae patres latinos graecosque. Hos volutabam ut impetus tulerat, et mira rerum varietate delectabar : itaque nondum duodecennis latinos commode intelligebam et graeca balbutire coeperam, et versus singulari successu scribebam, in quibus eousque profeci, ut cum forte in schola puero cuidam mandatum esset orationis ligatae pridie pentecostes habendae officium, et ille morbo vix triduo ante actum impeditus esset, nemoque rem in se suscipere vellet, nisi orationis ab illo compositae sibi copia fieret, ego me includens musaeo a primo mane usque ad coenam scripserim versus 300 hexametros praeceptoribus laudatos, et quod affectaveram, sine ulla elisione, quos publice stata die pronuntiavi.

Certe in studiis humanitatis et re poetica eo usque profeceram, ut vererentur amici, ne dulcedine captus pellaciūm Musarum, seria magis et aspera fastidirem. Sed hac eos cura eventus absolvit. Cum primum enim ad logicam vocatus sum, quas ceteri abhorrebant spinas, ego magno affectu perreptabam. Nec tantum praecepta facile exemplis applicabam, quod mirantibus praeceptoribus faciebam aequalium solus, sed et dubitationes movebam et nova jam tum moliebar, quae ne exciderent, in schedis annotabam. Legi multo post quae scripseram quatuordecennis, iisque sum mirifice delectatus. Ex variis meditationibus illius aetatis unum afferam in exemplum. Videbam, in Logica terminos simplices ordinari in classes quasdam, quas vocant praedicamenta. Mirabar ego, cur non et termini complexi sive enuntiationes in classes distribuerentur; eo scilicet ordine, quo ex se invicem derivari possint atque deduci, harum ego classium vocabam praedicamenta enuntiationum, quae perinde erant materia sillogysmorum, ut praedicamenta vulgaria sunt materia enuntiationum. Hoc dubium cum proponerem magistris, nemo eorum satisfecit, tantum monuere, non decere puerum nova moliri in rebus, quae nondum satis excoluisset; postea vero vidi, haec quae ego optabam Praedicamenta sive series Ennunciationum, nihil aliud esse quam id, quod nobis exhibent Mathematici in Elementis, qui ita disponunt dispositiones, quemadmodum altera ex altera deducitur; quod ego frustra tum a philosophis requirebam. Interea in Zabarella et Rubio et Fonseca aliisque sholasticis non minori, quam antea in Historicis voluptate versabar et eousque profeceram, ut Suaresium non minore facilitate legerem, quam Milesias fabulas solemus, quas vulgo Romanos vocant.

Interim illi qui educationis meae curam gerebant (quibus nullam magis ob rem obstrictus sum, quam quod se quam minimum studiis meis miscuere), cum antea metuissent, ne fierem poeta professus, nunc verebantur, ne ad scholasticas subtilitates obhaerescerem; sed ignorabant illi, non posse animum meum uno rerum genere expleri. Cum enim me juris studio destinatum intellexissem, statim, missis omnibus, illuc animum appuli, unde major studiorum fructus ostendebatur. Sensi autem, magnam mihi facilitatem ad jurisprudentiam comparandam afferre priora studia historiarum et philosophiae, quare leges facillime intelligebam, et non diu haerens in theoria, quam velut facilem despiciebam, ad praxin juris animum appuli. Erat mihi amicus... provincialis Lipsiensis, quam vocant, *die Hofgerichte* consiliarius assessor. Is et me secum ducebat saepe et acta legenda dabat, et qua ratione concipiendae esse sententiae, exemplis docebat. Ita ego mature in hujus scientiae intima penetrabam; judicis enim munere delectabar, advocatorum versutias aversabar, eamque ob rationem nunquam causas orare volui, tametsi omnium consensu valide satis atque apte germanica quoque lingua scriberem. Atque hoc quidem modo septendecim aetatis annos explevi, nulla magis ratione felix, quam quod studia non ad aliorum sententiam, sed propriam voluntatem direxissem, qua ratione effeceram, ut semper aequalium princeps haberer in omnibus scholis atque congressibus publicis privatisque, non praeceptorum *tantum*, sed et ipsorum condiscipulorum testimoniis, quae editis carminibus gratulatoriis continentur..... Jam vero consulendum erat de ratione vitae, atque eo quod vulgo vocant Promotionem. Facultas juridica Lipsiensis constat duodecim Assessoribus, qui a professoribus sunt diversi. Hi vacant responsis potius atque consultationibus, quam lectionibus atque disputationibus. In eam recipiuntur omnes doctores juris Lipsienses, ordine doctoratus, ubi primum vacuus ipsis locus fit, alterius decessu. Ego videbam, si mature doctor crearer, me inter primos fore fortunamque in tuto collocaturum; sed tum forte ingens orta erat disputatio, cum quidam soli doctores creari vellent, aliis junioribus exclusis et in aliam promotionem dilatis. Illis favebant plurimi ex facultate. Ego animadverso artificio aemulorum, mutato consilio ad peregrinationes animum applicavi, indignum ratus, juvenem velut clavo alligi certo in loco: nam diu ardebat animus ad majorem gloriam studiorum et cognitionem exterorum et disciplinas mathematicas. Prodiit illis temporibus dissertatio quaedam mea de Arte Combinatoria, quam doctissimi etiam viri cum applausu legere, quos inter Kircherus et Baylius eminent. Nam ipsum Kircheri opus de eodem argumento tum nondum prodierat. Paulo post in Academia Norica Doctoris gradum sumsi anno aetatis vigesimo primo, maximo omnium applausu. Nam cum publice disputassem, tanta facilitate disserui, tantaque claritate animi sensa exposui, ut non auditores tantum novam et insolitam in Jureconsulto inprimis ἀκρίβειαν mirerentur, sed et ii, qui opponere debebant, publice agnoscerent, sibi egregie satisfactum. Certe vir quidam mihi ignotus, eruditus, qui actui interfuerat, Norimbergum ad amicum literas dedit, quae mihi postea ostensae sunt, quibus prope pudorem incutiebat nimiis laudibus; et professor aliquis dixit publice, nusquam ex illa cathedra versus fuisse recitatos illis similes, quos ego pronuntiaveram in ipso promotionis actu. Et decanus juridicae Facultatis, Joannes Wolfgang Textor, cujus de statu Imperii nostri elegans extat liber, scripsit ad Dilherum, primarium pastorem Noricum, cum summa laude a me fuisse disputatum. Scholarchae quoque duo, qui cum Cancellario, Noricae Reipublicae Syndico, promotionis actui affuerant, singularem quandam laudandi mei occasionem reperere. Cum enim ego duas haberem orationes, unam prosa, aliam versibus, primam tam expedite legebam, ut viderer eam recitare ex scheda. Cum vero postea ad versus recitandos accessissem, coactus sum ita prope admovere schedam, oculorum vitio, qui non nisi propinqua vident, ut facile agnoscerent ipsi, priora fuisse memoriter dicta. Credebant itaque memoriae mandata a me fuisse verba solutae orationis, sed mirabantur, cur non ligatam potius didicissem, quod facilius. Respondi, eos in errore versari, nam me verba orationis solutae non edidicisse, sed ex tempore fecisse inter perorandum; quod cum aegre crederent, primum Concionatorum exemplo usus sum, qui dispositionem orationis notare contenti, non alligantur, quae tam facile mihi latine, quam illis germanice nascerentur: deinde schedam orationis produxi, in qua videbant ipsi, alia plane verba esse, quam quae recitaveram. Haec res magnum mihi apud Norimbergenses applausum procuravit, ita ut paullo post Dilherus, primarius urbis ecclesiasticus, scholarchorum jussu mihi denuntiaverit, si animus esset, habere aliquamdiu in illa Academia professoris munus, se mihi mature spondere. Sed ego longe alia animo agitabam. Quorum causas exponere pretium est.

Paene puer cum in bibliothecam parentis pro arbitrio grassarer, incidi in aliquot controversiarum libros. Commotus rei novitate, neque ullis praejudiciis imbutus (pleraque enim de mea discebam), libenter omnia legi, nonnulla etiam scrupulose excussi. Saepe etiam sententias meas margini librorum annotavi, quod prope periculum mihi aliquando creavit. Calixti scriptis valde delectabar; habebam et multos alios libros nonnullis suspectos, quos satis ipsa mihi novitas commendabat. Tum primum coepi agnoscere, neque omnia certa esse, quae vulgo ferantur, et saepe inania vehementer de rebus contendi, quae tanti non sunt. Ergo nondum 17ennis accuratius quarundam controversiarum discussionem moliebar. Videbam enim, rem esse facilem homini exacto et diligenti. Mirifice mihi placuerat liber Lutheri de servo arbitrio, et Laurentii Vallae de libertate dialogi. Examinaveram Aegidii Hunnii scripta et Stulteki in Concordiam formularum commentarium; sed et Gregorii de Valentia analysin fidei et quaedam opuscula Becani et scripta Piscatoris. Cum postea ad jurisprudentiam animum appuli, illic quoque novum consilium ceperam. Nam cum viderem, quam multa superflua et obscura et quam non suo loco in legum corpore dicerentur, miserebar juventutis tempus nugis terentis: videbam non difficile esse mederi huic malo, et ab homine accurate ratiocinante posse omnia in paucas redigi propositiones. Quod consilium meum edito libello de Methodo juris maxima omnium approbatione susceptum est, et multi magni Icti, etiam Portnerus Ratisbonae, Spizelius mihi applausere, quod literis eorum partim ad me, partim ad amicos datis constat.

SCHEDA LEIBNITII MANU EXARATA.

Natus 16.. mense Augusto ...

... Haec scripta puerilia pleraque aliquando revidenda, emendanda, expolienda, ut denuo edi possint.

1659. Carmen 300 versuum una die scripseram.

1661. Schola exii.

1662. Audivi Thomasium.

1663. 30 Maj. Baccalaureus Lipsiae disputationem habui de principio individui, sub praeside Jacobi Thomasii. Aestatem sequentem Jenae egi.

1664. Hyeme magistri gradum accepi et 3 Dec. ejusdem anni ipse praeses defendi specimen quaestionum philosophicarum ex jure.

1665. 14 Jul. habui disputationem juridicam priorem de conditionibus sub praeside B. L. Schacheri; 17 Aug. habita est altera sub eodem praeside.

166. Habui dissertationem de Arte Combinatoria, Lipsiae. Titulus disputationis abest, ut non possim diem designare. Fuit credo pro loco in facultate. Recusa est Francofurti 1690 me ignaro, edente Herm. Christ. Crockon.

1666. 5 Nov. Altorfii disputationem habui, de casibus perplexis in jure.

1667. Editum est speciminum in jure meorum fasciculum a bibliopola Norimbergensi, cui nomen Joann. Philipp. Miltenberger (in meo exemplari tituli avulsi) 1667. Meth. docendi etc.

1669. Specimen demonstrationis pro eligendo rege Polonorum. Titulus libri Vilnae 1669, sed revera editum Dantisci. 12.

Ratio corporis juris. Mag. 166.

1670. Moguntiae, typis Kugleri, Hypothesis physica nova.

Inde in Galliam sum profectus vere a. 1672. Hannoveram vocatus 1675, fine.

IMAGO LEIBNITII A SE IPSO ADUMBRATA.

Pater ejus gracilis fuit et biliosus, sed magis sanguineus et in summo gradu calculosus. Is morbo extenuativo unius septimanae exstinctus est, nulla cum suffocatione. *Mater*, catharris guttur et pectus obstruentibus, suffocata est.

Temperamentum videtur simpliciter nec biliosum, nec pituitosum, nec melancholicum esse. Non sanguineum, ob pallorem faciei et a motu abstinentiam. Non biliosum, ob sitis defectum, ob crines rectos, ob famem caninam, ob somnum profundum. Non pituitosum, ob crebros et celeres mentis et affectuum motus, et ob gracilitatem corporis. Non frigidum seu melancholicum et siccum, ob celeres motus intellectus et voluntatis. Videtur tamen biliosum praeeminere.

Statura mediocris est et gracilis; facies pallida: manus ut plurimum frigidae: pedes pro habitu corporis longiores, aeque ac digiti manuum aridiores, nulla ad sudores dispositione. Crines in capite subfusci sunt, corpus autem non valde pilosum. Oculi a teneris parum acuti; vox exilis altaque magis et clara, quam fortis, volubilis etiam, sed non satis composita, nam literas gutturales et K difficulter pronuntiat. Pulmones teneri, hepas siccum calidumque, et manus innumeris lineis sectae sunt. Dulcibus delectatur, veluti saccharo, quo vinum miscere solet. Delectatur etiam odoribus spiritus confortantibus, firmiter persuasus, ad spiritus recreandos multum situm esse in odoribus, dummodo non sint calidi. A tussi nulla molestia, sternutatio rara. Catharris non affligitur: raro pituitam ejicit, saepe vero sputum, praesertim a potu et pro proportione acrimoniae eius, quod bibit. Nec oculos habet in liquido natantes, sed justo sicciores : unde hebetudo visus ad longinquiora, ad propius posita autem tanto est acrior. Noctis quies non interrupta est, quia sero cubitum it, et lucubrationes studiis matutinis longe praefert.

Vitae genus a pueris sedentarium et exigui motus fuit. Ab ineunte aetate multa legit, plura meditatus est, in plerisque αὐτοδίδακτος. Res omnes profundius, ac vulgo solet, penetrandi cupidus et nova inveniendi.

Conversationis appetentia non multa; major meditationis et lectionis solitariae. Implicatus autem conversationi satis jucunde eam continuat, sermonibus jocosis et gratis magis delectatus, quam lusu, aut exercitiis in motu consistentibus.

Facile effervescit quidem, sed ira, ut subita est, ita cito defervescit.

Nunquam nimis tristem, nunquam hilarem nimis videris. Dolor et gaudium non nisi moderatum. Risus frequentius os diducit, quam pectus convertit. Timidus est in re aliqua inchoanda, audax in prosequenda.

Ob defectum visus non habet vividam imaginationem.

Ob memoriae debilitatem minima jactura praesens magis eum afficit, quam maxima praeterita.

Inventione et judicio egregio est praeditus, neque ei difficile, varia comminisci, legere, scribere, dicere ex tempore, remque aliquam intellectualem, si opus sit, ad fundum usque meditando perscrutari. Unde infero, cerebrum ei esse siccum et spirituosum.

Spiritus in ipso nimium agitantur. Itaque vereor ne morbo aliquo aut consumtione humidi radicalis aliquando abripiatur, ob studium assiduum et nimias meditationes et membrorum tenuitatem.

FRAGMENTUM EPISTOLÆ AD ARNALDUM.

Ego inter tot distractiones vix alteri me argumento vehementius incubuisse arbitror quantulocunque tractu hujus vitae meae, quam quod me securum redderet de futura, et hanc unam mihi multo maximam fuisse fateor etiam philosophandi causam; tulisse me vero praemium non contemnendum, quietem mentis, ac profiteri posse, demonstrata a me nonnulla, quae hactenus aut credebantur tantum, aut etiam, etsi magni momenti, ignorabantur. Videbam, geometriam seu philosophiam de loco gradum struere ad philosophiam de motu seu corpore, et philosophiam de motu ad scientiam de mente. De motu ergo demonstratae sunt a me aliquot propositiones magni momenti: ex quibus nominabo hoc loco duas : primo, nullam esse cohaesionem seu consistentiam quiescentis, contra quam Cartesio visum est, ac proinde, quicquid quiescat, quantulocunque motu impelli et dividi posse. Quam propositionem postea longius produxi, et inveni, corpus quiescens nullum esse, nec a spatio vacuo differre. Unde consequitur demonstratio hypotheseos Copernicanae, multaque alia nova in scientia naturali. Altera est, omnem motum in pleno esse circularem homocentricum, nec posse intelligi in mundo motus rectilineos, spirales, ellipticos, ovales; imo nec circulares diversorum centrorum, nisi admisso vacuo. De aliis hoc loco dicere nihil necesse est. Has autem ideo memoro, quia ex iis sequitur aliquid utile praesenti instituto: ex posteriore, corporis essentiam non consistere in extensione, id est magnitudine et figura, quia spatium vacuum a corpore diversum esse necesse est, cum tamen sit extensum; ex priore, essentiam corporis potius consistere in motu, cum spatii notio magnitudine et figura, id est extensione, absolvatur. In geometria demonstravi propositiones quasdam fundamentales, quibus geometria indivisibilium, id est fons inventionum ac demonstrationum, nititur, nimirum omne punctum esse spatium minus quovis dato; esse partes puncti, sed indistantes; nec proinde Euclidem falli de partibus extensionis loquentem; nulla esse indivisibilia, esse tamen inextensa; esse punctum puncto majus, sed in ratione minore, quam quae exponi potest, seu ad sensibilem quamcunque infinita; angulum esse quantitatem puncti. Addidi ex phoronomia indivisibilium, quietis ad motum non esse rationem, quae est puncti ad spatium, sed quae nullius est ad unum; conatum ad motum esse ut punctum ad spatium; posse in eodem corpore plures simul conatus, sed non motus contrarios esse; unum corporis moti punctum tempore conatus sui nonnunquam, quod dari potest, esse in pluribus locis seu punctis spatii, seu parte spatii se majore; quod movetur, nunquam in uno loco esse, ne instanti quidem de tempore infinito; si corpus conetur in corpus, esse ambo in initio penetrationis seu unionis, seu extrema eorum unum esse, ut continuum definit Aristoteles ὧ τὰ ἔσχατα ἕν. Hinc ea corpora omnia solaque cohaerere, quae se premant. Esse quasdam etiam instantes partes seu signa, idque intelligi posse ex motu continue accelerato, qui cum quolibet instanti ac proinde ab initio crescat; crescere autem apponat prius et posterius, necessario in instanti dato signum unum alio prius esse, sed sine extensione, id est ea signorum distantia, cujus ratio ad quantumcunque tempus sensibile sit major quavis data, seu quae puncti ad lineam. Ex his porro propositionibus cepi fructum ingentem, non tantum in demonstrandis motus legibus, sed et in doctrina de mente. Cum enim sit a me demonstratum, locum verum mentis nostrae esse punctum quoddam seu centrum, ex eo deduxi consequentias quasdam mirabiles de mentis incorruptibilitate, de impossibilitate quiescendi a cogitando, de impossibilitate obliviscendi, de vera atque intima differentia inter motum et cogitationem; cogitationem consistere in conatu, ut corpus in motu; omne corpus intelligi posse mentem momentaneam, sed carentem recordatione; conatum omnem in corporibus quoad determinationem esse indestruibilem; in mente etiam quoad gradum velocitatis ut corpus in motuum tractu, ita mentem in conatuum harmonia consistere; motum corporis praesentem oriri ex praecedentium conatuum compositione, conatum mentis praesentem, id est voluntatem, ex compositione harmoniarum praecedentium in unam novam seu voluptate, cujus harmoniam si quid aliud conatu impresso turbat, facit dolorem : quaeque alia multa spero me demonstraturum in iis, quae molior, elementis de mente. Unde nonnihil lucis promittere ausim defensioni mysteriorum trinitatis, incarnationis, praedestinationis, et, de qua postremum dicturus sum, eucharistiae. Nam et rem moralem et juris atque aequi fundamenta paulo certius clariusque solito constituere conari, ipsum me vitae genus jussit. Praeter enim Nucleum legum Romanorum, quae ipsis earum verbis breviter et ordinate exhibeat velut novo quodam specimine edicti perpetui novi, quicquid toto corpore vere lex, vere novum dispositivumque est, et nunc quoque vim habere potest, et elementa Romani juris brevi tabula uno sub obtutu comprehendentia regulas paucas et claras, quarum combinatione omnes casus solvi possunt, ac denique novas contrahendorum processuum rationes, quibus nescio an uspiam propositae sint expeditiores, efficaciores, intimiores atque, ut sic dicam, ἀκριβέστεραι; praeter haec, inquam, elementa juris naturalis brevi libello complecti cogito, quibus omnia ex solis definitionibus demonstrentur. Virum bonum enim seu justum definio qui amat omnes; amorem voluptatem ex felicitate aliena, dolorem ex infelicitate aliena; felicitatem voluptatem sine dolore; voluptatem sensum harmoniae; dolorem sensum inconcinnitatis; sensum cogitationem cum voluntate seu conatu agendi; harmoniam diversitatem identitate compensatam. *Utique enim delectat nos varietas, sed reducta in unitatem.* Hinc omnia juris et aequi theoremata deduco.

NOTES DE L'INTRODUCTION.

Page XVI. *Ainsi Leibniz voulait relever la philosophie de Platon et l'opposer à celle de Descartes.*

Il est remarquable que Dutens, forcé par l'évidence de voir dans Leibniz le restaurateur de la philosophie grecque, et ne connaissant pas les deux manuscrits que nous publions, a cru retrouver quelque parenté entre ses doctrines et celles de Pythagore, qui a toujours passé pour un des ancêtres de Platon. Évidemment, s'il avait connu ces manuscrits, il n'eût pas remonté si haut dans la philosophie grecque. Platon lui eût suffi avec Aristote. (Dutens, t. II, p. 8.)

Page XXXII. *J'allais donc voir ces grands hommes de l'antiquité... Cicéron, Quintilien, Hérodote, Platon... et les Pères de l'Église.*

Une anecdote rapportée par Dutens prouve qu'il garda jusqu'à la fin cette passion de sa jeunesse pour l'antiquité grecque et latine. Un docte Italien, étant venu le visiter à Hannover, raconte qu'au moment où il prenait congé de son hôte, après avoir passé plusieurs jours auprès de lui, Leibniz lui avait dit : « Vous m'avez souvent fait la grâce de me dire que je vous paraissais savoir quelque chose, *me nonnihil scire*. Eh bien ! je vais vous montrer la source où j'ai puisé tout ce que je sais. » Alors, le prenant par la main, il l'introduisit dans un petit cabinet, *in cellulam*, où il y avait quelques livres en petit nombre, et parmi lesquels l'Italien remarqua les œuvres de Platon, d'Aristote, de Plutarque, de Sextus Empiricus, d'Euclide et d'Archimède (Dutens, t. II, p. 8.)

Page XXXIII. *Mais il se remit au travail, et ce fut sur la logique et la scolastique qu'il porta cette ardeur nouvelle.*

Dans une lettre à Gabriel Wagner ([1]), où il défend l'étude et la

---

([1]) Cette lettre, éditée en allemand par MM. Guhrauer et Erdmann, n'a pas encore été traduite en français.

science de la logique, il s'exprime ainsi : « J'ai trouvé beaucoup de
« choses bonnes et utiles dans les logiques parues jusqu'à nos jours,
« et je leur suis très-reconnaissant, car je crois pouvoir dire avec
« vérité que la logique, même telle qu'on l'enseigne dans les écoles,
« m'a bien profité. Avant d'arriver dans la classe où on l'enseignait,
« j'étais absorbé par les historiens et les poëtes ; car j'ai commencé
« à lire les histoires presque aussitôt que je sus lire, et je trouvais
« un grand plaisir dans la poésie. Mais quand je commençai à com-
« prendre la logique, je fus étonné extraordinairement de la distri-
« bution et de l'ordre des idées que j'y observai. Je pensai de suite,
« autant du moins qu'un enfant de treize ans le peut faire sous ce
« rapport, qu'il devait se trouver là quelque chose de grand. Les
« *Prædicamenta* faisaient ma plus grande joie ; il me semblait qu'ils
« étaient les *types* et les *modèles* de toutes les choses de la terre,
« et je me mis à chercher dans toutes les logiques celle où je trou-
« verais ce *Registre universel*. Souvent je me demandais à moi-même
« ou à mes camarades à quelle espèce de *prédicament* ceci ou cela
« appartenait. Bientôt je fis une découverte agréable, j'appris com-
« ment, moyennant les *prædicamenta*, on peut deviner quelque
« chose, ou se rappeler ce qu'on avait oublié, quand toutefois
« l'image en est encore dans la mémoire, et que l'esprit ne le trouve
« pas tout de suite. Pour cela, on n'a qu'à se rapporter à quel-
« ques *prédicaments* certains à rapports plus éloignés avec l'ob-
« jet que l'on cherche ; on exclut ce qui ne vous intéresse pas, on
« resserre ainsi le cercle, et on arrive petit à petit à son but. Et
« peut-être ainsi Nabuchodonosor aurait-il pu se ressouvenir de son
« rêve. C'est en encadrant de cette manière mes connaissances que
« j'arrivai à la pratique *divisionis et subdivisionis*, la considérant
« comme la base de l'ordre et le lien des pensées. Je cherchai aussi
« à réunir toutes les choses qui avaient quelques rapports entre elles
« en une seule, en *un nombre*. Ainsi, par exemple, le nombre des
« sentiments, des vertus, des vices étant trouvé, je cherchais à les
« rassembler en un seul tableau, selon que les espèces se présen-
« taient, mais ordinairement je trouvais que mon calcul était in-
« exact et qu'il existait encore d'autres espèces qu'on aurait pu y
« ajouter. Je trouvais à ce travail un plaisir particulier, et de lon-
« gues années après je découvris quelque chose qui me mit sur la

« bonne voie, et maintenant encore cette idée ne me déplaît pas. Ce
« n'est que plus tard que je reconnus l'utilité de cette manière d'a-
« gir, lorsque je voulais développer une matière. Et je me rappelle
« qu'un jour, après avoir composé quelque chose, un savant de mes
« amis me demanda comment tout m'était présent à la mémoire, je
« lui répondis (comme cela était vrai) que c'était moyennant les
« *divisions* et les *subdivisions*, dont je me servais *comme d'un*
« *filet pour prendre la bête sauvage*. Fort heureusement que j'étais
« déjà assez avancé dans mes études, avant que j'aie eu ces pen-
« sées, car sans cela je crois que j'aurais pu difficilement parvenir
« à revenir des choses aux mots. J'eus aussi beaucoup de fantaisies,
« continue Leibniz, que je communiquai de temps en temps à mes
« maîtres ; ainsi, entre autres, je voulais savoir si, comme les *termini*
« *simplices* ou notions mises en ordre par les *prædicamenta*, les
« prédicaments eux-mêmes ne pouvaient pas devenir *termini com-*
« *plexi* ou des vérités. Je ne savais pas alors que les *mathematicæ*
« *demonstrationes* étaient précisément ce que je voulais. Je remar-
« quai aussi que les *Topica*, lieux de rassemblement des moyens de
« connaître et de démontrer, ne servaient pas peu à nous rappeler
« en son temps ce que nous avions bien dans la tête, mais non dans
« notre pensée. Je vis alors aussi que ces lieux sont les véritables
« sources de nos démonstrations et de nos éclaircissements, et qu'ils
« sont non-seulement *argumentabilia*, mais aussi *prædicabilia*. Il
« existe aussi un certain art d'interroger, qui n'est pas seulement aux
« juges et aux rapporteurs, et que l'on doit employer dans les voya-
« ges, dans toutes les occasions, car rarement on voit des choses
« ou des personnes dont on ne peut apprendre quelque chose,
« dont on ne puisse se servir à l'occasion, et plus tard on ne pourra
« point se faire des reproches d'avoir négligé ces demandes ou ces
« observations. A ceci se rapporte aussi l'art d'interroger la nature,
« de la mettre sur la table de torture (*ars experimentandi*), art
« dans lequel excellait Verulamius. Mon estimable maître me dira
« que les fortes têtes ne se servent point de pareils avantages, mais
« que leur esprit naturel leur suffit. Cela est vrai ; mais il est vrai
« aussi qu'il en est très-peu qui connaissent ou qui sachent se servir
« de ces avantages, et que c'est comme la destinée du genre humain
« de faire peu d'usage de la grâce de Dieu et des trésors de la bien-

« faisante nature ; et je suis de l'avis que les hommes peuvent faire
« des choses incroyables, s'ils le veulent bien ; mais leurs yeux sont
« encore comme fermés, et il faut laisser à tout le temps de mûrir.
« Je suis persuadé, d'après cela, que la plus mauvaise tête se ser-
« vant de tous les avantages qui lui sont donnés peut faire aussi
« bien que la meilleure des têtes, de même qu'un enfant avec une
« règle trace des lignes plus exactes que le plus grand maître avec
« sa main. Mais le génie qui se servira aussi de ces avantages s'é-
« lèvera jusqu'à faire des choses incroyables. »

Ici nous reconnaissons encore une seconde influence de l'étude de la logique sur Leibniz, influence qui s'exercera sur sa *spéculation précoce* et sur le projet d'une langue de caractères, projet qu'il garda dans son esprit depuis le commencement jusqu'à la fin de sa vie. Il en a parlé en peu de mots plus haut. « Par un hasard extraordi-
« naire, dit-il, il est arrivé qu'encore enfant, je tombai sur ces idées,
« qui plaisaient à mes premières tendances et qui plus tard se gra-
« vèrent toujours plus profondément dans mon esprit. Deux choses
« me servirent admirablement (quoiqu'elles soient nuisibles à beau-
« coup) : 1° j'étais *autodidacte*, et 2° à peine avais-je abordé une
« science, sans même en comprendre suffisamment ce qui était
« très-ordinaire, je cherchais *du nouveau*. J'y gagnai doublement :
« d'abord je n'embarrassais pas mon esprit de choses vides, que
« l'on apprend mieux en les voyant que par principes, et en second
« lieu je n'avais de repos que lorsque j'avais mis à nu les fibres et
« les racines de toutes ces sciences, et je pénétrais jusqu'à leurs prin-
« cipes ; et de ce point de départ il m'était permis de découvrir des
« choses tout autres que celles dont je m'étais occupé.

« Le plaisir extraordinaire que, tout enfant, j'avais déjà ressenti
« à la lecture des histoires, mes progrès véritables dans la prose et
« dans les vers, firent craindre à mes maîtres que je ne voulusse
« toujours persévérer dans ces tendances littéraires. Mais quand on
« me parla logique et philosophie et que je commençai à compren-
« dre, ciel ! quelles nombreuses chimères vinrent assaillir mon es-
« prit ! Je les communiquai à mes maîtres, qui en furent saisis d'é-
« tonnement. Non-seulement j'appliquais les règles à des exemples,
« ce qu'à l'étonnement de mes maîtres je pouvais seul faire parmi
« mes compagnons d'étude, mais j'émettais des doutes, et même je

« créai du nouveau (que je transcrivis, afin de ne pas le perdre). Je
« lus longtemps après ce que j'avais écrit à quatorze ans, et je m'en
« divertissais beaucoup. Entre autres, je mis un jour en doute un
« *prædicamentum*. Je disais que puisqu'il existait des *prædica-*
« *menta* ou des *termini simplices*, classes d'idées simples, il devait
« y avoir aussi une nouvelle espèce de *prædicamenta*, dans lesquels
« on rangerait, d'après leur ordre naturel, les propositions ou les
« *termini complexi*. Il faut savoir qu'alors j'ignorais que les géo-
« mètres en agissaient en effet ainsi. Mon doute était une *vanité*;
« mais comme mes maîtres ne le levèrent point (en me disant qu'il
« n'était pas convenable à un jeune homme de chercher du nouveau
« dans des choses qu'il ne connaissait pas suffisamment), je conti-
« nuai, attiré par la nouveauté, à donner suite à mes idées, et me
« proposai ces *prædicamenta* des *termini complexi* ou des propo-
« sitions. Pénétrant plus avant dans cette étude, je tombai néces-
« sairement sur cette considération extraordinaire, qu'il serait pos-
« sible de découvrir un certain alphabet des pensées humaines, et
« que, moyennant les combinaisons des lettres de cet alphabet et
« l'analyse des mots qu'on aurait formés de ces combinaisons, on
« parviendrait à tout pouvoir découvrir et juger. Dès que mon esprit
« eut saisi cette idée, je me levai rempli d'une véritable joie d'en-
« fant, car je ne voyais pas assez alors la grandeur de mon pro-
« jet. Plus tard, et lorsque j'eus fait de plus grands progrès dans la
« connaissance des choses, je me fortifiai davantage dans mon désir
« de mener à but mon projet. » Cette idée de Leibniz concorde
parfaitement avec une observation qu'il fait au sujet des autodi-
dactes. « Celui qui ne connaît pas un art, dit-il quelque part,
« trouve plus souvent quelque chose de nouveau que celui qui
« connaît cet art. Un autodidacte trouvera donc plutôt qu'un autre.
« Il traverse quelque sentier oublié ou non encore battu, et consi-
« dère les choses sous un autre point de vue. Il admire tout ce qui
« est nouveau, fait des recherches, tandis que les autres passent
« devant, comme devant une chose connue. »

Il répète cette observation dans une lettre à Fontenelle que nous
avons donnée (*Lett. et Op.*, Ladrange, 1854). « J'ay souvent remar-
« qué, dit-il, que des personnes qui ne font pas tout à fait profes-
« sion du mestier ont coutume de fournir des pensées plus singu-

« lières, *concetti più vaghi e più pellegrini.* » Leibniz se donnait pour *autodidacte*, ou philosophe spontané, non pas qu'il reniât ses maîtres, mais il suivait surtout la nature.

Page LVI. *Un siècle philosophique va naître, etc.*

M. Grotefend a publié le texte latin de cette belle et longue lettre de Leibniz à Arnauld. L'abbé Emery, dans son *Esprit de Leibniz*, en avait précédemment donné la traduction.

Page LXIII. *C'est le procédé de Platon.*

Qu'on m'entende bien, je n'admets pas la complète identité de la méthode dialectique de Platon avec la méthode philosophique de Leibniz, et encore moins avec sa méthode mathématique, l'analyse infinitésimale. Car je sais distinguer un instrument précis, qui démontre sa rigueur en géométrie, d'un élan presque instinctif et souvent peu raisonné. Mais il m'est impossible aussi de ne point voir, et je démontre, par l'histoire et la philosophie, que Leibniz a connu le procédé de Platon, qu'il l'emploie, comme tout vrai philosophe, pour passer de la matière aux formes. Non-seulement Leibniz l'emploie, mais il le perfectionne. Platon le conduit au seuil d'un monde idéal, où les formes sont continues et la géométrie parfaite. Leibniz y pénètre à des profondeurs ignorées de Platon. En présence des faits, il serait donc aussi absurde de dire que Platon a connu l'analyse infinitésimale, que de nier que Leibniz a connu la méthode dialectique. Mais ce qui ressort de l'analyse du *Phédon* et de l'élaboration supérieure que Leibniz en a faite, c'est que Platon a entrevu, par une anticipation de génie, la loi même qui est le fondement de ce calcul et que Leibniz appelle la *loi de la continuité*.

Page LXXVI. *Leibniz a remarqué la transcendance de l'acte générateur.*

On sait, en effet, ce qu'après avoir longtemps médité, il avait décidé sur cette question de l'origine des formes ou des âmes. « Or, comme j'aime les maximes qui se soutiennent, dit-il dans sa *Théodicée*, voici ce qui m'a paru de plus raisonnable en tout sens sur cette importante question. » Il rejette le système de l'*éduction* qui tire les formes de la matière, et celui de la *traduction* qui les fait naître les unes des autres, et il se déclare pour la *création*, c'est-à-dire pour la transcendance de l'acte générateur. Si Leibniz rejette la théorie matérialiste de l'éduction, l'analyse qui l'élève toujours à coup sûr de la matière aux formes et du devenir à l'être est bien l'analyse spiritualiste.

Page LXXIX. *S'il y a transformation d'un animal, disait-il, il faut qu'il y ait préformation de cet animal.*

L'idée d'une préformation organique ou la théorie des germes, qui exclut toute idée de *génération équivoque*, et qui s'appuyait sur les découvertes de Leuwenhœck, n'a pu soutenir les attaques des partisans de l'*Epigénèse*, depuis que M. Flourens a contredit, par d'ingénieuses expériences, l'idée de la *préexistence* et de l'*emboîtement des germes*. Mais le résultat de ces expériences ne saurait contredire la préexistence des formes ou types de l'espèce, que nous soutenons avec Leibniz, et qui est également contraire au matérialisme et au panthéisme. Si M. Flourens eût connu ce passage des *Nouveaux Essais*, il n'eût pas assurément reproché à Leibniz d'avoir méconnu le rôle de la femelle : « Toujours on ne sait pas bien,
« dans les animaux, si c'est le mâle ou la femelle, ou l'un et l'autre,
« ou ni l'un ni l'autre, qui détermine le plus l'espèce. La doctrine
« des œufs des femmes, que feu M. Kerkring avait rendue fameuse,
» semblait réduire les mâles à la condition de l'air pluvieux, par
« rapport aux plantes, qui donne moyen aux semences de pousser
« et de s'élever de la terre, suivant ces vers que les priscillianistes
« répétaient de Virgile :

> Cùm pater omnipotens fecundis imbribus æther
> Conjugis in gremium lætæ descendit, et omnes
> Magnus alit magno commissus corpore fœtus.

« En un mot, suivant cette hypothèse, le mâle ne serait guère plus
« que la pluie. Mais M. Leuwenhœck a réhabilité le genre mascu-
« lin, et l'autre est dégradé à son tour, comme s'il ne faisait que la
« fonction de la terre à l'égard des semences, en leur fournissant le
« lieu et la nourriture, ce qui pourrait avoir lieu quand même on
« maintiendrait encore les œufs. » (Voir *Monad.*, nº 74, p. 711, *Considérations sur les principes de vie et sur la doctrine d'un esprit universel.*)

Page LXXIX. *La nature elle-même efface à chaque pas les traces de la naissance et de la mort et se rajeunit perpétuellement elle-même, imitant son souverain auteur par l'art sublime des transformations.*

L'art sublime des transformations, si habilement ménagé qu'il puisse être, ne fera jamais que la nature soit Dieu, puisque Dieu ne change pas et que la nature change sans cesse. Mais s'il est vrai, comme tous les principaux philosophes depuis Platon, et les plus grands théologiens à commencer par saint Augustin, l'affirment, que la nature imite sans cesse le Créateur, en porte quelque reflet, et tend sans cesse à s'approcher de lui, on reconnaîtra avec Leibniz que c'est par la loi des transformations qu'elle accomplit son but et qu'elle atteint cette perfection bornée.

Page LXXXII. *Ce travail de la nature, qui engendre le corps sans cesse et par de nouveaux progrès, tous ces phénomènes observés depuis par les physiologistes les plus distingués lui attestaient la continuité de la force génératrice.*

On peut consulter utilement, sur le sens de ces mots : *génération continue, force génératrice constante*, les leçons de M. Claude Bernard, publiées dans la *Revue des cours publics*; 1856, 1er semestre. Il est évident qu'il n'y a pas de génération continue prise à la rigueur; mais si les lois de la nature ont quelque stabilité, il doit y avoir une force génératrice constante. L'analyse spiritualiste de Leibniz a précisément pour objet de distinguer la loi sous le phénomène et la force sous le mouvement, et c'est ainsi qu'elle distingue la force génératrice constante des phénomènes transitoires de la génération. Mais c'est aussi une partie de la véritable méthode des sciences naturelles qui consiste à réduire les faits composés à un fait abstrait universel, et à s'élever de ce fait au véritable caractère de la force qu'il suppose.

Page XCII. *Il faut admettre que les espèces invariables, aussi longtemps que rien ne varie autour d'elles, peuvent néanmoins subir certaines modifications sous l'empire d'influences nouvelles, etc.*

Il y a deux opinions tranchées sur l'espèce, et ces deux opinions ont donné lieu à deux théories absolues : l'une est celle de la variabilité illimitée défendue par Lamarck, et qui conduit à un grossier panthéisme ; l'autre est celle de la fixité absolue, adoptée avec quelques restrictions par Cuvier, et qui semble découler comme conséquence naturelle de la préexistence des germes reconnue par Leibniz. Rien n'empêche cependant de voir dans Leibniz une opinion moyenne entre ces deux extrêmes, celle d'une variabilité limitée ou d'une fixité relative ; car il admettait la loi des transformations, et par conséquent aussi la possibilité de modifications plus ou moins profondes du type permanent, qui est l'espèce. Il rapprocherait ainsi Cuvier et Geoffroy Saint-Hilaire par son principe, qu'il étendait à tout. *Utique enim nos delectat varietas, sed reducta in unitatem.* (Ep. ad Arn.)

Page cii. *Ces monades simples et pourtant changeantes... c'est le sentiment.*

Les monades n'ont pas que le sentiment, elles ont aussi la connaissance et le vouloir. Mais, outre le détail des idées et des changements, elles ont la *base* ou la *source* des unes et des autres. C'est ce qu'il dit expressément dans sa *Monadologie*, p. 48 : *Il y a en Dieu la puissance qui est la source de tout, puis la connaissance qui contient le détail des idées, et enfin la volonté qui fait les changements ou productions selon le principe du meilleur, et c'est ce qui répond à ce qui dans les monades créées fait le sujet ou la base, la faculté perceptive et la faculté appétitive.* La préface des *Nouveaux Essais* tout entière explique ce qu'il entend par la *base*, et prouve que c'est le sentiment ou les petites perceptions : *Ces petites perceptions sont donc de plus grande efficace qu'on ne pense. Ce sont elles qui forment ce je ne sais quoi, ces goûts, ces images des qualités des sens, claires dans l'assemblage, mais confuses dans les parties, ces impressions que les corps qui nous environnent font sur nous et qui enveloppent l'infini, cette liaison que chaque être a avec tout le reste de l'univers.* L'histoire de la philosophie confirme le témoignage précis des *Nouveaux Essais*. L'Allemagne a vu naître, au dernier siècle de la philosophie de Leibniz largement interprétée, toute une philosophie du *sentiment*, qu'il avait le premier retrouvée sous les noms bien humbles des *pensées sourdes*, des *idées confuses*, ou des *petites perceptions* ; et en cela même il se rapprochait plus de la vérité que ceux qui en firent alors une sorte de critérium infaillible, comme Haman, Lavater et Jacobi.

Page CXIII. *Leibniz a profondément exprimé la force de l'harmonie.*

Conférez ce texte d'une lettre à Fontenelle, que nous avons donnée dans la première partie de ces inédits. « Puisque vous pensés à ce qui regarde l'infini que vous enrichirés par des belles réflexions à votre ordinaire, je souhaiterois d'apprendre votre jugement sur mes essais philosophiques, et particulièrement à l'égard de l'union et commerce de l'âme et du corps : car *la considération de l'infini entre extrêmement dans mon système, mais un peu autrement pourtant que de la manière qu'on le prend dans les infiniment petits que je considère comme quelque chose de plus idéal.* » *Lett. et Op.*, p. 215.

Page CXIX. *Deus, sive harmonia universalis.* Grotefend, *Album leibnizien.*

M. Erdmann voit dans ces paroles un soupçon de panthéisme idéaliste. Il aurait raison, si Leibniz entendait faire de l'Être souverain un simple rapport mathématique ; mais s'il en fait au contraire, comme nous le croyons, le type de l'ordre universel, c'est une grande et belle pensée. L'idée d'un éther partout diffus, que de savants physiciens admettent aujourd'hui, et que je ne conteste que dans son sens grossier et panthéistique, était familière à Leibniz, qui, malgré les objections de Hugens et de Newton, s'en servait en astronomie pour expliquer le mouvement harmonique des planètes. C'était d'ailleurs une suite de sa loi de continuité qui lui faisait rejeter le vide et les atomes. (Voir la note sur la loi de continuité.)

Page CXXVIII. *Sur les trois sens du mot* infini *dans la philosophie de Leibniz.*

Je dois relever ici une impropriété d'expression qui est très-sensible dans ce morceau et qui, revenant sans cesse dans la langue philosophique que Leibniz emploie, contribue à laisser planer quelque obscurité sur sa pensée fondamentale. Leibniz prend le terme d'infini ou d'infinité dans trois sens différents, et il l'emploie très-souvent et indifféremment dans son bon et son mauvais sens. J'appelle d'abord un mauvais sens celui où le mot *infini* est

synonyme d'indéfini ou d'indéterminé, et il y en a dix exemples dans ce morceau. Ainsi, il parle de séries infinies, et il y appelle même les vérités contingentes des vérités infinies : *veritates contingentes seu infinitæ*. On avouera que, s'il fait ici contingent synonyme d'infini, il ne peut pas y avoir le moindre doute sur sa pensée. Le mot a pour lui une double acception très-différente, et il emploie l'une ou l'autre sans nous prévenir, il s'en rapporte à notre bon sens ou à notre clairvoyance pour faire la distinction et savoir discerner, par exemple, le véritable infini, qui est, comme nous le dirons bientôt, l'être très-parfait du faux infini, qui est l'être contingent et toujours imparfait. C'est d'ailleurs un emprunt fait à la langue des mathématiques, où, ne cherchant pas l'exactitude métaphysique, pour la commodité même du langage, on se sert arbitrairement de ces expressions d'infini, d'infiniment petit, et sans y attacher la moindre rigueur philosophique, ce dont Leibniz a eu soin de nous prévenir ailleurs : « *Suffecerit cum infinitè magna et infinitè parva dicimus intelligi indefinitè magna et indefinitè parva, id est tam magna quàm quis velit, et tam parva quàm quis velit, ut error quem aliquis assignat sit minor quàm quem ipsi assignavit..... Si omninò ultimum aliquod vel saltem rigorosè infinitum quis intelligat, potest hoc facere, etsi controversiam de realitate extensorum aut generatìm continuorum infinitorum aut infinitè parvorum non decidat, imò etsi talia impossibilia putet; suffecerit enim in calculo utiliter adhiberi, uti imaginarias radices magno fructu adhibent algebristæ* ([1]). » Dans sa lettre à Varignon, l'aveu n'est pas moins explicite. Il explique l'infini par l'incomparable, et il dit pourquoi. « Afin d'éviter ces subtilités, lui écrit-il, j'ai cru que pour rendre le
« raisonnement sensible à tout le monde, il suffisait d'expliquer
« l'infini par l'incomparable, c'est-à-dire de concevoir des quantités
« incomparablement plus grandes ou plus petites que les nôtres.
« Exemple : une parcelle de matière magnétique qui passe à tra-
« vers du verre n'est pas comparable avec un grain de sable, ni ce
« grain avec le globe de la terre, ni ce globe avec le firmament. »
Mais il est un second sens du mot infini, qui n'est pas encore son

---

([1]) *Historia et Origo calculi differentialis à Leibnizio conscripta*. Gerarhdt.

sens vrai, mais qui est nouveau dans la philosophie, et qu'on n'a pas suffisamment précisé. C'est le mot d'*infini* pris en général et sans plus d'explication, pour tout ce qui nous passe en un sens ou dans l'autre, ainsi pour ce qui est confus, embrouillé et d'une extrême complication, et qui échappe par sa complexité même à notre connaissance. Or, si le premier sens du mot infini pris pour l'indéfini nous vient des mathématiques, le second sens, plus profond, mais aussi plus obscur, nous vient de l'étude de la nature, et c'est depuis qu'on s'est mis à étudier les sciences naturelles que cette nouvelle forme d'infinité nous est apparue. C'est ainsi que Leibniz dit sans cesse : « La nature fait entrer l'infini dans tout ce qu'elle fait. » Ou bien encore : « La nature affecte l'infinité partout. » « Les impressions que les corps qui nous environnent font sur nous enveloppent l'infini; » et encore : « C'est ce qui enveloppe *la matière* où *l'infini* en nombres, » ou enfin : « *la matière*, c'est-à-dire le mélange des effets de *l'infini*. » Ici ce n'est plus seulement le mathématicien qui parle, c'est aussi le zélateur des sciences naturelles, qui emploie le terme d'infini toutes les fois que la nature échappe à ses analyses par sa complexité, et passe notre imagination par le détail qu'elle suppose. Cet infini sous-rationnel, plein de mystères, qui a du rapport aux qualités de la matière, qui se mêle aux questions d'individualité, qui préside à tout un monde obscur de pensées sourdes et de sentiments confus, et qui a bien plus de profondeur et de réalité que l'infini des mathématiciens, fut entrevu par Leibniz; mais il y a je ne sais quoi d'obscur et de confus par où il échappe à la philosophie. Et c'est pour cela que Leibniz lui-même, hésitant, en fait tantôt un infini véritable et actuel, tantôt une image de l'infini. Nous arrivons enfin au troisième sens du mot, au seul que la métaphysique accepte, et que Leibniz reconnaît par ces mots d'une lettre à Bernouilli : « Peut-être l'infini réel est-il l'absolu lui-même, qui n'est point composé de parties, mais qui comprend le détail des parties d'une manière éminente et au degré de la perfection ; » et par ceux-ci, qui sont encore plus expressifs : « L'univers lui-même, à mes yeux, n'est pas un tout. Le seul absolu et indivisible infini, qui a la véritable unité, c'est Dieu. » On pourrait en conclure que l'infini des mathématiques n'était pour Leibniz qu'une abstraction, que l'infini de la nature était surtout un sentiment confus, et que l'infini de la métaphysique est la Raison même, la Raison Dieu.

Page CXCII. « *J'ay reconnu que la vraye metaphysique n'est guères différente de la vraye logique, c'est-à-dire de l'art d'inventer en général : car en effet la metaphysique est la théologie naturelle, et le même Dieu qui est la somme de tous les biens est aussy le principe de toutes les connoissances.* »

C'est un résumé d'Aristote et de toute la scolastique.

Leibniz qui a traité des rapports de la raison et de la foi dans un sens conciliant, dont le génie, bien que sollicité par des tendances modernes, a très-fortement gardé l'empreinte théocratique, qui a écrit la théodicée, dont les travaux sur la substance ont une origine théologique, et qui était d'ailleurs versé dans la philosophie scolastique, ne pouvait pas ne pas admirer la grandeur et la simplicité de l'ordre hiérarchique des sciences avec la théologie au sommet et les autres sciences à la base. C'est d'ailleurs à saint Thomas qu'il doit la distinction des deux théologies, l'une naturelle et l'autre révélée, et l'identité de la première avec la métaphysique (¹), idée capitale en philosophie, qu'il énonce dans l'un des manuscrits que nous publions

(¹) Comme on pourrait douter de ces deux assertions, il faut en justifier la hardiesse apparente par quelques textes de saint Thomas. Le premier est tiré de la Somme de théologie, I, q. 1, art. 1. Il est court mais expressif : « Illa theologia quæ pars philosophiæ ponitur. » Le second, tiré d'un opuscule sur Boèce, prouve l'identité de cette science divine mais philosophique avec la métaphysique : « Hæc autem sunt de quibus divina scientia considerat, ut supra dictum est, substantiæ scilicet separatæ et communia omnibus entibus, unde patet quod sua consideratio est maxime intellectualis. Et inde etiam est quod ipsa largitur principia omnibus aliis scientiis in quantum intellectualis consideratio est principium rationalis propter quod dicitur prima philosophia, et nihilominùs ipsa addiscitur post physicam et ceteras scientias in quantum intellectualis consideratio est terminus rationalis, propter quod dicitur metaphysica, quasi transphysica, quia post physicam resolvendo occurrit. » Je n'avance rien de trop en disant que ces vues sont résumées en quelques lignes par Leibniz, dans le discours sur la Démonstration cartésienne de l'existence de Dieu que nous publions. On peut consulter aussi sur ce sujet la quatrième partie de l'introduction.

et qui reparaît plus développée dans les *Nouveaux Essais*. Il suffira de citer ici quelques textes. Dans les *Nouv. Essais*, l. IV, ch. VIII, après avoir indiqué ce qu'il entend par la métaphysique réelle, cette science qu'Aristote appelle ἐπιζητουμένη, la désirée, et avoir montré qu'elle est aussi une théologie naturelle, il conclut en ces termes : « De sorte qu'on peut dire que la théologie naturelle, comprenant deux parties, la théorétique et la pratique, contient tout à la fois la métaphysique réelle et la morale la plus parfaite. » Dans le chap. XXI, il dit : « La théologie chrétienne, qui est la vraie médecine des âmes, est fondée sur la révélation, qui répond à l'expérience, mais pour en faire un corps accompli, il faut y joindre la théologie naturelle, qui est tirée des axiomes de la raison éternelle. » On trouve dans ce passage trois idées fondamentales : la comparaison de la théologie chrétienne avec la médecine, science expérimentale « dont on ne peut dire que la raison n'y sert de rien, » le caractère expérimental de la foi déjà remarqué par saint Thomas, et enfin, les rapports des deux théologies qui sont en question. La raison n'est-elle bonne qu'à détruire et incapable d'édifier, comme Bayle l'insinue, ou bien peut-elle fonder le vrai en renversant l'erreur opposée, et souvent même en détruisant d'apparentes antinomies (¹)? Faut-il, avec Luther, réserver à l'académie céleste la solution des problèmes de Théodicée, ou essayer avec Leibniz, autorisé de saint Augustin, de saint Anselme, de saint Thomas et de tant d'autres, de les résoudre sur cette terre? telle est la question entre les traditionalistes modernes et ceux qu'on appelle les semi-pélagiens de la philosophie. Leibniz la tranche en faveur des seconds. Mais c'est parce qu'il admet avec saint Thomas une théologie naturelle. Ceux qui ne l'admettent pas ont pour eux le P. Ventura. Non, la théologie naturelle n'existe pas

---

(¹) « Je crois que ce qu'on dit ici pour blâmer la raison est à son avantage. Lorsqu'elle détruit quelque thèse, elle édifie la thèse opposée. Et lorsqu'il semble qu'elle détruit en même temps les deux thèses opposées (les fameuses antinomies de Kant, déjà connues et inventées du temps de Leibniz!), c'est alors qu'elle nous promet quelque chose de profond, pourvu que nous la suivions aussi loin qu'elle peut aller, non pas avec un esprit de dispute, mais avec un désir ardent de rechercher et de démêler la vérité, qui sera toujours récompensé par quelque succès considérable. » *Théodicée*, p. 502.

seulement dans le cerveau des philosophes, puisque les principaux théologiens l'ont reconnue. Leibniz, qui lui a donné sa véritable base scientifique, à savoir les axiomes de la raison éternelle, montre qu'elle a un ensemble de dogmes, dont les principaux sont la croyance en un seul Dieu, fondée sur l'idée innée que nous en avons, la doctrine de l'immortalité de l'âme, l'amour des hommes prouvé par des bienfaits effectifs, et la solide piété qui est tout à la fois lumière et vertu; puis, il procède à démontrer qu'elle n'est pas contraire aux miracles, qu'elle ne l'est pas à un ordre surnaturel, qu'elle concilie la raison avec la foi par la voie des conformités qui leur sont inhérentes, que ce qui est au-dessus de la raison n'est pas contre la raison, et que la vraie métaphysique est une certaine théologie naturelle qui ne contredit ni la raison, ni la foi, ni la nature, mais qui les unit toutes trois dans une unité plus haute. Mais comment cette science peut-elle donner les principes de toutes les autres (car c'est là la seconde partie de la thèse scolastique relevée avec génie par Leibniz)? C'est « que la vraie métaphysique, qui est la théologie naturelle, est aussi la vraie logique. » Cette parole est profonde et vraie ; au fond, c'est sur cette parole que l'Allemagne travaille depuis un demi-siècle. Elle ne proscrit pas sans doute la logique formelle que Leibniz avait étudiée plus à fond qu'aucun des modernes, et qui nous donne les règles de nos jugements; mais il y a une logique plus profonde qui s'occupe des rapports de l'être et de la pensée, et ne sépare pas abstraitement l'un de l'autre, et qu'il distingue de ses deux autres parties, l'art de bien raisonner, et la mnémotechnie ; c'est ce qu'il appelle quelquefois la logique d'invention, la logique parfaite ou réelle (¹), logique dont la *mathèse* pure est une partie, logique dont il ne peut accorder, ajoute-t-il, qu'elle ne trouve rien, car tout ce que trouve la raison, c'est par les véritables règles de la logique; logique qui prend la nature pour guide, et qui n'est au fond que le sens du vrai et du réel (²). C'est

(¹) « Quæ quum ità sint, parùm abest quin sic credam, uti rhetoricæ duæ sunt partes, ità similiter logicæ duas esse partes, unam verbalem, alteram realem. » Ailleurs, il distingue encore ses deux parties: « pars inventiva, quæ fundatur in complexionibus; pars analytica, quæ ope earum illustratur. » V. aussi Erd., p. 674.

(²) C'est ainsi qu'il dit, p. 306 des *Nouveaux Essais* : « les lois de la

par elle que tous les inventeurs ont fait leurs découvertes, qu'ils le sachent ou non, qu'ils veuillent ou non en convenir ou s'en rendre compte. Or, cette vraie logique n'est autre que la vraie métaphysique, qui donne des principes et des règles aux autres sciences, qui remonte de cause en cause jusqu'à la plus parfaite, et qui fait le catalogue des idées simples pour expliquer l'origine des choses.

Voici ses règles d'après Leibniz :

1º Définir les choses ou les différentier ;

2º Chercher les différences des différences, les réquisits des réquisits, ou les causes des causes ;

3º Ne s'arrêter dans cette analyse qu'à la différentielle, c'est-à-dire à une nature qu'on entende par elle-même et qui soit sans réquisit ;

4º Répéter l'analyse en observant quelque gradation dans la répétition ;

5º Aller du simple au composé, du connu à l'inconnu ;

6º Prendre la nature pour guide, et aller comme elle par gradations ;

7º Employer la méthode dichotomique, pour ne rien oublier dans les distributions ou énumérations (¹) ;

8º Faire ainsi le catalogue des idées simples ;

9º Redescendre par la synthèse de l'origine des choses à leurs résultats, c'est-à-dire sommer ou intégrer après avoir différentié. Ces règles se trouvent dans l'éd. d'Erdm., p. 674.

Page CCXVIII. *Le côté pratique du procédé.*

Conférez sur la méthode ce passage d'une lettre de Leibniz à l'abbé Galloys, nouvellement découverte : « Ceux qui nous ont donné des méthodes donnent sans doute de beaux préceptes, mais non pas le moyen de les observer. Il faut, disent-ils, comprendre toutes choses clairement et distinctement ; il faut procéder des choses simples aux composées, il faut diviser nos pensées, etc. Mais cela ne

logique qui ne sont autres que celles du bon sens ; » mais il faut entendre ici le bon sens dans son acception le plus élevé, comme Jouffroy l'entendait, quand il disait : Ces jugements prompts, rapides et sûrs que pose le sens commun comme par instinct.

(¹) Les Allemands lui ont substitué depuis Kant la trichotomie : thèse, antithèse, synthèse.

sert pas beaucoup, si on ne nous dit rien davantage. Car lorsque la division de nos pensées n'est pas bien faite, elle brouille plus qu'elle n'éclaire. Il faut qu'un écuier tranchant sçache les jointures, sans cela il déchirera les viandes au lieu de les couper. Mons. des Cartes a esté grand homme sans doute, mais je crois que ce qu'il nous a donné de cela est plutost un effect de son génie que de sa methode, parce que je ne voy pas que ses sectateurs fussent des découvertes. La veritable methode nous doit fournir un *filum Ariadnes*, c'est-à-dire un certain moyen sensible et grossier qui conduise l'esprit comme sont les lignes tracées de géométrie et les formes des opérations qu'on prescrit aux apprentifs en arithmétique; sans cela notre esprit ne sçauroit faire un long chemin sans s'égarer. »

NOTE SUR LA LOI DE CONTINUITÉ.

Il est impossible d'expliquer Leibniz sans dire un mot de la loi de continuité. Ce serait, en parlant de Newton, omettre le fait de la gravitation. Leibniz croit à la continuité comme Newton à l'attraction. Cette loi donne le type de sa pensée et de son procédé fondamental. Il l'appelle sa méthode générale. Quand il en parle, c'est toujours avec un certain orgueil, et il a soin de réclamer la priorité : « Cette belle loi de la continuité, que j'ai peut-être mis le premier en avant [1], dont j'ai remarqué depuis qu'on n'avait pas assez considéré la force [2]. C'est un principe de l'ordre général d'un grand usage dans le raisonnement, absolu nécessaire dans la géométrie, mais qui réussit encore dans la physique [3], où il est d'un usage considérable, ajoute-t-il ailleurs, et dont la certitude vient de la géométrie parfaite qu'exerce la souveraine sagesse [4]. Quel est donc ce principe qui est tout à la fois sa méthode physique et mathématique, puisqu'il a dit dans l'histoire de sa principale découverte, écrite par lui-même [5] : « Outre mon calcul mathématique infinitésimal, je me sers en physique d'une méthode dont j'ai donné autrefois un échantillon dans les *Nouvelles littéraires*. Je comprends l'un et l'autre (mon calcul et ma méthode) sous le nom de loi de continuité : *Utrumque complector lege continuitatis.* »

Leibniz en a donné diverses explications, car il y revient sans cesse, et bien qu'il l'ait souvent exprimée d'une manière plus philosophique, je m'arrête à celle-ci, qui est la plus commune et qui

---

[1] Erdmann, p. 605.
[2] Lettre à Varignon, éd. Dutens, t. III, p. 370.
[3] Erdm., p. 104.
[4] Ib., p. 105.
[5] *Historia et Origo calculi differentialis à Leibnizio conscripta.* Gerhardt edidit. Hannover, 1846.

se trouve dans la préface des *Nouveaux Essais*. « Rien ne se fait tout d'un coup, et c'est une de mes grandes maximes et des plus vérifiées que la nature ne fait point de saut : *Natura non facit saltum, non agit saltatim*. C'est donc une certaine marche très-simple, élémentaire, uniforme, que suit la nature et sur laquelle nous devons régler nos propres démarches. Elle ne va que par degrés insensibles, en sorte que tout naît de petits commencements, qu'il y a des germes de tout et surtout point de vide, point de cahots : si loin qu'on peut suivre cette marche de la nature, à l'aide du microscope et du télescope, ces instruments merveilleux dont l'un précise le monde des infiniment petits, dont l'autre rapproche le monde des infiniment grands, on est frappé de son exactitude à suivre cet ordre et cette loi. Il y a de l'ordre et de la géométrie jusque dans ses plus petites parties, il y a même, ce semble, une géométrie plus parfaite qui ne s'exerce que là où le regard défaille, où les instruments sont impuissants, où l'imagination est en défaut, et que l'on peut appeler géométrie de l'infiniment petit. « Ce qui nous découvre, dit-il, des merveilles de l'artifice divin où l'on n'avait jamais pensé, c'est que les machines de la nature sont machines jusque dans leurs moindres parties... C'est ce qui fait la différence entre la nature et l'art, c'est-à-dire entre l'art divin et le nôtre. »

Si la nature exerce cette géométrie de l'infiniment petit, qui est la plus parfaite et suit toujours cette loi de la continuité, qui est un principe de l'ordre, on ne s'étonne plus que Leibniz ait dit : « J'ai une méthode mathématique et une méthode physique, mais je n'ai qu'un seul nom pour les deux, celui de *loi de continuité*. » Mais on se demande comment cette marche élémentaire, uniforme, que suit la nature, peut être d'un grand usage dans le raisonnement, devenir même un principe de logique, et lui faire faire, en mathématiques, des découvertes inattendues. C'est là ce que l'esprit n'aperçoit pas d'abord ; et, en effet, le jour où Leibniz s'en est aperçu, il a eu le principe du calcul différentiel ou de son analyse infinitésimale. Etablissons d'abord une ou deux propositions sur lesquelles reposent toutes les applications du procédé.

APPLICATION DE CETTE LOI A LA SOLUTION DE L'ANTINOMIE DE KANT SUR LA COMPOSITION DU CONTINU. — La plupart des philosophes ont fait ici de fausses positions qui les ont menés à des contradictions.

Voici, dans le sujet qui nous occupe, un exemple célèbre d'une de ces antinomies qu'on peut exprimer ainsi :

THÈSE. — Le continu, soit physique (la matière), soit mathématique (l'étendue que considère le géomètre), est *divisible* à l'infini.

ANTITHÈSE. — Les éléments du continu sont ou paraissent *indivisibles*.

C'est là ce fameux labyrinthe de la composition du continu dont Leibniz parle ainsi au commencement de sa *Théodicée* : « Il y a deux labyrinthes fameux où notre raison s'égare bien souvent : l'un regarde la grande question du libre et du nécessaire, l'autre consiste dans la discussion de la continuité et des indivisibles qui en paraissent les éléments...... J'aurai peut-être une autre fois l'occasion de m'expliquer sur le second et de faire remarquer que faute de bien concevoir la nature de la substance et de la matière, on a fait de fausses positions qui mènent à des difficultés insurmontables, dont le véritable usage devrait être le renversement de ces positions même (¹). » Et l'on peut pour la solution de ces apparentes antinomies, rapprocher de ce passage celui-ci, qui est extrait du même ouvrage : « Je crois que ce qu'on dit ici pour blâmer la raison est à son avantage. Lorsqu'elle détruit quelque thèse, elle édifie la thèse opposée. Et lorsqu'il semble qu'elle détruit en même temps les deux thèses opposées (les fameuses antinomies de Kant déjà connues de Leibniz!), c'est alors qu'elle nous promet quelque chose de profond, pourvu que nous la suivions aussi loin qu'elle peut aller... (²).

En présence de ces textes, je le demande, n'est-il pas évident que Leibniz a connu les antinomies dont Kant a fait tant de bruit? mais au lieu que ce dernier les déclare parfaitement insolubles et y voit une illusion fatale et nécessaire de la raison, Leibniz n'y voit que de fausses positions qui mènent à des difficultés insurmontables, et il se sert de ces difficultés mêmes pour les résoudre.

Or, la loi de continuité est la méthode qu'il emploie pour parvenir à leur solution et faire cesser ce conflit.

Ce serait, par exemple, une évidente antinomie que de dire : La matière est composée de monades, ou bien le continu est formé de

---

(¹) *Théodicée*, p. 470.
(²) *Ibid.*, p. 502.

points. Mais Leibniz ne dit rien de semblable, et il dit même le contraire plusieurs fois [1]. Mais ce qu'il affirme, c'est que par la division de la matière on arrive à quelque chose de simple. Ce qu'il ne cesse de répéter, c'est que l'étendue n'est pas, comme on le croit, une notion primitive, mais composée [2]. Est-ce même chose de dire une contradiction manifeste *ex terminis*, ou d'énoncer le résultat d'une analyse exacte et certaine?

Ce serait une contradiction absurde de dire : Le mouvement et le repos, l'égalité et l'inégalité, la distance et la coïncidence, le continu et le discontinu sont même chose. Ce serait une attaque formelle, insensée, au principe de contradiction. Mais, si au contraire, vous remarquez avec Leibniz qu'il y a un mélange du fini et de l'infini dans la plupart des notions humaines, et que la vraie méthode consisterait à dégager dans la définition ces deux éléments, qu'alors vous recouriez à ce moyen d'introduire la notion finie correspondante dans la définition, mais en la déclarant prise infiniment petite, de manière que le fini disparaisse et soit éliminé du résultat, vous avez mis à jour ces deux éléments dont la confusion est la source de beaucoup d'erreurs, et vous avez fait quelque chose d'utile et de profond.

C'est ce que fait Leibniz par la loi de continuité. Étant donné le mouvement et le repos, l'égalité et l'inégalité, la distance et la coïncidence, Leibniz définit le repos un mouvement infiniment petit, l'égalité une inégalité infiniment petite, et la coïncidence, qui est la suppression même de la distance, une distance infiniment petite. Est-ce à dire qu'il confond le mouvement et le repos, la distance et

---

[1] « Infinitœ autem sunt substantiæ simplices seu creaturæ, in quâlibet materiæ particulâ, et componitur ex illis materia, non tanquam ex partibus, sed tanquam ex *principiis constitutivis* seu requisitis immediatis, prorsùs ut puncta continui essentiam ingrediuntur, non tamen ut partes. Neque enim pars est nisi quod toti homogeneum est, sed substantia materiæ seu corpori homogenea non est, non magis quam lineæ punctum. » Ad Fardell., p. 357.

[2] « Les difficultés *de compositione continui* ne se résoudront jamais tant qu'on considérera l'étendue comme faisant la substance du corps, et nous nous embarrassons de nos propres chimères. » A Arnauld, p. 253.

son contraire? Nullement. Mais il distingue dans ces notions ce qui est fini de ce qui est infini, et il met à jour ces deux éléments dans la définition. Prenons pour exemple le mouvement et le repos. Leibniz définit le repos un mouvement infiniment petit, et considère la loi du repos comme un cas particulier de la loi du mouvement. Comment cela? le voici : Leibniz fait entrer dans la notion du repos deux éléments : l'un fini, qui est la quantité du mouvement, l'autre infiniment petit, qui est son élément infinitésimal. L'introduction du premier terme fini est la marque de la contingence de la nature, l'introduction du second terme infini est le signe de l'universalité de la loi. Sa définition est donc exacte, puisqu'elle pousse l'analyse du mouvement jusqu'à son terme, qui est le repos, et qu'elle indique la marche qu'il faut suivre pour arriver à ce terme. Mais comme il obtient cet élément en réduisant par degrés le mouvement jusqu'à son terme, il soumet ce terme au calcul comme un cas particulier et comme une simple différence du mouvement. Dans le repos, en effet, il trouve non pas du mouvement, ce qui serait contradictoire, mais des conatus ou des sollicitations d'une force qui tend à agir. Le repos ainsi envisagé comme tendance ou comme terme du mouvement devient susceptible des mêmes lois et est soumis aux mêmes calculs, bien que le mouvement seul soit une quantité finie.

Il suit de cette définition plusieurs conséquences importantes : d'abord, que le mouvement se terminant au repos ne doit pas être considéré simplement comme un pur quantum, qui peut toujours croître ou décroître, mais qu'il doit l'être aussi comme une qualité, comme une force. Leibniz, en considérant ainsi le mouvement et le repos comme des cas de la force, obtient une détermination de la force motrice, dont les applications en physique, en dynamique et même en psychologie nous occuperont bientôt. En second lieu, Leibniz explique ainsi le passage réciproque du mouvement au repos qui, sans cela, reste inexplicable et qui avait paru tel à Spinoza, parce qu'il ramenait tout à des idées de grandeur ou de quantité, abstraction faite des qualités ou des perfections. Cette considération de la qualité ou de la force est le principe de sa dynamique, science qui considère, non les pures déterminations de l'espace, telles que le lieu, la figure ou l'étendue, mais la force mouvante et le mode de son action.

Ces applications de la loi de continuité à l'analyse des notions mathématiques et physico-mathématiques sont d'une très-grande utilité pour résoudre les antinomies de la raison pure. Lorsque Kant, en effet, prétend que la raison, par une série d'antithèses, peut défendre également le pour et le contre sur la question de savoir si le monde est fini ou infini, si une chose composée l'est de parties simples, s'il y a ou non un être nécessaire, il fait de ces positions fausses dont parle Leibniz, et ne tient aucun compte de sa méthode, d'après laquelle on arrive à dégager ce qui est fini dans le monde de ce qui est infini, ce qui est simple de ce qui est composé, ce qui est contingent de ce qui est nécessaire.

VALEUR LOGIQUE DE SA MÉTHODE. — J'arrive, après ces considérations préliminaires, à la méthode en elle-même et à sa valeur logique.

La méthode de Leibniz n'est pas absolue, il ne l'a jamais donnée comme telle. Elle suit la marche de la nature qui va par degrés : mais au point de vue rationnel, elle est fondée sur un postulat. C'est lui-même qui nous l'apprend.

« Assumo autem hoc postulatum : proposito quocunque transitu continuo in aliquem terminum desinente, licet ratiocinationem communem instituere, quâ ultimus terminus comprehendatur. »

Je traduis littéralement : nous expliquerons ensuite. « Toutes les fois qu'il y a continuité dans le passage ou dans l'approche vers un terme quelconque (comme dans le cas d'une série convergente et continue), je demande que ce terme soit compris sous une même méthode, soumis au même calcul, et l'objet des mêmes raisonnements. »

Leibniz donne divers exemples : celui de la série $1/2 + 1/4 + 1/8 + 1/16$ etc. $= 1$, celui de deux quantités l'une plus grande et l'autre moindre (la première diminue graduellement et finit par être égale à la seconde) : celui de l'ellipse et de la parabole, d'une droite convergente et de la parallèle. On peut y joindre, d'après Leibniz, celui de l'effort continu dans l'espace ou dans le temps, lequel conduit à un effort instantané en dehors de l'espace et du temps, et en général celui de tout développement uniforme et continu qui mène à l'infini, comme terme, aucun terme fini ne pouvant suffire.

Dans tous ces exemples du passage d'un état à un autre état, soit d'un essai de réduction de lignes, ou de grandeurs à un genre commun, soit de passage des mouvements aux forces et de la série des faits aux principes de leur enchaînement, on touche du doigt ce que Leibniz entend par la loi de continuité, et l'usage qu'il en fait pour s'expliquer la génération des quantités.

Leibniz affirme qu'il y a continuité de loi et se fonde pour l'établir sur ce que la continuité tend à effacer les différences et à les perdre dans l'infini. C'est précisément le principe du calcul différentiel, tel qu'il se trouve exposé partout et sur lequel nous aurons à revenir.

Eh bien ! la raison postule, nous dit Leibniz, quand les différences s'évanouissent par l'effet de la continuité, quand les choses s'approchent de plus en plus d'un terme premier ou dernier, que ce terme soit soumis au calcul et compris dans le raisonnement, qu'il soit d'ailleurs pris comme élément de ces choses ou comme un genre commun à toutes, ou comme force primitive des substances, ou enfin comme un terme vraiment dernier et complétement en dehors de la série. La raison postule *à priori* l'unité systématique ou rationnelle de ces diverses connaissances intellectuelles.

Voilà ce grand postulat qui a été l'objet de tant de réclamations, puis d'atténuations prudentes, puis d'un rejet presque universel, puis aussi d'une énergique défense. Je sais que les sceptiques l'ont attaqué de tout temps, du temps de Sextus Empiricus comme du temps de Hume : « Les sceptiques, disait Kant, espèce de nomades qui ont horreur de tout établissement », ont toujours été contre la loi de continuité qui leur rappelle l'idée d'un lien social, d'une patrie, d'un établissement fixe et permanent. Mais on trouve aussi de bons esprits qui voient là quelque chose de subreptice, comme si l'on faisait violence à leur esprit. Et cependant quoi de moins subreptice et de plus franc que la déclaration d'un Leibniz. « Qu'on m'accorde le dernier terme, ou bien point de philosophie ; que dis-je ? point de mathématiques transcendantes. »

Leibniz, remarquez-le bien, n'en demande pas davantage. C'est là tout son postulat. Et ce seul point accordé, il explique tout le reste.

Il semble d'ailleurs qu'il n'y a là rien d'étrange ni de bien nouveau, et qu'à moins de vouloir condamner la raison à douter de tout, il faut bien lui accorder ce dernier terme. Il semble même que la raison est forcée de le lui accorder à moins de se faire disparaître elle-même, car elle n'est autre chose, d'après Leibniz, qu'un enchaînement de vérités qui ont Dieu pour terme. Et c'est ce que Bossuet a très-bien vu quand il en parle comme d'une chaîne continue dont on peut ne pas connaître tous les anneaux, mais dont il faut tenir les deux bouts dans sa main. Aussi si Leibniz, avec les mathématiciens, prend pour accordé qu'on peut soumettre le dernier terme au calcul et en fait en quelque sorte une vérité axiomatique, en métaphysique, il peut en rendre compte et défier les sceptiques de l'ébranler sur ce terrain. N'est-il pas évident, en effet, qu'à moins d'être complétement plongé dans les sens et l'imagination, on ne peut méconnaître ce qu'il y a de profondément philosophique dans l'idée de la continuité? N'est-il pas certain qu'un perpétuel devenir, qu'une génération incessante ne s'expliquent pas sans un terme premier ou dernier; que la continuité dans le devenir et le changement impliquent la continuité dans l'être et dans l'immobilité; que l'indéfini suppose l'infini comme terme; qu'il n'y a pas de tendances vides, d'action sans sujet, de mouvement sans fond, de génération sans un principe générateur, et que quand bien même le géomètre s'arrêterait à quelque chose qui n'est pas rigoureusement infini, qui n'est pas un terme dernier dans son genre, *ultimum quid in genere*, la raison postule que ce terme quelconque où il s'arrête soit soumis au raisonnement et à la méthode? Or, Leibniz n'en demandait pas davantage pour créer une nouvelle science en mathématiques et en physique.

Veut-on ébranler la certitude des sciences, même mathématiques, avec Hume, par une continuelle succession de phénomènes sans cause, ou avec Hegel par une absolue fluidité, alors on n'a qu'à nier le postulat de Leibniz? Veut-on, au contraire, donner une base solide à ces sciences, on est forcé de reconnaître la loi de continuité.

Veut-on réduire toute la philosophie à l'étude de quelques vérités nécessaires dépendantes du principe de contradiction, mais que Descartes appelait des vérités stériles, leur appliquant ce que Bacon avait dit des causes finales, alors la déduction suffit. Veut-on étudier la nature et ses lois, déterminer ses forces, il faut accepter le postulat de Leibniz et passer outre. La science du contingent en dépend. C'est ce que Leibniz a prouvé par son analyse des vérités contingentes dans lesquelles il retrouve la continuité qui mène à l'infini comme terme.(¹)

« Les vérités contingentes et surtout celles qui enveloppent l'espace et le temps sont des séries continues qui mènent à l'infini, » nous dit-il. Si telle est la nature des vérités contingentes, il est évident que la seule analyse qui puisse leur être appliquée est l'analyse infinitésimale fondée sur le postulat de Leibniz, qu'il doit y avoir un dernier terme et que ce dernier terme peut être compris dans le raisonnement; sans cela il n'y a pas de science du contingent: or, la nature est contingente.

Il est dans la nature des substances qu'une force primitive d'où tout dépend soit cachée sous une infinité de modifications transitoires, mais qui s'enchaînent les unes aux autres, suivant la loi de cette force qui les produit. C'est ainsi que Leibniz a pu dire que chaque substance porte en elle-même sa loi de continuité, *legem continuationis seriei operationum suarum*. Cette loi, c'est la force primitive même, l'effort ou la tendance qui constitue la substance. On ne la connaît que par ses effets, on ne peut pas l'atteindre en elle-même, mais il faut qu'on puisse conclure des effets aux causes, de l'effet entier à la cause pleine. Sans cela, la science est impossible, faute de dernier terme.

Qu'a fait Leibniz? la continuité était l'obstacle, puisqu'elle mène à l'infini. Leibniz en a fait le véhicule du raisonnement, précisément parce qu'elle mène à l'infini. Il s'en est servi pour obtenir dans les grandeurs soumises à cette loi des simplifications très-importantes, pour soumettre au calcul, pour appréhender, en quelque sorte, par le raisonnement ce dernier terme qui paraissait se soustraire à l'un et à l'autre. Il a montré que la continuité même exprimait ce dernier terme. Il a rattaché par elle les vérités contingentes aux vérités nécessaires.

RAPPORTS DE LA LOI DE CONTINUITÉ AVEC L'INDUCTION. — Si la loi de continuité a pour effet de lier les vérités contingentes aux nécessaires, et de s'appliquer également à la nature et aux mathématiques, je dis que cette loi est la véritable base de l'induction et comme le lien qui la rattache à la science. Leibniz faisait peu de

---

(¹) Voyez à ce sujet le fragment *De Libertate*, vers la fin.

cas de l'induction baconienne. Voici ce qu'il en dit : « Si les lois universelles ne sont rien que des collections de faits singuliers, il s'ensuivra qu'on ne peut acquérir aucune science par la voie de la démonstration, mais seulement par la collection des faits singuliers, c'est-à-dire par induction. C'est ruiner toutes les sciences et donner la victoire aux sceptiques. Jamais par cette voie on n'arrivera à établir des propositions parfaitement universelles ; car par l'induction, vous n'êtes jamais assuré d'avoir essayé tous les cas individuels : *omnia individua à te tentata esse ;* et vous voilà nécessairement renfermé dans ces limites : « tous ceux que j'ai expérimentés sont de telle sorte. » Et comme il n'y a de cela aucune raison universelle et vraie, il sera toujours possible que les cas innombrables que vous n'avez pas tentés soient autrement. — Mais on m'objecte qu'on dit en général que le feu brûle. — Oui, sans doute, du résultat de toutes les expériences faites sur le feu, nous conjecturons, et même nous croyons d'une certitude morale que tous les feux semblables brûlent. Mais cette certitude morale n'est pas fondée sur l'induction seulement : jamais vous ne l'auriez recueillie de l'induction seule ; mais vous l'avez formée par l'addition ou l'adjonction de ces propositions auxiliaires, *ex additione seu adminiculo,* qui sont universelles et qui ne dépendent pas de l'induction des faits particuliers, *non ab inductione singularium,* mais d'une idée universelle ou d'une définition des termes, *sed idea universali pendentium.* Quelles sont ces propositions ? Leibniz en compte trois : «1° Si une cause est la même ou semblable de tous points, l'effet est le même, ou semblable ; 2° on ne présume pas l'existence d'une chose que l'on ne sent point ; 3° on doit, jusqu'à preuve du contraire, compter pour rien dans la pratique tout ce qui n'est pas au moins l'objet d'une présomption. C'est ainsi que l'on arrive à la certitude pratique ou morale de cette proposition, que tout feu brûle. *Ex his conficitur certitudo moralis vel practica.* » Après avoir établi cette certitude morale à l'aide de ces propositions générales, universelles, Leibniz conclut ainsi contre l'induction baconienne. « Il est donc évident que l'induction ne produit rien par elle-même, pas même une certitude morale, sans l'appui des propositions auxiliaires qui ne dépendent pas de l'induction, mais de la raison universelle ; car si les points d'appui dépendaient de l'induction, il en faudrait d'autres pour appuyer les premiers, et l'on irait ainsi à l'infini sans arriver jamais à la certitude morale (¹). »

Ce texte renferme toute la théorie leibnizienne des rapports de l'induction avec la loi de continuité. Il est évident d'après ce texte que cette loi en est la base, car il l'énonce dans la première de ces propositions universelles qu'il appelle points d'appui (*adminicula*) de l'induction : à savoir qu'une cause semblable engendre toujours un effet semblable. Cette loi de la similitude des effets répondant à la similitude des causes est, presque dans les mêmes termes, le principe de l'ordre général qu'il appelle la loi de continuité, et qu'il énonce ainsi dans sa plus haute généralité : *Datis ordinatis, etiam quæsita sunt ordinata*.

Ainsi Leibniz avait vu que l'induction a besoin, pour être introduite dans la science, du secours de certaines propositions universelles qui n'en dépendent point. Et comme il ne peut y avoir d'autre obstacle à l'unité complète et systématique de la science que la variété et la diversité des faits de l'expérience, il avait vu que la loi de continuité, qui est le lien de l'universel et du particulier, et qui les unit dans la science, est la véritable base de l'induction, qu'elle est, pour me servir de ses expressions, son indispensable auxiliaire et son point d'appui ; que, sans elle, l'induction est stérile ; qu'avec elle, elle engendre la certitude morale ; que sans elle, à plus forte raison, jamais l'induction n'eût été susceptible de recevoir une forme mathématique quelconque, et que si l'analyse infinitésimale enfin est cette forme, c'est à la loi de continuité que nous la devons.

RAPPORTS DE LA LOI DE CONTINUITÉ AVEC LA CERTITUDE MORALE. — Nous pouvons maintenant dire quel genre de certitude Leibniz attribuait à la loi de continuité qui est la base de l'induction. La loi de continuité, en tant qu'elle s'applique à la nature, n'est pas, suivant Leibniz, d'une nécessité géométrique absolue, mais elle ne dépend pas non plus du hasard. « Les lois de Descartes, écrit-il à Fontenelle, violeraient entre autres la loi de continuité, que je crois avoir introduite le premier, et qui aussi n'est pas en tout de nécessité géométrique, comme lorsqu'elle ordonne qu'il n'y ait point de changement *per saltum* (²). » Ainsi la loi de continuité, en tant

---

(¹) *Dissertatio de stylo philosophico Nizolii*, éd. Erdmann, p. 70.
(²) *Lettres et Opuscules inédits*, p. 280.

qu'elle est le type des lois de la nature, n'est pas d'une nécessité géométrique absolue. Mais elle n'est pas non plus arbitraire, Leibniz l'a vingt fois répété. La nécessité des géomètres est une nécessité sourde, fatale, inexorable, à laquelle on peut appliquer ce beau mot de Tite-Live : *Leges rem surdam, inexorabilem, esse.* Leibniz a une trop haute idée de l'art divin pour tout soumettre à la fatalité aveugle et sourde. Mais le hasard d'Épicure est une combinaison fortuite des événements, dont la déclinaison des atomes sans cause raisonnable est un exemple curieux, et Leibniz sait trop bien que le hasard est un mauvais architecte. Si la loi de continuité était absolue dans la nature comme en géométrie, tout suivrait de cette loi par sa seule force, comme il suit de la nature du triangle que ses trois angles sont égaux à deux droits. Mais si elle était arbitraire et fortuite, la certitude des mathématiques serait elle-même ébranlée. Nous n'aurions plus de certitude, mais une simple vraisemblance, et son merveilleux calcul ne serait plus qu'une simple estime des degrés de probabilité (¹). Rien n'est plus contraire à l'esprit de son système. Mais alors il semble que Leibniz avec sa loi de continuité se soit enfermé dans un dilemme dont il ne peut sortir. C'est une erreur: entre le hasard et la nécessité, nous allons voir Leibniz frayer la voie vraiment philosophique vers la sagesse et l'art, et trouver la certitude morale. La loi de continuité, nous l'avons vu, repose sur un postulat de la raison, qui n'est ni arbitraire ni entièrement nécessaire, mais conforme aux principes de convenance et de perfection qui se remarquent par leurs effets dans la nature. Elle donne donc une certitude morale. C'est un beau mot que Leibniz a trouvé pour distinguer la certitude naturelle de la certitude mathématique d'une part, et de la simple vraisemblance de l'autre. Il fait penser à la sagesse et à la bonté, à l'ordre et à la convenance, et il réunit toutes ces idées de perfection dans une seule, qui repose elle-même sur un postulat de la raison, de sorte que la certitude naturelle est tout à la fois morale et rationnelle.

Ainsi envisagée, la loi de continuité rentre dans le principe de la

(¹) Laplace paraissait avoir pris la chose de ce côté. Il est vrai que Laplace réduisait la science des lois à n'être que conjecturale, comme si elles dépendaient du hasard et de cas fortuits, et qu'elles ne fussent lois qu'après et non pas avant l'événement.

raison suffisante ou de causalité. Mais elle s'en distingue parce qu'elle n'est pas un simple principe de la raison pure, toujours un peu stérile, comme celui-ci, par exemple, que *tout effet a une cause*. Le principe de la raison suffisante est un principe très-beau et très-noble, d'après lequel la dernière raison des choses doit être cherchée en dehors de la série, dans le dernier terme, qui est Dieu. La loi de continuité postule de même ce dernier terme, mais elle donne de plus un moyen pratique et un fil conducteur de la méditation. Le principe de la raison suffisante est une élaboration plus spécialement logique de sa loi de continuité, qui a fini par prévaloir dans la philosophie leibnizio-wolfienne, philosophie scolastique et formaliste. On peut regretter que sous cette forme logique la perfection même de la méthode s'évapore. La loi de continuité a cela de beau qu'elle va comme la nature par gradations insensibles, et qu'elle obtient par la finesse des nuances des résultats incomparables. Elle est calquée, pour ainsi dire, sur un art divin, qui exerce dans les choses une géométrie de l'infiniment petit. Le principe de la raison suffisante ne fait, au contraire, que traduire en logique le postulat de la raison sur lequel cette loi repose, à savoir qu'il doit y avoir un dernier terme en dehors de la série. On ne voit plus agir la raison en quête de ce terme dernier. On ne la voit plus, malgré ses adversaires empiriques, trouver le passage *insensible* là où ils n'en voient aucun, et passer en effet pendant qu'ils contestent la réalité d'un tel passage s'ils sont empiriques, sa légitimité s'ils sont sceptiques.

Rapports de la loi de continuité avec la certitude mathématique. — La certitude des mathématiques est due à l'exactitude de la méthode qu'elles emploient et à la facilité des intuitions qu'elles supposent. Ces intuitions se déterminent *à priori* dans l'espace, ce sont les figures. Cette méthode procède par définitions, axiomes et démonstrations. Leur principe est le principe de contradiction. Il est évident toutefois que cette certitude est une certitude restreinte, que cette méthode sert plutôt à l'enseignement qu'aux découvertes, et que le perpétuel recours aux figures, qui est utile pour les commençants, est une gêne et une servitude pour la raison. Leibniz vit donc que la méthode des mathématiques elle-même pouvait être perfectionnée, et il la perfectionna. Philosophiquement, l'idée qui sert de base aux mathématiques, celle de la quantité indéfiniment croissante ou décroissante ou d'une étendue pure, est une idée qui manque de fond, car elle équivaut à celle du devenir et de l'indéfini. Leibniz chercha donc rationnellement une détermination de l'étendue plus complète ; il la trouva dans la loi de continuité. Là seulement il trouva ce je ne sais quoi d'uniforme et d'absolu que cherchent tous les géomètres dans l'étendue.

Et d'abord, les mathématiques sont le pays de la continuité ; c'est là seulement que le géomètre considère des formes continues, des cercles et des triangles parfaits, tout un monde idéal enfin, qui est celui de la continuité. Et en second lieu, voici le principe du calcul différentiel tel qu'il se trouve exposé partout : quand il y a continuité ou uniformité de croissance dans les grandeurs, les différences s'annulent. C'est donc bien la loi de continuité qui est au fond de ce calcul.

Et en effet, depuis Leibniz, les mathématiques sont régies par cette loi. Tous les mathématiciens qui emploient le calcul de Leibniz parlent des simplifications qu'ils lui doivent, le regardent comme l'expression du mode de génération des grandeurs, et lui ont conservé le nom même qu'il lui a donné.

Quels sont donc les rapports de cette loi qui régit les mathématiques transcendantes avec la certitude mathématique ?

La méthode des mathématiques, avons-nous dit, procède par définitions, axiomes et démonstrations. Leibniz a-t-il renversé cette méthode pour lui en substituer une autre entièrement contraire ? Je ne le crois pas ; je puis même prouver par des textes certains qu'il a entendu seulement la perfectionner sans la changer du tout au tout. Je puis établir, par exemple, que l'opération spéciale qu'il paraît avoir introduite, celle qui a donné son nom au calcul, la différentiation n'est dans la pensée même de Leibniz qu'une définition plus profonde, plus entière, qu'une analyse poussée plus à fond (¹).

La méthode mathématique consiste à résoudre un problème jus-

(¹) En effet, dans les règles de l'art d'inventer, il insiste sur la nécessité de trouver la définition, qu'il appelle la caractéristique de la chose et un moyen de la distinguer de toute autre, de trouver son élément fondamental. Et c'est presque dans les mêmes termes ce qu'il dit en mathématiques pour expliquer le mot *différentier*. » La définition réelle doit contenir la génération possible de la chose. »

qu'à ses premiers postulats, à ne rien laisser d'inexpliqué ; et de même, la seconde règle de l'art d'inventer ou de l'analyse infinitésimale, suivant Leibniz, est de pousser l'analyse à bout, jusqu'à ce qu'on arrive à quelque chose de simple, c'est-à-dire à une connaissance parfaite. L'analyse et la synthèse, ce double procédé de tous les mathématiciens, ont donné naissance aux deux parties de sa méthode différentielle et intégrale. C'est donc une méthode rigoureuse, même en mathématiques, que celle de Leibniz, qui nous apprend à caractériser les choses avec une précision inusitée, à en construire les lois et à en mesurer les effets, puis à intégrer de nouveau les quantités, et à expliquer, comme il le dit, l'origine des choses prise de leur source d'un ordre parfait, et d'une combinaison ou synthèse absolument achevée.

Mais jusqu'ici nous voyons bien comment Leibniz se rapproche par la loi de continuité de la méthode mathématique, qui procède par définitions, axiomes et démonstrations, nous ne voyons pas en quoi il l'a perfectionnée.

Il la perfectionne en lui donnant sa plus haute généralité, indépendamment des figures, que la loi de continuité lui permet de ramener à des genres communs de plus en plus généraux, jusqu'à un genre suprême, genre qu'il obtient par l'élimination des différences, résultant de la continuité. La raison fondée sur la loi de continuité postule que ce genre suprême soit soumis au calcul, et il l'est en effet par l'analyse infinitésimale.

Il la perfectionne non-seulement en inventant des symboles nouveaux et plus précis, mais en s'élevant jusqu'aux idées de la raison contenues dans les symboles anciens et en retrouvant l'être perdu dans les mathématiques.

Il la perfectionne surtout en voyant dans la loi de continuité la loi même de la génération de la chose, en quelque sorte incorporée dans la définition, en sorte que la définition de l'étendue, par exemple, reproduit l'idée d'une génération continuelle, qui est caractéristique de cette notion, et qu'il en est de même de toutes les autres. Cette génération incessante et continue est en effet le propre de ce que nous appelons nature. Leibniz, en introduisant la loi de continuité, a, comme il le dit spirituellement, fait travailler la nature à la solution des problèmes.

Si Leibniz a par cette loi doublé l'étendue et l'universalité des mathématiques, et s'il a donné plus de fond aux notions qu'elles considèrent, c'est donc que sa méthode donne la certitude mathématique, et il a soin de faire remarquer qu'elle est *absolue, nécessaire* en géométrie, et qu'elle exclut toute idée de simple vraisemblance ou de probabilité. Il ne faut donc pas croire, parce que la loi de continuité engendre une certitude morale quand elle s'applique à la nature, qu'elle ne donne pas une certitude mathématique en mathématiques ; et même la certitude morale qu'elle donne ailleurs peut toujours être vérifiée par l'analyse et la géométrie qui déterminent la forme des lois de la nature et mesurent leurs effets.

HISTOIRE PHILOSOPHIQUE DE LA LOI DE CONTINUITÉ. — Nous ferons l'histoire résumée de la loi de continuité dans les deux principales philosophies qui se sont imposées à l'Allemagne depuis Leibniz, et nous montrerons comment Kant, en réduisant cette loi, contrairement à la pensée de son auteur, à n'être qu'un principe purement logique et régulateur de l'entendement sans réalité en dehors de l'esprit qui le conçoit, a préparé le développement inattendu et la prodigieuse aberration de cette loi dans Hégel.

Ce n'est pas que Kant n'ait rendu hommage à cette loi : il la considère comme d'une importance capitale en philosophie, il en admire la beauté, il en reconnaît même l'universalité. Voici comment il l'expose dans l'*Appendice à la dialectique transcendantale de l'usage régulier des idées de la raison pure*, l'un des chapitres de sa *Critique de la raison pure* qui mérite le plus d'être médité. Il y a, nous dit-il, dans l'esprit humain, deux lois principales qui répondent aux deux grands intérêts de la raison : la loi de l'unité ou de l'homogénéité, et celle de la variété ou de la diversité ; puis, au-dessus de ces deux et les comprenant comme étant la synthèse de l'une et de l'autre, *la loi de continuité*. Il la définit en ces termes : « Le principe de la continuité résulte de la réunion des deux premiers. » Il énonce sa double fonction : « Ce principe accomplit dans l'idée un enchaînement systématique, tant en s'élevant aux genres les plus hauts, qu'en descendant aux espèces les plus basses. » Il l'appelle d'un mot qui est très-juste et très-vrai et qui manque à Leibniz, un principe d'affinité. Il montre enfin, dans des termes empruntés à ce philosophe, qu'il repose sur l'horreur du vice métaphysique et la conception d'un horizon universel, général et vrai qui embrasse tout. « Comme, de cette manière, il n'y a pas de vide dans toute l'étendue de tous les concepts possibles, et que hors de cette étendue on ne peut rien trouver, il résulte de la supposition de cet horizon universel et de sa division universelle, ce principe : *Non datur vacuum formarum*, dont la conséquence immédiate est : *Datur continuum formarum*. C'est-à-dire que toutes les différences des espèces se limitent réciproquement, et ne permettent aucune transition brusque de l'une à l'autre, mais seulement une transition par tous les degrés différentiels de plus en plus petits par lesquels on peut passer de l'une à l'autre ; en un mot, il n'y a pas d'espèces ou de sous-espèces qui soient plus voisines entre elles dans le concept de la raison, mais il y a toujours des espèces intermédiaires possibles, dont la différence de la première à la seconde et à la troisième est moindre que la différence de la première à la quatrième. » Il insiste sur le caractère de cette loi qui prescrit l'uniformité jusque dans la plus grande variété, par le passage d'une espèce à une autre, « ce qui indique une sorte d'affinité des différents rameaux comme sortis d'un même tronc. » Il reconnaît enfin que la loi logique du *continui specierum vel formarum logicarum* en suppose une transcendantale, *lex continui in naturâ*.

Jamais la loi de continuité n'avait été exposée d'une façon plus lumineuse, plus vraiment philosophique, et l'on pourrait croire, d'après les textes cités, que ce principe seul a échappé à sa sévère censure, et que, frappé de sa grandeur et de son universalité, il l'excepte de sa critique. Mais Kant est un esprit systématique, qui ne connaît pas d'exception aux principes qu'il a posés, et malgré son admiration bien sentie pour l'effort de génie par lequel Leibniz a failli sauver la métaphysique, il revient bientôt à ses habitudes critiques, et il procède à prouver, parce que telle est sa thèse, qu'un tel principe ne saurait être constitutif, mais purement régulateur, que c'est une simple idée sans aucun objet qui lui corresponde dans l'expérience, un principe formel et logique qui fait l'unité systématique de la science, mais ne saurait avoir aucune valeur objective, une simple méthode de classification des idées. On ne s'attendait pas à cela. Si Kant voulait dire que la loi de continuité n'est pas une loi mathématique qui porte le caractère d'une nécessité absolue, il serait facile de le mettre d'accord avec Leibniz, qui ne prétend pas à cette nécessité géométrique absolue dans l'ordre de la nature : Leibniz a prononcé pour caractériser sa loi le mot dont Kant s'est servi : il l'appelle une maxime, je crois même qu'il ajoute quelque part une maxime subalterne. Mais, ce que ne lui eût jamais accordé Leibniz, parce que c'eût été ruiner le fondement sur lequel elle repose, c'est que cette loi soit dépourvue de tout caractère objectif, qu'elle repose uniquement sur l'instinct spéculatif de la raison, et que la nature ne lui dise absolument rien de la vérité d'une telle loi; car il l'a toujours exposée comme un enseignement de la nature, comme une sorte de manifestation objective qui repose, il est vrai, sur des symboles naturels, mais que l'esprit découvre sous les apparences, enfin comme un principe de l'ordre général qui a pour garant l'objectivité de Dieu même.

Il ne faudrait pas croire d'ailleurs que Kant ait donné une plus juste idée de la loi de continuité que Leibniz, et l'ait réduite à ses vraies limites en en faisant une simple loi logique. Il est facile de montrer, au contraire, qu'il en a faussé le véritable sens, et qu'il l'a rendue une arme excessivement dangereuse entre les mains des sophistes. En effet, la loi de continuité telle que l'entend Leibniz est un principe objectif qui est fondé sur la nature, et que Dieu confirme ; elle renferme donc une double affirmation de la raison, la nature et Dieu. Mais quand on l'érige, au contraire, en un principe logique de la connaissance, dont le caractère propre est de réduire tous les genres à un genre suprême sans nul souci de la diversité, et comme la plus haute unité systématique de la raison voulant se rendre compte de tout et réduire tout à elle-même, je dis que c'est frayer la voie au panthéisme, et ouvrir un nouveau champ à la continuité panthéistique.

La continuité panthéistique voit dans tous les êtres un seul être, et en fait de simples modes de la série qui se perdent et s'évanouissent totalement dans l'infini. Ce n'est pas là cette continuité savante que Leibniz emploie et dont parle Aristote, continuité de gradations et non d'êtres, qui couvre les limites et soustrait à l'œil le point qui divise les êtres : véritable réseau immatériel qu'on pourrait appeler le plan de ces êtres, et que retrouve l'analyse au fond des choses. Pour Leibniz, en effet, ce qui est corporel et fini n'est point continu, et l'idée même d'être fini répugne à l'idée d'un accroissement ou d'un décroissement sans fin, qui est toujours nécessairement indéterminé, et d'un autre côté, rien de fini ne peut arrêter le perpétuel écoulement d'une matière divisible à l'infini. Ainsi il n'y a point de mouvement, point de changement ni de génération qui soient continus à la rigueur. Ce qui est continu, Leibniz le démontre contre Descartes et mieux encore contre Spinoza, c'est la loi sous le fait, c'est la force sous le mouvement. Mais il y a plus, Leibniz, qui avait étudié la nature, avait vu que si elle se prête à des transformations sans nombre, elle maintient cependant toujours ses différences spécifiques, et en maintenant les espèces, elle nous apprend à nous défier de l'abus d'une déduction continue qui n'aboutirait qu'à une trompeuse identité, que de plus elle s'élève de degrés en degrés, et nous montre la vie grandissante de plus en plus parfaite, parce que la nature est à ses yeux un art sublime, et, comme il le dit, l'art de Dieu lui-même, et calquant sa méthode sur ce procédé qu'on peut appeler naturel, il s'élève à une continuité idéale, continuité de loi qui, bien loin de dégrader les êtres au profit de je ne sais quelle nature homogène, s'élève de degrés en degrés par l'art des gradations insensibles, sans rien sacrifier des distinctions fondamentales, mais aussi en cherchant toujours la plus haute unité possible.

Cette continuité panthéistique qui a été soutenue par Lamarck en histoire naturelle, et introduite par Hegel en philosophie, repose, comme on l'a fort bien dit, sur l'identité de l'être et du non-être. Ce monde amphibie entre l'être et le non-être, tel que l'entendait Hegel, a été énergiquement dépeint par Leibniz, qui en avait bien avant lui découvert le type en mathématique, et qui l'avait appelé un monstre. Ce type, ce sont les racines imaginaires en algèbre dont il dit : *In illo analyseos miraculo, idealis mundi monstro, penè inter ens et non ens amphibio*. Ainsi, le seul type qu'il ait pu consulter en mathématiques, Leibniz l'appelle un monstre ou un miracle, car ce mot a ces deux sens, Hegel peut choisir. Si l'amphibie est une exception dans l'ordre de la nature, un prodige ou un monstre dans le monde idéal, on se demande comment Hegel a pu concevoir la bizarre pensée d'en faire la règle en philosophie, et l'on est obligé d'en conclure que son monde est imaginaire, comme ces racines algébriques qui lui en ont donné le type.

Applications de la loi de continuité. — Je passe à quelques applications de la loi de continuité, en prévenant seulement que j'omets les applications mathématiques pures dont il a été parlé plus haut.

Physique et dynamique. — Leibniz a démontré que non-seulement l'étendue mais aussi le mouvement sont soumis à la loi de continuité, et c'est là, suivant lui, une découverte physique au moins aussi considérable que sa découverte mathématique, car elle renverse la physique cartésienne, et y substitue une dynamique ou science de la force entièrement nouvelle. On n'attend pas de moi que je reprenne ici toutes les polémiques que Leibniz a soutenues avec le P. Fabri, le P. Pardies, le P. Malebranche et d'autres à ce sujet. Il y aurait de quoi remplir des volumes. Il suffit de dire que Leibniz ramène toutes ces lois du mouvement à la loi de continuité comme à un criterium général, à une pierre de touche (le mot est de lui), et il montre qu'elles ne peuvent soutenir l'épreuve, qu'elles manquent de généralité, et ne s'appliquent pas à tous les cas, qu'elles sont fausses, enfin. Aussi cette loi, qui lui sert à faire la genèse de l'étendue en mathématique, lui donne en physique le type des lois de la nature. Mais ce qu'on ne saurait trop remarquer ici, afin de distinguer de plus en plus la continuité d'après Leibniz, qui étend aux choses de la nature et aux idées de la géométrie le gouvernement de la raison, de la continuité panthéistique qui confond tout et fait de toutes choses une seule chose homogène, ce type n'est point pour Leibniz celui d'une nécessité aveugle et sourde, mais bien plutôt d'une convenance morale, à ce point qu'il suppose et qu'il appelle la considération des causes finales, même en physique. Ainsi, Leibniz ne supprime pas par la loi de continuité la contingence des lois de la nature, puisqu'il en cherche la cause, au contraire, dans les fins de Dieu, et bien qu'il voie la constance et l'uniformité de ces lois, il voit fort bien qu'il n'y a point là de nécessité absolue, et il les fait dépendre du principe de la raison suffisante ou du meilleur.

Philosophie naturelle. — La loi de continuité lui fait rejeter le vide et les atomes, et lui fait admettre la divisibilité illimitée de la matière, parce qu'il trouve absurde de borner le progrès de la subtilité et de la variation dans la nature à la grandeur de l'atome. Il met ainsi la matière dans une variété perpétuelle, sans uniformité et sans homogénéité dans ses parties, et ne recule devant aucune de ces conséquences, plutôt que d'abandonner un principe inviolable de l'ordre naturel comme celui des variations insensibles, ou de la loi de continuité. C'est ainsi qu'il arrive à transformer l'atome en moments ou en principes des quantités finies qui sont des centres de force, au lieu d'être des atomes de matière, conception évidemment supérieure, et qui est admise par de très-grands physiciens, tels que Faraday et d'autres. C'est ainsi, dit-il dans la préface des *Nouveaux Essais*, qu'en vertu des variations insensibles qui ne permettent pas d'admettre l'homogénéité ou similitude parfaite de deux choses individuelles, je rejette « le vide de l'espace et les atomes, et même des parcelles non actuellement divisées dans la matière, l'uniformité entière dans une partie du temps, du lieu ou de la matière, les globes parfaits du second élément, nés des cubes parfaits originaires, et mille autres fictions des philosophes qui viennent de leurs notions incomplètes, et que la nature des choses ne souffre pas. » Et plus loin, revenant sur l'impossibilité qu'il y ait des atomes d'une dureté infinie, et aucune partie entièrement indifférente à la division : « Aussi l'ordre de la nature, et particulièrement la loi de la continuité détruit également l'un et l'autre. » L'idée de perpétuel accroissement et de perpétuelle diminution, *perpetua, momentanea incrementa vel decrementa*, qui est le fondement de son calcul mathématique, l'est aussi de sa physique générale parce que tout croît et décroît sans cesse par infiniment petits, dans les deux ordres.

HISTOIRE NATURELLE. — C'est principalement dans les sciences naturelles que l'influence de la loi de continuité s'est fait sentir. Voici ce que nous lisions récemment dans l'*Éloge de Blainville*, par M. Flourens. « Ses longues études sur la zoologie l'avaient amené à ne voir dans le règne animal entier qu'une *série continue* des êtres qui, devenant à chaque degré plus animés, plus sensibles, plus intelligents, s'élèvent des animaux les plus inférieurs jusqu'à l'homme : grande vue qui fut celle d'Aristote dans l'antiquité, et qui a été celle de Leibniz dans les temps modernes. » La continuité des gradations, disait finement Aristote, la continuité des gradations couvre les limites qui séparent les êtres et soustrait à l'œil le point qui les divise. » Inutile de citer de nouveaux textes de Leibniz. Nous renvoyons à ceux déjà donnés, et à d'autres que nous citerons bientôt. Cette vue du monde, envisagée de ce côté, lui faisait voir les espèces liées ensemble, et ne différant que par des degrés insensibles, les trois règnes s'élevant de l'un à l'autre par des êtres de transition, et partout l'uniformité de plan ou l'unité de composition se retrouvant à travers les différences spécifiques. Il lui doit d'avoir, avant la découverte des *polypes*, et par une conséquence de sa loi, marqué d'avance le lieu et la fonction de ces êtres intermédiaires. « Il y a, écrit-il à Bourguet, un certain ordre dans la nature qui descend des animaux aux plantes. Mais il y a peut-être ailleurs des êtres entre deux. » Et il écrit à un autre correspondant : « Je suis convaincu qu'il doit nécessairement y avoir de tels êtres ; l'histoire naturelle les découvrira peut-être un jour. Nous commençons des observations à ce sujet. La nature ne viole jamais la loi de continuité ; elle ne fait pas de saut. Toutes les espèces des êtres de la nature forment une seule chaîne, à laquelle les différentes classes se rapportent si étroitement les unes aux autres, comme autant d'anneaux, qu'il est impossible aux sens de fixer le point où l'une commence et où l'autre cesse. (A Hermann. V. Ulrich, trad. all. des *Nouveaux Essais*, t. II, p. 121.) Il est à remarquer que la loi de continuité l'ait conduit à *la connexion graduelle des espèces*, qui concilie dans une juste mesure l'idée des différences avec celle de l'uniformité. Cette vue de Leibniz suffirait seule à le justifier de tout reproche de continuité panthéistique. Il admet d'ailleurs et il explique finement les apparences de sauts qu'on y observe : « La beauté de la nature, qui veut des perceptions distinguées, demande des apparences de sauts, et, pour ainsi dire, des chutes de musique dans les phénomènes et prend plaisir de mêler les espèces. » (*Nouv. Essais*, l. IV, ch. XVI.)

MÉDECINE ET PHYSIOLOGIE. — Si Leibniz a fait faire quelque progrès à l'étude de la nature, c'est surtout par sa méthode. Les deux grandes divisions de la physiologie reposent sur sa loi de continuité, soit que, par une sorte de physiologie qu'on pourrait appeler continue, le philosophe naturaliste suive le développement d'une même fonction, par exemple, du système nerveux dans toute la série animale, soit que par la physiologie des rapports il étudie une fonction quelconque de l'organisme et cherche ses relations, la compare à toutes les autres ; dans les deux cas, le développement continu de la fonction dans toute la série, d'une part, et la continuité des rapports entre les différentes fonctions d'un même organisme, d'autre part, sont deux suites de cette même loi. Tant il est impossible de s'expliquer la nature du corps sans ce premier terme que postulait partout la raison d'un Leibniz, sans cette perpétuelle sollicitation d'une force qui entretient partout l'irritabilité et la contractilité, sans cette faculté de reproduction ou de nutrition enfin qu'Harvey définissait une génération continue. Mais quel philosophe au dix-septième siècle a parlé plus souvent et avec plus de force que Leibniz de ce continuel renouvellement, de ces tendances, de ces *nisus* persistants de l'activité physique ?

Une des applications les plus ingénieuses de la loi de continuité à la médecine est celle qui lui fit considérer les maladies comme soumises à cette loi dans leur période de naissance et de formation, et dans celle de leur développement, comme engendrées dans le corps de l'animal ou de la plante, et même enfin comme une production d'organismes dans l'organisme. Rien n'était plus conforme à l'esprit de la monadologie, d'après laquelle tout est plein de vivants, et qui considère la moindre portion de matière comme un étang rempli de poissons, que de traiter certaines maladies comme une superfétation de la vie, comme un organisme dans un autre organisme. Et c'était une conséquence toute naturelle de ses principes qui lui fit jeter dans les *Nouveaux Essais* cet aperçu. « Et de plus il y a ordinairement des complications dans les maladies particulières, qui forment comme une imitation des substances, *tellement qu'une maladie est comme une plante ou un animal*, qu'elle demande une histoire à part, c'est-à-dire ce sont des modes ou façons d'être à qui convient ce que nous avons dit des corps ou choses substantielles, une fièvre quarte étant aussi difficile à approfondir que l'or ou le vif-argent. » Cette première vue, si neuve et si hardie, n'a pas été sans influence sur le développement des sciences médicales et physiologiques : Stahl au dix-septième siècle, D. Schmidt, *Morphologie*, Berlin, 1831, D. Eisenmann, *Les maladies végétatives*, 1835, et D. Ringseis l'ont approfondie.

PHILOSOPHIE PROPREMENT DITE. — Je passe aux applications plus spécialement philosophiques de cette loi qu'on ne trouve pas même indiquée dans les ouvrages spéciaux sur la philosophie de Leibniz, et je prie le lecteur de remarquer que je ne fais qu'effleurer les principales. Comme on a cru jusqu'ici, malgré le témoignage contraire de Leibniz, que cette loi était une loi purement mathématique, nous commencerons par ses applications à la science de l'âme, à la psychologie.

PSYCHOLOGIE. — La loi de continuité est toute sa méthode psychologique; les *Nouveaux Essais* le prouvent : il suffira, pour convaincre les plus incrédules, de citer quelques textes pris au hasard dans l'avant-propos et dans la suite des *Nouveaux Essais*. Erd. p. 121. « En un mot, les perceptions insensibles sont d'un aussi grand usage dans la pneumatique que les corpuscules dans la physique, et il est également déraisonable de rejeter les unes et les autres sous prétexte qu'elles sont hors de la portée de nos sens. Rien ne se fait tout d'un coup, et c'est une de mes grandes maximes et des plus vérifiées que la nature ne fait jamais des sauts. J'appelais cela la loi de la continuité lorsque j'en parlais autrefois dans les *Nouvelles de la république des lettres*, et l'usage de cette loi est très-considérable dans la physique..... Ces petites perceptions sont donc de plus grande efficace qu'on ne pense. Ce sont elles qui forment ce je ne sais quoi, ces goûts, ces images des qualités des sens, claires dans l'assemblage, mais confuses dans les parties, ces impressions que les corps qui nous environnent font sur nous et qui enveloppent l'infini, cette liaison que chaque être a avec tout le reste de l'univers. On peut même dire qu'en conséquence de ces petites perceptions, le présent est plein de l'avenir et chargé du passé, que tout est conspirant (σύμπνοια πάντα, comme disait Hippocrate) et que dans la moindre des substances des yeux aussi perçants que ceux de Dieu pourraient lire toute la suite des choses de l'univers.

Quæ sint, quæ fuerint, quæ mors futura trahantur.

..... C'est aussi par les petites perceptions que j'explique cette admirable harmonie préétablie de l'âme et du corps, et même de toutes les monades..... Ce qui détruit les tablettes vides de l'âme, une âme sans pensée, une substance sans action..... Pour moi, je suis du sentiment des cartésiens en ce qu'ils disent que l'âme pense toujours..... Quand nous dormons sans songe, il se forme en nous une infinité de petits sentiments confus, et la mort même ne saurait faire un autre effet sur les âmes des animaux..... Mais ce n'est pas sur les songes seuls qu'il faut fonder la perpétuité de la perception de l'âme. » Quelques lignes plus loin il ajoute : « Je tiens même qu'il se passe quelque chose dans l'âme qui répond à la circulation du sang et à tous les mouvements internes des viscères, dont on ne s'aperçoit pourtant point (¹). »

Ainsi rien n'est plus certain. Leibniz retrouve la loi de continuité dans l'âme, il la retrouve dans la continuité des petites perceptions ou des pensées sourdes qui sont la vie latente de l'âme, qui sont le premier terme, celui que dans la monadologie il appelle la *base*, et qui tend à déployer les deux autres par une perpétuelle reproduction et une fermentation sourde. Déjà, dans la correspondance avec Arnauld, il avait mis la loi de la continuité dans la nature des substances comme principe de développement, et il l'exprimait en ces termes : Chaque substance a *legem continuationis seriei operationum suarum*. Il la retrouvait dans la perpétuité de la tendance, qui lui faisait comparer l'âme dans ses oscillations au balancier d'une horloge (*unruhe*).

ANTÉCÉDENTS LOGIQUES DE LA LOI DE CONTINUITÉ. — L'idée de perpétuel devenir est entrée dans la philosophie avec Héraclite ; celle du mouvement en cercle et de la préexistence avec Platon ; la loi de la continuité avec Leibniz. On mesure ainsi la force de la pensée moderne, qui est parvenue dans Leibniz à extraire de l'idée de perpétuel devenir les forces propres des créatures, et à se servir de cette idée même pour atteindre le dernier terme en dehors du devenir. Il y a là, comme nous l'avons déjà remarqué (Introduction, p. LXXII et suiv.), quelque chose de plus grand peut-être au point de vue philosophique pur que la découverte de Newton. Que les antécédents logiques de la loi de continuité soient déjà dans Platon, c'est ce que nous accorderont tous ceux qui liront avec soin le *Phédon*. La première preuve de l'immortalité tirée de ce dialogue s'élève de

---

(¹) *Nouveaux Essais*, p. 196, 197, 198, 224, 225.

l'idée de perpétuel devenir à une circulation harmonique des choses avec préexistence. Aristote, après lui, précise davantage, et il définit le continu : ὧν τὰ ἔσχατα ἕν. Comment douter que Leibniz ait tiré de ces notions premières, mais déjà très-profondes de la philosophie grecque, sa loi de continuité, quand on le voit traduire le *Phédon*, se l'incorporer pour ainsi dire dans la correspondance avec Arnauld, en garder dans les sciences même après Newton l'idée d'une circulation harmonique des choses, et définir enfin la méthode et le système de Platon par ces mots : *Réduction de tout aux harmonies?* La loi de la continuité est l'idée fondamentale de la philosophie grecque, extraite à force de génie par Leibniz de ses études sur Platon. Mais au lieu de la laisser enveloppée dans le panthéisme, qui l'avait plus tard altérée, il a révélé et renouvelé le génie de la Grèce en le montrant supérieur à cette doctrine, puisqu'il en a extrait, non le panthéisme, mais la doctrine des forces, non la métempsycose, mais la physique de l'immortalité, non de l'algèbre, mais un art sublime, qui a transformé les mathématiques.

ERRATA.

Introduction, page XLV, ligne 2, *au lieu de* : quand il, *lisez* : quand on.
Page 44, ligne 4, *au lieu de* : ea de die, *lisez* : eâ die.

Page	Ligne	Correction
60,	7,	nisi quod in tum est, *lisez* : quod tuum est.
72,	18,	misanthropice, *lisez* : misanthropiæ.
81,	28,	que de s'enfuir, *lisez* : que de m'enfuir.
94,	19,	negavit. Inde tibias, *lisez* : negavit : inde tibias.
104,	18,	scientia, *lisez* : scientiam.
141,	24,	possible, *lisez* : impossible.
152,	8,	nihileitatem, *lisez* : nihilitatem.
Id.,	23 et 24,	essentiæ illique existentiâ suâ, *lisez* : essentia illique existentia sua.
158,	36,	. Tempus, *lisez* : , tempus.
170,	6,	tempus relatum. Sequatur, *lisez* : tempus relatum sequatur.
Id.,	13,	Il y a dans le manuscrit des mots passés qui rendent ce passage inintelligible.
171,	27,	ἀφόρνικωτατον (?).
182,	15,	sic, *lisez* : seu.
Id.,	18,	est. Et, *lisez* : est, et.
183,	5,	admissionem ad existendum, *lisez* : admissionem ad existentiam.
Id.,	23,	propositione, *lisez* : proportione.
Id.,	24,	subjecto. Et, *lisez* : subjecto, et.
184,	14,	infinitas, *lisez* : infinitis.
Id.,	19,	concipi ut, *lisez* : concipi debet ut.
Id.,	22,	in se ipsa possibiles quidem consideratione suæ naturæ existentes autem accidente, *lisez* : in se ipsa, possibiles quidem consideratione suæ naturæ, existentes autem accedente.
185,	8,	appellantur. Sed, *lisez* : appellantur, sed
187,	7,	sed pluræ, *lisez* : sed plures.
191,	1,	demonstratus, *lisez* : demonstrata.
192,	17,	filenas, *lisez* : filices.
108 pour 208.		
252,	2,	l'accident, *lisez* : l'accent.
258,	11,	qui sont, *lisez* : qui font.
413,	8,	point de cahots, *lisez* : point de chaos.
427,	dernière ligne,	le vice métaphysique, *lisez* : le vide métaphysique.

TABLE DES MANUSCRITS DE LEIBNIZ

CONTENUS DANS CE VOLUME.

Préface.	v
Introduction.	1 à ccxix
Lettre de Leibniz sur Descartes et le cartésianisme.	1
Deuxième lettre.	12
Discours sur la démonstration de l'existence de Dieu par Descartes.	22
Remarques sur l'abrégé de la vie de M. Descartes.	33
Platonis Phædo, vel de animi immortalitate, salvis sententiis, à Leibnizio contractus.	44
Traduction française.	45
Platonis Theætetus, sive de scientiâ, à Leibnizio contractus.	98
Traduction française.	99
Animadversiones ad Weigelium.	146
Traduction française.	147
Miscellanea metaphysica.	171
De Libertate.	178
Epistolæ ad Hobbesium.	186
Notice sur la correspondance de Leibniz avec Arnauld.	195
Sommaire de la correspondance.	207
Lettre de Leibniz au landgrave de Hesse sur M. Arnauld.	211
Deuxième lettre au landgrave de Hesse pour être communiquée à M. Arnauld.	216
Troisième lettre de Leibniz à M. Arnauld.	221
Quatrième lettre du même au même.	234
Cinquième lettre.	243

TABLE DES MANUSCRITS DE LEIBNIZ.

Sixième lettre.	259
Note de Leibniz sur l'hypothèse de la concomitance.	280
Première lettre d'Arnauld en réponse à la deuxième de Leibniz.	286
Deuxième lettre d'Arnauld en réponse à la troisième de Leibniz.	297
Troisième lettre d'Arnauld en réponse à la quatrième de Leibniz.	303
Quatrième et dernière lettre d'Arnauld.	311
Epistola ad Fardellam prior.	317
Epistola ad eumdem altera.	325
Discours de métaphysique envoyé par Leibniz à Arnauld à l'origine de la correspondance.	330
Vita Leibnizii à se ipso breviter delineata.	379
Imago Leibnizii à se ipso adumbrata.	386
Fragmentum epistolæ ad Arnaldum.	390
Notes de l'introduction.	395
Note sur la loi de continuité.	412

FIN DE LA TABLE.

TYPOGRAPHIE HENNUYER, RUE DU BOULEVARD, 7. BATIGNOLLES.
Boulevard extérieur de Paris.

www.ingramcontent.com/pod-product-compliance
Lightning Source LLC
Chambersburg PA
CBHW050318240426
43673CB00042B/1451